亢家庄志

《亢家庄志》编纂委员会　编

方志出版社
Publishing House of Local Records

图书在版编目（CIP）数据

亢家庄志/《亢家庄志》编纂委员会编. — 北京：方志出版社，2016.9
ISBN 978-7-5144-2109-5

Ⅰ.①亢… Ⅱ.①亢… Ⅲ.①村史—青岛 Ⅳ.①K295.25

中国版本图书馆CIP数据核字（2016）第238884号

亢家庄志

编　　者：《亢家庄志》编纂委员会
责任编辑：王笃银
出 版 人：冀祥德
出 版 者：方志出版社
地址　北京市朝阳区潘家园东里9号（国家方志馆4层）
邮编　100021
网址　http://www.fzph.org
发　　行：方志出版社发行中心
电话（010）67110500
经　　销：各地新华书店
印　　刷：济南黄氏印务有限公司
开　　本：889×1194　1/16
印　　张：43.75
字　　数：904千字
版　　次：2016年9月第1版　2016年9月第1次印刷
印　　数：0001～1000册
ISBN 978-7-5144-2109-5　定价：560.00元

《亢家庄志》编纂委员会

主　　任　闫可文

副 主 任　亢继进

委　　员　亢正嵩　荆朋森　亢玉霞　夏洪斋　亢正福
　　　　　宋淑华　亢继清

顾　　问　亢正和　崔洪锡　亢淑英　侯文程　周志公
　　　　　沈明书

主　　编　亢正鼎

执行主编　闫盛奎

村志办公室

主　　任　亢玉霞

副 主 任　闫盛奎

编　　辑　亢正泽　亢正云　亢海蓉

编　　审　焦相钦

摄影编辑　仲伟华

序

随着改革开放和现代化建设的不断发展，首部《亢家庄志》问世了。古老的亢家庄有了记载它风雨历程的史书，这是亢家庄政治、经济、文化生活中一件可喜可贺的大事，是一项重要的地方性、思想性工程建设和文化财富。《亢家庄志》重现了亢家庄自古至今的发展过程，丰富了青岛历史长河，既抚慰了先祖的在天之灵，加深了感召后人的尊祖之德，更激发了人们热爱家乡、建设家乡的信心。

国有史，村有志，中华民族有悠久的修志传统。中央几代领导人对编纂志书都很重视，胡锦涛说："浩瀚而宝贵的历史知识是人类总结昨天的记录，又是人类把握今天、创造明天的向导"。中共中央总书记习近平讲过："历史是最好的教科书，要继续加强对党史、国史的学习，在对历史深入思考中，做好现实工作，更好的走向未来"。青岛大信农工商公司党总支从"科学发展观"的高度深刻认识到，在努力发展经济，构建小康生活的同时，重视对历史的学习，尊重优良传统，能丰富人们的精神世界，有助于形成重要的价值观。2003 年 3 月做出了编纂《亢家庄志》的重大决策。组建了以书记领衔的编纂委员会，遴选有能力人员、并聘请资深专家为指导老师，设立村志办公室，提供了方便的工作条件和资金。

编修村志是一项浩繁而艰巨的文字工程，工作人员怀着崇敬先辈、热爱家乡的使命感，不畏艰难，克己奉公，通力合作，广集资料，几乎跑遍有关机关，走访了所有村户，通过述、记、志、传、图、表等形式，力求客观公正地记录了亢家庄数百年由荒凉到繁荣，由穷到富，由农民到居民，由农村到城市社区的历史沿革和社会变迁，尤其是中共十一届三中全会 30 余年来，亢家庄所发生的一系列巨大变化。

亢家庄一带原是荒芜一片，自明代早年开始有人居聚落，到清代已形成规模村庄，迄今近600年。先祖们用智慧和汗水营造了适宜生存的环境。近代亢家庄和青岛市的兴起与发展几乎是同步的，20世纪初，德占青岛开始就逐渐形成城乡结合部，至20世纪80年代中期已显城市雏形，既有农村特征，又具城市风貌。进入21世纪完全融入青岛市政治、商贸、金融的中心城区，置于东、西、南、北交通网络之中。亢家庄自建村时几户人家拓展到近1700人的城市社区，经过一代接一代人们的努力拼搏，现已发展成为几亿资产的股份公司，居民全部进住了旧村改造后的楼宇新居，完全融入新城区大环境中。

亢家庄人们在改造自然、建设家园的同时，又创立了代代相传的道德规范，干部自律、求真务实、心系百姓的品质，村民勤劳俭朴的精神，邻里守望相助、不排外的民风及尊师重教的传统都作为宝贵的精神文化遗产载于志书，数百年的优良传统与纷纭多彩的时代风貌在志书里得到链接，让后人从中领悟到很多人生真谛，村志的修成真正起到"资政、存史、教化、育人"的社会作用。让《亢家庄志》这部本土教材伴随时代发展，引领村民去实现更美好的梦想。

在此仅向所有关心志书和为本志提供历史资料的有关部门及做出重大贡献的专家、学者和全体村民表示诚挚的感谢！

中共青岛大信实业有限公司总支书记
青岛大信实业有限公司董事长 闫可文

亢家庄新区和商业圈就位于这片鳞次栉比的高楼之中（2015 年仲伟华摄）

仲伟华 摄

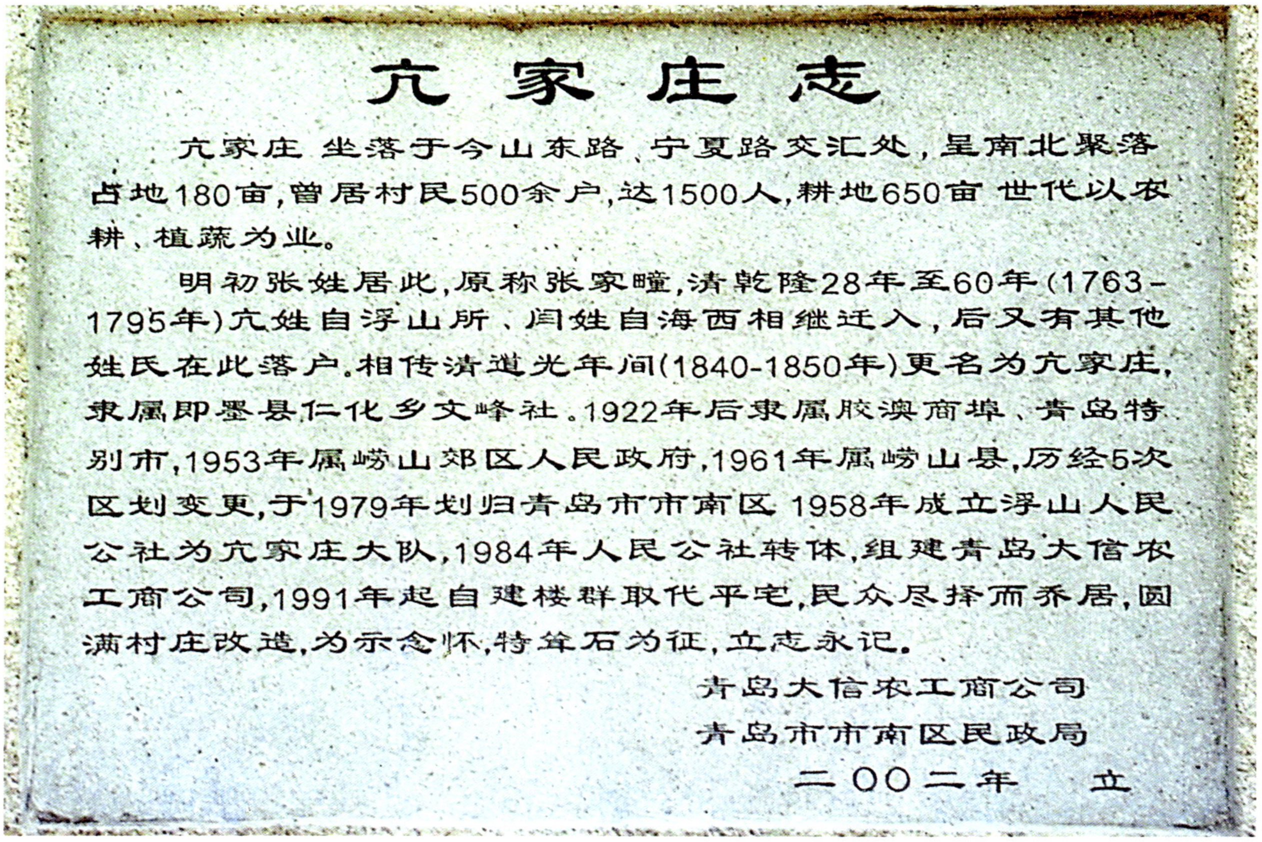

亢家庄志

亢家庄 坐落于今山东路、宁夏路交汇处，呈南北聚落占地180亩，曾居村民500余户，达1500人，耕地650亩 世代以农耕、植蔬为业。

明初张姓居此，原称张家疃，清乾隆28年至60年（1763-1795年）亢姓自浮山所、闫姓自海西相继迁入，后又有其他姓氏在此落户。相传清道光年间（1840-1850年）更名为亢家庄，隶属即墨县仁化乡文峰社。1922年后隶属胶澳商埠、青岛特别市，1953年属崂山郊区人民政府，1961年属崂山县，历经5次区划变更，于1979年划归青岛市市南区 1958年成立浮山人民公社为亢家庄大队，1984年人民公社转体，组建青岛大信农工商公司，1991年起自建楼群取代平宅，民众尽择而乔居，圆满村庄改造，为示念怀，特肇石为征，立志永记。

青岛大信农工商公司

青岛市市南区民政局

二〇〇二年 立

2002年建于百安居超市院内的亢家庄碑志

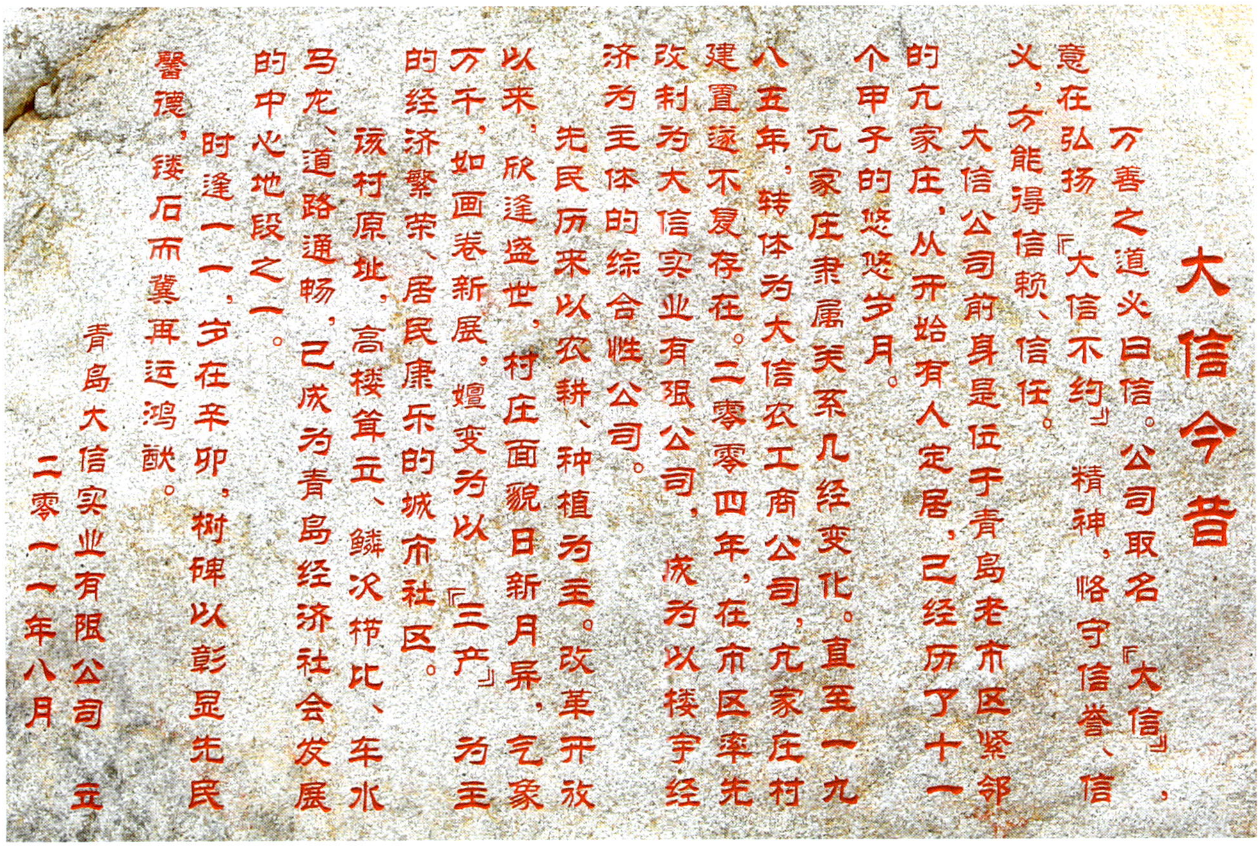

2011年建于乐天玛特超市院内的大信公司碑志

1999 年建设在亢家庄中心区域的山宁立交桥（现为澳柯玛立交桥）（2015 年仲伟华摄）

仲伟华 摄

亢家庄区域新貌夜景（2015 年仲伟华摄）

仲伟华 摄

亢家庄大队、青岛大信农工商公司办公室（1975—1986 年）

青岛大信农工商公司、青岛大信实业有限公司办公楼（1998—2006 年）

中共青岛市市南区区委党校建于 1998 年

大信实业有限公司新办公楼建于 2005 年

建设中的澳柯玛立交桥（1999 年摄）

百安居、乐天玛特鸟瞰（2015 年摄）

百安居装饰建材超市（2014 年摄）

乐天玛特超市开业（2011 年摄）

1964 年亢家庄大队第一届党支部在开会，右起：亢淑英、亢正和、闫盛福（书记）、汪福友、秦元祥、徐宝月

2004 年大信公司党总支成员合影左起荆朋森、亢正嵩、闫可文（书记）、亢继进、亢玉霞

2004年8月1日，大信实业有限公司第一届股东大会董事会成员左起：宋淑华、亢正嵩、闫可文（董事长）、荆朋森、夏洪斋。

2012年10月24日，大信实业有限公司第三届董事会成员左起：亢继辉、亢正嵩、闫可文（董事长）、荆朋森、亢祝爱。

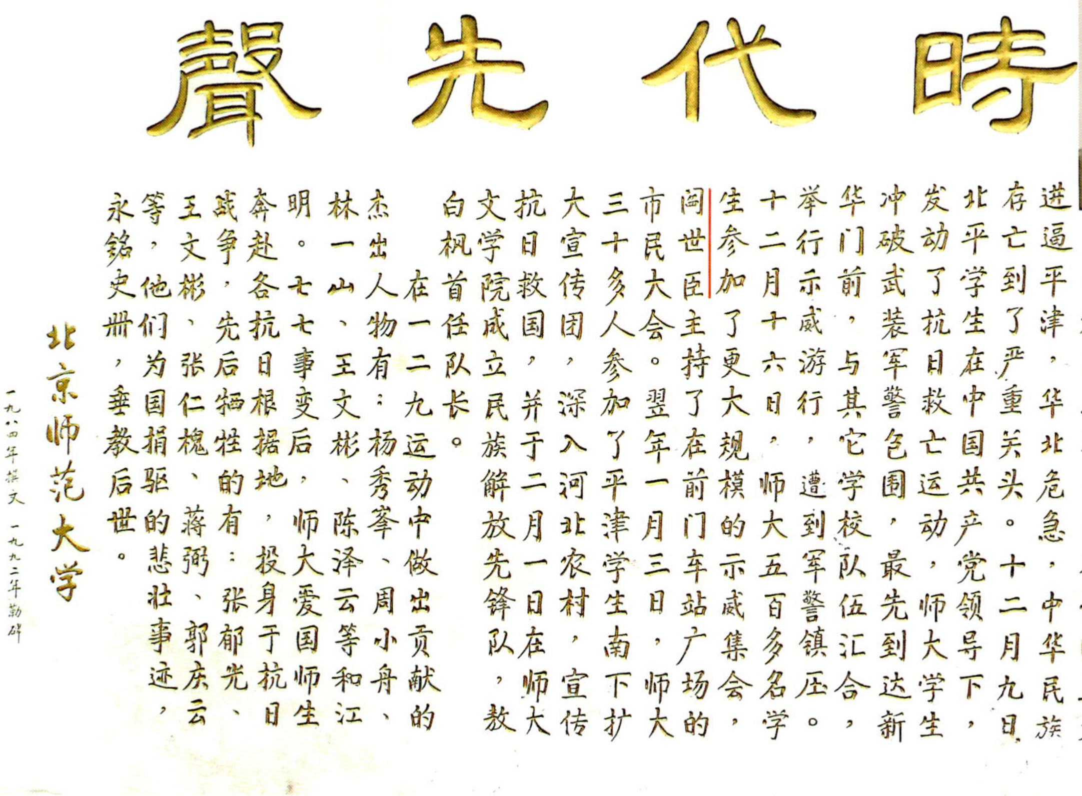
時代先聲

一二九纪念碑

一九三五年，日本帝国主义进逼平津，华北危急，中华民族存亡到了严重关头。十二月九日，北平学生在中国共产党领导下，发动了抗日救亡运动，师大学生冲破武装军警包围，最先到达新华门前，与其它学校队伍汇合，举行示威游行，遭到军警镇压。十二月十六日，师大五百多名学生参加了更大规模的示威集会，阎世臣主持了在前门车站广场的市民大会。翌年一月三日，师大三十多人参加了平津学生南下扩大宣传团，深入河北农村，宣传抗日救国，并于二月一日在师大文学院成立民族解放先锋队，教白枫首任队长。

在一二九运动中做出贡献的杰出人物有：杨秀峰、周小舟、林一山、王文彬、陈泽云等和江明。七七事变后，师大爱国师生奔赴各抗日根据地，投身于抗日战争，先后牺牲的有：张郁光、王文彬、张仁槐、蒋弼、郭庆云等，他们为国捐驱的悲壮事迹，永铭史册，垂教后世。

北京师范大学

一九八四年撰文 一九九二年勒碑

1935 年 12 月 9 日闫世臣主持了在前门车站广场的市民大会。创立的一二九纪念石碑立于北京师范大学校内

1980 年闫沐霖（右）和杨振宁（诺贝尔物理奖获奖人）在学术交流

1981 年，闫沐霖教授（前排左二）与中科院前院长周光召教授（前排左一）、诺贝尔物理奖获奖人李政道教授（右一）等科学家在学术研讨时合影

2009 年 8 月大信公司与韩国乐天玛特签约仪式合影

2010 年 2 月大信公司与百安居正式签约仪式合影

《亢家庄志》编纂人员与山东省青岛市、市南区有关领导、专家一起审核志稿

编纂人员与市、区有关领导、专家合影。前排右起：亢正鼎、亢继进、段祥泰（山东省史志专家）、焦相钦；后排右起：王艳丽、赵凯军、刘宇（区档案局局长）、王蜀鲁（区档案局副局长）、亢海蓉、仲伟华

2006 年 4 月大信公司与美国艾斯莱特按摩床有限公司签约合影

2013 年春节大信公司干部职工团拜合影

2008 年 2 月参加八大湖街道组织欢乐奥运年民俗文化体育活动

2008 年 7 月迎奥运市南区歌咏比赛，亢家庄社区荣获二等奖

亢正鼎书法作品

亢正鼎绘画作品

仲伟华摄影作品

凡　例

一、本志编纂以马克思列宁主义、毛泽东思想为指导，坚持辩证唯物主义和历史唯物主义的观点，一切从实际出发，尊重事实，注重社会效果，力求做到思想性、资料性、科学性相统一。

二、本志记述时限起自建村，迄于2010年，个别情节适当上溯下延。大事记止于2012年3月31日。按“详今略古，古为今用”的原则，遴选发生在亢家庄或有关联的大事、要事予以记述，以展示历史发展的大致脉络。

三、本志记述空间以亢家庄为主体，原张家疃自建村至变更为亢家庄以来直到1984年大部年份隶属浮山所，涉及事物亦列入记述范围。

四、本志的编排依照事以类从，类为一篇，篇下设章、节，辅之以条目四个层次，横排纵述，纵横结合的原则，个别层次服从内容的实际需要。

五、本志采用语体文、记述体，体裁有述、记、志、传、录、图、表，志为主体。图表随文穿插，力求图文并茂。

六、本志纪年：中华民国成立前采用中国历史朝代纪年，中华人民共和国成立前按中华民国纪年，并都在括号内标注公元年号，以后全用公元纪年。志内涉及中华人民共和国成立后事物，简称为“新中国成立后”。青岛大信农工商公司、青岛大信实业有限公司简称“大信公司”“大信实业公司”。

七、本志述及历史上机构、官职、地名及事件名称，一律据史从实记述，使用全称，若重复出现，使用统一简称，在首次出现时加括号注明。

八、人口篇中的统计数字限于世居村民和1970年以前迁入本村而从未迁出的城镇村民和子嗣繁衍至第三代与本村世居女性结婚的入赘者。姓氏限于男性，姓氏人口数字不完全是本村人口，与人口篇数字不一致。人口统计迄于1940—2006年。有族谱的姓氏按迁入年代为序，没有族谱的按姓氏笔划为序，为区别同一姓氏，除亢、闫两姓，其他都注有一“族准人”。

九、本志计量单位：长度以千米、米、厘米。体积以立方米。面积以平方米、土地面积以亩。质量以吨、市斤。

十、本志表格中缺失的数字用空格表示，无统计数字者用“-”表示。

十一、本志资料来源主要取自亢家庄大队、大信农工商公司档案、访问记录、市档案馆、史籍、专著、族谱和报刊。统计数字以统计部门公布兼取业务部门及专题调查数据为准，文中除图片大都不注明出处。

十二、本志人物篇，传略着重记述亢家庄历史上有较大影响的故世人物，以卒年为序。在世人物创造的业绩及最高任职和最高职称在姓氏有影响人物中记述。新中国建立后的村干部述至生产队队长和企业正职。劳动模范及荣誉以市级和市级以上授予称号为准。涉及情节需要集体荣誉可到区级。

十三、本志对有争议或几说并存问题可待考补述。

目　　录

第四篇　人口与姓氏

第五篇 政治、武装

第六篇 经 济

第七篇　教育、文化、体育、卫生

第八篇　社　会

第九篇　人物、荣誉

附　　录

概　述

亢家庄位于青岛市南区东北部边沿，东眺是巍峨俊秀的浮山山脉，西望是葱笼青翠的太平山，南边近在眼前的是浮山所的焦家山西侧，也就是人们通常说的北山顶。越过山脊，碧波荡漾的浮山湾尽收眼底。亢家庄就是在东、西、南三面山丘土岭的怀抱中形成了南高北低、水流北向约1.07平方千米的冲积小平原上。

历史上，亢家庄周边与6个自然村落相邻。村南越过北山顶是浮山所，现址在今香港中路、山东路和江西路、南京路之间；村东1.8千米是田家村，现址在今宁夏路北侧之绍兴路与天台路之间；村西0.8千米是南仲家洼；西北1千米处是北仲家洼，现址在今镇江路南部西侧；正北0.7千米是西吴家村，现址在今山东路、鞍山路和海泊河河北、东岸之间；偏西南1.8千米处是小湛山村，现址为今延安三路西侧仰口路与华严路之间。

明朝初年，张姓一族来此定居建村，不足10户，村名“张家疃”，后子嗣繁衍艰涩。清朝康熙年间早期（1680—1690年），浮山所亢姓九世“应银”由浮山所迁入，子嗣繁衍兴旺。清朝乾隆年间（1776—1786年），闫姓由胶州湾西岸迁入，子嗣繁盛，是村庄第二大姓。此间村庄初具规模成型，由于亢姓占全村人口70%以上，通过公议并报官府批准，于清朝嘉庆年间早期（1800—1810年），将“张家疃”更名为“亢家庄”。清朝道光年间（1820—1830年）浮山所张姓迁入。19世纪末（1898年始起）德国侵略军占领青岛，到处建筑水源地、植物试验场和军事设施，拆迁村庄，有洛姓、于姓、王姓、杨姓相继迁入。此时的亢家庄已扩大到八个姓氏。1924年第一次全市人口普查，亢家庄105户，人口495人。新中国成立后（1949年12月）亢家庄已发展到26个姓氏，213户，769人。2006年全村增加到39个姓氏，629户，1620人。

明朝时期，亢家庄隶属即墨县仁化乡浮峰社。清朝时期，亢家庄仍属即墨县仁化乡，改为文峰社（浮峰山又名文峰山，俗名浮山）。德日侵占青岛期间，亢家庄属李村区管辖。北洋政府时期，隶属青岛市区的台东镇，治安、民事由台东警察署第二分驻所管辖。南京国民政府接收青岛后，亢家庄属浮山建设办事处，治安属台东镇青岛公安局第四分局管辖。日本第二次入侵青岛时期，亢家庄属台东镇总联保办事处，治安由伪警察局台东分局管辖。抗日战争胜利后，亢家庄属浮山区第10保。1949年6月2日，中国人民解放军解放青岛至1954年，亢家庄隶属浮山区浮亢乡。1954至1958年，浮山区被撤消后，亢家庄隶属浮山办事处或浮山街道办事处。1958年，原属浮山街道办事处、辛家庄街道办事处和湛山街道办事处的众多村庄组成浮山人民公社，政社合一，亢家庄为浮山人民公社第二生产管理区。1963年7月，青岛市将原属市南区管辖的浮山人民公社划归崂山郊区人民委员会，其管辖权限只限党政工作和农业生产，社员生活供应、治安、文教卫生仍由市南区管理，人口亦不作为农村人口。1978年12月，浮山公社重新归属市南区。1982年，亢家庄农业户口转为非农业户口，342户，1289人，历史上的农民变为市民。1984年10月浮山人民公社解体撤消，亢家庄归湛山街道办事处。1985年5月，亢家庄生产大队更名为大信农工商公司，社员成为乡镇固定职工。

为适应社会主义市场经济发展，以符合建立现代企业制度要求的“产权清晰，权责明确，政企分开，管理科学”的改革方向，解决产权关系和利益分配关系，对亢家庄大队到大信公司历年留存和所属集体资产，根据《中华人民共和国公司法》和国家的有关规定进行改制，使所有大信公司每位在职和退休社员固定工在集体资产中占有份额应享有所有权、收益权。2004年8月1日成立青岛大信实业有限公司，董事长闫可文。自此亢家庄大队社员固定工既是大信农工商公司的职工，又是大信实业有限公司股东的双重身份。

亢家庄街道居民委员会成立于1954年，管理着村庄辖区有长期户口的非农业人口，主要协助政府搞好各项运动、村中治安、拥军优属、征兵、爱国卫生、社会法治教育、宣传婚姻法、户籍调查、帮助闲置人员就业等。第一届居委会主任王玉美，最初隶属市南区湛山大路街道办事处。现为中共亢家庄社区总支部委员会、亢家庄社区委员会，书记荆彩虹兼主任。大信公司和亢家庄社区现属市南区八大湖街道办事处。

1950年，由浮山所和亢家庄两个自然村组成了浮亢乡，同时，组建了中共浮亢乡支部委员会，亢家庄自此有了党组织，开始沐浴党的阳光。1964年，原浮山公社第二管理区所属之亢家庄经济独立核算后，亢家庄生产大队组建了第一个党支部委员会，党员5人，首任支部书记闫盛福。亢家庄的各项事业在党支部这个核心力量领导下，农蔬业、副业、文教卫生、福利等稳健地向前发展，集体积累不断扩大，社员经济收入及生活水平逐渐提高。1986年，中共大信农工商公司支部委员会成立，闫可文任书记，党组织带领广大干部职工坚定不移地沿着改革、开放的正确路线奋进发展。1991年中共青岛大信农工商公司总支委员会成立，书记闫可文，党员人数增加到43人。党组织从组建开始就坚决执行中共中央各项方针政策，历届干部严以自律，深得群众拥戴，各项工作均位列在前。尤其在中共十一届三中全会之后，党组织率领大信公司干部职工迅速溶入改革开放的洪流，各项事业蓬勃发展。为解决全体村民的住房困难，改善住房条件，自1984年开始经过16年的打拼运作，对整体村庄有计划、有步骤，分期、分批，先分配进住，后拆除旧房，利用滚动式，村民未受易地过度之苦，自筹资金，建立了5个居民小区，建盖了住宅楼21栋，占地102.12亩，旧房拆迁569户，安置新房1026套，至2000年亢家庄村民全部住进了楼宇新居。成功平稳地完成了复杂而艰巨的村庄改造工程。

20世纪前亢家庄地域面积1600亩，可耕地780亩，村民以种庄稼为主。1898年德国强迫清政府签订《胶澳租借条约》，亢家庄沦为德国统治范围。1899年德军在村西修建炮台和军用道路，占用村民可耕地百余亩。从那时起也有了市井，随着城镇化进展，市民蔬菜需求加大，村民陆续粮菜并种，蔬菜收益明显，聪慧的亢家庄人继续扩大蔬菜园地，有一亩园十亩田之说。至1949年青岛解放，亢家庄蔬菜园地已达140亩。1950—1951年冬土地改革结束，成分划定：小土地出租3户，上中农16户，中农33户，下中农17户，贫农51户，雇农4户。亢家庄可耕地551.24亩。其间亢家庄成立农会，第一任主席张仁珍。1956年由浮山所、田家村和亢家庄成立工农联盟高级农业生产合作社，闫盛福为副社长，土地归集体，生产资料估价入社，亢家庄农业人口成为社员。党支部书记闫盛福，大队长亢正和带领一班干部与全体社员同甘共苦，战天斗地，兴修水利改良田大搞农业蔬菜生产，社员收入稳步上升。1962年青岛市政府为确保市民蔬菜供应，将浮山公社划为蔬菜生产基地之一（西流庄、楼山、吴家村和浮山为当时青岛市市郊四个人民公社，简称“市四社”），亢家庄便成为蔬菜专业村，蔬菜土地最多达598.66亩，1979年年交售蔬菜924万斤，有50个蔬菜品种。其中亢家庄种植的西红柿、芹菜等多年来颇受市民喜爱。

从20世纪60年代初，亢家庄大队领导班子就意识到，单靠农、蔬种植改变收入状况是艰难的。亢家庄有着地处城乡结合部位的优势，冬闲时搞起了人力运输、粮食加工等副业，但收入不尽人意。自1966年开始大队改变了经营理念，办起了浮山食品加工厂，经营糖稀加工业务。1969年始起又搞起了钢铁锻造加工厂、钢材冷拔厂，还有其他辅助加工项目。有了队办企业，集体积累大幅增加，社员收入明显提高，令人刮目相看，亢家庄成为远近闻名的富裕村。中共十一届三中全会召开以后，青岛市政府改革开放全面展开，随着城市中心的东移，尤其山东路和宁夏路的贯通，亢家庄大量土地被征用。中共亢家庄支部书记闫可文带领公司全体员工发扬“求实创新，团结敬业”的大信精神，利用政府扶持乡镇企业的优惠政策，抢抓入世新机遇，发挥招商引资优势，推动企业向外向型经济的更高水平发展。先后成立了24个企业单位，其中工业企业4个，联营企业5个，合资企业2个，集体商业4个，商贸企业9个，其中引进世界500强企业英国百安居。建设两个大型商场，建设投入资金15268.8万元。进入21世纪大信公司职工和股东经济层面达到了一个新的高度。

亢家庄历史上有尊师重教的传统，1902年村长亢登悦协同村老办起了私塾教育，设于亢氏祠堂，对亢家庄几代学子完成了启蒙教育，至今对曾在村中任教的先生肃然起敬。1935年在亢氏祠堂、闫家祠堂同时开办公学堂，属浮山所小学分校。20世纪30年代闫世臣考入北平师范大学，开创了周围乡村农家子弟接受高等教育的先河。闫盛慈1957年北京硅酸盐工学院大学毕业，曾被国务院任命为中国建筑材料研究院院长。亢正浩1990年参加中央党校学习，1993年参加中国人民解放军国防大学国防研究系学习，曾任海军青岛基地副司令员。闫沐霖1964年毕业于中国科技大学近代物理系理论物理专业。1987—1989年为中国科技大学教授、博士生导师。至2013年，全村大学毕业生及硕士、博士达281人，有数人享受国务院特殊津贴。亢家庄有闻名乡里的柳腔艺术传承。1917年亢家庄组建柳腔戏班，每年农闲、正月串乡走村演出，最远到过60多里远的崂山深处的青山村、黄山村等30多个村庄。戏班在娱乐乡村生活的同时，更注重传统道德教育，根据剧目剧情传播善待亲友、孝敬父母、和睦乡里和避恶扬善等良好风尚。亢家庄的舞龙艺术也颇为精湛，曾多次参加市、区举办的文艺邀请赛或新春秧歌会并获最佳表演奖和最佳组织奖，多次应邀参加市、区组织的宣传交通安全、计划生育、消防安全等公益活动。1997年8月28日，应青岛市南区友好区——韩国仁川广域市中区的邀请，亢家庄舞龙队15名队员参加了该区的民族文化节。9月2日韩国《京仁每日报》头版用文字和图片报道了亢家庄舞龙队的演出。

历史上，亢家庄有抵御侵略者的光辉经历。明朝前期，亢氏先后有7位先祖在防倭军事重镇浮山备御千户所任管军千户（五品官阶，武德将军），带领军民多次抵御倭寇的侵袭，给后人留传了深深的民族意识，亢家庄村民对侵略者有深深的记恨。德占时期，德国入侵者在亢家庄西岭强占耕地筑建了两座规模巨大的炮台。德日在青岛交战，炮台及周边炮火连天。为扫清射界，清除障碍，亢家庄民房全部被拆除或夷平，高秆庄稼被焚烧，村民弃家外逃，流离失所。事过百年，在村庄改造楼房挖地基时，仍可发现当年战火时的弹皮、铅丸等。日本二次侵占青岛时，强征耕地100多亩建设军用无线电台。侵略者的魔影使亢家庄人难以释怀。1935年12月，身为北师大学生的闫世臣，联合北平其它高校学生，发动、组织和领导了震惊全国的“一二·九”救亡运动，今北京师范大学在校园镂石记载了闫世臣的壮举。抗日战争时期，亢家庄有数人参加国民党崂山抗日游击队与侵略军浴血奋战，村民经常为崂山抗日队伍提供物资支援。亢中珊于1942年春与战友牛宁玉除掉青岛五大汉奸之一的乔智金，是青岛地区抗日战事光辉一例。

党的阳光，时代雨露，使亢家庄发生了天翻地覆的变化，可谓物华天宝，人杰地灵。亢家庄人遵循勤劳聪慧、高尚品德，更加意气风发，决心继续坚持四项基本原则，高举强国富民的改革开放旗帜，沿着建设有中国特色的社会主义康庄大道，实现更加美好的梦想。

大 事 记

明朝

洪武元年（1368年）

全国设十五都指挥使司，“以领卫所番汉诸军”，对卫所的主要规定是：军民分治，民籍属于州县，军籍隶于卫所。军为世袭，平时屯田自给。军户世代相袭，亦兵亦民。

洪武二十一年（1388年）

五月，朝廷设立鳌山卫浮山备御千户所。又称鳌山卫前所（“前”代表军队序列），俗称浮山所。设正五品掌印千户一人。从五品佥书千户一人，又称管军千户。正六品百户一人。同时还设镇抚二员（从六品），教授一员（九品），吏目一员（从九品），仓大使及副使各一员。官署设在城内十字大街西侧街北，占地3亩，在所城外西设校场，占地50亩。

同期

浮山所开始建筑城墙，四周长方形，南北长，东西略窄，周长1.5公里，占地18公顷，高约8米，顶宽约5米，以夯土筑成，外砌青砖，城墙顶用青砖砌成雉堞，东、北、西三座城门，城内十字大街直贯东、西、南、北，城内四边靠城墙中间部位各挖一处大水湾以蓄水备用。

同期

浮山所按照朝廷对卫、所之规定，相继建庙宇：玉皇庙、佛祖庙、三清庙、真武庙（建于城西北）、南阁庙（建于城南墙上中央）、城隍庙（城东南角）、龙王庙（建于燕儿岛上）、关帝庙、马神殿建于城内东北方位，社稷坛建于城外西北处，旗纛祠建于千户所署衙之后，在城内主要街道影壁处建有观音庙、无梁庙、关公庙等。

同期

在南阁庙两侧栽银杏树两株（清代右侧一株夭折），在城西北玉皇庙前栽银杏树东西两株。在城东北关帝庙内栽银杏树一株（至今四株尚存）。

同期

在浮山所同鳌山卫之间修路为官道。

为便利民间商贸流通，确定农历逢四、九为浮山所大集。

因浮山所的千户、百户们每年过了小年（腊月二十三日）便动身去南京给皇帝磕头谢恩，归来时置正月十三日，众百姓要在这天奉行迎接仪式，故确立每年正月十三日在真武庙前举办山会。

永乐元年（1403 年）

浮山所开始建军屯二十五处，其中九处在即墨境内，十六处在平度州东南一带，浮山所屯军户最多，屯田最多。

永乐年间（1403—1425 年）

浮山所在斩山（现湛山）设墩堡，这是浮山所右翼最近的军事据点。

浮山所在麦岛设墩堡。这是浮山所左翼最近的一处军事据点。

永乐晚期（约 1415—1425 年），据传张姓自云南来此建村“张家疃”（后更名为亢家庄），距今达 600 余年。

宣德七年（1432 年）

七月，亢氏三世亢敏（浮山所亢姓第一人）世袭武德将军，调鳌山卫之浮山备御千户所任掌印理事。

正统十四年（1449 年）

正月，亢通（亢氏四世）任浮山所管军千户。

成化四年（1468 年）

二月，亢玜（亢氏五世）任浮山所管军千户。

嘉靖三十四年（1555 年）

九月，倭寇洗劫山东安东卫，入侵日照、诸城沿海及胶州湾，浮山所军士与灵山卫、胶州所之军士联合作战，将倭寇驱赶到领海以外。

万历四十三年（1615 年）

即墨地域大饥，人相食，时疫流行，死亡甚众。

明代自弘治至崇祯末年（1488—1644 年），亢思恭（亢氏六世）、亢儒（亢氏七世）、亢秉忠（亢氏八世）、亢应金（亢氏九世）连续袭封武德将军，任浮山所管军千户。

清 朝

康熙七年（1668 年）

7 月 25 日，郯城发生地震，本地区震感强烈，荡如飘舟，声若大雷。

康熙十一年（1672 年）

五月，复震。“飞蝗蔽天”，农业歉收。

康熙九年至十一年（1670—1672 年）

即墨知县康霖生立土地清丈法，查清农民实有土地，按亩稽税，遏制“田归大户，赋责贫民”的“宿弊”。

康熙十八年至二十八年（1679—1689 年）

亢氏九世祖应银从浮山所徙居张家疃。

雍正十二年（1734 年）

裁撤卫、所，浮山所改为浮山巡检司，负责原浮山所军事控制范围的治安、民事。浙江人章大用任巡检。即墨县境内原浮山所管辖 4 军屯并入即墨（据清同治版《即墨县志》载，明中晚期后，军屯衰落严重，军户大量逃亡，此时即墨县境内 9 军屯只剩 4 处）。

乾隆十三年（1748 年）

五月，旱、蝗、饥、疫并发，农民多逃亡。

乾隆二十四年（1759 年）

六月二十九日，“大风雨一夜，木尽拔、禾更损”。

嘉庆五年至十五年（1800—1810 年）

张家疃更名为亢家庄。

咸丰十一年至十五年（1861—1865 年）

据传，亢殿珂为亢家庄第一位进京赶考的学子，张榜时因误卯，不知是否得中，后朝廷派人送来一顶官帽，不知品级。

光绪二十四年（1898 年）

三月六日，德国强迫清政府签订《胶澳租借条约》，白沙河以南，砖塔岭以西划入胶澳租借地。亢家庄沦为德国统治范围。

光绪二十五年（1899 年）

德军在亢家庄西山和松岚岭开建 2 号与 3 号炮台。同时开凿炮台路和亢家庄西大路。亢家庄被强征土地近百亩。

光绪二十六年（1900 年）

五月二十六日，胶澳地区遭暴雨袭击，风力达 12 级，沿海渔民死亡无数。本村在浮山湾的渔民船队在亢登悦的指挥下未出海，毫发未损。自此亢家庄渔民不再捕鱼。

光绪二十八年（1902 年）

在亢氏祠堂开设私塾，第一批学童共九名，教师是金家岭人马守业。

光绪二十九年（1903 年）

3 月 30 日，胶澳总督发布实行地产法令，亢家庄受其制约。

村民于德祥是第一位走出农耕天地进入青岛啤酒厂（原英、德商人合资开办日尔曼啤酒公司青岛分公司）当工人。

光绪三十二年（1906 年）

即墨南泉镇埠头村李德恒携妻小来村里落户，为外乡人迁徙亢家庄第一人。

光绪三十四年（1908 年）

5 月 26 日，胶澳总督发布《倒弃脏物章程》《倒粪章程》。亢家庄村民受其制约。

宣统二年（1910 年）

年除夕夜大雨，河沟皆溢，为青岛史上所罕见。亢家庄河床被冲塌，洼地遭淹。

中华民国

民国 2 年（1913 年）

民国政府严令男子剪辫，亢家庄多数男人剪去辫子。

民国 3 年（1914 年）

8 月 23 日，日本对德国宣战，日德战争爆发。亢家庄西 3 号炮台为主战场之一。

9 月 25 日，德军紧急通知亢家庄村民连夜搬出，并摧毁全村房舍，村民 480 多人外逃避难。

11 月 6 日，德军中央堡垒（3 号炮台，即亢家庄堡垒）被日军攻破，炮台外围设施全部被毁。

11 月 7 日，驻青岛德军向日军投降，11 月 11 日，日军进入青岛市区。

11 月 16 日，日本侵略军取代德国占领青岛。

11 月底，日本兵排除德国遗留地雷，挖出大小数十枚，集中存放村西北场院上（现澳柯玛立交桥西北）燃点嬉玩，不慎将地雷引爆，炸死日本士兵三人，伤二十余人。

同年冬，日德战争结束后，亢家庄一片废墟，亢登彦第一个重建房屋回迁。后村民陆续回村重建家园。

民国 4 年（1915 年）

3 月 6 日，青岛浮山所公学堂成立。学制五年。浮山所人仲跻成任校长。以孙、仲、胡、苏等姓氏祠堂做教室。高小学生来自浮山所、湛山、辛家庄、亢家庄、田家村和麦岛村。

民国 5 年（1916 年）

由亢登悦领班，王永来为艺术指导，亢家庄柳腔戏班（原称同乐会）正式组成。

同年，日军在青岛开贩鸦片（俗称大烟，日称福寿膏）之禁，毒害中国人，公开招商承办，烟贩日增。亢家庄亢辉仁第一个深受其害。

民国 7 年（1918 年）

6 月，亢家庄亢姓（次支）十五世族人亢殿璋去即墨城赶集，回归时口渴难耐，喝了路边的井水，回家便得了霍乱，传染全家七口人，7 天内死了五口人：亢殿璋及妻子（葛氏）、第二子亢登财的三儿子亢车和第三子亢登源与儿子亢泮。亢登源的妻子（苏氏）及两岁女儿得以幸免。幸亏隔离果断，未危及其他村民。

日本第一次统治时期，日占当局购买亢家庄亢殿璋等 53 名地户土地，订立七款合同契约书，其中规定价款按土地质量上、中、下三个等级定价。地保亢辉仁，首事亢登财。日占当局代表：青岛守备司令官代理民政长官秋山雅之介。

民国 8 年（1919 年）

即墨南泉镇宋敌方携妻小到亢家庄北洼以租地种菜落户。

民国 9 年（1920 年）

青岛农事试验场（设在李村）从北京引进四英萝卜新品种，在三里河（北京玉渊潭）和亢家庄试种，获得成功，后在青岛地区推广种植。

民国 11 年（1922 年）

12 月 10 日，北洋政府收回胶澳，设胶澳商埠李村区。亢家庄属之。

村民闫世臣到浮山所公学堂接受新式教育。

民国 12 年（1923 年）

3 月 1 日，设在李村的原华北农事试验场青岛支场与林务局合并，成立胶澳商埠农林事务所。亢家庄在农林事务所范围。

民国 13 年（1924 年）

2 月，亢家庄柳腔戏首次走出家门到崂山西乡串村唱戏。

5 月，高洪恩任胶澳商埠督办后，决

定将1922年分区地租地税一体豁免，已经缴纳者准于在完纳1924年租税内坐扣。亢家庄属受益范围。

同年，亢登信拥有一辆自行车，村民大开眼界。

同年，亢家庄属台东警察署浮山分驻所管辖，第一次人口普查全村105户，495人，男271人，女224人。

民国14年（1925年）

胶澳警察厅通告全区，禁止男子留发辫，亢家庄男子全部剪掉辫子，女子不再缠足。

民国15年（1926年）

6月，闫世臣为浮山所公学堂第一届高级小学毕业的亢家庄学子。

9月，青岛霍乱流行，死亡167人。亢家庄无疫情。

12月12日，胶澳商埠招领青岛市外农地。市外之台东、湖岛子、东西吴家村、四方、仲家洼、亢家庄、湛山、浮山所、小村庄等处民户，"原有农地昔年经日军设官署发价收买者不少，中国接收后该村民等呈请，按原价收回，自行耕种"。胶澳商埠局第二十一号文，通知亢家庄地户备价领回原政府购买土地。按上、中、下土质类别作价，共57份，合计亩数146.11亩。

民国16年（1927年）

3月11日，胶澳商埠农林事务所委托农民宫成之、张晓峰等人合资经营3号堡垒（亢家庄炮台）以东荒地种植苜蓿（马草），共计42.95亩（德军建炮台时发价占领村民土地，永远成为国有地，即后来苹果园）。

民国17年（1928年）

村民张通胜在亢家庄开小铺（杂货店）为第一家。

民国18年（1929年）

4月15日，南京国民政府接收青岛，改"胶澳商埠"为青岛特别市。亢家庄属之。

7月7日（农历六月初一），亢家庄以亢辉镜（村长）为首组织23人成立戒赌委员会。

棘洪滩人徐根先到亢家庄落户，是第一个作豆腐生意的外乡人。

孙中田（湛山村人）、郭保先（浮山所人）、亢中臣在亢家庄筑建砖混结构红瓦平房，之前民房都是土石构建的草屋。

民国19年（1930年）

9月，青岛特别市改称青岛市，为直辖市。亢家庄属之。

民国 21 年（1932 年）

12 月，青岛市李村区对亢家庄甘薯（地瓜）、小麦等农作物种植及产量进行数据调查。

民国 22 年（1933 年）

青岛市政府计划开辟浮山所、亢家庄、吴家村一带路基（今山东路）。

同年秋，亢家庄人闫世臣考入北京师范大学。是亢家庄第一个大学生。

同年，村民王玉全为美国人在青岛兴办的“知美”洋行老板开轿车。是亢家庄汽车司机第一人。

民国 23 年（1934 年）

第二次人口统计，亢家庄 128 户，共 619 人。其中，女 285 人，男 334 人。

同年，青岛市市长沈鸿烈举办首届“乡老会”，邀请全市德高望重百岁老人参加，亢家庄洛广增老人应邀出席并被授予银杯一樽、手杖一柄作为纪念。时年 99 岁。

民国 24 年（1935 年）

10 月 15 日，青岛市政府决定，在亢家庄荒地栽植柳树，以资点缀风景，后因地层浅薄而植黑松、赤松。

民国 25 年（1936 年）

闫世臣加入中国共产党，为亢家庄新中国成立以前第一个共产党员。

民国 26 年（1937 年）

12 月 27 日，青岛市市长沈鸿烈率海军陆战队 9000 余人撤离青岛。人心惶惶。

民国 27 年（1938 年）

1 月 10 日，日本侵略军海军在山东头登陆，第二次侵占李村，崂山地区、亢家庄再次沦入日军统治下。

同年，村民亢登信拥有一台手摇留声机。

民国 28 年（1939 年）

4 月，青岛特别市教育局为浮山所小学亢家庄分校因学生人数增加需添置桌椅、黑板等教学用具拨款的批文，并附数量及图纸（见附录）。

春，日本侵略军拟在亢家庄东岭（今徐州路 87 ~ 151 号）建无线电台。

8 月 30—31 日，青岛市遭受台风暴雨袭击，发生海啸，死 7 人，损失 1600 余万元。亢家庄作物受损。

民国 29 年（1940 年）

11 月，青岛市台东管界市区乡民供应煤炭冬季取暖。按人口计算，以筐供给，全村 117 户，609 人，204 筐（见附录）。

同年，亢中珊在大康纱厂干保全工，因日本人打中国工人，他手持扳手将日本人打晕后投奔崂山游击队。

同年，侵华日军在亢家庄东岭强行买地 2 万坪（每坪 3.305785 平方米，合 99.27 亩）建航空无线标识所（无线电台）。

民国 30 年（1941 年）

同年，东岭（现徐州路）无线电台竣工，亢家庄借机架通 110V 交流电，村民首次用上电灯。

同年，村民亢中琳拥有一台日产真空管收音机。

民国 31 年（1942 年）

4 月，日本侵略军强化对青岛地区军事占领和控制，西起板桥坊海岸，经西大村、李村、中韩至山东头海岸止，挖掘深 5 米、宽 4 米的"防御壕"，全长 16 公里，沿壕沟要道置设卡子门，严禁战争物资出境，每 100 ~ 200 米筑一碉堡，日夜派兵防守，越壕者，轻则打，重则杀，民众称为"毁民壕"，亢家庄村民被胁迫分批派去挖壕沟。

同年，村民闫盛思在东镇开办铁工厂，为亢家庄第一个民营企业。

民国 32 年（1943 年）

4 月，因国民党青岛保安队（崂山游击队）摊派的鞋（万里牌胶鞋）未能及时送去，村长亢正礼、亢中义被骗到错埠岭村开会被打的半死，后通知本村用小推车接回。

4 月 4 日，村民杨圣礼（前干过崂山抗日游击队）在家里被青岛日本宪兵队抓走。于 10 月被发往日本国做劳工。1945 年日本投降后，于 10 月回国。

7 月 21 日，国民党青岛保安队，在崂山东瀛一带与日本精锐黑须部队激战，全歼日本侵略军。青保队员张仁瑞（亢家庄人）英勇作战阵亡，时年 22 岁，被追授为抗日英雄。

同年，亢中珊干"崂山游击队"时，被日本宪兵队抓捕，经人周旋暂为日本干事，并配备摩托车，是亢家庄第一个驾驶摩托车的人。

同年，闫瑞鸿之妻仲氏患霍乱，不经医治，被日本当局强行拉到今延安路中段南沟日本侵略军设的火化场烧死［时称骯（ang）骨楼］。全村惊骇。

民国 33 年（1944 年）

4 月 4 日，国民党李先良部派亢中珊（亢家庄人）、牛宁玉（大尧村人）两人，将日伪青岛市商会会长乔智金（青岛五大汉奸之一）在王家麦岛与山东头之间击毙于车内。

10月，日本宪兵队获悉亢中珊在**家，结果未抓到亢中珊，抓到于林公和张仁虎，说他俩放走了人，日本人在大街上将两人毒打一顿。

同月，国民党李先良部崂山游击队队员、亢家庄人闫盛寿等4人在大尧村由于奸细告发被日本宪兵抓捕杀害于广东公墓（今双山村西北山）。

民国34年（1945年）

8月15日，日本宣布无条件投降，亢家庄村民欢欣鼓舞。

民国35年（1946年）

1月，地瓜新品种“胜利百号”（亦称一窝猴）在崂山地区推广种植，亢家庄农户开始试栽。其特点：地瓜集中，蔓特少，甜而有面，亢家庄村民大部分种植该品种。后因储存易烂、生疔，逐年退化而停栽。

3月，青岛市在李村、崂东、崂西、夏庄、浮山、阴岛（现红岛）推行保甲制。全市划为十二个区；台东、台西、市南、市北（为市区）及四沧、李村、崂东、崂西、夏庄、浮山、阴岛、薛家岛，共327保，6873甲、122908户、683571人。亢家庄属浮山区第十保，分七个甲。

民国36年（1947年）

4月15日，青岛市浮山区公所关于承租亢家庄委托试验示范果园召开民众大会并宣布投标事宜。

民国37年（1948年）

3月，张仁穆在二号炮台捡到德军留下的炮弹导火帽，以石击打引爆被炸死，时年18岁。

5月，亢正勤、亢中高是青岛宪兵学校毕业学生，被国民党当局临时编入第一批有较高文化的宪兵队。驻南京时亢正勤跑回了家，而亢中高被发往台湾，至今（2014年）尚在而未成家，现已86岁（当时在家结婚仅七天被调走）。

8月14日，青岛地区遭特大雷雨，长达7个小时，亢家庄沟满河溢，房屋倒塌数间，树木刮倒无数，农作物及蔬菜大部分被冲。

国民党军队为补充兵源，大肆拉夫雇丁，亢家庄随国民党军队去台湾8人。

民国38年（1949年）

5月31日至6月2日晨，国民党军队败退前，大肆抓丁拉夫，亢家庄被抓走7人。

6月2日，当日11时解放军部队一个连进驻亢家庄。村民出门欢迎，送水送面饼慰问。

同日，青岛市人民政府成立。

同日，李占先（莱阳人）、马仙桥（平度人）为亢家庄公办初级小学继续留校的教师。

中华人民共和国

1949年

10月1日，中华人民共和国成立。亢家庄村民集中南场院敲锣打鼓、妇女扭秧歌热烈庆祝。

1950年

3月14日，国家颁布《中华人民共和国婚姻法》，废除封建的包办、重婚、早婚、纳妾、蓄婢、童养媳等买卖婚姻，实行男女平等，婚姻自主，一夫一妻制。亢家庄村民热烈欢迎。

8月，亢家庄由闫盛福任组长，王啟荣任读报员，亢正保、于林公、闫盛忠等九人在亢中常家成立读报组，学习新闻、时事，宣传党的方针政策。

9月，青岛市各界人民代表大会召开，闫盛利作为农民代表参加会议。为亢家庄到市级权力机构参会的第一人。

10月，土地改革工作队队长王强（山东福山人）、马瑞芝、王珍（女）三人组成的浮山区公所土改工作组进驻亢家庄，发动群众，宣传、贯彻《土地改革法》，开展清查人口、劳动力、生产工具、丈量土地、经济排查等工作。

秋，根据土地改革运动要求，亢家庄农民协会成立，第一任主席张仁珍，组织委员亢正深，征粮委员亢登信、亢中达，亢正深兼任户口主任。

冬，亢家庄成立民兵组织，第一任武装干事亢中伟。亢正和为第一个民兵队长兼操练员。

同年，亢中传（亢姓十七世族人，在山西省太原煤矿参加解放军）和闫盛扬（闫姓八世族人，在四川参加解放军）作为中国人民志愿军战士参加抗美援朝战争。

同年，由浮山所、亢家庄两个村建立浮亢乡，亢清溪（浮山所人）任乡长，闫盛利（亢家庄人）任副乡长。

同年，村民于德祥在国营青岛啤酒厂退休，是成立新中国以后第一个享受退休养老的工人。

1951年

2月，亢家庄土地改革工作开始，由于工作队坚持党的政策，严格执行《中华人民共和国土地改革法》，界定出身实事求是，划定成份妥当，赢得了干部群众的信任和尊重。1951年冬土地改革结束。划分成分：小土地出租3户，上中农16户，中农33户，下中农17户，贫农51户，雇农4户。

崂山地区广泛开展互助合作运动，亢家庄闫盛福、闫盛思、闫瑞昌成立了亢家庄首个农业生产互助组。

6月25日，亢家庄成立首个村民夜校识字班，不但学习文化，并宣传党的政策、时事新闻。教师有亢中达、王惠贞、刘星堂。亢正浩担任音乐教师。

8月，浮亢乡成立武装委员会，亢家庄宋光敞为第一任乡大队长。

为防美蒋军队空袭，挖防空壕，家家户户在玻璃窗上贴“米”字纸条，防备玻璃破碎伤人。

12月，号召为抗美援朝捐献飞机大炮，亢家庄村民积极投入捐献活动。

1952年

2月，全国开展反贪污、反浪费、反官僚主义的“三反”运动。亢家庄组织20余人的高跷队配合运动，到周围村庄演出宣传。

3月6日12时，美军飞机入侵青岛东部郊区上空，撒布带菌昆虫，亢家庄男女老幼齐行动，大打细菌歼灭战。

6月，刘安福（男）同张淑华（女）遵照新婚姻法，率先响应政府号召实行新式登记结婚。

8月，浮亢乡领导班子调整，乡长仲崇刚（浮山所人），副乡长闫盛利。

秋，由亢中武、亢淑英、闫盛清、赵广善等七家组建了亢家庄第一个土地入股组。

12月，经过土地改革后，青岛市人民政府颁发亢家庄村民土地房产所有证。土地717.57亩，其中可耕地550.39亩，房屋及其他土地167.18亩。房屋769间，其中草房384间，瓦房349间，平房36间。

1953年

3月，中国人民银行发行新人民币，主币10元、5元、3元、2元、1元。新旧人民币折比为1∶10000。

5月，村民芦国秀为亢家庄首位通过卫生部门培训的接生员。

6月，新中国成立后亢家庄第一次人口普查，共212户，949人，男494人，女455人。

7月中旬，青岛市从浮山采石场采掘花岗岩巨石，运送北京，制作人民英雄纪念碑，石长14.3米，宽2.9米，重103吨。运途经浮山所时，亢家庄男女老少前往观看。

◇ 人民英雄纪念碑石料采自浮山，运往北京路过湛流干路

11月4日，青岛市实行粮食计划供应制，亢家庄有长期户口者、郊区机关工作人员、工人、教师和完全不种庄稼的果农、菜农均属计划供应以内。

1954 年

8月25日，青岛市人民政府决定撤销崂山郊区之浮山区建置，原辖之麦岛乡、浮亢、浮西三乡及三合乡之田家村划归市南区。市南区设立浮山办事处，办公地点在浮山所。

10月，通过选举产生新的乡领导班子。胡贞德（浮山所人）任乡长，闫盛福（亢家庄人）任副乡长，苏桂玉（浮山所人）任副乡长，仲伟杰（浮山所人）任文书。

11月，亢家庄街道居民委员会成立（属市南区湛山大路街道办事处），第一任主任王玉美。

1955 年

10月，青岛市浮亢乡农村信用社组建，主任刘鸿琪。

冬，亢家庄农业户成立初级农业生产合作社（雏形），闫瑞平是第一个大队长。

冬，闫瑞平担任初级社大队长时，雇农于凤起是第一个被集体承担养老送终的人。

1956 年

3月5日，青岛市人民政府三届三十八次委员会会议决定，市南区浮山办事处所辖浮西、麦岛两乡七个自然村划归崂山郊区，撤销浮亢乡建制。

4月，由浮山所、亢家庄、田家村三村成立工农联盟高级农业生产合作社，第一任社长戴以爱（田家村人），亢家庄人闫盛福任副社长。亢家庄三个生产大队，第五大队大队长闫瑞平、第六大队大队长亢中亨、第七大队大队长亢正和。

5月，亢家庄大队每日派出20余青壮年到田家村东山援助田家村大队挖苹果树窝。

6月，为解决社员吃菜问题，亢家庄大队划出可耕地为自留地，按户计算，每人0.2分。

9月5日，青岛地区遭遇暴雨，亢家庄降水量269.6毫米。土地、农、蔬受损。

同年，成立高级社以后，闫盛恕、亢爱珍是第一批卫生员。

同年，成立工农联盟农业社以后，亢家庄三个生产大队安装了第一部电话分机。总机在浮山所。

同年，国家实行义务兵役制，陈智是第一个参加中国人民解放军义务兵的村民。

同年，青岛市肥料公司在西大墙下征地建肥料池，台东区的人粪尿集中于此，然后由周边村庄生产队运往农田。

1957 年

1月，隋春浦、刘洪平、薛敬熙、李久太、张其善、史崇光等下放干部进驻亢家庄帮助进行社会主义教育工作，同吃同住同劳动达一年多。

6月16日，青岛市文艺工作者代表大会举行、青岛市文学艺术界联合会成立后，亢家庄恢复柳腔戏，成立工农联盟业余柳腔剧团。

1958 年

1 月 19 日，青岛市召开“除四害，讲卫生”动员大会，全市 40 万人大扫除，清除垃圾，消灭“四害”（苍蝇、蚊子、老鼠、麻雀）。亢家庄村民积极参与。

3 月，亢家庄大队派出 20 余名男劳力援助浮山所大队在焦家山北建修工农联盟社第一座水库。

◇ 1958 年亢家庄、浮山所联合在焦家山北修建的水库遗址

4 月 3 日，青岛市人民政府决定：崂西区所辖之丁家庄、辛家庄、大尧村、逍遥村、田家村、亢家庄划归市南区。

9 月 14 日，成立东风人民公社。原工农联盟社（浮山所、亢家庄、田家村）、海防社（辛家庄、丁家庄、大尧村、逍遥村）、五一社（湛山、小湛山）三个农业合作社、湛山渔业合作社一同加入。

9 月 29 日，青岛市钢铁大会战开始，全民参加大炼钢铁。亢家庄 20 余辆小车夜晚从六号码头运矿石，从京山石场向楼山后钢厂运送石子，建高炉。

9 月，在闫盛福的带领下，向土地要粮，在吴家洼八亩地地片掀起深翻土地高潮，由十八位强壮男劳力组成的突击队，一天深翻（40 厘米）3 亩多，受到公社领导赞扬，给予“十八勇士”称号。

10 月，青岛市“大跃进”开始，刮共产风，“组织军事化”，“行动战斗化”，“生活集体化”，大办食堂，以生产队为单位，各家到食堂领饭回家就餐。1960 年停办。

秋，大兴密植风，亢家庄大队对小麦密植试种 30 余亩。来年麦苗长势过旺，密不透风，无奈，间隔除苗。

秋，亢家庄成立托儿所，负责人王玉真。

秋，亢家庄支援修建大尧水库。

冬，青岛市话剧团、歌舞团一批文艺工作者到亢家庄与社员“三同”（同吃、同住、同劳动），在他们的帮助下，提高了农村业余文艺表演水平，活跃丰富了农村文化及群众的精神生活。

1959 年

1 月，青岛市东风人民公社改称浮山人民公社。亢正和为亢家庄生产大队大队长。

1 月，农村人民公社体制调整，将一级核算体制改为以小队为核算的三级核算形式。亢家庄实行二级核算（以大队为核算单位）。

同年秋开始，亢家庄大队全面开展

深翻土地、调整地片工作。

同年，青岛市浮山人民公社队办小学成立，校长亢中夏（亢家庄人）、詹仁忠（浮山所人）。

1960 年

1 月 8 日，中共崂山区委召开会议纠正“高指标、瞎指挥、浮夸风和共产风”问题。

2 月，青岛市进行扫盲和业余教育、开展全民学习普通话，亢家庄成立了两个扫盲班，分四批完成。高小班一个，初中班一个，高小和初中班学习普通话。教师亢中夏、亢正身、亢正鼎、亢正温、刘殿濬。

3 月，亢家庄大队民办小学开学，学生 21 人，负责人闫可太，教师王玉琴。

4 月 6 日，青岛市浮山人民公社由基本队有制过渡到基本社有制，试点工作结束，浮山人民公社成为全省唯一实行一级核算的人民公社。

4 月，浮山人民公社管理委员会成立，先后任主任的是张庆官、孙丕凤、李景邦、王光瑶；副主任孙凤文、张云焕、侯儒生、闫盛福（亢家庄人）、丁正凤、王世纲、朱和亭、陆正绩。

4 月，闫盛福担任第二管区（浮山所、亢家庄、田家村）第一任管委会主任。

浮山生产大队（二管区）成立民兵营，亢家庄亢中泰为第一任副营长，并兼任亢家庄第二民兵连连长。

10 月 24 日晚，浮山所村民王宏亮（25 岁）、王立凤（44 岁）、亢家庄村民丁占臣（31 岁），用橹船在浮山湾黑石澜前（今五四广场海域）钓鱼，突被强风吹向远海，漂泊六天七夜，以鱼饵充饥，以顽强精神支撑，中国人民解放军北海舰队曾多次出动飞机、舰艇搜救无果，后被潮连岛驻军救起。

10 月，青岛市对卷烟、肥皂、火柴等生活商品实行定量供应。

11 月，由于“大跃进”“人民公社”“总路线”三面红旗的影响及“反右倾”等“左”的错误，加之自然灾害，粮食大幅减产，人均年口粮 185 斤。

11 月 2 日，根据中共山东省委批示，开展生产救灾。亢家庄村民热烈拥护，积极行动。

同年，亢家庄除生产自救外，又被确定为供应青岛市居民蔬菜基地之一。

1961 年

1 月 8 日，亢正果（亢家庄人）、时梅香（即墨王村人）两人在青海支边时结婚，是第一对被批准回乡务农青年夫妇。

4 月 19 日，亢家庄崔洪锡当选青岛市四届人大代表。

5 月 8 日，亢家庄开展城市增产节约和农业增产运动。

9 月 7 日，暴雨成灾，8 小时降雨 260 毫米，亢家庄受灾严重。大队组织青壮劳力到大尧为水库排水一夜，险情排除。

1962 年

3 月 25 日，中共浮山生产大队支部改选，亢家庄亢淑英为该支部委员。

同年，浮山人民公社为全公社社员每户装上小广播喇叭，全体社员第一次集体收听国家及地方广播。

1963 年

3 月 5 日，毛泽东和国家领导人为雷锋同志题词。亢家庄开展向雷锋同志学习的热潮。

4 月 18 日，青岛市南区组建基干民兵组织，并配发武器，浮山公社组建基干民兵连，浮山生产管区组建一个基干民兵排。下设四个班，配备武器：重机枪一挺、轻机枪两挺、步枪 11 枝。亢家庄 1 个班，配备步枪 2 支。

下半年开始，市南区对浮山公社开展“清帐目、清仓库、清财务、清工分”的“四清”运动。亢家庄进驻工作组帮助搞“四清”运动。

7 月 5 日，中共青岛市委决定：浮山人民公社划归崂山县。划出后，其生活供给、社会治安、文教卫生、户籍管理工作仍归市南区政府管辖。

9 月 12 日，亢家庄崔洪锡当选青岛市五届人大代表。

10 月，村民王淑英响应计划生育号召，为亢家庄首例在台东医院做了避孕手术。

10 月，亢家庄大队在第一小队开凿第一个大型机井，直径 9 米，深 14 米。

11 月，亢家庄大队为增加社员收入，搞运输副业，向城建部门运送砂石，支援城市建设。

12 月 16 日，青岛市人民委员会实施市南区浮山人民公社划归崂山县代管（1979 年 1 月又复归市南区管辖）。

1964 年

2 月，亢家庄村民由吃井水改为吃自来水。

3 月 25 日，中共亢家庄大队支部委员会成立，闫盛福为第一任支部书记。

3 月，亢家庄大队第一批就业于青岛市饮食服务公司“农转非”3 名社员：徐立亮、洛开家、陈洁。

4 月，村民洛敦华故世，家人用地排车送到青岛市殡仪馆，是新中国成立后亢家庄第一个实行火化的人。

6 月，由山东军区和山东省体育局举办的首届“山东省民兵射击大比武”比赛中，村民汪淑芝（青岛粉末冶金厂职工）荣获小口径步枪一等奖，时年 20 岁。是亢家庄乃至浮山公社第一个获得省级荣誉的村民。

6 月 30 日，亢家庄进行第二次人口普查。全村 288 户，人口 1402 人，其中男 714 人，女 688 人。

7 月 18 日，青岛市受暴雨袭击，市区平均降水 123 毫米，崂山县平均降水 181 毫米。亢家庄受灾。

秋，亢家庄大队组建建筑队，负责人亢中茂。

10月，青岛市实行计划生育，号召已有三个孩子的夫妇实行节制生育，1975年号召一对夫妇只生两个孩，1980年要求一对夫妇一个孩。至1985年基本实现一孩化。

11月，中共山东省委城市社会主义教育青岛工作团组成。“四清”工作组进驻亢家庄，成立“贫下中农协会”，简称“贫协”。第一任主席秦元祥。

同年，亢家庄大队第二小队第一次试种西红柿成功，翌年在三个园业队推广。由于品种好，水土适宜，口感爽，颇受市民欢迎，岛城有名。

1965年

10月，中共山东省委批准：中共青岛市委崂山县四清工作团组成。“四清”（清经济、清政治、清组织、清思想）工作队进村，队长许衍双。白天生产，晚上学习文件搞运动。

11月20日，亢家庄18个家庭第一次接受国家“城市社会救济补助”，共124.40元。

1966年

3月20日，亢家庄崔洪锡当选青岛市六届人大代表。

4月，在“四清”工作队和队委会商讨下，第一次批可耕地为贫下中农蓝京涛建盖私房。

6月2日，亢家庄大队制定第一份生产财务管理制度。

6月19日，“文化大革命”开始，亢家庄“四清”运动中断。

6月28—30日，崂山县张贴大字报45万多张，亢家庄348张。

7月，亢家庄开始破“四旧”（旧文化、旧风俗、旧思想、旧习惯），宗谱、族谱、旧书籍及亢家庄柳腔剧团全部戏装被集中大队部院内悉数焚毁。

8月1日，青岛市崂山县浮山人民公社副社长、中共亢家庄大队支部书记闫盛福因患重病医治无效在崂山县医院逝世。隆重举行追悼大会。崂山县县长车迈、区委组织部长兼公社党委书记梁春成、社长王光瑶、党委副书记张庆官等领导与亢家庄大队全体社员参加追悼大会。

8月15日，“四清”工作大队党委、中共浮山公社委员会联合发文“关于在全社范围内开展学习闫盛福同志的活动的决定”。

同年，村民李盛昌自己组装了全村第一台矿石收音机。

同年，为解决大型深水机井石料，成立采石队，在亢家庄东北大湾采石砌井用料共计4485立方米。

同年，亢家庄开始搞糖稀加工副业。是由传统单一的农业经营向多种经营发展的一个重大突破，自此走上了以副养农的经营渠道，打破了多年的农村经济结构。

1967 年

3 月，“亢家庄大队革命委员会”成立。张作山被浮山公社革委会任命为主任。

4 月 26 日，亢家庄大队成立卫生室（合作医疗），首任负责人兼卫生员洛秀文。

5 月，中国人民解放军三支两军（支左、支工、支农、军管、军训）进驻亢家庄。

1968 年

春，中央号召“深挖洞”“广积粮”，亢家庄掀起家家挖防空洞高潮。

同年，在三忠于的活动中，到处悬挂毛主席像，写毛主席语录牌，人人佩戴毛主席纪念章。每天上、下班前后向毛主席“早请示”“晚汇报”。掀起大学毛主席著作、背毛主席语录、唱毛主席语录歌和学唱革命样板戏热潮。

同年，亢家庄大队办公室装第一部自动电话，号码为 62696。至今仍在使用（85822696）。

1969 年

5 月，亢家庄大队实行合作医疗制，全大队医疗费统筹使用。

11 月，亢家庄大队创建第一个金属锻造加工工业企业——青岛市市南区浮山人民公社亢家庄大队锻造厂（后改为青岛浮山锻造厂），厂长亢中泰。

1970 年

11 月，浮山公社投资 360 万元，组织各大队人员到莱阳路、大学路、延安三路一带铺设污水管道，将污水引至田家村水库、逍遥水库，灌溉农田，亢家庄大队还负责在旧二号炮台北建造一个 1000 余平方米的储水池，专供亢家庄大队，历时三年，后因污染停用。

同年，亢家庄大队第二批就业于交通部青岛北海船厂的社员 14 人（闫盛起、亢继顺、闫梅华、洛本跃、丁占德、亢正清、亢继贤、汪洪顺、亢正梅、赵明玉、亢正础、逄增全、亢正祥、于德胜），青岛整流器厂 1 人（亢正龙），青岛乳胶厂 6 人（亢翠莲、亢正家、闫建美、张作宸、王启亭、亢坤英）。

1971 年

年初，亢家庄大队民办小学扩大校舍，学校占地 418 平方米，已发展到六个教学班，学生 159 人，亢秀珍为第一任校长。

3 月，亢家庄大队拥有第一辆三轮叭嗒吧平板车。刘星堂是第一位驾驶员。

10 月，传达中共中央关于林彪反党集团的文件，亢家庄大队、各小队、亢家庄居委会随即对其叛国罪行进行批判。

1972 年

11 月 1 日，崂山县委召开干部会议，动员开展“农业学大赛”。亢家庄大队干部、社员积极行动。

同年，亢家庄大队、亢家庄居委会联合组织宣传计划生育政策。

1973 年

4 月，亢家庄大队拥有了第一辆 195 型四轮带斗拖拉机，第一位驾驶员汪洪仁。

冬，亢家庄大队响应党和国家号召，全面实施“农业学大寨”。

12 月，亢家庄大队从上海购进手扶拖拉机一部，对改善农耕、运输起到了很大的作用。驾驶员刘序山。

1974 年

2 月 4 日，青岛地区发生地震，波至崂山，亢家庄有明显震感。

同年，以刘宗志为队长兼教练的浮山公社篮球队获省农民篮球比赛冠军，村民杨孝书为球队主力队员之一。

1975 年

9 月，“农业学大赛”大干快上，全村社员会战在东南岭，填沟平阡造田 45 亩。至此，亢家庄大队自 1959 年开始对 480 亩土地和沟渠进行调整，由入社时的 550 亩增加到 650.46 亩。

10 月 13 日，亢家庄暴雨成灾，降雨 147 毫米。

同年，亢家庄大队拥有了第一辆 4 吨解放牌汽车，第一位驾驶员汪洪仁。

同年，亢家庄妇女主任亢淑英在青岛市纪念“三八”妇女节大会上作重点发言。

1976 年

1 月 8 日，周恩来总理逝世，亢家庄村民自发地开展悼念活动。

7 月 6 日，朱德委员长逝世，村民深感悲痛。

9 月上旬，接上级预防地震通知，村民携幼扶老纷纷到户外防震。

9 月 9 日，毛泽东主席逝世，亢家庄大队在大队部院内自设吊唁会场，各生产队扎花圈举行吊唁活动，沉痛悼念一代伟人逝世。

10 月，亢家庄热烈欢呼党中央粉碎“江青反革命集团”（王洪文、张春桥、江青、姚文元）的伟大胜利。

1977 年

3 月，亢家庄大队制定生产管理制度，管理逐步走向规范化。

6 月 18 日，亢家庄大队出工 30 多人支援崂山书院水库大坝合龙工程至竣工。

6 月，亢家庄大队购置五台电子管黑白电视机。供社员业余时间观看电视节目。

8月10日，《青岛日报》载：青岛久旱无雨，严重缺水，崂山水库贮水量仅剩142万吨（青岛日送水量为11万吨）。亢家庄旱灾严重。

9月，亢家庄大队实行社员合作医疗，年终结算。

10月，大旱，粮食减产，部分农作物绝产。

1978年

9月30日，青岛市南区浮山人民公社制定了《关于实行年老丧失劳动能力社员退休制度的暂行规定》，男满60周岁，女满55周岁，并根据劳动年限、贡献大小分为三等，均可享受退休金待遇。当年社员刘云斌第一个提出书面申请。

11月17日，根据公安部指示，全国摘掉“四类”分子的帽子，恢复其公民身份。亢家庄一名摘掉帽子。

12月，亢家庄大队第一批退休社员共64人，其中男18人、女46人。

1979年

3月，依据中共中央指示，地主、富农改称社员。

4月，亢家庄大队在泰州路19号成立青岛浮山冷拔厂，厂长亢中泰。

7月28日，青岛市房产管理局经市建委同意征用亢家庄东北崖土地1.8万平方米建周转房。

1980年

10月19日傍晚，青岛市风雨、冰雹大作，历时半小时，降雨67.8毫米，局部积雹厚160毫米，最大风速达31米/秒，亢家庄受灾严重。

12月，亢家庄自1963—1980年做防孕手术共计128人，其中女性126人，男性2人。

1981年

大旱，亢家庄十三口机井水位急剧下降。

1982年

4月，青岛市修建山东路（初称井岗山路），北起重庆路（原小白干路），南止东海路，全长5.18公里，道宽40米（规划52米），快道19米，慢道各5米，人行道各4.5米，绿化带各1米，总面积21万平方米，占地311亩，征用可耕地235亩。征用浮山公社土地122.75亩（其中，亢家庄98.4亩，浮山所24.35亩）。

6月30日，亢家庄第三次人口普查。共计388户，总人口1480人，男733人，女747人。

8月17日，青岛市政府正式命名原井岗山路为山东路。

11月1日，亢家庄农业户口转为城镇户口，342户，总人数1289人，男

639 人，女 650 人。

同年，大旱。

1983 年

5 月 23 日，闫可文任中共浮山公社亢家庄大队党支部书记，副书记闫盛奎，委员亢正福、亢淑英、崔洪锡。

9 月 30 日，山东路竣工通车。青岛市公交公司 33 路公交线经由山东路。

11 月 10 日，闫盛慈由国务院总理赵紫阳任命为国家经济委员会建筑材料科学院院长。

同年，村民张鸣拥有全村第一台 14 寸彩色电视机。

1984 年

4 月 12 日，亢家庄大队在泰州路自建三幢宿舍楼开工。

5 月 16 日，青岛市长途通信枢纽工程举行奠基典礼，同年 9 月动工，总建筑面积 18248 平方米，为青岛市重点工程。征用亢家庄大队土地 18 亩(位置大南洼)。

5 月，中央、国务院批准青岛在内的 14 个沿海开放城市。亢家庄属青岛市政府主要开发地段之一。

6 月，亢家庄大队与青岛服装一厂联营成立青岛服装一厂分厂，厂长李智。

8 月 19 日，亢家庄大队成立大信商行，经理闫盛惠。

9 月，亢家庄大队成立山东路百货批发部，经理刘安贵。

9 月，青岛市市南区湛山街道办事处成立，亢家庄大队隶属，马永泉任书记，闫可文任党委委员。王继明任主任。

10 月 7 日，青岛市南区委（84）73 号文件，撤销浮山人民公社。

10 月，亢家庄大队拥有第一辆日产丰田面包车，驾驶员闫可斌。

同年，村民汪洪君拥有第一辆私人摩托车（重庆嘉陵无极变速）。

同年，青岛市政府修建宁夏路，征用亢家庄土地 47.33 亩。

1985 年

1 月 10 日，亢家庄大队成立工业办公室，主任亢正福。

3 月 15 日，亢家庄大队成立大信花卉园艺场，经理刘浩世。

5 月 1 日，浮山人民公社解体，亢家庄大队更名为青岛大信农工商公司。

5 月 17 日，大信公司成立青岛热工机械厂，贺儒林任厂长。

8 月 18 日，九号台风袭击青岛市，最大风力达 11 级以上，连降暴雨，两天总降水量 254.6 毫米，冲垮护坡，刮倒树木，房屋倒塌，冲毁农田。青岛浮山锻造厂锻造车间屋面损失严重，维修过程中，瓦面断裂，职工刘序凌坠下，造成下瘫致残。

9 月 4 日，崔洪锡任大信农工商公司经理，夏洪斋任副经理。

秋，亢家庄第一批村民（社员户）喜迁泰州路 9、11、13 号楼房，共 125 套。

1986 年

6月3日，亢家庄小学并入镇江路小学，部分教师回公司另行安排工作。

7月，大信农工商公司成立东信大酒店（宁夏路），经理亢正明。

同年，大信农工商公司第一次对亢家庄居民发放私有房屋土地证书，共230户。

1983—1986年，青岛市政府及机关11个单位在小南洼、大南洼、西南圻征用亢家庄大队土地191.52亩，为解决劳动力，给予社员就业共285人。其中，青岛工商银行13人，青岛农业银行30人，青岛邮电局36人，青岛橡胶六厂35人，石油管道局44人。其他38个单位127人。

1987 年

2月，青岛市市南区农工商经济工作委员会成立，办公室设于浮山所，辖七个公司，市南区副区长王丹兼主任，刘宗志为副主任，大信农工商公司归其领导。

3月15日，亢继清任青岛大信农工商公司经理。

4月26日，大信公司第一次组织退休职工35人到北京旅游。

9月，大信农工商公司与青岛乳胶厂联合成立联营厂“青岛乳胶厂分厂”并投产。第一任厂长牛忠光。

12月31日，亢家庄颁发居民身份证。

同年，村民闫盛明拥有全村第一台钢琴。

1988 年

3月，亢家庄居委会改组：亢南居委会主任亢淑英；亢北居委会主任崔洪锡；泰州路居委会主任亢正和。

6月12日，大信农工商公司在青岛浮山锻造厂大院举办首次职工运动会。

7月，中华人民共和国中央军事委员会授予亢正浩少将军衔。

12月11日，大信农工商公司与山东省纺织研究所合办科大针织厂，法人代表曲培基。

同年，闫可文任中共青岛大信农工商公司支部委员会书记兼经理。

同年，中共大信农工商公司支部书记闫可文荣获山东省“优秀农民企业家”称号。

1989 年

3月，宁夏路拓宽补征亢家庄段土地11.33亩，7月27日工程正式动工。

8月1日，亢家庄加油站正式开业。经理闫可文，副经理闫盛恕。

9月，大信公司第一次开展专业职称评聘，经考核18人合格颁证，其中高级经济师1人，助理会计师8人，助理经济师8人，助理会计员1人。

9月，闫沐霖成为中国科技大学物理系博士生导师，是亢家庄第一人。

1990 年

1 月 5 日，大信农工商公司与青岛钢厂联营企业“青岛钢信五金厂”成立投产，法人代表张钧国。

3 月 20 日，大信公司职工亢正培当选青岛市市南区人大代表。

9 月，大信公司劳动经济管理专业培训班开学，聘请青岛职工大学教师任教，公司机关人员、各企业厂长、副厂长、主管会计共 36 人参加，学制 1 年半。

12 月 4 日，青岛市市南区批准亢家庄旧村改造，这是青岛市唯一实行自主改造的都市村庄。改造拆迁的范围：宁夏路以北、以南，山东路以西的亢家庄全部地域。

同年，大信农工商公司拥有第一辆桑塔纳轿车，驾驶员汪洪仁。

1991 年

1 月，大信公司成立青岛市市南区塑钢门窗厂，厂长宋思江。

6 月 13 日，在海军潜艇学院举行青岛大信农工商公司职工田径运动会。

7 月 23 日，组建中共青岛大信农工商公司总支委员会，第一任书记闫可文，下设四个支部，分别是：服装厂支部副书记于福胜；锻造厂支部副书记宋思江；街道支部（居委会）书记亢淑英；公司机关支部副书记荆朋森。

7 月，大信公司在泰州路 21 号成立青岛康乐卫生保健用品厂，厂长张巨波。

1992 年

1 月 23 日，宋淑华任青岛大信农工商公司妇女主任。

3 月，大信公司劳动经济管理专业培训班修业期满，通过考试及格，准予毕业。由青岛市总工会、青岛职工大学联合颁发“青岛市成人高等教育专业证书”。

5 月 3 日，中共青岛市委、市政府决定，加快青岛市区东部的开发建设，在 2—3 年内建成一个集机关团体、商业购物、金融贸易、文化娱乐、旅游设施和高级别墅、公寓等多功能、现代化新的政治、经贸、文化中心，并以此带动整个城市的建设发展。至 1995 年，有八个单位征用亢家庄土地 117.83 亩。

7 月，大信农工商公司在山东路成立大信经贸公司，经理亢继庆。

10 月上旬，青岛市第一次招标出让山东路中段亢家庄土地 6294 平方米为国有土地使用权，青岛华宇房地产开发有限公司中标。

1993 年

1 月（农历正月十二至十五日），参加青岛市南区第四届春节元宵秧歌会，大信公司与亢家庄居委会组织，演员 80 余人，组办了秧歌、旱船、杂耍、舞龙等表演队，到青岛市人民会堂、青岛市南区政府、北海舰队驻军、体育广场、纺织疗养院、航务二公司、青岛孚德皮鞋厂、青岛衬衫厂、海天大酒店等地演出40多场次。

2月25日，大信农工商公司成立大信建材装饰公司，经理亢继庆。

3月5日晚，青岛大信农工商公司职工孙吉云（女）在宁夏路与亢家庄通往村北的交叉路口上不幸被货车（青岛第三仪器厂）辗压身亡，时年65岁，噩耗传开后，村民悲痛不已，吊唁活动延续几天。

6月24日，大信公司成立大信公司基建科，闫可文书记兼任科长，亢继清任副科长。

7月12日20时，青岛市遭受暴风雨袭击，青岛大信农工商公司企业青岛山东路百货批发部仓库被淹，直接经济损失35万余元。

9月29日，由大信农工商公司出资，以下属企业青岛市市南区塑钢门窗厂为甲方，香港合兴公司（以设备出资）为乙方，双方投资成立第一个合资企业“青岛华艺建筑材料有限公司”。董事长闫可文，香港合兴公司杨学忠为副董事长，总经理亢正福，副总经理牛忠光。

同年，村民亢正庆拥有第一辆苏式“拉达”轿车，经营客运出租业务。

1994年

2月22日（正月十三日），亢家庄亢正深之父亢中规去世，享年100岁。

12月22日，青南政发（94）122号文确定，亢家庄旧村改造是区政府确定的1994年为群众要办的十件实事之一。

12月22日，青岛市市南区成立“亢家庄旧村改造指挥部”，副区长姜岱积任指挥，闫可文任副指挥兼办公室主任。

1995年

12月14日，亢家庄旧村改造指挥部下发《关于亢家庄旧村改造工程房屋拆迁安置补偿办法》。

12月20日，亢家庄旧村改造指挥部下发《关于亢家庄旧村改造工程房屋拆迁安置补偿办法的补充规定》。

1996年

1月，在海军潜艇学院礼堂召开旧村改造拆迁动员大会。

4月，大信公司在山东路38号成立青岛大信冷暖工程中心，经理刘正寿。

5月，为绿化浮山，亢家庄村民将大尧东山、北山亢家庄所属坟头全部迁移、平埋。

7月1日，大信农工商公司全体社员职工第一次享受按青岛市在职职工工资制度的国家工资待遇。结束了长达40年的工分分配制度。

8月3日，闫世臣突发心脏病，抢救无效在天津逝世，享年84岁。中共中央政治局常委、全国政协主席李瑞环及天津市主要领导干部参加追悼会。

1997年

1月，大信公司开始每年对在职职工和退休职工春节前发放副食品（俗称“年货”）。

7月1日，大信公司和亢家庄居委会自编文艺节目，联合举办汇演大会，组织民众热烈欢迎香港回归祖国。其中，大信公司以柳腔戏形式自编剧目《婆媳二人话回归》，在市南区庆祝香港回归汇演中获创作二等奖，表演三等奖。编剧宋淑华，演员亢美芳、孙秀云，大信公司乐队伴奏。

7月，大信公司在泰州路23号成立青岛普马密胺制品厂，厂长鞠宗磊。

8月28日，经韩国仁川广域市中区（与青岛市市南区为友好区）举办的文化节的邀请，由青岛市市南区副区长单强炜、市文化局局长聂申梅和青岛大信农工商公司荆朋森、宋淑华及15名舞龙队员（八男七女）组成了中国青岛市市南区访问团赴韩国参加表演。受到韩国民众及媒体大力赞扬。这是大信公司舞龙队第一次走出国门、宣传公司文化的一大创举。

10月，大信公司开始每年农历九月九日（老人节）对退休职工发放礼物及副食品。

12月，大信公司对旧村改造后各新建住宅小区进行管理，成立“青岛市市南区亢家庄住宅小区物业管理中心”，驻地设在金坛路16号（现扬中支路小区），经理荆朋森。

1998年

1月，大信公司开始每年对80岁以上的退休职工年终发放礼品。

8月12日，青岛市人民政府决定山宁立交桥工程建设，征用亢家庄土地60.18亩。该工程沿宁夏路长767.04米，沿山东路长520米，采用两座主桥，四座引桥，两座人行天桥及引道、匝道相结合的大型三层“苜蓿叶”互通式立交形式，工程拆迁面积1.8万平方米，总投资17959万元，其中工程投资6328万元，拆迁费用7030万元，于1998年9月开工，1999年12月完工。

8月19日，长江流域发生百年不遇洪水灾害，亢家庄全体职工及公司捐款30685元。

1999年

3月16日，青岛市南区动迁办公室与亢家庄旧村改造指挥部联合下发《致亢家庄被拆迁居民的一封信》，对拆迁安置工作中的政策法规、实施办法作了详尽的说明、宣传。

12月20日，亢家庄村民热烈欢迎澳门回归祖国。

2000年

1月，亢家庄旧村改造工程全部竣工。

9月，大信农工商公司书记兼经理闫

可文入选青岛市劳动模范名录《群英谱》。

2001年

11月，大信农工商公司书记兼经理闫可文到北京参加全国创业之星经验交流表彰大会，11月25日受到党和国家领导人接见并合影留念。

2002年

5月，大信农工商公司在亢家庄原址（百安居商场东南角）耸村志石碑一尊，坐西面东，碑首凿刻榜书“亢家庄”，碑阴凿刻简志。碑体宽2.3米，厚0.7米，高3.25米，达12.7吨。碑座长3.75米，宽2.18米，高1米。总高4.25米。

7月，大信公司在泰州路19号与青岛瑞达中学（后为青岛九中分校）建立租赁关系，校舍3层楼，建筑面积3996平方米。

2003年

2月，大信公司建于山东路38号两层大型商场竣工，总建筑面积21346平方米,占地24282.36平方米(36.46亩)。

3月11日，大信公司开始着手编纂《亢家庄志》，并组建专门班子。

3月21日，大信公司与世界500强英国B&Q公司（经营装饰建材）建立租赁关系，“百安居”开业。

6月6日，青岛民康皮肤病研究所租赁大信公司在原青岛呢绒制衣厂大楼（泰州路17号）成立东方医院开业。

2004年

8月1日，青岛市大信农工商公司体制改革筹备委员会，召开青岛大信实业有限公司第一次股东大会（在青岛市工商银行二楼会议室），有296名股东参加大会（实有307名股东）。全体与会股东以全票通过实行股份制改革。

同日，大信农工商公司党总支书记兼经理闫可文当选青岛大信实业有限公司董事长，亢正嵩、宋淑华、荆朋森、夏洪斋当选为董事。

同日，亢继进当选青岛大信实业有限公司监事会主席，闫盛奎、张梅生当选为监事。

2005年

1月，青岛大信实业有限公司对股民第一次分配股利，股值0.045元/股。

2006年

6月，大信公司在崂山区上藏村市南科技工业园购地15651平方米（23.5亩）建筑二层楼，建筑面积6463.5平方米，与美国艾丝莱特按摩床有限公司建立十年租赁关系。

2007年

6月29日，青岛大信实业有限公司与泰国正大集团建立易初莲花超市租赁项目房屋建设正式开工。

11月27日，闫可文、亢继进、亢正嵩、荆朋森、亢玉霞当选中共青岛大信农工商公司新一届总支部委员会委员，闫可文为总支部书记，亢继进为副书记。

2008年

3月22日，青岛大信实业有限公司第二届股东大会第一次会议，换届选举产生第二届董事会、监事会成员。闫可文、亢正嵩、荆朋森、亢继辉、亢祝爱当选董事会成员，闫可文当选为董事长。亢继进、亢继庆、张梅生当选监事会成员，亢继进当选为监事会主席。

7月21日，大信公司组织20多名职工、代表参加青岛市奥运火炬传递活动。

11月24日，大信公司为泰州路9、11、13号楼122户村民办理集体房屋产权过户。

2009年

4月1日，市南区统计局副局长孙祥奎到大信公司挂职，担任中共青岛大信实业（农工商）有限公司总支部委员会副书记、副经理。

8月12日，青岛大信实业有限公司与青岛乐天超市有限公司签约合作项目。当日下午大信公司与易初莲花超市正式解除合作合同。

2010年

2月3日，青岛大信实业有限公司与百安居建材装饰有限公司签订正式租赁合同。

2011年

8月，大信公司在山东路36号建筑大型商场竣工，建筑面积33744.52平方米，三层，占地18621.36平方米（27.96亩）。与韩国乐天集团建立20年租赁关系，商场名称为“乐天玛特”。

8月，大信实业有限公司在“乐天玛特”商场东北方位坐西面东立石碑一座，碑首（面东）凿刻榜书“大信”，碑阴（面西）凿刻“大信今昔”简志。碑体长4.2米，厚1.2米，高2.2米，达30.5吨。碑座长4.76米，宽2.05米，高0.5米。石材为崂山花岗岩。

2012年

3月31日，位于山东路36号，大型超市“乐天玛特”隆重开业。

亢家庄志
KANGJIAZHUANGZHI

第一篇　建　置

亢家庄的历史比较悠久。明朝永乐年间晚期，张姓来此建村，随着亢、闫及其他姓氏的相继迁入，人群聚居渐多，发展至今，已近600年。

村庄位置在山东路南段西侧。20世纪80年代中期形成最大规模，南北长约630米，东西平均长约150米。1984年青岛市政府修建宁夏路将村庄分隔为南北两大聚落。此后青岛市开始政治经济中心建设东移，大量征用亢家庄土地。随着境域的演变、村落的改建、经济的腾飞、改革的深化、开放的扩大，已发生日新月异的变化。至2000年亢家庄已完成了村庄改造，青岛大信农工商公司在原址建有两幢2.5及3.3万平方米的大型商场。周边已有澳柯玛立交桥的建立，有宁夏路形成东西新老市区的通道，有山东路贯穿南北主要干线，还有纵横20多条马路，20多路公交线，连接市区四面八方。现已成为高楼鳞次栉比、车水马龙、通行无阻的新市区经济、政治、文化中心地段之一。

第一章 地域位置

亢家庄位于青岛市市南区北部边沿，地处北纬36° 04 ' 49.63 "，东经120° 02 ' 0.691 "。由村中心向西，大致与贮水山、第二体育场在一条纬度上；向东则与福宁立交桥、雕塑馆在一条纬度上；向北大致与澳柯玛立交桥在一条经度上；向南则与延安三路和香港中路交汇路口在一条经度上。

亢家庄村东是雄伟秀丽的浮山，村西是青翠蓊郁的太平山，村南是浮山所的北山顶，越过北山顶，则是碧波万顷的浮山湾。在东、南、西三面的高山、丘陵环绕中，形成了一片面积约1.07平方公里的冲积小平原，亢家庄及其所属的耕地就坐落在这个小平原上。村东、西两侧，皆为15 ~ 20度之坡岭。

浮山位于亢家庄东，它是崂山山脉最西南端的一座秀峰。崂山按其山脉自然走向，可分为四个支脉，即巨峰支脉、三标山支脉、石门山支脉和午山支脉。午山支脉在崂山山区的西南部，由观崂石屋向南而下，有磨石屋、松山、小崂顶、烟台顶等诸山峰，在南九水河以西和张村河东南有鲁度山、莲花山、平顶山等。迤西是午山，海拔398.3米，由午山而西，山势逐渐低缓，越过小埠东村和大埠东村而南，又复隆起，是为浮山。浮山北麓为浮山后村，由此山脉走向西北，为错埠岭，又西北6公里为大山，又西北2公里为孤山。浮山西麓为田家村，西行1.8公里即为亢家庄。崂山余脉由亢家庄而南延伸为湛山、太平山、青岛山、贮水山、信号山、观象山、观海山，尽处为团岛。

浮山位于青岛市市南区和崂山区的结合部，九座山峰，群山逶迤，前俯大海，峻峭挺拔，山体面积约7.5平方公里。主峰浮山，海拔368米，三峰峭立，排列如屏。每当天将雨时，海雾升腾，云气弥漫，缭绕峰巅，远望诸山峰如浮在云雾之间，故其原名为“浮峰山”，后简称“浮山”，清代又改称“文峰山”。《大清一统志》载：“浮峰山在即墨县南九十里海滨，其山高峻，有云气上浮。”清同治版《即墨县志》亦记有：“山巅危峻，常有云覆其上”。谚云：“浮山戴帽，下雨一瓢”，喻其顶端之浮云为预测有雨之征兆。

◇ 浮山戴帽

登浮山，南望海中诸岛屿如星罗棋布，西瞰市区尽收眼底，东顾石老人俯拾可得，北眺高科技工业园历历在目。明代黄宗昌《崂山志》记其景色为：“浮山，倚危峰，面大海，登其巅，古迹岛及其对处者，俯视海色与日光相起伏，濒海诸峰若浮出也。”清代莱阳文人孙笃先有《浮山观海》诗曰：“茫茫烟水接天秋，影见扶桑天际流。满目惊涛风正怒，千层雪浪认渔舟”。

由亢家庄西南行3公里，是太平山。该山明清两代名为“会山”，会前村就是位于山前而得名。1897年后，德国人将该山更名为“伊尔蒂斯山”，并在山上修筑了多处炮台。1922年中国政府收回青岛后，才将该山正式定名为“太平山”。1928年出版的《胶澳志》记有：“浮山之西支，经田家村、亢家庄平而复起，为太平山，最高峰海拔一百五十余米。德人昔年于此建有伊尔奇斯炮台，为青岛东南隅之防守要地。山石嶙峋，林木蓊茜，连接第一公园处尤茂密焉。”太平山为市区内最高的山头，海拔150.2米，面积1080亩，自20世纪80年代起，青岛市加快了对太平山山头公园的绿化建设，成为青岛市区著名的山头园林。

太平山之东为湛山，平冈无主峰，海拔仅80米。由此再向东北0.5公里许，有丘陵地，名为“小湛山”，再向东则为南北仲家洼之沟壑低洼之境，复为平川地则是亢家庄。

亢家庄村南约1公里处，是浮山所北山顶，海拔54.5米，该山顶即今之徐州路与沛县路交汇处。这座小山，不仅是亢家庄与浮山所的天然分界线，而且

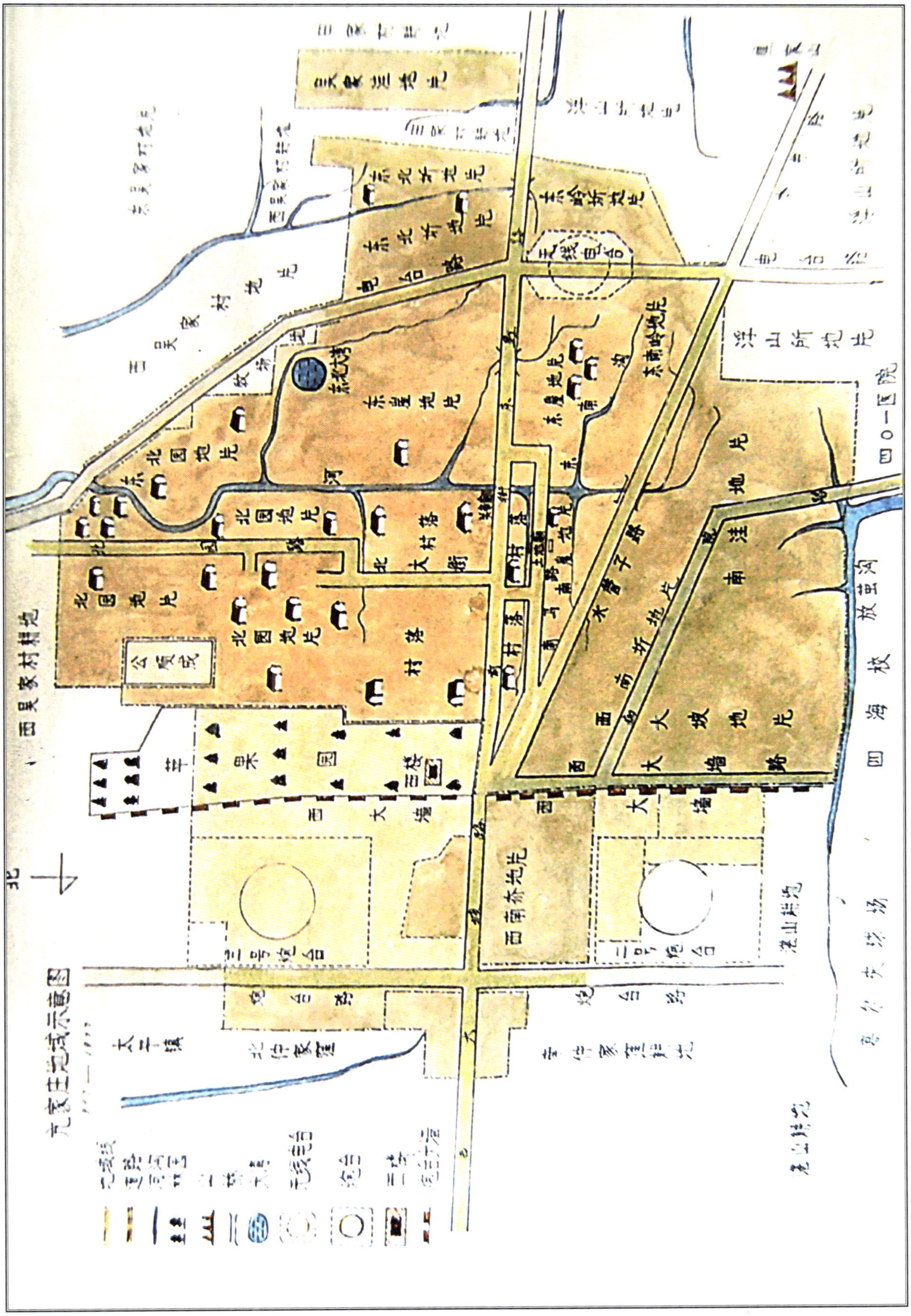

◇亢家庄地域示意图

还是这两个村的分水岭。北山顶以南的雨水，顺山涧沟溪向南流入浮山湾，北山顶以北的雨水，则汇入亢家庄东大沟，向北流入海泊河。

越过浮山所北山顶，南行约 1 公里，便是浮山湾。清代《即墨县志》记该海湾为：“浮山所口”，后皆沿用此名，1928 年出版的《胶澳志》亦称“浮山所口”，直到 2000 年出版的青岛地图，仍标为“浮山所口”。1997 年出版的《青岛市志·自然环境志》和 2000 年出版的《青岛概况》中，皆将这个海湾记为“浮山湾”。浮山湾东起燕儿岛，西至绿豆岛（今太平角），海岸线长 7 公里，像一勾弯月，横卧在东海路南侧。湾内水域辽阔，浅处可张网捕鱼，深处可扬帆行舟。

从亢家庄西南行，越过湛山村，途经“乖岭”（因该处夏秋蝈蝈多而得名，在今湛山一路）和“苇沟”（因遍生蒲苇而得名），可抵达名为“张家洼”的海滩（今第二海水浴场）。亢家庄的村民，大多到这个海滩赶海拾贝，捕鱼网虾。

亢家庄北边不足 1 公里处，便是“海泊河”。海泊河发源于浮山山麓的洪山坡村，由东向西于杭州支路汇入胶州湾，全长 6.8 公里。整个水系包括仲家洼河、吴家村河、小村庄河、杨家村河（今昌乐路河）和杭州路河五条支流。流域面积 27 平方公里，穿越市北、四方两个市区，是青岛市区内的一条重要泄洪河道。旧时，清澈的河水，成行的岸柳，给两岸平添了无限风光和旖旎景色。

第二章　建置沿革

第一节　建置始初

亢家庄的历史沿革与青岛市相同。

青岛市区古为东夷地，春秋前期属莱子国，据《春秋》记载：齐国于春秋中后期的周灵王五年（公元前 567 年），出兵灭莱国，莱国之地尽属于齐。战国时期，今青岛市市区属齐国境域。秦统一中国后，实行郡县制，今青岛市市区为琅琊郡之东境。

西汉初年设置“不其县”，是为琅琊郡所属的 51 个县之一。“不其县”城在今城阳区，城区的遗址包括城阳、城子、寺西三个村。“不其县”境域包括今即墨市的西南部和今城阳区的东部，还包括今市南区、市北区、四方区、李沧区、崂山区的全部境域。“不其县”经历了西汉、东汉、三国、西晋、东晋、南北朝等时期，存在了近 760 年。这是包括亢家庄在内的青岛市市区隶属的第一个县。

北齐天保七年（公元 556 年），北齐文宣帝高洋裁撤“不其县”，将其地并入长广县。当时的长广县即今之平度市，

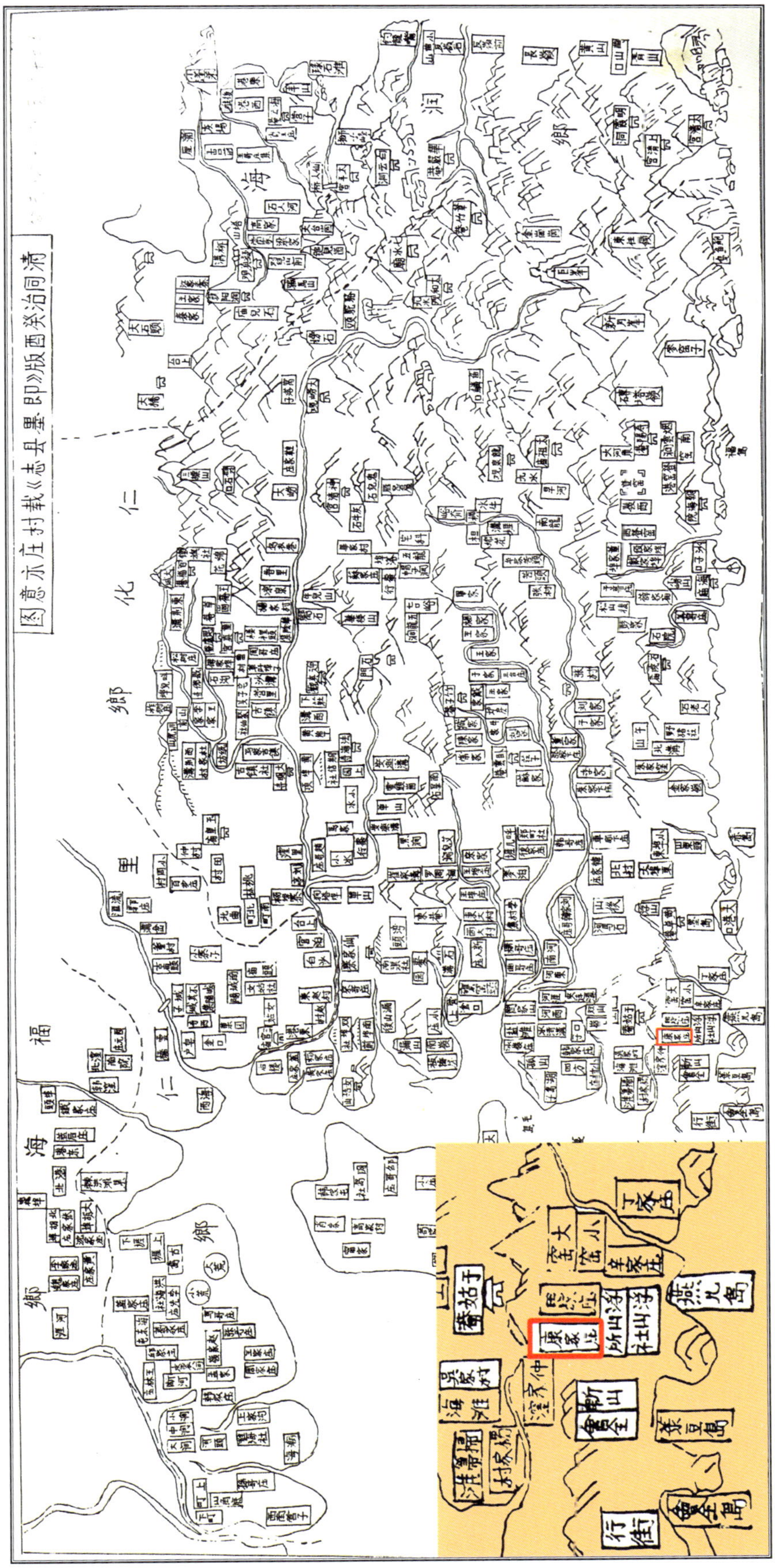

◇清同治版《即墨县志》载村庄图

隶属莱州，包括今平度、莱西、即墨三市的大部地区，还包括今城阳区、崂山区、市南区、市北区、四方区和李沧区的全部境域，是一个幅员辽阔的大县。这个长广县仅存在41年。这是包括亢家庄在内的今青岛市市区隶属的第二个县。

隋代开皇十六年（公元596年），重建即墨县于今址。这个新建的即墨县，除包括战国时即墨邑和西汉即墨国的西南部外，还包括汉代的“不其县”、壮武县和皋虞县的故地，今青岛市市区也顺理成章地纳入这个即墨县的版图。是为包括亢家庄在内的今青岛市市区隶属的第三个县。

即墨县经过隋、唐、五代、宋、金、元、明、清共约1300余年后，在清光绪二十三年（1897年）时，发生了一项重大变故。1898年3月6日，德国强迫清廷签订了《胶澳租借条约》，将即墨县仁化乡白沙河以南和胶州45个村庄共551.753平方公里土地和576.5平方公里海域，划为德国占领之“胶澳租借地”。青岛作为特定区域的历史，由此开始。

第二节　建村过程

明代初年，张姓来此建村，村名“张家疃”。当时，村内只有张姓几户人家，散居在村东、南、西南等处，拓荒垦植，历经千辛万苦，方得以定居。后人繁衍缓慢。因张姓《族谱》已毁，详情无考。

清代康熙年间早期（1680—1690年），亢姓（是明代在“浮山备御千户所”任过千户的九姓之一）九世祖应银由浮山所迁入，子嗣繁衍众多，陆续居于村南、村北、村东北、西北一带。

清代乾隆年间（1776—1786年），闫姓由海西（现胶南市、胶州市）一带迁来，居于村西，子嗣繁衍较盛。此间亢姓人数占全村70%以上，于清代嘉庆年间早期（1800—1810年）将“张家疃”更名为“亢家庄”。

清代道光年间早期（1820—1830年），又有张姓自浮山所迁来，同闫姓居于村西。

1898年德占青岛以来，又有杨、王、于、洛、宋、李等诸多姓氏相继迁入，有的立宅于村内，有的筑舍于村北，加之村内宗祠庙宇兴建，大街小巷渐已平整，碾磨水井齐备，邻里相依，和睦共处，形成了颇具规模的村庄。

亢家庄之村名见诸史籍不多，而且多有舛误。清代同治十二年（1873年）刊印的《即墨县志》，在其“七乡村庄图”中，标有“康家庄”，其位置在田家村之西和浮山所之北，乃绘图时按字音标名之误。1917年出版的日文版《支那省别全志·山东省》的第七章“青岛”中，记有“唐家庄”，并注明仲家洼在其西南侧，此乃沿用清代《即墨县志》中“康家庄”之名一误再误。1924年青岛人口普查记为亢家庄，1928年出版的《胶澳志》中，记有“亢家庄”之名，并注明归属台东区警察署第二分驻所管辖。

综上所载，不论在哪个年代的版图，不管是康家庄、唐家庄，只要地理位置正确，都应是亢家庄，其他都是绘图标名时字音之误。

第三章 隶属关系

第一节 明清时期

明代,即墨县划分为7乡、82社、3厢,亢家庄隶属仁化乡"浮峰社"。浮峰山又称文峰山,俗称"浮山"。

清代,即墨县划分为7乡、81社、3厢,亢家庄隶属仁化乡"文峰社"。因"浮峰山"在清代又称"文峰山",故"浮峰社"亦随之更名为"文峰社"。清代仁化乡之境域,西至胶州湾,东至流清河,北至即墨城,南临黄海。仁化乡辖14个社,"文峰社"在其最南端,该社之境域,东至浮山,西至团岛,北至四方,南临黄海,共有2276户、10131人。亢家庄位于"文峰社"之中部偏南。

第二节 德、日侵占时期

1897年11月14日,德国强占青岛。1898年3月6日,德国强迫清廷签订《胶澳租借条约》,据该条约划定"胶澳租借地"之境域为:东至南窑半岛东侧;西越胶州湾至薛家岛和灵山岛;北至白沙河南岸;南至黄海及海中诸岛。租借陆地面积为551.753平方公里,海域面积为576.5平方公里。亢家庄被划入"胶澳租借地"内,当时的亢家庄占地面积为1600亩,1.066平方公里。

德占当局在"胶澳租借地"设有"总督府",并将租借地划分为青岛、李村两个区。青岛区的境域,东至太平角,西至团岛,北至海泊河,南至黄海,称为"内界"。其余地域称"外界",名为李村区,亢家庄隶属于李村区。李村区设区长,由德国人充当,并设董事、粮约,各村庄皆设村长、庄长,由中国人担任。

1914年11月,日本取代德国侵占青岛。日占当局设立"青岛守备军司令部",为统治青岛的最高机关,对其占领区仍按德国旧制划为青岛区和李村区,并分设青岛、李村两个军政署,1917年又改为青岛民政署和李村民政署,并将青岛民政署的管辖范围扩大至浮山以东之山东头村。日本人在李村区内设立沧口警察支署、李村警察支署和沙子口警察支署,亢家庄隶属李村警察支署的管理范围。

第三节 北洋政府时期

1922年12月10日,中国政府收回青岛,改称"胶澳商埠",设立"胶澳商埠督办公署",1925年7月改称"胶澳商埠局"。胶澳商埠之境域,仍为旧时胶澳租借地之范围,但其行政区划却有所改变。"胶澳商埠"之市区定名为青岛市,划分为青岛市街（内分青岛区、大鲍岛区）、台东镇、台西镇。胶澳商埠之乡区为李村区和海西区。亢家庄隶属青岛市区的台东镇。

北洋政府统治时期，青岛的基层政权主要由“胶澳商埠”警察厅兼管，警察厅下设第一、第二、台东、李村、海西等警察署，1928年增设四沧警察署，各警察署又下设许多分驻所，既管治安，又管民事。亢家庄隶属于台东警察署第二分驻所管辖。

第四节　南京国民政府时期

1929年4月15日，南京国民政府接收青岛，改“胶澳商埠”为“青岛特别市”，1930年9月改称青岛市为直辖市。当时青岛的基层行政区划分为邻、闾、坊、区4级，5户为邻，5邻为闾，20闾为坊，10坊为区。拟在青岛设12个区，各区皆设立区公所。

青岛市之设区计划，于1934年撤销。1935年5月，设立各市区建设办事处和各乡区建设办事处，办事处统管民政、建设、教育、公安、农林等各项事务，相当于区公所的职能。在市区内设有海滨、台东、大港、小港、浮山、四方、沧口等市区建设办事处，还设有黄岛、竹岔岛、红石崖、塔埠头等乡区建设办事处分处。亢家庄属浮山建设办事处，地方治安隶属台东镇之青岛公安局第四分局管辖。

1938年1月10日，日本第二次侵占青岛，仍称青岛市，并成立伪青岛市公署。在市区实行保甲制，其管理系统之层次为警察局、警察分局、警察分驻所、总联保、联保、保长、甲长、户长。亢家庄属台东镇总联保办事处，地方治安归伪警察局台东分局管辖。

1945年8月15日抗日战争胜利，南京国民政府再次接收青岛，仍定为直辖市。1946年3月17日，将青岛市划为12个保甲区，其中，市南、市北、台东、台西4区为市区；浮山、四沧、李村、崂东、崂西、夏庄、阴岛、薛家岛8区为乡区。在各区区公所内，设民政、财建、教育、军事、户籍5股。亢家庄属浮山区。当时浮山区共设29保，亢家庄为第10保。

第五节　中华人民共和国

1949年6月2日中国人民解放军解放青岛。当日，青岛市人民政府成立，并将青岛市划为市南、市北、台东、台西、四沧、浮山、李村7个区，成立各区人民政府，1950年3月将各区人民政府改称区公所。亢家庄隶属于浮山区，村内设村长。

1951年7月7日，青岛市调整区划。市内6个区为市南区、市北区、台东区、台西区、四方区、沧口区；郊区9个区为流亭区、夏庄区、惜福镇区、乌衣巷区、崂东区、崂西区、浮山区、李村区、楼山区，并将这9个郊区改由青岛市人民政府崂山办事处统一领导。1951年10月，市区和乡区的区公所全部改称区人民政府。浮山区辖有浮亢、浮西、三合、麦岛、金山、午山、石老人、浮山后、双山9个乡、28个行政村。亢家庄隶属于浮山区的浮亢乡。

1954年7月3日，青岛市人民政府决定撤销崂山郊区的浮山区，于该年9月将麦岛乡、浮西乡、浮亢乡和三合乡的田家村划入市南区，并成立浮山办事处。亢家庄隶属于浮亢乡。11月亢家庄街道居民委员会成立。

1956年3月5日，青岛市人民委员会决定撤销浮山办事处，将其所辖的浮西乡、麦岛乡划归青岛市崂山郊区人民委员会，并将浮亢乡建制撤销，成立浮山街道办事处，“浮亢乡”亦划归该街道办事处。

1958年9月14日，将原属浮山街道办事处和湛山街道办事处的许多村庄，组成东风人民公社，1959年1月改称浮山人民公社，公社驻地在浮山所。亢家庄划归浮山人民公社第二生产管理区。

1963年7月5日，青岛市人民委员会决定，将原属市南区管辖的浮山人民公社划归青岛市崂山郊区人民委员会，其管辖范围只限该公社的党、政工作和农业生产，而浮山人民公社的社员生活供应、社会治安、文教卫生等工作，仍归市南区管理和领导，其人口亦不作为农村人口。

1978年12月，浮山人民公社又重新划归市南区，自1979年1月起亢家庄亦随之隶属于市南区。1984年9月，撤销浮山人民公社，亢家庄归湛山街道办事处。1985年5月，亢家庄生产大队更名为大信农工商公司，社员成为职工。2004年8月1日成立青岛大信实业有限公司，职工并成为股东。亢家庄建置不复存在，现属市南区八大湖街道办事处。

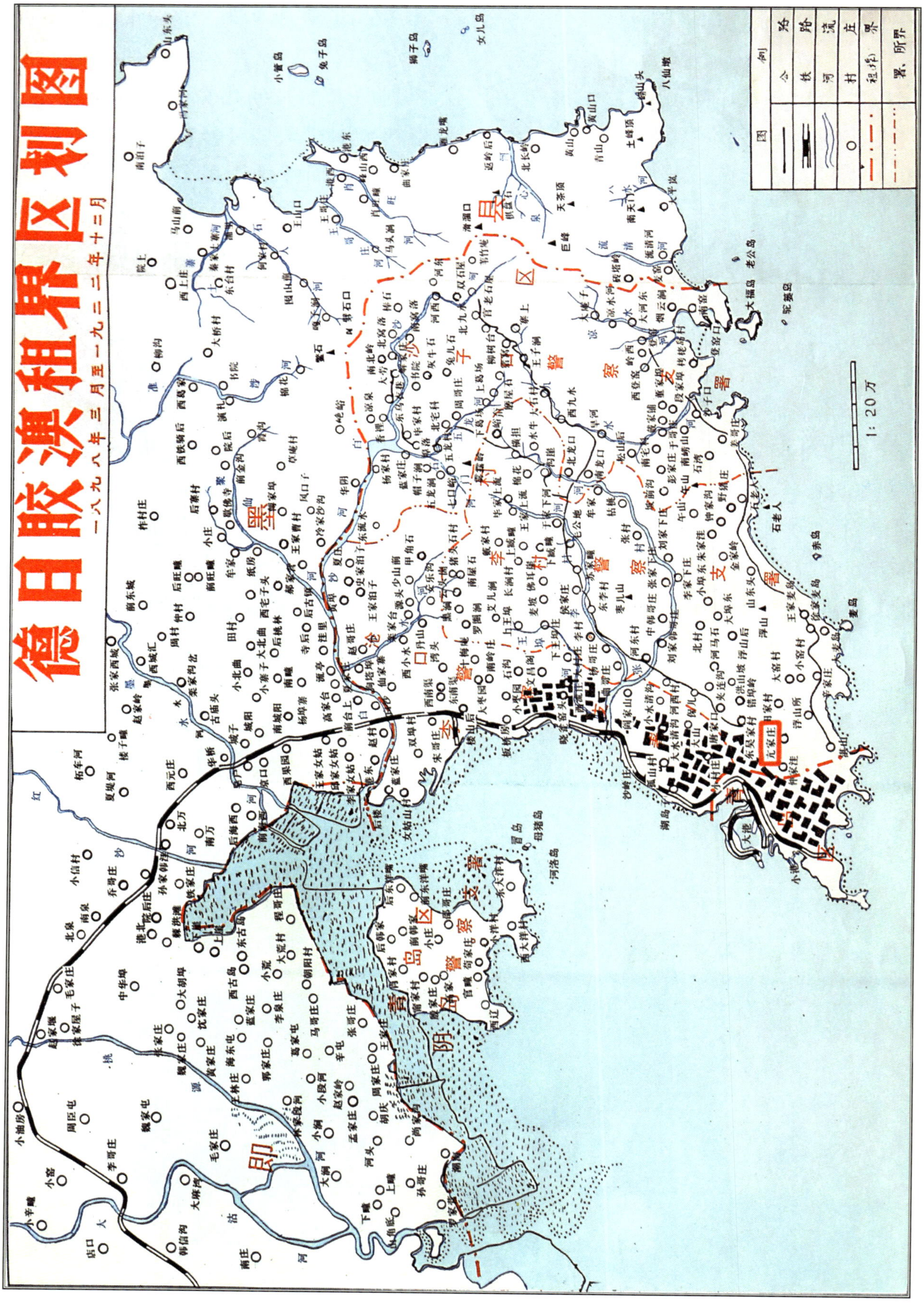
德日胶澳租界区划图
一八九八年三月至一九二二年十二月
图例
公路
铁路
河流
村庄
租借界
署、所界
1: 20万

胶澳商埠李村区划图
一九二二年十二月至一九三一年三月
1∶20万
图例
公路
铁路
河流
村庄
租(界)界
署、所界

青岛市乡区图
一九三一年三月至一九三八年一月
图例
铁路
公路
河流
桥梁
县界
区、乡界
山峰
村庄
1:20万
1:100万

青島市崂山行政办事处区图
一九四五年九月至一九四九年六月
图例
铁路
公路
河流
桥梁
县界
区、乡界
山峰
村庄
1：20万
1：100万

南海专区崂山行政办事处区图
一九四九年八月至一九五一年四月
图例
铁路
公路
河流
桥梁
县界
区、乡界
山峰
村庄
1：20万
1：100万
胶州湾
亢家庄

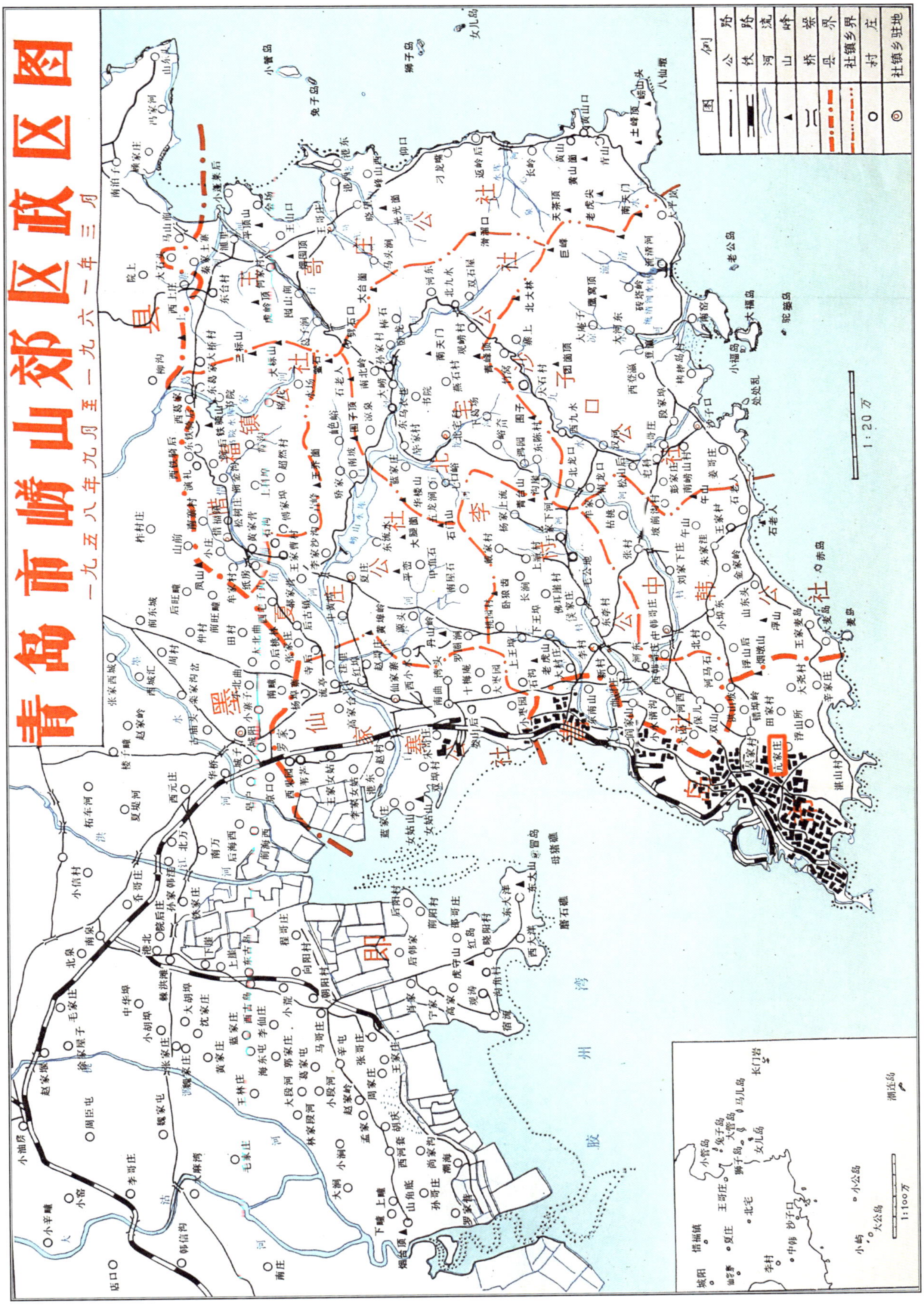
青岛市崂山郊区政区图
一九五八年九月至一九六一年三月
图例
公路
铁路
河流
山峰
桥梁
县界
社镇乡界
村庄
社镇乡驻地
1:20万
1:100万

第二篇 自然地理

亢家庄境内的地质构造，系坐落于中生代晚期的艾山式花岗闪长岩之上，其结构约在2500万年以前，并于第三纪趋于稳定，建筑条件甚好。地貌特征为：东眺是雄伟峻秀的浮山；西望是葱笼青翠的太平山；南视是浮山所的北山顶；越过北山顶，是碧波荡漾的浮山湾。在东、西、南三面高山丘岭的环抱中，形成了该村面积约1.07平方公里的冲积小平原，村东、西南侧为徐缓的坡岭。整个地理处势呈南高北低，水流自南向北，人们称“倒流水”。

气候属于北温带季风型，具有显著的海洋性特征，宜于人群聚落。土壤则属于棕壤类，通体以棕色或棕褐色为主，有明显的淋溶和积淀作用。地下水源尚可，植物相对繁茂，无特大的自然灾害。

第一章 地质地貌

第一节 地质构造

亢家庄位于青岛市市南区，对市南区地质构造的载述，即可概括亢家庄地质构造的基本状况。

1928年出版的《胶澳志》中记有：“胶澳区多冈陵而少原隰，据德国地质学家所考察，谓其地质多由花岗石及片麻岩而组成，并含有石灰岩及沙岩。”

1997年8月出版的《青岛市志·自然地理志》中，记述青岛地区的地质构造为：“其构造以断裂构造为主，自第三纪来，区内以整体性较稳定的断块隆起为主，上升幅度不大”。

1999年9月出版的《青岛概况》记载：青岛市市南区为海滨丘陵地区，东西狭长，南高北低，所处大地构造位置为新华夏隆起带次级构造单元——胶南隆起区东北缘和胶莱凹陷区中南部，区内缺失整个古生界地层及部分中生界地层，但白垩系青山组火山岩层发育充分，在本区出露十分广泛。全区坐落于中生代晚期的艾山式花岗闪长岩之上，建筑地基条件优良。

第二节 地貌

亢家庄东眺是浮山，西望为太平山，南视浮山所之北山顶，山顶以南则是浮山湾。在东、南、西三面高山丘陵环绕，形成了冲积小平原，亢家庄及所属的土地就坐落在上面，村东村西两侧皆为15～20度之坡岭，地域地貌形似汹涌澎湃的波涛。

地域西南边是西山，海拔高度约55

米。山南坡是小湛山村的土地；山西坡是南仲家洼的土地；东北坡是亢家庄的土地；总面积约百余亩。

地域西边是海拔高度约45米，呈南北向的高坡，俗称西大坡，面积约百亩。坡上特别是松岚岭，刺槐、柞树、黑松和芙蓉生长稠密，形成一条天然的绿色屏障。1898年德国侵占青岛后，在松岚岭和西南圹上修筑了军事设施（2、3号两炮台），自然地貌和植被遭全部毁坏。

地域东边是海拔高度约50米的南北向高岭，俗称东岭，面积约两百余亩。东河源头主要在东南岭上，其两侧植有刺槐和泡桐，除此，全部为可耕地。日本侵占时期，1940年建筑了青岛中华航空无线标识设施。竖立高约80米的无线电杆5根，并建有瞭望楼。

地域东南是海拔高约55米，面积约50多亩的东南岭，全部是可耕地，沿地坡和阡陌边栽植刺槐，后来种植泡桐。

东岭及东南岭以东是东岭圻，为梯田，全部是可耕地。村北全部为平原地，沿东河向北两岸，水利条件优越，是亢家庄蔬菜种植基地。

在村落东侧是地域低谷，有条大沟俗称东河，主河道长千余米，河床最宽处约20米，自南往北流入吴家村南河与海泊河汇合入胶州湾，常年流水。

第二章　气候条件

第一节　特征

亢家庄地处北温带季风气候区。由于受海洋环境的直接调节，加之受来自洋面上的东南季风及海流水团的影响，故又具有显著的海洋性气候的特点。空气湿润、雨量尚可、温度适中、四季大致分明。

亢家庄所属的气候环境中，四季特征为："春迟、夏凉、秋爽、冬长"。春季气温回升较慢，比内陆迟一个月；夏季湿热多雨，但无酷暑；秋季天高气爽，降水少、蒸发快；冬季风大，气温低，冬春交接持续时间较长。

第二节　气象

根据1898年以来的青岛100年的气象资料查考，亢家庄的各项气象要素大致如下：

一　气温

年平均气温12.2℃，极端最高气温37.4℃（1997年7月27日），极端最低气温-16.4℃（1931年1月10日）。全年8月份最热，平均气温25.1℃；1月份最冷，平均气温-1.2℃。

二　降水

降水年平均为775.6毫米，年降水

量最多为1272.7毫米（1911年），最少仅308.2毫米（1981年）。年平均降雪日数只有10天，呈逐年减少趋势。

三 气压与风

年平均气压1008.0毫巴。年平均风速5.3米/秒，11月至翌年3月刮北风、西北风，4月至8月刮南风、东南风，9至10月南、北风交替出现。

四 湿度与雾

年平均相对湿度73%，7月份最高为89%，12月份最低为68%。海雾多而频，年平均浓雾51.3天，轻雾108.2天。

第三章 自然资源

第一节 土壤

亢家庄系棕壤土类，包括普通棕壤和潮棕壤。普通棕壤俗称黄沙土（沙壤土），主要分布在西大坡、西南圹、西南圻、大薄地、松岚前、西北石垃子、东岭、东南岭，可种小麦、玉米、地瓜、花生、大豆、谷子等。潮棕壤俗称黄坚土，主要分布在南洼、小南洼、南崖、东崖、北洼，属高产土壤类型，适宜种植蔬菜。

第二节 可耕土地

自建村至19世纪末（清末时期）亢家庄地域已发展到约1600亩（1.066平方公里），其中可耕地约780亩。由于被征用，至1952年土地改革时重新丈量可耕地为551.24亩。农业合作化后，经填平沟河，改造地片，与其他大队、村庄、调割插花地，增加了可耕土地。1975年党中央发出大干快上号召，亢家庄大队领导组织全体社员向山、河要地，填沟平阡，苦干一秋，造良田45亩，至此可耕地达650.46亩（见表1）。

1952年亢家庄可耕地面积统计表

表1

种类	亩数	段数
平原壤土地	128.86	126
丘岭沙地	207.71	203
孔沙地	105.39	74
低洼优质地	109.28	114
合计	551.24	517

第三节　水源

亢家庄蕴藏着较多的浅表地下水，地表水夏季多于冬季。

东河　也叫东沟，贯穿地域南北，上游有两条各长约400米的大沟：东沟和东南沟，中游还有许多条小沟。雨季汇积雨水及形成的地表水，流量充沛。旱季有地下水和泉水注入，其长年不断流确保防旱排涝。

东北大湾　坐落在村的东北边，是村民采石形成的，面积约2000平方米、深约8米的大石坑，年久积水成潭，水最深处约5米，常年不干，村民季节性取水浇灌周围的农田。

泉　村西泉位于村西南，距村约50米前马路北侧之堰沟中，为防淤积村民在此砌筑石墙保护。此泉常年溢水，沿路边沟流入东河。村南泉位于村前马路以南偏东的一个石岔子中，一年四季从石缝中往外溢水，涓涓细流沿路边沟流入东河。

井　1952年前全村有87口小井，直径：上口大体0.7～1米左右，井底1.5～3米不等，深度6～20米不等。1957年合作化期间，在东南崖打了第一口大井，称“社会主义大井”，井口直径2米，深8米。特别是人民公社成立后，亢家庄大队充分利用农闲自1963—1980年开凿了13口机井，直径6～10米，井深8～15米，储水丰富，可随时提取浇灌，为农、蔬作物保产丰收提供了可靠的水力资源。

第四节　植被

亢家庄地处亚热带和北温带交接地带，近临黄海，气候温和湿润，宜于植物的繁茂生长。

乔木类　常绿树有黑松、雪松、柏。落叶树有刺槐、本地槐、杉、杨、柳、楸、榆、柞、梧桐、泡桐、芙蓉、香椿、臭椿。果树有桃、杏、梨、李子、樱桃、桑树、无花果等。

灌木类　有酸枣、枸杞、棉槐、蜡条、荆条、木槿、胡枝子、山胡椒、野玫瑰、野蔷薇、藤萝等。

野草类　药用的有车前子、金银花、黄芪、柴胡、接骨草、野菊、艾蒿、拉狗蛋；爬蔓的有：喇叭花（牵牛花）、爬山虎；其它：鸡毛英（狗尾巴草）、野麦亭、梭草、山草、竖草蔓、抱根草、鸭脚草（蹲倒驴）和猫儿眼等。

第五节　动物

早先人烟稀疏，植被繁茂，适宜各类动物生存，品种繁多，20世纪初，人群增加，植物被毁，动物逐年减少，大部灭绝。

一　哺乳动物：

1. 食肉动物：狼、黄鼠狼、獾、狐狸等。

2. 食草动物：野马、野鹿、野兔、野鼠（地老鼠）等。

二　爬行动物：蛇（水青、土灰、风哨、家蛇）、蜥蜴、壁虎、鳖等。

◇ 柳树

◇ 芙蓉

◇ 法国梧桐

◇ 银杏

◇ 刺槐

◇ 黑松

◇ 雪松

◇ 泡桐

◇鸡毛英

◇牵牛花

◇野蔷薇

◇佛指甲

◇野草莓

◇擎饽饽

◇马齿苋

◇枸杞

◇蹲倒驴草

◇藤萝

◇ 天牛

◇ 螳螂

◇ 蜗牛

◇ 蹬倒山

◇ 蟾蜍

◇ 蝈蝈

◇ 蜥蜴

◇ 蜘蛛

◇ 葡萄虎

◇ 蛇

◇ 白鹭

◇ 戴胜

◇ 家燕

◇ 麻雀

◇ 棕腹柳莺

◇ 锡嘴雀

◇ 喜鹊

◇ 雉鸡

三　飞禽类：

1. 留鸟：麻雀、喜鹊、云雀、隼等。

2. 候鸟：繁殖类：燕子、黄莺（柳眼）、布谷鸟、哈拉哞子等。

迁徙类：猫头鹰、鹞子、斑雄、兔鹰、老雕、松子、老鸹（乌鸦）、黄鹂、鹌鹑、黄兰子、松鸡（丘鹬）、山草鸡、黄雀、金翅、叫翅、红靛颏儿（胭脂半）、兰靛颏儿（兰翅）、斑鸠、野鸽子、虎皮、麻鹛、大雁、河撅、铜嘴、蜡嘴、锡嘴、雉鸡（野鸡）、野鸭子、苍鹭、花翅、虎斑地鸫。

四　蛙类：青蛙、蟾蜍、干勾、气蛤蟆等。

五　昆虫类：蚂蚱类：蹬倒山、双蜢甲、呱嗒板子、油蚂蚱、土蚂蚱。

鸣叫类：蝈蝈、蟋蟀、油葫芦、冬蛉子等。

土生类：蜈蚣、蚰蜒、蝼蛄、蚯蚓、土元（土鳖）、草鞋底、蛴螬、蝎子、屎壳郎、水牛等。

飞虫类：大马蜂、蜜蜂及各种蜻蜓等。

蝉类：蚱蝉（马节留）、东吆西吆、芙蓉哇、蟪蛄（贼儿贼儿）等。

蝶类及蜘蛛类品种繁多。

植物害虫类：蚜虫、红蜘蛛、青袋虫、瓢虫、天牛、金龟子、地老虎等。

第四章　自然灾害

第一节　旱灾

亢家庄处于温带季风区，春季降水较少，加之春季气温上升较快，蒸发旺盛，使土壤与空气含水量迅速减少，故出现春旱。一般在3—5月份，对于小麦、豌豆等春季作物危害较大，并影响春玉米、春地瓜、春花生等作物的播种及蔬菜的生长。再是由于秋、冬季节降水较少、干燥的西北风从内陆吹来，地面水蒸发快，又多是晴朗天气，因此易造成秋旱，一般在9—10月份。根据资料记载，在1898—1987年间，偏旱的年份有11次，达到干旱年程度的有5次，其中1981年最旱，年降水量仅308.2毫米。

第二节　水灾

亢家庄受海洋季风的影响，夏末秋初7—9月份雨水较多，有时有暴雨出现，丘陵地带不易形成涝灾，但易造成水土流失。据资料记载，自1898—1987年间，达到涝年程度的有8年，1911年、1975年最重，年降水量分别为1272.7毫米和1255.2毫米，偏涝的年份有8次。1956年9月5日遭遇大暴雨，日降水量达269.6毫米，1961年9月7日小时降水量为105毫米，出现房倒屋塌。

第三节 风灾

亢家庄四季风情变化比较大，春夏两季多刮东南风、南风，秋冬两季多刮西北风、北风。夏秋季节偶有台风从海上侵入，风力8～10级，甚至还高，如1939年8月22日至9月2日的台风，最大风速达40.3米/秒，造成房屋倒塌，树木倾折，灾情严重。再是1985年9号台风和1992年16号台风，也造成较大损失。

第四节 雾灾

亢家庄属海洋性气候。春夏时节雾天较多，每年4—7月是雾季，自4月份开始日趋增多，至7月达到鼎盛期。大雾弥漫给农业生产和人们生活带来不利影响，特别是小麦、谷物及蔬菜易生白斑病，空气湿度大，人体感到不适。年平均浓雾51天，轻雾为108天。雾凇是低温时雾冻结在树木的枝叶上或电线上而形成的白色松散冰晶，通称树挂。历史上雾凇灾害比较严重的有三次：1957年1月18—19日、1961年11月19日、1966年3月10日，已影响交通、通讯和输电线路正常运行。

第五节 震灾

根据《青岛百科》记载：青岛地区（亢家庄在其中）地震较少。自公元前179年至1997年，仅发生过4次较大地震，最大震级4.5级，1972年发生一次3.1级地震，1979年发生一次3.2级地震。邻近地区的地震对青岛地区有一定影响，其中距青岛市区最近的地震为1932年黄海千里岩6.75级地震，震中距为113千米；其次为公元前70年发生在北海郡、琅琊郡的7级地震，距青岛市区230千米，青岛地区强度超过7级，震感明显。

第三篇　村　庄

第一章 昔日村庄

第一节 相邻村庄

环绕亢家庄周围，有13个村庄。其位置在村的正东、正南、正西、正北和东南、西南、西北、东北等方向，状如众星拱月，形成了一个半径为2公里的辐射带。

亢家庄正东是田家村。该村西距亢家庄1.8公里，清代《即墨县志》标为“田家庄”，明代永乐年间（1403—1424年）由田姓立村。其址在今宁夏路北侧之绍兴路与天台路之间。

亢家庄东南是大尧村和逍遥村。该两村西北距亢家庄2.5公里，清代《即墨县志》标为“大窑”和“小窑”，皆为明代永乐年间立村。大尧村其址在今福州路、宁夏路、大尧三路之间；逍遥村其址在今江西路、燕儿岛路、宁夏路和大尧三路之间。

亢家庄再向东南是辛家庄和丁家庄。该两村西北距亢家庄3公里，清代《即墨县志》标为“辛家庄”和“丁家庄”。辛家庄于明代永乐年间由辛姓立村，丁家庄于清代由丁姓立村。辛家庄其址在今香港中路南北两侧之燕儿岛路和江西路之间，丁家庄其址横跨今香港中路，在辛家庄偏东南。

亢家庄南是浮山所。该村北距亢家庄1.5公里，清代《即墨县志》标为“浮山所”，明代洪武二十一年（1388年），在此建军事重镇“浮山备御千户所”，也是“浮山所军屯”。其址在今香港中路、山东路、江西路和南京路之间。

亢家庄西南是大湛山村。该村东北距亢家庄2公里，清代《即墨县志》标为“斩山”，其他资料中又称“官山疃”，明代嘉靖年间（1522—1566年）立村。其址在今香港西路北侧之延安三路与东海一路之间。

亢家庄西偏南是小湛山村。该村东距亢家庄1.8公里，因其面积小，清代《即墨县志》未标其名。其址在今延安三路西侧之仰口路与华严路之间。

亢家庄西是南仲家洼，该村东距亢家庄0.8公里。亢家庄西北是北仲家洼，该村东南距亢家庄1公里。两村在清代《即墨县志》中皆标为“仲家洼”，约在明末清初形成村落。西仲家洼其址在今西仲路一带，北仲家洼其址在今北仲路一带。

亢家庄正北是西吴家村。该村南距亢家庄0.7公里，清代《即墨县志》标为“吴家村”，明代洪武二十五年（1392年），于宁与其外甥吴升来此立村。其址在今山东路、鞍山路和海泊河北、东岸之间，台柳路从村中穿过。

亢家庄北偏东是东吴家村。该村西南距亢家庄0.7公里，清代《即墨县志》

亦标为“吴家村”，明代永乐年间立村。其址在今山东路以东的辽源路南北两侧。

亢家庄东北是错埠岭村。该村西南距亢家庄1.7公里，清代《即墨县志》标为“岭上”，明代永乐年间于姓立村。其址在今南京路、辽源路、佳木斯路之间。

第二节　村庄聚落

一　第一时期

亢家庄自建村由张姓几户零星房舍占据于西南、东南和东北几个方位，还不能成为村庄，后多姓迁入经过近300年创建，至20世纪初期已形成村庄规模，1898年由于人群大量涌入，形成了一个完整村庄格局。20世纪中期（40—60年代）村庄聚落处在停滞状态，以建立新中国初期作为第一聚落时期。鸟瞰聚落形状，恰似一艘由西向东乘风破浪航行的大风船。村中央东西大街为船帮，街南村民聚落东多西少，为船体，北街自村前街向北直冲村北（约100米）五幢村舍，则北街为船桅杆，五户村舍为船旗。北街东西两侧村舍为帆和装载满运的货物。村北洼地地片，自1919年开始至青岛解放前相继迁入的其他姓氏所居住的简陋零星宅舍，好似在风船上方飞翔的海鸥，其整个布局构成了一幅美丽的画卷。

具体划分小聚落：根据总船体划分5个小聚落：1. 村大街以南、前马路以北，船体部分为一大聚落，东西约200米，向西渐狭。也可分为三个小聚落：①船头：以东街东部分有三排较短七处房屋，住有十户人家。南部靠南马路地段为空地，恰似船头翘起部分。②船体中部：是以村大街以南基本聚落部分，都是三排房屋，较为集中。有14处房屋，住有15户人家，称其为船体部分。③船尾：以村西南街以西部分，有14处房屋，住有16户人。其特点由东向西渐狭而又逐渐向西渐高而翘，称其船尾部分，房屋格局密度较大。

2. 船桅风帆聚落：以北街为桅杆，以此分为东西两个帆型聚落；①街东部分为东西5排房屋，四条胡同将5排房屋分为参差不齐四趟聚落，共21处房屋，住有25户人，视为两组船帆。②街西部分聚落：小后街以北部分，南北四趟房屋，有25处，住有27户人，由两条南北胡同分开，恰似三条风帆。

3. 船载货物：在前大街以北，北街以西，小后街以南聚落，共43处房屋，居住47户人家。其特点：自北街始起逐向西房屋呈南向北渐宽，该聚落房屋及居住户数最多，也是该村建房最早的聚落中心，形状就像船上满载的货物。

4. 船旗部分：沿北街向北、出中心村庄约100米有一聚落，五处房屋，东西各两处对称而建，在东排房以东有一处较简陋房屋，西侧房前有一小房，共住有7户人家。其特点：该聚落的布局合理大方，在当时建筑模式也较讲究，砖木红瓦结构，很像船桅杆上飘扬的船旗。

5. 为村庄点缀的北园聚落：原村

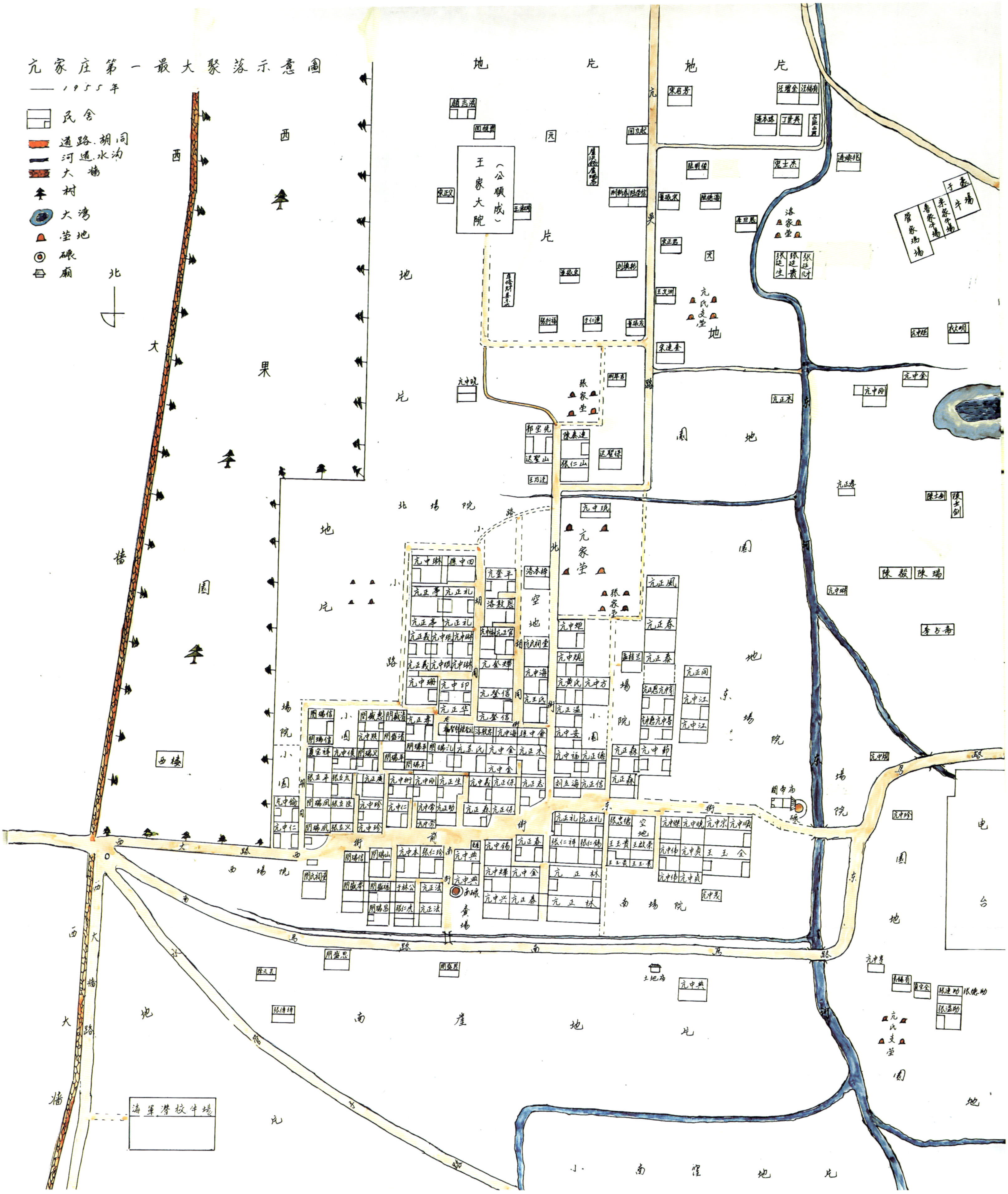

亢家庄第一最大聚落示意图（1955 年）

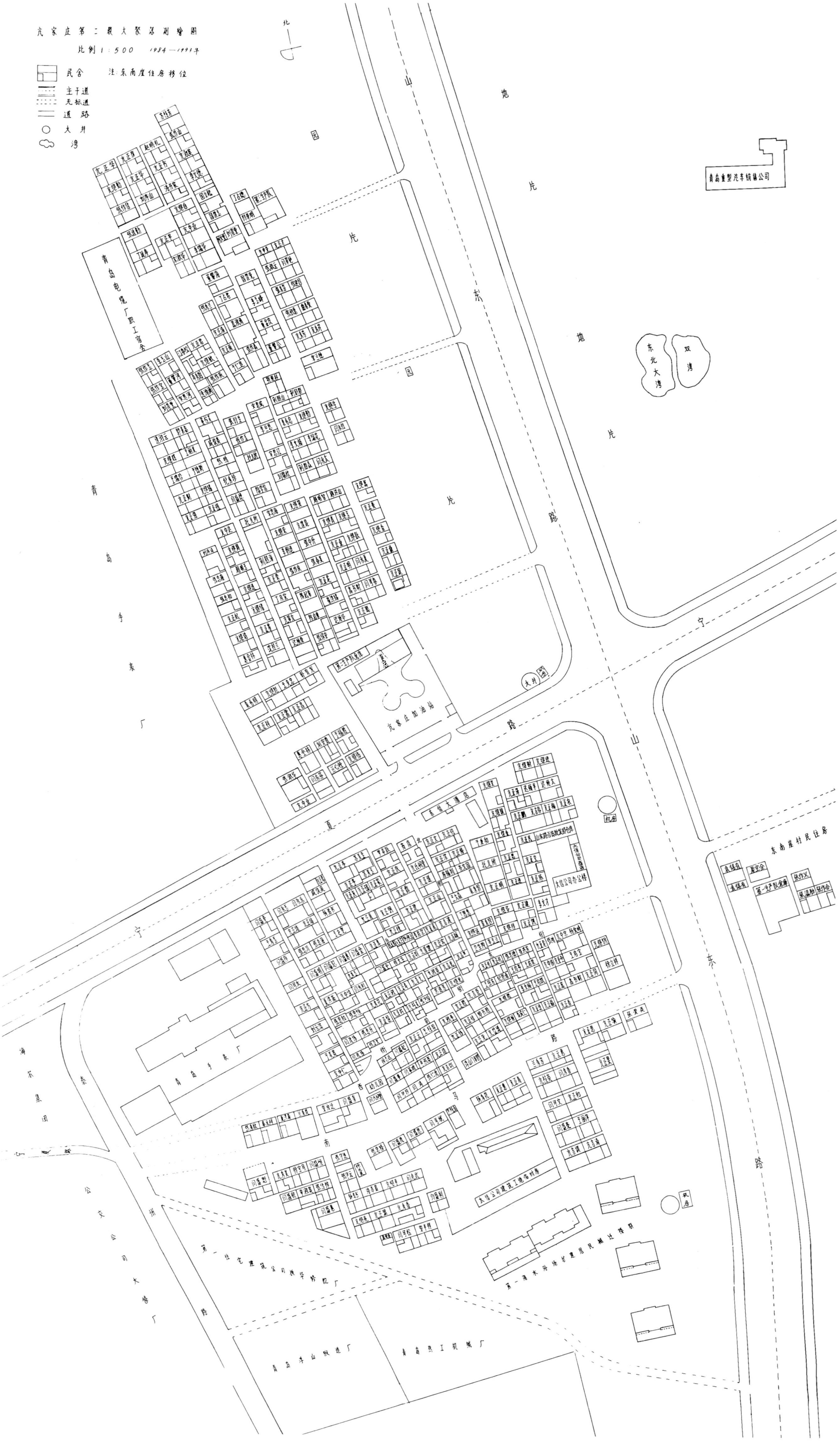

亢家庄第二最大聚落测绘图（1984—1993 年）

◇ 亢家庄旧村舍

◇昔日村舍

民在北洼种菜地片，诸多地户盖上小房屋，俗称菜园屋，用来存放生产工具为主，中午可午休，晚上可看护菜园。后来，其他姓氏来此落户后，开始他们借居这些园屋，后来有的盖起了较正规房屋，至青岛解放前已有20余处房屋，住有约30户人家。各房不相邻，布局无规则，为村庄的聚落起到点缀作用，恰似海鸥在航行的风船上空盘旋飞翔（见图）。

二 第二时期

1966年亢家庄生产大队为住房特困社员审批了第一块可耕地盖房之后，于1970年开始正式大批量为社员批地建房，新批土地大部批向村（老村庄）南、西南、北与西吴家村地片相接处，亢家庄村庄范围扩展，南北长约630米，东西平均长约150米，地域面积达140亩。1984年修建宁夏路将村庄分界成两大聚落。村北整片房舍、胡同通直宽敞，整齐划一，整个村庄呈现一派欣欣向荣新气象。鸟瞰整个聚落像是一条红色彩带，形状恰似一柄羊角锤；宁夏路以南老村庄像似锤头，东西长约230米，南北200米，占地约70亩。锤头西南方位突出的两排15栋房舍为羊角，锤头最南突出的两排10栋房舍为锤楔。宁夏路以北房舍为锤柄，南北长约385米，东西约120米，占地近70亩（见图）。

1985年年底，泰州路9、11、13号村民楼开始分配，一部分村民以旧房兑换方式开始撤离村舍。1990年整体旧村改造开始实施，1993年徐州路宿舍楼首先在村庄南端村民接受兑换分配，撤离旧舍。至2000年旧村改造结束，全部村民兑换住进楼房，随之亢家庄第二聚落拆除，全体村民走进了楼宇住宅大环境中去。

第三节 风光景色

亢家庄，风光秀丽，景色宜人，村民安居乐业，生活悠然自得，虽有稼穑劳作之累，亦有田园安谧之乐。

一 植被分布

村东 东河主流区干长约800米，沿河两岸有挺拔参天合抱大柳树，约几十株，并掺杂各种小杂树和灌木，形成林荫河道，蔽天遮日。距村东约200米，属东河支流，称谓东沟，长约300米，蜿蜒于东南方向，两岸布满大小不一的刺槐和各种小杂树，如山（酸）枣等。

村南 东河支流源头，东南沟、南沟两岸均植有茂密的刺槐。东南方位距村200米，有亢氏支茔两处，植有几十株约十余米高的白杨树。

村西 西山、松岚岭原有黑松、柞树及杂树，德军建炮台时将树木全毁，只2号炮台另植刺槐若干。1933年国民政府于村西征地约60亩，呈南北长、东西狭，与村庄相接，南至村西，北至现青岛教育学院，西至3号炮台壕沟防护墙。开始种日本苜蓿草（马草），后又种跳蚤药草，均告失败。日本投降后归属青岛林务局，种植果树（苹果），有十几种，约万株，果园四周植有刺槐（洋槐），中间配植枳树（灌木），因为该植物长有长刺针作为防护设施，总长约800米。果园大门朝南，门前有一条东西马路，两侧建果园时植刺槐几十株，生长茂盛，直径约30厘米有余，形成林荫大道，是村庄通往市内必经之路，也是西半部村民夏天纳凉的美好去处。果园正门向北50米盖有2层楼房一座，人们称谓“西楼”，是管理果园人员居住地和园艺场临时办公场所。它的建立，又坐落在秀色的果园内，绿树衬托红瓦，呈现出别具一格的雅致气派，壮靓可赏。

村北 距村300米西侧有一桃园，日伪时期约30株，在春花秋实时节，是村北的一个靓丽的风景点。靠村庄张家茔地和亢氏茔地植有几十株蹿天杨树和刺槐。村庄地片，零星房舍前后，沟、阡、井旁自家栽植各种树木，虽不成林，但也郁郁葱葱，颇有生气。村北端（现在的扬中支路小区）接址吴家村地段，日伪时期以前是一片长满芦苇的洼地，俗称北洼，长年长满丈余高的芦苇，约30亩。

村内 基本每户的房前屋后、街道均植有不同种类的树木，唯在村正前一村舍院中一株百年有余的大槐树，高约十几米，株冠遮地达百余平方米。村西南部，在前马路旁有一株约百年大樗树，株冠近百平方米。夏秋是村民午休纳凉的绝好去处。

原2号炮台、3号炮台 2号炮台基本全部由黑松、柞树、芙蓉树所包围。德国建炮台时，大多被砍伐毁坏。后植刺槐，布满坡岭。

二 四季景色

亢家庄一年四季景象多彩。

春 早春时节，东河之柳在人们棉衣未解便争相发芽吐绿，柳絮绽放，挂满枝头，随风飘荡；村北的桃园、村西的苹果园百花竞艳，阵阵幽香令人陶醉。一年之计在于春，村民自农历二月初二日始起便忙于送粪春耕，越冬蔬菜发芽显绿。人们收集越冬菜的残梗干叶于田边焚燃，一缕缕青烟飘洒田野。清明时节青年男女打秋千，儿童们放风筝，快乐无比，到处充满一派新的气象，拉开了农村一年忙碌的序幕。

夏 初夏时节遍布村庄和田野的刺槐花竞相开放，形成一幅白色花谱，香气袭人，芬芳无比，妇女、孩童持钩采集，各种饪法尽享美味。无数蜜蜂采花酿蜜，可持续月余。田里小麦正在拔节抽穗，春播谷物也茁壮成长，人们赶种夏季蔬菜。六月中旬开始收割小麦，搬运、打场，忙于三夏（夏收、夏管、夏播），大人、孩童齐上阵，抢时节，争天气，朝夕不分，打麦场上驾杆执鞭吆喝牲口声和连枷拍打声连成一片，真是三秋不如一夏忙。

秋 夏末秋初正是各种秋虫蝉类活跃繁殖之季，鸣叫声响亮悦耳，田野、沟渠杂林和灌木丛，白天蝈蝈歌声清脆，夜晚蟋蟀乐声优美，不时伴有蛙声，也是各种候鸟暂栖之地。中秋是收获时节，玉米、花生陆续收获入场晒干，人们更要忙于播种小麦和越冬蔬菜。西果园各种颜色的苹果挂满树枝，并发出诱人的芳香。由于品种不一，果熟时期有别，自八月中旬开始陆续收获，优等品缴付国家，再者供应市府、军队、工厂和商贩，次品售给亢家庄村民。初冬时节开始对果树剪枝、耕地、施肥等，进行管理再储来春。晚秋时节，农户开始收获地瓜、青萝卜、大头菜并进行储藏做为越冬食蔬。又铡干草归垛为牲口做好过冬饲料。还抓紧时机给小麦施肥、为越冬蔬菜架风障，以图来年丰收。

冬 整个漫长的冬季是农民休闲的季节。“秋收冬藏”、“坡了场光”，人们已做好了越冬准备。大地酣睡，动植物处于休眠状态，越冬菜用苫和玉米秸“东西向”一排排架好了风障，蒜苗盖上了“麦穰草”，锄镰锨镢都已归存，一切生物都在养精蓄锐准备来年。村民们享受着一年的稼穑丰收成果。虽是粗茶淡饭却也悠然自得。田野间无人在劳作，顶多能见到老人背着筐篓在捡粪，偶尔有青年在拾草。遇降大雪，万物喜悦，旷野洁白无瑕（邻村景象一目了然），给小麦盖上了被絮，大地储足了水分，老人们意识到来年又是一个好年头。孩子们欣喜若狂，滚雪球、垛雪人，融化时到屋檐下打“凌锥”（俗称:凌炬炬）嬉闹。在前街的东段是东向的斜坡路，人们到东井挑水，延路滴落的水，结成一冰道，约百米，孩子们天天滑冰、玩乐，有时青年们也加入这个行列。冬季都吃两顿饭，早约 9 点，下午 3—4 点。饭后，前街、南场院成为人们的娱乐场所，老人坐板凳靠北墙根晒着太阳道古论今，男青年在街上举石担、摔跤。女孩跳房、踢毽子。男孩子打瓦、打苖（木制）、弹蛋儿（玻璃球）等活动，整个村庄沉醉在活跃的气氛中。

进入腊月人们便筹备过年事宜，男人赶年集，置买年货，女人赶缝新衣服，男孩们早就打算自己的鞭炮。过了腊月初八，大人孩子川流不息，好不繁忙，迎待新年的到来。到了正月初一，又体现了“一元复始”的轮转。

第四节 道路

一 村外道路

亢家庄自建村几百年来，只有通往周边村庄的土路（道路宽度红、白事能通行）和朝出晚归的田间小道；通往南洼地片一条公用小路，西南圻和西南圹的赶牛道，通往北洼的小路和通往东岭的小道。那时节也是寸土必争，又不能不走，然而谁也不愿意让地扩路。以前只有独轮木脚车，大多是肩挑背驮。

炮台路 1899 年德国军队建 3 号炮台，开辟炮台路（现镇江路），自 2 号炮台延伸向 4 号炮台，长约 1000 米，宽约 5 米，占用亢家庄地段长 420 米。因建西大墙防御工事建修由村西通往仲家洼的西大路，东西长 200 米，宽约 5 米。

西大墙路 西大墙建成后，沿墙顶边开辟一条南北大路，称西大墙路（现泰州路），南起大薄地南沟（现江西路），北至村西。长约 1330 米，宽 5 米。德军经常驾车巡视电网。日本第二次侵占青岛时成为步兵驾坦克训练道路，也给村民交通带来方便。

国防大马路　1933 年民国政府时期自村西沿村南修筑至田家村的国防大马路（民称南马路），可通汽车。自村西（镇江路）至东岭圻段 1170 米，宽 8 米。

水管子路　1939 年日本在浮山所西建立陆军病院，设立医院净水设施于浮山所焦家山顶处，从亢家庄西至山顶铺设地下水管，地上铺修道路，可通马车，村民称“水管子路”。长约 750 米，宽 6 米。

◇ 水管子路

南病（兵）院路　同年从该医院北门建筑了一条道路。与西大墙路相接（2 号炮台东），可通小型汽车，长约 600 米，宽 5 米。

电台路　1940 年日本在东岭建筑无线电台时，建筑自浮山所北山顶至亢家庄的国防大路的南北道路，可通汽车，民称电台路（现徐州路）。长约 500 米，宽 6 米，后向北延伸到西吴家村南河，约 600 米。新中国成立前可通马车和汽车的道路合计 4920 米。这些道路一直持续到 1982 年。当初日、德和民国政府征用土地修路时，村民虽极不情愿，但这些道路方便村民达 80 个年头。20 世纪 30 年代开始，青岛城市规模发展，人口增多，尤其东镇与亢家庄接近，蔬菜需求很大，村民扩大蔬菜种植，为提高运输能力，纷纷制作双轮铁管推车，于是村民在蔬菜园地不得不将原有小路扩宽（约 1 ~ 1.5 米）。在各个大片菜园地片这样道路有十几条。道路之间相互接壤。1956 年合作化以后，运输量和运输工具增加，对原有道路扩宽和维护。

二　村内街道

早在建村时，首先留出街道，尤其在宽度上有一种传统规矩，准备红、白事出行，以抬轿和白事抬罩出行无阻为准，房屋之间的胡同以牵棺（抬棺材）无阻为准，尤其白事用的“罩”要比红事的轿宽得多，后因社会发展，街道、胡同宽度不再依此为准，而是以汽车通行方便而定。

按村庄第一聚落时期的街道状况统计，街道四条，胡同十条，东西大街呈 S 形状，自村西口至村东口长约 180 米，宽均 6.2 米。北大街（前大街至郭宝先房处）南北长 190 米，宽均 3 米。后街东西长 85 米，宽均 2.5 米。西南街（张仁珍至亢正法房处），南北长 40 米，宽 3.5 米。胡同仅以三条分别计准：东胡同（亢正佩至亢继义房处），南北长 85 米，宽均 2 米。西胡同（亢正明至闫盛利房处）南北长 70 米，宽 2.2 米。后街胡同（亢中武至亢中达房处），南北长 58 米，宽均 3 米。其他胡同有 10 条，总长 315 米，宽均 1.5 米。全村街道及胡同 16 条总长

1023米，总面积3009平方米，合4.5亩，占村庄总面积16.2%。

1970年开始生产大队为社员批地建房，至1982年已形成第二最大聚落。村里街道变化不大，有的胡同加长，新增加胡同14条，其中南北胡同5条，总长245米，平均宽度2米。东西胡同9条，总长250米，宽1.4米。宁夏路以北房舍及胡同排列整齐；宁夏路段东西长105米，宽50米，面积5250平方米，合7.9亩。通往北园的原主道增加长度为300米，宽4米。聚落新形成胡同共29条，其中南北胡同17条，总长1122.5米，宽均2.5米。东西胡同12条，大的4条，总长380米，宽3.5米。小胡同8条，总长280米，宽1.4米。

原老村庄街道及胡同17条，新增街道胡同44条，共计61条，总面积15227平方米，合22.86亩，占亢家庄第二聚落面积16.33%。这些街道胡同极大方便了村民日常生活和出行。

2000年村改结束，村民乔迁新居，但老村庄的街道、胡同深深留在了人们的记忆中。

第五节　桥涵

一　桥

亢家庄因为没有大的沟河，故而桥梁较少，共有桥梁三座，一座是村东桥，横跨东河，是亢家庄最早的桥，宽约2.5米，高（桥面离水位）1.5米，长约8米，有两孔，传说建村后不久就建起来了。开始是滚水桥，没有桥孔，平常可踏石头往来，到雨季就无法通行，它是村民必走之径，后来人丁多了，村首组织村众到外地运石头，由于石头太大，又无专用工具，建起的桥面高低不平，桥沿参差不齐，遇到大雨季节村民就到桥边观望是否会出问题。随时准备应付可能发生的事故。但桥基相当坚固，不知多少年来，经过数不尽的大雨和洪水冲撞而岿然不动，后来有了汽车，往来通行都可承受。这座村民自建的简易石桥，为村民安全通行不知过了多少个春秋。1987年建盖大信公司办公楼时被掩盖，在现“百安居”东侧的绿化带下。1933年民国政府在村前建筑国防大道，延至东崖与东岭接壤，直跨沟上建造石垒独孔桥一座，宽8米，深2米，孔高1米，桥上为路面，雨季从上游流淌的水从桥孔流入东河。多年来给国防大道通畅起到保障作用。1982年建筑山东路时将该路切断停用，后该地块上逐年建起楼房。

1939年，日本建造水管子路时，在东河上游南沟顺路建立路桥一座，宽5米，深4米，桥孔深2米，跨度6米，石垛上方用砖发弧形桥洞，非常坚固。自建桥时从未发生事故，完好无损，保障了路面畅通。1982年建筑山东路被截断停用，现在山东路西边道绿化带下。

二　涵

1. 亢家庄涵洞多于桥梁。前马路于村东拐弯处在建路时设一小桥，宽8米，高1米，用条石垒成，横跨东河，原本不高，日久经土沙淤积，桥孔平日只供流水通过，大雨时水漫马路排泄。此小桥人畜不能从桥下穿过，为涵洞。建筑山东路后，为保障河水流淌，自桥底下管疏通，现在百安居商场东侧绿化带上。

2. 延南马路向东至东岭圻中段（今连云港路南头）设一涵洞，横跨自浮山所地片至吴家村地片的旱沟，宽 8 米，高 1 米，石砌墙体，条石桥面，涵口雨季可通水。保障国防马路几十年的通畅，未曾坍塌。1984 年建筑宁夏路时被掩隐。

3. 沿水管子路桥东南 100 米处，在筑路时设一涵洞，宽 6 米，高 0.8 米，砖发弦留有一孔，横跨东南岭至南沟的一支旱沟，雨季可通水，保障路面不坍塌。1986 年建工商银行时被掩埋。

4. 沿村南马路中段，村西南（闫氏祠堂前）和村西头随建村时建立的三座小涵桥。村南两座于南马路北沿，村南涵桥宽度 3 米以上，村西南（闫家祠堂）宽度 6 米以上，下面沟渠是东河的支流，源头村西有泉，长年流水，都用石条横担，主要为村民出行和雨季排水，平日妇女在此洗涤衣物。村西涵直跨村大街，用石条横担，宽度 4 米以上，为村西北方位村民排污和雨季畅通，三座小涵桥都可通行马车、地排车和小型汽车，这些桥涵虽不起眼，但与村民朝夕相伴，它们“随村而建”也“随村而逝”。2002 年建立大型商场时，随村舍拆除而消失。现在百安居商场地下。

第六节　山河泉湾

亢家庄虽为较小村庄，但山丘、河溪、潭泉、水湾相互掩映，融为一体，恰如一幅匠心独运的水墨画。

一　西山

亢家庄属丘陵地带，没有高山峻岭，只有坐落于村西南的高丘地，老人们习称西山，海拔约 55 米，是一座独立土山，山南坡为小湛山村土地，山西坡为南仲家洼土地，东坡、北坡为亢家庄土地。山顶长满刺槐、柞树、黑松和芙蓉树，茂密遮日，春秋是各种鸟类栖息地。20 世纪初期以前有野生动物，经常有野鹿出没。德国侵占青岛后，1899 年开始建立防御堡垒（2 号炮台）。日德战争以后为日本侵占，抗日战争胜利后，由国民党军队和美军占领，1949 年 6 月 2 日以后中国人民解放军接管。1975 年改建海军干部休养所，至 1984 年周边全部建设完毕至今。西靠镇江路，东靠泰州路，南靠泰州一路，北靠居民宿舍。

二　东河

坐落于村东而得名，由于村庄坐落位置于东、南、西地势高，向北渐低，东河是亢家庄唯一的一条天然河道。主河道有近千米，河床最宽约 20 米，是亢家庄唯一常年流水河道，汛期雨季是主要排水系统，水源由东、南、西方向的几道自然沟渠汇积而成，自南向北流，经吴家村南河汇入海泊河流向胶州湾。沿河两岸有多处泉水不断流向东河。故天旱时也形成溪水，供村民洗衣、浇菜。河道积水地段形成小池塘，常年长满水草、野芹菜等水生植物，生殖小鱼、小虾、泥鳅和青蛙，河边春夏秋季常年葱葱绿绿，有不少野花，河边柳树成荫，孩童抓蝉、捕鸟、摸泥鳅，河西崖有多家村户的谷场，大人在场上乘凉、茗茶，是绝好去处。冬季上层结冰，儿童在冰上打陀螺、滑冰。1982 年靠河东岸建造山东路，上游发源支流全部截断，河床用石砌成暗沟，水流方向未变，现已全部由建筑物覆盖，筑成地下排水系统。

西大墙壕沟 位于村西原 2 号、3 号炮台防护墙下，南至原高尔夫球场，北至西吴家村西。初时，德军计划引海水流入，南北通海，一是为了通航，二是为防护炮台。后未能实现。2 号炮台为南北分水岭，逢大雨坡上积水，向南流入浮山湾，向北流入海泊河入胶州湾。后，原状逐渐消失。1984 年建筑宁夏路分割两段，南有海尔集团、青岛四十三中学、青岛公交集团大修厂等；路北依次有青岛手表厂、青岛大飞轮厂和居民区等。

三 泉

村西泉 位于村西南，距村 50 米一暗泉，长年流水，水质清澈透底，沿前马路旁小堰沟流入东河，现已被百安居超市掩盖。

村南泉 位于村前马路东南，有片石岔子，常年从石缝冒溢清水，涓涓细流。此处土地无法耕植，是东河的水源之一。现位于百安居超市东边绿化地。

村北泉 位于村北，西果园中部东侧 50 米处，属季节泉，现为住宅小区楼房所覆盖。

四 东北大湾

坐落于村东北而得名，距村约 400 米，并非天然湾，为亢家庄村民盖房采石料开凿而成，面积约 2000 平方米，历年汛期大雨积水而成湾，水深约 5 米，常年不干，村民周边土地用水浇灌。1964 年亢家庄大队凿大井用石砌壁，重挖采石。1968 年在原井东侧 10 米处另挖掘采石成为第二个湾，人们称为“双湾”。夏天亢家庄、外村和市郊的青年儿童来此游泳、垂钓，冬天做各种冰上游戏，常年生长鲫鱼、草鱼、泥鳅和蛙类，1984 年弃用。现被澳柯玛立交桥东北侧路边的绿化地及居民区覆盖。

第七节 碾、磨、水井

一 碾、磨

碾、磨是百姓传统加工粮食而设制的，属村中的公用设施。自古以来老百姓在使用时、尤其是逢年过节时，大家需要对食品进行加工，都能遵循排队挨号的好习惯。人们一大早就拿着瓢，放上点粮食或一把笤帚放在碾台上或磨台上，俗称“占碾”“占磨”。第二个占碾的去看时，“噢”，人家占了，就乖乖地自认为第二名。依次都把自家所需要加工粮食或其他食品排队。一般都能预测出应该到什么时候就挨上了。有时候挨到了而没去人，在场的人便到其家里告

◇ 个体时水井

绘图亢正鼎

◇ 水磨

◇ 石碾

绘图亢正鼎

知，这种互相尊让美德一直流传。

碾：由碾砣、碾挂子、碾底组成。

①碾砣：呈圆柱形，用一整块花岗岩凿成，柱面直径约50厘米，中间凿上孔，直径3～4厘米，深约2厘米。砣长约60厘米，圆周钻上约一厘米深的沟，宽约2厘米，呈塔状，用剟斧子加工光滑。

②碾挂子：用扁方木（以前用本地槐，后来用刺槐），厚约10厘米，宽约15～17厘米，长约1.2～1.5米，用榫卯钻成长方“井”字形，两个边一面长出一截，在井字两条长边内侧中间固定一个榫柱，以前用坚硬木头，后来以铁替代，井字架里手（靠近中心）一根边中央凿一圆孔（大于碾盘竖起的铁管），井字架两头长出部分的末端钻上斜孔，约5厘米直径，以便插上碾棍，供牲口和人拉和推。

③碾底：也称碾盘、碾台，是承受碾砣的底盘，是一圆形整块石头，直径2米左右，厚在30～40厘米，约五吨（旧时运输和起重条件低下是如何运达的，这块石头是先凿好才运或是运回坯石固定好才凿制，无人能答），碾盘面成“凹”字形，边缘高约5厘米，宽约5～6厘米，凹下平面光滑，中央凿一孔，约十厘米正方型，用直径约6～7厘米长约60厘米一根铁管，直立插入孔内约10～15厘米，用木楔将铁管塞牢，称“碾管芯”。然后将碾挂子顺有铁管孔的一边套在铁管上，并将碾挂子内侧固定的榫柱插入碾砣两边的孔内，就是一盘可用的碾了。碾盘置放的高度约在60厘米，设放碾的位置一般是在村中较空闲和避风的地方，在碾圆周地上铺上平板石头，以备牲口踩踏，称碾旮旯（俗称：碾旮啦）。

使用时：将要加工的粮食倒在碾台内侧，摊成圆圈，能与碾砣压过的范围，插（掺）上碾棍，套上牲口，要给牲口带上“捂眼”，带上“支干”（用一根木棒一头做上圆圈套住牲口嘴，另一端固定在碾挂子上，防止牲口吃粮食），也可1～2人推拉。拉动碾挂子使碾砣滚动，将粮食从里向外趾，粮食不断向外圈伸展，如果达不到加工要求，司碾人要拿笤帚不时往里收扫，达到要求为止。

④用碾对粮食及食品加工，工艺及俗语都有区别。加工小麦第一道工序，是把带壳的麦粒将壳去掉，称“串麦子”。带壳谷子、黍子、高粱等称“碾谷”“碾黍子”“碾胡黍”等。粮食去壳后，细加工称“掐”：称“掐糕”（黍子、大黄米）、“掐苞米馇子”“掐地瓜干”等。以前食用盐是原坯粗粒盐（亦称盐豆子），都到碾上掐细装罐子，长期食用。亢家庄有三盘碾：村东一座，在关帝庙后，借庙后墙和村头大照壁周围垒上碎石墙，约2米高，挡风沙。设于20世纪初期，80年代初弃用，1988年拆除，也是亢家庄拆除最晚的一盘碾。村南一盘：位于南街南段（南粪场）借一村民南屋西南角垒一道东西墙（避风）前，设立年代不详，比东碾早。于20世纪60年代初期村内安装公用自来水供水站时被拆除。村西头一盘，在闫氏祠堂西侧，设于年代不详，20世纪40年代被弃用，于中期被拆除。

磨：磨有两种：从用途分为干磨和

湿磨（俗称水磨），都是用花岗石制作，上下两层，底层中心有铁芯子，上层中心有槽，直径约3厘米，高约2厘米，上层扣下层，两个扣面都攒有约2厘米宽、1厘米深的斜排垅沟，磨擦物品，铁芯子与槽属“凿枘关系”。下层固定，上层转动，上层在槽两边有两个对称透眼，一个叫实眼，一个叫副眼，直径约6～8厘米，被加工的物品放在磨上层，转动上层（逆向转，与钟针相对，有句俗语：推磨碾碾倒着走），使物品只能从实眼下（水磨从实眼漏物，副眼添水）。干磨大于水磨，干磨大都为个人所有，设于牲口房内，称“磨屋”，是固定的，水磨是村内公用的，临时搭建，干磨有磨盘，水磨没有。干磨加工各种粮食面粉，水磨加工带水食品如：水泡豆类（大都是黄豆，做气馏或小豆腐），4、5、6月海市，将虾、蟹磨浆腌渍。磨煎饼糊等。干磨都用牲口拉（人拉太累），水磨都是人推。亢家庄自20世纪以来统计，有19户家庭有干磨。1956年加入农业社后，牲口归集体，陆续都停用。1965年亢正林是最后停止使用的。

水磨亢家庄共有8盘，村里4盘。村前街、村西街、东街和后街，平日两扇磨都放在临街村户家，待用时现用两个凳子支起来，谁最后用完就自觉用水刷干净置放原处。平日个人随用随支。北园有4盘，比较分散，流动使用。后来随人们的生活水平提高而改变饮食习惯，使用渐少。旧村改造开始后，村民逐渐撤离而消失。

二 水井

田地水井：本村地势呈南高北低，东西两坡向村东河下斜。两坡大都是砂质土层，虽挖掘较易，而渗水较少，井深都在12米以上，东坡地质以黄坚土、沙土伴有干勾土居多，挖掘再深也无济于事。只能种庄稼，靠天吃饭。两边坡底靠近东河两岸，黑黄土较多，水较旺，东岸黄沙土伴有石线夹层，水源从石线渗出，挖掘2～3米即可出水，一般井深5～6米，最多8米。北园水源较丰，2米可出水，井深4～5米即可（北洼两侧也要8米以上）。亢家庄水井大部分水质较好，都可饮用，只有远近和深浅的区别。东河两岸的井水受东河污水影响，水质有点“溇”。南洼地片地表黄土较多，地下为黄青沙，伴有石线，通过石线渗水，雨季用水少，储水较多，旱天水量奇缺，不宜种菜而多为农田。共凿井四眼，井深都在14米以上。人们只能在东河两岸凿井种菜，至1955年村民在该地片凿井80口之多，确保村民蔬菜多产。自1963—1980年亢家庄大队全体社员凿大井13口，保障了蔬菜供水（小井大部分弃用）。通过挖掘大井发现，亢家庄地下土质多为黄青沙，10～13米以下便为沙、石一体结构，没有纹理，非常坚硬，俗称石棚，没有地下水，从石棚以上纵横交错的石线中渗出的清水，含有丰富的对人体有益的矿物质。水深呈清澈浅蓝色，饮用属上乘，可谓“甘泉”，更利于作物生长，亢家庄种植的蔬菜因之大受青岛市民欢迎，尤其亢家庄的西红柿多因水质好而甜鲜可口，誉满岛城，送到菜店瞬间有人挨号购买，场面喜人。自20世纪80年代初期开始，土地减少，逐渐弃种，人们再也吃不到亢家庄的西红柿了。

饮水井：农村的饮水井是村民生活中的大事，是保障村民身体健康的重要因素之一。亢家庄长期只有一口饮水井，位于村东，全村人都称为“东井”，在东桥东北方位10米之距，在东河东岸约5米，地势较低，井深约3.5米，井壁用乱石垒垛，井口用条石铺砌成约0.8米的见方，井台约2平方米，高于地面约40厘米。听老人们传说：当时聘请风水先生测的方位。村首事设于此处的原因是，人们挑水都用担杖（两头带钩的扁担），用一头的钩勾住水桶（以前用木桶，后来用铁桶）直接放下摆倒桶提水，非常方便。村南、村西地势高，水位深，提水要用绳子和辘轳。村北水质相对较差，所以村首们费尽心机设于该处。东井四周均为黄坚土和灰坚土（俗称鸡屎黄坚），出的水不利饮用，唯这口井下全部是碎石（称石岔子，俗称鼓牙子石），水从石隙中自东向西蜂拥而出，取之不尽，用之不竭，离东河咫尺，从未受到污染，水质爽甜可口。特别在夏季，路人借饮，赞誉这水极甜，在饮第一口似有噎咽之感，村民无不感到自豪。为了保持水质洁净，村中定时组织青壮年淘井。1964年春有一男性在井内溺水身亡，迫于弃用。正值亢家庄安装公用自来水，村民消除了负担。此后这口井只做人们洗衣及他用。由于污染严重，被逐渐遗忘。1987年建大信公司办公楼时被掩埋。

在老村庄的周围（东南崖及吴家洼）及北园地片居住的村民，离村较远，生活用水大都在家前屋后的园片的水井取之使用，非常方便，水质都相当好。

第八节　宗祠庙宇

一　宗祠

（一）亢氏祠堂（俗称亢家家庙）

始建于清光绪年间（1880—1885年），坐落于村北，占地面积120平方米，房屋三间，坐北朝南，草披屋面，砖木结构，建筑面积50平方米，院落70米。1914年日德交战前被拉倒，1916年由亢登发、亢登玉、亢辉镜等族人在原址重建。前后墙为青花岗岩条石，前檐高2.5米，两山为青石青砖镶砌，梁、檩为木质结构，水泥瓦屋面，南向，东西两窗约一平方米（原为木棱结构，后改为玻璃窗），后面三窗，中大两边小，结构相同，大门东向，面北街，高约3.5米，青砖青石而建，半飞檐，门口台阶两层花岗岩石条铕成。屋门正南，院有一照壁，高约2.5米，宽约2米，中央镶嵌约1.2平方米正方白色田心，十分醒目，青石青砖结构，院内西南角及东北角栽有两棵杉松，叶茂根固，挺拔笔直高出屋脊。院墙为乱石砌成，青砖。整个建筑座落有序，庭院方正，具有民族风格。

祭祀活动：亢氏祠堂建立后，每年农历年除夕是供奉亢氏族门宗谱的地方，亢氏宗谱用数层绢锦以轴装裱制成，工艺精致。高约2米，宽约3.5米，自上而下记载自始祖至后世，每一世占一格，上名供奉，按族人规定妻室可上名，闺女不可。当年去世的亢氏男人及妻室（明媒正娶者）在除夕这一天放下宗谱按规定位置添名供奉。每年的守宗者是亢氏的各大支派推举1～2人轮流守护。除夕当天守宗者清晨打扫卫生，摆上香案，将宗谱放下，摆上供品，准备亢氏族人进行祭祀活动。昼夜守护，直至送年后，便作下年交接手续。

除夕傍晚本姓组织男性，敲锣打鼓，持鞭炮、香纸到祖茔请年，众人要齐喊：老祖们回来过年。除夕晚约10时半开始至12时，为过年祭祀活动时间，亢氏各家为长的男人可携小辈儿男，用食盒和茶盘，端着家里煮的第一碗饺子，带上香纸到土地庙和关帝庙祭拜，然后到亢氏祠堂祭祀先祖，烧纸焚香叩头。人员川流不息，但见面后都相互不能打招呼。这第一碗饺子供奉后，可留下给看宗人享用，也可带回家。年复一年的过年祭祀活动，大家对时间掌握的基本一致。回家祭祀自家祝（宗）谱后在自己的庭院和临街燃放鞭炮，各家吃团圆饺子，约在12点以后，开始各家各户拜年，路上再见到人就可大呼“过年好”，相互祝福，一直持续到清晨。亢氏祠堂在农历正月初一至初二全天开放，孩童尽情玩耍、嬉戏，男女老幼穿新衣戴新帽，昼夜欢腾，庆祝新年。孩童一天三时到祠堂送香。农历正月初二夜12点以后，为送年时辰，各家各户自己在家先将自家送年事宜办妥后，齐聚亢氏祠堂。亢氏族人长辈们都要前来祠堂会集，举办送年活动，亢氏族长们把一年本族的活动总结和新的一年要办的大事，经讨论无异议后，打着锣鼓，将宗谱放下归案，然后一起带着全部的香纸、鞭炮将先祖送回老茔，烧香焚纸、燃放鞭炮、叩头，至此过年祭祀活动结束。1964年“四清”运动开始，祭祖被视为迷信行为，不再作祭祀活动。

亢氏祠堂不只是过春节作祭祠活动场所，长老们为子孙后代掌握文化知识，平时把祠堂当学堂教室。清光绪末年（1902年）亢家庄儿童在祠堂里开始了私塾教育。1935年改为公学堂。新中国建立后，祠堂白天是小学学校，夜晚便成为农民识字班和民兵学习场所。1954年国家号召全国扫除文盲，又成了扫盲班的课堂。到1959年又改为村民初中班夜校，至1962年年底结束。1965年小学撤离，改为亢家庄大队幼儿园。1974年因房屋陈旧影响儿童安全而弃用。亢家庄大队为发展经济于1983年将亢氏祠堂改建为商店。

（二）闫氏祠堂（俗称闫家家庙）

坐落于村西南，前靠南马路，西为空地，北临村前街，占地约150平方米，祠堂正房三间，南向，建筑面积约60平方米，墙体为青花岗岩条石砌成，青砖镶檐，门垛屋山均为条石砌成，青瓦屋面，梁、檩木质结构，东、西和北窗约1.2平方米，为木棂结构，整个建筑庄重大方。门楼高约4米，青石、青瓦结构，楼面为古典青小瓦，飞檐格调，屋梢有禽兽像塑，大门南向，设于院落南墙中间，直冲祠堂屋门，庭院方正，宽敞别致，具有民族建筑风格。该建筑是由闫氏第七世闫瑞凤为首集资率闫氏族人兴建于1933年春。

每逢农历年除夕清晨开门，摆上香案，悬挂宗谱，供品齐备，由闫氏族人指派人选轮流守宗。其他活动与亢姓基本一致，由于两姓历来有亲情挚友之交，关系甚密，相互走访，恭贺新年。1964年以后不再搞祭祀活动。

闫氏祠堂竣工时正是沈鸿烈任青岛市市长年份，闫氏祠堂作为村学堂教室与亢氏祠堂统一使用管理，学级安排、调拨及师资归于浮山所小学。新中国建立后，夜晚用做村民识字班、夜校和民兵学习及村民开会的场所。

1958年祠堂墙壁和院墙出现裂缝，据分析祠堂原址是一块洼地，在建祠堂时用沙垫平，未用加固措施，年久水浸房基受损。为保障学生安全，亢家庄大队决定将学校迁移，暂用作亢家庄大队仓库。直到1975年裂缝加剧而拆除，在原地重建房屋用作亢家庄大队幼儿园。

二 庙宇

关帝庙：在中国大地好多地区的村庄都有关帝庙，关羽是三国时期蜀国大将，他以忠义之举受到中华民众的尊敬和爱戴，把他神灵化，长久地供奉他。也把他以护村、护财的神灵来供奉。

亢家庄关帝庙坐落于村东，靠东河，南、西靠村前大街，北临场院，座东向西，东西长约4.5米，南北宽约2米，面积约9平方米。主庙建筑面积约4平方米，庙门朝西，墙体用青花岗岩垒砌，石料方正，表面加工细致，上墙体用青砖砌成，小青瓦屋面，飞檐，两屋梢高出屋约25厘米，建有等距禽兽像泥塑，形象逼真，檐头挂有一排猴面直下滴水瓦，紫漆屋门，庙高至屋山顶端约3.5米，至檐头高约2.2米。庙门冲西建有一照壁，宽约2米，高约2.2米，青花岗岩基墙，青砖锒垛并装饰飞檐照壁帽，两面均镶白色田心，约1平方米，中心黑油写鹿、鹤首“福”字。照壁与庙门之间，有一小院约4平方米，水泥地面，靠照壁两面建有两个旗杆底座，是一块青花岗岩，光滑方正，顶面约0.7平方米，高约70厘米，顶面中间有一约12厘米直径旗杆孔，竖有两

◇ 亢家庄关帝庙

支杉木旗杆，高约5米，旗杆上半部各装有一个木制雕花木斗，上大底小，呈“斗”状，四面凿有圆形双鱼道教象征图案，旗杆和木斗用紫漆油刷，旗杆顶端挂一幅三角边锦旗。由于风吹日晒，大约每年要在农历5月13日更换一次，20世纪40年代中期便不再悬挂。

庙内正中塑有约1米高关羽内盔外斜衫座观春秋泥塑像，右侧塑有张飞持大刀和左侧关平仗剑身披盔甲站立泥塑像，栩栩如生。屋门槛用木料而制，高约30厘米，外设有一青花岗岩香炉，圆弧形，直径约30厘米，底座小，高约30厘米，重约20公斤，里面常年装有细沙，每年一般在农历5月13日和春节更换一次，专供祭祀活动人们烧香之用。何年始建无考。1922年亢家庄亢姓十六世族人亢登发、亢登玉，闫姓七世族人闫瑞凤为首组织村中有识之士踊跃集资重建。在神像后面挂有一黄漆木板(长约1.2米，宽约0.15米)，上注集资者名字和捐献数额，从10元大洋至0.5元大洋不等。

祭祀活动：春节时，村里掌事者推举一人或有自荐者，村里拿出经费，专人管理。1950年后都由葛本高操办，经费自负。除夕当天要给关帝庙打扫卫生，贴上已备好的歌颂关羽的对联（20世纪初开始，由亢登平撰写，至1957年后由亢正鼎撰写），香炉换上新沙，以备插香。天黑时点上蜡烛，1941年开始亢家庄有了照明电即用电灯，为祭祀活动人群照明。除夕夜自10时半后祭祀活动开始，各家男人端着盘子，男孩子打着灯笼，首先到关帝庙进香烧纸祭祀（然后到祠堂），虽不是关帝庙的节日，可它享受全村人们供奉的香火，每天早、中、晚三时每家男孩童到庙送香，持续到正月初二，自初三至正月十四日送香可以不成规律，不勉强，可多可少，也可不送，正月十五“灯节”是中华民族的大节，按当地规定十五、十六日送两天香火，有的也送妇女做的面灯，自春节至正月十六日两大祭祀活动结束。

农历五月十三日：传说农历五月十三日是关老爷磨大刀的日子，磨刀就要用水，人们供奉这位忠义大将军为神，认为神的功力大无边，本地区是春旱少雨的区域，急盼下雨解除旱情，所以每年农历五月十三日为关帝爷大搞祭祀，当地流传一句谚语：大旱三年忘不了五月十三（必下雨）。但是否真的能下雨就另一码事了。这一天上午，村中推荐一位资历深、威信高，有组织能力而经济状况较上乘者来筹办，后来都有葛本高操办，给庙堂进行清扫、贴上对联“千里走单骑，单刀过五关”，组织锣鼓队，敲锣打鼓到庙前烧香焚纸，放鞭炮，众人磕头，企盼关老爷显灵普降甘霖。

自1964年开始不再搞祭祀活动，1966年“文化大革命”开始时毁坏了庙宇的塑像。1967年关帝庙被全部拆除。关帝庙在今澳柯玛立交桥西南方位，百安居超市东侧绿化带。

土地庙：广大农村很早就有土地老爷的传说。在民间故事中，好多都有土地爷在其中扮演的角色，均称谓“当庄土地”。

就是说每一个村的土地爷只管当庄事宜，所以在农村都在建村后随之建立土地庙。

亢家庄张姓建村始于明初，只不过有几户人家，是否建村时随即建立土地庙已无从查考，亢家庄的土地庙只知其终而不知其始。

土地庙在村前马路边，南崖地头上，规模不大，庙建筑面积约1平方米，全部用浅红色花岗岩凿成，整个建筑共两块石头，庙屋面大于墙壁，总长约1.2米，宽约60厘米，虽不大但它是一块完整石头，屋脊、梢、屋山和瓦沟精致明了。墙体也是一块石头凿成，四个墙角整齐，留有三个门口，南向，正门大一点，内有石凿土地爷在正中，两个土地妈妈在两旁，均为盘坐姿态。两边小门，内正中竖有一青砖，刻有文字，内容无考，庙前有一块祭祀场地，约30平方米，种有小草皮，长不高，早春开小苞花，长年青绿，专供祭祀活动人群跪地而植。

每年农历二月初二日，传说是土地爷寿诞，因为是一庄之主，村民集体给他过生日。在头一天傍晚，村内选定一人主持（也可自荐承办），祭祀活动在村内设一空房，摆上香案（简单供桌），绘一张土地爷全身像或半身像（谁也没见过土地爷何种面貌，只能根据传统剧目中扮演的土地爷模样）挂在房内正北墙上，摆上供品，然后组织群众和男孩童一起到土地庙请土地爷回村过寿诞，在庙前放鞭炮，敲锣打鼓，为首的人还要说：土地爷回村过生日啦。土地爷被请回后，烧香焚纸，放鞭炮，还要敲锣打鼓庆祝。这样持续到晚上12点以后，仍要有人守供堂。第二天拂晓又要组织群众，请下画像，打锣鼓将土地爷送回土地庙，烧香焚纸，放鞭炮，叩头，祭祀活动结束。

农历二月初二日不只是为庆祝土地爷寿诞，也是农村的一项传统节日。每家每户都有炒糖豆的习俗，有地瓜豆、面粉制品豆，各式各样的豆类制品，大部分为甜食，生活好的质量好一点，生活困难的质量差一点，在家里把炒好的糖豆放在盘内或小箩筐内，供串门人员分享，外出的人一般都拿一些装在衣兜内，先到供奉土地爷处送一些，见面后相互赠送交换分享，尝试质量如何。这项活动至今虽然逐渐淡漠可仍在延续。

春节祭祀活动和关帝庙一样。

白事（葬事）祭祀：刚故去的人都要先到土地爷那里报到，传统称报庙。逝者刚倒头，第一趟叫倒头庙。村民有谢世者，家中和本族有关及亲戚所有比故者小的都要在故者殡葬前三日或五日内，一天三时，儿、女、媳妇早、中、晚到土地庙跪泣，有专人带领烧香焚纸，大孝子柱案杖子叫路后叩头再回转。每

◇ 亢家庄土地庙

次在报庙时，有一人用担杖撅一个水桶，内盛一些清水和一把勺子，在报庙人群前头，到土地庙周围泼一些水，称“泼浆水”，其意义不详。尤其故者第二天为归西之日，准备路费到酆都城（迷信传说的阴曹地府）安身，俗称送盘缠，傍晚将扎好的纸马、牛、轿和褡子、金银纸元宝作为盘缠，在土地庙前焚烧，场面隆重，富裕户都要请吹鼓手，沿街摆路祭，吹吹打打，有时持续到晚十时左右。谢世人殡葬后不再到土地庙作祭祀活动。

有孩子（生小孩）或孩子生痘、生麻疹等杂灾，当家妇女去求助土地妈妈，也可找一个专门会祈祷的妇女，到土地庙前求助，并要许愿，如果孩子好了，几日内要扎纸人（红纸）和红褡子还有香纸前去焚烧“还愿”表示谢意。

上述祭祀活动于1964年“四清”运动后全部停止。土地庙于1966年除“四旧”时清除。

第二章 旧地新貌

第一节 东片

亢家庄的东片包括：东崖、东岭、东岭圻、东北圻、吴家洼、东南岭及东南崖。地域面积413.47亩，可耕土地220.35亩。东北方位与东、西吴家村地片相接，东、东南方位与田家村和浮山

◇ 东片区新貌

所地片相接，以浮山所北山顶向北至西吴家村南河为东西分水岭，以电台路（现徐州路）分别向东、西倾斜，向东土壤以沙壤土居多，向西坡向下为沙壤土和黄坚土。旧时大都种植地瓜、花生、玉米、谷类，东崖大都种植蔬菜。东崖和东南岭有两条东河支流（雨季排水），斜向东南方向。村前国防大路自村东向田家村路段将村东分切为南北两大片。电台路将东岭分割成东西两大片，两条路的交叉点在东岭顶（现为泰能集团）形成准十字型。亢家庄大队时期曾为一、二、三、四小队地片。自1967年在东崖凿了大井以后，水利条件好转，逐渐成为蔬菜丰产园地之一。1940年日军在东岭顶建电台占地99.27亩。因建设房屋第一次占用该片土地。1961年驻青海军在吴家洼地片建卫生学校，两座三层大楼占地33.9亩。自1977年烟糖站在东北圻盖仓库起至1995年被政府、机关、金融、商务筹建大楼及居民小区全部征用，主要占地单位有：青岛丝绸公司、青岛市工商银行、青岛市二轻局、山东省畜产进出口公司、海军北海舰队、青岛兴发房地产开发有限公司、青岛四海高新技术开发部及亢家庄徐州路居民小区等。宁夏路将原国防大道拓宽东西穿插，向南有交通大动脉山东路占用村东土地25亩，楼群中纵横有连云港路、徐州路、如东路、沛县路。有33、319、223、224、605、318、374等公交路线通过，现已成为经济、文化、商务及居民小区的繁华片区。

第二节　南片

村南是较平整的地片，有南崖、东南崖、南洼、小南洼、西南圻、赶牛道、大薄地及放茧沟等，地域面积343.92亩，

◇南片区新貌

其中可耕地199.08亩，是亢家庄唯一平原地片，可种小麦、玉米、谷类和地瓜。在大南洼入社前有五户村民种植蔬菜。大薄地只能种植地瓜、花生，旱涝不保收。大薄地、放茧沟岸边植有刺槐和杂树。旧时有德建西大墙路自村西通往大薄地，日占时期的南病院（今四〇一医院）北门筑一条路通向西北至西大墙路（今泰州路）。该地片东接亢家庄东南岭和浮山所土地，南临南病院和放茧沟（在四〇一医院与高尔夫球场之间，沟水自北向南流入浮山湾，源头是大南洼）。西接西大墙。地片内原有浮山所杨姓和南仲家洼葛姓插花地，合作化以后通过协商调整使地片统一，便利耕作。1965年起于放茧沟和原葛姓水井（现邮电大楼门口）凿大井两眼，使整个地片缓解了灌溉状况，全部改为蔬菜园地，为亢家庄大队收入提高立下汗马之功。该地片一直由第五小队耕耘。1969年青岛市仪表局在大薄地建日光灯管厂占地24亩。1981年青岛市邮电局、商业局、纺织工学院、司法局、侨办、外贸局等机关在大薄地建盖宿舍楼占地44.39亩，成为第一个居民区。1982年政府建筑山东路，自放茧沟向北经过村东直通吴家村，征用南洼地片37.53亩。山东路一开通，市级职能部门抢先在道路两侧占地建设。自1983年青岛市邮电局、青岛市劳动服务培训中心、青岛市农业银行在路东建高层机关及营业大楼四栋，继后石油管道局、山东省冶金厅、山东省公路管理局、青岛土山干休所、山东省国际海运公司等相继在路两侧建筑高层大楼。1984年大信公司在大薄地建宿舍楼3座。自1969—2001年亢家庄大队、大信公司在西南圻建立了工业区，第二次改建工业厂区和高层商住楼。2008年在山东路西建筑第二大商场（乐天玛特）。各楼区之间有泰州路、泰兴路、江西路纵横穿插。至此，村南整个片区被覆盖，形成了青岛市东部开发首先开辟的经济、文化、商务、交通繁华中心之一。

第三节　西片

老村庄西片有西山、西南圹、西大坡、西北圻、西桃园、闫家茔、松岚岭、村西崖等组成。地域面积280.56亩，其中可耕土地95.54亩。西南方位与小湛山地域相接，西与南仲家洼相临，西北与北仲家洼接壤。这片土地，西南圹为孔沙地，其余为沙壤土，适宜种植地瓜、玉米和小麦等。1899年德国军队建筑2号、3号炮台将西山、松岚岭两地片大部占用，将松岚岭分割成松岚前、松岚后。同时建筑炮台路，自2号炮台向北将西大坡、松岚岭与西桃园、闫家茔和西北圻地片分割，建西大墙（路）将原整个西大坡分割成西大坡和村西崖两个片，并使原西山、松岚岭大片林木遭到毁灭。1927年国民政府时期在村西征地建设植物场（后为西果园）后，植被大增，村庄在其环绕下，增添了靓色。新中国建立后，自1956年青岛市肥料公司在西墙下征地建肥料池。1957年政府建水产宿

◇ 西片区新貌

舍征用西桃园、闫家茔土地。1960 年二轻局建职工宿舍征用西北圻土地。1964 年青岛市第一教育局在西大坡征地建青岛第四十三中学。此后，青岛市仪表局、青岛公共交通公司、青岛市市南区政府、青岛第三建筑公司、大信公司等单位划拨及征用，相继建筑公交公司大修厂、青岛第四十三中学职工宿舍楼及海尔集团、亢家庄村民宿舍楼、康嘉国际花园和大信公司办公楼等建筑，片区内有泰州路、镇江路、泰州五路、泰州六路、宜兴路和宁夏路等道路，交通方便。在人民公社时期该地片由亢家庄大队第四生产小队耕耘管理。

第四节　北片

村庄北片有村后、北园、北洼、北洼西、东北洼、东北崖和东北大湾等地片。西与果园、北及东北方位与西吴家村，东北与电台路及亢家庄东北圻地片接壤。地域面积 239.08 亩，其中可耕地 135.49 亩，占地域面积 56.7%。在该片村后亢氏先茔及北洼亢氏支茔中，植有白杨 40 余株。沿东河两岸向北植有大柳树几十棵，中间掺杂小树种和灌木，东北沟（东河支流）植有若干蜡条和桃树，北洼西有闫姓一片桃园几十棵，整个北洼原是一片芦苇。地片内的家前屋后、井边各家植有品种各异的树木。该地片土壤为优质壤土和黑壤土，利于种植蔬菜，历来是亢家庄蔬菜园地。人民公社时期是亢家庄大队第二、三生产小队的主要作业区，也是亢家庄大队蔬菜基地。1932 年即墨人王姓（东镇商号“公顺成”）在北洼西购地建房开设工厂。20 世纪 70

◇ 北片区新貌

年代被青岛电缆厂职工宿舍占用。1982年建筑山东路（北段占地35.87亩）将北片区分割成东西两片。1984年在村后建宁夏路将村庄分为南北聚落。1992年中华人民共和国船舶检验局青岛分局在村北（山东路西侧）征地建立30层商务楼，原为富捷城，现为广发大厦（后又建银禧苑高层2座楼）。1993年青岛华宇房地产开发有限公司在北洼东、山东路西侧征地建高层商务楼。1995年大信公司在北洼中部为村民建九座多层宿舍楼，成为扬中支路小区。1998—1999年大信公司在扬中支路小区南侧和北洼西侧建筑村民宿舍楼五个楼座。2001年大信公司在东北洼（山东路37号）建筑加油站一座。片区有山东路、宁夏路、澳柯玛立交桥为交通枢纽并有扬中支路、金坛路穿插，交通极其通畅。村北片区多有商务高层、村民小区及政府机关。

第五节　中片

即亢家庄老村舍地块（第一聚落），自1990年大信公司正式开展旧村改造工程以来，公司领导精心策划，至2000年经过十年以滚动式改造，建筑了如东路、泰州路、宜兴路、金坛路和扬中支路五个居民小区，使两个聚落村民全部入住。2002年将36.46亩的原村舍拆除，于2003年建起了25000余平方米的大型商场“百安居建材超市”。与英国世界500强B & Q公司建立了20年租赁合同。为大信公司的楼宇经济翻开了第一页。

第六节 澳柯玛立交桥

青岛市政府的重点工程之一，位于老村庄的东河偏东方位，因在山东路和宁夏路交叉处而得名山宁立交桥。主桥为三层，上层经宁夏路直跨山东路，东西走向，底层经山东路南北走向，中层主要为上下主道的环行线，环行主道分布于东南、西南、西北、东北方位，呈苜蓿叶形，环行道东南方位在原村庄的东崖北，西南方位是东河西崖、西北方位是村北东河西崖、东北方位在东北大湾偏西南。在苜蓿叶型中央竖设30米伞形组装灯杆，相间四周植有水杉、樱花、雪松、竹林等树木，地下草皮四季长青，全桥沿边设有彩色夜光灯。1998年10月开建，于1999年10月建成，是山东路、宁夏路分流主桥，上层连接东西快速路，建筑十分壮丽，车流如梭，从不拥堵，夜晚灯光如同白昼。这里因为曾经是亢家庄的黄金宝地，亢家庄人都为城市的发展作出了奉献而感到无比自豪。1999年9月1日起青岛澳柯玛集团有偿冠名为“澳柯玛”立交桥，期限30年。

◇ 位于亢家庄村地域中心的山宁立交桥（冠名澳柯玛立交桥）始建于1999年，是当时青岛市市区内功能最齐全的三层立交桥

◇ 如东路小区一角

◇ 宜兴路小区一角

◇ 扬中支路小区一角

◇ 都市逸品大楼

◇ 金坛支路小区

◇ 金坛路小区

亢家庄志
KANGJIAZHUANGZHI

第四篇　人口与姓氏

第一章 人 口

《亢家庄志》人口统计共分两种情况，人口普查和自1940年至2006年67年中的人口变动情况统计。亢家庄人口的变化、构成都与历史背景、社会因素息息相关。

第一节 概况

一 隶属关系

亢家庄（曾名张家疃）明朝建村初，地处荒凉，人口繁衍缓慢。清康熙年间，自亢、闫两姓相继迁入后，人丁逐渐旺盛，村域拓展，经济开始起步。至清朝中期有了区域记载，亢家庄与周边村庄同属即墨县仁化乡文峰社。清同治十二年（1873年）版即墨县志户口记载，崂山地区所辖的乡、社共有17915户，91867人。清光绪二十三年（1897年）德国侵占青岛后，胶澳总督府调查租借地共有人口8.3万人。1910年统计青岛市人口16.11万人，无亢家庄人口记录。民国11年（1922年）中国政府收回青岛，改称“胶澳商埠局”，亢家庄隶属青岛市台东镇。在此期间亢家庄的户籍关系是：1944年以前属海泊区台东镇管辖。1944—1949年6月2日以前属浮山所镇管辖。1949年中华人民共和国成立后，虽然重新做了户口登记，但较规范的档案资料是在1953年建立的。人口管理开始属浮山派出所，逐转属湛山派出所、金湖路派出所、八大湖派出所。

二 新中国建立初期人口（性别、年龄、文化、婚姻、职业）状况

1949年亢家庄婚姻状况统计：在婚年龄按18～40岁统计，人口335人，已婚达320人，占在婚年龄95.5%，其中农业户238人，居民户82人。丧偶45人（均属51～80岁年龄段），占该年龄段63.4%，其中农户29人，居民户16人。离异4人，其中，农业户3人，居民户1人。终生未婚者（俗称老光棍）14人，农业户、居民户各7人。

亢家庄1949年职业状况（调查）统计：从事农业的村民从16～60岁统计为139人（不足16岁和60岁以上的仍参加农业劳动的不统计），占农业人口的24.3%，其中包括未出嫁的姑娘（在农业合作化以前，农民家庭的姑娘主要是以家务为主，闲暇学做针线活，有时参加季节性春播、三夏和秋收秋种劳动。极少长年从事农业劳动）。

从事工矿企业工作的村民106人，占总人口13.8%，大部分是居民户。其中，也包括土地较少的农业户，不以农活为主（1956年成立农业社时土地全归集体）。主要行业有纺织、啤酒业、搬运、园艺和建筑等。商业19人，占总人口

2.5%。其中小店铺、茶炉是有固定场所的，货郎及游动小杂货经营者无固定场所。教育工作者4人，都是小学教师，是新中国成立前留存下来的，其中两名继续担任小学教师，两名分别在浮山所总部小学任职和市内小学任职。雇工11名，在土地改革时，划为雇农（以前俗称“工夫”，有三种情况：第一种是短工，是季节工，一般在三夏、秋收大忙季节到临时市场招募，也有应雇者到村中觅主，农户不备住宿，管吃，报酬按天计算。第二种是年工，时间从农历二月初二开始至农历十月初一日，雇主管吃、住，工钱按年付给，年内可支付一部分。第三种是长年工，是连续多年在农业主家，并有户口登记，从事长年农业劳动和平日杂什，是农业主的主要劳动者，通常全年供两套衣服，一般都是未婚者。这11名雇农都是长年工，在1956年实行农业合作化时，有的迁回原籍，有的留在本村加入了农业社，后来相继成立家庭）。国家干部1人。银行工作两名。现役军人1人。残疾人6人，其中瘫痪2人，盲人1人，痴呆3人。无劳动力者44人，多是60岁以上的老人。理家妇女结婚以后主要是生育儿女、照料老人和家务劳动，在农忙时也参加农田劳动，总人数303人，占总人口的39.5%（包括未结婚的大姑娘34人），其中农业户234人，占该数的77.2%，居民户69人，占该数22.8%。这个庞大的队伍在1956年实行合作化以后，90%以上的农业户妇女参加了农业社，成为农业战线的主力军。居民户的理家妇女新中国成立后便逐年就了工（见表2、3）。

1949年亢家庄人口统计表

表2　　单位：人

项目 / 户别	户数	人口	占全村人口%	性别结构				年龄结构							
				男	占全村人口%	女	占全村人口%	1~17岁	占总人口%	18~50岁	占总人口%	51~80岁	占总人口%	80岁以上	占总人口%
农民户	145	574	74.6	292	38	282	36.6	232	30.1	290	37.8	50	6.5	2	0.2
城民户	68	195	25.4	100	13	95	12.4	66	8.6	108	14.1	21	2.7		
合　计	213	769	100	392	51	377	49	298	38.8	398	51.8	71	9.2	2	0.2

1949年亢家庄文化状况统计表

表3　　单位：人

项目 / 户别	学龄前	占总人口%	小学	占总人口%	初中	占总人口%	高中	占总人口%	大学及以上	占总人口%	文盲	占总人口%
农业户	75	9.7	226	29.4	6	0.8	5	0.7	2	0.3	258	33.6
居民户	22	2.8	96	12.5	2	0.3	5	0.7	1	0.1	71	9.1
合　计	97	12.5	322	41.9	8	1.1	10	1.4	3	0.4	329	42.7

第二节 人口普查

据《胶澳志》载，1924—1926年，由中国政府主持进行了连续三年全市性人口普查。1924年，全市人口增至28.9万人。其中亢家庄105户，人口495人，男性271人,女性224人。1925年99户，人口560人，其中男性333人，女性227人。1926年89户，人口481人，其中男性255人，女性226人。1934年再次普查，全市共有8.77万户，人口44.6万人，其中男性27.1万人，女性17.5万人，其中亢家庄128户，619人，男性334人,女性285人。1938—1948年11年中，由于日本侵占和内战时局不安，无系统记载。

1949年的人口统计时准是自6月2日至12月31日，口径是以农业户和常住户口的城民（见表4）。

新中国建立后至2006年共进行五次人口普查，即1953年、1964年、1982年、1990年和2000年，采用登记常住人口办法，普查示准时间都确立在6月30日24时（即7月1日零时）。第一次人口普查的时间是在1953年7月1日至1954年3月与选民登记工作同时进行，包括姓名、性别、年龄、民族和婚姻五项内容。第二次普查内容在原五项的基础上增加了本人成份、文化程度、职业三项。至第四次普查增至21项。第一次至第三次普查在人口成份上有城、乡之别（农民、城民）。自1982年11月1日始起亢家庄的1289名农民转为城市居民，统计口径改变，无城乡之分。亢家庄在五次人口普查中，领导和群众都积极配合政府各项普查工作，派员自培训至圆满结束，为青岛市获得了翔实、系统的社会人口资料，为科学制定青岛国民经济和社会发展战略提供了准确的人口信息（见表4、5、5）。

亢家庄有关年份人口普查情况表

表4　　　　单位：人

项目/年份	户数	其中 农业户	城民户	总人口	其中 农民户	城民户	户均人数	性别结构 男性	占总人口%	女性	占总人口%
1953	212	145	67	949	662	287	4.48	494	52	455	48
1964	288	185	103	1402	901	501	4.86	714	51	688	49
1982	388	342	46	1480	1289	191	3.81	733	49.5	747	5.05
1990	481			1523			3.17	776	51	747	49
2000	590			1585			2.69	784	49.5	801	50.5

亢家庄部分年份人口普查籍贯结构情况表

表 5 单位：人

项目／年份	青岛市（世居）	占总人口%	即墨	占总人口%	胶县	占总人口%	高密	占总人口%	平度	占总人口%	省内其他市县	占总人口%	其他省市	占总人口%
1953	512	54	127	13.4	89	9.4	44	4.6	36	3.8	（23 个）137	14.5	3	0.3
1964	624	44.5	172	12.3	146	10.4	51	3.6	42	3	（34 个）339	24.2	27	0.2
1982	828	55.9	188	12.8	96	6.5	53	3.6	49	3.3	（28 个）244	16.5	22	1.6
1990	888	58.5	173	11.4	162	10.6	83	5.5	58	3.8	（26 个）139	9.2	16	1
2000	945	59.6	165	10.4	149	9.4	82	5.2	60	3.8	（29 个）165	10.4	19	1.2

青岛市包括市内四区、城阳、原崂山县。

亢家庄有关年份人口普查婚姻状况统计表

表 6 单位：人

项目／年份	在婚	占总人口%	丧偶	占总人口%	离异	占总人口%	未婚	占总人口%
1953	372	39.2	44	4.6	2	0.2	13	1.4
1964	513	36.6	56	4	8	0.6	5	0.4
1982	699	47.2	59	4	5	0.3	4	0.3
1990	823	54.2	65	4.3	8	0.5	9	0.6
2000	936	59.1	92	5.8	14	0.9	8	0.5

说明：在婚不分年龄，未婚者包括终生未婚和弱智人群

第三节　人口规模

一　人口范围

亢家庄自建村至 1949 年以前所居住的人群大都是世居村民，以农户居多，少数城市居民，大都是世居并农转工的，应属基本村民，这两种情况是构成亢家庄历史人群的主体。新中国成立以后，随着经济繁荣，城区拓展，外来人口大增，流动人口复杂，迁入迁出频繁，尤其是亢家庄旧村改造以后，大量的随购置新楼房并登记户口入住人群，在人口的自然和社会变动中，他们不能成为亢家庄历史人群的范围，不在统计范畴。

二　人口分布

亢家庄人口分布情况大体分为三个阶段：第一阶段，自建村至 1949 年村庄

聚落；第二阶段村庄拓展最大聚落；第三阶段旧村改造后形成5个小区聚落。

第一阶段：亢家庄建村时张姓不过10户，散居东南、西南、西北三个角落，人口不过30人。亢姓迁入，子嗣繁衍加快，房舍布满张姓宅隙，在东、南、北与张姓连结，此时村庄已初见雏形。后闫姓、张姓相继迁入，选居于村西、西南方位，形成了后来人们俗称的闫家和张家胡同。当时村内大街虽然已形成，因房舍没有整体规划，成不规则的丁字形，主大街东西向，约180米，也叫前街。自东西街中间向北大街，叫北街，长约百米。1897年青岛成为德国租借地，因建海泊水源地、5号炮台、汇泉公园和台东镇商业区改造，洛姓自海泊村、于姓自会前村、杨姓自杨家村、王姓自扫帚滩相继迁入，他们择空隙建房定居。1906年即墨人李兆勤、李兆兰随父李德恒迁入，1916年即墨人王永来携妻小迁入，自此亢家庄村舍聚落持续到1965年。在人口分布上称“村里片”。至此亢家庄已具规模。之后，夏、张、兰、李、袁、陈等姓相继迁入，他们（夏、袁、张姓）分别在村东南方位300米处盖房定居，称东南崖片。陈姓、李姓距村东北圻800米处盖舍定居，称东北圻片。

1919年即墨人宋其方携妻小迁入离村向北400米的菜园地择居，1922—1949年陆、宋、张、万、国、陈、丁、刘、逄、迟、汪、李、崔等诸姓由即墨、高密、莒县、王村、平度、诸城等县30余户相继迁入。在地头田边搭房落户，大都以租地植菜为生，由于勤植善作，生计益盛，人口大增。因居住房舍，互不相接，形成了星落棋布、区域间隔较大的亢家庄第二村舍区，占地45亩之多，称谓“北园片”。至1949年全村180户，人口698人。人口分布为，村里前大街南片42户，182人；北大街西片75户，294人；北大街东片22户，81人；北园片41户，141人。

第二阶段：1956年全村农户加入高级农业合作社以后，人口增加从速，原有房舍已满足不了居住条件。1966—1984年经青岛市有关部门审批221处宅基地，占用可耕地39.4亩，形成亢家庄村最大聚落，南北村舍连接一体，北园的零星村舍已不存在。南北长度约630米，东西约200米，房屋占地95.6亩，区域占地189亩。1984年建造宁夏路（东西向）将亢家庄分割成南北两大聚落。宁夏路北片165户，661人；宁夏路南片224户，822人。

第三阶段：1984年以后不再审批土地建私宅，大信公司以滚动式进行自我建立楼房进行旧村改造，自1984—2000年历经16年完成了亢家庄旧村改造巨大工程，共建5个小区，宁夏路以北建造扬中支路和金坛路2个小区，共14个楼座226户，589人。金坛路小区97户，242人（加徐州路以东8户）。宁夏路以南、徐州路小区2个楼座，72户，211人。宜兴路小区3个楼座131户，313人。泰州路小区3个楼座102户，263人。

三　人口总量

亢家庄自建村以来，隶属关系更迭较频，历朝逐代政府也曾进行过人口普查，只在1924—1926年进行三年、1934年一次，除此再无系统的人口记录。为详数查考见证历史年份的人口资料，编纂人员通过逐户调查登记，走访现存记忆力强的老人，反复落实，确定并完成了自1940年1月1日始起至2006年12月31日达67年的人口统计，各项数字翔实。为记录亢家庄人口发展过程起着重要基础作用。1949年以前，虽然国家及人民遭遇磨难，通过亢家庄民众各方努力克服，人口仍然呈上升状态。新中国建立以后，社会安定，经济回复，人民生活提高，卫生条件改善，人口迅猛增长。自1940年的501人增至2006年的1620人，增加1119人，增长率323.35%，平均年增加人数17.2人。1975年实行一对夫妻只生一胎开始，人口增长得到缓解，1985—1986年连续两年出现负增长（见表7-1、2，表8-1、2、3、4）。

1940—1973年亢家庄人口统计表

表7-1　　单位：人

项目 年份	总户数	总人口	其中			
			男	%	女	%
1940	114	501	277	55.3	224	44.7
1941	118	514	283	55.1	231	44.9
1942	120	530	288	54.3	242	45.7
1943	125	549	289	54.3	251	45.7
1944	133	572	304	53.1	268	46.9
1945	139	590	309	52.4	281	47.6
1946	153	624	324	51.9	300	48.1
1947	165	664	342	51.5	322	48.5
1948	173	686	353	51.5	333	48.5
1949	180	698	357	51.1	341	48.9
1950	182	727	370	50.9	357	49.1
1951	182	743	383	51.5	360	48.5
1952	187	774	400	51.7	374	48.3
1953	191	801	419	52.3	382	47.7
1954	194	810	426	52.6	384	47.4
1955	203	853	445	52.2	408	47.8

续表 7-1

项目 年份	总户数	总人口	其中			
			男	%	女	%
1956	204	872	448	51.4	424	48.6
1957	211	893	460	51.5	433	48.5
1958	213	905	467	51.6	438	48.4
1959	214	910	474	52.1	436	47.9
1960	220	935	487	52.1	448	47.9
1961	220	943	491	52.1	452	47.9
1962	224	975	512	52.5	463	47.5
1963	228	994	530	53.3	464	46.7
1964	229	1016	541	53.2	475	46.8
1965	234	1044	558	53.4	486	46.6
1966	238	1057	563	53.3	494	46.7
1967	241	1070	565	52.8	505	47.2
1968	245	1089	574	52.7	515	47.3
1969	252	1119	585	52.3	534	47.7
1970	263	1166	609	52.2	557	47.8
1971	271	1199	630	52.5	569	47.5
1972	279	1239	648	52.3	591	47.7
1973	291	1268	664	52.4	604	47.6

1974—2006 年亢家庄人口统计表

表 7-2　　单位：人

项目 年份	总户数	总人口	其中			
			男	%	女	%
1974	303	1295	676	52.2	619	47.8
1975	312	1338	698	52.2	640	47.8
1976	318	1359	704	51.8	655	48.2
1977	325	1377	710	51.6	667	48.4
1978	331	1405	715	50.9	690	49.1

续表 7-2

项目 年份	总户数	总人口	其中			
			男	%	女	%
1979	340	1431	728	50.9	703	49.1
1980	345	1444	735	50.9	709	49.1
1981	358	1467	749	51.1	718	48.9
1982	370	1471	751	51.1	720	48.9
1983	374	1480	755	51	725	49
1984	390	1487	759	51	728	49
1985	407	1486	761	51.2	725	48.8
1986	421	1484	758	51.1	726	48.9
1987	439	1495	761	50.9	734	49.1
1988	457	1501	765	51	736	49
1989	471	1515	771	50.9	744	49.1
1990	481	1523	776	51	747	49
1991	491	1529	777	50.8	752	49.2
1992	500	1533	775	50.6	758	49.4
1993	512	1526	771	50.5	755	49.5
1994	522	1533	777	50.7	756	49.3
1995	529	1544	776	50.3	768	49.7
1996	542	1552	776	50	776	50
1997	550	1555	775	49.8	780	50.2
1998	562	1562	774	49.6	788	50.4
1999	576	1578	781	49.5	797	50.5
2000	589	1588	785	49.4	803	50.6
2001	598	1599	790	49.4	809	50.6
2002	608	1616	800	49.5	816	50.5
2003	614	1624	803	49.4	821	50.6
2004	619	1623	807	49.7	816	50.3
2005	626	1620	802	49.6	817	50.4
2006	629	1620	801	49.4	819	50.6

1940—1956 年元家庄人口构成情况表

表 8-1　　单位：人

年份＼项目	出生		故世		嫁入		嫁出		一般迁入		一般迁出		年增加人数			1939 年人口为 470
	男	女	男	女	男	女	男	女	男	女	男	女	男	女	小计	
1940	10	12	0	1	0	6	0	0	2	2	0	0	12	19	31	501
1941	3	8	0	0	0	0	0	2	3	1	0	0	6	7	13	514
1942	8	5	4	1	0	7	0	1	1	1	0	0	5	11	16	530
1943	12	5	3	0	0	5	0	1	1	0	0	0	10	9	19	549
1944	7	10	6	0	0	10	0	1	6	0	1	2	6	17	23	572
1945	6	15	4	3	0	1	0	1	3	1	0	0	5	13	18	590
1946	13	8	5	2	0	5	0	4	7	12	0	0	15	19	34	624
1947	12	13	1	0	0	8	0	2	8	3	1	0	18	22	39	664
1948	12	7	2	2	0	7	0	1	3	1	2	1	11	11	22	686
1949	14	12	3	4	0	6	0	6	0	0	7	0	4	8	12	698
1950	17	17	6	6	1	6	0	2	1	1	0	0	13	16	29	727
1951	13	13	0	4	2	2	0	4	0	1	2	5	13	3	16	742
1952	19	13	4	2	0	6	0	5	2	3	0	1	17	14	31	774
1953	19	15	0	9	0	8	0	9	3	3	3	0	19	8	27	801
1954	12	7	5	9	0	9	0	5	1	0	1	0	7	2	9	810
1955	24	24	3	2	0	5	0	6	3	6	5	3	19	24	43	853
1956	10	19	5	3	1	0	0	0	0	0	3	0	3	16	19	872

1957—1973 年元家庄人口构成情况表

表 8-2　　单位：人

年份＼项目	出生		故世		嫁入		嫁出		一般迁入		一般迁出		年增加人数			逐年人口合计
	男	女	男	女	男	女	男	女	男	女	男	女	男	女	小计	
1957	15	14	4	7	0	4	0	5	5	3	4	0	12	9	21	893
1958	13	19	3	8	1	1	0	6	1	2	5	3	7	5	12	905
1959	14	8	5	6	0	0	0	3	0	0	2	1	7	−2	5	919
1960	10	13	3	9	1	4	0	0	6	4	1	0	13	12	25	935
1961	7	6	4	1	2	2	0	2	0	0	1	1	4	4	8	943

续表 8-2

项目／年份	出生		故世		嫁入		嫁出		一般迁入		一般迁出		年增加人数			逐年人口合计
	男	女	男	女	男	女	男	女	男	女	男	女	男	女	小计	
1962	21	17	6	6	2	4	0	6	4	2	0	0	21	11	32	975
1963	22	17	4	8	0	7	0	9	2	2	2	8	18	1	19	994
1964	16	11	4	3	3	5	0	2	0	0	4	0	11	11	22	1016
1965	22	11	8	1	1	2	0	2	2	1	0	0	17	11	28	1044
1966	13	13	7	2	0	2	0	2	0	0	1	3	5	8	13	1057
1967	7	7	5	4	1	8	0	2	1	2	2	0	2	11	13	1070
1968	14	16	5	3	1	6	0	4	1	0	2	5	9	10	19	1089
1969	8	12	2	0	3	11	0	6	2	3	0	1	11	19	30	1119
1970	23	15	2	1	3	15	0	6	0	0	0	0	24	23	47	1166
1971	24	16	2	6	0	10	0	6	0	0	1	2	21	12	33	1199
1972	20	17	2	3	2	11	1	3	0	0	1	0	18	22	40	1239
1973	24	14	8	4	1	6	0	3	1	0	2	0	16	13	29	1268

1974—1990 年亢家庄人口构成情况表

表 8-3　　单位：人

项目／年份	出生		故世		嫁入		嫁出		一般迁入		一般迁出		年增加人数			逐年人口合计
	男	女	男	女	男	女	男	女	男	女	男	女	男	女	小计	
1974	14	15	3	2	1	7	0	4	0	0	0	1	12	15	27	1295
1975	20	16	3	5	3	12	1	3	3	1	0	0	22	21	43	1338
1976	15	18	8	4	0	5	0	3	0	0	1	1	6	15	21	1359
1977	8	8	5	5	3	15	0	5	0	0	0	1	6	12	18	1377
1978	10	12	3	4	1	19	0	2	0	0	3	2	5	23	28	1405
1979	12	10	0	4	1	9	0	2	0	0	0	0	13	13	26	1431
1980	12	8	4	6	2	13	1	9	0	0	2	0	7	6	13	1444
1981	15	8	2	3	2	14	1	10	0	0	0	0	14	9	23	1467
1982	8	13	6	1	1	9	0	13	0	0	1	6	2	2	4	1471
1983	12	9	7	4	0	11	0	10	0	0	1	1	4	5	9	1480
1984	8	9	5	5	2	6	0	6	0	0	1	1	4	3	7	1487
1985	4	5	2	2	0	6	0	10	0	0	1	1	1	−2	−1	1486
1986	6	9	9	4	1	10	1	8	1	1	1	7	−3	1	−2	1484

续表 8-3

项目 / 年份	出生		故世		嫁入		嫁出		一般迁入		一般迁出		年增加人数			逐年人口合计
	男	女	男	女	男	女	男	女	男	女	男	女	男	女	小计	
1987	5	10	4	5	1	7	0	5	1	1	0	0	3	8	11	1495
1988	9	2	6	3	1	9	0	4	0	0	0	2	4	2	6	1501
1989	8	8	3	3	1	9	0	6	0	0	0	0	6	8	14	1515
1990	6	7	2	1	1	6	0	11	2	2	2	0	5	3	8	1523

1991—2006 年亢家庄人口构成情况表

表 8-4　　单位：人

项目 / 年份	出生		故世		嫁入		嫁出		一般迁入		一般迁出		年增加人数			逐年人口合计
	男	女	男	女	男	女	男	女	男	女	男	女	男	女	小计	
1991	6	2	6	2	1	9	0	4	0	0	0	0	1	5	6	1529
1992	5	8	7	6	0	10	0	6	0	0	0	0	–2	6	4	1533
1993	8	6	9	8	0	8	0	5	0	0	3	4	–4	–3	–7	1526
1994	9	8	3	5	1	4	0	6	0	0	1	0	6	1	7	1533
1995	4	6	5	3	2	14	0	5	0	0	2	0	–1	12	11	1544
1996	7	9	8	2	3	8	2	5	0	0	0	2	0	8	8	1552
1997	5	5	6	3	1	8	0	5	0	0	1	1	–1	4	3	1555
1998	8	11	5	2	0	8	1	6	0	0	3	3	–1	8	7	1562
1999	12	5	4	4	1	11	1	2	0	0	1	1	7	9	16	1578
2000	8	6	4	4	0	6	0	2	0	0	0	0	4	6	10	1588
2001	8	4	4	1	2	9	0	3	0	0	1	3	5	6	11	1599
2002	13	8	1	8	0	10	0	2	0	0	2	1	10	7	17	1616
2003	7	7	5	7	1	7	0	2	0	0	0	0	3	5	8	1624
2004	12	7	3	8	0	5	1	1	1	0	5	8	4	–5	–1	1623
2005	3	4	5	3	1	6	1	2	0	0	2	4	–4	1	–3	1620
2006	4	5	5	3	0	2	0	0	0	0	1	2	–2	2	0	1620
合计	776	696	277	250	59	481	11	284	77	59	88	88	536	614		
总计	1472		527		540		295		136		176		1150			

第四节 人口构成

一 性别构成

据《胶澳志》载，1924—1926 年，亢家庄人口 495 人，其中，男性 271 人，女性 224 人。1925 年 560 人，其中，男性 333 人，女性 227 人。1926 年 481 人，其中，男性 255 人，女性 226 人，三年合计男性比女性平均多 60 人，至 1940 年统计 501 人，男性 277 人，女性 224 人，男性比女性多 53 人，男性占 55.3%，女性 44.7%，其中，学龄前 101 人，男 58 人，女 43 人，男比女多 15 人，占总人口 20.2%。18 ~ 40 岁数字显示，人口 199 人，其中，男性 111 人，女性 88 人，男性比女性多 23 人，男性占该年龄段 55.8%，女性占 44.2%。新中国成立后性别比例渐趋平衡。1953 年的人口普查中，人口 948 人，其中，男性 493 人，女性 455 人，男性比女性多 38 人。1990 年的人口统计 1519 人，其中男性 774 人，女性 745 人，男性比女性多 29 人。1996 年的人口统计中全村 1549 人，其中，男性 774 人，女性 775 人，女性已超出男性。2006 年人口统计 1620 人，其中，男性 801 人，女性 819 人，女性比男性多 18 人。1940—2006 年性别增减因素：1. 出生 1472 人，其中，男性 776 人，女性 696 人，男性比女性多 80 人。2. 故世 527 人，其中男性 277 人，女性 250 人，男性比女性多 27 人。3. 嫁入 540 人，其中，男性 59 人，女性 481 人，女性比男性多 423 人。4. 嫁出 295 人，其中男性 11 人，女性 284 人，女性比男性多 273 人。5. 一般迁入 136 人，其中，男性 77 人，女性 59 人，男性比女性多 18 人。6. 一般迁出 176 人，其中，男性 88 人，女性 88 人。以 1940 年为基数人口 470 人，其中男性 265 人，女性 205 人，至 2006 年男性增加 536 人为 801 人，女性增加 614 人为 819 人，合计 1620 人。

二 民族构成

1962 年以前亢家庄村民均为汉族。1962 年山东省青州人（原益都县）满族舒立信（男性）入赘亢姓（1997 年故世），生育一男一女，女为姐，男为弟，其弟于 1994 年迁出。现有其女一人为满族。

三 年龄构成

据《胶澳志》载，1924—1926 年亢家庄人口统计虽有人数记录，但各项结构无考。1940 年人口统计，总人口 501 人，年龄结构翔实，1 ~ 17 岁 217 人，占总人口 43.3%，其中，学龄前（1 ~ 6 岁）101 人，占该年龄段 46.5%。18 ~ 50 岁 231 人占 46.1%，51 ~ 80 岁 52 人占 10.4%，61 ~ 80 岁 15 人占总人口 3%，81 岁以上 1 人占 0.2%。可以看出进入 60 岁以后的人寥寥无几。进入 70 年代中期，随着计划生育工作开展，开始一对夫妻只生一个孩子的政策，少年人口比重日趋下降，1982 年人口普查中总人口 1480 人，1 ~ 17 岁 526 人，占总人口 35.5%，其中学龄前 165 人，占总人口 11.1%。18 ~ 50 岁 757 人占总人口 51.6%，51 ~ 80 岁 192 人占总人口 13%，80 岁以上 5 人占总人口 0.1%，老年人的比例大增。进入 21 世纪，年龄结构发生了很大的变化，2000 年人口统计中，总人口 1585 人，1 ~ 17 岁 242 人，占总人口 15.3%，其中学龄前 102 人，占总人口 6.4%；18 ~ 50 岁 988 人，占总人口 62.3%；51 ~ 80 岁 337 人，占总人口 21.3%；81 岁以上 18 人，占总人口 1.1%。在学龄前（1 ~ 6 岁）和成人（18 ~ 50 岁）的比例中，1940 年为 1∶2.3，2000 年为 1∶10.7。亢家庄进入成年老年人口型社区。

四 文化构成

亢家庄自建村几百年无从考究什么年代开始才有了识文断字的人。清咸丰年间（1851—1855 年）亢姓 15 世族人亢殿珂去京城应试，出榜时因误卯而不知其中否。后来朝廷差人送来一顶官帽（其家人供奉几十载），不解其职。尽管如此，能进京应试可不是一般的学问，但肯定不是上了三年五载的学。据此推溯在很早就有上学的村民。19 世纪末亢辉镜、亢中衍就去仲家洼上私塾。20 世纪初，亢登平、亢中规等五人去仲家洼求学。亢登平、洛正雨完成《论语》《孟子》《大学》《中庸》《礼记》等学业，文化程度在高中以上，是当时村中的一批"圣人"。后来村里好多孩子进入学堂。至 1935 年有 59 人上过私塾。私塾改为公学堂后，亢家庄儿童开始入公立小学学习。第一批学子 20 余人。

1926 年闫世臣毕业于浮山所胶澳商埠公立两级小学。同年考入青岛铁路中学，1933 年考入北京师范大学数学系。是亢家庄第一个大学生。1941—1946 年第一批考入初中至高中毕业（青岛一中、礼贤中学）的有亢正勤、闫圣海、亢中高、王啟荣、赵鸿善等。新中国建立后，考入高等学校的有：亢正浩于 1954 年青岛二中（初中）毕业入伍，是村中第一个军校毕业的军官。1953 年亢继汉、亢正温是青岛慈济商业职业学校（今青岛商业学校）毕业学生，亢正顺考入青岛建筑工程学校。1959 年，闫盛慈考入北京科技大学，亢正乐考入泰安电力学院，亢中夏考入济南大学机械工程系。1960 年，闫沐霖考入中国科技大学，为最早的博士研究生。同年亢正鑫考入山东省纺织工业学校，后转华东纺织工学院（上海）。1961 年刘安吉毕业于山东冶金学院。1962 年亢正云考入山西地质矿业学院。1963 年亢继臣毕业于山东冶金学院。综上诸学子是亢家庄村民的骄傲。

1956 年农业合作化以后，社员子女到 16 岁可以入社劳动挣工分，以尽早取得经济效益。街道居民满 18 岁可到工厂单位工作。这给大多村民酿成一种偏见，学问高也不多挣工分，在工厂的操作工不用高学历，故而人们对文化水平高低认识出现错觉，大多少年也就是维持到初中毕业了事。1966 年出生的村民子女高中水平寥寥无几。

改革开放以后，随着社会的发展，工厂的机械化步伐加快，就业岗位出现文化竞争。生产队土地逐步减少。1982 年以后生产队不再增加社员名额，其子女们需到社会觅职。人们方知文化的重要，引起广大村民对学历的高度重视和迫切要求。自1982年后逐渐向高学历发展。

1940年文化状况：学龄前101人，占总人口20.2%。文盲223人，占总人口44.5%；小学167人，占总人口33.3%（其中初小113人）；初中8人，占总人口1.6%。大学1人，相当于大学2人，占0.4%。1949年建立新中国后，人民政府非常重视文化知识教育，儿童规范教育和对成年人的文盲普及教育一起抓，举办识字班、夜校多期，摘掉文盲帽子80多人。1990年学龄前85人，占总人口5.6%。文盲78人（包括弱智8人，哑人1名），占总人口5.1%。小学397人，占总人口26.1%。初中583人，占总人口38.4%。高中286人，占总人口18.8%。大学90人，占总人口6%。进入21世纪涌现出一批优秀学子，2000年张启辉毕业于北京航空航天大学，硕士研究生。宋成杰2004年毕业于东南大学，硕士研究生。2007年张本续毕业于中国海洋大学，硕士研究生。亢世新毕业于中国美术学院，硕士研究生。李储涛毕业于山东师范大学，博士研究生等（见表9）。

亢家庄部分年份文化状况统计表

表9

项目/年份	学龄前	占总人口%	小学	占总人口%	初中	占总人口%	高中	占总人口%	大学	占总人口%	研究生	占总人口%	博硕士	占总人口%	文盲	占总人口%	总人口
1940	101	20.2	167	33.3	8	1.6	0	0	2	0.4	0	0	0	0	223	44.5	501
1949	96	13.8	322	46.1	8	1.1	10	1.4	3	0.4	0	0	0	0	259	37.2	698
1982	17.2	11.7	598	40.7	443	30.1	86	5.8	9	0.6	0	0	0	0	163	11.1	1471
1990	85	5.6	397	26.1	583	38.3	286	18.8	90	6	0	0	1	0.1	81	5.1	1523
2000	102	6.4	309	19.5	549	34.6	417	26.3	156	9.8	1	0.1	1	0.1	53	3.2	1588
2006	93	5.7	305	18.8	544	33.6	397	24.5	259	16	3	0.2	3	0.2	16	1	1620

说明：1. 高中包括：中专、职高、中师；2. 大学包括：大专、电大、本科；3. 研究生包括在读博、硕士生。

五　职业构成

亢家庄村民自古以农业为主，地处丘陵，土地户均不过四亩，清末光绪十二年（1886年）登州总兵章高元调驻胶澳设衙门于青岛村（今人民会堂），便有了城区。1897年德国侵占青岛后，国内外工商业大量涌入，城区迅猛发展。城市居民大增，城市生活秩序改变，亢家庄村民扩大了蔬菜种植。1940年菜农已达90户，占全村78%，其中北园近15户。村里菜农大都供应台东镇，北园菜农供应台西镇。原农户几乎家家种菜，主要劳动者145人。由于城区工商业的崛起，给郊区村民带来就业机会，1903年于德祥是青岛啤酒厂（当时为日尔曼啤酒公司青岛股份公司）园艺工。1909年洛正雨在台东镇一家酱园当先生（会计）。1922年洛敦华已是中山公园工人。

1923 年亢中即成为颐中烟草公司工人。1924 年孙中田是青岛国棉二厂（时名内外棉纱厂）职工。1931 年即墨王村人陈泰连迁入，是第一个建筑工人。1932 年张通明是亢家庄开小铺较早的商业人。1933 年王玉全是美国“知美”洋行汽车驾驶员。1934 年亢中江成为青岛国棉二厂工人（电工，后为总工程师）。而后随着城镇人口的迁入，各行各业人员相继增加，建国前已经是一个多职业村庄，务农人员仍占多数。新中国成立后发生了巨大变化。1982 年农转非，无城乡之分，土地为国家所有。现成为多种职业人群的城镇小区（见表 10）。

亢家庄部分年份职业结构状况表

表 10

项目 / 年份	农业	占总人口%	工业	占总人口%	商业	占总人口%	公共事业	占总人口%	私营	占总人口%	国家机关	占总人口%	国外工作	占总人口%	理家	占总人口%	退休	占总人口%	无业	占总人口%	其他	占总人口%
1940	135	26.9	18	3.6	3	0.6			2	0.4					112	22.4					26	5.2
1949	159	20.7	46	6	19	2.5	6	0.8	8	1					154	20.1					53	6.9
1982	612	41.7	96	6.5	27	1.8	22	1.5	12	0.8					34	2.3	139	9.5	23	1.6	19	1.3
1990			504	33.2	30	2	110	7.2	71	4.7	15	1					284	18.7	81	5.3	24	1.6
2006			319	19.7	111	6.9	180	11.1	143	8.8	24	1.5	5	0.3			415	25.6	87	5.4	9	0.6

说明：公共事业包括：电信、学校、银行、医院等；私营包括：个体、独资、合资；无业包括待业学生；弱智及残疾等人群。

第五节 人口变动

一 自然变动

以前俗语说：人有几个儿女是定规的，哪天去世是寿命注定。计划生育、科学发达改变了这个观念。20 世纪初亢家庄人口自然变动可分为五个阶段。第一阶段：1924—1940 年，1924 年 105 户，人口 495 人。1940 年 114 户，501 人。16 年内只男性增加 1 人，女性持平，是高生育率与高死亡率所致。第二阶段：1940—1949 年，出生 191 人，死亡 41 人，增加 150 人，每年以 15 人增长，增长率 25.3‰。第三阶段：1950—1959 年，新中国成立后，经济恢复时期，卫生条件改善，10 年出生 305 人，年均 30.5 人，死亡 91 人，年均 9.1 人。自然增长 214 人，年增 21.4 人，增长率 25.82‰，是新中国成立后第一个人口增长高峰。第四阶段：1960—1974 年，出现过出生一低两高年代，1960—1961 年，由于“左”倾错误和自然灾害所致，国民经济遭受挫折，人民生活水平下降，人口出生随而减少，两年生育 36 人，平均 18 人，死亡 17 人，人口增长 9.5 人，增长率10.12‰。1962—1966年，由于国民经济恢复和生活水平好转，5年出生163人，年均32.6人，死亡49人，年均9.8人，增加人口114人，年均增加22.8人，年均增长率22.4‰，是第二个出生小高峰。1970—1975年国家开始号召以生两胎为好，但是嫁入的育龄妇女猛增，6年嫁入61人，6年出生216人，年均出生36人，死亡41人，年均6.8人，人口增加175人，年均增加29.2人，平均增长率23.3‰，是出生第三个高峰。第五阶段：1976—2000年，自1975年有三个育龄妇女响应1对夫妻只生一个孩的号召，也是已经生育2个孩子以上的育龄妇女做防孕手术的高峰年代。自1976—1984年9年出生195人，年均出生21.7人，死亡76人，增加119人，年均增加13.2人，增长率9.21‰。比最高出生年代平均减少16人，增长率降低14.4‰。1985—1993年出生114人，死亡82人，9年增加32人，年均增加3.56人，增加率2.36‰。1991—1992年人口增长为0。1993年出现负增长。由于人们的生育意识改变，生男生女都一样，响应晚婚晚育、优生优育的号召，已经变为自觉行动。自1994—2006年出生185人，死亡111人，13年增加74人，年均增加5.7人，增长率3.6‰（见表11）。

1940—2006年亢家庄人口自然变动情况表

表11

起止年度	年数	平均人数	出生					故世					自然增长				
			人数小计	年均人数	其中		年均‰	人数小计	年均人数	其中		年均‰	人数小计	年均人数	其中		年均‰
					男	女				男	女				男	女	
1940—1949	10	592.8	191	19.1	97	94	32.22	41	4.1	28	13	6.9	150	15	69	81	25.3
1950—1959	10	828.8	305	30.5	156	149	36.8	91	9.1	35	56	10.98	214	21.4	121	93	25.82
1960—1961	2	939	36	18	17	19	19.17	17	8.5	7	10	9.05	19	9.5	10	9	10.12
1962—1966	5	1007.2	163	32.6	94	69	32.37	49	9.8	29	20	9.74	114	22.8	65	49	22.63
1967—1969	3	1092.7	64	21.33	29	35	19.52	19	6.33	12	7	5.79	45	15	17	28	13.73
1970—1975	6	1250.8	216	36	124	92	28.78	41	6.83	20	21	5.46	175	29.17	104	71	23.32
1976—1984	9	1435.7	195	21.7	100	95	15.09	76	8.44	40	36	5.88	119	13.22	61	58	9.21
1985—1993	9	1510.2	114	12.67	57	57	8.39	82	9.11	48	34	6.03	32	3.56	9	23	2.36
1994—2006	13	1585.7	185	14.23	100	85	8.97	111	8.54	58	53	5.38	74	5.69	42	32	3.59
合计	67		1469	21.9	774	695		527	7.9	277	250		942	14	498	444	

二　社会变动

亢家庄的人口社会变动基本上属自由流动。分为两部分：一是婚姻嫁入和嫁出的人口变动，二是一般迁入、迁出的人口变动。

（一）嫁入和嫁出的人口变动。

嫁入嫁出的女性。自1940—2006年嫁入媳妇481人，嫁出的闺女284人，增加197人，年均增加近3人，占增加总人口的12.2%。其原因：1940年人口统计中18～40岁男性111人，女性88人，比女性多23人。自1940—1973年男性出生比女性多56人，闺女结婚未迁出和招赘落户的，闺女未迁出116人。新中国建立以后，颁布了《中华人民共和国婚姻法》，随着人们对男女平等意识的提高，根据家庭情况的不同，嫁入嫁出的男性不断增加，1950年徐家村徐姓第一个嫁入，做倒插门女婿。嫁出的倒插门女婿至1972年才有第一例，自1940—2006年嫁入男性58人，嫁出男性10人，增加人口48人，占增加总人口3‰。

（二）一般迁入、迁出的社会变动。亢家庄自建村至1940年迁入36户，人口达百余人，随着经济发展，城区东移，迁入迁出的外来人口频繁，特别是新中国成立后，至1965年城镇工商业职工住房困难，纷纷前来租赁房屋居住，基本都有户口登记。待单位有了宿舍后又有回迁，故这些人群流动性很大，这种现象一直延续到1982年以后。这些人群不予统计，只统计世居村民。1940—2006年一般迁入人口136人，其中男性77人，女性59人；一般迁出176人，其中男性88人，女性88人。总人口减40人，其中女性减少29人，男性减少11人。总人口减3.6%（见表12、13）。

1940—2006年亢家庄人口社会变动情况表

表12　　单位：人

年度	嫁入			嫁出			增加			
	人数	其中		人数	其中		人数	其中		%
		男	女		男	女		男	女	
1940—1948	49	0	49	13	0	13	36	0	36	+5.2
1949—1960	57	6	51	51	0	51	6	6	0	+0.64
1961—1970	78	16	62	41	0	41	36	16	20	+3.1
1971—1980	121	14	107	43	3	40	78	11	67	+5.4
1981—1990	97	10	87	85	2	83	12	8	4	+0.8
1991—2000	95	9	86	50	4	46	45	5	40	+2.8
2001—2006	43	4	39	12	2	10	31	2	29	+1.9
合计	540	59	481	295	11	284	244	48	196	

1940—2006 年亢家庄人口社会变动情况表

表 13　　单位：人

年度	一般迁入			一般迁出			增加			
	人数	其中		人数	其中		人数	其中		比率%
		男	女		男	女		男	女	
1940—1948	55	34	21	7	4	3	48	30	18	+7
1949—1960	45	22	23	46	33	13	–1	–11	10	–0.1
1961—1970	22	12	10	30	12	18	–8	0	–8	–0.7
1971—1980	5	4	1	17	10	7	–12	–6	–6	–0.8
1981—1990	8	4	4	25	7	18	–17	–3	–14	–1.1
1991—2000	0	0	0	22	11	11	–22	–11	–11	–1.4
2001—2006	1	1	0	29	11	18	–28	–10	–18	–1.7
合计	136	77	59	176	88	88	–40	–11	–29	–3.6

第六节　婚姻、家庭、生育、故世、寿命

一　婚姻

旧时，婚姻大都遵循着传统婚姻年龄，特别对女性，一般在十七八岁就属最佳年龄，有了婆家，了却老人的心事，如果到了 20 岁出头，仍未嫁出，老人便添了愁，再大一点可能无颜见人，“甚至就要给人家添房”。青年人的婚事没有自主权，经媒人提亲两家老人包办，有的到了结婚这一天，双方还不曾相识。1944 年、1946 年有两女性（亢姓）因自由恋爱遭父母反对，而发生了溺水悲剧。在婚姻年龄上出现不合理现象时有发生。有的家庭需要主妇，男性很小娶回大媳妇，男性 13、15 岁，女性 17、18 岁，在 1916 年和 1938 年各有 1 例。1940—1965 年 16、17 岁婚嫁仍有女性 2 例。有 12 位男性终生未婚。1940—2006 年自 18 ~ 30 岁以上，应婚年龄调查，分为 4 个年龄段：18 ~ 22 岁 319 人，其中男性 88 人，女性 231 人，完婚人数 273 人，占该年龄段 85.6%；23 ~ 26 岁 997 人，其中男性 377 人，女性 620 人，完婚人数 949 人，占该年龄段 95.2%；27 ~ 30 岁 387 人，其中男性 225 人，女性 162 人，完婚人数 368 人，占该年龄段 95.1%；30 岁以上 129 人，其中男性 95 人，女性 34 人，完婚人数 92 人，占该年龄段 71.3%；67 年中总应婚年龄 1832 人，完婚 1682 人，总完婚率 91.8%。初婚平均年龄 25.1 岁，其中男性 26.1 岁，女性 24.4 岁。未婚者 150 人，其中 31 岁以上 37 人，占未婚人数 24.7%，男性 29 人，女性 8 人（见表 14）。

亢家庄有关年份婚姻状况表

表 14　　单位：人

年份＼项目	总人口	在婚		占总人口%	葬偶		占总人口%	离异		占总人口%	未婚		占总人口%
		男	女		男	女		男	女		男	女	
1940	501	106	108	42.7	12	21	6.6	0	0	0	6	0	1.2
2006	1620	513	552	65.7	24	71	5.9	9	6	0.9	8	0	0.5

说明：在婚不分年龄，未婚者包括终生未婚和弱智人群。

过去受封建礼教的约束，好女不嫁二男，对女性尤为不合理，男性丧偶者再婚多是急需女人理家，而女性很少主动再婚。1940—2006 年 67 年中仅有 27 例再婚者，其中女性仅 5 例。三婚以上 3 例，均是男性。婚姻是构成亲戚关系最紧密的行为。涉及地域来源之广无法想象，亢家庄除 60% 以上是本市关系，其余来源于省内 33 个县市和省外 19 个省市建立了婚姻关系。亢家庄自古与邻村娶嫁频繁，尤其与浮山所、辛家庄、湛山居多，与田家村一步之遥因出现过婚姻不幸，亢姓十二世人与田家村田姓联姻，婚后男性不知因果猝逝，女性守节于终，亢姓族人给予厚葬，立碑于村后，自此两村虽友情不减，然而近 200 年再无婚姻接续。1955 年开始又出现婚姻关系。

二　家庭

旧时受“家大业大”观念的影响，以家庭人多为荣，家业兴旺，外界羡慕。四世、五世同堂象征家庭和睦，人丁兴旺。家庭和睦受邻里尊重，是自古至今提倡的中华美德，很早就有“家不和外人欺”“家和万事兴”“凡事和为贵”等说法。自 20 世纪 80 年代开始评选五好家庭，自 1980 年开始三年评选一次，以自然村为范围的村委会至现在的居委会，到 2006 年评选了九次，第一次评比条件相当高，只评出一户为国立敏家，第二次评出三户，以后逐次按总户比例增加，至第九次评出 194 个五好家庭，一共 1750 户次。家庭和谐对子女、儿童的品德启蒙教育、心理健康起着重要作用，是社会安定的重要因素。社区组织歌唱团，以歌曲《和睦家庭人人夸》《家和万事兴》等和宣传画等配合评选活动，起到了良好作用。亢家庄有着父慈子孝、母爱女敬的家风。尤其对外来迁入的不同地区和遇难有灾的人群，一贯协力帮助，排忧解难。没有因家庭不和造成不良后果，没有夫妻破裂对子女造成不良影响。历史上四代人户型有两户，三代人户型 19 户，两代户型为主体，占绝大比例。1942 年亢中选三代人，全家 13 口人，男 6 人，女 7 人。1949 年亢正春四世同堂全家 17 人，男 10 人，女 7 人。1952 年王玉贵三代人，全家 13 人，男 5 人，女 8 人。1957 年亢中金三代 15 人，男 7 人，女 8 人。1956 年亢中矩三代人，全家 14 人，男 8 人，女 6 人。1974 年闫盛思三代人，全家 15 口人，男 10 人，女 5 人（见表 15）。

亢家庄有关年份家庭人口情况表

表 15

项目/年份	总人口	总户数	户均人数
1924	495	105	4.7
1940	501	114	4.4
1953	801	191	4.2
1984	1487	390	3.8
1995	1544	529	2.9
2006	1620	629	2.6

三　生育

新中国建立以前，尤其在 20 世纪 40 年代前期，虽然呈高生育率状态，但卫生条件差和妇幼健康无保障，一直处于高死亡率比例。1924 年的人口数按同等条件的 1940 年人口增加数计算（出生 22 人 - 死亡 7 人 =15 人），在 16 年中自然增长应为 240 人，但是 1924—1940 年总人口只增加 6 人。1949 年 18 ~ 40 岁的育龄妇女 166 人，生育 32 人，生育率 19.2%，5.1 人 / 年生一个，出生率 41.7‰。1963 年 18 ~ 40 岁的育龄妇女 212 人，生育 39 人，生育率 18.4%，5.4 人 / 年生一个，出生率 39.2‰，属历史最高生育年。1982 年 18 ~ 40 岁的育龄妇女 327 人，生育 21 人，生育率 6.4%，出生率 14.2‰，15.6 人 / 年生一个。1990 年 18 ~ 40 岁育龄妇女 331 人，生育 13 人，生育率 3.9%，出生率 8.5‰，25.5 人 / 年生一个。2006 年 18 ~ 40 岁育龄妇女 284 人，生育 9 人，生育率 3.2%，出生率 5.6‰，31.6 人 / 年生一个。自 1940—2006 年育龄妇女总人数 762 人，有 747 人生育了 1469 口人，其中有一夫二妻合育；两胎 1 例，3 胎 2 例，4 胎 2 例，5 胎 3 例，6 胎 1 例，9 胎 1 例。二夫一妻合育：2 胎 2 例，3 胎 1 例，7 胎 1 例。双胞胎 6 例。有 15 名育龄妇女终生未育。其中有 5 人按正规手续抱养了 5 个孩子（见表 16）。

1940—2006 年亢家庄育龄妇女生育情况表

表 16

项目／胎数	育龄妇女人数	占育龄人%	生育人数			占生育总人数 %
			小计	其中		
				男	女	
1	462	60.63	447	239	208	30.4
2	108	14.17	218	125	93	14.8
3	66	8.66	196	111	85	13.3
4	54	7.1	208	106	102	14.2
5	37	4.86	170	81	89	11.6
6	18	2.36	102	59	43	6.9
7	8	1.05	56	24	32	3.8
8	4	0.52	32	11	21	2.2
9	3	0.39	18	5	13	1.2
10	1	0.13	10	6	4	0.7
12	1	0.13	12	7	5	0.9
合计	762	100	1469	774	695	100

四　故世、寿命

（一）故世：1940—2006 年故世人数达 527 人，其中男性 277 人，女性 250 人。

自古以来均以土葬为俗，1940—1966 年利用土葬故世人数有 197 人，男性 98 人，女性 99 人。其中：夭折的幼儿用苇席包扎找村内专人送到野外抛弃，共有 30 人，男 9 人，女 21 人。在 6 岁至未娶、嫁而殇折的共 20 人，男 9 人，女 11 人。自 1961 年青岛市开始实行火化以来，至 2006 年实行火化的共有 330 人，占故世人数 62.6%，男性 179 人，女性 151 人，其中殇折 16 人，男性 8 人，女性 8 人。

故世因素：在查考这 67 年的故世人群中，实际病症在几十项，综合归纳为 15 种，自然衰老 78 人，其中男性 29 人，女性 49 人，女性占 71.4%；心脑血管病 85 人，其中男性 49 人，女性 36 人，男性占 57.6%；癌症 104 人，其中男性 69 人，女性 35 人，男性占 66.3%；肺病 64 人，其中男性 38 人，女性 26 人，男性占 59.4%；其他故世因素差数不大（见表 17）。

1940—2006 年亢家庄故世因素统计表

表 17　　　　单位：人

项目 / 人数 / 性别	自然衰老	心脏病	癌症	肺病	胃肠病	肝胆病	杂症	综合症	意外	抑郁症	尿毒症	妇科病	寄生虫病	狂犬病	破伤风	其他	小计
男	29	49	69	38	23	7	20	4	17	10	4			1	1	4	250
女	49	36	35	26	26	8	29	6	14	9	2	4	2			5	277
合计	78	85	104	64	49	15	49	10	31	19	6	4	2	1	1	9	527
占故世人数 %	14.8	16.1	19.7	12.1	9.3	2.8	9.3	1.9	5.9	3.6	1.1	0.8	0.4	0.2	0.2	1.8	

说明：1. 杂症：儿童占大多数，天花、霍乱、脐疯、麻疹、重感冒、静脉炎等；

2. 意外：炮弹炸死、被日军杀害、溺水、中毒、战争阵亡、治病误伤、电击、车祸、洗浴缺氧等；

3. 抑郁症及迫于自杀：服毒、坠楼、自缢、跳水等；

4. 其他：酗酒、法办、痴症等。

（二）寿命：故世所载人群，在新中国建立以后，只要户口在册的都作了统计，1949 年以前户籍资料遗失，1 ~ 3 岁夭折幼儿有遗漏。自 1940—2006 年的 67 年中故世总人数 527 人，年均故世 7.9 人，平均年故世率 6.6‰。平均寿命 56.4 岁，其中男性 57.4 岁，女性 55.1 岁，最高（93 岁以上）寿命 10 人，平均 94.7 岁，其中男性 94 岁，女性 95.4 岁，以下分三个阶段统计比较（见表 18）。从表中看得出亢家庄人的寿命在逐年提高。

1940—2006 年亢家庄故世人数及寿命统计表

表 18　　　　单位：人

项目 / 年份	年数	故世人数	其中		平均年故世人数	平均故世率‰	平均寿命	其中		最大寿命 10 人平均	其中	
			男	女				男	女		男	女
1940—1948	9	36	27	9	4	6.9	41.7	43.3	32.1	63.7	80.6	73.9
1949—1970	22	186	86	100	8.5	9.1	44.2	48.4	40.7	83.3	82.2	84.4
1971—2006	36	305	164	141	8.5	5.7	65.6	64.5	66.9	94.7	94	95.4
合 计	67	527	277	250	7.9	6.6	56.4	57.4	55.1			

在故世人群中 80 岁以上有 67 人，其中男 27 人，女 40 人，女占 59.7%，平均故世 7.9 个人中，就有一个 80 岁以上的。90 岁以上 18 人，其中男 7 人，女 11 人，女性占 61.1%。故世 29.3（527 ÷ 18）人，有一个 90 岁以上的。家庭寿命之最

为洛敦恩家，故世四人（男 3 人，女 1 人），平均寿命 89 岁。夫妻寿命之最高为兰京涛夫妇和亢正亭夫妇，平均寿命 91.5 岁。个人寿命之最为亢中规 100 岁，洛广宗 99 岁，女性寿命之最为亢辛氏（亢中典妻）99 岁（只差两个月达 100 岁）。

◇百岁老人亢中规在看报

第七节 计划生育

一 管理机构

亢家庄计划生育工作始于 1957 年。按照国务院《关于加强计划生育工作，严格控制人口增长的决定》，根据山东省委、省政府《山东省人口与计划生育条例》和《青岛市人口与计划生育工作若干规定的要求》而实施。在实施过程中坚决落实了山东省委、省政府《关于实行计划生育一票否决制度的若干规定》。计生工作是在青岛市市南区委、区政府直接领导下进行的，开始没有专业领导班子和专职人员，单位主要领导亲自抓，由分管妇女工作的干部具体负责（见表 19、20）。

浮山公社亢家庄大队——青岛大信农工商公司
计划生育历届负责人一览表

表 19

项目/年份	生产大队（公司）主要负责人	妇女主任或妇女队长	具体负责人	备注
1958—1960	亢正和	亢淑英	亢淑英	
1961—1963	亢正和	闫秀芳	闫秀芳	闫秀芳任妇女队长
1964—1966	闫盛福	亢淑英	亢淑英	
1967—1969	亢淑英	丁月萱	丁月萱、李秀英	
1970—1976	亢正和	亢淑英	丁月萱、李秀英	
1977—1978	宋思江	亢淑英	丁月萱、李秀英、袁秀芳	自 1985 年始起为青岛大信农工商公司
1978—1982	崔洪锡	亢淑英	李秀英、袁秀芳	
1983—1986	闫可文	亢淑英	李秀英、袁秀芳	
1987—1988	闫可文	宋淑华	李秀英、袁秀芳	

亢家庄社区（居委会）历届计划生育负责人一览表

表 20

项目 / 年份	主要负责人	分管负责人	具体负责人	备 注
1979—1985	亢中茂	毛咸英	毛咸英	亢北 亢南 南片（泰州路）
1986—1987	王秀芹	徐珍英	王秀芹、徐珍英	
1988—1998	崔洪锡	王秀芹		
1988—1998	亢淑英	徐珍英		
1988—1991	亢正和	闫秀芳		
1992—1996	闫盛德	亢桂美		
1997—1999	亢正交			
1998—2000	李爱仙	曲芝玲	曲芝玲	
2001—2006	辛建春	臧秋菊	臧秋菊	

1988 年青岛大信农工商公司成立计划生育协会，设立协会章程，制定了计划生育条例、管理机构、措施、奖惩制度、附则共 19 项 21 条。自此青岛大信农工商公司计划生育工作有了分工明确的专职组织（见表 21）。

1988—2003 年青岛大信农工商公司计划生育协会成员一览表

表 21

组织名称 / 姓名 / 职务	青岛大信农工商公司计划生育协会
名誉会长	闫可文、崔洪锡、亢淑英、闫盛恕、林鸿文、亢正和
会长	亢继清
秘书长	宋淑华
常务理事	闫可文、亢继清、宋淑华、李秀英、袁秀芳、亢淑英、崔洪锡、亢正和、亢正嵩
理事	亢继清、宋淑华、李秀英、袁秀芳、闫翠玉、刘爱华、亢淑英、亢正和、辛悦英、崔洪锡、亢翠菊、闫秀香、逄淑惠、汪爱玲、王淑云、刘新华、刘爱仙、亢正培、亢正嵩、刘秋英
宣传组	组长：宋淑华　组员：袁秀芳、李秀英
联络组	组长：袁秀芳　组员：李秀英、刘爱先
科研组	组长：亢正培　组员：袁秀芳、李秀英、辛悦英

1996年青岛大信农工商公司成立了计划生育办公室，主任刘爱华，在协会领导下，全职主持负责计生日常工作，制订各种工作制度、奖罚条例，具体对公司辖属单位的计生宣传及对育龄妇女服务，检查督促基层单位计生工作进度，健全档卡、药物管理。搞好五期（青春期、新婚期、围产期、哺乳期和更年期）教育，开展“三为主”（宣传教育、经常性工作和避孕节育）达标和“三生”（生育、生产、生活）服务活动，并相应宣传青少年的生殖健康保健和性知识教育，如何预防性病、艾滋病出现、拒绝毒品，发动群众全面查清流动人口计生管理。2003年5月计划生育协会进行了改组，并修改了章程，有85名职工自愿参加了协会，成为会员（见表22）。2005年调整计划生育领导小组，组长：闫可文，副组长：宋淑华、刘爱华，组员：亢海蓉、陶国红、王秀民。

2003—2006年青岛大信农工商公司计划生育协会成员一览表

表22

组织名称／姓名／职务	青岛大信农工商公司计划生育协会
名誉会长	闫可文
会　长	宋淑华
秘书长	刘爱华
常务理事	宋淑华、刘爱华、汪爱玲、亢祝爱、亢　红、刘秋英、王秀民、李红波、姚红娟
理　事	闫可文、亢继进、夏洪斋、亢正嵩、荆朋森、亢正福、宋淑华、宋思江、丁树华、亢继庆、闫可斌、荆朋海、于福胜、辛悦英、刘秋英、亢正培、孙秀云、亢海蓉

二　计划生育工作

（一）节育措施：1949年以前卫生条件差，人口呈高生育率、高死亡率状态，人口增长较缓。新中国建立以后，生育条件得到改善，1949—1957年9年中，出现了第一次生育高峰，育龄妇女平均182人/年，共生育248人，年均生育27.6人，出生率34.6‰，年均6.6个育龄妇女生一个。1957年春市南区有关部门派员在田家村第一口双眼社会主义大井（入高级社后）会战现场，携带避孕工具进行第一次计划生育宣传，讲述计划生育工作的意义和避孕节育方法。自此亢家庄的计划生育工作便开始了。通过学习班、图片展览等形式，大力宣传计划生育，并向多子女的育龄夫妇发放避孕药、工具，但收效甚微。1959—1961年三年自然灾害过后，1962—1963年出生人数猛增，两年生了77人，年均38.5人，出生率39.1‰，5.7个育龄妇女生一个。生育高峰使政府和领导下了决心，被列为党政工作的一项头等大事，党组织“一把手”亲自抓，通过专管人员登门说服、动员，多胎子女的大龄妇女进行防孕手术，是做防孕手术最早的村庄之一。1963 年王淑英（29 岁）去台东医院做了防孕手术（自己负担一部分费用），孙桂兰（31 岁）在海军 401 医院做防孕手术。1964 年 19 人在 401 医院、铁山路妇幼保健医院做防孕手术。1971 年中共中央发出“一个不少，两个正好，三个多了”的指示，号召一对夫妇一对孩，通过宣传教育和广大育龄妇女的自觉行动，1971 年开始（包括 1973 年有二胎的育龄妇女）亢家庄大队和村委会及各所属单位的负责人员携手安排到指定医院（在以上医院的基础上，又增添了浮山医院）进行了防孕手术。至 1980 年的 18 年当中共有 127 名育龄妇女和 2 名男性（1966 年和 1974 年各 1 例）做了防孕手术，占二胎以上育龄夫妇 63.4%，其中 1 名在手术中发现条件不适合而放弃，成功率 100%。防孕手术人员中年龄最大的 42 岁，最小的 24 岁。在当时已生二胎以上的育龄夫妇应为 202 例。有 39 人在体检过程中因体弱、多病而不宜手术，另有 21 例夫妇在各自单位、村委会都签订了今后不再生育保证书。9 例夫妇无生育，5 例夫妇超生受到惩罚。1975 年中共中央提出一对夫妇只生一个孩和晚婚、晚育、少生、优生的基本要求。陆桂莲、兰瑞芬、汪淑香、梁祖霞响应号召，首先选择只生一胎的决定（已生男孩 3 例，已生女孩 1 例）。1976 年 20 例，1977 年 9 例，自 1975—2006 年的 31 年中，共有 918 人育龄夫妇响应号召只生一胎，其中男性 449 人，女性 469 人（初婚 888 人），共生育了 425 人，其中男性 229 人，女性 196 人。双胞胎 6 例（2 男 4 女）。在特种情况下，1. 其夫亡、再嫁、残疾等原因，通过申请，政策允许经政府批准生二胎的有 5 对夫妇。2. 已生 1 胎，中途殇折再生一胎的有 5 对夫妇。3. 超生 28 例（有 15 对夫妇是 1975 年前结婚的）（见表 23）。

1963—2006 年亢家庄育龄夫妇节育情况表

表 23　　单位：人

项目 / 年份	育龄夫妇（人）			三项措施				备注
	总数	接受措施人数	节育率 %	合计	防孕手术	放环	工具及药物	
1963	39	36	92.3	18	2	9	7	
1964	40	40	100	20	19	0	1	
1965	35	32	91.4	15	6	5	4	
1966	28	26	92.9	13	11	1	1	男性防孕手术 1 名
1967	21	18	85.7	10	2	4	4	
1968	19	17	89.5	9	1	5	3	
1969	16	15	93.8	8	2	4	2	

续表 23

项目 / 年份	育龄夫妇（人）			三项措施				备注
	总数	接受措施人数	节育率 %	合计	防孕手术	放环	工具及药物	
1970	35	30	85.7	16	4	9	3	
1971	24	23	95.8	12	10	0	2	
1972	27	27	100	14	6	5	3	
1973	29	27	93.1	13	7	4	2	
1974	40	39	97.5	21	13	5	3	男性防孕手术 1 名
1975	48	48	100	27	16	7	4	
1976	54	54	100	33	12	16	5	
1977	35	33	94.3	16	4	10	2	
1978	45	43	95.6	25	6	16	3	
1979	58	55	94.8	32	6	22	4	
1980	37	37	100	19	1	16	2	
1981	41	38	92.6	21		19	2	
1982	38	35	92.1	19		16	3	
1983	27	24	88.9	13		9	4	
1984	23	23	100	13		10	3	
1985	18	18	100	9		7	2	
1986	23	23	100	12		9	3	
1987	19	18	94.7	10		7	3	
1988	25	24	96	14		10	4	
1989	32	32	100	17		11	6	
1990	25	23	92	10		7	3	
1991	13	13	100	8		6	2	
1992	30	28	93.3	14		9	5	
1993	23	21	91.3	14		8	6	
1994	30	27	90	15		12	13	
1995	15	13	86.7	7		5	2	
1996	29	27	93.1	15		12	3	
1997	22	21	95.5	11		80	3	
1998	36	33	91.7	19		14	5	
1999	26	24	92.3	13		10	3	

续表 23

项目 年份	育龄夫妇（人）			三项措施				备注
	总数	接受措施人数	节育率 %	合计	防孕手术	放环	工具及药物	
2000	33	30	90.9	15		11	4	
2001	26	22	84.6	13		11	2	
2002	39	35	89.7	20		16	4	
2003	27	24	88.9	16		15	1	
2004	34	31	91.2	17		14	3	
2005	28	23	82.1	16		14	2	
2006	21	18	85.7	11		9	2	
合计	1333	1248	93.6	683	128	416	139	

婚后夫妻子女的户籍关系：1. 夫妇双方户口在册 338 对，生育了 325 人，其中有 13 对夫妇暂未生育。2. 只男性户口在册 44 名。3. 只女方及子女户口在册 67 例（男孩 36 人，女孩 31 人）。4. 只女方户口在册 22 人。5. 男方及子女户口在册 24 例（男性 15 人，女性 9 人）。

（二）晚婚晚育：新中国建立以前，由于社会制度不同和传统习俗，普遍存在早婚、早育。民间俗话：早将（娶）媳妇早养儿，早养儿女早得济。亢家庄最早结婚的男性 13 岁，女性 15 岁，早婚对身心健康不利。建国后颁布了婚姻法，男性婚龄大都超过 20 岁，甚至还要高，女性也遵守在 18 岁以上，在婚龄上早有“男大不算大，女大老嬷嬷之说”。进入 60 年代以后，由于计划生育的开展和男女开始把精力用在对工作的追求，婚龄推迟到男 23 岁，女 21 岁以上。1950—1959 年女性平均 22.2 岁，1960—1969 年女性平均婚龄 22.9 岁。进入 70 年代国家对青年婚龄要求在男 25 岁，女 23 岁以上。亢家庄实际统计：1970—1979 年，男均 25.6 岁，女均 24 岁。80 年代已晚婚正常化。1980—1989 年男均 26.3 岁，女均 24.4 岁，晚婚率 86.8%。进入 90 年代男女都在追求学历和事业，婚姻屈居第二。1990—2006 年男均 28.5 岁，女均 26.2 岁。1990—1999 年晚婚率在 98.4%，其中男性 97.4%，女性 99.2%。2001—2006 年晚婚率皆达到 100%。在生育上，一般在婚后次年生子，有相当一部分人群，结婚只是为了结双方老人心愿但不愿育子，故此晚育亦在情理之中。

（三）优生优育：1975 年开始要求婚前男女必须经过医院出具的健康证明，避免性病、艾滋病和吸毒史而影响下一代。在孕妇女在有关负责人的陪同下到医院做相应检查，如发现胎儿严重缺损和先天病症，立即终止妊娠，保障了婚期和孕妇及胎儿的身心健康。婴儿出生后从未有过怪胎和先天病症。婴儿100%在规定期内注射各种疫苗，为婴儿健康成长打下了坚实基础。自1970年以来的36年中，共出生712人，未出现各种后遗症。因特殊病症1男1女幼儿夭折。10～16岁除1男3女发生意外，而今都健康生存，生存率达99.2%，健康率100%。566名产妇没有在生育过程中出现意外，母子安全率100%。

三 政策落实

计划生育是国家的基本国策，从宣传、实施至达到预期效果，改变人们对生育子女是命里注定的历史认定，是一项大的举措。从人们的物质感受到理性认识，是几十年来的演变过程，从国家到直属单位总要面对每一个民众本身，尤其初始对防孕手术的人群，意味着永不再生育的思想压力，广大干部和每一个家庭成员，经过艰苦的工作和思想斗争，使得接受对象认可，是一个大的思想转换过程，对这种转换过程总有前有后，有主动有被动，前者应发扬，得奖励，而后者则应其惩，对不同阶段则奖罚不一。1970年以后已生育1胎继两胎在孕者，保证不使第三胎出生，享受56天产假，照常享受工资及工分待遇，孕期免检查、接生、住院等费用，幼儿免费入托，如果强生第三胎者，除不能享受上述待遇外，扣除夫妇10%工资，社员每年扣700分，直到入学（七岁），自怀孕起停止劳动一年，母子费用自负，两年内不能评定五好职工和五好社员，党员还要受到党内处分。有15例超生者受到处罚。1975年后，正式定为一对夫妻一个孩。1988年青岛大信农工商公司制定计划生育条例（是与街道办相互协调下进行的）。（一）男女双方晚婚的，除规定的婚假外，增加两周，计17天。（二）晚育，除国家规定产假外（晚育为23岁9个月），增加产假两个月，共计150天（按同等劳力计酬和照发同等工资）。领到“独生子女证”的，可领到一次性奖励费50元。（三）每月发给独生子女保健费5元，2003年始起改为6.5元/月，直到14岁，已领到“独生子女证”的有403人。根据青计生字〔2003〕37号文件，独生子女父母退休发给一次性养老补助金（按青岛市职工上年度平均工资30%）。1998—2006年，有19名父母享受其补助，金额达59684.4元。2006年企业在合同考核已达标奖励：青岛信宇塑钢建材厂、青岛大信经贸公司、亢家庄物业管理中心各500元，青岛市南热工机械厂1000元。自1980年起每年6月1日国际儿童节期间，青岛大信农工商公司为独生子女发放生活、学习物品及现金，26年来达10.42万元。亢家庄的计划生育工作，多年来集体和个人不计其数的受到各级政府及主管部门的表彰和物质奖励。1975—1977年有33对首先响应号召，只生一个孩子夫妻受到了市、区政府表彰和奖励（见表24、25）。

计划生育集体荣誉

表 24

名　称	年　份	授　予　机　关	级别	荣　誉　名　称
青岛大信农工商公司	1995	青岛市市南区计生委	区	计划生育展牌评比二等奖
青岛大信农工商公司	1996	中共青岛市市南区委、市南区人民政府	区	人口与计划生育责任目标考核一等奖
青岛大信农工商公司	2001	中共山东省委宣传部	省	“宣传教育进村，婚育新风进村”活动先进单位
青岛大信农工商公司	2005	中共青岛市市南区委、市南区人民政府	区	青岛市市南区人口和计划生育工作先进集体
八大湖街办亢家庄社区	2004—2005	青岛市人民政府	市	计划生育居民自治模范居
八大湖街办亢家庄社区	2006	青岛市市南区人民政府	区	计划生育先进集体

计划生育荣誉个人

表 25

姓名	年　份	授　予　机　关	荣　誉　名　称
亢淑英	1991	青岛市市南区人民政府	计划生育工作先进个人
宋淑华	1996	中华人民共和国国家计划生育委员会	从事计划生育满十年（工龄卅年）为社会主义事业作出贡献
	2000—2002	青岛市人民政府	人口与计划生育工作先进个人
曲芝玲	2000	青岛市市南区人民政府	计划生育工作先进个人
臧秋菊	2005	青岛市市南区人民政府	计划生育工作先进个人

四　计划生育成果

（一）计划生育是国家根据国情为控制人口无计划增长、提高人口素质的基本国策。自 1957 年以来，领导干部一届接一届，育龄夫妇一代延续一代，至今已走过了 50 个秋冬，由于领导干部的重视和计生具体负责人员长期不懈的努力工作，广大群众知情达理，育龄妇女积极配合，使每一阶段的工作得到顺利进展，提前完成国家和本地区的各项要求指标。

1. 人口出生降低比率：1949—1957 年出生率 34.6‰，1966—1970 年出生率 23.3‰，1980—1984 年出生率 13.9‰，2003—2006 年 7.6‰，比要求 10‰降了 2.4 个千分点。2. 晚婚晚育年龄提高比率：1940—1948 年，男 22.5 岁，女 20.6 岁。1949—1959 年，男 23.3 岁，女 22.2 岁。1970—1979 年，男 25.6 岁，女 24.3 岁。1980—1989 年，男 26.3 岁，女 24.51 岁。1990—2006 年，平均 27.4 岁，男均 28.5 岁，女均 26.2 岁。2001—2006 年晚婚率达 100%。3. 优生优育：1970—2006 年出

生712人，生存率99.2%，健康率100%，生育子女安全率100%。

（二）从计划生育宣传至各个阶段的实施，由于认识上的差异，有主动和被动之别，最终95%以上都能够接受，达到了预期目的。随着社会的推进，人们对高层文化知识的需要和事业的追求，人们在男女性别的观念上发生了根本的变化，好多人甚至认为生活中女性优于男性。生男生女一样的意识已被很多人接受。与计划生育开始阶段，必须说服动员、甚至强制接受男女一样这个理念相比较，变化是明显的。从1975—2006年，有918名夫妇响应只生一胎号召，实际育龄妇女为422名，如果这些人群生三胎计算，31年来，要生1266人，全村人口应是2461人，然而她们只生了425人（3例双胞胎），少出生了841人，比2006年全村人口1620人少了半个村的人还多。给国家减轻了压力，给家庭减少了负担。

第二章　姓　氏

第一节　概况

明朝初年张姓来此建村，仅一族，不足10户。清康熙年间浮山所亢姓迁入。后有闫姓及浮山所张姓迁来落户。1897年以前只四个姓氏。德国侵占青岛以后，实施各项建设，强迁村庄。20世纪初，洛姓自海泊村、王姓自扫帚滩、于姓自会前村、杨姓自杨家村相继迁入，增至八个姓氏。随着城市的不断发展，市区工厂、商业扩大，近郊村庄经济相对繁荣，外来人口逐渐增多。1906年即墨李姓（李德恒）迁入村里，1919年即墨宋姓（宋啟方）迁入村北（俗称北洼），随之其他姓氏自近县相继迁入，迁入者90%以上是租种本村土地，种植蔬菜谋生，聚居已成群体，形成了相当规模的蔬菜园地，又位居村北，俗称北菜园，成为本村的一部分。

至1949年新中国成立，固定村民（只男姓）有26个姓氏，594人。至2006年已增加到39个姓氏，2327人（包括村外族人）。

第二节　诸姓来源、迁徙活动、族人繁衍

一　建村—张姓—张保安

明朝成化年间，该族自云南来此建村，原称张家疃，约十户人家，分居于原村址东、南及西南角，自垦土地，以农耕为业，时值地处荒凉，村民生计艰辛贫寒，多年无发展迹象。自建村近600年，一直繁续不旺。张姓祖茔分布于村后两处，1966年“文化大革命”破四旧迁坟时，共计59个坟头，可见年岁之久。

◇ 姓氏族谱

现族人称，该族原有族谱，存于张仁珍仰棚，被鼠撕碎絮窝而毁。仅留宗谱一幅，不幸在文化大革命时期焚毁，故族姓来源、祖人迁徙活动及建村等史料全无，难以考证。据建村年岁计算该族人至今应传为廿世以上。现只浮山所有族人四户，另一户住市区。其他邻村再无脉索可考，1956 年以后参加该村工农联盟农业社、人民公社，有一户为城镇居民，1996—2000 年村改换楼房定居于金坛路、宜兴路小区。至今族人只能上溯五世（同、仁、义、立、信）。

- 张同选（未婚）
- 张同甲（兰　氏）
  - 张仁山（王秀珍）
    - 张桂兰（女）
    - 张桂芳（女）
    - 张宝安（辛桂芝）
      - 张立强（辛　静）——张亚宁（女）
      - 张立杰（孙淑欣）——张凯婷（女）
      - 张海燕（女）
  - 张仁林（殇）
  - 张仁虎（苏秀云）
    - 张淑荣（女）
    - 张淑华（女）
    - 张义华（亢淑华）——张　璇（女）
    - 张荣华（女）
- 张同升（失　考）
  - 张仁珍（孙　氏）（王桂珍）
    - 张淑华（女）
    - 张义臣
  - 张仁珠（1948 年去台湾）
  - 张仁穆（1946 年在二号炮台捣炮弹导火索被炸死）
- 张同明（未婚）
- 张同财（失　考）
  - 张仁锡（洛　氏）
  - 张仁瑞（1944 年在崂山与日军作战阵亡）
  - 张仁祥（1948 年去台湾）

二 持有族谱姓氏（按迁入年代为序）

亢姓：

（一）亢氏渊源。

来源有二。（1）据史料《国策齐策》载，以封地为姓：春秋时有个贵族受封于山东济宁县南有个古代军事要地“亢父”为官，他的后代便以受封地为姓，则称亢姓。（2）原出自姬姓，战国时卫国大夫三伉《风俗通》，受封为伉姓，后人去人旁演变为亢姓。以时而推春秋封地之亢姓应为始祖，其为亢姓之根源。传统百家姓注“岳帅缑亢”之“亢”。

（二）亢姓分布。

山西省：太原、洪桐、临汾（汾西蒲县）、严城、原平等。

陕西省：商南、韩城、西安等地。

河南省：开封、灵宝、宜阳、洛宁、伊川、嵩县、武陟、原阳、禹州、杞县、濮阳及南阳等地。其中：灵宝、宜阳、洛宁和嵩县为一支。

湖北省：襄樊（彰南）、荆门等。

江苏省：吴县、苏州、扬州等。

辽宁省：鞍山、沈阳、朝阳市等。

吉林省：通化市、六合市。

河北省：燕郊、唐山。

安徽省：合肥市、当涂、灵壁等。

甘肃省：兰州市、临泽、金昌、定西、武山县、通渭等。现考：武山县农象乡石林村亢家大庄亢姓约千余人。

内蒙古自治区：呼和浩特、古卓资等。

山东省：亢父、聊城、栖霞、即墨、青岛等。

（三）青岛地区亢姓迁徙概述。据《浮山所志》载：自明朝洪武二十一年（1388年），设立鳌山卫浮山备御千户所，为军事机构，主要抵御倭寇入侵，后来局势逐年稳定，军户们转为亦兵亦民的军屯生活，虽世代受袭，享有俸禄，也自耕自给，繁衍生息。后人对先后在浮山所任职的十三个姓氏称谓十三户：“丁、王、毛、亢、汪、苏、余、张、杨、侯、焦、葛、詹”，其中亢姓为十三户之一。清代康熙年间早期（1680—1690年）浮山所亢姓九世祖应银迁至离浮山所1.5公里西北方位的张家疃，尔后子嗣繁衍众多，而张姓人丁逐年呈负增状态，后两姓人数相差悬殊，经村主事商讨并取得当时政府审批，于清嘉庆后期（1810 —1820年）将原张家疃更名为亢家庄。十世祖福麟由浮山所于清代康熙年间晚期（1710—1720年）迁入即墨窝洛子村，生息繁衍至今。十三世鸣啟、鸣玉于清代嘉庆年间（1800—1810年）由浮山所迁往棘洪滩，后鸣啟迁往即墨大金家村，鸣玉由棘洪滩独自迁往东北（地处不明），自此杳无音信。十五世殿琮携子辉清于清朝咸丰五年（1860年）由亢家庄迁往东北吉林通化，尔后殿琮转回本村。十五世殿文于1914年（日德交战，在村西3号炮台为主战场之一，村民各自到外地择栖暂居）携家眷迁入李村区西韩村，立足不久又迁张村定居生息繁衍至今。1920年殿文第四子登信又迁回本村。十七世亢中瓒于1937年出走未归。十七世亢中恕于民国28年（1939年）由亢家庄只身出走去东北，至今音信未获。

（四）族谱。河南张深有完整族谱（创修于1994年），现已传至二十六世。黑龙江省依兰县江北村红石村有族谱（文化大革命时被焚毁）。青岛地区亢姓族谱：本村与浮山所、张村、即墨窝洛子和大金家本属同一族谱，自一世祖至十六世辈名世录相同。由于原谱已失传，创谱时间失考，为不使谱系散乱，支派传紊，恐历世愈久，序次愈难。浮山所亢姓于民国23年（1934年）全体族人共议完成第一次族谱创修。自十七世始起辈名作了改动，在原二十六世又续增八辈至三十四世。浮山所与窝洛子同一族谱传承。

亢家庄仍沿用原族谱。1960年十六世族长亢登平供词，经多位尊长复议通过，在原二十四世增续八辈“修、德、维、瑞、延、承、万、春”为三十二世。2014年亢家庄十八世族人亢正深、亢正业供词增续16辈，经亢正鼎、亢继进等族人复议定为“顺、兆、明、泽，盛、克、守、信，翰、韵、同、祥，立、志、宏、君”增至四十八世（见表26）。1966年“文化大革命”运动亢氏宗谱、香案及族系公产等物均遭焚毁，造成永无弥补之痛。前族人（亢登平等）早有修谱之谋，但无人倡办，如再搁置荒疏，世远年湮，支派必紊。社会发展很快，众族人可能去向不定，久而久之音信不接，嫡亲疏远，唯将族谱整修是为上策。即使族人徙迁天涯，据谱身在，异地相遇无称谓之舛，家堂相聚有族系之亲，更无尊次失礼之过，永记有序，延承万春。1997—1999年由十八世年逾八旬族人亢正深、亢正直，自愿承担繁杂劳务，自费走遍青岛市所辖市区、村庄收集有关资料，挨户登记，又幸得亢正温此前在族尊亢登平处抄录所存简易族谱，虽无序、碑记等，唯先祖称谓，辈名世录昭穆有序。依次将亢家庄、即墨大金家、窝洛子及张村，自一世祖亢大生息繁衍至二十一世，有条不紊整理成册，将谱序、编修过程、碑记、世袭御卷图、祠堂及祖茔等项撰写入谱。由十八世族人亢正深、亢正直编整，亢正鼎执笔谨志，有十七世族人亢中琳、亢中达任指导，十八世族人亢正基、亢正业、亢正佐、亢正泽等分工复印组装而成，暂印150余本，逐即颁户珍存。自此亢姓谱牒闻世，族人之幸矣。

附则：世袭御卷历记：族尊长遗言，御卷分为两半幅，一半幅在本村，另半幅在即墨窝洛子村。浮山所亢姓修谱时从即墨窝洛子抄回全文。

《御卷图》记载：二世祖讳兴，随明成祖征战建功，于永乐三年（1405年）三月初二日钦典世袭职事授此御卷，丝织品为金色，边绣金龙，上盖珠印三方，玉玺大印，大明之宝印二。为长方形，纵二尺，横8寸5分。承袭贰佰柒拾余年，于崇祯甲申年（1644年）废止。自钦赐至今600余年历史。族人能将先祖授袭御卷保存完好至今，实为不易。御卷图形由十八世族人亢正鼎临绘于谱，以志永存。

《世袭御卷》卷文：浮山所志载：亢兴旧名驴儿年肆拾岁。有父亢大，洪武伍年拾贰月，蒙千户邢得收集充密云卫

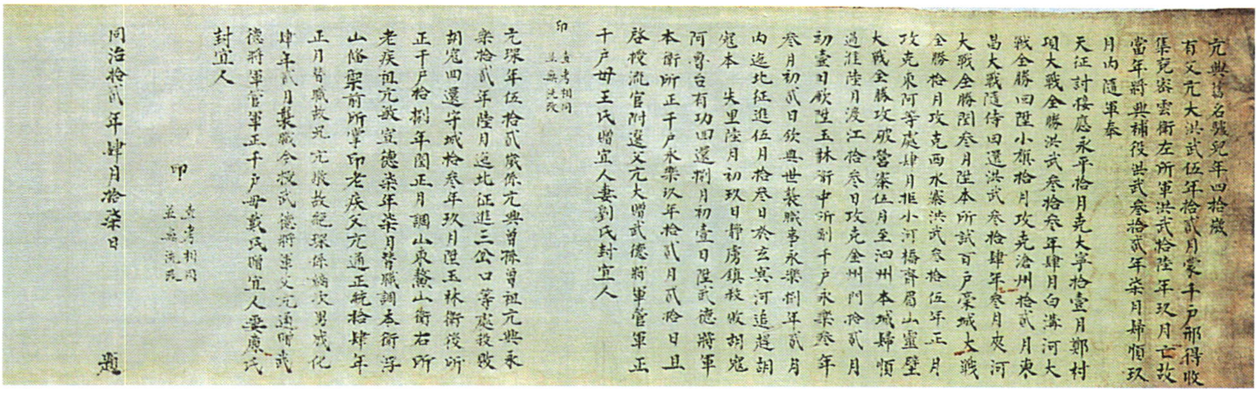
亢興舊名駿兒年四拾歲
有父亢大洪武伍年拾貳月蒙千戶鄒得收
集克容雲衛左所軍洪武拾陸年玖月亡故
當年將興補役洪武叁拾貳年柒月歸順玖
月內隨軍奉
天征討懷慶永平拾月克大寧拾壹月鄭村
壩大戰全勝洪武叁拾叁年肆月白溝河大
戰全勝回陞小旗拾月攻克滄州拾貳月東
昌大戰隨侍回還洪武叁拾肆年叁月夾河
大戰全勝閏叁月陞本所試百戶藁城大戰
全勝拾月攻克西水寨洪武叁拾伍年正月
攻克東阿等處肆月淮小河橋齊眉山靈壁
大戰全勝攻破營寨伍月至泗州本城歸順
過淮陸月渡江拾叁日攻克金州門拾貳月
初壹日欽陞玉林衛中所副千戶永樂叁年
叁月初貳日欽與世襲職事永樂捌年貳月
內隨北征進伍月拾叁日於玄冥河追趕胡
寇本　失里陸月初玖日靜虜鎮殺敗胡寇
阿魯台有功回還捌月初壹日陞武德將軍
本衛所正千戶永樂玖年拾貳月貳拾日且
啓授流官附進父亢大贈武德將軍管軍正
千戶母王氏贈宜人妻劉氏封宜人
印　查考相同　並無洗改
亢琛年伍拾貳歲係亢興曾孫曾祖亢興永
樂拾貳年陸月隨北征進三公口等處殺敗
胡寇回還守城拾叁年玖月陞玉林衛後所
正千戶拾捌年閏正月調山東蘇山衛右所
老疾祖亢敬宣德柒年柒月替職調本衛浮
山塢前所掌印老疾父亢通正統拾肆年
正月替職故兄亢琳故絕琛係嫡次男成化
肆年貳月襲職今授武德將軍父亢通贈武
德將軍管軍正千戶母戴氏贈宜人妻康氏
封宜人
印　查考相同　並無洗改
同治拾貳年肆月拾柒日
題

◇ 御卷译文

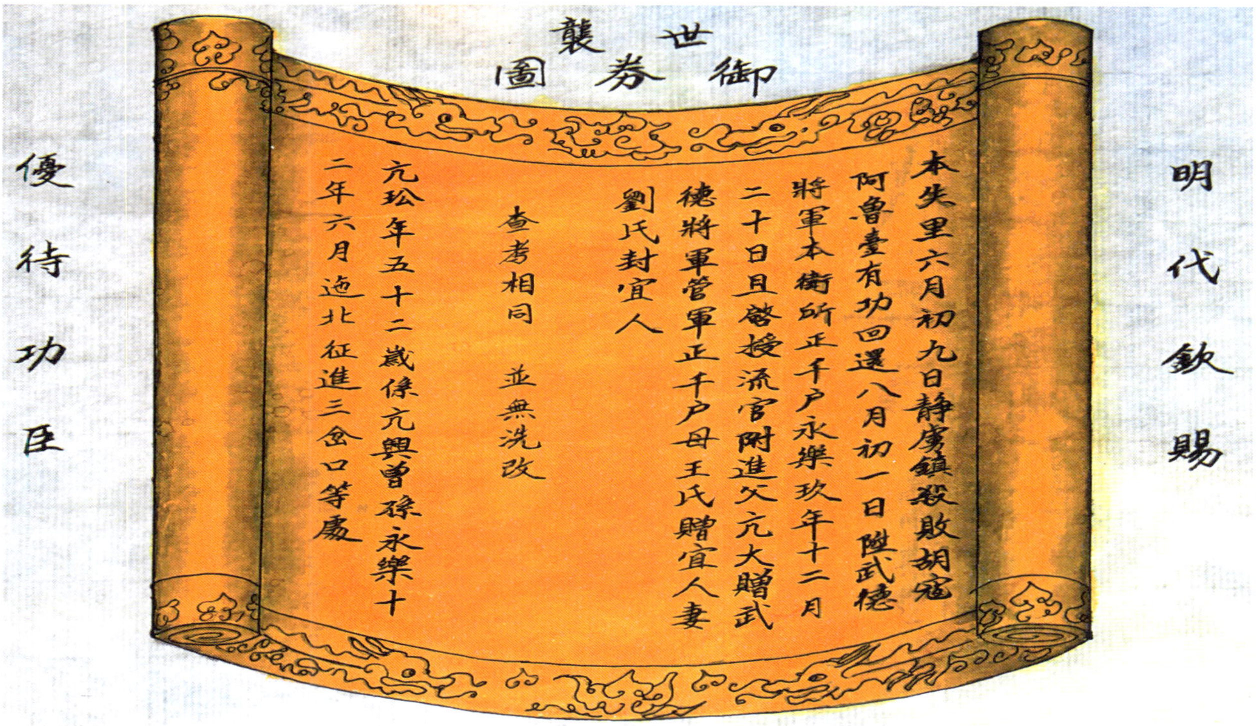
明代欽賜
世襲御卷圖
本失里六月初九日靜虜鎮殺敗胡寇
阿魯臺有功回還八月初一日陞武德
將軍本衛所正千戶永樂玖年十二月
二十日且啓授流官附進父亢大贈武
德將軍管軍正千戶母王氏贈宜人妻
劉氏封宜人
查考相同　並無洗改
亢琛年五十二歲係亢興曾孫永樂十
二年六月隨北征進三岔口等處
優待功臣

◇ 亢姓御卷

◇ 亢姓族谱

左所军，洪武拾陆年玖月亡故，当年将兴补役。洪武叁拾贰年柒月归顺。玖月内随军奉天征讨接应永平，拾月克大宁，拾壹月郑村坝大战全胜，洪武叁拾叁年肆月白沟河大战全胜，回陞小旗。拾月攻克沧州，拾贰月东昌大战随侍回还。洪武叁拾肆年叁月夹河大战全胜。闰叁月陞本所试百户，稾城大战全胜。拾月攻克西水寨。洪武叁拾伍年正月攻克东阿等处。肆月拒小河桥齐眉山灵壁大战全胜，攻破营寨。伍月至泗州本城归顺、过淮。陆月渡江。拾叁日攻克金川门。拾贰月初壹日钦陞玉林卫中所副千户。永乐叁年叁月初贰日钦典世袭职事。永乐捌年贰月内迤北征进，伍月拾叁日于玄冥河追赶胡寇本雅失里，陆月初九日静虏镇杀败胡寇阿鲁台有功回还。捌月初壹日陞武德将军本卫所正千户。永乐玖年拾贰月贰拾日且敁授流官附选。父亢大赠武德将军管军正千户，母王氏赠宜人，妻刘氏封宜人。

查考相同

并无洗改　　　　　　盖国玺半印

（五）亢氏墓群、碑记：

1. 坐落浮山前荒草庵西南方位，有拾余故墓，因无碑记，无法考证为几世先祖。墓群前有石门一座，建于明代弘治年间，因年久失修已倒塌，绘谱永记。

2. 远在苇沟（今黄海路北岸）有一亢姓墓群，拾余冢，1951 年国家征用迁至徐家村南山（今福州路中段），现已被建筑湮没。因无碑记，无棺椁、骨已成灰土。该墓群应为移葬，葬埋的哪辈先祖至今不得其解。

3. 亢家庄亢姓自浮山所迁入张家疃始起，墓地选址于村西松岚前（今青岛手表厂及宁夏路段），1898 年德国强迫清政府签订《中德胶澳租借条约》以后，于 1899 年起大规模建立军事设施，在村西构筑中央 3 号炮台，二十余亢氏墓冢被迫移葬于离村北百米处祖茔内。清朝同治年间（1865—1870 年）创立一总碑“亢氏先茔”，碑志撰文失考。之后在东南岭，两分支茔地创立两碑“亢氏支茔”。1966 年全部被毁。

亢氏祖茔于 1966 年搞破四旧时全部迁出，共计 50 余冢。其间各支派在不同地方建了支茔。由于时代、条件所限，亢家庄亢氏十四世以上祖先的遗骨，基本舍弃无着，实为有愧先祖。

（六）亢家庄亢氏辈名世录：

表 26 辈名全部用在中

一世 单字	二世 单字	三世 单字	四世 单字	五世 单字	六世 思	七世 单字	八世 秉、成
九世 应	十世 福	十一世 振、天、希	十二世 智	十三世 进	十四世 学	十五世 殿	十六世 辉、登
十七世 中	十八世 正	十九世 继	二十世 世	二十一世 永	二十二世 远	二十三世 传	二十四世 家
二十五世 修	二十六世 德	二十七世 维	二十八世 瑞	二十九世 延	三十世 承	三十一世 万	三十二世 春
三十三世 顺	三十四世 兆	三十五世 明	三十六世 泽	三十七世 盛	三十八世 克	三十九世 守	四十世 信
四十一世 翰	四十二世 韵	四十三世 同	四十四世 祥	四十五世 立	四十六世 志	四十七世 宏	四十八世 君

（七）亢氏同姓名人：

1. 历史名人：

亢仓子：春秋战国时期，诸子百家之一，不仅倡导清静无为的思想观念，而且也提出了举贤任能，施行教化，重农耕、奉义兵等一系列学说。

亢青：元末明初，河南省宜阳张深人，状元，官刺史，他曾与亢恒（县尹）一道赴东北，教“土人”种植五谷，造福一方，万民感念。东北人称其为“五谷圣人”。

亢良王：山西省临汾人，明朝正德年间，因孝敬老人被记于古书里，为世人学习榜样。

2. 现代有影响人物（浮山所、亢家庄）：

亢正浩，男，亢家庄人，亢姓十八世族人，1938年5月15日出生。1954年6月青岛二中初中毕业，同时加入中国人民解放军志愿兵，为第五海军学校学员，1955年11月学业结束后在海军青岛水警区巡逻艇大队、护卫艇第八大队、扫雷舰第五大队，先后任班长、副部门长、部门长、副舰长、舰长。1960年3月至12月参加舰队联合海校部门长培训班。1978年2月任扫雷舰第五大队大队长。1980年10月入海军指挥学院学习，至1983年2月毕业，同年6月任海军青岛水警区参谋长。1985年7月调任海军义务兵旅顺基地参谋长。1987年7月任海军川岛水警区司令员。1990年2月参加中央党校学习，同年7月任广州基地参谋长。1991至1997年任海军青岛基地副司令员。其间，1993年2月至7月参加中国人民解放军国防大学国防研究系学习。

1959年加入中国共产党，多年来受到党、国家和部队的关爱培养，思想坚定，学习上进，刻苦训练，忠于职守，从一名海军战士走上了领导岗位，1990年中央军委授予少将军衔。参加过海战，多次立功，为中国海军建设付出了艰辛，获得了党和部队给予的荣誉和嘉奖。

1997 年退休。

亢正山：青岛亢家庄人，亢姓十八世族人，1937 年 9 月 29 日出生。为国家建筑材料工业局蚌埠玻璃工业设计院教授级高级工程师。

科技日报

SCIENCE AND TECHNOLOGY DAI

1993年1月13日　星期三　壬申年十二月廿一　总第2355期　代号 1—97

水平插入式铂探针玻璃液面自动控制装置

发明人：蚌埠玻璃工业设计研究院 高级工程师亢正山

玻璃液面自控装置，是玻璃熔窑保持液面稳定以保证连续正常生产的一套重要设备。我国玻璃工业数十年来都是在熔窑冷却部窑顶将铂探针竖插入窑内，竖插的缺点是消耗铂金长，操作工人工作条件极为艰苦而且还可能将铂针掉入窑内造成经济损失。现发明水平插入式，是将铂针装置入一个特制的带有吹风通道的水冷套内。这样只需在与玻璃液面相接触的一小段使用铂金针（约200mm），其余在小套内的引线通过特备的过渡接头用一般粗铜线引出即可。这样就大量的节约了铂含量，约为竖插时的1／5～1／10，每用一套约可节省3万元。全国有大型平板玻璃熔窑70余座，若都能进行技术改造，经济效益是可观的。水平插入窑内，操作工人不必上大窑，可以在地面进行调试检修，既安全又可靠。该发明于1990年5月通过了部级的专家鉴定。

亢继臣：青岛亢家庄人，亢姓十九世族人，1940 年 11 月 4 日出生。曾任山东省黄金工业总公司沂南金矿副矿长，总工程师。

亢清泉：青岛市浮山所人，曾任共青团青岛市委书记，市北区区长，青岛经济技术开发区主要负责人，中共青岛市委副秘书长，市委宣传部副部长兼市文化局局长，中共崂山区委书记，山东省文化厅厅长。

亢正大：青岛市亢家庄人（张村），曾任江西省话剧团团长。

亢清珍（女）：中国海洋大学教授，硕士生导师（浮山所人）。

亢清兰（女）：青岛市老龄委主任（浮山所人）。

亢继雷：青岛亢家庄人（亢正山之子），教授级高级工程师，现任上海新加坡仁恒置地集团公司机电部总工程师。

（八）亢家庄亢姓生息繁衍统计：自一世至十五世，只计男性（以图表示），自十六世以后悉数统计（包括媳妇、闺女）（见表 27-1、2）。

亢氏族谱

表 27-1

世代									
一世	亢大	王氏							
	一子								
二世	亢兴	刘氏							
	四子								
三世	亢敏	亢监	亢森	亢顺					
	二子								
四世	亢通	金龙							
	二子								
五世	亢玜	亢敬							
	二子								
六世	思恭	镒							
	四子	考失							
七世	亢儒	亢松	亢柏	亢林					
	三子								
八世	秉忠			秉和			秉直		
	二子			考失			一子		

续表 27-1

九世		十世		十一世		十二世		十三世		十四世		十五世		十六世	十七世
应金	一子	福臣	一子	振强	一子	顺	一子	进文							浮山所
应龙	四子	福会	一子	振锡	一子	玉	一子	进章							↓
		福云	一子	振刚	二子	信	一子	进功							
						廪	一子	进祥							
		福麟	出迁												窝洛子
		福全													↓
应银	三子	福锦	一子	振公	二子	智全	一子	进金	四子	学孔	二子	殿琚	二子	辉仙	亢家庄
														辉桃	↓
												殿珏	三子	辉明	
														辉亮	
														辉镜	
										学思	一子	殿瑁	二子	辉举	
														辉财	
										学忠	三子	殿琮	三子	辉请	
											嗣出	殿琳		辉谋	
												殿昌		辉训	
										学骞	子嗣	殿琳	五子	辉仁	
														辉義	
														辉礼	
														辉智	
														辉信	
						智義	四子	进宝	二子	学先	子嗣	殿瑶	四子	登昇	
														登玉	
														登顺	
														登玠	
										学德	三子	殿珴	四子	登云	
														登和	
														登悦	
														登港	
												殿瑶	嗣出		
												殿璋	三子	登发	
														登财	
														登源	
								进珠	一子	学产	三子	殿珂	二子	登迎	
														登逍	
												殿球	二子	登治	
														登贵	
												殿理	子嗣	登治	
								进玉	折						
								进玺	三子	学春	四子	殿琪	二子	登彦	
														登辉	
												殿珅	二子	登義	
														登师	
												殿珪	子嗣	登彦	↓

表 27–2

世系				
一世				
二世				
三世				
四世				
五世				
六世				
七世				
八世	成全	成德		
九世				
十世	福登 三子		福明 三子	福麟 二子

续表 27-2

十一世		十二世		十三世		十四世		十五世		十六世	十七世
							二子	殿瑞	三子	登鳌	↓
										登成	
										登平	
						学昌	二子	殿文	五子	登化	
										登吉	
										登礼	
										登智	
										登信	
								殿清	一子	登檄	
						学典	一子	殿璜	四子	登聪	
										登记	
										登印	
振福	一子	智僅	考失							登航	
振禄	一子	智诗	二子	进举	一子	学孟	一子	殿云	三子	登甲	
振安	考失			进明						登全	
										登福	
希盛	一子	智仁	考失								大金家
希财	一子	智礼	二子	鸣啟	一子	黎功	三子	殿德			↓
								殿成	一子	登元	
								殿学	四子	登全	
										登仝	
										登会	
										登合	
				鸣玉							东北
希顺	一子	智信									↓
		智晏									
		智元									
		仁	考失								
		坤	考失								
		文	考失								
		容	考失								
		伦	考失								
天福	三子	铨	三子	永富	一子	学曾	五子	殿模	一子	登云	洛窝子
				永義				殿训	二子	登科	↓
				永信						登全	
天禄	考失							殿诰	二子	登奎	
										登柱	
								殿誓	子嗣	登部	
								殿礼	二子	登宝	
									嗣出	登部	
		仁				学禄	子嗣	殿誓			
		瑾									

长支：

（十六世） （十七世） （十八世） （十九世） （二十世）

- 亢辉仙（袁氏）
  - 亢初（女）
  - 亢蒂（女）
  - 亢缔（女）
  - 亢时（女）
- 亢辉桃（王氏）
  - 亢中常（于氏）
    - 亢桂美（女）
  - 亢中刚（刘克勤）
    - 亢桂英（女）
    - 亢正君（陈秀花）
      - 亢继全（邱红）
        - 亢世霄
      - 亢继房（王娟）
        - 亢馨雅（女）
      - 亢文娟（女）
    - 亢正寿（张欣爱）
      - 亢萌（女）
    - 亢桂兰（女）
    - 亢桂香（女）
  - 亢中高（1948年随国民党去台湾，至今尚在）（袁氏）

（十六世）（十七世）（十八世）（十九世）（二十世）（二十一世）

- 亢辉明（辛　氏）
  - 亢中衎（孙　氏）
    - 亢正广（章桂贞）
      - 亢珍兰（女）
      - 亢秀花（女）
      - 亢心平（折）
    - 亢秀云（女）
    - 亢正淑（仲秀美）
      - 亢继周（耿淑美）
        - 亢世欣（李　慧）
          - 亢梓菡（女）
        - 亢世峰（韩　欣）
          - 亢楷博
      - 亢继双（赵翠云）
        - 亢心平（张润芳）
      - 亢继华（女）
      - 亢继栓（侯建民）
        - 亢　笑（女）
      - 亢继荣（田义华）
        - 亢　田（女）
      - 亢继贵（女）
  - 亢中珍（仲　氏）（洛　氏）
    - 亢　秋（女）
    - 亢正勤（杨淑芳）（周桂珍）
      - 亢继盛（法桂兰）
        - 亢世松（叶卫红）
          - 亢永祥
        - 亢春燕（女）
      - 亢月平（女）
      - 亢月华（女）
      - 亢京平（李金玲）
        - 亢丽佳（女）
    - 亢　荣（女）
    - 亢淑贞（女）
    - 亢正俭（刘锡英）
      - 亢继强（苏春蕊）
        - 亢世焱
      - 亢继松（高　媛）
        - 亢润婷（女）

（十七世） （十八世） （十九世） （二十世）

- 亢中典（辛 氏）
  - 亢淑贞（女）
  - 亢正修（孙桂云）
    - 亢 光（于秀美）
      - 亢世峰（李秀萍）
      - 亢世宝
    - 亢 健（尹 洁）
      - 亢晓燕（女）
    - 亢 强（韩蕴秀）
      - 亢 榕（女）
  - 亢正果（时美香）（杨淑芬）
    - 亢 静（女）
    - 亢继杰（张 迅）
      - 亢君茹（女）
    - 亢继良（出嗣）
    - 亢继柏（顾 枫）
      - 亢启家
  - 亢正伟（孙秀芳）
    - 亢继栋（吴兴芹）
      - 亢世嘉
    - 亢继楠（綦丽苹）
      - 亢世娇（女）
  - 亢淑芳（女）
  - 亢淑婷（女）

（十六世）（十七世）（十八世）（十九世）（二十世）（二十一世）

- 亢辉亮（徐　氏）
  - 亢中伦（袁　氏）
    - 亢正同（王桂兰）
      - 亢彩云（女）
      - 亢继清（王月霞）
        - 亢玉洁（女）
        - 亢世全（杨　飞）
          - 亢以乐（女）
      - 亢继顺（王美玲）
        - 亢世林（刘　霞）
          - 亢卓冉（女）
          - 亢永泽
      - 亢继财（王爱萍）
        - 亢世波（苏　芳）
          - 亢永芃
      - 亢继进（隋　军）
        - 亢世震（陆　平）
          - 亢永赫
    - 亢秀美（女）
    - 亢正方（于素美）（孙淑英）
      - 亢秀君（女）
      - 亢秀玲（女）
      - 亢爱玲（女）
      - 亢玲爱（女）
    - 亢正敏（刘秀珍）
      - 亢令蒂（女）
      - 亢莲蒂（女）
      - 亢继新（杨　军）
        - 亢世嘉（黄绪梅）
          - 亢永琪（女）
      - 亢继泰（王晓艳）
        - 亢世琴（女）
    - 亢正珞（于美英）
      - 亢继玉（辛美菊）
        - 亢世杰（吉娜娜）
          - 亢永俊
      - 亢继宝（陈　萍）
        - 亢世豪
      - 亢丽波（女）
      - 亢丽梅（女）

（十六世）（十七世）（十八世）（十九世）（二十世）

- 亢辉亮
  - 亢中仁（王秀兰）
    - 亢秀美（女）
    - 亢正科（王淑欣）
      - 亢爱兰（女）
      - 亢继来
      - 亢继革（王爱英）
        - 亢　萌（女）
    - 亢正田（周爱华）
      - 亢　健（杜　勇）
        - 亢娟娟（女）
      - 亢　青（女）
    - 亢正明（辛秀芝）
      - 亢　静（辛燕青）
        - 亢　莉（女）
      - 亢继馨（王桂华）
        - 亢世禄
      - 亢梅艳（女）
      - 亢继传（宋　虹）
        - 亢跃翔
    - 亢秀芬（女）
    - 亢秀芳（女）
    - 亢秀香（女）
  - 亢中云
    - 亢正同（嗣）

◇ 亢家祠堂

（十六世） （十七世） （十八世） （十九世） （二十世） （二十一世）

- 亢辉镜（仲 氏）
  - 亢**（女）
  - 亢中本（吴桂兰）
    - 亢淑贞（女）
    - 亢正身（杨秀花）
      - 亢永娟（女）
      - 亢继坤（陶晓娟）
      - 亢继鹏（于秀丽）
        - 亢泽林
      - 亢文贤（女）
    - 亢正云（苏秀美）
      - 亢继弘（徐 风）
        - 亢心怡（女）
      - 亢继涛（潘 霞）
        - 亢心甜（女）
      - 亢继龙
  - 亢 东（女）

- 亢辉举（于 氏）（王 氏）
  - 亢中恕（王秀珍）
    - 亢秀云（女）
    - 亢 群（女）
    - 亢正山（王爱荣）（达式芳）
      - 亢继雷（唐莉莉）
        - 亢世霖
      - 亢 恺（女）
  - 亢**（女）
  - 亢秀兰（女）

- 亢辉财

（十六世）（十七世）（十八世）（十九世）（二十世）（二十一世）

- 亢辉请（王氏）
  - 亢中奎（辛氏）
    - 亢正英（女）
    - 亢正春（苏氏）
      - 亢秀美（女）
      - 亢秀珍（女）
      - 亢继君（辛爱莲）
        - 亢利洁（女）
        - 亢世遒（高旭宁）
          - 亢永霖
      - 亢继臣（李德松）
        - 亢世翔（刘淑香）
          - 亢　璐（女）
        - 亢世华（女）
        - 亢世栋（孙傅雲）
          - 亢永浩
      - 亢继进（刘素珍）
        - 亢世文（吴晓华）
          - 亢奕萱（女）
          - 亢奕茗（女）
          - 亢奕嘉（女）
          - 亢永昌
          - 亢永康
        - 亢惠洁（女）
      - 亢继生（马自荣）
        - 亢玉玲（女）
    - 亢正芬（女）
    - 亢正风（余秀芳）
      - 亢　旭（折）
      - 亢　刚（折）
      - 亢继义（王竹英）
        - 亢彩玲（女）
        - 亢世伟（孙光芹）
          - 亢彦鸥（女）
        - 亢玲芝（女）
      - 亢继自（刘爱香）
        - 亢　馨（女）
        - 亢　萍（女）
        - 亢世彬（刘宝玲）
          - 亢永祺
    - 亢正莲（女）
    - 亢正泰（辛氏）（王氏）
      - 亢继金（辛淑俭）
        - 亢玉新（女）
        - 亢玉斌（女）
        - 亢世承（赵冬梅）
          - 亢永瑞
      - 亢继银（袁志清）
        - 亢世杰（路云晶）
          - 亢婉颖（女）
          - 亢永博
      - 亢继存（王素君）
        - 亢霞霞（女）
        - 亢世扬

（十六世）（十七世）（十八世）（十九世）（二十世）（二十一世）

- 亢辉谋（王　氏）
  - 亢中朝
  - 亢中曦（辛　氏）
    - 亢正廷（刘淑兰）
      - 亢文恬（女）
    - 亢正贵（王美华）
      - 亢继法（李　芳）
        - 亢世好
    - 亢正彦（宋兰花）
      - 亢继文（殇）
      - 亢继帮（孙明辉）
        - 亢紫涵（女）
        - 亢紫凝（女）
    - 亢正平（闫连苏）
      - 亢文园（女）
    - 亢正书（刘君利）
      - 亢继顺（李松雪）
    - 亢正胜（王淑慧）（殷玉苗）
      - 亢继冬

- 亢辉训（王　氏）
  - 亢中海（王　氏）
    - 亢云英（女）
    - 亢云玲（女）
    - 亢正道（王秀琴）
      - 亢继选（李福华）
        - 亢晓璀（女）
        - 亢丽莎（女）
      - 亢继堂（周晓红）
        - 亢　荃（女）
      - 亢继凯（王　辉）
        - 亢世贝克
    - 亢翠英（女）
    - 亢翠美（女）
    - 亢美兰（女）
    - 亢正来
    - 亢翠秀（女）
    - 亢翠萍（女）
    - 亢翠女（女）
  - 亢中江（董　氏）（王秀云）
    - 亢正策（辛秀森）
      - 亢淑维（女）
      - 亢玉珍（女）
      - 亢继波（王连贞）
        - 亢菊月（女）
      - 亢红伟（女）
    - 亢月琴（女）
    - 亢正交（张桂英）
      - 亢　静（女）
      - 亢　锐（女）
      - 亢　超（女）
    - 亢爱云（女）
    - 亢正环（孙新华）
      - 亢　孟（薛婷婷）
        - 亢　彬
        - 亢雪儿（女）
    - 亢正鹏（于翠兰）
      - 亢莲莲（女）
    - 亢淑惠（女）

（十六世）（十七世）（十八世）（十九世）（二十世）（二十一世）

- 亢辉仁（王　氏）（于　氏）
  - 亢**（女）
  - 亢中会（孙　氏）（仲瑞芳）
    - 亢铁顺（折）
    - 亢正禄（袁淑贞）
      - 亢继础（蔡微萍）
        - 亢世麟
      - 亢革新（女）
      - 亢仙波（女）

- 亢辉义（张　氏）
  - 亢中元（仲　氏）
    - 亢正恩（崔秀美）
      - 亢丽凤（女）
      - 亢丽娟（女）
      - 亢丽萍（女）
  - 亢中享（袁淑贞）
    - 亢正思（徐淑文）
      - 亢继香（刘爱华）
        - 亢　秀（女）
        - 亢　惠（女）
      - 亢继刚（辛建云）
        - 亢世晨（段晓东）
          - 亢怡静（女）
      - 亢荣芬（女）
      - 亢继铁（辛爱萍）
        - 亢世成
    - 亢××（女）
  - 亢中贞（孙　氏）
    - 亢玉美（女）
    - 亢正福（辛佩兰）
      - 亢林峰（女）
      - 亢林萍（女）
      - 亢　斌（女）
      - 亢继璋（鞠孟华）
    - 亢正雨（沈风珍）
      - 亢继兵（代小飞）
        - 亢世译
      - 亢竹爱（女）
    - 亢正清（陈以惠）
      - 亢继功（刘　菊）
        - 亢　斐（女）
    - 亢正进（毛秀荣）
      - 亢莉爱（女）
    - 亢正全（张秀珍）
      - 亢继雪（张连花）
        - 亢佳怡（女）
  - 亢秀美（女）
  - 亢桂珍（女）

（十六世）（十七世）（十八世）（十九世）（二十世）（二十一世）

接前页

- 亢辉义（张　氏）
  - 亢中慈（宋秀香）
    - 亢正旗（章美菊）
      - 亢　涛（唐文静）
        - 亢一晨
      - 亢　凯
    - 亢淑美（女）
    - 亢云美（女）
    - 亢瑞芬（女）
    - 亢瑞云（女）
    - 亢瑞华（女）
    - 亢永兰（女）
    - 亢　青（李树琴）
      - 亢　倩（女）
  - 亢秀英（女）
  - 亢中善（徐秀兰）
    - 亢月英（女）
    - 亢正祖（徐爱兰）
      - 亢丽波（女）
      - 亢丽茗（女）
    - 亢正瑞（程夕秀）
      - 亢继利（韩秀英）
        - 亢世玉
    - 亢正廉（殇）
    - 亢正设（郑云美）
      - 亢　萍（女）
    - 亢正进（王瑞玲）
      - 亢晓莉（女）
  - 亢桂兰（女）
  - 亢秀兰（女）

- 亢辉礼（王　氏）
  - 亢 **（女）
  - 亢 **（女）
  - 亢 **（女）
  - 亢 **（女）
  - 亢中节（余秀美）
    - 亢彩燕（女）
    - 亢彩霞（女）
    - 亢正瑜（宋平花）
      - 亢玉蕾（女，殇）
      - 亢　堃
    - 亢正佩（辛淑敏）
      - 亢继杭（于　晓）
        - 亢俊豪
    - 亢彩恩（女）
    - 亢正建（李学风）
      - 亢瑞芳（女）
  - 亢　珍（女）

（十六世）（十七世）（十八世）（十九世）（二十世）（二十一世）

- 亢辉智（徐 氏）
  - 亢中传（张 氏）（王镇美）
    - 亢月英（女）
    - 亢正伟（孙建华）
      - 亢 楷
    - 亢正在（王秀兰）
      - 亢继盈（张 梦）
        - 亢婉琳（女）
        - 亢世林
    - 亢月萍（女）
- 亢辉信（孙 氏）
  - 亢 **（女）
  - 亢中兴（史桂兰）
    - 亢淑芹（女）
    - 亢淑华（女）
    - 亢正先（李国富）（于春华）
      - 亢 乐（女）
    - 亢正令（袁淑君）
      - 亢 建（左 怡）
        - 亢子铭
    - 亢正群（张 颜）
      - 亢 伟
  - 亢中茂（宋惠芝）
    - 亢淑华（女）
    - 亢正强（亢桂香）
      - 亢 洁（女）
    - 亢正财（刘贤春）
      - 亢继帅
  - 亢中业（万世芳）
    - 亢淑香（女）
    - 亢惠春（女）
    - 亢正治（周 霞）
      - 亢青薇（女）

次支：

（十六世）（十七世）（十八世）（十九世）（二十世）（二十一世）

- 亢登云（袁　氏）
  - 亢中明（兰　氏）—— 亢正礼（王　氏）
    - 亢玉花（女）
    - 亢继汉（苏美玉）
      - 亢彩洁（女）
      - 亢世松（王海红）—— 亢　斌
      - 亢世朋（徐玉玲）—— 亢　琳
    - 亢秀香（女）
  - 亢中亮（赵　氏）
    - 亢正节（折）
    - 亢　美（女）
- 亢登和（辛　氏）
  - 亢中祥（辛　氏）
    - 亢　淑（女）
    - 亢云美（女）
    - 亢正木（余秀英）
      - 亢继星（王丽萍）
        - 亢　荣（女）
        - 亢世刚（辛妮妮）—— 亢佳琦（女）
      - 亢继青（刘瑞琴）—— 亢世孟（李　冬）—— 亢永烨
      - 亢继勤（辛爱花）—— 亢世林（戈　萍）
        - 亢雅楠（女）
        - 亢一凡（女）
      - 亢玉红（女）
      - 亢继民（丁秋芳）—— 亢世超（陈　雯）—— 亢永杰
      - 亢玉伟（女）
      - 亢继彦（周瑞欣）—— 亢　超（女）
  - 亢中瑞（王　氏）—— 亢正全（王　氏）
    - 亢素欣（女）
    - 亢继文（张沛霞）—— 亢世翔
    - 亢素颖（女）
- 亢登港（张　氏）
  - 亢文晶（女）
  - 亢中瑞（嗣）

◇亢继民

（十六世）	（十七世）	（十八世）	（十九世）	（二十世）	（二十一世）
			亢淑顺（女）		
			亢秀琴（女）		
亢登悦（黄　氏）	亢中举（王　氏）	亢正生（于秀珍）	亢继元（张爱芳）	亢世鑫（史　颖）	亢永豪
					亢永婕（女）
			亢祝庆（女）		
			亢继伟（兰云芳）	亢　培（女）	
			亢祝爱（女）		
亢登昇（王　氏）	亢中平（汪　氏）	亢美兰（女）			
	亢中安（苏　氏）	亢正启（袁秀芳）	亢翠贤（女）		
			亢翠红（女）		

（十六世）（十七世）（十八世）（十九世）（二十世）（二十一世）

- 亢登玉（袁　氏）
  - 亢中理（王淑珍）
    - 亢正亭（葛秀云）
      - 亢继锡（董德芳）
        - 亢世宁（殇）
        - 亢世冲（孙　娜）
          - 亢永伟
      - 亢继勤（张桂香）
        - 亢雅妮（女）
      - 亢秀芝（女）
      - 亢美芝（女）
      - 亢继奎（曹敏芳）
        - 亢　楠（女）
      - 亢继珏（张维秀）
        - 亢　倩（女）
    - 亢玉珍（女）
    - 亢秀芬（女）
    - 亢建华（女）
    - 亢正义（高淑芬）
      - 亢　洁（女）
      - 亢　君（女）
  - 亢**（女）
  - 亢中珉（胡氏）
    - 亢正温（王瑞珍）
      - 亢继嵩（辛华燕）
        - 亢明欣（女）
      - 亢惠贞（女）
      - 亢继辉（臧秋菊）
        - 亢　佳（女）
    - 亢爱英（女）
    - 亢爱美（女）
    - 亢正基（王瑞花）
      - 亢竹红（女）
      - 亢继磊
    - 亢正础（辛桂珍）
      - 亢海燕（女）
  - 亢中琳（王桂香）
    - 亢秀玲（女）
    - 亢秀珍（女）
    - 亢佩雪（女）
    - 亢秀荣（女）
    - 亢正家（袁秀云）
      - 亢继龙（李华美）
        - 亢世睿
        - 亢世邦
    - 亢爱萍（女）
    - 亢正国（董淑香）
      - 亢继峰（翟蓓蓓）
        - 亢世博

（十六世）	（十七世）	（十八世）	（十九世）	（二十世）	（二十一世）
亢登顺（孙 氏）	亢中瓒（辛 氏）	亢正直（袁美玉）（徐金秋）	亢秋萍（女）		
			亢继鸿（袁金美）	亢世蕴（张 洁）	亢永康
	亢中照（苏秀贞）	亢秀玉（女）			
		亢正友（匡瑞云）	亢继斌（于 滨）	亢世祺	
			亢继冕（辛晓艳）		
	亢中珊（辛玉英）	亢正芬（女）			
亢登玠（殇）					

（十六世）（十七世）（十八世）（十九世）（二十世）（二十一世）

- 亢登发（洛　氏）
  - 亢中规（孙　氏）（葛　氏）
    - 亢正修（袁淑贞）
      - 亢玉兰（女）
    - 亢正深（孙吉云）
      - 亢继健（曲秀香）
        - 亢世臣（薛　晨）
          - 亢永嘉
      - 亢淑习（女）
      - 亢继明（于正华）
        - 亢　凯（张　丽）
          - 亢艺凝（女）
          - 亢乃歆（女）
      - 亢继庆（闫翠玉）
        - 亢　榕（女）
      - 亢继旭（辛卫卫）（张　婷）
        - 亢世龙（田珊珊）
          - 亢永恒
    - 亢爱珍（女）
    - 亢爱香（女）
  - 亢 **（女）
  - 亢中矩（仲　氏）
    - 亢正贤（女）
    - 亢正昌（周美英）
      - 亢瑞芬（女）
      - 亢继柳（刘淑美）
        - 亢昭君（女）
      - 亢继瑞（李惠敏）
        - 亢世华（女）
      - 亢继科（王　文）（梁　萍）
        - 亢　悦（女）
    - 亢秀珍（女）
    - 亢正文（刘淑琴）
      - 亢瑞彩（女）
      - 亢瑞云（女）
      - 亢瑞霞（女）
      - 亢继进（葛美青）
        - 亢倩茜（女）
        - 亢　洁（女）
    - 亢　随（女）（折）
    - 亢正佐（王淑英）
      - 亢继程（许秀环）
        - 亢世琛
      - 亢瑞红（女）
    - 亢正雷（刘序云）
      - 亢卫红（女）
      - 亢继冬（马爱弟）
        - 亢世凡
    - 亢秀峰（女）
  - 亢 **（女）
  - 亢 **（女）
  - 亢中方（黄秀兰）（丁素珍）

（十六世） （十七世） （十八世） （十九世） （二十世） （二十一世）

- 亢登财（仲 氏）
  - 亢中即（辛玉萍）
    - 亢正香（女）
    - 亢正孝（侯玉珍）
      - 亢继书
      - 亢继贤（亢祝庆）
        - 亢 健（赵 君）
          - 亢煦然（女）
      - 亢继尧（陈 玲）
        - 亢世新（张崇攀）
    - 亢素贞（女）
    - 亢正顺（辛承乡）
      - 亢 伟（女）
      - 亢继鸣（许文玲）
        - 亢世淼（刘 曦）
          - 亢永润
          - 亢永泽
      - 亢 玲（女）
  - 亢中印（王 氏）（辛 氏）
    - 亢正华（王淑英）
      - 亢继亮（宋兆玲）
        - 亢世浩（李 蔚）
          - 亢语瞳（女）
      - 亢爱芳（女）
      - 亢继迅（王建敏）
        - 亢雪芬（女）
        - 亢世涛
      - 亢丽美（女）
    - 亢正业（徐素英）
      - 亢翠云（女）
      - 亢继谦（苗玉竹）
        - 亢世轩
    - 亢秀筠（女）
    - 亢秀香（女）
    - 亢秀美（女）
    - 亢正栋（于兆红）
      - 亢钰涵（女）
    - 亢正刚（王 平）
      - 亢玉莹（女）
  - 亢 车（殇）

- 亢登源（苏 氏）
  - 亢 洋（殇）
  - 亢 刍（女）
  - 亢中规（嗣）

（十六世）（十七世）（十八世）（十九世）（二十世）（二十一世）（二十二世）

- 亢登迎（于　氏）
  - 亢中选（王　氏）
    - 亢正德（王玉兰）
    - 亢正志（周竹兰）
      - 亢继高（袁秀珍）
        - 亢世昆（曲淑玲）
          - 亢晓云（女）
        - 亢世瑞（刘素琴）
          - 亢永浩（董　健）
            - 亢远成
        - 亢红玉（女）
        - 亢世峰（王玉梅）
          - 亢永鑫
      - 亢继平（李秀英）
        - 亢世凯（高凤梅）
          - 亢晓雯（女）
        - 亢世俊（王永梅）
          - 亢樱青（女）
        - 亢世忠（张　燕）
          - 亢永耀
          - 亢宝盈（女）
    - 亢正信（辛玉兰）
      - 亢秀香（女）
    - 亢正华（女）
    - 亢　群（女）
  - 亢中进（孙　氏）
    - 亢正学（苏　氏）（李秀美）
      - 亢继贤（马玉美）
        - 亢世磊

亢登道（殇）

（十六世）　（十七世）　（十八世）　（十九世）　（二十世）　（二十一世）

- 亢登智（郭　氏）（辛　氏）
  - 亢中君
  - 亢中臣（王　氏）
    - 亢正森（辛　氏）（苏连芳）
      - 亢爱玲（女）
      - 亢继荣（王淑云）
        - 亢　红（女）
        - 亢红岩（女）
      - 亢爱兰（女）
      - 亢继华（辛悦英）
        - 亢海蓉（女）
        - 亢世旭（辛彩云）
          - 亢颖钰（女）
      - 亢继祥（辛秋香）
        - 亢　锋（女）
      - 亢爱辉（女）
      - 亢爱维（女）
      - 亢瑞珍（女）
  - 亢中义（葛　氏）
    - 亢淑芳（女）
    - 亢淑英（女）

- 亢登贵（袁　氏）
  - 亢中梓（孙　氏）
    - 亢 **（女）
    - 亢　醒（女）
    - 亢正林（王桂兰）
      - 亢秀琴（女）
      - 亢秀花（女）
      - 亢继昇（栾志清）
        - 亢晓红（女）
      - 亢美珍（女，殇）
      - 亢爱珍（女）
      - 亢继敬（折）
      - 亢继焕（梁　军）
        - 亢世亮

（十六世）	（十七世）	（十八世）	（十九世）	（二十世）	（二十一世）
亓登彦（张　氏）	亓中金（辛　氏）（辛玉君）	亓　娟（女）			
		亓正保（于秀英）	亓云惠（女）		
			亓云月（女）		
			亓继绪（王秀民）	亓寒青（女）	
		亓美玉（女）	亓继光（高素兰）	亓含笑（女）	
		亓玉英（女）			
		亓秀英（女）	亓云芝（女）		
		亓正鼎（胡桂玉）	亓继纯（张　玲）	亓楚尧（女）	
亓登辉（戴　氏）（藏　氏）			亓明香（女）		
			亓继涛（宗延红）	亓世昂	
亓登师（殇）		亓秀云（女）			
亓登义（殇）		亓美芳（女）			
		亓正宾（邱元英）	亓润红（女）		
			亓继团（姚　伟）	亓姚宇轩	
		亓美桂（女）			

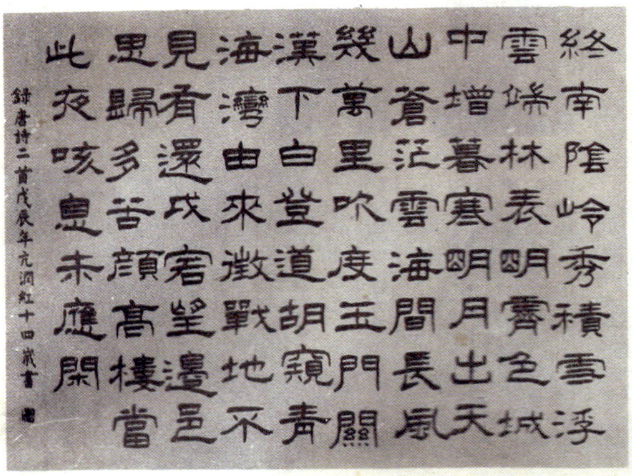

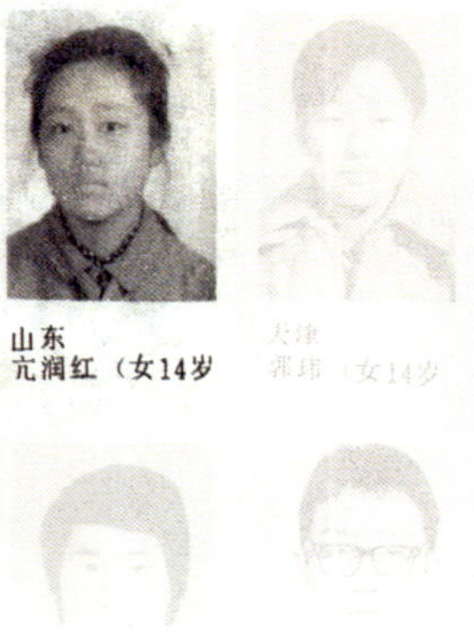

◇ 亓润红 1988 年全国青少年书法大赛获奖作品

◇ 神龙杯奖牌

（十六世） （十七世） （十八世） （十九世） （二十世） （二十一世）

- 亢登鳌
- 亢登成（杨　氏）
  - 亢中福（辛　氏）
    - 亢正和（王淑贞）
      - 亢坤英（女）
      - 亢美英（女）
      - 亢继运（辛淑玲）
        - 亢　桂（女）
      - 亢肖英（女）
      - 亢继强（亢祝爱）
        - 亢世帅（于　蕾）
  - 亢 **（女）
  - 亢中禄（孙　氏）
    - 亢正官（殇）
    - 亢淑美（女）
    - 亢文兰（女）
    - 亢正庆（宋兰英）
      - 亢继超（刘　娟）
        - 亢世桥
      - 亢继前（李蝉媛）
        - 亢　响（女）
- 亢登平（闫　氏）
  - 亢秀兰（女）
  - 亢中达（余秀云）
    - 亢翠菊（女）
    - 亢翠莲（女）
    - 亢正财（章玉文）
      - 亢继川（王红梅）
        - 亢世翔
    - 亢翠凤（女）
    - 亢正贤
  - 亢中泰（闫秀芬）
    - 亢正聪（王　沛）
      - 亢　晓（女）
    - 亢文贞（女）
    - 亢文秀（女）
    - 亢正康（尹　菱）
      - 亢继龙
  - 亢中先（张金凤）
    - 亢　清
    - 亢笑卉（女）

（十六世）	（十七世）	（十八世）	（十九世）	（二十世）	（二十一世）
		亢正大（郑　芬）	亢继路（李　燕）		
亢登化		亢淑慧（女）	亢继河（陈　英）	亢宝瑶（女）	
亢登记					
	亢中芊（庄秀兰）	亢淑敏（女）	亢　亭（女）		
亢登礼（孙祥春）		亢淑萱（女）			
		亢淑华（女）			
		亢淑英（女）			
	亢中实（曲秀美）	亢淑珍（女）			
		亢正江（胡秀英）	亢志超（女）		
			亢　凯（女）		
	亢中德（刘秀贞）	亢淑云（女）			
		亢正光（胡春香）	亢　磊（韩志清）	亢雅伦（女）	
	亢中啟（李美贞）				
	亢中运（藏凤仪）	亢正平（王爱芬）（辛素红）	亢潇翰（刘禹南）	亢世尊	
		亢淑娉（女）			
		亢淑婷（女）			

（十六世） （十七世） （十八世） （十九世） （二十世） （二十一世）

- 亢登智（王 氏）
  - 亢秀珍（女）
  - 亢中银（女）
  - 亢中喜（刘翠兰）
    - 亢 花（女）
    - 亢正山（李 华）（宋娟娟）
      - 亢 冲（女）
      - 亢继德
    - 亢正岭（刘秀欣）
      - 亢 燕（女）
      - 亢继剑
  - 亢中廉（于珍芳）
    - 亢正瑞（曲建红）
      - 亢晓菲（女）
      - 亢春洁（女）
    - 亢正先（曲美琴）
      - 亢苗苗（女）
    - 亢正亮（王秋英）
      - 亢继鹏
    - 亢淑贞（女）
  - 亢中香（苟进芸）
    - 亢正伟（孙 华）（李京兰）
      - 亢芷柔（女）
      - 亢小然（女）
    - 亢正民（姜晓燕）
      - 亢子煊
    - 亢永坚（女）
    - 亢永红（女）
  - 亢中美（女）

（十六世）（十七世）（十八世）（十九世）（二十世）（二十一世）

- 亢登信（王 氏）
  - 亢桂芹（女）
  - 亢中春（方桂兰）
    - 亢淑芳（女）
    - 亢正岭（邵桂芳）
      - 亢 甜（女）
    - 亢建筑（徐忆新）
      - 亢 凯（郑晓霞）
        - 亢宝仪（女）
    - 亢建岗（王秋华）
      - 亢 姝（女）
  - 亢中庸（王秀云）
  - 亢连顺（夭折）
  - 亢中武（王秀云）
    - 亢正建（王吉玉）
      - 亢青梅（女）
      - 亢青雯（女）
    - 亢爱华（女）
    - 亢淑琴（女）
    - 亢淑珍（女）
  - 亢中夏（杨 敏）
    - 亢正龙（辛桂芝）
      - 亢贝贝（女）
    - 亢红英（女）
  - 亢林慧（女）

（十六世）（十七世）（十八世）（十九世）（二十世）（二十一世）

- 亢登聪（苏　氏）
  - 亢中竹（王　氏）
  - 亢中顺（林　氏）
    - 亢正泽（亢秀峰）
      - 亢玉霞（女）
      - 亢继忠（辛　云）
        - 亢文倩（女）
      - 亢继臻（彭　青）
    - 亢秀云（女）
    - 亢秀美（女）
    - 亢秀文（女）
    - 亢正润（杨爱风）（闫茂伟）
      - 亢　慧（女）
      - 亢　青（女）
      - 闫　英（女）
  - 亢中宗（兰瑞娥）
    - 亢正农（杨秀欣）
      - 亢莉萍（女）
      - 亢继堂（宋丽莉）
        - 亢世博
      - 亢继淼（尚红燕）
        - 亢世友
    - 亢玉香（女）
    - 亢正梅（汪淑香）
      - 亢继胜（马加兰）
        - 亢　瑞（女）
    - 亢玉花（女）
  - 亢中尧
  - 亢中伟（高秀英）
    - 亢淑贞（女）
    - 亢淑芝（女）
    - 亢正香（刘爱先）
      - 亢继战（蒲　贝）
        - 亢璞雯（女）
        - 亢世昱
    - 亢淑敏（女）
    - 亢正嵩（戴　萍）
      - 亢继阳（谷贵琳）
    - 亢正谦（李惠欣）
      - 亢　璐（女）

（十六世） （十七世） （十八世） （十九世） （二十世） （二十一世）

- 亢登记（徐　氏）
  - 亢中学（失　考）
  - 亢中晓（孙秀英）
    - 亢正欣（郭清玉）
      - 亢继城（葛定芳）
        - 亢雅筠（女）
    - 亢玉兰（女）
    - 亢正荣（曲芝玲）
      - 亢爱文（女）
      - 亢继智
    - 亢正祥
    - 亢芝仙（女）

- 亢登印（仲　氏）
  - 亢中俊（袁素贞）
    - 亢正浩（沈明珠）
      - 亢　奎（宗　艳）
        - 亢梦佳（女）
        - 亢世嘉
      - 亢　凯（朱　晓）
    - 亢秀贞（女）
    - 亢秀清（女）
    - 亢正培（孙爱英）
      - 亢继诺
    - 亢正令（李　蔚）
      - 亢　敏（女）
    - 亢正川（曲延霞）
      - 亢昕田（女）
    - 亢秀丽（女）
    - 亢秀志（女）
  - 亢中杰（王玉春）
    - 亢正龙（万培美）
      - 亢继鹏（李会春）
        - 亢雨晴（女）
      - 亢继群（姜　霞）（宋宁宁）
        - 亢艺玮（女）
    - 亢爱华（女）
    - 亢云华（女）
    - 亢正惠（隋红琴）
      - 亢继琛（王朝霞）
        - 亢薪媛（女）
    - 亢正寿（吕爱菊）
      - 亢　珊（女）

三支：

（十六世）（十七世）（十八世）（十九世）（二十世）（二十一世）

- 亢登甲
- 亢登全（杨 氏）
  - 亢 **（女）
  - 亢中香（辛 氏）
    - 亢正法（林 氏）
      - 亢美玉（女）
      - 亢继木（葛 氏）
        - 亢顺德
      - 亢秀彦（女）
      - 亢继训（张道栾）
        - 亢世金（任风花）
          - 亢永彬
        - 亢世敏（丁淑文）
          - 亢永泽
        - 亢贵玲（女）
        - 亢贵芝（女）
      - 亢继诰（夏桂芳）
        - 亢世茂（王爱军）
          - 亢永帅
        - 亢妙君（女）
        - 亢世涛（孙世明）
          - 亢永睿
        - 亢妙英（女）
  - 亢 赛（女）
- 亢登福（刘 氏）

闫姓：

（一）姓氏渊源

闫姓出自姬姓。为周文王姬昌后裔，源出有三：

1. 太伯的曾孙仲弈，被周武王姬发封在闫乡，其子孙就用“闫”作姓氏，便为闫姓。

2. 周昭王姬瑕的小儿子生下来时，手上纹理有一“闫”字，后来其子孙便以闫为姓。

3. 出自周武王姬发的儿子唐叔虞，建立了晋国，到晋成公的时候，便封自己的儿子懿在闫城，晋朝灭亡以后，他们的子孙就有人用闫作为自己的姓氏，自此便有闫姓。

就时推之闫姓应源于仲弈后裔，尊为始祖。

（二）闫姓分布

1. 闫姓在全国主要聚居地：有河东、安邑、平陆、宜春、安汉、新安、西城、天水、马邑、武阳、盛乐、常山、广平和太原等。

2. 青岛地区闫姓：胶南市（今黄岛区）：张家楼乡冯家坊闫大厂，隐珠镇闫家屋子。胶州市：马家店镇闫家屯、张应镇闫家屯。即墨市：王村镇闫家庄、娄子疃乡闫家岭，乔家屯乡闫家辛庄及通济乡等。除上之外在省内其他市、县及地区未悉闫姓脉索之考。

3. 亢家庄闫姓：据村老族尊言传，闫姓闫倫于清朝嘉庆年间（1776—1786年），携眷由海西（今胶州市一代）迁入亢家庄，居村西，初以农耕为业，后因子嗣繁衍逐年增多，家景趋显繁荣，与后迁入的张姓岔居遍布村西及村西南。农闲与亢姓在浮山所前海有捕鱼船队进行捕捞（后因村民以种蔬菜为主逐渐放弃）。20世纪20年代开始，闫姓曾发展马车运输兴盛一时，有四五套之多。闫姓自迁入亢家庄已达220余年，人口繁衍至今已有230余人，是亢家庄迁入最早，人口众多的第二大姓。

（三）闫姓族谱

闫姓自有姓之始至今3000余年，应继百世之多，其族人（先祖）迁徙活动

◇闫氏族谱

无考。在青岛地区有闫、阎姓人群村庄，但无往来关系。迁来亢家庄的前人也未能给后人留下族人的接续资料。国有史、族有谱是中华民族的传统大事，闫氏族人早有创谱之意，然无首者倡诸，如继续搁延，恐世远年湮，支派昭穆必紊，社会发展很快，众族人可能去向不定，久而久之，音信不接，嫡亲疏远，唯创修族谱可解众族人之忧。即使徙迁天涯，异地相遇无称谓之舛，也无尊次失礼之过。族人世代相传，永记有源。2000年由八世族人闫盛思、闫盛惠、闫盛恕、闫盛茂、闫盛良、闫盛奎、闫盛集、九世族人闫可文诸人，经过认真筹备、走访、挨户统计，外地调查，潜心编修百余日，有闫盛传（居错埠岭）整理，闫盛良制绘，于2001年八月“闫氏族谱”善终问世，讳“倫”立为亢家庄闫姓始祖，现已繁衍至十一世。族谱载有简序、辈名世录（见表28）、编修过程、谱嘱、碑记、茔地和闫氏祠堂。

谱嘱：我族先辈辗转来此落身，垦荒耕耘，坚心创业，呕心沥血，育子抚孙之恩德，睦邻亲善，秉忠为国，诚实为民等优秀品质，嘱族人后辈当代效仿，永铭不忘。

（四）闫氏墓群、碑记

闫氏墓地于清咸丰年间（1850—1855年），坐落在亢家庄闫家西桃园（今宁夏路与镇江路交会处西南侧），占地3300余平方米（约5亩），一世祖始葬于此，后逐渐增多形成墓群。1924年立“闫氏先茔”花岗岩石碑壹座，碑志失考。

1956年青岛市政府因建水产局职工宿舍被征用，迁至吴家洼（今宁夏路118号，原青岛味精厂西侧），1959年因建海军潜艇学院，长支迁往本村东南岭地片（今徐州路与如东路交会处西侧），次支迁往空调厂与青岛手表厂之间（今镇宁立交桥东侧）。1979年因扩大可耕地，长支迁至旧电台北（今徐州路与宁夏路交会处西侧），次支迁往田家村东山。1984年修建宁夏路，长支迁往大尧北山脚下。1991年因建天山小区，次支又迁往逍遥东山。1996年建浮山公园，两支又将逍遥东山、大尧东山、北山坟头平埋。亢家庄闫姓生息繁衍，自一世悉数统计（以图表示）。

（五）辈名世录

表28

一世 单字（倫）	二世 守	三世 玘	四世 玉	五世 德
六世 兆	七世 瑞	八世 盛	九世 可	十世 宏
十一世 福	十二世 基	十三世 深	十四世 立	十五世 业
十六世 常	十七世 青	十八世 承	十九世 祥	二十世 学
二十一世 贤	二十二世 忠	二十三世 厚	二十四世 传	二十五世 家

（六）闫姓现代有影响人物

闫世臣：亢家庄闫姓八世族人，辈分为“盛”，男，1912年出生。1935年就读于北平国立师范大学，1939年参加中国共产党，从事党的地下工作（改名杨黎原），历任地下县委书记等职，新中国建立后，历任云南大学副校长兼党委副书记，中共天津市顾问委员会常委等职，毕生忠于党的革命工作，为中国人民的解放事业和建设做出了卓越贡献。1996年病逝，享年84岁（详见本志名人录）。

闫盛福：亢家庄闫姓八世族人，生于1922年，自幼务农，新中国成立后，思想进步，热爱共产党，1954年任浮亢乡（浮山所、亢家庄）副乡长，1957年加入中国共产党，1964年任亢家庄大队党支部书记。在职期间，坚持党的原则，廉洁奉公，潜心农业、蔬菜科学研究，深得广大群众的拥护和爱戴，由于长年为事业奔波，积劳成疾，于1966年去世，被崂山县誉为优秀共产党员，焦裕禄式的好干部（见本志名人录）。

闫盛慈　男，1935年11月3日出生，亢家庄闫姓第八世族人，世代农耕。1951年前就读青岛礼贤中学（现青岛九中），后考入山东工业学院，1954年后进读北京硅酸盐工学院。大学学历。学业完成后进入中国建筑材料研究院，专题对硅酸盐的研究，历任技术员、工程师、

高级工程师。1987年被评为教授级高级工程师。曾担任中国建筑材料科学研究院研究室主任，研究所副所长。1981至1991年由国务院任命为中国建筑材料科学研究院院长。1991年后任中国建筑材料集团公司总经理。2000年退休，被聘为中国建筑材料集团公司高级顾问。现为中国联合水泥集团公司首席顾问。

1960年加入中国共产党，廉洁自律，几十年来倾力硅酸盐的研究，对国家的水泥工业发展有重大贡献，荣获了多个荣誉和奖励。1978年、1986年获部级科技进步二等奖和三等奖。1985年被聘为国家科学发明评选委员会特约审查员。1987年获首都“五一”劳动奖章。同年当选中国共产党第十三次全国代表大会代表。1992年开始享受国家特殊津贴。1998年获全国科学大会奖。2000年被聘为中国硅酸盐学会第六届理事会常务理事，同年被聘为中国硅酸盐学会自动化分会荣誉理事长。

奖状
0007956
为表扬在我国科学技术工作中作出重大贡献者，特颁发此奖状，以资鼓励。
全国科学大会
一九七八年

闫沐霖 男，革命职员家庭，属闫姓第九世族人，闫世臣之长子。1940年12月26日生于广西省融安县，1964年毕业于中国科技大学近代物理系理论物理专业，1985—1987年为中国科技大学副教授，1987—1989年为中国科技大学教授、博士生导师。研究工作领域：广义相对论及黑洞物理，来源物理，统

◇ 1998年闫沐霖（后排左二）和世界殿学大师陈省身教授（前排中，世界教学最高终身成就奖沃尔夫奖获得者）合影

◇ 闫沐霖被教育部、国务院学位委员会评为2003年全国优秀博士学位论文指导教师，并颁发奖杯

计力学，发表100余篇论文。现工作单位：安徽合肥中国科技大学交叉学科理论研究中心。闫沐霖的关于轻套克质量比的研究最近被国际权威组织列为20年来该领域最新的重要成果，由国际上59个著名物理实验室、研究所和大学的104名知名学者组成的粒子物理权威评价结构—粒子物理数据组（PDG）每两年发表一次述评报告，轻套克质量比的研究是其中的老大难问题。闫沐霖小组（包括中国科大博士生高道能与美国肯培基大学教授李炳安）1997年发表的系统研究论文为最新成果，这标志着中国高能物理理论研究的成果和实力在国际权威的PDG报告中首次得以承认。

闫沐霖是中国的物理学前辈彭桓武先生的得意门生，又深得当代物理学大师杨振宁先生的指点，在研究方向上坚持基础理论的攻坚战，十几年坚持不动摇。和他的博士研究生高道能作了2000多页的计算，发现和修正了海外理论的错误，终于获得系统的和实验符合的完善结果，冲刺到科学前沿。1979年诺贝尔物理学奖获得者温伯格教授高度称赞闫沐霖的成果，在会见闫沐霖时称赞他是这个领域的专家，这是中国理论物理学家当之无愧的荣誉。

闫沐新　男，闫世臣之次子，母亲罗又益。1950年11月24日生于天津市，1977年毕业于上海外国语大学法语专业。中共党员。1977年起在云南大学外语系任教。1982年起在天津外国语大学法语系任教。1986—1987年赴法

聘　书

兹聘请 闫沐新 同志任 2007—2011 年教育部高等学校外语专业教学指导委员会法语专业教学指导分委员会委员

中华人民共和国教育部
二〇〇七年七月

◇ 闫沐新2007—2011年被聘为教育部外语指导委员会委员

国南锡第二大学欧洲大学中心留学经济学，获经济学硕士。2000年被评聘为法语教授，担任硕士生导师。曾任天津外国语大学学术委员会委员，学位委员会委员，学术委员会副主任，法语系主任，欧语学院副院长，中国法语教学研究会理事，中国欧洲学会法国研究会副会长，2007—2011年兼任教育部高校外语专业教学指委会法语专业教学指委会委员等职。并荣获天津外国语大学第四届“教学名师”称号。2012年9月退休。

闫沐新自幼受父母教诲，学业有成。为人师表35载，以博学多识，严谨笃学，用真情、真心、真诚关爱学子，以人格魅力和学识底蕴教育和影响学生，培育出了成千上万的优秀人才致力于国内外。可谓“德业双馨，身正为范，爱生如子，桃李满园”。

闫晓峰　男，1958年8月23日出生于北京，闫盛慈之子，亢家庄闫姓第九世族人，1982年7月毕业于山东建筑工程学院工业自动化专业，继而进入中国建筑材料科学研究总院工作，1987年任

工程师，1992年在国家建筑材料工业局任高级工程师，1997年任国家建筑材料工业局国际合作司副司长，1998年任国家建筑材料工业局企事业改革司司长，2002年任国家经济贸易委员会外事司司长。2003年开始在国务院国有资源监督管理委员会工作，任外事局局长。2010年任副秘书长。现任秘书长。

包琦玮 女，祖籍上海市，1958年7月30日出生于北京，闫晓峰之妻。1982年毕业于北京建筑工程学院道路与桥梁专业，同年进入北京市市政工程设计研究总院工作，1999年任教授级高级工程师。2002年任北京市市政设计总院总工程师至今。

设计大师

授 予
CONFERRED ON

包琦玮
BAO QIWEI

中华人民共和国住房和城乡建设部
MINISTRY OF HOUSING AND URBAN-RURAL DEVELOPMENT OF PRC
2008

DESIGN MASTER

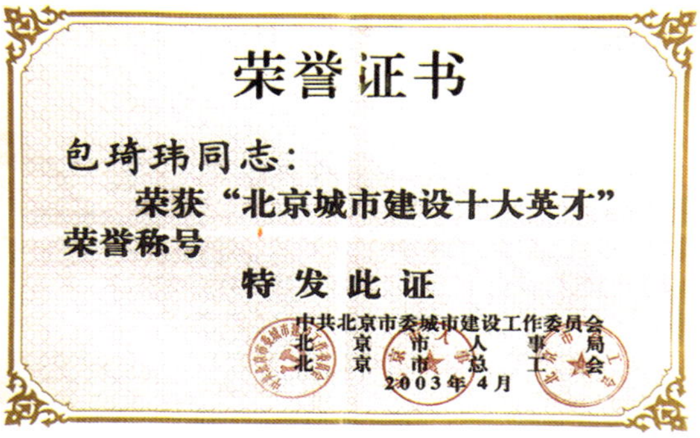

荣誉证书

包琦玮同志：

荣获“北京城市建设十大英才”荣誉称号

特发此证

中共北京市委城市建设工作委员会
北京市人事局
北京市总工会
2003年4月

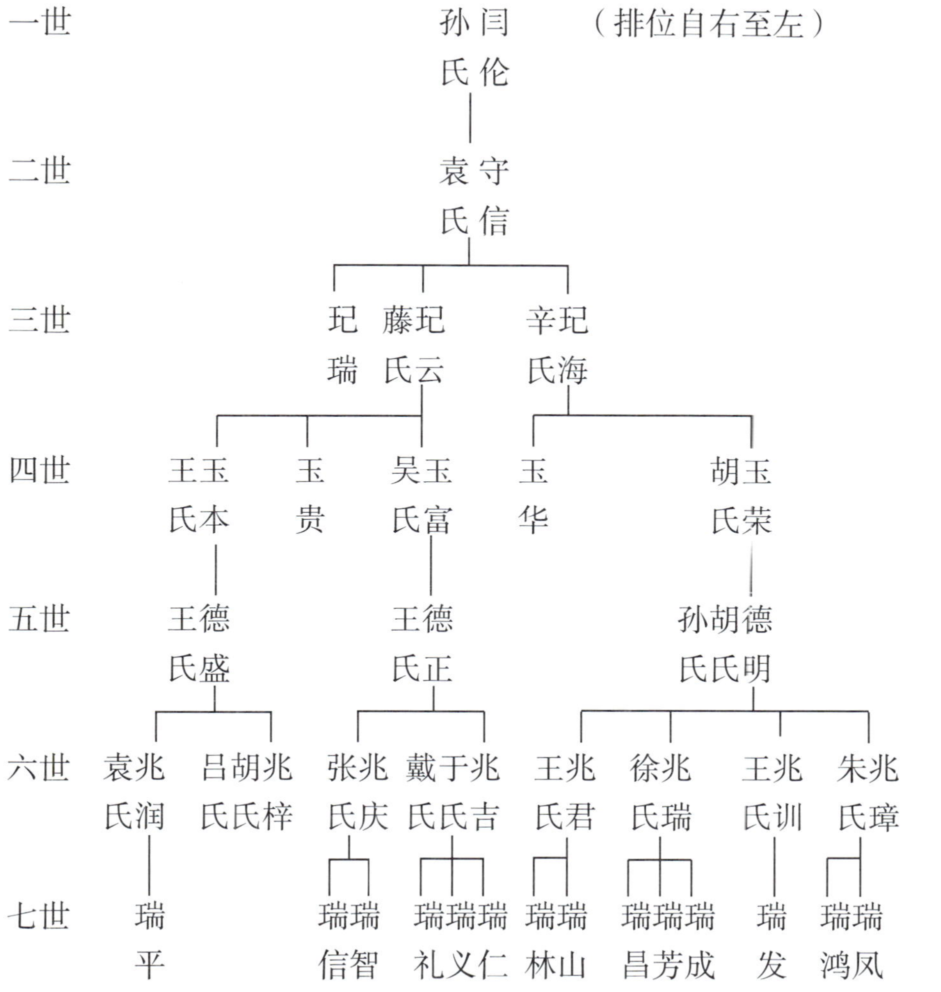
一世
二世
三世
四世
五世
六世
七世
（排位自右至左）
孙氏 闫伦
袁氏 守信
玘瑞
藤氏 玘云
辛氏 玘海
王氏 玉本
玉贵
吴氏 玉富
玉华
胡氏 玉荣
王氏 德盛
王氏 德正
孙氏 胡氏 德明
袁氏 兆润
吕氏 胡氏 兆梓
张氏 兆庆
戴氏 于氏 兆吉
王氏 兆君
徐氏 兆瑞
王氏 兆训
朱氏 兆璋
瑞平
瑞信 瑞智
瑞礼 瑞义 瑞仁
瑞林 瑞山
瑞昌 瑞芳 瑞成
瑞发
瑞鸿 瑞凤

长支：

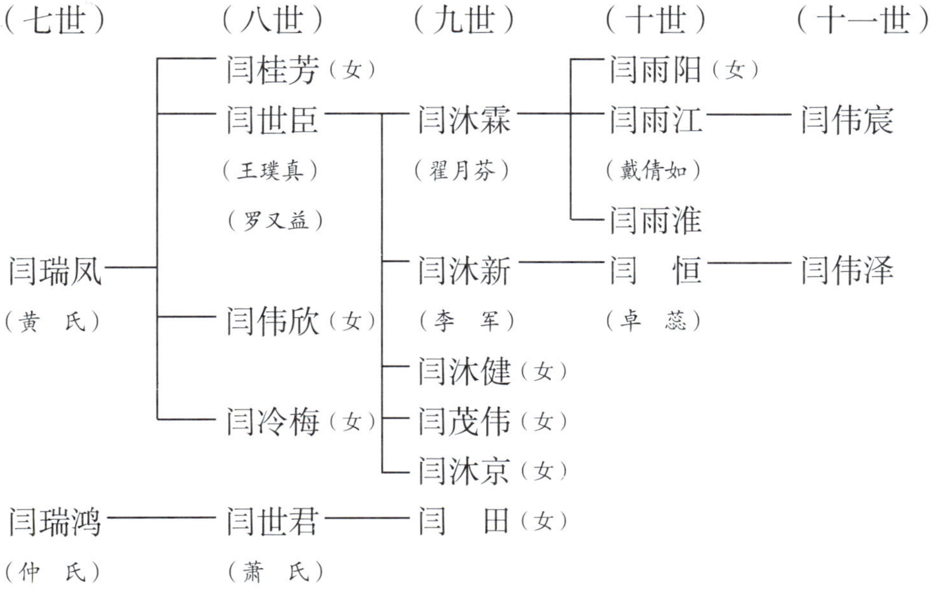
（七世）
（八世）
（九世）
（十世）
（十一世）
闫桂芳（女）
闫世臣
（王璞真）
（罗又益）
闫沐霖
（翟月芬）
闫雨阳（女）
闫雨江
（戴倩如）
闫伟宸
闫雨淮
闫瑞凤
（黄　氏）
闫沐新
（李　军）
闫　恒
（卓　蕊）
闫伟泽
闫伟欣（女）
闫沐健（女）
闫冷梅（女）
闫茂伟（女）
闫沐京（女）
闫瑞鸿
（仲　氏）
闫世君
（萧　氏）
闫　田（女）

（七世）（八世）（九世）（十世）（十一世）

- 闫瑞发（孙　氏）
  - 闫盛海
  - 闫 **（女）
  - 闫盛举（宋桂兰）
    - 闫爱香（女）
    - 闫可珍（辛悦美）
      - 闫丽霞（女）
    - 闫爱华（女）
    - 闫转华（女）
    - 闫可华（丁秀华）（荆朋芳）
      - 闫丽程（女）
      - 闫丽倩（女）
    - 闫梅贞（女）

- 闫瑞成（黄　氏）（辛　氏）
  - 闫盛福（王秀珍）
    - 闫可文（张红卫）
      - 闫　鹏（李　晶）
        - 闫晓鹤（女）
      - 闫　峻（王福霞）
        - 闫福政
    - 闫珍华（女）
    - 闫云花（女）
    - 闫梅花（女）
    - 闫可斌（宓继红）
      - 闫　航
    - 闫翠玉（女）
  - 闫盛喜（孙嗣芬）
    - 闫可武（石美珍）
      - 闫　静（女）
      - 闫　震
    - 闫翠娥（女）
    - 闫淑娥（女）
  - 闫彩清（女）
  - 闫彩花（女）

（七世）	（八世）	（九世）	（十世）	（十一世）
闫瑞芳（仲　氏）	闫盛忠（沈桂兰）	闫国夏（女）		
		闫联苏（女）		
	闫盛寿（1944 年在广东公墓被日本宪兵队杀害）			
闫瑞昌（曹　氏）（周桂香）	闫彩美（女）			
	闫盛祥（张春美）	闫可来（葛玉萍）	闫飞扬	
		闫宏伟（女）		
		闫可家（崔田梅）	闫雯芊（女）	
	闫盛业（刘翠芳）	闫　磊（女）		
	闫　涛（杨利萍）	闫　萍（女）		
		闫凌志（女）		
	闫盛良（辛悦琴）	闫　薇（女）		
		闫　玲（女）		
		闫　冰（女）		
	闫盛奎（亢翠菊）	闫　宁（女）		
	闫建美（女）			
	闫建华（女）			
闫瑞圣				

（七世）	（八世）	（九世）	（十世）
闫瑞山（于　氏）（孙兆明）	闫秀美（女）		
	闫盛扬（陈秀香）	闫可勇（李美清）	闫宏超
		闫　梅（女）	
		闫可刚（张　青）	闫宏晋
	闫盛德（王淑珍）	闫可勤（黄玉琪）	闫艺萌（女）
		闫可凯（郭淑霞）	闫艺颖（女）
		闫丽娟（女）	
		闫可浩	
	闫秀珍（女）		
	闫秀芬（女）		
	闫盛茂（周长春）	闫可俭（张　燕）	闫　莉（女）
		闫可云（王　伟）	闫迦南（女）
		闫　欣（女）	
		闫　峰（女）	
	闫盛恒（张德云）	闫　波（邵翠英）	闫文璐（女）
		闫　海（丁淑文）	闫文娇（女）
		闫彩霞（女）	
	闫盛起（亢美桂）	闫　威（李玉娟）	闫宏民
闫瑞林（张淑芳）	闫盛传（薛彦香）	闫可强（张　欣）	闫　妮（女）
		闫海岩（女）	
		闫海峰（女）	
		闫海峡（女）	

次支：

（七世）	（八世）	（九世）	（十世）	（十一世）
闫瑞仁（王氏）（辛氏）	闫盛志（辛玉璞）	闫可泰（苏桂贞）	闫卫东	
	闫盛思（嗣）			
	闫盛惠（张秀云）	闫可松（杨恩光）	闫宏峻（于娜）	闫福升
		闫美珍（女）		
		闫永君（女）		
		闫可柏（朱黎）		
		闫可林（宋方梅）	闫宏秀（女）	
	闫彩云（女）			
	闫盛恕（亢秀英）	闫云龙（王素德）	闫宏勋	
		闫可健（辛红卫）	闫宏艺（女）	
		闫雪梅（女）		

◇ 闫家祠堂

（七世）	（八世）	（九世）	（十世）	（十一世）
	闫　萱（女）	闫秀琴（女）		
闫瑞义	闫盛思（嗣）	闫永柱	闫卫国	闫彬彬（女）
（辛　氏）	（韩美英）	（刘淑玉）	（董美丽）	闫福泽
			闫卫荣（女）	
			闫卫光	
			（栾　英）	
		闫永夏	闫卫庆	
		（曲桂春）	（程继红）	
		闫翠艳（女）	闫卫祝	闫福哲
			（张　伟）	
		闫永太	闫卫大	闫福曈
		（王淑玲）	（王爱丽）	
		闫翠香（女）		
		闫永利	闫　华（女）	
		（胡金峰）		
		闫永春	闫卫震	
		（张秀琴）		
		闫永如	闫卫坤	
		（宋贤慧）		
		闫永乐	闫璐璐（女）	
		（徐卫卫）		

（七世）	（八世）	（九世）	（十世）
	闫盛海（殇）		
	闫彩美（女）		
闫瑞礼	闫盛慈	闫晓峰	闫宇晨（女）
（孙　氏）	（康苹文）	（包琦玮）	
		闫红艳（女）	

（七世）（八世）（九世）（十世）

- 闫瑞智（黄　氏）
  - 闫　群（女）
  - 闫爱美（女）
  - 闫盛清（王秀玉）
    - 闫可春（王瑞玉）
      - 闫　磊（解　冬）
    - 闫淑华（女）
    - 闫可锋（姜英莲）
      - 闫　帅
    - 闫淑玲（女）
  - 闫盛金（袁秀芳）
    - 闫可学（战　宏）
      - 闫宏娇（女）
    - 闫海婷（女）
- 闫瑞信（王　氏）（赵　氏）
  - 闫盛保（古丽秋）
    - 闫可强（于一君）
      - 闫家瑜（女）
      - 闫家琪（女）
    - 闫可庄（朱富绣）
    - 闫淑慧（女）
  - 闫盛利（贾秀美）
    - 闫可君（张　舰）（王素芳）
      - 闫润雨（女）
      - 闫靖茹（女）
  - 闫桂贞（女）
  - 闫盛明（任秀兰）
    - 闫琳娜（女）
    - 闫　斌（李秋红）
      - 闫　咪（女）
    - 闫琳云（女）
  - 闫盛光（折）

三支：

（七世）	（八世）	（九世）	（十世）
闫瑞平（袁淑贞）	闫秀英（女）		
	闫秀芳（女）		
	闫秀香（女）		
	闫盛全（梁祖霞）	闫　勇（冯颖颖）	闫凌铉（女）
			闫宏涵
	闫盛积（刘秋英）	闫可猛（赵　毅）	闫宏宇
	闫秀芬（女）		
	闫盛有（张维欣）	闫可旭（杨　琳）	闫宏硕

洛姓：洛本贤

洛姓有谱无序其源失考。据族前人述，相传为山西省洪洞县大槐树底下移民迁入山东省（原址不详），于明朝嘉靖年间徙入海泊村，距今400余年。族谱载：始祖九洲、九高兄弟二人，而九高无嫡，现有族人为九洲（配仲氏）所传。原族谱载，辈名世录廿二世，现已延续至十六世，1975年十二世族人，亢家庄洛正雨时年75岁重新执笔抄录完整成册洛氏族谱，并增续十个辈号，益于后人所用（见表29）。

1897年德国占领青岛，因建造水源地海泊村被强征，村民弃家倾业四处望亲奔友。据查崂山地区诸多村庄居有洛姓同脉，周边西吴家村、大尧和浮山所等地有洛姓落户延续至今。亢家庄洛姓由其曾祖父洛广增（十一世）于1899年携家眷奔亲（亢姓）而来，由众亲协力盖房置地安居，成为亢家庄世居村民，以农耕为业，后人曾在青岛园林处、青岛啤酒厂、饮食服务公司等单位从业，其他族人于1956年参加工农联盟农业社、人民公社、青岛大信公司至今。1993—1996年村改换楼房定居于徐州路、扬中支路小区。至今来亢家庄生息繁衍六代人（广、正、敦、本、家、风）。

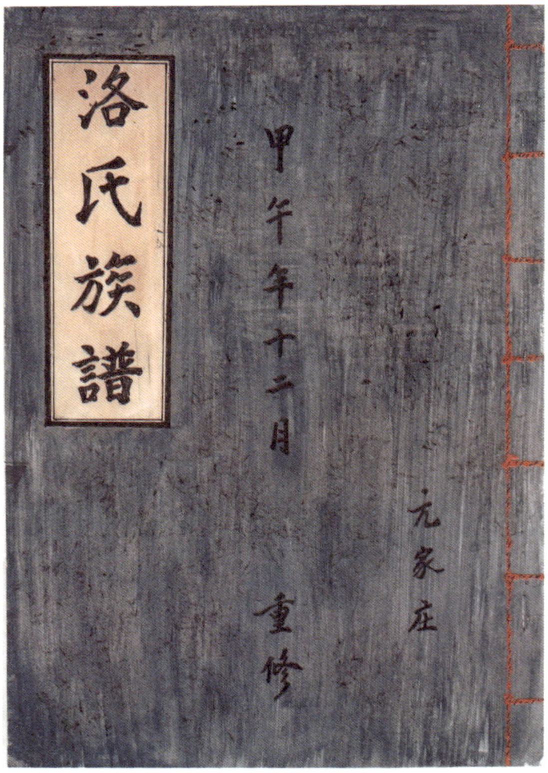

◇洛氏族谱

辈名世录

表 29

始祖	二世	三世	四世	五世	六世	七世	八世	九世	十世
九	大	从	守	永	单字	得	克	明	中
十一世	十二世	十三世	十四世	十五世	十六世	十七世	十八世	十九世	廿十世
广	正	敦	本	家	风	远	传	经	世
廿一世	廿二世	廿三世	廿四世	廿五世	廿六世	廿七世	廿八世	廿九世	卅十世
泽	长	延	立	进	全	相	承	思	玉
卅一世	卅二世								
书	香								

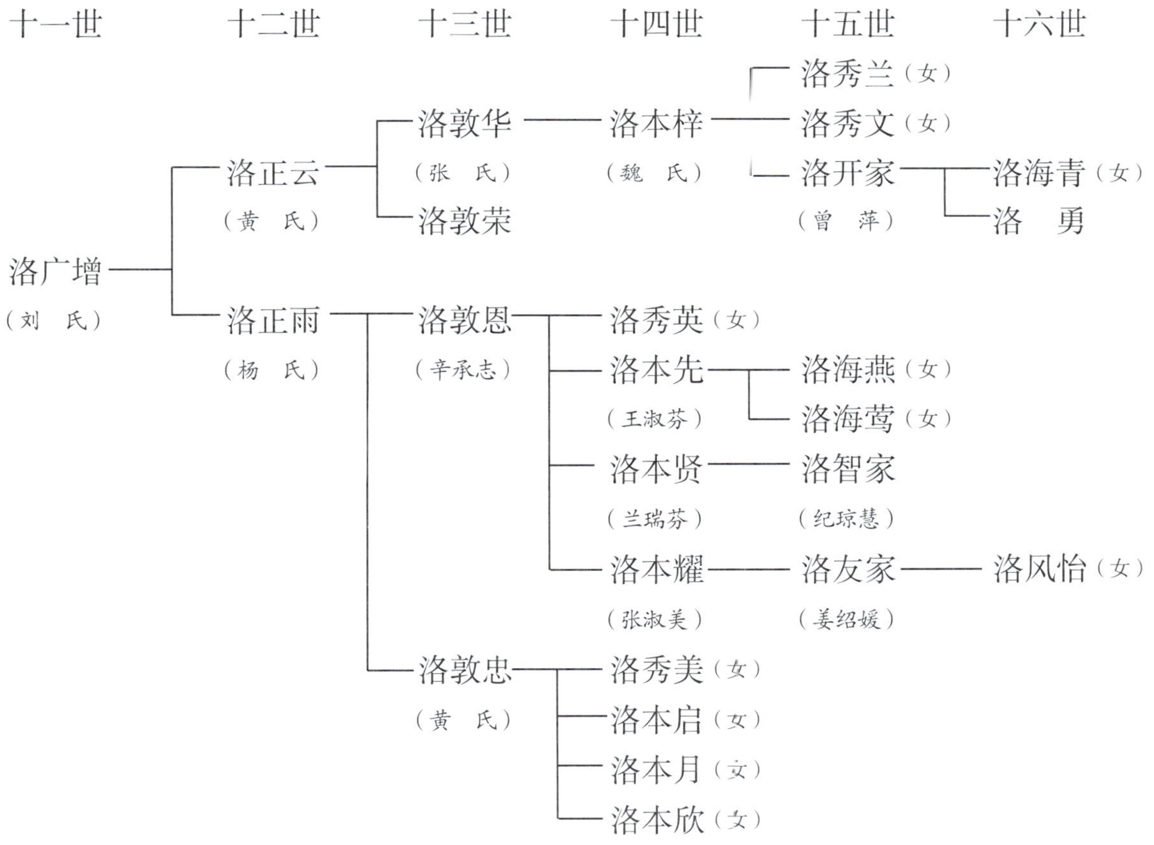

王姓：王啟凯

据浮山所王氏族谱记载：始祖宦保是明朝朱元璋麾下一名马上战将，洪武十八年（1385 年）四月故世，当年将其子王兴补役，文韬武略优于其父。曾经历了接应永平、郑村坎、内夹河、豪城、拒小河桥眉灵壁等大战，以及玄冥追杀胡寇本雅失里和静虏镇杀败胡寇阿鲁台等战役，屡建奇功。于永乐八年（1410 年）八月初一,升武德将军本卫（玉林卫）所正千户，永乐九年（1411 年）十二月二十日启授流官附选，始祖宦保增升武德将军管军正千户。据谱记载：王姓祖人王兴随诸将派往即墨南部沿海建所（今浮山所），属十三户姓氏之一，后人徙居扫帚滩（今青岛铁路石炭线一带），但具体时间无考。谱中：始祖以下二至四世只列名讳，昭穆有紊，清光绪二十六年（1900 年），由族人总领成强（十世），监理德于、德寿（十二世）、总管士可（十一世）努力查考整理，重新将族谱续修，自五世兄弟十七人分为十七个支派，定为三十三世，延续至今（见表 30）。1897 年德国侵占青岛后，开始建修堡垒（民称 1-5 号炮台），五号堡垒位于孟庄路一带，为清除周围障碍，故而强迁扫帚滩村，王氏家族列在其中，被迫无奈纷纷投奔亲友徙居他乡，1905 年其中五个支派迁回浮山所，其他支派迁往小埠东。祖父王德礼（世臣支派十二世）担挑伯父、父亲携祖母迁来亢家庄，买房屋、置土地定居。伯父做工，父亲务农，1956 年参加亢家庄工农联盟农业、人民公社，1986 年村改换楼房定居于泰州路、宜兴路和扬中支路小区。来亢家庄生息繁衍五代（德、玉、啟、先、从）。是早期来亢家庄的世居村民。

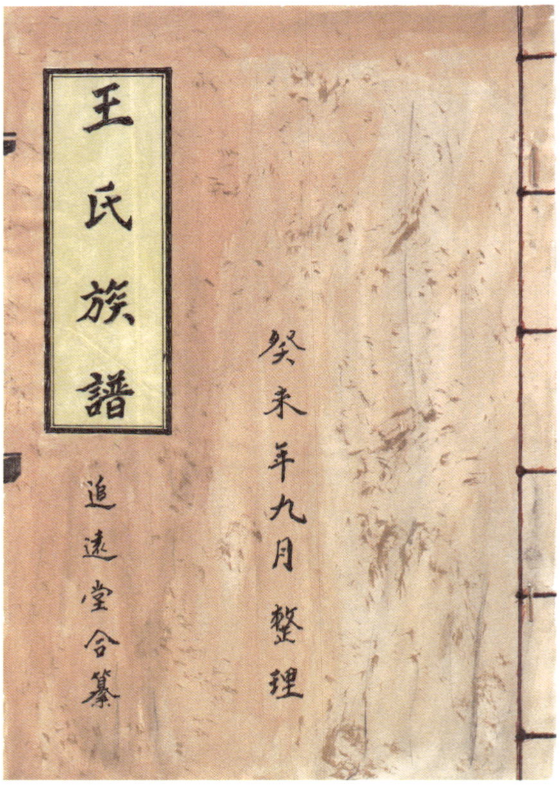

◇王氏族谱

辈名世录

表 30

一世	二世	三世	四世	五世	六世	七世	八世	九世	十世
宦保	单字	有	业 用在底	世	公	单字	九	凤	成

续表 30

十一世	十二世	十三世	十四世	十五世	十六世	十七世	十八世	十九世	廿十世
士	德	王	啟	先	从	勤 用在底	正	茂	盛
廿十一世	廿十二世	廿十三世	廿十四世	廿十五世	廿十六世	廿十七世	廿十八世	廿十九世	卅十世
可	伦	运	文	学	立	永	吉	宏	明
卅十一世	卅十二世	卅十三世							
广	兆	衽							

从以上辈名世录看：较为合情，但相传至今为十六世，按常规推算明初至今一般在二十世以上，可能在二世至五世之间有失代存在。

十二世　十三世　十四世　十五世　十六世

- 王德礼（辛　氏）
  - 王玉全（王　氏）
    - 王惠贞（女）
    - 王啟宝（张淑贞）
      - 王先伟（王金红）—— 王从峰
      - 王先明（刘爱荣）—— 王从元
      - 王先斐（赵冬梅）—— 王从睿（女）
  - 三玉金（殇）
  - 三玉贵（张　氏）（王玉真）
    - 王啟荣（苏秀云）
    - 王中豪（女）
    - 王啟华（郭美英）（郑丽华）
      - 王先忠（臧传荣）—— 王明霞（女）
      - 王建强（迁浮山所）
      - 王　青（女）
    - 王淑芳（女）
    - 王啟凯（王美贞）
      - 王先乐（辛竹春）—— 王菲菲（女）
      - 王　红（女）
      - 王先进（徐桂贞）—— 王怡然（女）
    - 王秀珍（女）
    - 王秀英（女）
    - 王秀芹（女）
    - 王啟亭（孙瑞欣）
      - 王　春（女）

杨姓：杨孝书

杨氏族谱记载：祖籍源于云南，具体地址不详，明初一世祖季懋随移民迁入墨邑（即墨），清朝乾隆初年（1736—1740年）迁徙乌衣巷村（崂山县），后又移居（时间不详）青岛市台东清河路一带建立杨家村，虽子嗣延繁众多然无显贵之族。世代以渔农之劳。迨清末光绪25年（1899年）德国占领青岛后，为开辟商埠港口，迫令迁村；开始移居鲍岛又继迁往会前、海泊等村，旋即杨家村不复存在，杨氏祠堂（仁厚堂）同样亦难免荒墟之灾，清宣统年间（1910年前后）由族人努力重建杨氏祠堂（敬修堂），并且早有修整族谱之谋，由于前人主事者大都已逝，众族人徙远异地，红白诸事不闻，亲嫡莫辨，尊幼失称，辈世无记，如再不创修族谱，杨氏族人隐匿失零，必濒后人无考之患。一旦筹操难度颇大。在十六、十七世族人共同努力、人财相助，捐资大洋（银元）千余元，奔走各地，尊述笔录，于1958年杨家村杨氏族谱再次问世；始祖单字“继”，其九世祖以下分四大支派，各有支谱，九世祖以上追考无源，辈份延续至卅世（见表31）。

祖父杨从德（十六世），于1903年望亲而来亢家庄，栖居后街，起初打短工，后置地务农为业，父亲在青岛造纸厂务工，叔父务农，1956年家人加入亢家庄工农联盟农业社、人民公社，1972年生产队批土地盖房屋两处，1993年以后村改换楼房定居泰州路、宜兴路、扬中支路、徐州路各个小区。来亢家庄至今生息繁衍五代人（从、圣、书、克、为）。杨家村外迁另有：即墨西乡桥西头村、西乡龙湾头村、葛埠村、崂山李村南韩家村、北宅和近郊吴家村等都有落户。

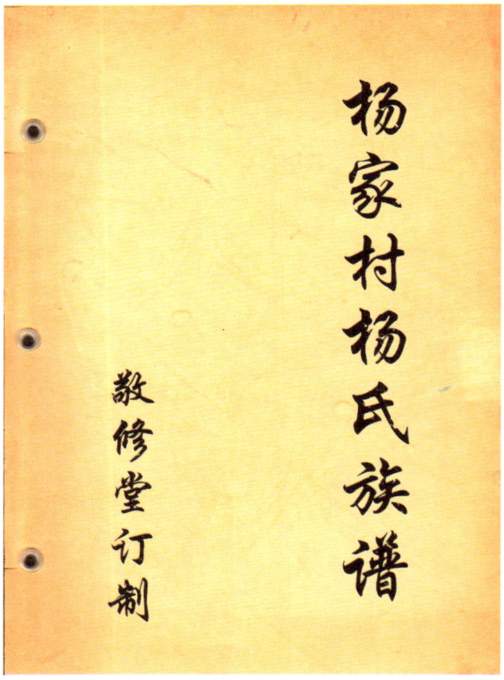

◇ 杨家村杨氏族谱

辈名世录

表31

始祖	二世	三世	四世	五世	六世	七世	八世	九世	十世
继	子、得	单字	单字	从、木	五字	应国	尚	进	复
十一世	十二世	十三世	十四世	十五世	十六世	十七世	十八世	十九世	二十世
居	得	单	啟	可	从	圣	书	克	为
二十一世	二十二世	二十三世	二十四世	二十五世	二十六世	二十七世	二十八世	二十九世	卅世
世	师	孝	友	家	传	立	善	福	昌

十六世　十七世　十八世　十九世　二十世

- 杨从德（孙 氏）
  - 杨圣智（徐兰亭）
    - 杨秀英（女）
    - 杨孝书（苏清华）
      - 杨克江（殷群芳）（兰文杰）
        - 杨昕蓉（女）
        - 杨为乐
    - 杨弟书（张美云）
      - 杨克伟（金 暖）
        - 杨芊雅
  - 杨圣礼（涂中云）
    - 杨秀芳（女）
    - 杨秀珍（女）
    - 杨才书（杨淑云）
      - 杨克臣（郈云秋）
        - 杨浩垠
      - 杨克缓（女）
      - 杨克勇（女）
      - 杨克红（女）
      - 杨克姣（女）

国姓：国世校

据即墨灵山大稻池村《国氏族谱》载，国姓源于战国齐国太公苗裔，即姜尚，亦名吕望。太公望《封神演义》中称姜子牙，曾著《六韬》乃兵家鼻祖，因佐周灭商，功勋卓著，列土于齐，为齐开国始祖，按周代法制规定，凡诸侯之子称公子，公子之子称公孙，公孙之子不可再称公孙，上系诸侯，须另立一新氏，立氏则追溯其祖，以其祖父之名或字为民，齐国传至春秋，有一太公裔孙，名唤治国，然不能按上述例规延称，须建立新氏，故弃其姜姓，以其祖父治国之“国”为姓，便成为国氏始祖。国姓自始至今相传3000余载，子嗣繁衍甚众，遍及全国及海外诸地、诸国。国姓传代至今应为百世有余，而亢家庄国姓至今只延至廿二世，其上80余代无源查考。据《国氏族谱》载：明朝永乐年间“国大荣”（渊源不详）来即墨泊子疃，后另立谱为一世始祖，三世祖“支村”居稻池村，“清枝”居毛家岭，四世祖“郎举”“汉宗”属太祉庄，“惠客”居张家湾等地，宪阁属张家湾。因子嗣繁衍众多，拓居至平度等14个村疃。国氏立姓悠久，为名门大户，世人精英不胜枚举，然在即墨以外还未查到同脉族人。即墨国姓自明初开宗以来500年余，虽有辈世命名，但八世以上较紊，自九世至廿世尚可有序而未有成谱。后同族历经五次创修得以如愿。明朝万历年间，七世族人国有道首创谱稿，但因时乱焚毁而失修。清宣统年间，三支合义欲修族谱，迄未有成。1911年，稻池村本姓率先，首创支谱，确定命名十世增至三十世，手抄十本，分布各支派，1924年同族再度聚义，在稻池支谱基础上创修较规范族谱，时年恰逢国家政局突变，社会一片混乱，修谱搁置，未能如愿。嗣后80年之今日，族人更迭，使之族谱续修受阻。二十世族人国立宽秉承前人遗志，蓄夙愿，首倡其事，一呼百应，阖族同心协力，跋涉两千里，全族1138户，4126人共捐资3万余元，终于2004年6月6日即墨、平度国氏族谱续修完整而问世。辈名世录增至五十世（见表32）。

亢家庄国姓原籍山东即墨灵山大稻池村人，因乡籍连年遭荒，生计不接，闻青岛是生存之地，1927年祖父国若资携妻小望奔乡邻王凤云来至北园，并暂借其房屋栖身，以打短工租地种菜为业，伯父、父亲于1946年以前相继成家，经阖家齐心耕作，益盛有蓄，自盖房屋安居，1956年加入亢家庄工农联盟农业社、人民公社，70年代经生产队批土地盖房多处，1996年村改换楼房定居扬中支路小区，来亢家庄至今生息繁衍五代人，是来北园地片最早，人口较多的外县大户之一。

◇国氏族谱

辈名世录

表32

始祖	二世	三世	四世	五世	六世	七世	八世	九世	十世
大荣	单字	单字	单字	单字	单字	单字	单字	永	才
十一世	十二世	十三世	十四世	十五世	十六世	十七世	十八世	十九世	廿十世
承（中）	守（中）	日（中）	泰（下）	文（中）	正（中）	尚（中）	思（中）	若（中）	立（中）
廿一世	廿二世	廿三世	廿四世	廿五世	廿六世	廿七世	廿八世	廿九世	卅十世
世（中）	得（中）	恩（中）	华（下）	中（中）	传（下）	纪（中）	开（中）	宝（下）	光（中）
卅一世	卅二世	卅三世	卅四世	卅五世	卅六世	卅七世	卅八世	卅九世	四十世
振（中）	才（下）	自（中）	安（下）	福（中）	嘉（中）	晓（下）	存（中）	良（下）	章（下）
四十一	四十二	四十三	四十四	四十五	四十六	四十七	四十八	四十九	五十世
先（中）	圣（下）	疏（中）	仁（中）	义（下）	元（下）	志（中）	兆（中）	瑞（中）	祥（下）

国氏源流歌：

源远流长国氏宗，追溯远祖姜太公。
传主春秋姜治国，其孙始以国为姓。
懿仲归父和惠子，为齐守臣拜相卿。
佐齐定邦安社稷，青史之上留美名。
两千余年传血脉，遍布南北和西东。
江苏下邱为郡望，另有外族附国姓。
六百年前永乐间，国氏祖宗来胶东。
即墨繁衍至平度，瓜瓞绵绵传无穷。
各个支派根相连，同心协力奔前程。

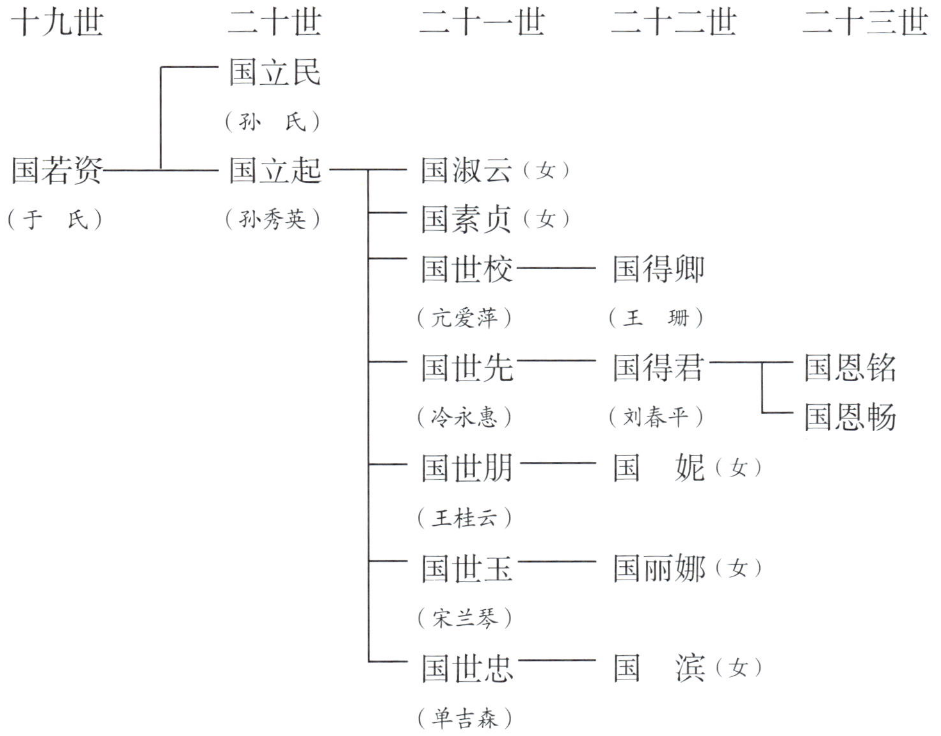

赵姓：赵明玉

原籍青岛市城阳区城阳镇苇蘆村。据赵氏族谱载：吾族始祖原自于“舜”。族（祖）人自始至明朝初相隔千余载，历朝年代的迁徙活动无从考计。本族（祖）一脉于明朝永乐年间由云南随移民落居胶邑之艾山另立始祖。明朝嘉靖年间（1555—1565 年）本支五世祖“洪復”移居墨邑（即墨）之苇蘆繁续至今。辈名世录修定为三十四世（见表 33）。

1919 年祖父赵希盛（时年 14 岁）因家境贫寒随曾祖母乞讨来青岛市里中山

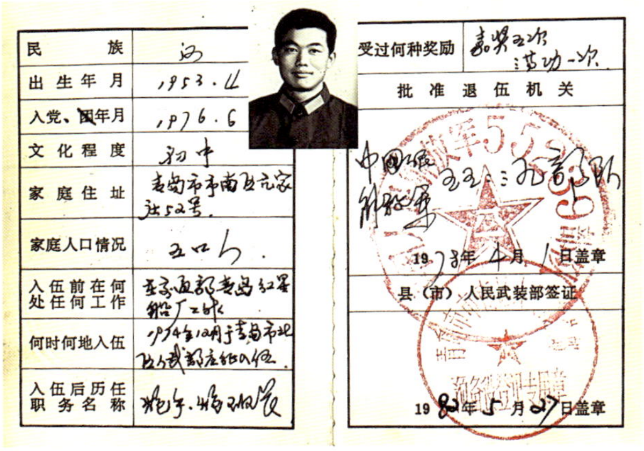
民族	汉
出生年月	1953.11
入党、团年月	1976.6
文化程度	初中
家庭住址	
家庭人口情况	五口人
入伍前在何处任何工作	
何时何地入伍	
入伍后历任职务名称	炮手、副班长

受过何种奖励　嘉奖五次　三等功一次

批准退伍机关

19　年　月　日盖章

县（市）人民武装部签证

1982年5月27日盖章

◇ 1982 年赵明玉退伍证曾嘉奖 5 次、荣立三等功一次

路暂居，同年祖父到大康纱厂做童工（青岛第一棉纺织厂）。1927 年与祖母芦国秀结婚。1935 年全家六口从中山路迁来亢家庄，初租村西亢姓房屋暂居，翌年移居村中，租孙姓房屋以开茶炉维持生计，后以租地种菜为业。1952 年大伯父赵鸿善从东北财经大学毕业分配到辽宁本溪钢铁公司工作。1969 年调陕西省铜川市工作。1980 年合家迁回亢家庄。1956 年三叔父赵日善从南京农业机械化学校中专毕业分配到崂山县农机局工作。1956 年父亲赵广善与祖母参加亢家庄工农联盟农业社、人民公社。70 年代自盖房屋多处，1996 年村改兑楼房定居扬中支路、金坛路小区。至今繁衍生息五代人（希、善、明、道、光）。是迁入亢家庄较早，人口较多的姓氏之一。

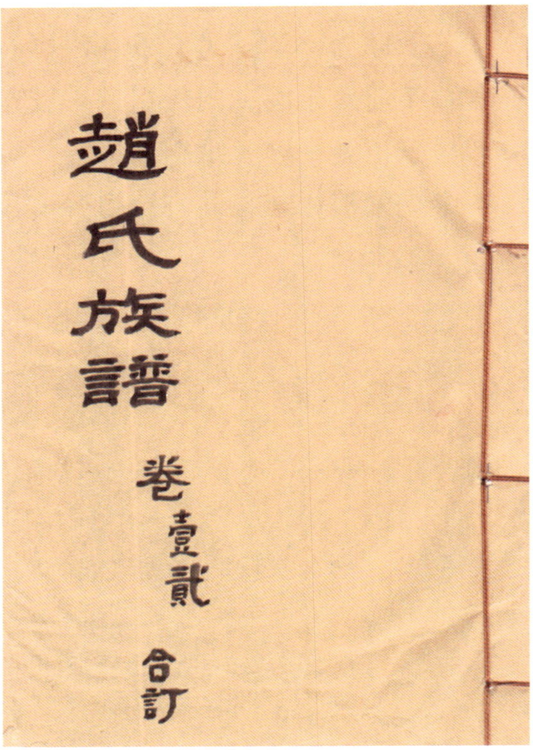

◇ 赵氏族谱

辈名世录（自始祖—三十四世）

表 33

始祖	二世	三世	四世	五世	六世	七世	八世	九世	十世
舜（单字）	单字	单字	单字	单字	单字	单字	单字	九、一用在中	单字
十一世	十二世	十三世	十四世	十五世	十六世	十七世	十八世	十九世	廿十世
啟、之（用在中）	万（用在中）	士（用在中）	单字	毓（用在中）	兴（用在中）	立（用在中）	中（用在中）	希（用在中）	善（用在底）

续表 33

廿一世	廿二世	廿三世	廿四世	廿五世	廿六世	廿七世	廿八世	廿九世	卅十世
明 （用在中）	道 （用在底）	光 （用在中）	保 （用在底）	永 （用在中）	先 （用在底）	方 （用在中）	世 （用在底）	维 （用在中）	业 （用在底）
卅一世	卅二世	卅三世	卅四世						
廷 （用在中）	伦 （用在底）	进 （用在中）	德 （用在底）						

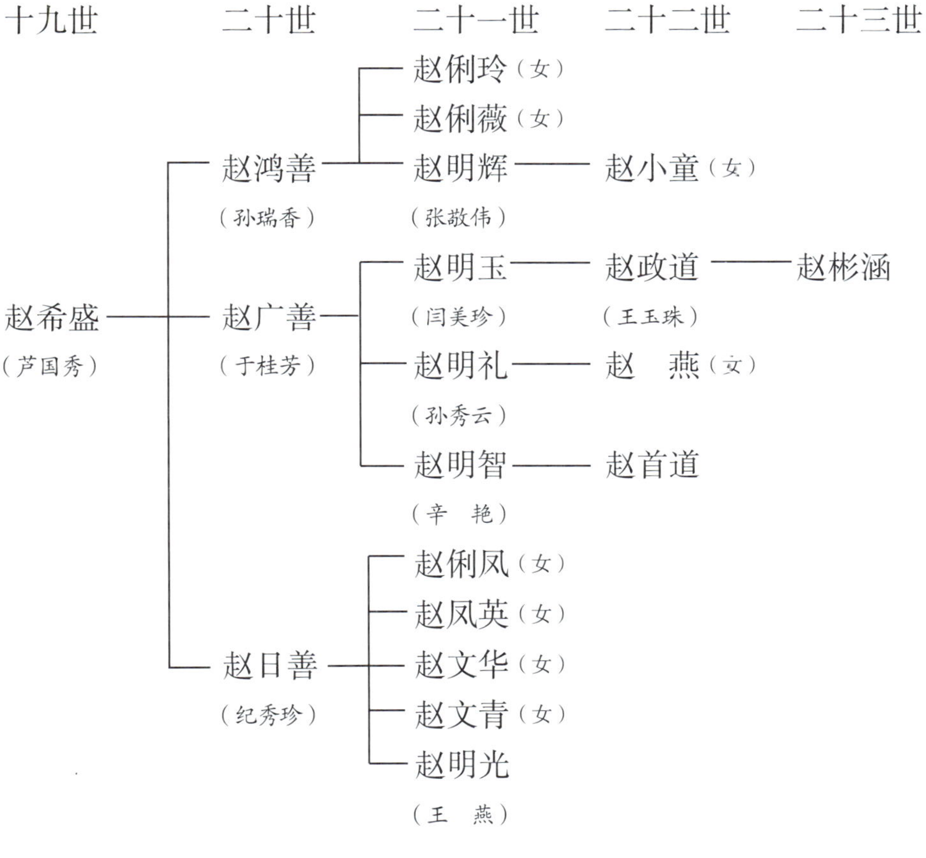

迟氏：迟须平

迟氏族谱所载，迟姓源于云南，详址无考，明洪武年间一世祖“深、斌、陶”同族兄弟三人随永乐扫北移民自云南迁徙来到山东即墨地带分散到宅科、上夼和小桥等地落户，后又分居大桥、迟家店子、莱阳姜山、海阳迟家嘴等处，凡居山东的迟姓俱是深、斌、陶三迟氏祖人的后代。

迟氏族谱记：自一世陶、五世诰，六、七世按序修至二十世，然二至四世辈名不详，再者七世、八世、九世支派紊乱，父子排序无章，自十世至廿世，经族人努力查考，再次重修，辈名世录得以有序，

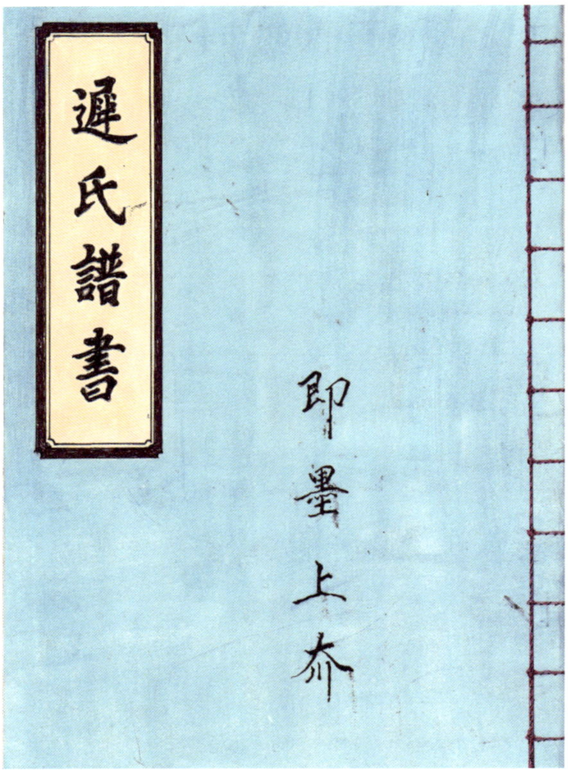

◇迟氏谱书

使之支派顺理，子嗣延续详明。

迟氏族谱前人补修两次，亢家庄迟姓族谱是十八世族人迟盛山于1993年农历九月续修，自十七世至二十世始起，凡迟氏女性亦全记载入谱，又自廿一世至卅世选定十个辈号，亦用于迟氏后人（见表34）。

亢家庄迟姓为即墨县王村镇上夼村，父亲迟盛山、伯父迟盛保携家眷于1939年望奔亲戚陈泰连而来，租房暂栖，以租地种菜为业，由于合家倾心耕作经营，逐年繁盛，后在村北自建房屋安居。1956年加入亢家庄工农联盟农业社、人民公社，1986—2000年村改换楼房定居于泰州路、金坛路小区。来亢家庄生息繁衍四代人（盛、须、泽、善）。成为来亢家庄较早，人口较多的姓氏之一。

辈名世录

表34

始祖	二世	三世	四世	五世	六世	七世	八世	九世	十世
深、斌、陶	失考	失考	失考	单字	大	单字	忠	单字	可
十一世	十二世	十三世	十四世	十五世	十六世	十七世	十八世	十九世	廿世
单字	永	明	秀	景	兴	昌	盛	须	泽
二十一世	二十二世	二十三世	二十四世	二十五世	二十六世	二十七世	二十八世	二十九世	三十世
善	敬	敦	足	象	显	忠	孝	平	安

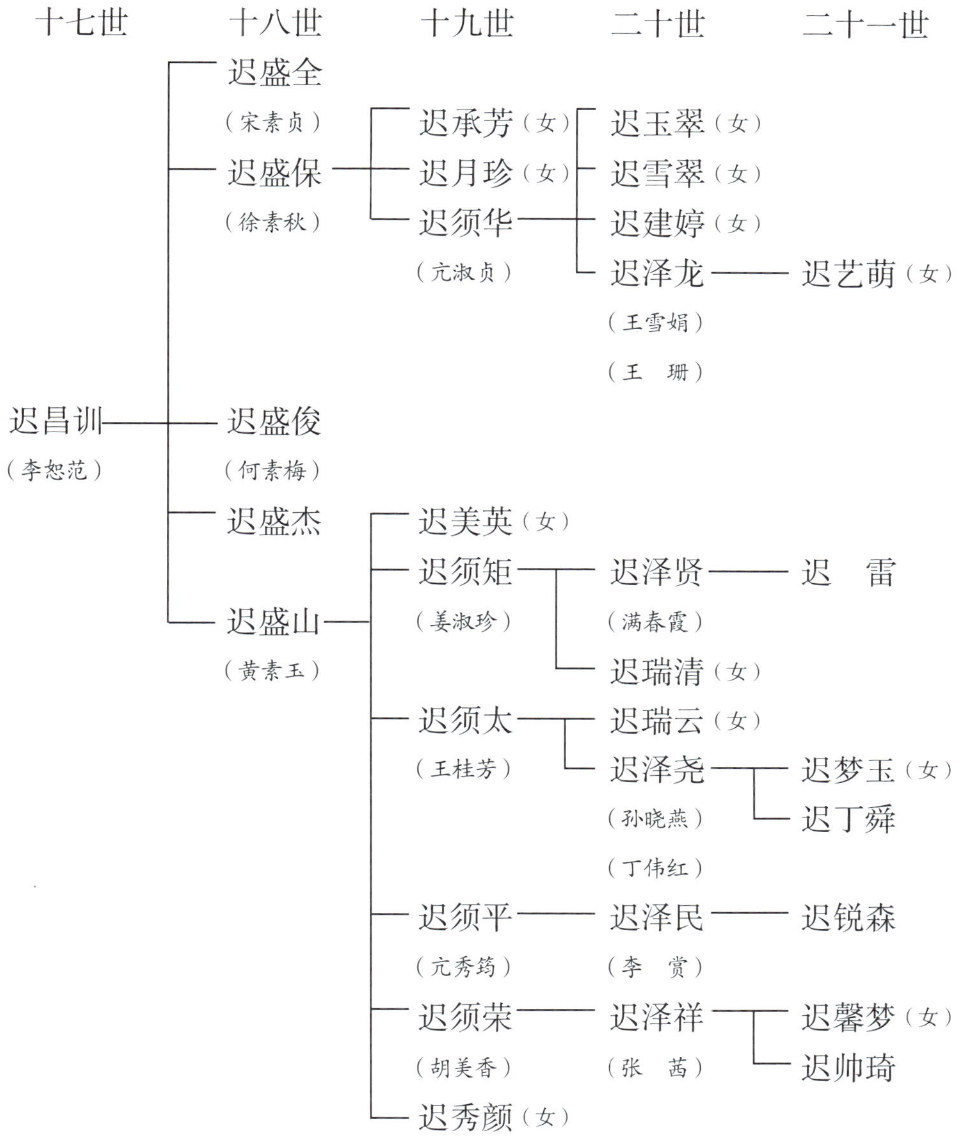

汪氏：汪洪仁

据《新安汪氏族谱》所载：推溯自轩辕，迄于鲁成公积德殷厚，又得夫人姒氏仁孝慈惠，被及生民天厚其极，特显灵异故，有逝白兔岩之梦，遇红绕腹感而生子，有汪字之纹在手，故遂以姓之，并生长仪表奇异，才志超凡，仕于鲁国上大夫，屡建大功，封为汪侯，后逐世受封为官。自周至汉、晋、唐、宋位爵拜将，子嗣益盛，分布全国各地：安徽歙县、满州会稽、新安、颍州、江苏赣榆、徽州等地，汪氏族谱自始祖以来护存较为完好，事经重修祖谱八次。第一次，元朝至顺庚午（1330 年）太簇月上元节裔，碧山老叟垚子垕谨书。第二次，七十七世孙：善庆世才谨识。第三次，清嘉庆十二年丁卯（1807 年）八十五世孙志揆谨识。第四次，清道光二十四年甲辰（1844年）3月榖旦八十九世孙怀瑾丙如再识。第五次，清光绪十七年辛卯（1891年）林镜月榖旦沂阳定一袭轩氏谨书。第六次，清光绪三十三年丁未（1907年）廿四日古海曲葛家驹昂若拜序。第七次，1928年6月既望日海曲香珊丁汝芬序。第八次，1963年岁次癸卯春月中浣古城阳李清轩序。汪姓自始至今延续达2500余年，世录设100世（见表35），现延续至97代。七十五世桂公作为本支派始祖于明洪武二年封指挥官守海口离徽县徙日照立镇汪家台。亢家庄汪姓属八十六世永畊支派自汪家台徙居胶南县阳信镇旺山庄。1905年祖父汪存德担挑大伯和父亲去辽宁通化县以打工为生，1937年七七事变日本侵略军侵占整个东北地区，抢劫肆虐，被迫迁回原籍，因久离家乡，嫡室已疏，人籍不接，已难容身，于1939年举家来至亢家庄北园租房栖身，以种菜为业，由于精耕细作，经营适宜市场，转贫有蓄，自盖房屋安居。1956年加入亢家庄工农联盟农业社、人民公社。1996年村改换楼房定居于扬中支路小区，来此生息繁衍五代人。是亢家庄北园地片迁入较早，人口较多临县人之一。

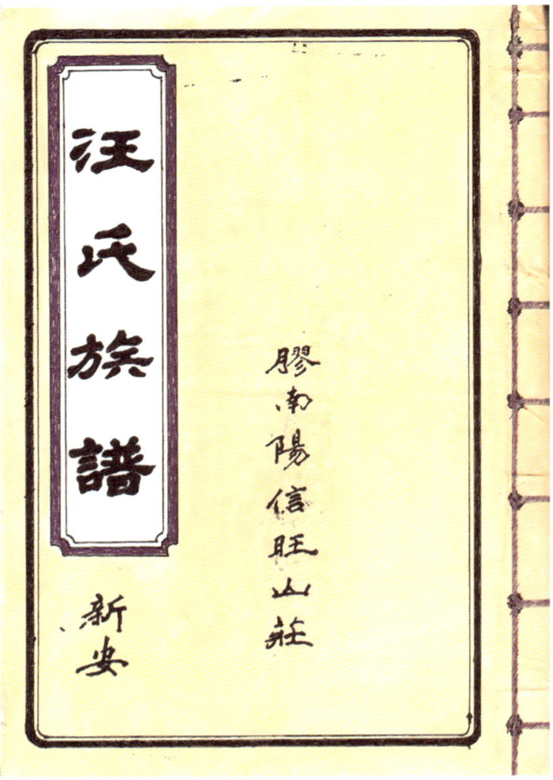

◇汪氏族谱

辈名世录

见表35

七十五世	七十六世	七十七世	七十八世	七十九世	八十世	八十一世	八十二世	八十三世	八十四世
桂（单字）	单字	进 在中	单字	单字	舜 在底	单字	登 在中	单字	志 在中
八十五世	八十六世	八十七世	八十八世	八十九世	九十世	九十一世	九十二世	九十三世	九十四世
崇（单字）	永 在中	恕 在中	文 在中	希 在中	单字	田 在底	云 在中	存 在中	宗 在中
九十五世	九十六世	九十七世	九十八世	九十九世	壹佰世				
照 在中	运 在中	贤 在中	兆 在中	继 在中	昌 在中				

九十三世　九十四世　九十五世　九十六世　九十七世

- 汪存德（王　氏）
  - 汪福有（曾用名汪宗满）（管秀花）
    - 汪淑香（女）
    - 汪洪君（丁世珍）
      - 汪翠云（女）
    - 汪淑华（女）
    - 汪爱玲（女）
    - 汪洪山（仲秀伟）
      - 汪　娜（女）
    - 汪洪伟（于振宁）
      - 汪　洋
  - 汪宗全（丁月兰）
    - 汪淑芝（女）
    - 汪洪祥（刘炳连）
      - 汪旭东（王　颖）
        - 汪青鹏
      - 汪　玮（女）
    - 汪洪顺（胡美芹）
      - 汪　娟（女）
    - 汪洪仁（亢淑华）
      - 汪云峰（于　珊）
        - 汪烜竹（女）

李姓：李旦恩

据高密李氏族谱记载，原自汉朝（汉武帝）公元前138—公元前119年，始祖至今有2140余载，应延续辈录70余世。自金朝初期（1155年）以前历朝数载无完整族谱和历史资料，或有则断而无序，尤远故疏，有疑则不能断。后经族人多次重修，锁定年限于金朝前期（1149—1156年）海陵王—天德、贞元，正隆年间，另立始祖："玘"，字德温为一世，定谱命名20世。清朝嘉庆年间(1796年）十九世族人华国在重修谱时加续命名20世，至今已衍续到30世（见表36）。李氏有族以来文德武功，官居极品，名人

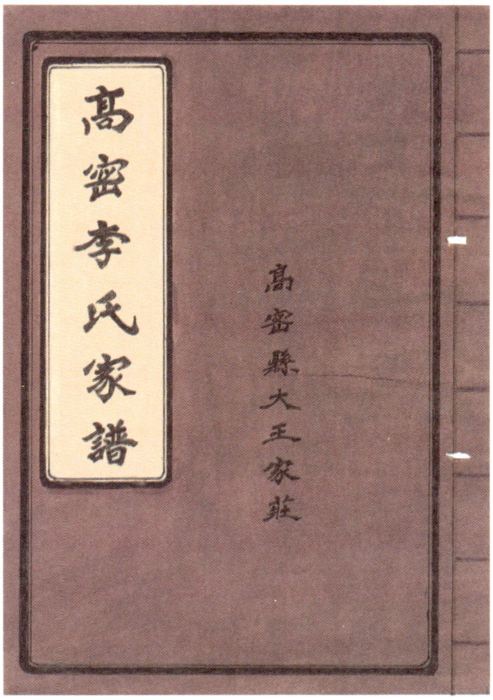

◇ 高密李氏家谱

数不胜数，世代受袭。高密李氏属汉将李广之裔（汉武帝重臣，善射无双，功劳显赫），源自陇西（甘肃、陕西交界）一带，族人繁衍甚众，已遍布全国，宗脉人口无法统计。本志只记高密支派，初徙高密陆家庄，后移姚哥庄镇大王家庄。

1942年因不堪日本和土匪欺压，由父亲李符堂（廿六世）携妻小来到亢家庄北菜园落脚避难，暂以租地种菜为生，由于耕作经营得法由贫转富。1965年后加入亢家庄人民公社、青岛大信农工商公司。70年代经生产队批土地，自盖房屋多处，1996年村改换楼房多处，定居扬中支路小区。来亢家庄生息繁衍四代人（符、亶、毓、储）。

辈名世录

表36

始祖	二世	三世	四世	五世	六世	七世	八世	九世	十世
单字玘	单字	单字	单字	单字	单字	单字	单字	伯	单字
十一世	十二世	十三世	十四世	十五世	十六世	十七世	十八世	十九世	廿世
单字	单字	单字	单字	永	思	单字	单字	单字	元
廿一世	廿二世	廿三世	廿四世	廿五世	廿六世	廿七世	廿八世	廿九世	卅世
宪	诒	敦	迪	嗣	符	亶	毓	储	衍
卅一世	卅二世	卅三世	卅四世	卅五世	卅六世	卅七世	卅八世	卅九世	四十世
祚	勗	隆	翼	永	传	缵	厚	图	

二十六世 二十七世 二十八世 二十九世

李符堂（陆 氏）——李旦恩（陆桂兰）
- 李玉山（董瑞梅）——李 妮（女）
- 李玉华（女）
- 李玉峰（王桂珍）——李 萍（女）
- 李玉岭（苏瑞敏）——李储涛
- 李玉敏（女）
- 李 云（女）

董姓：董肇恭

原籍即墨西元庄，据董氏族谱记载，明朝永乐年间从云南大槐树随移民迁入崂山区张家下庄附近建立董家下庄。始祖福安，族谱命名二十三世（见表 37）。由于子嗣繁衍众多，不断向外迁徙。亢家庄董姓属董家下庄六世祖：守宅支派，于明朝嘉靖年间（1522—1550 年）移居城阳苇蓬村，后又迁往北万，清朝初期九世祖玘贵定居即墨西元庄，其间有诸多族人闯关东。

1931 年“九一八”事变爆发，日军侵占东北，大肆掠夺，民不聊生，十七世同宗室族人董振宋、董振源由关东迁来亢家庄北园。1938 年父亲董振茂因日本派苦役修胶济铁路，每日受鞭打脚踢，更有甚者一天活埋杀害七个劳役百姓，为避难连夜弃家投奔董振宋而来，初以租地种菜为业，后自盖房屋定居。1956 年参加工农联盟农业社、人民公社、青岛大信农工商公司，1996 年村改换楼房定居扬中支路小区。至今生息繁衍四代人（振、肇、显、德）现已延续至廿世，在北园地片是迁入较早、人口较多的姓氏之一。

◇ 董氏族谱

辈名世录

表 37

始祖	二世	三世	四世	五世	六世	七世	八世	九世	十世
福安	士友	单字	单字	单字	守	可	一、文	才	乐
十一世	十二世	十三世	十四世	十五世	十六世	十七世	十八世	十九世	廿世
单字	复	公	世	先	文	振	肇	显	德
廿一世	廿二世	廿三世							
修	永	昌							

十六世	十七世	十八世	十九世	二十世
		董淑华（女）		
董诗文（牛 氏）	董振宋（邢玉兰）	董肇江（刘瑞欣）	董显君（闫 美）	董 澍
			董显忠（陈雪峰）	董依萱（女）
		董淑芳（女）		
		董肇河（曹希美）	董显惠（女）	
			董显滨（胡锦华）	董安可（女）
董书文（朱 氏）	董振源（矫秀英）	董肇海（藏庆云）	董显峰（女）	
		董淑云（女）		
		董淑香（女）		
		董肇恭（亢玉英）（刘淑云）	董春香（女）	
			董显庆（亢秋萍）	董德增（陈 翠）
董德文（矫 氏）	董振茂（袁 氏）	董桂美（女）	董春燕（女）	
			董显武（戴 萍）	董德成

荆姓：荆朋森

荆氏族谱所载，源于西周时期，苗人部族首领“鬻熊”居于湖北荆山，在此建立荆国，熊亡后改楚国，也称荆楚，后世（具体时间无考）子孙则以国名为姓则为“荆”姓。历史上的荆国迁都于今湖北秭归东南一代，后徙镇江丹阳之珥塘，后徙山东业郡之属立宅山庄，相传数世。荆氏世代延续至今应为百世有余，然前数朝历代虽有间断记载，则不成序矣，另则历代虽有族老传记仍未其详，故皆无法接序成册。后经族人全力尽倾查考，自金末元初（1236 年）另立始祖：一世名讳失考，配刘氏生有五子，长子和四子血脉延续至今，二、三、五子殇世，自元朝卅年（1236 年）重修族谱，定辈廿四世，历经七次重修族谱得以成册，延溯有序，增加辈名世录至四十四世（见表38）。亢家庄荆氏属八世彰礼支派，祖居平度崔家集大阳召。

1947年父亲荆萃吉与母亲迟世芳在原籍结婚。为谋生计，父亲一人于1948年望奔同乡荆新春落尘北园暂居，以租地种菜为业，1949年母亲来此与父亲团聚，后自盖房安居。1956年加入亢家庄工农联盟农业社、人民公社、青岛大信农工商公司，1996年村改换楼房多处，定居于扬中支路小区，至今生息繁衍四代人（萃、朋、汉、钦）。因子嗣延续众多，是北园地片发展较盛的大户之一。

◇荆氏族谱

辈名世录

表38

始祖	二世	三世	四世	五世	六世	七世	八世	九世	十世
单字（失讳）	单字	单字	单字	单字	单字	化	彰	永	单字
十一世	十二世	十三世	十四世	十五世	十六世	十七世	十八世	十九世	二十世
单字	重	友	可	单字	世	锡	啟	南	三
廿一世	廿二世	廿三世	廿四世	廿五世	廿六世	廿七世	廿八世	廿九世	三十世
乃	萃	朋	汉	钦	举	广	俊	繁	伸
卅一世	卅二世	卅三世	卅四世	卅五世	卅六世	卅七世	卅八世	卅九世	四十世
缙	积	舜	传	继	续	迎	增	晓	伟
四十一世	四十二世	四十三世	四十四世						
耀	皆	润	延						

二十二世　二十三世　二十四世　二十五世

- 荆萃吉（迟世芳）
  - 荆朋林（张玉美）
    - 荆彩霞（女）
    - 荆彩虹（女）
  - 荆朋森（闫爱华）
    - 荆彩燕（女）
  - 荆朋海（辛建春）
    - 荆汉奇（邢　蕾）（徐　敏）
      - 荆彦榕（女）
      - 荆钦业
  - 荆爱琴（女）
  - 荆青山（王春华）
    - 荆汉文（朱天琪）
  - 荆朋群（王　岩）
    - 荆泉钧
- 荆新春（李秀琴）（苏秀芳）
  - 荆桂华（女）
  - 荆学忠

袁姓：袁希明

据亢家庄袁姓族谱记载：袁姓出自妫（水名，北京市延庆一带），相传是舜帝后裔，自唐虞敦九族汉高封姓，自分姓以来，散居全国诸地，但历代无考，唐宋以后虽重修族谱，祖人徙居活动，仍难索源，族史虽久，然不能追祖。该族自始至今应为百世有余。族人忧甚，族无谱难甄昭穆之序。明洪武十二年（1379年）另立始祖，一世兄弟三人徙居山东，长支居青州府日照傅家疃，二支居青州府沂水县袁家庄，三支居青州府莒邑九里坡，据考始祖长支《表正》徙居日照定谱300余年，于明崇祯壬午之乱，大多被兵火伤失，家谱遗落，后查失散者皆为始祖一脉，但世远年湮，前

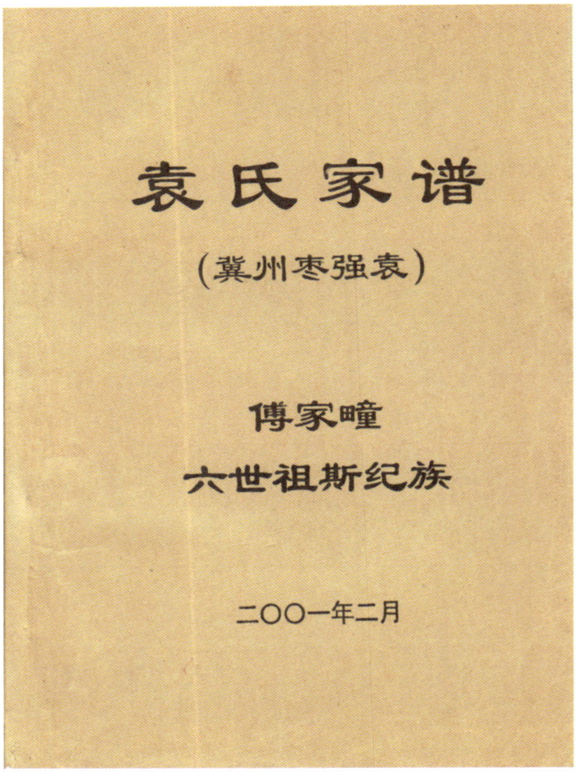

◇ 袁氏家谱

人已亡，无凭追溯，其宗派又不可混叙。后九世族（格）1753年重修新谱。1873年、1908年分别十二世、十四世、十五世、十六世修整二至三次，十六世、十七世锡平、敦和于2001年最后一次修整，历经艰辛，多次整修得以成序。辈名世录定为三十六世（见表39）。据查袁姓有海东袁、洪洞袁、武定化中袁，亢家庄袁姓为冀州枣强县向义村，都属同脉。

父亲袁锡有属长支承脉为十六世，因生活所迫于1946年来亢家庄落户，住东南岭菜园屋，租地种菜为生，闲暇做买卖生意，1956年参加亢家庄工农联盟农业社、人民公社、青岛大信农工商公司至今，因子嗣繁衍较多，职业多样，生计逐盛，80年代生产队批地盖房多处，1996—2000年村改换楼房定居于扬中支路、金坛路小区，来亢家庄至今延续三代人（锡、希、肇）。

辈名世录

表39

始祖	二世	三世	四世	五世	六世	七世	八世	九世	十世
表正	敬	友	华	辅	斯	佐	可	单字	士
十一世	十二世	十三世	十四世	十五世	十六世	十七世	十八世	十九世	廿世
单字	学	大	桂	宝	锡	希	肇	安	从
廿一世	廿二世	廿三世	廿四世	廿五世	廿六世	廿七世	廿八世	廿九世	卅十世
启	兴	立	永	隆	昌	善	同	经	宣
卅一世	卅二世	卅三世	卅四世	卅五世	卅六世				
孝	守	维	继	世	明				

十六世	十七世	十八世	十九世
袁锡有（王素云）	袁希明（王秀凤）	袁 涛（王 前）	袁安睿
	袁永清（女）		
	袁希忠（刘青华）	袁 超	
	袁淑琴（女）		
	袁希成（董丽琴）	袁 俊	

吴姓：吴瑞峰

原籍即墨市华山镇东桥头村，据《吴氏族谱》载：吴氏先祖源于云南省吴锡县，永乐二年（1404年）随移民徙居即墨县昌阳南陲太平山左灵山王村桥子头。又传曰：吴氏源于云南省，明初随移民徙居山东省莱阳兰家岭，相传父子四人出居二蒙山之南，后分别徙南山庄、水沟头。代远年湮均无实考。惟我支派先祖徙石格庄三清村，所幸谱牒尚存，另迁阴岛（现为红岛）、小河南大河头支派仍保留支谱，虽自始祖到八世之间辈名世录有紊，自九世之后便昭穆有序，族谱经族人历辛五次续修沿用至今。辈名世录定为三十二世（见表40）。第一次定谱于清乾隆五十一年（1786年），第二次续修于清道光二十二年（1842年），第三次续修于清光绪二十九年（1903年），第四次续修于1914年，第五次整修于1998年，召众族人捐资若干，内容有所改动，男女同等对待，英雄、模范、为国民捐躯者、为国民做出重大贡献者，均载族谱详注，予以表彰，让众族人逐代铭记。姓氏来源族谱未注，则无从查考。以上地区吴姓均属一脉。

由于土地较少，又遇荒年，时逢日寇和土匪肆虐，民众生计不保，1943年父亲吴考岩独自来到青岛寻计谋生，初在青岛德和火柴厂做工，后去华北火柴厂（1949年青岛解放后为青岛火柴厂），1945年母亲带领本人及姐望奔而来，开始住北仲家洼義德里。1946年移居南仲家洼，1958年购于北仲家洼私房一处。1957年本人小学毕业，就业铁道部青岛四方机车车辆厂，1970年转青岛发制品厂，1969年与亢姓结婚遂入赘，1985年分得泰州路亢家庄大队楼房一处定居。来亢家庄繁衍三代人（培、钟、汇）。

◇ 吴氏族谱

辈名世录

表 40

一世	二世	三世	四世	五世	六世	七世	八世	九世	十世
失讳	失讳	景	单字	大 在中	天 在中	顺 在中	奉 在中	思 在中	元 在底
十一世	十二世	十三世	十四世	十五世	十六世	十七世	十八世	十九世	廿世
子	单字	基	钧	源 在底	本 在底	然 在底	培 在中	钟 在底	汇 在中
廿一世	廿二世	廿三世	廿四世	廿五世	廿六世	廿七世	廿八世	廿九世	卅世
荣 在中	熙 在中	堂 在底	铭 在中	润 在中	栋 在中	照 在中	坤 在底	铎 在中	浩 在中
卅一世	卅二世								
林 在中	焕 在中								

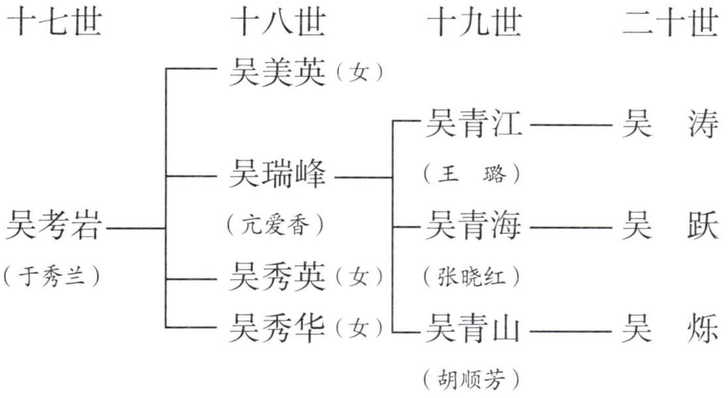

孙姓：孙法清

祖籍山东省昌邑市饮马镇刘家屯（曾属流河公社刘家屯大队）。据《道昭孙氏族谱》载，华夏孙氏在宋代百家姓中位居第三位，在当今中国姓氏中位居十二位，是历史悠久遍布全国及世界各地的名门大姓。姓氏来源有三：一、姬姓分支周文王后裔卅一世惠孙之孙“武仲”，为纪念其祖父便以孙立姓。二、芈姓分支楚王蚡蝐之后三十二世裔孙叔敖任楚国令尹（相当于宰相），后人为纪念便以孙立姓。三、妫姓分支齐田完之后，帝舜立三十三世裔妫满封于陈为陈氏，始祖陈厉之子“完”，字敬仲，完为大夫，公元前六七二年发生内乱，逃齐国改田姓，田完五世裔田书任齐国大夫，因有功，齐景公赐姓“孙”，食采于乐安遂称孙书，其姓源世系为一世少典，二世黄帝，十世帝舜，四十四世妫满，五十九世孙书，六十一世孙武，六十三世孙膑。属本孙姓祖源，祖根为乐安（古称武定府，今山东惠民），是始祖孙书的发祥地。据昌邑县志记载，三国东吴大帝孙权为孙武二十二世孙。中国民主革命先行者孙中山系孙武七十五世孙。

孙氏立姓以来散居全国诸地，虽有断续考证，但无系统谱系记载，族不能无谱，公元一九九九年族人德卿、法举、法哲重修族谱刊印成卷。本孙氏始迁祖讳思恭，厥先青州乐安人，元朝末，以兵燹流寓东莱昌邑，入赘道昭里满氏，钟灵疏秀，累世簪缨，为邑之望族。明末壬午兵燹，八世祖讳廷佐，偕子避难，流寓胶东平度三合山东南卢家村，逝后，九世祖讳世美移居三合山前范家集，清康熙年间，十世祖讳“有”迁居胶西昌邑任流万户屯（今流河刘家屯）。经查“玉”、“柱”两支迁居青岛、济南、长春、西安者众多，本孙姓属玉支派。

20世纪40年代日伪时期，刘家屯同族人孙吉代在青岛太平镇开设长安制布厂，父亲孙鸣岐来青岛谋生，1945年独自一人望奔孙吉代而来，学织布。1953年，实行公私合营，成立了第三染织厂，为正式职工（其间1946年到过印度尼西亚做过布匹生意）。1951年母亲因患肺气肿在家乡去世。1953年父亲与即墨人兰桂芳结婚成立家庭。1956年因生活所迫便望奔父亲来青团聚（姐姐始终在原籍）。1959年本人小学毕业，就业太平镇街道工作，开始在运输队，后转入生产组锻造工作，1969年与青岛工具一厂合并（其间1966年文化大革命父亲被诬陷回到原籍务农，95岁去世）。1970年与亢家庄社员亢秀花结婚入赘，2000年村改兑换楼房迁居宜兴路10号楼。来亢家庄生息繁衍三代人。

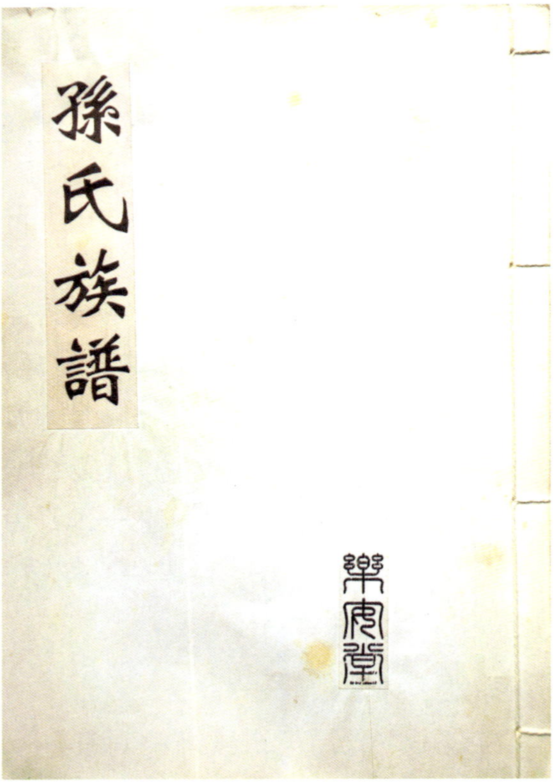

◇ 孙氏族谱

辈名世录

表 41

始祖	二世	三世	四世	五世	六世	七世	八世	九世	十世
思恭	单字	单字	单字	单字	单字	单字	单字	单字	单字
十一世	十二世	十三世	十四世	十五世	十六世	十七世	十八世	十九世	廿世
成	单字	重	福	单字	克	永	锡	临	鸣
在中		在中	在中		在中	在中	在中	在底	在中
廿一世	廿二世	廿三世	廿四世	廿五世	廿六世	廿七世	廿八世	廿九世	卅世
法	维	春	韶	昭	景	瑞	宗	盛	运
在中	在中								
卅一世	卅二世	卅三世	卅四世	卅五世	卅六世	卅七世	卅八世	卅九世	四十世
济	祥	华	英	令	俊	秀	忠	良	振
四十一世	四十二世	四十三世	四十四世	四十五世	四十六世	四十七世	四十八世	四十九世	五十世
国	昌	饮	泽	传	久	远	文	琦	尚
五十一世	五十二世								
耀	光								

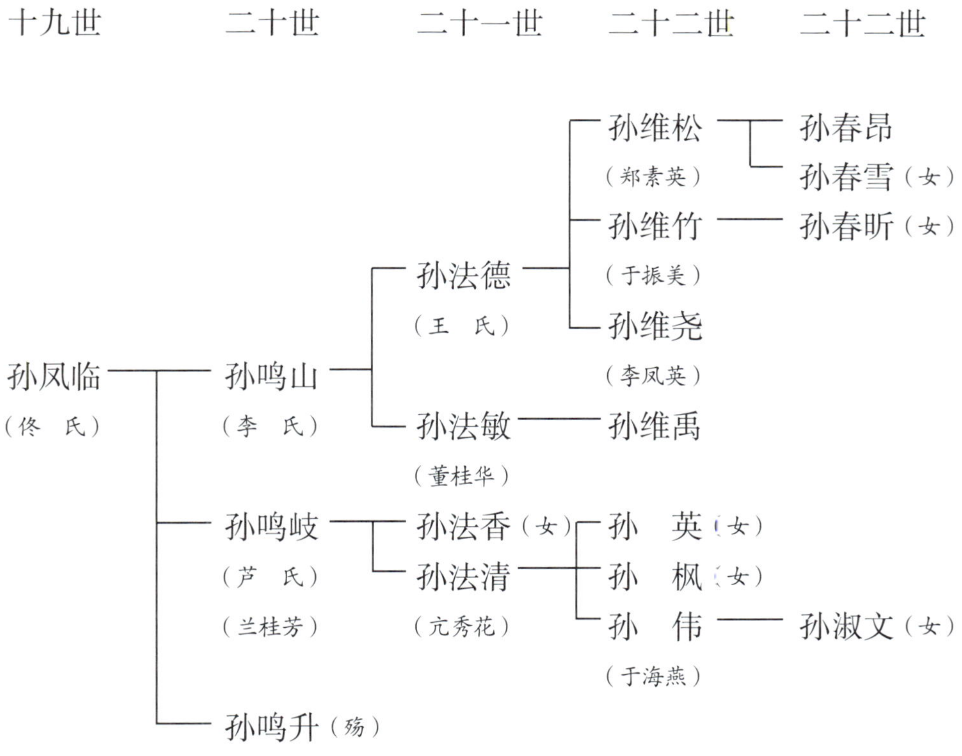

王姓：王一昆

祖籍青岛市城阳区夏庄街道罗圈涧（明崇祯年间袁氏自城阳迁至建村）。《王氏族谱》称《冬儿王氏族谱永睦堂支派》，因一世祖“德聚”军名“冬儿”而定名，相传胶南琅琊王氏支派自云南从征至即墨卜居离城东北偏五十里村名社生娶战氏立家。王氏族谱序文未注姓氏来源，清乾隆年间中期十三世王玉迁入罗圈涧定居，生息繁衍较盛，至今王氏占全村人口60%以上。原族谱遗失，经族人通诚合力，查考整理，于1997年7月造册成谱，辈名世录、宗支不紊，世系分明，昭穆有序。

父亲王诞会自幼务农，1957年与母亲毛秀珍结婚，1958年就业青岛窑厂（田家村）。1960年青岛市公安局市南分局补充警员，从企业单位选拔抽调骨干力量，父亲被选中成为浮山所派出所人民警察。开始在浮山所住单身，1975年本人与弟弟和母亲三人迁来与父亲团聚，始居亢正修房屋。1976年母亲患病离世，1977年与继母王丽美（城阳区红埠村）结婚。1979年亢家庄大队批土地盖起了自己的房屋，成为亢家庄世居村民，1996年旧村改造兑换楼房定居扬中支路小区，来亢家庄生息繁衍三代人（会、一、元）。

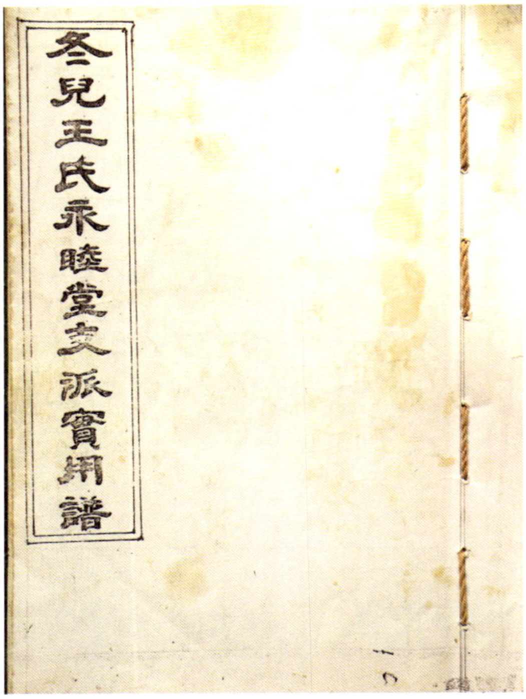

◇冬儿王氏永睦堂支派实用普

辈名世录

表42

始祖	二世	三世	四世	五世	六世	七世	八世	九世	十世
德聚	奉	志	单字	单字	单字	单字	进	单字	孟
	用在中	用在中				带鸾丝旁	用在中	带木字旁	用在中
十一世	十二世	十三世	十四世	十五世	十六世	十七世	十八世	十九世	廿世
单字	民、应	单字	从	士	单字	立	廷、太	和	昌
带金字旁	在底 在中		用在中	用在中		用在中	用在中	用在中	用在底
廿一世	廿二世	廿三世	廿四世	廿五世	廿六世	廿七世	廿八世	廿九世	卅世
运	会	一	元	敦	睦	深	承	先	宏
用在中	用在底	用在中	用在底	用在中	用在中	用在底	用在中	用在底	用在中
卅一世	卅二世	卅三世	卅四世	卅五世	卅六世	卅七世			
基	业	崇	仁	清	谋	真			
用在底	用在底	用在中	用在中	用在中	用在底	用在中			

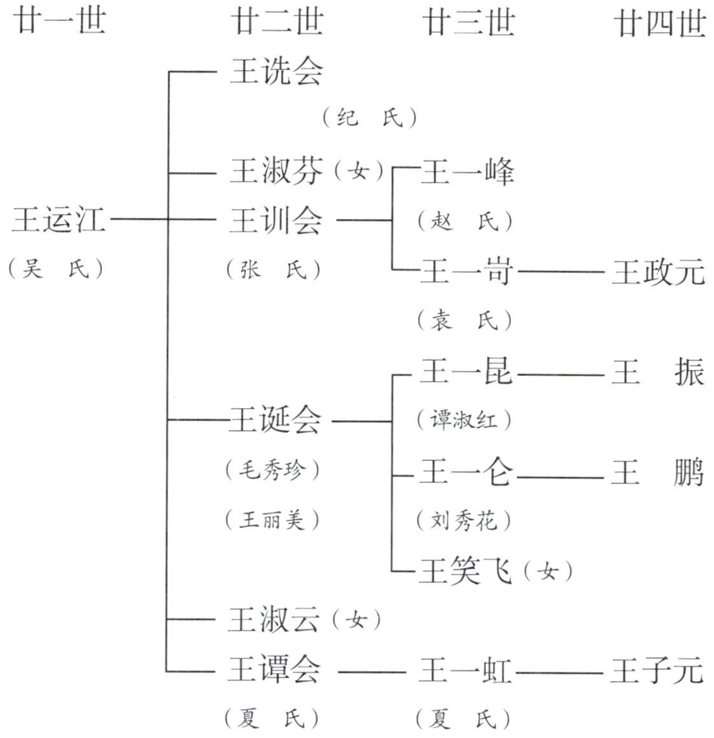

三 其他姓氏（以姓氏笔划为序）

丁姓：丁占堂

族人有谱无序，世录未紊，姓氏来源无溯，祖籍山东省胶南市（曾为藏马县和诸诚县），东南乡第五区丁家大村，后迁丁家河崖村。1893年因生活所迫，祖父丁成文兄弟六人携妻室迁徙东北辽宁省辑安县谋生，1931年日本侵占东北，到处骚扰掠夺，民不聊生。无奈又迁回原籍，时逢家乡闹灾荒，1933年祖父（十八世）及父亲丁世英携妻眷逃荒来到亢家庄，同年同室大伯家同辈弟兄四人（丁占臣、丁占君、丁占江、丁占海）一起迁来聚居北园。以租地种菜为生。生活日趋好转，1952年20世同族人丁从金从原籍迁来相聚，是北园聚落人口最多迁来较早的姓氏之一。1949年国民党溃退时，丁占江、丁占海被抓去台湾当兵，1990年已通音，并回大陆探亲。1956年参加亢家庄工农联盟农业社、人民公社，1996年村改换楼房定居于扬中支路、徐州北路小区。来亢家庄至今生息繁衍五代人[成、世、占（从）、启（金）、玉]。

十八世　十九世　二十世　二十一世　二十二世

- 丁成文（李　氏）
  - 丁世兰（董　氏）
    - 丁占富
    - 丁占臣（孙桂兰）
      - 丁延寿（董爱兰）
        - 丁　静（女）
      - 丁延青（梁丽花）
        - 丁芳欣（女）
      - 丁冬花（女）
      - 丁福山（夭折）
      - 丁春菊（女）（夭折）
    - 丁占君（刘桂兰）
      - 丁秀华（女）
      - 丁秀芬（女）
      - 丁启胜（王洪芬）
        - 丁钰涵伟
      - 丁启祥（陈小洁）
        - 丁玉舜
    - 丁占江（去台湾）
      - 丁中颖（女）
      - 丁中卫
      - 丁中国
    - 丁占海（去台湾）
  - 丁世华（徐　氏）
    - 丁从顺（刘　氏）
  - 丁世英（逄秀芝）
    - 丁月珍（女）
    - 丁月桂（女）
    - 丁月娥（女）
    - 丁月秀（女）
    - 丁月萱（女）
    - 丁占堂（代淑贞）
      - 丁启良（王　帅）
        - 丁　微（女）
      - 丁　准（女）
    - 丁占德（于智贞）
      - 丁　昆（女）（殇）
      - 丁思尧（女）
    - 丁月春（女）
    - 丁月青（女）
- 丁世江（刘　氏）
  - 丁从善（侯　氏）
    - 丁启彩
  - 丁从金（安玉兰）
    - 丁启顺（姚红娟）
      - 丁玉超
    - 丁竹英（女）
    - 丁竹美（女）
    - 丁竹莲（女）
  - 丁从银（去东北）（刘　氏）

于姓：于志传

族谱失传，族姓来源、辈名世录及始祖迁徙活动无据可考，祖居青岛会前村（位于会山前，汇泉湾北岸），清朝同治年间属即墨县仁化乡文峰社，村民以农、渔兼营，可谓鱼米之乡，1897年德国占据青岛后，于1904年（清光绪卅年）为辟建植物试验场（即现在中山公园）将会前村进行迁移，村民各自择栖奔走他乡，亢家庄于姓由祖父于德祥携眷迁来购房一处定居村西南角，在村东北坡，置地2.6亩，后补置4亩，祖父弟兄俩及父亲在青岛啤酒厂做工，伯父务农，1956年参加亢家庄工农联盟农业社、人民公社、青岛大信农工商公司，1986—1993年村改兑楼房定居于泰州路、徐州路小区，来本村至今生息繁衍五代人（德、林、志、发、昌），属人口较多姓氏之一，成为迁入较早的世居村民。据查当时会前村于姓迁往即墨七级镇、湛山村、浮山所、错埠岭村、田家村及青岛市内四区等地都有同脉落户。

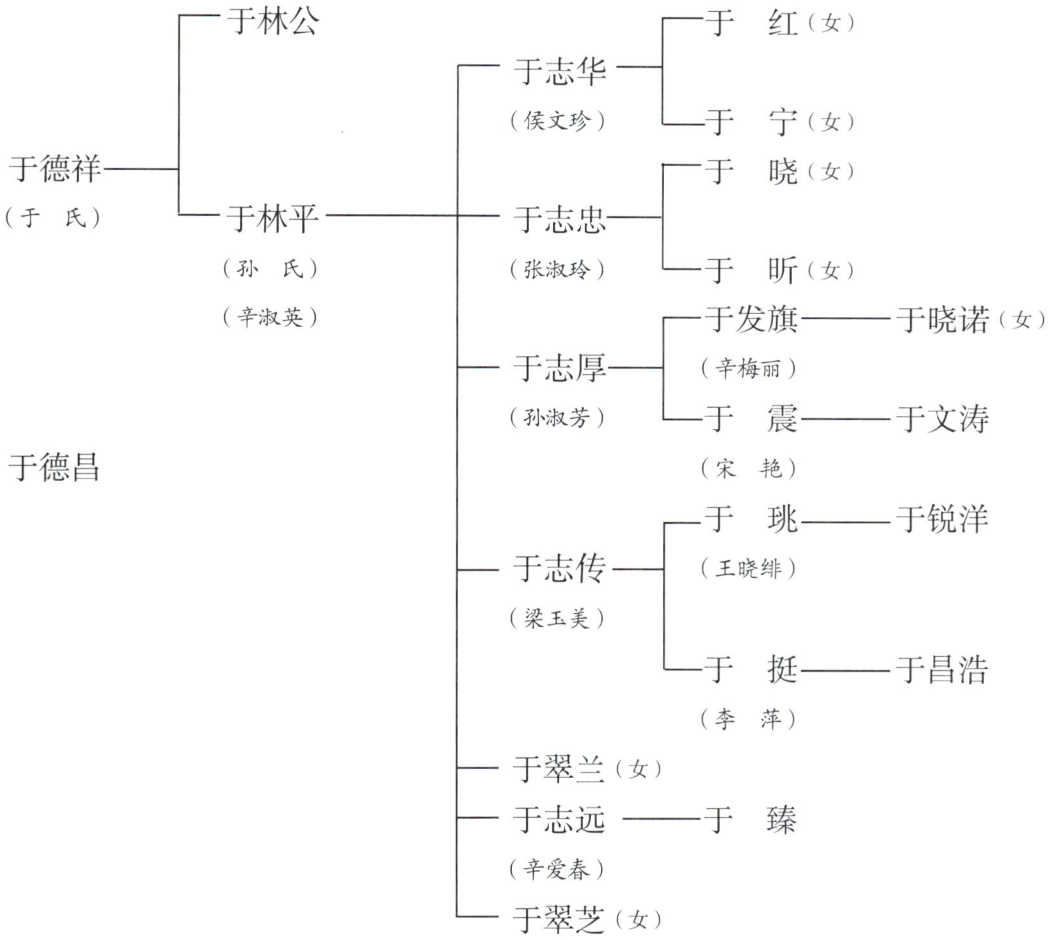

于姓：于尊江

祖籍山东省即墨县店集镇青山后村，1953年父亲于秉和自原籍迁来青岛，就工于青岛纸箱厂，母亲孟桂兰1946年自山东省蓬莱县（原籍）迁入亢家庄，是青岛造纸厂职工，1950年与徐家村人徐中方结婚，购置张姓房屋定居，1958年徐姓故世。1960年父亲与母亲结婚，1996年村改兑楼房定居于扬中支路小区，至今生息繁衍三代人（秉、尊、志）。两姓族人有谱无的索取，姓氏来源与族人迁徙活动无从查考。

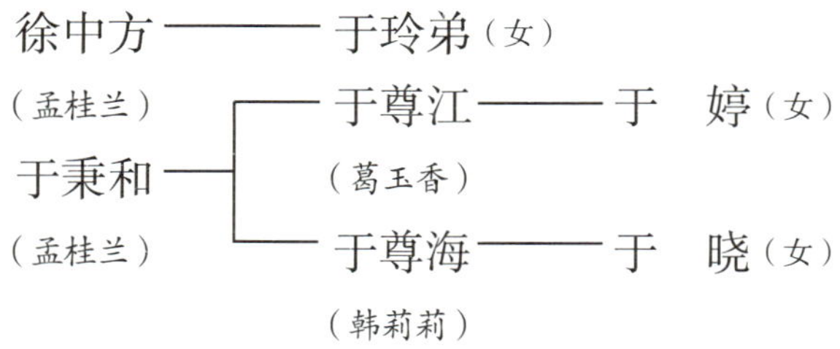

于姓：于福胜

族谱未索，辈名世录无法接续，姓氏来源及祖人迁徙活动无考，祖籍山东省胶南县寨里镇马兰村，父亲于仁连为谋生计于1947年5月从原籍来到亢家庄北园，开始给董姓打工，后与邢氏结婚。以租地种菜为生，1956年参加亢家庄工农联盟农业社、人民公社、青岛大信农工商公司，70年代生产队批土地盖房多处，1996年村改换楼房定居于扬中支路小区。至今生息繁衍三代人(仁、德、*)。

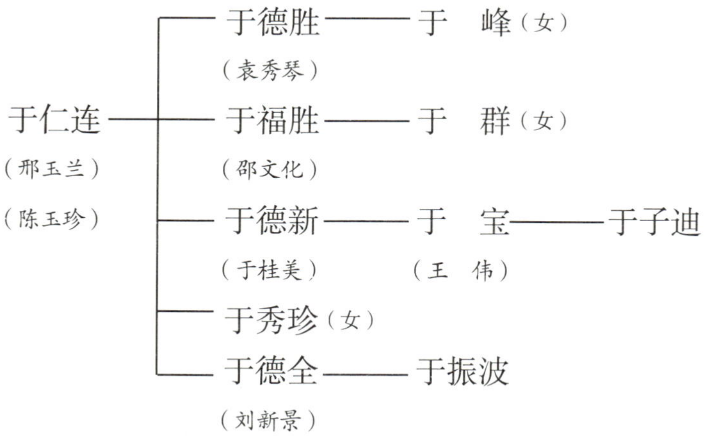

王姓：王在宽

原籍山东省莱州市沙河镇石埠东旺家村，父亲王清莲不甘贫寒，年仅12岁，独自1人于1915年来青岛学徒谋生，初在一家餐馆（和兴路）学厨师立足。新中国建立以后就业于青岛第二染织厂食堂工作，1963年退休。1934年父亲在原籍与曲姓结婚。1957年母亲携弟弟妹妹迁来一起住大尧村。本人于1955年自家乡应征入伍。1958年退役，由青岛市市南区民政局和武装部的安排，参加大尧农业社，1961年全家移居亢家庄，暂住闫姓房屋，1966年本人与逍遥村张姓结婚，尔后妹妹弟弟相继成家。1970年经生产大队批土地在村后盖房定居，1986—1996年随村改换楼房定居于扬中支路、泰州路小区。据族尊言传：明初永乐年间祖人自四川省（具体地方不详）随移民迁徙于掖县，因久离乡籍，族谱失传，姓氏渊源无据可考，只知本人为十九世族人。至今生息繁衍四代人（清、在、仲、宏）。

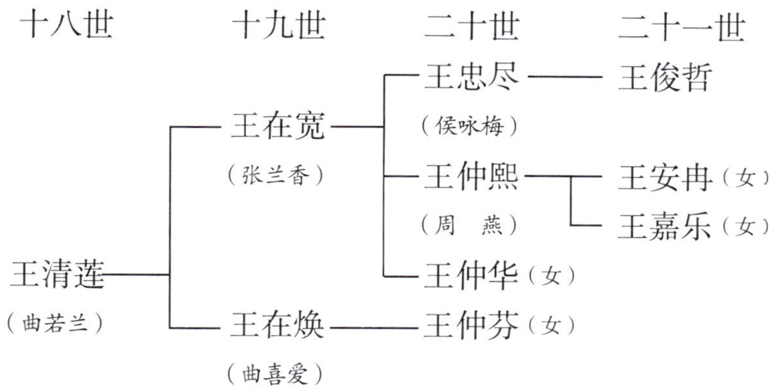

王姓：王大林

原籍河南省驻马店市豫南县十里铺村，父辈兄弟三人，两人入伍，只一弟留乡，族人有谱无从索取，祖人迁徙活动及辈名世录无据可考。父亲王玉春1938年在原乡参加八路军，转战南北，曾立不少战功，参加平津战役等，1952年参加抗美援朝战争，1954年回国，驻防亢家庄。1955年与亢家庄亢姓（母亲）结婚。1960年奉命参加新疆建设兵团，举家迁往新疆，在兵团任连长、营长及副团长等职，1969年退休合家回到亢家庄。1972年购置亢家庄亢姓房屋一处，随翻新，1986年换楼房两套定居泰州路小区，本人1975年下乡崂山县港东大队，两年后就业青岛电缆厂，弟弟1980年入伍，1983年复员就业青岛汽车修配厂。来亢家庄生息繁衍三代人。

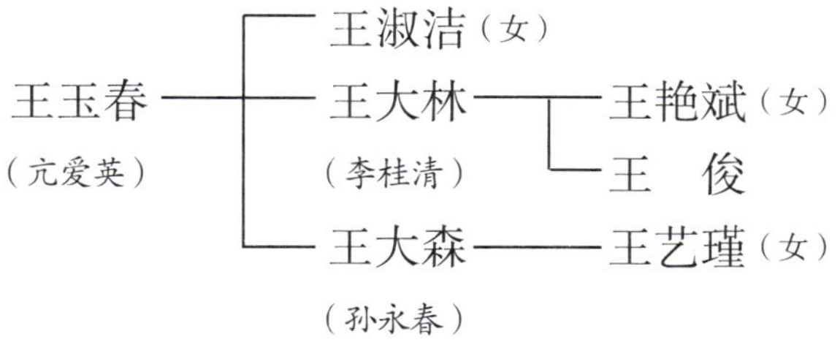

王姓：王化德

祖居青岛市城阳区棘洪滩镇棘洪滩村。据老辈相传，说不上哪个年代，本族从王家女姑迁入棘洪滩，族人流传一席顺口溜，但只记得其中一句，“女姑山下女姑村”，是对从女姑迁入的肯定。族姓有谱，在“文化大革命”年代被毁，故而姓氏来源及祖人的迁徙活动无证查考。又逢近年家乡城区改造，族人居住分散，嫡亲已疏，薄于往来，信息贫乏，辈名世录只记其中八辈，“守、正、克、德、作、继、承、维”，其余前不接后无序，现已衍至“继”字，亟待续辈。祖辈世代以农耕为业，父亲王克舜，母亲毛氏，生有四男一女。1958 年大哥王先德去黑龙江省虎林县支边，1960 年三弟王成德与妹王德英望奔大哥去了东北，逐成家定居外籍。四弟王胜德年纪尚小，与父母留守于乡，本人立志摆脱困境，1958 年考入青岛第十四中学，暂居姨家。1962 年初中毕业，就业青岛海运局船厂任材料员。1968 年与亢家庄闫秀香结婚入赘，暂住市北区太平镇。1976 年亢家庄大队批土地在原苹果园东盖房三间，1979 年改建村南房屋四间。1999 年村改分得楼房四处，定居于宜兴路小区。来亢家庄生息繁衍三代人（德、作、继）。

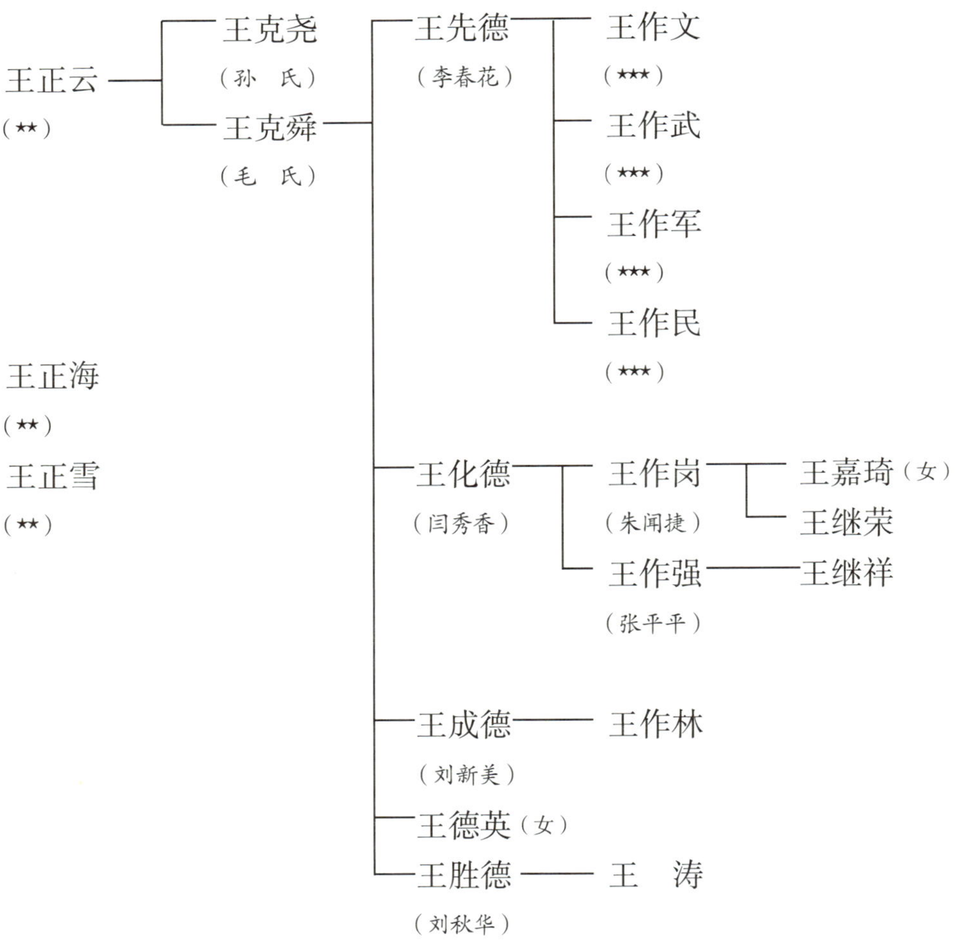

牛姓：牛锡刚

原籍青岛市流亭镇西果园，族人有谱但无法索取，姓氏来源无从查考，辈名世录昭穆无序，据《崂山县志》记载：祖籍云南，明永乐年间祖人随移民自云南迁徙至青岛城阳（原属即墨）落户，子嗣繁衍众多，明万历年间一支迁入西果园，一支迁移东果园，一支留守城阳。这一移居活动中后来流传有“破锅牛”之说。兄弟三人分家，合家只有一口锅，老人无资置买，而弟兄之间又不相让。老人一怒之下将锅摔碎，可巧摔成三块，老人决定每人一块拿去过日子吧，老大移居相邻一果园东，老三移居果园西，老二仍在原址。兄弟三人不欢而散。因家乡贫寒，实难度日，遂萌生出家闯荡寻计之念，1934年祖父牛根庆只身来到青岛，初居华阳路聚财里，以贩卖鲜鱼为业。1938年家乡遭日本入侵和土匪骚扰，祖母携两个姑姑前来相聚。1949年新中国成立后，祖父就业于青岛冷藏厂（原茂昌），父亲出生于青岛，1957年在青岛四中初中毕业，由街道分配到了山东省洪山矿务局淄博西河煤矿。1961年与亢家庄董姓结婚，遂入赘。1974年批土地盖房一处，1985年分得大信公司承建泰州路小区楼房一套，1996年村改换楼房定居扬中支路小区。来亢家庄生息繁衍三代人（裕、锡、光）。

五世 — 六世 — 七世 — 八世

- 牛根庆（王美琳）
  - 牛淑贞（女）
  - 牛淑珍（女）
  - 牛盛裕（董桂美）
    - 牛锡刚（兰琴芳）
      - 牛聪聪（女）
    - 牛锡惠（女）
    - 牛锡艳（女）
    - 牛锡强（高志亮）
      - 牛光耀
  - 牛锋裕（尚清英）
  - 牛成裕

牛姓：牛忠光

本族原居流亭镇东果园村。据《崂山县志》记载：祖籍云南，明永乐年间，祖人随移民自云南徙至青岛城阳落户，子嗣繁衍众多。明万历年间，一支迁入果园西建村，称西果园；一支迁移果园东，称东果园；一支留守城阳。这一移居活动流传有“破锅牛”之说。兄弟三人分家（时值何时何辈无考），合家只有一口锅，老人无资置买，而兄弟之间又不相让，老人一怒之下将锅摔碎，可巧碎为三块，老人决定每人拿一块各自过日子去吧。长一支居西果园，长二支居东果园，次支（与老人）留守城阳。2000年拓建流亭机场，将东果园迁至现青岛市城阳区华城路建立东果园社区。族人有谱但无法索取，姓氏来源无从查考。辈名世录：自明初始起至今应为二十余世。而今只十二世昭穆有序（清乾隆年间另立始祖），现已传至第十世。可见前期辈录有缺失，待考（见表43）。

祖辈世代以农耕为生，历来地乏人众，生计贫洗。父亲牛锡诚娶夏庄镇丹山村方氏明珍为妻，生有二子一女。1938年家乡被日军侵占，大肆抢掠，民不聊生。父亲不甘日伪肆无忌惮的横行，自发伙同血性青年欲与日寇争斗，并策划举行夺抢行动，而被伪保长告密，同年父亲被日伪杀害。

家境突变，子女尚幼，灾难落入母亲一人，只身除耕作自有二分土地外还帮他人干农活，为人洗、做衣服，冬闲时携子女背乡四处讨饭，倒卖针头、线布艰难度日。1945年姐姐牛彩霞与城阳港东村庄洁吉结婚。1949年6月，解放后分到了土地、房屋，生活方有着落。

1951年大哥牛信光就业于青岛耐火材料厂，同年与青岛啤酒厂职工李秀兰结婚成家。1952年大嫂生子，需人帮助，母亲携本人来市内，同居登州路54号青啤宿舍，自此合家相聚。时年本人就读西山路小学，后转入延安二路小学。1954—1957年就学青岛十六中学、青岛国棉六厂子弟学校高中部。1958年考入山东化工学院（现青岛科技大学）。1961年毕业分配于青岛乳胶厂工作。同年与青岛针织二厂职工王崇珍结婚。在厂期间曾任职生产经营厂长兼工程师、党支部书记等职。1963年迁入延安三路暂居。1969年分得镇江路房屋一套而定居。1987年，大信农工商公司与青岛乳胶厂联合办厂生产乳胶手套等制品，任厂长，进驻大信公司。1990年成为大信公司正式职工，任青岛华艺建筑材料有限公司副总经理、高级工程师。1994年任大信公司总工程师。定居泰州路9号楼，属亢家庄社区居民。生息繁衍三代（光、兆、居）。

辈名世录

表 43

高祖	二世	三世	四世	五世	六世
圣	永	世	德	庆	裕
用在中	用在中	用在中	用在中	用在底	用在底
七世	八世	九世	十世	十一世	十二世
锡	光	兆	居	明	伦
用在中	用在底	用在中	用在底	用在中	用在底

六世　七世　八世　九世　十世

- 牛伸裕（赵　氏）
  - 牛简松（女）
  - 牛锡诚（方明珍）
    - 牛彩霞（女）
    - 牛信光（李秀兰）
      - 牛兆义（李　君）
        - 牛　慧（女）
      - 牛兆林（郁友逢）
        - 牛　洁（女）
      - 牛爱玲（女）
      - 牛兆玉（乔占锋）
        - 牛　磊
      - 牛兆祥（罗芳凤）
        - 牛　硕
    - 牛忠光（王崇珍）
      - 牛　政（王　青）
        - 牛超卿
      - 牛　晨（王清云）
        - 牛笑天
  - 牛锡琪（纪　氏）
    - 牛金光（嵇常菊）
      - 牛兆安（孙爱华）
        - 牛旭东（王青远）
          - 牛睿娴（女）
    - 牛淑珍（女）
  - 牛品竹（女）
  - 牛腊梅（女）

兰姓：兰心栓

族人谱序于1966年“文化大革命”时焚毁失传。姓氏来源无据可考，据家尊言传，明永乐年间本族人随移民自云南大槐里头徙入山东省即墨县王村北落户，后来人丁旺盛立村称兰家北，至今600余载。父亲兰京涛（十八世）因生活贫困，迫于无奈于1934年自原籍来到此地谋寻生计，始初在村北张姓房屋暂居，以红白事赁差、鼓乐手为业。1939年母亲携姐迁来相聚，随移居村里亢姓房屋。1956年加入亢家庄工农联盟农业社、浮山人民公社、青岛大信农工商公司，1965年在驻村四清工作队和生产队领导共同努力下，经上级主管部门批准批下了亢家庄第一块可耕地为宅基，盖起了自己的房屋。2000年村改兑楼房定居于金坛路小区，是较早来亢家庄的外乡人。来亢家庄至今生息繁衍三代人（京、心、孝）。

- 兰京涛（于秀花）
  - 兰秀英（女）
  - 兰秀芳（女）
  - 兰秀芝（女）
  - 兰心拴（袁秀琴）
    - 兰孝先（蔡凤苓）
  - 兰爱云（女）

刘姓：刘升起

明朝永乐年间，本族先祖自云南（详址无考）随移民迁徙来此，与其他姓氏聚建海泊村（今海泊河公园）。1899年德占青岛时期，为建水源地，强征海泊村，村民各自弃家投奔他乡，本支刘姓迁往西吴家村落户，其中长支迁入东吴家村，另有支派迁往韩哥庄（今中韩镇），刘氏族谱仅存一本不幸在“文化大革命”期间遭遇焚毁，闻族老言传，只知本人为20世，自父辈序后七世辈名详明（永、升、书、理、家、风、远）。1957年本人初中毕业就业于青岛橡胶制品厂，1958年与亢家庄亢姓结婚，1967年入赘，1985年分楼房（泰州路）一处，2000年村改换楼房定居宜兴路小区，来亢家庄生息繁衍三代人（升、书、理）。

十九世 二十世 二十一世 二十二世

- 刘永汉（王　氏）
  - 刘升起（亢桂美）
    - 刘宗书（徐华勤）
      - 刘理平（女）
    - 刘洪书（李淑莲）
      - 刘舜舜（女）
    - 刘爱书（女）

刘姓：刘序青

祖籍山东省龙口市（黄县）北马镇河抱村，1934年父亲刘殿濬（14岁），由原籍去北京就读中学，1943年毕业于中国北京法商学院财经系，时年来青就职青岛朝鲜银行从事会计工作，1945年与张姓（母亲是青岛合兴利农副土产进出口公司董事长张恩堂女儿）结婚，初居住登州路，1947年转职青岛山左银行，1949年新中国成立，青岛诸银行相继解散，到合兴利公司从事财务工作，1952年去济南经商，1954年回青就业于青岛针织品公司任会计。1955年来亢家庄东岭圻自盖房屋开办养鸡场（亢家庄临字10号），1957年响应政府号召干部下放农村，遂来亢家庄加入工农联盟农业社、人民公社，70年代在村里盖房多处，1996年村改换楼房定居金湖路、扬中支路、金壇路小区。因久离乡籍，族谱难觅，姓氏渊源元据可考。至今生息繁衍三代人（殿、序、*）。

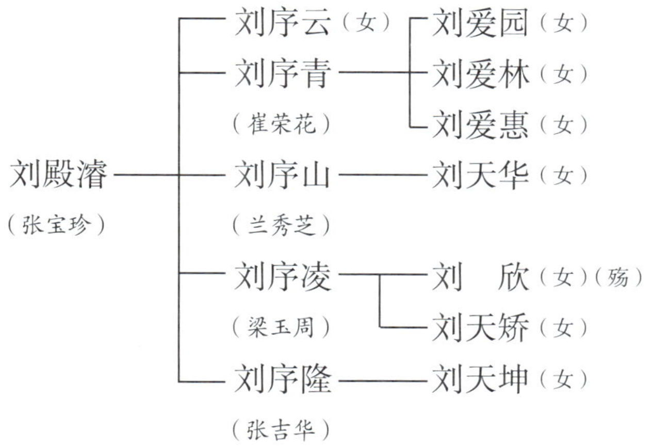

刘姓：刘举泉

祖籍山东省即墨县店集重疃村，因久离乡籍，嫡室淡往，族人有谱无法索取，姓氏来源及迁徙活动无据查考。祖父刘云斌1925年携家眷来青谋生，初住西镇莘县路，以打零工维生，1936年移居台东六路开磨房，1942年到亢家庄，始栖身前街亢姓房屋，租地种菜兼贩卖蔬菜为业，由于勤耕细作，经营得法，生计逐盛，转贫有蓄。1954年购置东崖亢姓土地0.5亩，1956年加入亢家庄工农联盟农业社、人民公社。70年代建置自有房屋多处，1996—2000年村改换楼房定居于宜兴路、泰州路小区，至今生息繁衍四代人（云、安、举、复），是来亢家庄较早人口较多的外乡人之一。

- 刘云斌（于　氏）
  - 刘桂香（女）
  - 刘安富（张淑华）
    - 刘秋英（女）
    - 刘君利（女）
    - 刘维贞（女）
    - 刘永秀（女）
    - 刘文革（女）
    - 刘巧燕（女）
    - 刘举泉（陈　玮）
      - 刘复铭
  - 刘安贵（胡秀兰）
    - 刘春萍（女）
    - 刘　杰（女）
    - 刘　岩（女）
    - 刘　娟（女）
    - 刘举胜（唐　英）
      - 刘奕欣（女）
  - 刘安吉（李爱仙）
    - 刘　文（女）
    - 刘　芳（女）
  - 刘福香（女）
  - 刘安祥（纪玉玲）
    - 刘　清（女）

刘姓：刘清岗

原籍山东省平度市高旺山村，祖父刘文泽于1947年独自一人闯荡青岛，以打零工为生，始居台东镇南仲家洼，青岛解放后就业青岛造船厂。1954年祖母携子女来青相聚，只父亲刘英瑞留在原籍，1965年叔父刘英章顶替祖父进厂，姑姑们相继就业出嫁。1957年父亲在原籍入伍，1963年与李家下庄李姓（母亲）结婚，1969年复员转业青岛染织厂（原阳本染织厂），经上级审批，同年举家来到亢家庄，家属加入亢家庄农业社，1970年批土地盖房一处，1996年村改换楼房定居扬中支路小区，来青岛至亢家庄生息繁衍四代人（文、英、青、*）。因久离乡籍，嫡亲已疏，族谱无法索取，祖人迁徙活动查考无源，辈名世录前不计后无续。

- 刘文泽（盛月英）
  - 刘英瑞（李瑞花）
    - 刘清岗（孟爱华）
      - 刘昊阳
    - 刘红卫（女）
    - 刘卫青（女）
    - 刘青峰（刘　玥）
      - 刘彧菲（女）
  - 刘英章
  - 刘桂芝（女）
  - 刘桂荣（女）
  - 刘桂芳（女）

刘姓：刘建国

原籍山东省胶县（胶南市）楼子底村，族人觅族谱无果，姓氏来源无从查考。因家乡遭遇荒年，又值日军骚乱，祖父刘焕彩为避难于1938年携妻小望奔同乡来到亢家庄北园，租房暂居，以租地种菜为生。因耕种得法，经营有方，经济逐渐好转，便购置房屋一处，父亲刘星堂1951年与万姓（母亲）结婚。1956年加入亢家庄工农联盟农业社、人民公社，70年代经生产队批土地盖了新房，1996年村改时换楼房定居于扬中支路小区，是迁入较早的临县人籍之一，来亢家庄至今生息繁衍四代人（焕、堂、建、汉）。

- 刘焕彩（郭　氏）
  - 刘义堂（乔桂兰）
  - 刘星堂（万淑云）
    - 刘新华（女）
    - 刘春华（女）
    - 刘建国（迟秀颜）
      - 刘姝含（女）
    - 刘青华（女）
    - 刘建军（王文竹）
      - 刘　鹏

安姓：安丰祥

祖籍山东省莒县安令村，父亲安汝迁1946年因生活无计自原籍辗转来此，给亢姓打长工，因为忠诚能干，雇主便长期留存下来，新中国成立后给予户口登记成为亢家庄村民，1956年与雇主一起参加亢家庄工农联盟农业社、人民公社、青岛大信农工商公司，其间还担任生产队长、民兵和贫协干部。1957年经人介绍与丁世芳（母亲）结婚，70年代生产队批土地建盖了房屋。1993年村改换楼房定居于亢家庄如东路小区。至今生息繁衍三代人（汝、丰、*）。因久离乡籍，族谱难觅，故姓氏来源无考，辈名世录不能接续。

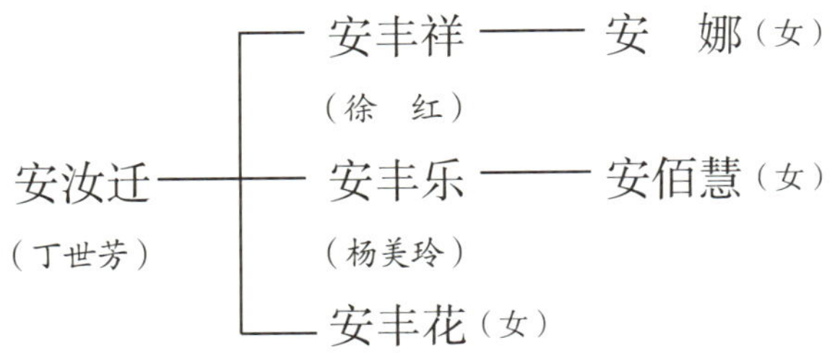

陈姓：陈瑞

祖籍山东省胶县官庄，祖父陈和久欲摆脱困境于1938年独自试探先行来青岛图谋生计，初在吴家村落脚，父亲陈世文携妻小于1939年望奔而来，从事搬运工作，同年迁入亢家庄东北圻（本村与吴家村、田家村地域临界处）租房暂居，租田家村土地以种植蔬菜为业，1945年便买下该地块盖房定居。祖父及父母于1962年前相继而逝。本人1958年与张姓结婚，同年加入浮山人民公社，成为亢家庄生产大队社员，1982年本人服从大队安排，就业于青岛丝织厂，现已退休。至今生息繁衍五代人（单字、世、单字、增、单字）。因久离乡籍，与同室已无接续，族谱难觅，姓氏渊源无考。

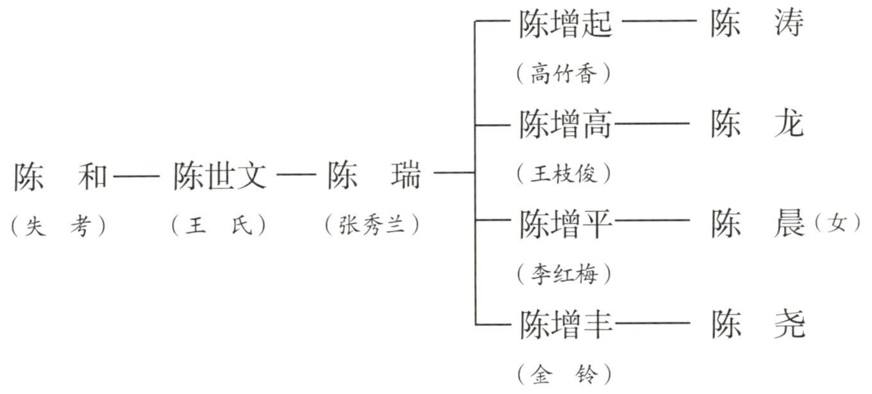

陈姓：陈智

原籍山东省胶州市张应镇官庄村，陈姓占村中百分之三十左右。因离乡年久，嫡亲已疏，族谱无法索取，故姓氏来源及祖人迁徙活动无法查考，辈名世录前不知，后无续。在原籍时地无几垅，家境贫寒，如遇荒年，生计不保。父辈开设油坊维生，生活得以维持。1938 年日寇入侵大肆掠夺，土匪不时骚扰，政府收缴榨油费，拿不上打则轻，还抓人顶税，无奈之下，父亲陈仕俭伙同几位叔兄弟连夜携全家逃奔青岛，在吴家洼（吴家村、田家村和亢家庄插花地片）处，租了田家村田公杰土地，先在地头搭起土房栖身，以种植蔬菜为业，由于善耕宜植，经营得法，遂弃贫转蓄，人口逐年增多，在原地盖起了普通四合院，家境日上。父亲对耕畜颇有经验，四村八疃慕名相邀帮助，故人际交往甚众。1956 年参加工农联盟农业社隶属田家村，1959 年变更浮山人民公社转属亢家庄大队。本人 1956 年入伍，1963 年与亢家庄逄姓结婚，1964 年退役，转业青岛建筑公司，其间自 1956 年开始弟兄姊妹相继就工，先后各自移居市区。1960 年在原地增盖房屋三间，1981 年批土地盖房屋四间，1995 年兑换楼房三套定居于连云港路小区。来亢家庄生息繁衍四代人（仕、单字、增、单字）。是亢家庄迁入较早的外籍大户之一。

- 陈仕俭（刘　氏）
  - 陈　礼（贺玉琴）
    - 陈建林（刘进萍）
      - 陈　超
    - 陈建华（女）
    - 陈立华（女）
    - 陈中华（女）
  - 陈　智（逄淑惠）
    - 陈增健（王中霞）
      - 陈晓彤（女）
    - 陈增强（王琳琳）
      - 陈　辰（女）
  - 陈　敏（刘素欣）
    - 陈增涛（陈　伟）
      - 陈梓瑞
    - 陈红梅（女）
  - 陈桂芳（女）
  - 陈　杰（王凤珍）
    - 陈增磊（吴文华）
      - 陈　程
    - 陈　欣（女）
  - 陈　斌（夭折）
  - 陈　良（张秀芳）
    - 陈予红（女）

陈姓：陈崇明

原籍山东省即墨县小窝村，族人原籍有谱难索，姓氏来源无据可考。因家境贫寒，父亲陈显金久谋脱困，传闻青岛是谋生最佳去处，于1943年独身闯荡青岛来到亢家庄，始初在洛姓家栖身，1944年将妻小接来团聚，移居亢家庄西果园。以打卯子工（无固定职业的短工）维持生计，新中国成立后转为青岛市运输队。1957年购置王姓房屋移居北菜园，1958年母亲李桂兰参加亢家庄工农联盟农业社、人民公社、青岛大信农工商公司。本人在青岛海运公司工作，1968年与韩姓结婚，1996年村改兑楼房定居于扬中支路小区。来亢家庄至今生息繁衍四代人（显、崇、本、正）。

陈显金—陈崇明
（李桂兰）（韩秀芳）
- 陈本祥（李 咏）—— 陈正祺
- 陈莉娟（女）
- 陈本瑞（高 欣）—— 陈正升

陆姓：陆学正

族姓有谱，因乡籍族人多已散居，无法觅索，姓氏来源查考无证。祖籍山东省高密县城东黄山营。由于家境贫寒，父亲陆明俊不甘苦度，年仅15岁于1924年来到亢家庄北园租房落脚，以租地种菜为业，由于善耕细作，营销有方，扩大规模。1936年同族陆学信由其父闻讯携妻小自胶县大王庄投奔而至，开始做小生意，后租地种菜。该姓是迁入亢家庄北园发展蔬菜业较早的，也是人口较多的外乡人之一。1956年一起加入亢家庄工农联盟农业社、人民公社、青岛大信农工商公司，来亢家庄至今生息繁衍四代人（明、学、兆、孟）。

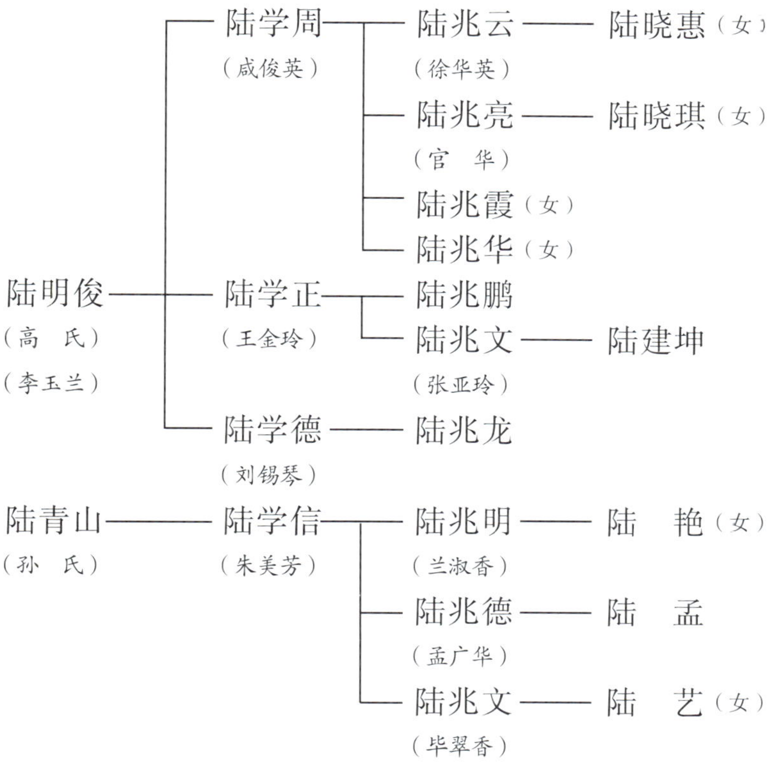

宋姓：宋兰德

祖籍山东省莒县黄埠村。因累年遭荒，祖父宋连奎为谋生计担小携妻于1926年自原籍徒步辗转来到亢家庄，村尊老者见其善良遂动怜悯之意，帮助安置北园租房暂居，以租地种菜为业，由于能植善耕，经营有方，家业发展很快，弃贫转蓄，1943年购置土地三亩余，除耕蔬之外，大力发展畜业，并建盖房屋六间，成为迁入较早的外籍世居村民。1956年加入亢家庄工农联盟农业社、人民公社。1996年村改换楼房定居于扬中支路、金坛路小区，至今生息繁衍四代人（连、光、兰、志）。因离乡年久，嫡疏亲远，乡音不接，族谱无的索取，姓氏来源无据查考。

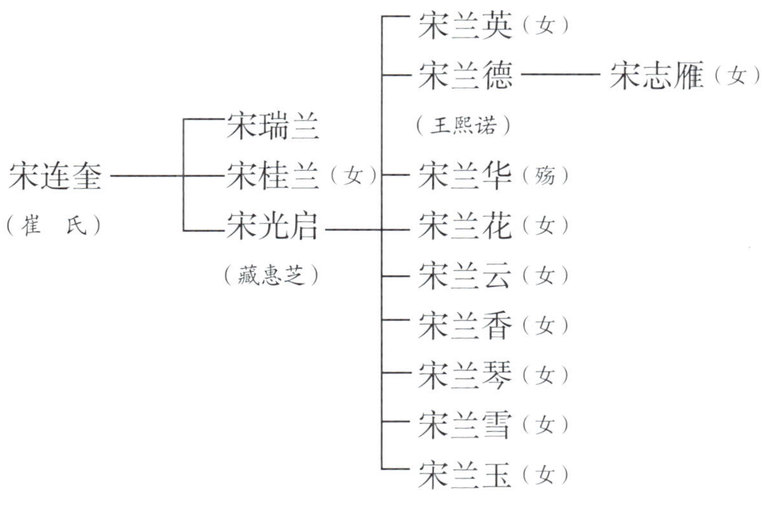

宋姓：宋思江

祖籍山东省即墨县南泉镇，祖父宋啟方不甘清贫于1919年携妻小由原籍迁来亢家庄北园另谋生计，暂租房栖身，以租地种菜为业，由于阖家努力耕作，经营得法，家业发展较盛，遂父辈三人相继成家，子嗣繁续较多，是第一个迁入北园地片的外乡人，也是亢家庄人口较多的姓氏之一，属亢家庄世居村民。1956年加入亢家庄工农联盟农业社、人民公社。70年代经生产队批土地盖房多处，1996年村改换楼房定居于扬中支路小区，因久离家乡，嫡亲已疏，族人有谱而索取无的，姓氏来源无据可考。至今生息繁衍五代人（啟、正、思、成、万），只知祖父世录为十四世。自“万”字后续命名8辈世录至二十五世（见表44）。延传后人之用。1926年在青岛市四方区西吴家村本姓族人落户数家。

辈名世录

表44

十四世	十五世	十六世	十七世	十八世	十九世	二十世	二十一世
啟	正	思	成	万	贵	德	胜
二十二世	二十三世	二十四世	二十五世				
吉	古	再	香				

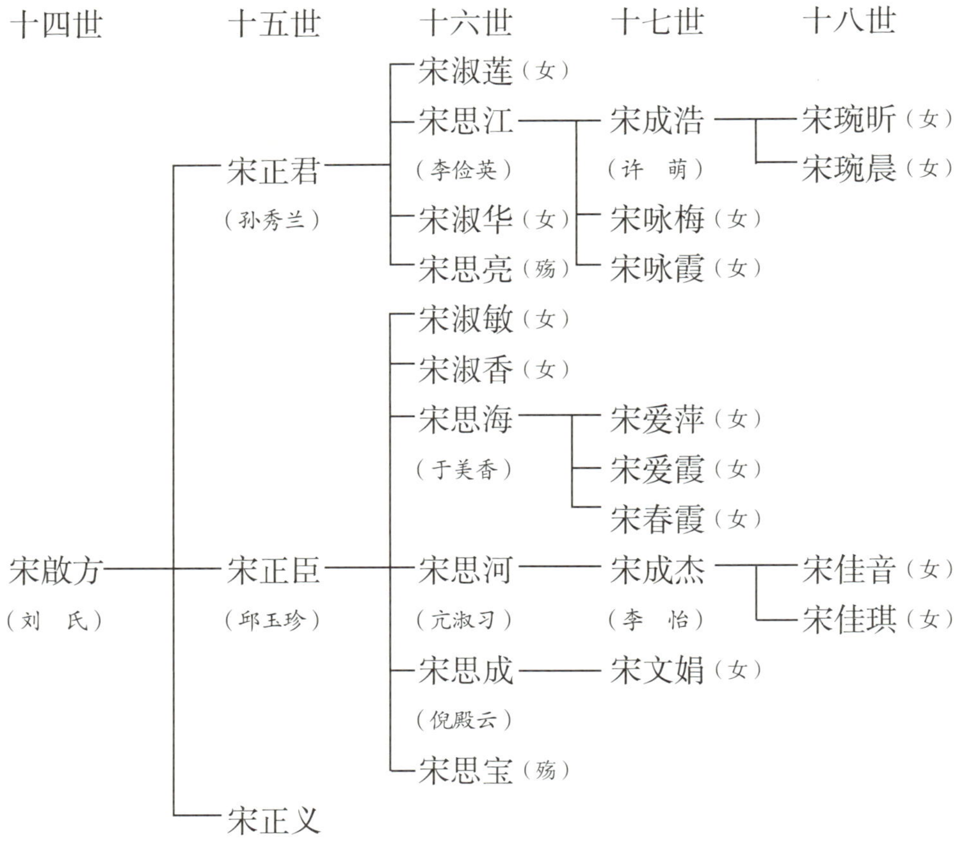

吕姓：吕建伟

祖籍山东省莱西市大埠人村，世代以农耕为生，祖父吕星斋因不甘贫寒，于1946年独自一人来青岛谋生，在南山粮食市场（今桑梓路）以贩卖粮食为生，开始租房暂居。中华人民共和国成立后，1951年祖母孙淑欣在乡籍度日艰难，便携父亲、姑姑及叔父四人望奔祖父来青团聚，居住第一海水浴场板房。1953年公私合营祖父成为青岛市粮食局正式职工，祖母是青岛第二粮库职工，合家迁居台东区滨县路52号粮食局职工宿舍。父亲吕国瑞于1951年就读顺兴路小学，1963年在青岛第十六中学高中毕业后，就工青岛第三建筑公司木工，后晋升技术员、工程师。母亲张秀欣是本村农业社社员（后就工石油管道局）。1969年父亲与母亲结婚遂入赘。1976年分土地盖房三间。1993年村改换楼房定居如东路小区，1994年父亲在山东路遇车祸离世。来亢家庄生息繁衍三代人。族人久离乡籍，嫡亲已疏，族谱无法查寻，姓氏来源及祖人迁徙活动无据可考，辈名世录上不接下无续。

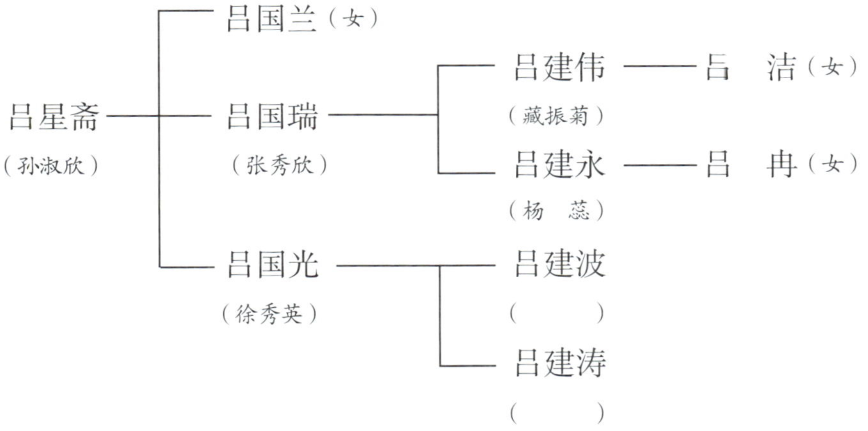

张姓：张作玉

族人久离乡籍，嫡亲已疏，族谱始有而后则失，姓氏来源无从查考，祖籍山东省高密县南渠村。清光绪三十二年（1906年）祖父张泽瑞携妻小自原籍徙往辽宁省丹东市乡区务农谋生。“九一八”事变后，日本侵略军大肆骚虐百姓，无奈之下于1932年全家辗转来到亢家庄北园租房栖身，以租地种菜为业，因父辈五个家庭，人手众多，齐心协力，种植经营得法，逐渐形成规模，1949年前已购土地盖房多处，子嗣延续较多，在亢家庄当称外籍迁入较早的姓氏大户之一，已成为亢家庄世居村民。1956年参加亢家庄工农联盟农业社、人民公社，70年代生产队批土地盖房多处，1996年村改换楼房定居于扬中支路，来亢家庄至今生息繁衍五代人（泽、衍、作、慕、聿）。

- 张泽瑞（聂　氏）
  - 张延发（丹东市）（失　考）
  - 张衍福（韩桂兰）
    - 张作明
    - 张作良（辛珍华）
      - 张慕乐（兰永春）
        - 张聿琪（女）
      - 张红红（女）
    - 张淑惠（女）
    - 张作升（殇）
    - 张淑美（女）
    - 张作臣（陈美兰）
      - 张慕刚（刘　宁）
        - 张聿斌
  - 张衍生（于秀英）
    - 张作君（丁美菊）
      - 张风波（女）
    - 张淑云（女）
    - 张环嫚（夭折）
    - 张淑香（女，夭折）
  - 张衍财（聂淑清）
    - 张作山（国秀琴）
      - 张风英（女）
      - 张慕江（殇）
      - 张慕强（孙维香）
        - 张聿美（女）
      - 张慕海（吕子真）
        - 张聿铭
    - 张作宝（王瑞芝）
      - 张　雪（女）
      - 张慕杰（朱翠芹）
        - 张聿韦
      - 张洪蕊（女）
      - 张红霞（女）
    - 张作岭（王秀英）
      - 张　涛（钟淑英）
        - 张聿洋
    - 张作森（曲秀芹）
      - 张慕贤（董星菊）
        - 张雅雯（女）
    - 张作霖（迟爱玲）
      - 张　昆（女）
    - 张作宏
  - 张衍贵（刁玉兰）
    - 张作玉（王美珍）
      - 张慕欣（胡学青）
        - 张聿筎（女）
      - 张慕强（王　燕）
        - 张子矜（女）
    - 张顺英（女，夭折）
    - 张秀花（女，夭折）
    - 张作祥（满宗君）
      - 张慕华（王　燕）
        - 张聿濠
  - 张衍德

张姓：张中修

据浮山所志载：据传张姓为浮山所“十三户”之一。又据后人述：祖先张捷由云南大槐树底下来浮山所，为浮山所“带刀指挥”。只因族谱在日德交战时失毁，实则已无考证。但张姓所保留世俗与十三户相同，再者依张姓祖茔分布之广，数量之多也足以证明距今早矣。由其“宗谱”抄件记录：约在明末清初时期人丁较盛，而后期人籍稀疏故因所然，无从查究。据亢家庄张姓述：以往每逢过年（春节）除夕晚，族人伙同到浮山所张立忠家拜宗，当年故世人要去往“宗谱”（轴）上名，可见浮山所张姓支派为长。祖茔布于荒草庵，麦岛北岭，浮山所大石山和十亩地，亢家庄设于村西南赶牛道西侧。清道光年间（1820—1830年）浮山所张成文、张成礼（十四世）随父携眷属来亢家庄，自盖房屋与闫姓岔居村西，购置土地以农耕植蔬为业，因子嗣繁衍较多，是亢家庄最早的四大姓氏之一。数年来族人职业多样化，1956年大部分参加亢家庄农业社、人民公社、青岛大信农工商公司至今，生息延续七代人（成、永、玉、立、中、启、悦），下续“兆、明、仁、川”。

十四世　十五世　十六世　十七世　十八世　十九世　二十世

- 张成文（失　考）
  - 张永福（失　考）
    - 张玉全（苏　氏）
      - 张立太（苏桂芳）
        - 张中德（徐珍英）
          - 张淑仙（女）
          - 张淑爱（女）
          - 张爱志（女）
          - 张启业（乔俊昕）
            - 张宏睿
        - 张中兴（颜葵兰）
          - 张爱敏（女）
          - 张爱华（女）
          - 张启亮（陈秀云）
            - 张　婷（女）
          - 张启健（陈洪竹）
            - 张　俊
      - 张立平（王秀兰）
        - 张中海（辛文月）
          - 张启荣
          - 张启跃（闫　欣）
            - 张晓晨（女）
          - 张启风
        - 张中江（关顺来）
          - 张启文（张　云）
          - 张　君（女）
        - 张中和（薛秀珍）
          - 张启涛（全　葵）
            - 张锦城
          - 张启魁（仇立梅）
            - 张馨月（女）
          - 张　辉（女）
        - 张中川（李风英）
          - 张惠玲（女）
          - 张启龙（王春玉）
            - 张传世
          - 张启源（刘　萍）
            - 张筱莹（女）

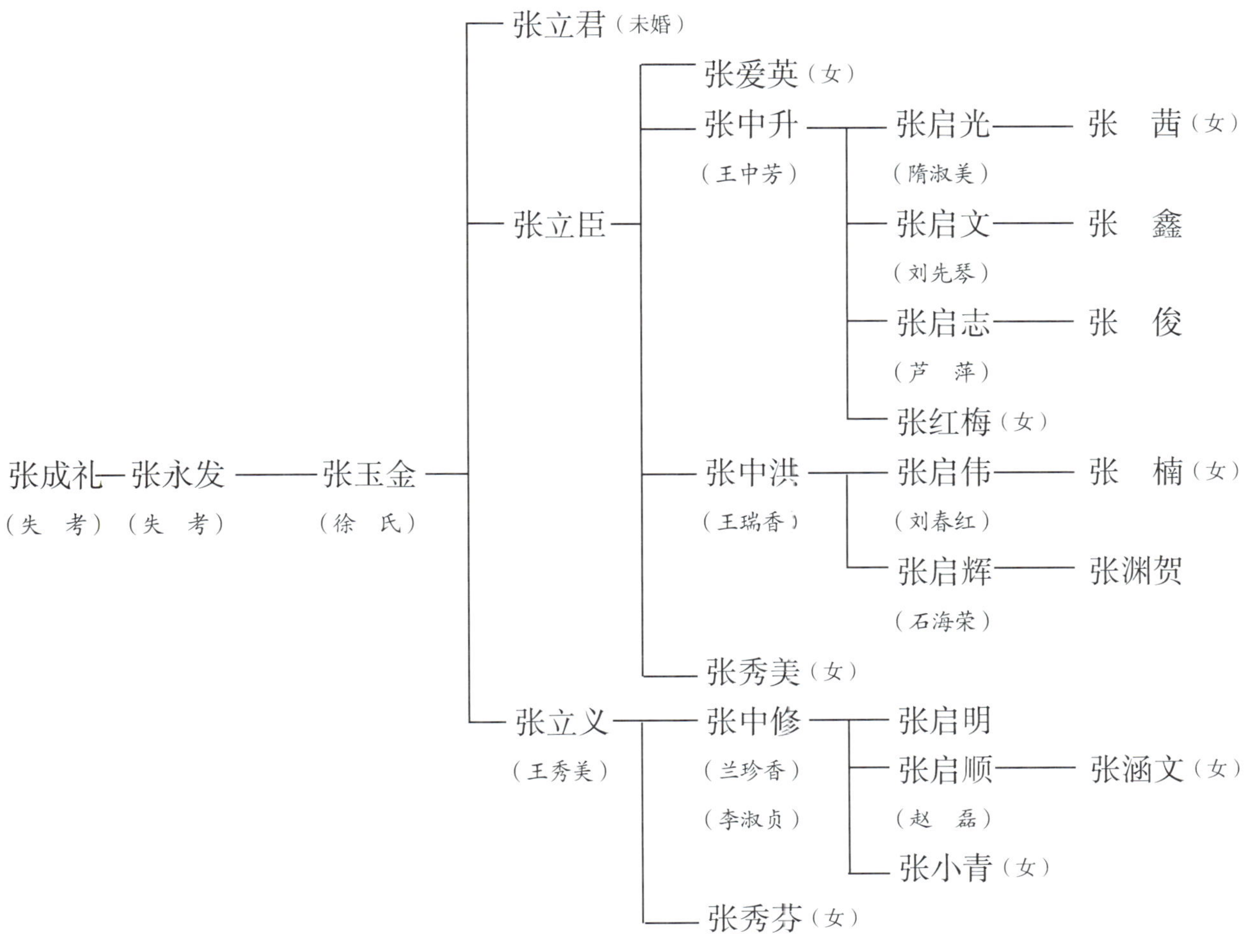

张姓：张守云

祖籍山东省日照县平台村，父亲张传梓15岁（1934年）随父到朝鲜平壤市学理发，后来贩卖青菜为生，母亲路奎艳与父同乡，出生于朝鲜，1943年在朝鲜与父结婚。1951年美国和韩国发动对朝战争，为减轻老百姓伤亡而疏散人口，1952年父母携子女由国家安排自朝鲜来至亢家庄落户，给予了土地耕种和房屋栖居，1960年参加了亢家庄人民公社，20世纪70年代生产队批土地盖了多处房屋。1993年村改兑楼房定居于如东路小区。来亢家庄至今生息繁衍四代人（传、守、永、念）。因久离乡籍，族谱难觅，族姓来源无考。

- 张传梓（路奎艳）
  - 张守峰（女，殇）
  - 张守检（女）
  - 张守云（袁惠君）
    - 张永洁（刘 欣）
      - 张念卓
  - 张守连（王桂花）
    - 袁玉婷（女）
  - 张守春（女）
  - 张守珍（女）
  - 张守柱（宋云霞）
    - 张 惠（女）

张姓：张连奎

祖籍山东省淄博市张店区铁冶村，村中四大姓氏，每一个姓氏都居住相邻，各占据一方，自然形成一个聚落，该村由四大聚落组成，张姓在村庄布局中最边缘，在其中两姓中间，当地俗称“张家夹子”。闻族尊者言传，先祖于明代永乐年间自云南嘎嘎县大槐树里头随移民迁徙至原籍落户。族谱始有，后未续修，大多遗失，而今无法觅索，姓氏来源无从查考，辈名世录前后不详，只知近代几世。父亲张宝坤17岁不甘家乡困境，正值日本入侵，决意闯荡青岛，寻觅新生，于1938年独自一人来到青岛，奔望亲戚（姨夫）家，始居吉林路（原小鲍岛），经人介绍在一家私营汽车修理厂当维修工。1951年合并到青岛四八〇八厂成为正式职工，同年本人随母迁来与父相聚，1959年就业台东区医院（现青岛骨伤医院）成为医生。1963年与亢家庄亢姓结婚遂入赘。1972年批土地盖房一处，1985—2000年村改换楼房定居于宜兴路、泰州路小区，来亢家庄生息繁衍三代人（宝、连、吉、效）。

- 张宝坤（毕秀英）
  - 张连奎（亢桂英）（郭旭光）
    - 张凯吉（陈妍彬）
      - 张效良
    - 张 岩（女）
    - 张鹏吉（徐 蕾）
      - 张效天
  - 张连华（范伟庆）
    - 张顺吉（高淑芹）
      - 张 泽

张姓：张成全

祖籍山东省诸城县北朱解村，祖父兄弟六人，因家乡地少房疏生活拮据，为求谋生，各自奔走他乡。1925—1930年其中有四人先后去了天津和关东，1936年五祖父先来青岛，以拉大车为生，只祖父张桂田全家在原籍与曾祖父母在一起，1940年父亲三岁，祖母去世，祖父将大伯留在原籍与老人相伴，便携子女四个一起望奔青岛五祖父家，始在海泊桥栖身，后移居陵县路，最后在芙蓉山落居，祖父以打零工维持生计。1942年大伯16岁在家乡参加八路军，南征北战，经过多次战役，立过不少战功，后转业南京，又转江苏邳县，在企业退休。1951年父亲张志宣小学毕业便从事工作，初在军属手套厂，转白铁厂，最后调到青岛针织三厂。1962年与亢家庄张姓结婚，1972年批土地盖房一处，遂入赘。1996年换楼房定居扬中支路小区，来青岛至亢家庄生息繁衍四代人（桂、志、成、*）。家乡已无嫡亲，族谱无的索取，祖人迁徙活动无从查考，辈名世录前无继后无续。

- 张桂田（刘 氏）
  - 张志刚
  - 张志兰（女）
  - 张志宣（张爱英）
    - 张秀琴（女）
    - 张兆夏（女）
    - 张青文（女）
    - 张清华（女）
    - 张成全（柳春芝）（贺艳华）
      - 张笑寒（女）
      - 张 贺（女）

张姓：张作合

祖籍山东省高密县大兰村。据本族尊长言传，明初自山西省洪洞县大槐树随移民迁至山东省高密县柴家庄落脚。将随身携带三代宗亲骨灰葬定张家茔，后不知何年迁入大兰村。1933年祖父张家声携妻小自原籍徙来青岛谋生，初栖台东四路，以开磨坊为生，父子四人协力操作买卖，生意仍未达愿，再者资本单薄难以拓展，加上居住条件有限，境况窘迫，生计实难维持，1942年阖家来到亢家庄，租房暂居。除继续做生意外，又租地种菜，四叔父到青岛第二棉纺织厂（1916年日本建内外棉纱厂）做电工，家境逐年好转，弃贫转蓄。1945年在东南崖地片购地自建房屋安居，1952年四叔响应国家分配，自原厂携眷属调往北京援建国棉厂，1956年父辈三人加入亢家庄工农联盟农业社，人民公社，1996年村改换楼房定居于扬中支路小区，至今生息繁衍五代人（家、勤、作、本、修）。是来亢家庄较早，人口较多的外县姓氏之一。因离乡年久，本族大部迁往东北，嫡亲已疏，族谱失传，辈名世录无考，姓氏来源考查无源。族人传承亟待续正。原籍本姓族人正在重修族谱，将“光”字辈作为始祖，先以原十四辈为基准，待后续完美为期（见表45）。

辈名世录

表 45

始祖	二世	三世	四世	五世	六世
光	宗	耀	祖	万	家
用在中	用在中	用在中	用在中	用在中	用在中
七世	八世	九世	十世	十一世	十二世
勤	作	本	修	德	孝
用在底	用在中	用在中	用在中	用在中	用在中
十三世	十四世				
为	先				
用在中	用在中				

六世　七世　八世　九世　十世

- 张家声（杜　氏）
  - 张温勤（李桂芹）
    - 张秀欣（女）
    - 张作合（王淑芳）
      - 张本继（陶建英）
        - 张云泽
      - 张本续（侯亚男）
        - 张馨仪（女）
    - 张秀芳（女）
    - 张玉贞（女）
    - 张爱国（殇）
    - 张淑华（女）
    - 张作智（陈瑷珮）
      - 张雪珺（女）
  - 张德勤（赵兰玉）
    - 张作义（张立荣）
      - 张　伟（女）
    - 张秀华（女）
  - 张连勤（高敬娥）
    - 张秀珍（女）
    - 张秀兰（女）
    - 张作信（亢永娟）
      - 张馨元（女）
    - 张作来（王　玲）
      - 张　帅
  - 张玉勤（亢秀芬）
    - 张晨明（贺桂英）
      - 张　萍（女）
      - 张　勇
    - 张泉成（武常昆）
      - 张　津
    - 张国华（女）
    - 张文华（女）

张姓：张传宗

原籍山东章丘县，祖父张万东，祖母崔顺田（诸城县人），在原籍成婚，地无几垅，房舍简陋，家境贫寒，生活拮据，1952 年土地改革时分得土地几亩，生活方得转机。1954 年祖父不幸暴病而逝，时年姑姑张继兰七岁，父亲张建国不满周岁，祖母原本体弱患疾，生计无法料理，无奈之下，祖母携姑姑和父亲两人弃家望奔太姥姥家来到青岛，始初在南仲家洼栖身。突然增加三人的太姥姥家也难以接济。1957 年全家迁来亢家庄北园，初居亢姓的菜园屋，其间在生活上也曾受到舅外公崔巍（电影明星）家的照应。1958 年经官批全家加入了亢家庄农业社，生活便有了着落，经济逐年转贫有蓄，1978—1982 年批土地盖房两处，姑姑和父亲各有了自己的房屋，1980 年父亲与母亲结婚，1996 年村改换楼房定居扬中支路小区。来亢家庄生息繁衍三代人。因久离乡籍，嫡亲不接，族谱无法索取，姓氏来源及祖人迁徙活动查考无源，辈名世录不能接续。

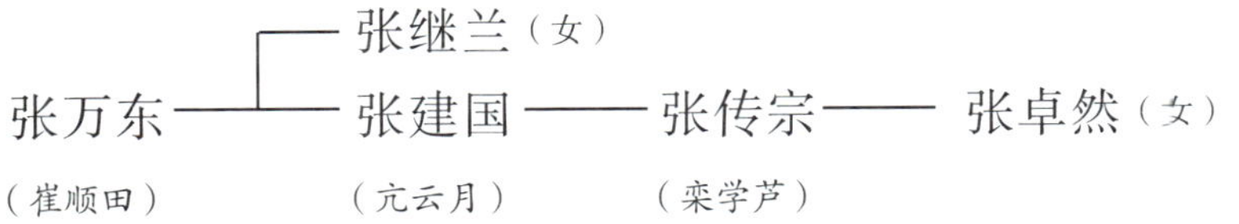

张姓：张鸣

祖籍山东省诸诚县，后族人迁齐河县晏城（时间无考），新中国建立后在原乡被聘小学教师，校方因学历不够而解聘。1954 年只身来青谋生，暂住威海路，同年到田家村购土地盖房开办养鸡场（属浮山所临字五号），1956 年随土地及生产资料加入浮山所工农联盟农业社，当年经社委会批准调入青岛仪表厂工作，1958 年与陈姓结婚，1960 年参加支援西藏建设队伍，1962 年回乡支援农业生产，来亢家庄插队落户。70 年代批土地建盖新房安居，成为亢家庄村民，1996—2000 年村改换楼房定居于扬中支路、宜兴路小区，至今生息繁衍三代人。族人有谱在 1966 年被焚毁，故姓氏来源考查无据。

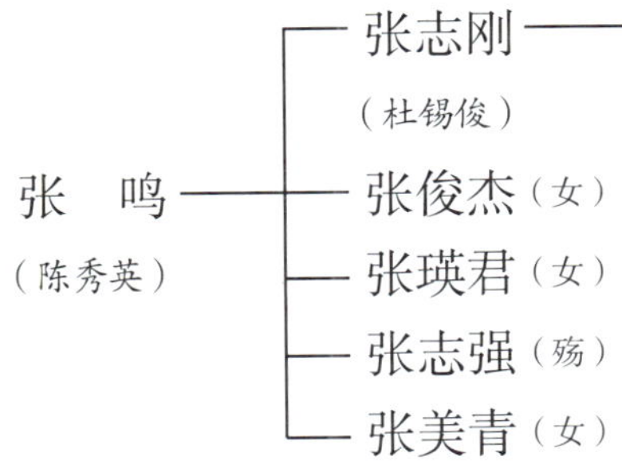

张姓：张勇

原籍山东省文登县大水泊镇张家产村，早离乡籍，嫡亲不接，族人有谱而无法索取，祖人迁徙活动及辈名世录无据查考。父亲张杰农家出身，1936年18岁在原籍参加八路军，初在山东胶东地区情报局，后转地下工作，1945年调野战部队，南征北战，屡立战功，主要参加长沙埠、英灵山等大战役，与战斗英雄任常伦同一部队，父任连长，任常伦为排长。父亲在原乡与于氏结婚有四子，至今音信不接。1949年6月2日青岛解放，父亲随部队入城接管青岛广播电台，任副台长，住单身，后在利津路派出所任所长。1959年转业青岛机床厂，1963年调青岛电线厂（青岛电缆厂）。1953年与前妻离婚。1954年与母亲袁姓（与原夫已生一男一女）结婚，本人1956年出生，身下一妹，1972年本人顶替父亲进青岛电缆厂。1980年与亢家庄亢姓结婚。1985年分得大信公司泰州路楼房一套，来青岛至亢家庄生息繁衍三代人。

张　杰（于　氏）（袁桂兰）
- 张德兴
- 张德英
- 张友谊
- 张德清
- 王瑞芹（女）
- 王元成（赵荣莲）
  - 王　倩（女）
  - 王　静（女）
- 张　勇（亢淑敏）
  - 张慧君（焦　扬）
- 张瑞霞（女）

张姓：张巨波

本张氏族人，可溯自战国时期的晋阳（今太原西南），为北魏平东将军、营州刺史张伟，先祖繁衍于此，几经兴衰，近千年来，多以军、吏为业，也为农桑。大体分布清河、太原、张城三地（今山西、陕西、山东等地）。

明朝永乐燕王扫北时，随军至山东省青州府诸城县逄戈庄驻守，眷属随之。清康熙年间，先祖张璐与刘统勋同朝为官，成为好友，并结为儿女亲家。其子张和与刘之女刘迎凤成为夫妻。后因刘（乾隆年间，1755年）被查勘巴黑坤哈密驻兵之事受到牵连，被免职。一年后，澄清后又任刑部尚书之职。张璐也复职调易地任官。本张姓早年族谱遗失，查考无渊。自清朝乾隆年间晚期重修，另立始祖。辈名世录由清乾隆年间大臣刘墉提供（刘墉是刘统勋之子），编为三十辈。定为三十代一轮回（见表46）。

并留下四句祖训：

为人天地忠孝信，做事正义礼廉耻，计利应计天下利，留名应留万古名。

张氏家族在诸城县逄戈庄白马社二甲生活近200年。1930年家乡逢大灾，生计无法接续，祖父弟兄五人决定闯关东，从龙口坐船到大连，后到吉林榆树歇脚，闻黑龙江满洲国为扩大疆域，招募百姓，推出跑马占地，不收税政策。旋即前往，在过松花江时，船翻遇难，其中两胞下落不明，剩下三弟兄经五常、珠河到延寿落脚，占了大片荒地，安居定家，生活转贫有蓄，土地不断拓展。但局势仍在日本统治之下。1945年日本投降得以光复成为解放区。

解放后父亲张士锋就工延寿县建筑工程公司，1970年工作调动，移居县城。

张巨波1952年12月13日出生于黑龙江省延寿县加信镇，1971年9月参加工作，经推荐去哈尔滨工业大学学习后，在黑龙江省二轻工业厅延寿县二轻局工作。曾在省直属企业任厂长兼书记。其间研制的远红外负干燥技术，曾荣获国家科技成果、技术开发等奖项。1977年与延寿县食品厂职工孙丽结婚。1991年5月25日通过青岛市人才交流之机，到青岛大信农工商公司工作。至2005年在青岛市康乐卫生保健用品厂、华信纸制品有限公司、亢家庄物业、大信实业有限公司等单位工作，曾任厂长、副总经理、工业联合支部书记、总工程师和经济发展部部长等职。1991年举家四口人定居于市南区泰州路9号楼，成为亢家庄社区居民。

辈名世录（用在中）

表46

始祖	二世	三世	四世	五世	六世	七世	八世	九世	十世
有	廷	自	德	殿	永	士	巨	书	文
十一世	十二世	十三世	十四世	十五世	十六世	十七世	十八世	十九世	廿十世
四	海	连	兵	启	久	景	广	发	明
廿一世	廿二世	廿三世	廿四世	廿五世	廿六世	廿七世	廿八世	廿九世	卅十世
玉	玺	宝	洪	兆	忠	孝	万	国	卿

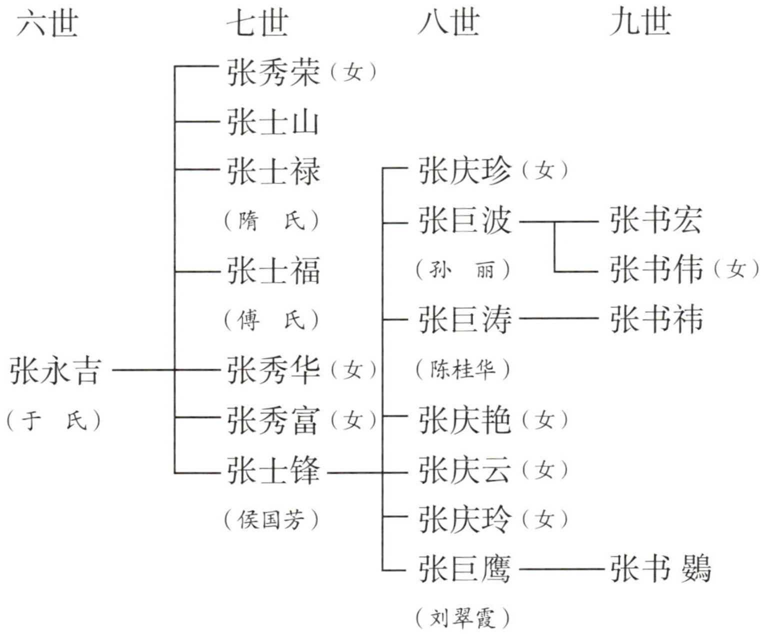

李姓：李国延

祖籍山东省即墨县皋玉乡前海东村，因家境贫寒父亲李有修孤身无托，于1947年望奔姐姐李桂兰而来，一起暂住亢家庄村西果园，以打零工及卖草维持生计，1952年移居北园。1955年与张秀英（母亲）结婚，1956年加入亢家庄工农联盟农业社、人民公社、青岛大信农工商公司，1957年购置北园王姓房屋仍几代人同居。70年代，经批示扩建原有房屋。1986年村改换楼房定居泰州路小区。来亢家庄至今生息繁衍三代人（修、延、世）。本族人族谱难觅，辈名世录无考，姓氏来源不能追溯。

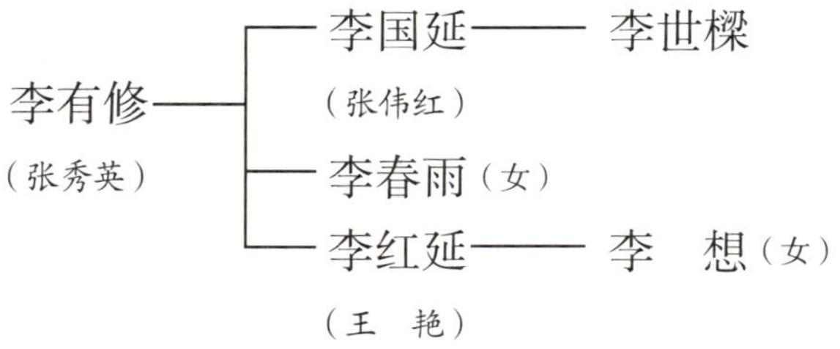

李姓：李文才（章丘）

祖籍山东省章丘县东尧庄，因久离乡籍，嫡亲已疏，信音不接，只闻族人有谱而无从索取，姓氏渊源、祖人迁徙活动无据查考。1930年祖父李兆麟和祖母于胜素携二子一女来青寻计谋生，始居四方区小村庄，祖父和父亲及伯父均为颐中烟草公司工人（现为颐中烟草（集团）股份公司）。1936年父亲李厚玉与母亲亢姓成婚，遂迁来亢家庄租赁房屋暂居。1949年6月1日父亲被国民党军队抓走发往台湾，至今杳无音信，祖父、母相继离世，我母子四人仅靠外祖父帮助维持生活。1956年加入亢家庄工农联盟农业社、人民公社后，生活方得转机，弃寒转蓄。1962年盖起了自己第一处房屋,1972年批土地另盖房一处弟兄分居。1996年村改换楼房定居扬中支路、如东路两小区。至今生息繁衍五代人（兆、厚、文、*、*）。是迁入亢家庄较早的外籍世居村民。

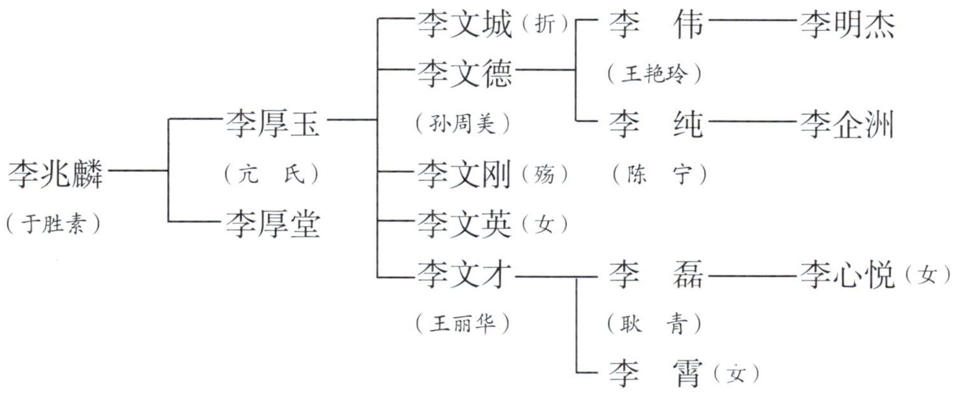

李姓：李起增

族人久离乡籍，息音不接，早闻族谱尚有而至今无从索取，姓氏来源无据可考。祖籍山东省即墨县南泉镇埠头村，因家乡屡世生活贫寒，曾祖父李德恒携妻担挑儿女于清光绪三十二年（1906年）来到亢家庄，始初住亢中锡家，以打零工维持生计，1924年祖父李兆勤与亢姓成婚，父辈兄弟二人，叔父李兆兰无正当工作，未婚便回乡务农，后出走不知去向，至今人信皆无。父亲李先善先以打零工为业，1947年与母亲范秀珍结婚，1948年就工青岛啤酒厂,结束零工生涯。其间家人逐年增多，经过几次移居，终于1969年购置后街洛姓房屋安居。本人在青岛二建公司工作，姊妹相继成婚。2000年村改换兑楼房定居于宜兴路小区，成为迁入亢家庄最早的外乡世居村民。至今生息繁衍五代人（德、兆、先、啓、*）。

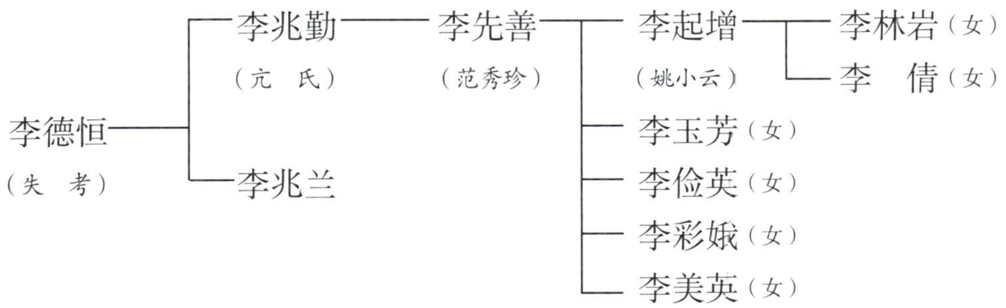

李姓：李盛昌

族人久离乡籍，嫡亲已疏，族谱无法索取，姓氏渊源无据可考，祖籍山东省高密县十三区寺后村。因生活所迫，父亲李书斋（原名李维堂）不甘贫寒，1935 年携妻来青另谋生计，初在东仲家洼租房暂栖，以做小买卖为生，1944 年移居亢家庄吴家洼地片（现连云港路南段），租吴家村董姓土地，以种植蔬菜为业，因能吃苦耐劳，经营得当，生活转贫有蓄，在原地购土地盖房安居。1956 年加入亢家庄工农联盟农业社、人民公社，70 年代在原址翻新扩大了自有房屋，2007 年为吴家村旧村改造范围，现在改造中。来亢家庄至今生息繁衍四代人（维、昌、万、仪）。

- 李书斋（藏桂仙）
  - 李盛昌（王淑珍）
    - 李万新（陈艳芾）—— 李润琳（女）
    - 李芝梅（女）
  - 李德昌（亢佩雪）
    - 李万东（刘巧云）—— 李　婕（女）
    - 李万宏（耿　芳）—— 李雨宸（女）
  - 李淑贞（女）
  - 李永昌（袁彩霞）—— 李　菲（女）

李姓：李文才（胶南琅琊台）

原籍山东省胶南县琅琊台镇后李家桃园。因离乡年久，嫡室已疏，籍音难以接续，族谱无法索取，姓氏来源及族（祖）人迁徙活动无证考查，族人辈名世录前无继，后不接。清末光绪年间朝政腐败，国家混乱，洋人纷纷入侵，适逢荒年，民不聊生。1897 年德占青岛开埠，祖父李福亮不甘困苦，决意闯荡青岛，另谋生计。于 1905 年独自一人来到青岛，始居小村庄上庄（前为韩家庄），先以赶马车维持生计，后进入四方机车厂做木工，1945 年退休。1907 年祖母携父随之迁来相聚。父辈兄弟四人，父亲李学智（原名李学根）为长，1919 年 13 岁进青岛第一棉纺织厂（前身大康纱厂）做童工，1949 年入青岛纺织机械厂为工人至退休。二叔李学深，三叔李学棨，就工青岛四八〇八厂（前身青岛造船所）为工人，三叔父 1947 年随国民党迁去台湾。四叔李学茂，1949 年被国民党抓兵去台湾，1950 年海南岛战役被俘虏成为解放军战士，后就业于铁道部第五工程局。李文才兄妹六人为长，1953 年进入青岛市公安局第一处工作，1958 年经上级安排到亢家庄工作过，1963 年与亢家庄亢姓结婚遂入赘。1983 年批土地盖房一处，1993 年村改换楼房定居于宜兴路、如东路小区，1995 年退休。来亢家庄生息繁衍三代人（文、瑞、法、*、*）。

- 李福亮（张　氏）
  - 李学智（高　氏）
    - 李文才（亢淑英）
      - 李玉先（女）
      - 李永忠（丁爱娟）
        - 李浩喆
      - 李咏梅（女，殇）
      - 李红波（女）
    - 李文芳（女）
    - 李朝晖（女）
    - 李文源（张淑贞）
    - 李文盛（刘桂美）
    - 李文刚（曲　霞）
  - 李学深（姜　氏）
    - 李文江
    - 李文海
    - 李文传
  - 李学葉（***）
  - 李学茂（高桂贞）
    - 李文河
    - 李文水

李姓：李朝进

祖籍山东省平度县李家寨，祖父李炳功因生活贫困携妻小于1942年由原籍来到亢家庄。暂居村东亢姓菜园屋，后移居村里，以打工维持生计，后来父亲李文焕长大在市里干零活，以微薄收入资助家庭。1956年加入亢家庄工农联盟农业社、人民公社，生活大为改观。70年代生产队批土地盖起了自己的房屋。1996年村庄改造换楼房定居于扬中支路小区，至今生息繁衍五代人（炳、文、堂、宏）。因早离家乡，族人稀疏难聚，族谱失遗，故姓氏渊源无据可考。

- 李炳功（兰春英）
  - 李桂芹（女）
  - 李文焕（张建平）
    - 李爱春（女）
    - 李朝进（丁瑞仙）—— 李宏磊（王　雁）—— 李娅铭（女）
    - 李朝宝（张孝春）—— 李梦茹（女）
    - 李朝钢（周升华）—— 李　喆（女）
  - 李秀英（女）

郑姓：郑祥义

祖籍山东省平度县灰埠镇郑村，祖父郑玉功于1942年因生活所迫自原籍携眷属迁入青岛浮山所租赁房屋暂居，以打工为生，后成为青岛起重队职工，父亲郑书胜1955年与浮山所孙姓结婚，在青岛日用化工厂工作。1962年举家迁来亢家庄购置亢姓房屋定居，2000年亢家庄旧村改造时，兑换楼房多处，定居于宜兴路小区，成为亢家庄世居村民，至今生息繁衍四代人（玉、书、祥、*）。因离乡年久，嫡亲已疏，族谱无法索取，姓氏来源及族人迁徙活动无从查考。

- 郑玉功（蒋　氏）
  - 郑书胜（孙桂兰）
    - 郑祥义（李　华）—— 郑冬梅（女）
    - 郑祥月（鲁　娟）—— 郑　璐（女）
    - 郑祥臣（吕美清）—— 郑许倩（女）
  - 郑秀英（女）

宫姓：宫垂春

因久离乡籍，嫡亲已疏，族谱无法觅索，姓氏来源无法考证。据族老言传：明永乐年间先祖们自云南随移民迁徙来到山东莱阳城东一个村落，宫氏有几十户。后本族移居即墨城关大韩村，清康熙年间九世族人迁往即墨县长治镇玉皇村。因几经迁徙周折，基业无底，至父辈时便弃农经商，做花边生意，当地民众加工，收购后送往烟台出口国外，虽艰苦，收益较丰。日本侵占中国后，横行霸道，土匪猖獗，生意无法继续，生计无着。无奈父亲于1938年独自一人试探性的闯荡青岛，始居南仲家洼，随运输队拉地排车，生活尚能维持，1940年随母奔父而来，1942年兄长遂来青相聚。新中国成立后，父亲在废品公司工作，1953年兄长就业于青岛四方机车厂，1955年本人就业于青岛铸造机械厂。1963年与兰姓结婚遂入赘。1972年经生产队批土地盖房屋一处。1992年村改换楼房定居于如东路小区，来亢家庄至今生息繁衍三代人（垂、相、兆）。

- 宫崇敬（董秀美）
  - 宫垂钻（张淑贞）
    - 宫相茂（胡　氏）——宫　静（女）
    - 宫相盛（★★★）——宫兆鹏
    - 宫相生（潘　氏）——宫　雪（女）
  - 宫垂春（兰秀英）
    - 宫梅清（女）
    - 宫梅丽（女）
    - 宫梅玲（女）
    - 宫梅红（女）
    - 宫相兵（李菁菁）——宫兆翔

赵姓：赵承楫

原籍青岛市大水清沟村，族人有谱无法索取。据史料记载：明朝万历年间，山东益都县（青州市）郑毋庄赵秉忠，在京都（北京）官至礼部尚书，居官尽职守忠，清正廉明，深受皇帝信任。在职期间秉呈皇帝恩准，返乡修建家宅花园，遂遭朝内奸臣暗算，向皇帝进谗以莫须有捏造其造反言词："南京到北京，都是赵家兵，推倒万历主，扶起赵秉忠"，皇帝不以轻信，遂下旨传赵返京，赵不知原委。归期延迟，皇帝转疑为信，便差人将赵殊命。赵有二子，长曰赵尚礼，次曰赵尚义。二人深知事态严重，遂一起隐姓埋名逃到崂山（时属即墨县）避祸，两年后风波渐息。老二去了山东莱阳县，老大选址于山青水秀、风景优美的临河村西一沟旁栖身，其沟水质清澈，源远流淌，后有魏、郑两姓迁入，因子嗣繁衍众多，村庄已成规模，诸姓扎根安家，便取名水清沟村。至今已有400余年历史。赵尚礼生有八子，现已延续22世，按世录推溯一世祖应始于明初，至赵尚礼应在7～8世。亢家庄赵姓属赵尚礼第八子支派。其父亲赵志浩买下亢家庄北园地片王凤云私有房屋数间及部分土地，于1951年合家自水清沟村迁来定居，翌年叔父赵志叔继迁入住。1952年与闫家山闫姓结婚分居。来亢家庄生息繁衍四代人（令、志、承、先、*）。1996年村改换楼房定居于扬中支路、宜兴路小区，成为亢家庄的世居村民。

- 赵令山（王　氏）
  - 赵志浩（黄秀兰）
    - 赵承桦（女）
    - 赵承柏（刘秀珍）
      - 赵永群（女）
      - 赵永涛
    - 赵承桁（吕秀华）
      - 赵国英（女）
    - 赵月英（女，殇）
    - 赵承柯（马凤玲）
      - 赵先超
    - 赵承莲（女）
    - 赵承芸（女）
    - 赵承梓（许　好）
      - 赵先胜
    - 赵承楫（康　青）
      - 赵婷婷（女）
  - 赵志叔（闫秀美）
    - 赵爱玲（女）
    - 赵承方（汪淑华）
      - 赵先刚
      - 赵先强（殇）
    - 赵美珍（女，殇）
    - 赵　华（女）

逄姓：逄增玉

祖籍山东省诸城县大沣村，族人有谱未索，姓氏来源无考，只知本人为十九世传人。叔祖父逄本峪于1935年避荒携眷属来到亢家庄北园，租房暂居，以租地种菜为业，次年父亲逄焕兆为生计望奔而来，开始为人打工，后以租地种菜为生，因善植宜营，生活好转，父母（林氏）1939年成婚，自盖房屋定居，1956年参加亢家庄工农联盟农业社、人民公社、青岛大信农工商公司，70年代生产队批土地建房多处，1996年村改换楼房定居于扬中支路小区，来亢家庄生息繁衍五代人（本、焕、增、锦、润）。是北园区域迁入较早，人口数量较多的姓氏之一。

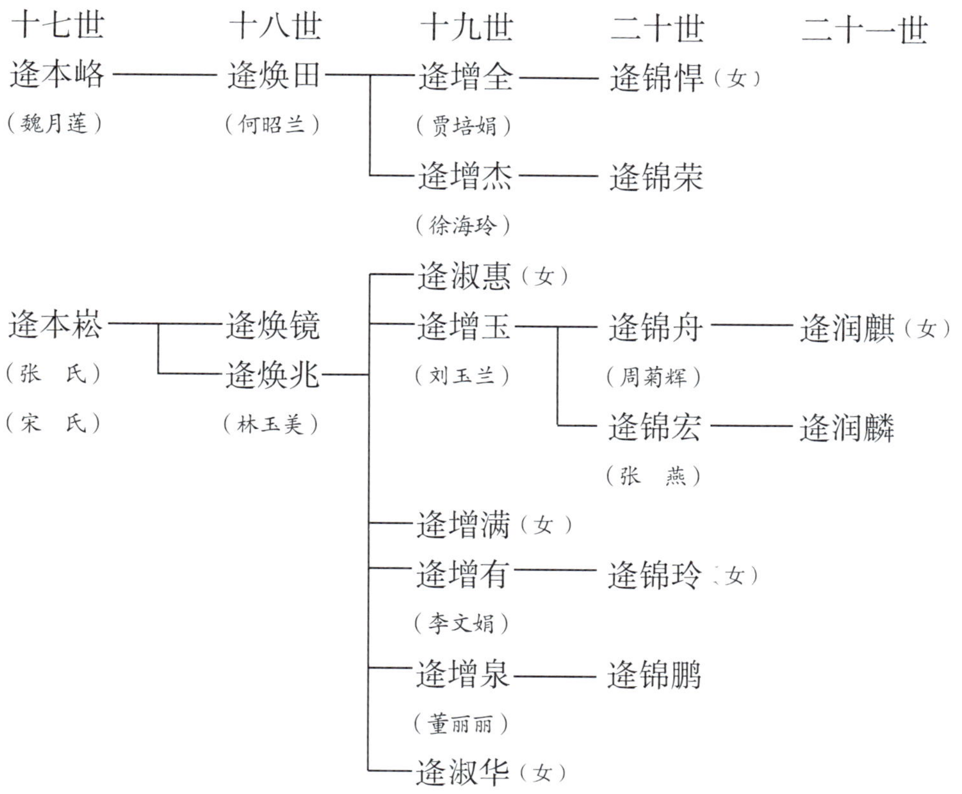

郭姓：郭家声

原籍山东省沂南县阳坡乡凤泉官庄。族人有谱，辈名世录昭穆有序，本人为二十一世。始祖郭老三，祖籍云南，明初跟随朱成祖（朱棣）扫北征战有功，赠封五品军职，宣召进京，永乐二年（1404年）自云南合家迁往北京城郊椿村胡同，世袭俸禄。清顺治年间敕令撤销一切明朝官员俸禄。为此断绝生活来源，无奈第八世祖人自北京迁移山东省沂南县阳坡乡左泉庄，几年后选址村西南方向的一里地处建立新家，人口逐年增多，大部郭姓，逐渐形成较大聚落，在西北有一泉，相传早年一凤凰经常在此喝水，村民认为吉祥大兆，人们预感村中能出官员，便起名凤泉官庄。

由于家乡遭遇荒年，不甘清贫的祖父，1925年倡首挚乡闯关东，初到大连，时隔不长，辗转哈尔滨，稳脚不下，最后去了海州里。1931年“九一八”事变，日本占领东北，民不聊生，又值土匪肆虐。1937年七七事变以后，时局一片混乱，伺机自东北转回原籍。父亲于1935年独自一人到了哈尔滨寻父，开始在一家照像馆干活，后来到了哈尔滨铁路局工作，不幸得了癫痫病而无法久留，1939年便回到原籍。全家得以相聚。1940年祖父举家来到青岛，初在莱州路栖身，开办杂货铺，后开豆腐房，1943年父亲的旧病发作去世，母亲1948年改嫁，祖父恐被母亲将本人带走，东躲西藏，后移居南仲家洼，青岛解放后，祖父加入青岛台东豆腐社。本人1959年就业青岛园艺场，在亢家庄西果园成为果树管理员，后来园艺场相继被北海舰队管理处、陆军6037部队接管，1972年转青岛园艺七厂，1984年由青岛手表厂接管，修宁夏路时果树全部清除。1967年与亢姓结婚遂入赘。1985年分得青岛大信公司泰州路小区楼房定居，1982年批土地自盖房屋一处，1994年退休。1996年换房定居扬中支路小区，来亢家庄生息繁衍四代人（云、家、纪、瑞）。

二十世　二十一世　二十二世　二十三世

- 郭云辉（李淑贞）
  - 郭家声（亢秀琴）
    - 郭　华（女）
    - 郭　岩（女）
    - 郭　强（孙欣玲）
      - 郭瑞麒
    - 郭　龙（倪向华）
      - 郭汝逸（女）
- 郭云章（去台湾）（邹　氏）

高姓：高书财

原籍山东省莒县高家老窝，父亲高从义为避荒另谋生计，于1926年自原籍携妻小辗转徙入青岛辛家庄，后移居逍遥村，1934年迁到浮山所，以做豆腐生意维持生活，1947年姐姐嫁入亢家庄亢姓，1949年其兄高书贵被国民党抓兵去台湾（2000年回浮山所定居）。1953年与浮山所余姓结婚成家。1956年加入浮山所工农联盟农业社、人民公社，1960年举家来亢家庄购房安居，继为亢家庄大队社员，1970—1982年在村南村北盖房多处。2000年旧村改造兑换楼房定居于金坛路小区。自迁浮山所至今生息繁衍四代人（从、书、维、存）。因久离祖籍，乡音不接，嫡亲已无联念，族谱遗失，姓氏来源及族人迁徙活动无从查考。

- 高从义（张　氏）
  - 高书贵（孙　氏）
    - 高小欢（女）
    - 高小玫（女）
  - 高秀英（女）
  - 高书财（余淑芹）
    - 高秀云（女）
    - 高维光（张兆夏）
      - 高　峰
    - 高秀贞（女）
    - 高维清（王伟俊）
      - 高存猛

徐姓：徐海峰

祖籍山东省胶县孟家庄，无族谱，姓氏来源无考。祖父徐典昌 1946 年携妻小来到亢家庄租房暂居，以打零工为生，父亲徐元灵在园林处就工，1993 年村改换楼房定居亢家庄如东路小区。至今生息繁衍三代人（典、元、玉）。

徐典昌（逄菊香）
- 徐秀兰（女）
- 徐秀芳（女）
- 徐元灵（代淑华）——徐海峰（女）
- 徐秀珍（女）

徐姓：徐文生

原住青岛市四方区小村庄。族人有谱而无从索取，故姓氏来源及族（祖）人迁徙活动无据查考。闻族尊言传：原籍云南省交址国嘎嘎县大槐树村，弟兄四人于明朝永乐二年（1404 年）随移民迁来即墨南乡（现青岛四方区），老大老二落脚小村庄，当时已有赵、黄二姓居住，老三老四分别落脚四方村和大水清沟，子嗣延续至今，唯小村庄本族繁衍较盛。前族人重修族谱时，将弟兄四人立为小村庄徐氏始祖，由于族（宗）谱在“文化大革命”时（1966 年）焚毁，辈名世录紊乱，凭族人记忆，自十四世至廿五世辈录有序：仲、正、延、学、文、乃、昌、丕、振、仕、芝、方。自十三世以上失去考证。父辈十七世兄弟二人，父亲徐学德为长，叔父徐学进（现居小村庄）。

1951 年父亲与母亲闫彩美结婚，1960 年入赘亢家庄，成为世居村民，父亲 16 岁进入青岛四方机车车辆厂，当工人，后为技术员，母亲为青岛染织厂（阳本）职工。2000 年村改兑楼房定居于宜兴路小区。来亢家庄生息繁衍三代人。

十七世　十八世　十九世

徐学德（闫彩美）
- 徐文强（陈　燕）——徐　真
- 徐翠华（女）
- 徐文生（佘春云）——徐　慧（女）
- 徐文君（冯桂英）——徐卫玺（女）

徐姓：徐立亮

祖籍青岛市城阳区棘洪滩镇园后庄（1949年前属即墨县），族人有谱未索，姓氏来源无考。1929年祖父徐根先为摆脱生活窘境，携妻小四人由原籍来亢家庄，租亢姓房屋居住，以做豆腐、贩卖蔬菜为业，由于勤俭操作，善于经营，生计逐渐好转，子嗣繁衍众多，是迁入较早、人口较多的村民。1956年加入亢家庄工农联盟农业社、人民公社、青岛大信农工商公司，1970年以后，生产队批土地盖房多处，1986—1996年村改换楼房定居于泰州路、金坛路小区。来亢家庄至今生息繁衍五代人（仙、吉、立、道、明）。

徐根先（李　氏）—徐吉和（曲　氏）

- 徐立业（吴美玉）
  - 徐爱道（王新华）—— 徐姗姗（女）
  - 徐贵道（孙克华）—— 徐明鑫
  - 徐英道（兰永敏）—— 徐明磊
  - 徐建美（女）
  - 徐桂兰（女）
- 徐秀英（女）
- 徐秀美（女）
- 徐淑芳（女）
- 徐立亮（邱淑美）
  - 徐正道（姜　梅）—— 徐蕾妮（女）
  - 徐进道（王志贞）—— 徐明煜
  - 徐　艳（女）
- 徐爱云（女）
- 徐立祥（陆桂美）
  - 徐　彬（女）
  - 徐　冰（女）
- 徐美华（女）
- 徐淑静（女）

徐姓：徐德明

原籍山东省即墨县丰城镇营子村，族人有谱未索，姓氏来源无考，父亲徐宝月1946年兄弟二人来到亢家庄，以打零工为生，租房暂居，1949年新中国成立后，其弟回到了原籍，1956年父亲加入亢家庄工农联盟农业社、人民公社，80年代生产队批土地盖起房屋定居，1960年与夏姓、1967年与亢姓结婚先后成家，1993年村改换楼房定居亢家庄如东路小区。至今生息繁衍三代人（宝、德、鲁）。

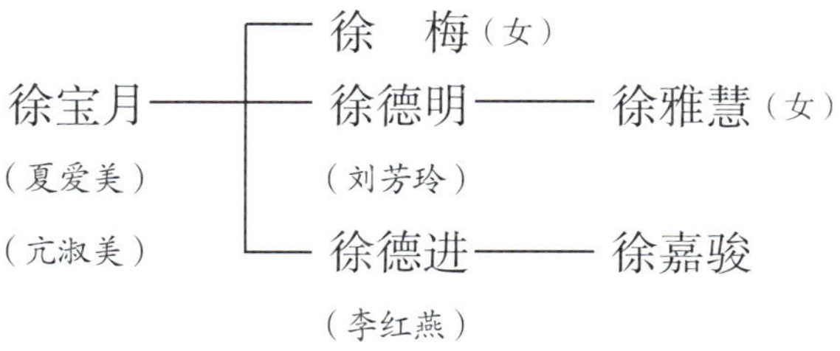

夏姓：夏洪斋

祖籍山东省沂水县崔家峪乡龙口村，家乡连年遭荒。1923 年祖父夏学礼携仨子辗转来到亓家庄，租亓姓房屋栖身。大伯父夏宝全在东南岭暂居菜园屋，后在原址搭建土房定居以租地种菜为业，1931 年与朱桂香成家，无生育，后抱养一女。二伯父夏宝成租房住村中，1932 年与邱姓结婚，1980 年迁出，父亲夏宝祥与祖父同居，1936 年与亓家庄亓姓结婚成家入赘，以租地种菜贩菜为业。由于勤耕善经，生计日渐好转，人口逐年增加。1956 年加入亓家庄工农联盟农业社、人民公社、青岛大信农工商公司，1974 年批土地盖房一处，1993 年村改换楼房定居于如东路小区，至今生息繁衍五代人（学、宝、洪、顺、增）。因久离乡籍，音信不接，嫡亲已疏，族谱无法索取，姓氏来源无考。

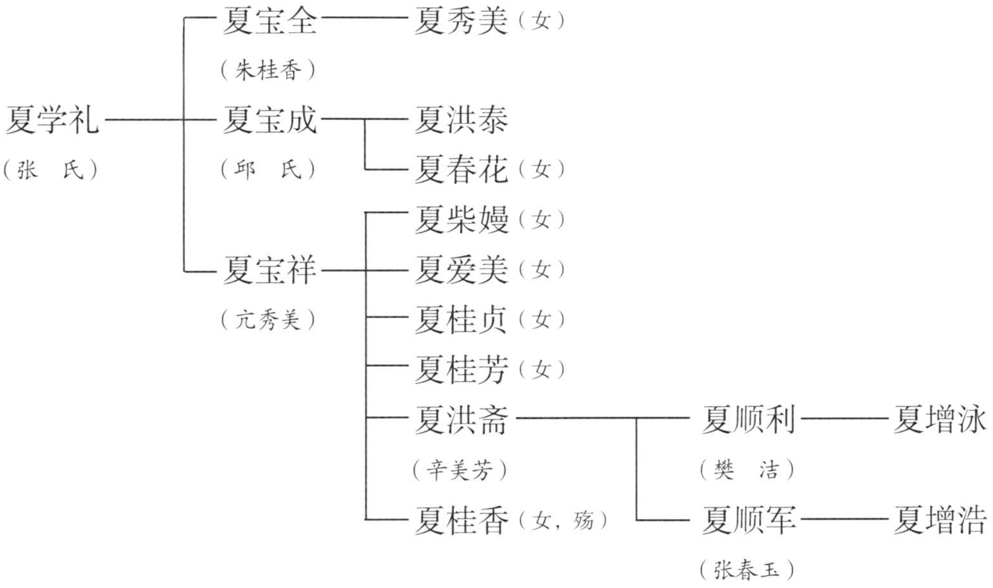

曹姓：曹东升

原籍山东省无棣县大山村之西村，籍乡族人正在续修族谱，姓氏来源及先祖迁徙活动暂无定论。闻族尊长者言传，祖人于明朝洪武年间自云南移民迁入该村西部，因子嗣繁衍众多，百户有余，形成较大聚落，后逐改为现称。父亲曹怀智自幼务农，1959 年服兵役入编青岛海军舰队司令部驻防亢家庄东岭（原日本电台）警卫连，1966 年退役就业青岛港务局，为汽车司机，同年与亢家庄亢姓结婚遂入赘，1972 年批土地盖房 1 处，1985 年分楼房 1 处，1993 年村改换楼房定居泰州路、如东路小区，来亢家庄生息繁衍三代人（怀、宗、业）。

曹明福（杨氏）
- 曹怀全（奉氏）
- 曹怀金（***）
- 曹怀智（亢秀美）
  - 曹东升（李平华）——曹嘉慧（女）
  - 曹军（刘延梅）——曹磊
  - 曹红红（女）

崔姓：崔小龙

祖籍山东省胶南县寨里乡崔家滩村。因家乡连年遇荒，又逢时局混乱，于 1946 年祖父崔洪锡跟随兄长及其他乡亲奔望青岛谋生。始居恩县路，因难于求职，同年只身来到亢家庄北园，初栖身逄姓，帮其田园劳作，后以租地种菜为业，1953 年祖父与祖母张美兰结婚成家，1956 年加入亢家庄工农联盟农业社、人民公社、青岛大信农工商公司。70 年代建盖了房屋，1986 年村改换楼房定居于泰州路小区，至今生息繁衍三代人（洪、振、焕）。因族谱无法索取，姓氏来源查考无据。

崔洪锡（张美兰）——崔振华（韩桂花）——崔小龙

韩姓：韩卫东

祖籍山东省潍坊市东上圩河村，曾祖父（失讳）不甘贫寒，寻望生计，于 1930 年携祖父韩义成自原籍徙来青岛，始在仲家洼租房栖身，以打工为生。1932 年祖父与亢家庄亢姓结婚，1941 年祖父不幸早逝，生活无计，父亲韩有发和叔父韩有声随祖母来亢家庄曾外婆家，因经济无着落，生活来源全部依靠曾外婆而长达十几年，父亲长大后参加工作生活逐年得以缓解，1961 年父亲与亢家庄闫姓结婚，1975 年生产队批地盖起了新房，1986年旧村改造换楼定居于泰州路小区，来亢家庄至今生息繁衍四代人（义、有、东、俊）。因族谱难觅，族姓渊源不能追溯。

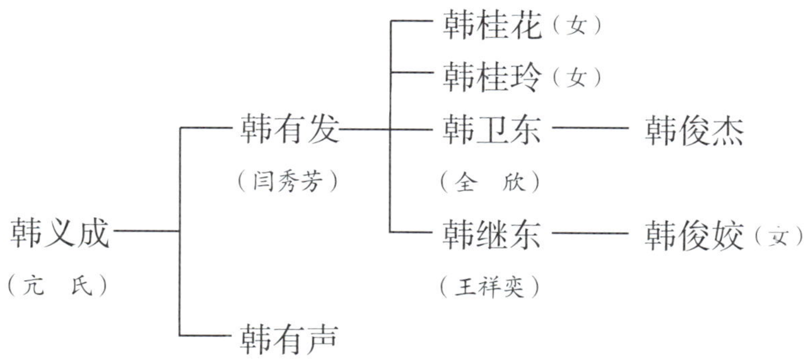

葛姓：葛太平

据仲家洼葛氏族谱载：始祖法秀为明朝朱元璋麾下战将，南征北战屡建功绩。明朝洪武21年（1388年）全国战事息戈，被派往浮山所任职百户，世代受袭，是浮山所任职十三姓氏之一。明崇祯年间其长支自浮山所外迁建村葛家屯（今青岛市城阳区上马镇西北2.5公里处）。另有支派迁往（时间无考）高密夏庄黄家茔和关东大杏树底下（指东北三省,具体地方不详）。清乾隆年间(1736—1796年)十三世祖葛进山移居南仲家洼。1985年建造宁夏路大桥，仲家洼全面改造，葛姓大部迁往今浮山后小区定居。亢家庄葛姓只一户，十世族人，祖父葛本高于1947年自仲家洼来到女婿（亢正亭）家。1950年在亢家庄后街租房开烧饼铺，1954年移前街（亢姓房屋）开茶炉，兼营小杂货。父亲葛可江自幼住浮山所姥娘家，1951年来到亢家庄，同年与崔姓（母亲）结婚，1956年加入亢家庄工农联盟农业社、人民公社。1960年在村内置宅基地建盖了房屋。2000年村改兑楼房定居于金坛路小区，来亢家庄生息繁衍四代人（本、可、从、宽）。葛氏族谱编修过程较紊，世录前后更迭有误，自明初至今辈名应为20世左右，而今只传12世，至少尚缺八代，后族人葛本成（现十世）忧恐后人愈传愈乱，念其族人不可无谱，于1948年（中华民国37年）将族谱作了修改，加以说明，自九世至十八世先定十辈，望族人按此相传后世（见表47）。葛本成将载于前谱中五处的两句诗结合构成一首完整的诗来描写葛氏家族历史的缩写。

大明封官立大功，伴驾亲征来山东。
原籍本是大云南，迁于即墨崂山前。
大宗徙于葛家屯，浮山所城旧家门。
关外杏树大沟东，本族至今信未通。
俊杰英祖三大贤，世代子孙万古传。

表 47

九世	十世	十一世	十二世	十三世
尚	本	可	从	宽
十四世	十五世	十六世	十七世	十八世
正	大	秉	志	延

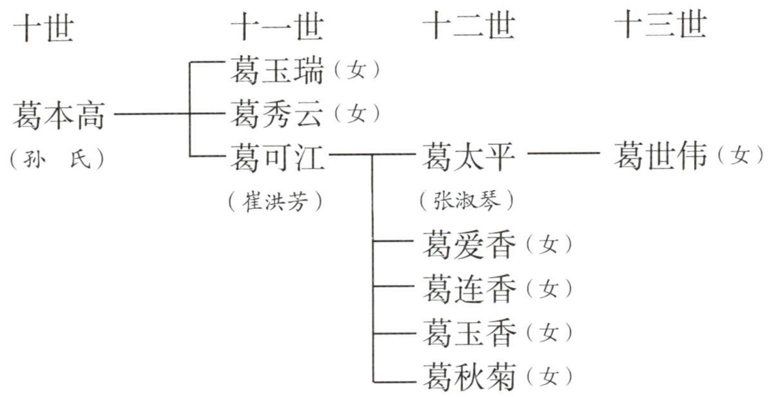

惠姓：惠金林

原籍日照市东港区三庄镇惠家下河村。因家乡时值荒年，日本侵占和土匪骚扰不得安宁。久闻同乡在青岛做生意很多，于 1943 年祖父惠锡龙携全家来到青岛，初在贵州路栖居，祖父做小杂货生意，大伯做短工，父亲正值年轻，与同乡们拉洋车，后在西镇最大酿造厂干活，整日劳碌，然收入微薄，加上人口逐年增多，居住特别困难，生活难以维持。1947 年经人联系举家来到亢家庄，初居闫瑞凤和闫瑞信家，祖父租亢姓土地以种菜为业。青岛解放后，大伯在青岛城建局工作。几年后大伯全家移居田家村，1961 年合家迁回原籍。父亲始初给亢姓打工，后来也成为菜农。1956 年加入亢家庄工农联盟农业社、人民公社，1964 年、1982 年在村北盖房两处，1988 年、2000 年换楼房定居金坛支路小区。来青岛至亢家庄生息繁衍四代人。现家乡族人正在续修族谱，待出版。据族尊者言传，惠姓始祖早期在朝（不详）为官，功勋显赫，忠良贤臣，皇帝宠爱遂赐“惠”字为姓。全国惠姓分部有：江苏省最多，上海、浙江、陕西、山东省胶州、潍坊、诸城居多，青岛市市南区、市北区约 30 ~ 40 户。辈名世录只悉 17 ~ 26 世；锡、汝、林、熙、基、钦、淑、荣、照、堂。据悉现在已续至 60 世。据世录推测，始祖（一世）应在明初时期。

十七世	十八世	十九世	二十世	二十一世
惠锡龙（陈 氏）	惠汝楷（迟桂英）	惠森林（辛本苗）		
		惠兰花（女）		
		惠花林（女）		
		惠桐林（赵丛伦）	惠希波	
		惠淑娟（女）		
	惠汝窗（相振凤）	惠金林（兰爱芸）	惠希建（毛晋杰）	惠浩宸
		惠增林（沈秀玲）	惠希媛（女）	

亢家庄志
KANGJIAZHUANGZHI

第五篇　政治、武装

第一章 中国共产党基层组织

第一节 中共浮亢乡支部委员会

1949年6月2日，青岛市解放，建立了人民政权，亢家庄隶属浮山区。同年12月改称青岛市人民政府市南区区公所。1951年7月青岛市政府在进行区划调整时，市南区区公所又改称为市南区政府。此时，将亢家庄划归崂山郊区，归崂山办事处浮山区公所管辖。

50年代初期，党在农村实行土地改革运动，由浮山所和亢家庄两个自然村组成了浮亢乡。同时，建立了中国共产党的基层组织——中共浮亢乡支部委员会，由亢清溪任支部书记，这是浮亢乡第一个党组织。

1955年7月—1957年6月，浮山办事处与浮山工农联盟农业合作社合并成立一个党支部为中共浮山办事处支部委员会，书记王明辰。浮山办事处支部在浮亢乡发展了6名党员。其中，亢淑英是该支部发展的亢家庄的第一个党员。

1957年6月，经中共青岛市委组织部批准，成立中共浮山所支部委员会，孙凤文任书记。该支部于1958年11月撤销。

1958年9月14日，全国开展公社化运动，在市南区委的领导下，由所辖的湛山“五一”蔬菜高级农业合作社（包括大、小湛山）、湛山渔业合作社、工农联盟高级农业生产合作社（包括浮山所、亢家庄、田家村）和海防高级农业生产合作社（包括辛家庄、丁家庄、大尧村、逍遥村）联合成立东风人民公社，同时，建立东风人民公社总支部委员会。同年11月，随着东风人民公社总支委员会的诞生，中共东风人民公社第二生产大队支部委员会成立（包括浮山所、亢家庄、田家村）。

1959年2月，东风人民公社依据公社所在地之地理环境及所在地浮山，将东风人民公社更名为浮山人民公社。

随着公社名称的变更，浮山公社所属的三个生产大队也相应地予以调整变更，原三个生产大队变更为三个生产管理区，亢家庄所属第二生产大队变更为第二生产管理区，党组织的称谓亦随之变更为中共浮山公社第二生产管区支部委员会，书记杨官维。该支部的范围仍包括浮山所、亢家庄、田家村三个自然村的党务工作。

1961年7月1日，浮山人民公社第二生产管区撤销，更名为浮山生产大队，党支部范围仍覆盖浮山所、亢家庄、田家村三个自然村，杨官维仍任支部书记。

1962年3月25日，中共浮山生产大队支委进行换届选举，经酝酿推选仲崇信为支部书记（见表48）。

1951年7月—1964年3月与亢家庄有关党组织成员一览表

表48

名称	时间	书记	副书记	委员	隶属	范围
中共浮亢乡支部委员会	1951.7—1952	亢清溪（1951.7—1952）		余存渊 余守河（1951.7—1952）	中共崂山工委浮山分区委员会	浮山所亢家庄
中共浮山党小组	1952—1955	郝登久（负责人）（浮山所小学校长、国家干部）			中共青岛市市南区委员会	浮山所小学、浮山所、亢家庄
中共浮山办事处支部委员会	1955.7—1957.6	王明辰（1956.11—1957.6）	孙德阳（1956.11—1957.6）		中共青岛市市南区委员会	浮亢乡、浮西乡、麦岛乡
中共浮山所支部委员会	1957.6—1958	孙凤文（1957.6—1958.11）	王明辰（1957.6—1958.11）		中共青岛市市南区委员会	浮山所、亢家庄、田家村
中共东风人民公社第二生产大队支部委员会	1958.11—1959.2	杨官维（1958.11—1959.2）	王明辰（1958.11—1959.2）		中共青岛市市南区东风人民公社总支部委员会	浮山所、亢家庄、田家村
中共浮山人民公社第二生产管理区支部委员会	1959.2—1961.7	杨官维（1959.2—1959.4）（1959.9—1961.7）	仲崇信（1961.3—1961.7）		中共青岛市市南区浮山人民公社委员会	浮山所、亢家庄、田家村
中共浮山人民公社浮山生产大队支部委员会	1961.7—1962.3	杨官维（1961.7—1962.3）	仲崇信（1961.7—1962.3）		中共青岛市市南区浮山人民公社委员会	浮山所、亢家庄、田家村
中共浮山人民公社浮山生产大队支部委员会	1962.3—1964.3	仲崇信（1962.3—1964.3）	仲伟杰（1962.3—1964.3）	焦立喜（1962.3—1964.3） 周可法（1962.3—1964.3） 亢淑英（1962.3—1964.3）	中共青岛市市南区浮山人民公社委员会	浮山所、亢家庄、田家村

第二节　中共浮山人民公社亢家庄大队支部委员会

1964 年 3 月 25 日，原浮山公社所属的 3 个生产管理区同时撤销，第二管区所属之浮山所、田家村、亢家庄三个自然村联合体亦随之解体。各村建立了独立的经济体系。亢家庄为亢家庄生产大队并成立了第一个党支部委员会。闫盛福任书记，共有 5 名党员。1986 年党员由 5 人增至 24 人（见表 49）。

◇ 闫盛福 1964 年 4 月为第一任中共亢家庄大队支部书记

中共浮山公社亢家庄大队支部委员会历届成员一览表

表 49

年份	书记	副书记	党员人数
1964—1966	闫盛福		5
1966—1970	亢淑英		10
1970—1976	亢正和		16
1976—1977	宋思江		19
1978—1983	崔洪锡		22
1983—1986	闫可文	闫盛奎	24

第三节　中共青岛大信农工商公司支部委员会

1986 年 1 月，中共青岛大信农工商公司支部委员会成立，闫可文任支部书记（见表 50）。

中共青岛大信农工商公司支部委员会历届成员一览表

表 50

年份	书记	副书记	委　员	党员人数
1986.1	闫可文	闫盛奎	闫可文、闫盛奎、亢淑英、亢正福、荆朋森	25
1988.1	闫可文	闫盛奎	闫可文、闫盛奎、亢继清、亢正福、荆朋森	28
1990.6	闫可文	闫盛奎	闫可文、闫盛奎、亢继清、亢正福、荆朋森	30

第四节　中共青岛大信农工商公司总支部委员会

1991 年 7 月，中共青岛大信农工商公司总支部委员会成立，闫可文担任总支书记（见表 51、52）。

中共青岛大信农工商公司总支部委员会成员一览表

表 51

年份	书记	副书记	委　员	党员人数
1991.7	闫可文	闫盛奎	闫可文、闫盛奎、亢继清、亢正福、荆朋森	30
1993.8	闫可文	闫盛奎	闫可文、闫盛奎、亢继清、亢正福、荆朋森	33

中共青岛大信农工商公司总支部委员会辖属支部委员会一览表

表 52

支 部 名 称	书记	委　员	党员人数
青岛服装一厂分厂支部	于福胜	林鸿文、亢继香	6
青岛浮山锻造厂支部	宋思江	宋思河、张巨波	6
青岛大信农工商公司机关支部	荆朋森	亢正嵩、宋淑华	14
亢家庄居委会联合支部	亢淑英	崔洪锡、汪福有	7

1996 年 6 月，书记闫可文，王令芳任副书记，委员 7 人，下设四个支部委员会，党员 34 人（见表 53、54）。

中共青岛大信农工商公司总支部委员会成员一览表

表 53

年份	书记	副书记	委 员	党员人数
1996.6	闫可文	王令芳	闫可文、王令芳、亢正嵩、亢正福、宋淑华、荆朋森、夏洪斋	34

中共青岛大信农工商公司总支部委员会辖属支部委员会一览表

表 54

支 部 名 称	书记	委 员	党员人数
青岛市市南区热工机械厂支部	宋思江	宋思河、张巨波	5
青岛大信农工商公司机关支部	宋淑华	亢继进、亢林峰	16
青岛呢绒制衣厂支部支部	于福胜		5
亢家庄居委会联合支部	亢淑英	崔洪锡、汪福有	8

1998 年 6 月，书记闫可文，副书记王令芳（国家干部），委员 7 人，党员 35 人，下设五个支部委员会。亢家庄居民委员会另设党支部（见表 55、56）。

中共青岛大信农工商公司总支部委员会成员一览表

表 55

年份	书记	副书记	委 员	党员人数
1998.6	闫可文	王令芳	闫可文、王令芳、亢正嵩、亢正福、宋淑华、荆朋森、夏洪斋	35

中共青岛大信农工商公司总支部委员会辖属支部委员会一览表

表 56

支 部 名 称	书记	委 员	党员人数
青岛大信农工商公司工业联合支部	张巨波	于福胜、丁树华	5
青岛大信农工商公司商业联合支部	亢继进	亢继庆、亢林峰	5
青岛大信农工商公司机关支部	宋淑华	亢玉霞、亢海蓉	17
青岛市市南区热工机械厂支部	宋思江	李玉山、刘爱仙	4
青岛市市南区亢家庄住宅小区物业管理中心支部	荆朋森		4

2001—2007 年 12 月，中共青岛大信农工商公司总支委员会下设 3 个支部委员会（见表 57、58）。

中共青岛大信农工商公司总支部委员会成员一览表

表 57

年份	书记	副书记	委　员	党员人数
2001.3	闫可文	亢继进	闫可文、亢继进、亢正嵩、荆朋森、夏洪斋、亢正福、宋淑华	43
2004.12	闫可文	亢继进	闫可文、亢继进、亢正嵩、荆朋森、亢玉霞	42
2007.12	闫可文	亢继进	闫可文、亢继进、亢正嵩、荆朋森、亢玉霞	36

中共青岛大信农工商公司总支部委员会辖属支部委员会一览表

表 58

支 部 名 称	书记	委　员	党员人数
青岛大信农工商公司企业联合支部	亢继进	亢继辉、丁树华	13
青岛大信农工商公司机关支部	亢玉霞	孙垒、亢海蓉	15
青岛市市南区亢家庄住宅小区物业管理中心支部	荆朋森	于福胜、亢正强	8

1991 年 7 月中共青岛大信农工商公司总支委员会下设党政办公室主任，闫盛奎（1991 年 7 月—1995 年 1 月）。亢正嵩（1995 年 1 月—1996 年 7 月）。王令芳（1996 年 7 月—2000 年 11 月）。亢玉霞（2003 年 5 月至今）。

第五节　亢家庄社区党组织

1992 年前，亢家庄居委会未设立党

◇ 中共亢家庄社区居委会党组织历届书记成员：左起苟明华、荆彩虹、亢正础、辛建春、孙安利

组织，1992—1998年4月由中共青岛市大信农工商公司总支部委员会下设亢家庄居委会联合支部，书记亢淑英，党员8名。1998年5月中共青岛市市南区湛山街道亢家庄社区支部委员会成立，书记赵广善，党员26名（来源于亢家庄社区范围国家机关、工商企业、学校退休人员）。1999年划归青岛市市南区金湖路街道办事处。2001年4月亢正础任书记。2004年9月转属青岛市市南区八大湖街道办事处，亢家庄社区改为总支委员会，书记王玉敏。2007年9月变更为中共亢家庄社区总支部委员会，书记辛建春。2011年5月变更为中共亢家庄社区委员会，书记李明兰。2013年5月改为中共青岛市市南区八大湖街道亢家庄社区委员会，书记荆彩虹，党员298人（见表59）。

中共青岛市市南区湛山—金湖路—八大湖街道亢家庄社区党组织成员一览表

表59

年 份	书记	副书记	委 员	党员人数	注
1992—1998	亢淑英		崔洪锡、汪福有	8	中共大信农工商公司总支部下设联合支部，属湛山街道
1998.5—2001.4	赵广善		亢淑英、崔洪锡	26	1999年5月划归中共青岛市市南区金湖路街道
2001.4—2004.8	亢正础		亢淑英、宋本源、夏广泮、叶连旺	48	1999年5月划归中共青岛市市南区金湖路街道
2004.9—2007.9	王玉敏	孙安利	刘玉兰、姜增田、亢正福、宋本源、叶连旺	151	2004年9月划归中共青岛市市南区八大湖街道，改为亢家庄社区总支部委员会
2007.9—2011.4	辛建春	孙安利	刘玉兰、姜增田、刘可林、王辛志、叶连旺	253	2007年9月改为中共青岛市市南区八大湖街道亢家庄社区委员会
2011.5—2013.5	李明兰	荆彩虹	张瑾（八大湖街道办）、孙安利、宋锦华（东方医院）	275	2011年5月改为中共亢家庄社区大党委（居委会工作站）
2013.5	荆彩虹	孙安利	陈健萍、李辉、葛连军	298	2013年5月改为中共青岛市市南区八大湖街道亢家庄社区委员会
2015.12.13—	荆彩虹	荀明华	臧秋菊、孙安利	310	中共青岛市市南区八大湖街道亢家庄社区委员会

第六节　思想建设

一　宣传教育

20世纪50年代，对党员的教育是在党支部和党小组的组织领导下进行的，主要以批评和自我批评的方式，进行积极的思想斗争以增强党内的团结，提高党的战斗力；对党员进行系统的马克思列宁主义、毛泽东思想的教育、党的基本知识教育、党的优良传统教育、党的路线、方针、政策教育和科学文化知识的教育；在社会主义建设的各个时期，还根据不同的形势任务，开展有针对性的教育活动，提高对社会发展的认知水平。

亢家庄党组织坚持党的“三会一课”（党支部委员会、党员大会、党小组生活会；党课）制度，注重对党员进行党的基本知识教育，在党内坚持开展民主生活会制度。通过民主评议活动，开展积极的思想斗争，使每一个党员端正态度，统一认识，实事求是，公平合理地评议党员。坚持对党员半年进行一次党风检查，每年进行一次评议党员制度，把党员的言行置于党组织和群众的监督之下。

加强领导班子建设，坚持党的民主集中制原则，重大问题集体研究决定，领导班子真正成为带领党员、干部、群众团结战斗的堡垒。

80年代后，党支部紧紧围绕发展这个中心，把是否有利于生产力的发展作为衡量党的工作的尺度，不断发挥党支部的吸引力、凝聚力、战斗力的作用。

二　集中教育

1956年进行集中整党，当时亢家庄尚未成立党的组织，亢淑英在浮亢乡支部入党，并在其参加党的组织活动。1956年的整党对克服党内骄傲自满情绪，脱离实际和脱离群众的官僚主义、主观主义起到了积极作用。

1965年10月，开始“四清”（清政治、清经济、清组织、清思想）运动。这次运动，对于解决领导干部思想作风、经济管理、组织建设等方面存在的一些实际问题起到一定的促进作用。但是由于在运动中把存在不同性质的问题扩大，凡事上纲上线，过多的政治色彩，把不同性质的问题都一概视之为阶级斗争或阶级斗争在党内的反映，以致使部分基层干部受到不应有的对待。“文化大革命”始初，党组织受到冲击，曾中断活动。1967年年末党组织工作开始。1976年10月党中央一举粉碎江青反革命集团，党组织完全恢复。十年“文化大革命”亢家庄大队党支部坚持工作，生产未受到影响。

1985年5月，根据“中共中央关于整党的决定”，市南区委和湛山办事处党委两级党组织分别成立整党办公室和整党领导小组，分批自上而下地开展整党工作。党支部按照上级党委的要求部署，开展对全体党员的整党学习。通过这次整党教育，整顿了党的作风，加强了纪律观念，纯洁了党的组织，为改革开放的深入发展奠定了良好的思想基础。

大信公司党总支和各支部坚持“三会一课”制度，每月至少要召开一次。支部每个季度都要给党员上一次党课。在党员中开展了“党性在改革开放实践中闪光”的主题活动，半年召开一次民主生活会。总支在安排好各支部学习的基础上，采取走出去看、请进来听的办法，组织党员参观先进事迹教育展览，聘请专家、英雄人物、劳动模范作辅导报告。利用电化教育，对党员进行廉政建设和反腐败教育。坚持党的基本路线要求，坚持标准，确保质量，有计划地发展积极分子入党。对入党的积极分子，进行党的基本知识培训，党的路线、优良传统和作风的教育，端正入党动机，确立为党的事业，为共产主义奋斗终身的信念。

90年代初期，为使社会主义思想教育活动全面开展起来，党总支成立社教领导小组，组成20人的宣讲队伍，设置了专职联络员，编制印发了《社教简报》7期，印发100多份，运用“三史对比”展牌，进行巡回宣讲，还采用多种形式的教育方式：组织观看《党的基本知识录相带》学习时事材料，组织职工观看国庆献礼影片《焦裕禄》《周恩来》等电影，利用黑板报、橱窗等多种形式进行了广泛的宣传活动，收效显著。

2009年9月开始学习实践科学发展观活动，到2010年2月底基本结束，总支下属三个党支部的36名党员和入党积极分子参加了学习实践活动。党总支按照“党员干部受教育、科学发展上水平、人民群众得实惠”的总体要求，实践活动取得了明显成效。

三 党员培训

党总支在各个历史时期，根据不同的形势和任务要求，建立党员活动室，成立党训班，组织党员、干部和积极分子参加各种形式的培训学习。先后主要学习毛泽东的《实践论》《矛盾论》《为人民服务》等著作。入党积极分子着重学习《共产党宣言》《关于正确处理人民内部矛盾》等文章，进一步端正入党动机。同时抓好党的作风和纪律教育工作，要求每个入党积极分子勤奋务实，遵纪守法，严以律己，勇于同各种不良倾向和违法行为作斗争。

对于已经入党多年的老党员，根据党在不同时期的要求，抓好政治学习，在改革开放的历史潮流中，教育党员以饱满的政治热情投入到改革开放经济建设中去，为公司经济的腾飞做出自己应有的贡献。

搞好反腐败教育，是加强廉政建设的重要内容。主要抓了如下几点：

一是建设一个让党员群众放心的领导班子，紧紧围绕以经济建设为中心，通过实施“五双”（双学、双做、双促、双建、双带）和“三建一带”工程（建设让群众满意的领导班子、建设特别能战斗的党支部、建设充分发挥先锋模范作用的党员队伍；带动群团组织工作不断上水平），进一步促进党组织的凝聚力、战斗力和创造力，通过关心群众生活，为群众办实事的实际行动，以党员、干部的良好形象凝聚人心，努力把物质文明建设和精神文明建设工作推向一个新的水平。

二是维护党的形象，赢得群众的依赖和支持是做好各项工作的关键。落实和完善民主生活会制度、民主评议制度，畅通民主渠道，公开接受群众监督，切实增强贯彻民主集中制的自觉性。坚持集体领导，确保决策的科学化、民主化；完善决策前的调查研究工作，坚持科学论证制度，减少盲目性，避免造成重大经济损失，坚持集体领导下的分工负责制。

三是实行办事公开，增加工作透明度。建立健全规章制度，坚持党内汇报

党员的权利
指导我们思想的理论基础是马克思列宁主义
领导我们事业的核心力量是中国共产党
党员的义务
青岛大信实业有限公司简介
企业理念
组织帮扶篇
党建篇
重点工程推进篇
活动篇

先進党员活动室
中共青岛市委宣传部
中共青岛市委组织部

◇ 大信公司党员活动室

◇1986年4月，大信公司党员在崂山潮音瀑留影

◇1999年6月大信公司全体党员在栖霞英灵山革命烈士纪念堂举行活动

◇2004年7月1日，大信公司党总支在青岛革命烈士纪念馆开展活动

制度，以及领导干部个人生活重大事项报告制度。

四是加强领导班子成员自身的学习，抓好学习“特色理论”和“党章”的双学工作，建立完善的领导班子学习制度。通过集中学习和扎实认真的自觉学习，把领导班子成员的思想统一到党的路线、方针、政策上来，努力提高政治素质与理论水平。

五是搞好领导干部廉洁勤政、自律工作，领导干部要进一步增强自律意识，把干部廉洁勤政作为党的建设的一条主要内容做好，把反腐倡廉、查处违纪案件和不正之风是关系到党的生死存亡和改革开放成败的关键来认识，提高紧迫感和责任感，强化标本兼治的力度。

六是建设特别能战斗的党支部，建立健全党组织工作机制，建立健全党员发挥先锋模范作用机制的“双建”工作。认真做好组织发展工作。不断探索在新形势下党组织的有效学习活动的方式，在党支部和党员中开展争创先进党支部和争当优秀党员活动，提高组织活动和学习的吸引力和影响力。

七是在党员中广泛开展“党性在改革开放中闪光”活动，促进党员素质提高，促进共产党员在各自工作岗位上的先锋模范作用的“双促”活动。带头解放思想，促进改革开放，带头廉洁勤政，艰苦创业；带头学科技、学经营、学管理；带头讲文明、讲道德，无私奉献，积极宣传党的路线、方针、政策，深入细致地做好群众的思想政治工作。

八是要以能够带动群团组织工作能否上新水平来检验群团组织建设工作的成绩，充分发挥群团组织的桥梁纽带作用。党组织定期研究工、青、妇工作，把这几项工作纳入总支日常管理的范畴。指导和帮助搞好自身建设，在青年中，对有较强上进心，要求入党的青年进行入党前的“超前教育”，组织他们进行义务劳动、义卖助贫、技术比武和便民服务活动等，学习雷锋、严力宾等英雄人物，聘请老革命讲革命史。党总支重视团总支领导班子的培养和选拔，加强对群团组织的教育和管理，围绕党的中心任务，开展适合各自特点的活动。

九是抓好典型，以点带面，发现和培养先进分子，树立具有指导意义的先进典型。形成“五双”良好的氛围，分工明确，责任落实，注重实效，整体推进，建立一套完善科学、统一持久的良性循环机制。

四　纪律检查

1983年5月23日首次设立由支部副书记兼职的纪检委员，分管纪律检查工作。专职纪检委员根据当时的工作任务，协助党支部主要做了几个方面的工作。一是认真贯彻落实中共十一届三中全会以来的路线、方针、政策的贯彻教育工作，增强党性观念和在政治上与党中央保持高度一致的自觉性。二是认真处理党在社会主义初级阶段经济建设中查处党内外违法违纪案件。三是注重随时纠正党内的不正之风和端正党风党纪。把党风党纪的教育作为一次经常性的工作，常抓不懈，坚持把党的纪律的教育学习贯彻到日常的工作中去，从思想认识上逐步提高对加强党的廉政建设的重要性的认识，结合实际工作制定规章制度。四是按照党的政策，在上级党委和党总支的安排下,想群众之所想,为群众办实事。

根据整顿党的纪律和作风要求，在党员、干部中进行深入的思想发动，重点解决对反腐倡廉思想认识和信心不足的问题，把好“三关”（权力关、人情关、金钱关），建立“小立法”。

积极利用党员活动日，如“七一”组织党员干部进行革命传统教育，对党员上“忆誓言，查纪律，论党性，摆奉献”的教育课。党员培训结合党务目标责任管理来实现，进一步提高了党员思想认识。

第二章 政 权

第一节 旧政权

一 明清时期

明初建立浮山备御千户所以后，至清末，亢家庄自建村历代为浮山所辖域。浮山所是备御千户所辖属之军屯，又是该所驻地，不属地方官府管理，由千户所设置之镇抚（从六品）官员总揽民政全权。据《浮山所志》载：清朝废除明代浮山所设置之官职以后，在不同时期分别由村长、会首、地保等官职管理村内事务。2001 年浮山所旧村改造时拆除关帝庙（俗称浮山所东北庙）时，关公殿脊檩载有“大清旹康熙十一年（1672 年）岁次壬子春二月二十日浮山所守备孙奇策率所民会首焦得芳、杨文贡等重建”字样。2000 年 5 月 17 日拆除浮山所真武庙时，发现脊檩上有“旹大清康熙叁拾肆年（公元 1695 年）岁次乙亥朔月初叁日，浮山所守备周旦元、领袖苏永宦率各会众姓人等重修”字样。此时亢家庄还是张家疃，政权职务应为会首，其执政人无考。

清代雍正十二年（1734 年）清廷正式裁撤浮山所建制，在浮山所设立“巡检司”，管理浮山所所辖范围（包括亢家庄）内的民政及治安。浮山所屯随之成为普通村庄。而亢家庄同时也改由地方官府统辖，隶属莱州府即墨县仁化乡文峰社。

二 德日侵占时期

1897 年德国侵占青岛后，将“胶澳租借地”分为青岛区和李村区。青岛区为内界、李村区为外界，李村区设区长，由德国人充当，当时亢家庄划入李村区。据《胶澳志》载：李村区按村庄大小划分为以大村庄为小区，政权人为小区长，一般村庄政权人为村庄长，均以华人充之，其间亢登悦（亢氏十六世）为亢家庄村庄长。1912 年中华民国成立后，亢家庄仍在德占之“胶澳租借地”内。1914 年 11 月日本强占青岛后，设立“青岛守备军司令部”，仍按德占时划为青岛区和李村区。1917 年改为青岛民政署和李村民政署，又在李村区设立沧口警察支署和沙子口警察支署，亢家庄属李村警察支署管理范围，村长仍为亢登悦。1913 年增加了亢辉仁为地保（村长）。

三　北洋政府时期

1922 年 12 月中国政府收回青岛，改为“胶澳商埠”，设“胶澳商埠督办公署”。1925 年 7 月改称“胶澳商埠局”，其境域仍按胶澳租借地之范围，市区定为青岛市，划分为青岛市街（青岛区、大鲍岛区）、台东镇、台西镇。胶澳商埠之乡区为李村区和海泊区。亢家庄隶属台东镇。北洋政府统治时期，青岛的基层政权主要由“胶澳商埠”警察厅兼管；下设第一、第二、台东、李村、海西等警察署。各署下设许多分驻所，既管治安，又管民事。亢家庄归台东警察署第二分驻所管辖。1922—1928 年亢辉镜（亢氏十六世）担任亢家庄村长。

四　南京国民政府时期

1929 年 4 月 15 日，南京国民政府接收青岛，将“胶澳商埠”改为“青岛特别市”。1930 年改称“青岛市”为直辖市。南京国民政府公布《市组织法》：青岛市的基层行政划分为邻、闾、坊、区四级（5 户为邻，5 邻为闾，20 闾为坊，10 坊为区），拟在青岛设 12 个区，各区皆设区公所。青岛市之设区计划于 1934 年撤销，自 1928—1933 年期间闫兆梓（闫氏六世）担任亢家庄村长。1935 年 5 月青岛市设立各市区和各乡区建设办事处，其统管民政、建设、教育、公安、农林各项工作，亢家庄属浮山建设办事处，地方治安又属台东镇之青岛公安局第四分局管辖。1933—1934 年亢家庄由亢辉信（亢氏十六世）任村长，也称地保。1935—1937 年亢中梓（亢氏十七世）任亢家庄村长（地保）。

五　日本第二次侵占时期

1938 年 1 月 1 日日本第二次侵占青岛，仍称“青岛市”，并成立伪青岛市公署，实行保甲制，其管理系统为警察局、分局、警察分驻所、总联保、联保、保长、户长。亢家庄属台东镇总联保办事处，地方治安归伪警察署台东分局管辖。1937—1940 年闫瑞风（闫氏七世）为亢家庄完全村长，当时还成立“首事会”，首事基本以亢、闫两姓为主，按族姓支派推一人，按时管收事用钱（按土地多少为计算单位，乘每亩单费，就是应缴数），首事向各户收取交村长，当时亢正泰任会计。主要向“青保”和市内“抄（剿）伐队”、“宪兵队”交纳物品和招待费。会计由村长提名推荐，在民众有一定威望，办事公正，能为村民排忧解难，安内挡外的人员充当，在村长的主持下，主管村内公益收支，还得向村民摊派社会事用费，公议村内重大事务。时有亢中元、亢登聪、杨从德等为首事。自1941年村长闫瑞凤因年龄过大，身体状况欠佳，不再担任村长职务。在职期间，尽职尽责，处处为民着想，有能力挡外安内，深得村民好评和信任。1939年清明节竖秋千，青年们偷着到二号炮台割树，其间被人告发，随即来了两林警进村查找，村民很快报与闫瑞凤村长（其实村长不知此事），村长深知事态严重，马上出来迎接两林警，一边让请他们吃饭，与其周旋，一边让青年们将村周围的树割倒换了偷割的木头，林警吃完饭要去看树，村长此时一概否认，最后到现场查看后，确实不是炮台树木，林警无言以对而去。1941年由亢正法和王玉贵接替村长职务。1942—1943年由亢正礼和亢中义任村长，时任首事：亢中珉、亢正春、闫瑞平、亢中金、亢中伦等。1944—1945年由亢中福担任村长，高密人单祖元任会计，兼户籍干事（政府派遣）。在日本第二次占领青岛时期（1938—1945年）担任村长是一项苦恼差使，因为亢家庄是城市与农村交接之地，实际也是日本人、汉奸（民称二鬼子）和青保进出割据的地盘。白天日本人和汉奸不时突袭而至，亢家庄隶属台东镇，也是他们的防区，一为办公事，到中午就要吃喝；二为搜捕游击队（青保）。因为村里也有汉奸的眼线（情报人）随时报告。如果抓不到游击队，就要拿村长和村民出气，好多无辜村民被打。村民管他们叫“抄伐队”，他们都骑大飞轮自行车，也有半轮（无后轮瓦的自行车，民称光腚车子）。不论大人、小孩一听“抄伐队”来了，都吓的胆战心惊，躲藏不及就要受麻烦。1944年“抄伐队”接到报告说，游击队亢中珊在本村**家，来了以后没有抓到亢中珊，抓到于林公和张仁虎，说他俩放走了人，日本人在大街上将两人毒打一顿。夜晚，是“青保”（崂山抗日游击队）的活动区域，经常向村长要东西，如万里鞋、布匹和钱等给养。1943年亢正礼和亢中义当村长，青保要的鞋未能及时送去，结果被骗到错埠岭村开会被打的半死，后通知本村用小推车接回。

六　南京国民政府第二次统治时期

1945年8月15日日本无条件投降，抗日战争胜利，南京国民政府再次接收青岛，仍定为直辖市。1946年3月17日将青岛市划为12个保甲区，其中市南、市北、台东、台西四区为市区，浮山、四沧、李村、崂东、崂西、夏庄、阴岛（现红岛）、薛家岛八区为乡区。在各区成立区公所，下设民政、财建、教育、军事、户籍等5股。亢家庄属浮山区。当时浮山区设29保，亢家庄为第十保，下设七个甲，第一任保长亢正法，第二任保长亢中俊，保队副闫盛思，甲长亢正春、亢中珉、闫瑞平、王玉贵、亢正法、亢正林、宋连奎等。亢正泰任会计，单祖元仍任户籍干事。七个甲共213户，其中农民户145户，城镇居民户68户。甲长与前首事差不多，当时只是国民党一方执政，甲长只收事用钱，其他麻烦事较少，甲长要比首事轻松。

第二节 人民政权

一 中华人民共和国成立初期

1949年6月2日，青岛解放，青岛市浮山区人民政府成立。同年12月改称为浮山区公所，亢家庄隶属。1950年10月，由王强任队长，马瑞芝、王珍三人组成的浮山区公所土改工作队进驻亢家庄，组织农民，发动群众，宣传党在农村实行土地改革的政策，贯彻《土地改革法》。党在农村的各项工作中，依靠的主要力量是贫农、下中农。成立了农民协会。农会是解放初期党在农村实行土改运动中的基层权力机构，首任农会主席张仁珍，组织委员亢正深，征粮（财粮）委员亢登信、亢中达、亢正深（兼），村长闫盛利，选区主任徐吉和，亢正深同时还兼任财粮委员、土改委员、户口主任。亢家庄基层权力机构的建立健全，确保了党在农村的土地改革政策的贯彻实施。1951年成立浮亢乡。1951年7月，市南区公所又改称为市南区人民政府，亢家庄划归崂山郊区，归崂山办事处浮山区（公所）直接管辖。

1951年，浮山所和亢家庄两个自然村成立浮亢乡，由亢清溪（浮山所人）任乡长，闫盛利（亢家庄人）任副乡长，文书苏世忠等人组成新的乡领导班子。

1951年4月，崂山行政办事处划归青岛市人民政府管辖，改名为青岛市人民政府崂山办事处，下设流亭、夏庄、惜福镇、崂东、崂西、李村、乌衣巷、浮山、娄山9个区公所。

1952年乡领导班子进行调整，乡长改由仲崇刚出任（浮山所人），副乡长仍为闫盛利，文书胡贞德（浮山所人）。

1954年按照有关规定，通过选举产生新的一届乡领导班子，胡贞德任乡长，闫盛福（亢家庄人）任副乡长，苏桂玉任副乡长分管乡妇女工作，仲伟杰任文书。

1954年7月3日青岛市人民政府对区划再次调整，将崂山郊区人民政府所辖的浮山区撤销。原浮山区所辖的麦岛乡、浮西乡、浮亢乡和三合乡的田家村，又全部划入青岛市市南区浮山办事处管辖。浮山办事处主任刘文周。此时，浮亢乡包括亢家庄、浮山所、田家村三个自然村，乡政府设在浮山所。

1955年10月成立初级社。1956年3月5日，青岛市人民政府决定撤销浮亢乡。

二 高级农业合作化时期

1956年4月，亢家庄、浮山所、田家村联合成立“工农联盟高级农业合作社”，共设16个生产大队，田家村为1～4大队，亢家庄为5～7大队，浮山所为8～16大队，农村的生产关系发生了巨大的变化，土地归集体，使亢家庄农民告别独种自收、个体耕作的历史。

1957年10月，经青岛市人民委员会批准，将工农联盟高级农业合作社的三个村全部划入浮山街道办事处管辖。主任王明辰。

三 人民公社时期

1958年9月14日，随着全国蓬勃

发展的公社化运动的开展，由湛山“五一”蔬菜高级农业合作社（包括湛山村、小湛山村）、湛山渔业合作社，浮山所、田家村、亢家庄成立的工农联盟高级农业合作社和海防高级农业生产合作社（包括辛家庄、丁家庄、大尧村、逍遥村）联合成立了东风人民公社。原“五一”社和湛山渔业社为第一生产大队，工农联盟社为第二生产大队，海防社为第三生产大队。

1959年2月，东风人民公社依其所在地“浮山”更名为浮山人民公社。

随后，浮山人民公社对原三个生产大队更名为三个生产管理区，第二生产大队变更为第二生产管理区，主任闫盛福（亢家庄人），副主任焦立喜（浮山所人）、周可法（浮山所人）。同年，浮山人民公社第二生产管理区所属生产大队进行了调整，焦立喜任主任，将原16个生产大队变更为6个生产大队，田家村为1～2生产大队，浮山所为4～6生产大队，亢家庄为第三生产大队，分为5个生产小队，1～3为蔬菜队，4～5为农业队。

1960年4月，为加强对农业生产经营的管理工作，浮山人民公社成立公社管理委员会。设办公室。管委会设主任，孙丕凤任主任。有副主任1～3名，下设分管民政、财政、教育、治安、农业、副业的助理员。公社党政企合一，管委会为公社最高管理机关。同年，浮山公社第二生产管理区所属生产队进行了调

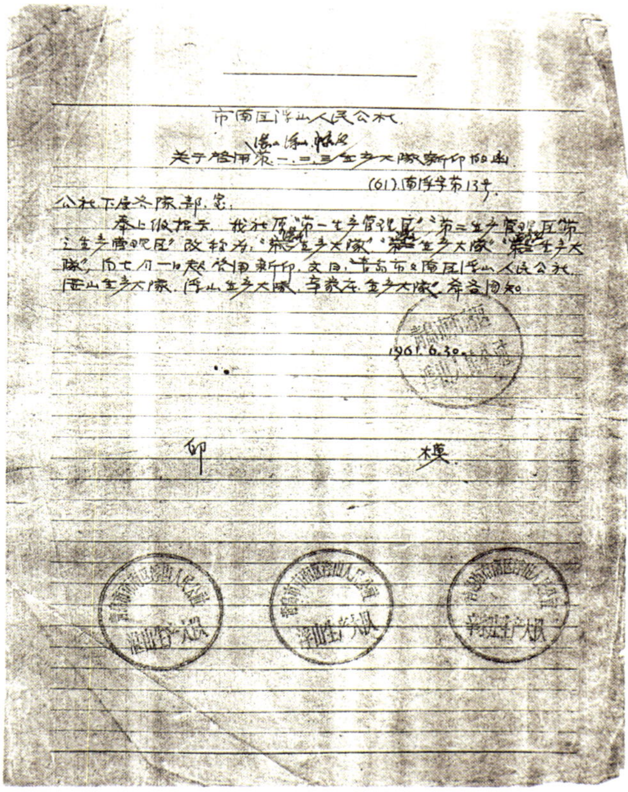

市南区浮山人民公社
关于启用第一、二、三生产大队新印的函
(61)南浮字第13号
公社下属各队部室：
奉上级指示，我社原“第一生产管理区”“第二生产管理区”“第三生产管理区”改称为“湛山生产大队”“浮山生产大队”“辛家庄生产大队”，自七月一日起启用新印。文曰：“青岛市市南区浮山人民公社湛山生产大队、浮山生产大队、辛家庄生产大队”，希各周知。
1961.6.30.

◇1961年6月30日浮山人民公社关于启用三个大队新印章的函

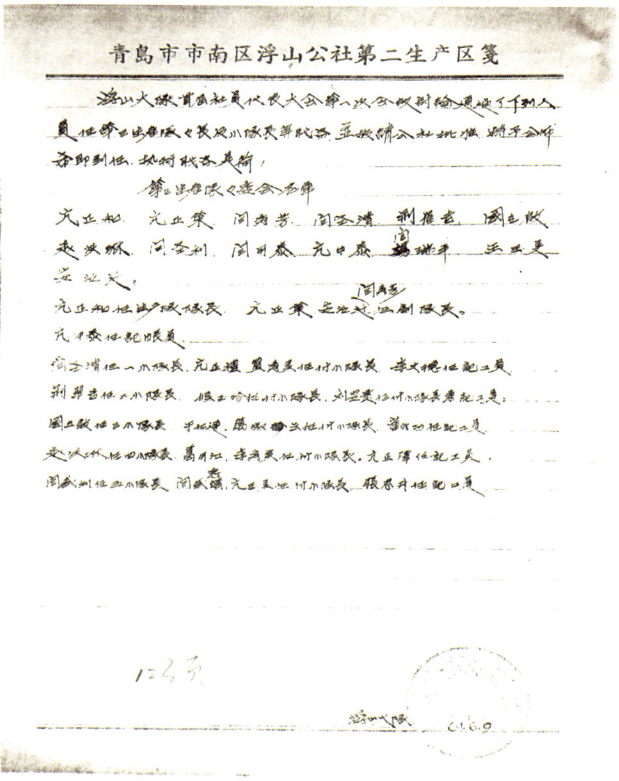

青岛市市南区浮山公社第二生产区笺

◇浮山公社第二管区亢家庄大队职务任命书

整，焦立喜任主任，仍设6个生产大队。

1961年7月1日，浮山人民公社将生产管理区撤销，随即管理区又更名为生产大队，二管区改称浮山生产大队，各村的生产队不变。

1963年，浮山人民公社于7月5日再次划归崂山县，由崂山县统筹管理农副业生产。1963年7月，中共青岛市委将浮山公社党委划归崂山县委领导。1963年秋，以社会主义教育运动为内容的"四清运动"（清账目、清仓库、清财务、清工分）在浮山公社全面开展起来。按照崂山县委和浮山公社党委的部署要求，亢家庄生产大队成立了贫下中农协会，首任贫协主席秦元祥。

1964年3月25日，浮山生产大队所属之亢家庄、浮山所、田家村三个自然村联合体亦随之解体，各村建立独立的经济实体，亢家庄为亢家庄生产大队，大队长亢正和，副大队长亢正策、安汝迁、闫秀芳，仍保持原有5个生产小队。

1966年5月，"无产阶级文化大革命"运动在全国开展起来，亢家庄的党组织和全国一样遭受到严重的冲击。运动初期，先从批判文化教育领域的封、资、修开始，随着运动的迅速发展，把矛头指向了党的组织和领导干部，即所谓的"走资本主义道路的当权派"。干部靠边站，领导班子瘫痪。1967年春，成立了亢家庄生产大队革命委员会，张作山任主任。

1970年，浮山人民公社革命委员会任命亢正和为支部书记，负责主持亢家庄全面工作，崔洪锡任大队长，亢淑英任副大队长。

1978年12月，亢家庄第二次由崂山县划入市南区（执行划入时间为1979年1月）。1979年1月，包括楼山、西流庄、吴家村和浮山公社又划归青岛市。

1981年1月，经市南区委批准，撤销亢家庄大队革命委员会，恢复原来称谓——亢家庄生产大队。

四　青岛大信农工商公司

1984年10月7日，根据市南区委（84）73号文件精神，撤销浮山人民公社，取消了公社一级的经济体制。亢家庄划归湛山街道办事处，党委书记马永泉，主任王继明，亢家庄土地开始大量减少，农蔬生产逐步被以工业、商业为主体的经济实体所替代，1985年5月，更名为大信农工商公司。1985年7月至1987年3月，崔洪锡任经理，夏洪斋任副经理。1987年3月至1988年4月亢继清任经理，夏洪斋任副经理。1988年4月至2011年12月闫可文任经理。其中：1988年4月至1996年6月亢继清任副经理（1996年7月至2010年8月任调研员）。1988年4月至2006年夏洪斋任副经理。1998年6月至2007年8月闫盛奎任副经理。1996年6月至2011年12月亢正嵩任副经理。1996年6月至2011年12月荆朋森任副经理。2009年4月至2011年12月孙祥奎（国家干部）任副经理。

五　青岛大信实业有限公司

为适应社会主义市场经济发展，以符合建立现代企业制度要求的"产权清

◇2004年8月1日第一届股东大会会场

◇2008年3月22日第二届股东大会会场

◇2012年10月24日第三届股东大会董事会成员与工作人员合影

晰，权责明确，政企分开，管理科学”的改革方向，解决产权关系和利益分配关系，对亢家庄大队到大信公司历年留存和所属集体资产，根据国家有关规定进行改制，确认大信公司每位在职和退休社员固定工在集体经济中的经济地位和占有份额、应享有的所有权、收益权，2004 年 8 月全体职工参加“青岛大信实业有限公司”股东大会，投票选举产生了董事会、监事会及成员。

2004 年 8 月，第一届董事会成员：闫可文、亢正嵩、荆朋森、夏洪斋、宋淑华，董事长闫可文。监事会成员：亢继进、闫盛奎、张梅生，监事会主席亢继进。2008 年 3 月第二届董事会成员：闫可文、亢正嵩、荆朋森、亢继辉、亢祝爱，董事长闫可文。监事会成员：亢继进、亢继庆、张梅生，监事会主席亢继进。

2004 年 8 月至 2011 年 12 月闫可文任董事长兼总经理。亢正嵩、荆朋森任董事兼副总经理。亢继进任监事会主席兼工会主席。2012 年 10 月 24 日召开第三届全体股东大会，董事会成员、监事会成员与第二届相同。

第三节　街道居民委员会

亢家庄街道居委会成立于 1954 年，管理着村庄辖区有长期户口的非农业户，并包括农业户的工矿、企业及政府部门的职工。最初隶属市南区湛山大路街道办事处。第一届居委会主任王玉美，副主任袁淑欣，全村划分村西、村南、村东及北园四个小组，各有组长一人。街道工作主要协助政府搞好各项运动、村中治安、拥军优属、征兵、爱国卫生、社会法治教育、宣传婚姻法，发动妇女参加社会各项活动、接待来访、户籍调查，帮助闲置人员就业、协助成立街道企业等。1960 年由陈松山担任主任，谭淑贞

◇八大湖街道亢家庄社区

任副主任。1964年7月因区划变更改属浮山所街道办事处。1966年由毛咸英任主任。1980年青岛市政府贯彻省政府批复的青政发〔1980〕137号文件，将青岛市区二十一个生产大队农业户口转为非农业户口，1982年11月1日为正式划转日。此间亢家庄居委会增加副主任亢中茂。

1984年青岛市市南区政府将原浮山公社所辖七个生产队（自然村）成立东三办（湛山、浮山、辛家庄三个办事处），亢家庄转属湛山街道办。当时农转非的居民仍然由原农业口径管理。1985年9月亢家庄居委会主任由徐珍英担任，王秀琴任副主任。1988年3月老街道户和农转非户合并，依照居民分布划分为亢南、亢北、泰州路三个居委会，亢南居委会主任亢淑英，副主任王秀琴，分管老村庄片。亢北居委会主任崔洪锡，副主任徐珍英，分管北园片。泰州路9-13号楼居委会主任亢正和，副主任闫秀芳。1992—1994年由闫盛德任主任。其间亢正交任助理。1997—2001年亢正交任主任，其间1998—2001年姜秀菊任支部书记。1997—2001年栾熙芳任助理。1993年部分村民迁居如东路小区两个楼座，1994年该小区归属亢南居委会，由杨秀花、张秀欣任助理。1998年三个居委会合并为亢家庄居委会，主任李爱仙，副主任曲芝玲、赵广善并兼任支部书记。1999年亢家庄划归金湖路街道办，并将泰州路和如东路小区归属其他临近居委会。只保留宜兴路（原村庄）、扬中支路、金坛路和电缆厂宿舍等小区。2001年由辛建春任主任，副主任曲芝玲、亢正础兼支部书记。2004年转属八大湖街道办，全称为“青岛市市南区八大湖街道亢家庄社区居委会”，同时换届，辛建春任主任，兼党总支书记，副主任孙安利、臧秋菊，委员刘可林、刘玉兰。2011年由荆彩虹任主任，兼总支书记，副主任孙安利、荀明华，委员：韩恩辉、葛连军。

亢家庄社区居委会自初在户籍关系上虽有城镇与农业之分，但始终是合居一个不可分割的村庄聚落，甚至一个家庭就有两种户籍类别，因此自建以来所做的工作与亢家庄大队或大信农工商公司有着联袂关系（以前只不过农业人口占大多数罢了），如政策宣传、文艺活动、卫生防疫、拥军优属、治安防范等工作都是联合行动。时至今日，来自不同方位的退休党员关系又回到了社区这个大家庭，青岛大信实业有限公司则又成为该区的一个企业单位。20世纪80年代以后，亢家庄社区居委会在市南区政府和八大湖街道办的领导下，以小政府的

◇2004年亢家庄社区首届趣味运动会

◇ 亢家庄社区委员会历届主任成员：左起臧秋菊、苟明华、荆彩虹、辛建春、曲芝玲、孙安利

姿态，履行大社会的多项工作。一、社区党组织：管理社区内各个行业的党员事宜。二、计划生育：负责域内 18 ~ 49 岁育龄妇女管理工作。三、综合治理：调解、安置帮教、消防、普法、巡逻治安、安全生产。四、城管工作：负责开放式楼院的环境卫生。五、税源工作。六、信访。七、司法。八、社区文化。九、科普教育。十、民政事务、优扶、临时救助、青少年教育、残联、老龄工作。

社区工作复杂艰巨，直面社区每个公民、每个角落所发生的事项。亢家庄社区居委会自建以来，协助政府，依靠群众做了大量的实际工作。发挥了小政府、大社会作用（见表 60）。

亢家庄社区（街道）居委会历年任职一览表

表 60

起止年限	主任	副主任	委员及助理		注
			委员	助理	
1954—1961	王玉美	袁淑贞			老村庄及北园片区
1961—1963	陈松山	谭淑英			老村庄及北园片区
1964—1965	谭淑英				老村庄及北园片区
1966—1984	毛咸英	亢中茂			亢中茂 1981—1985 年
1985—1988	徐珍英	王秀琴			亢中茂 1981—1985 年
1988—1997	亢淑英	王秀琴		杨秀花、张秀欣	亢南居：老村庄，1994—1999，包括徐州路
1988—1997	崔洪锡	徐珍英			亢北居：北园片
1988—1991	亢正和	闫秀芳			泰州路 9-13 号楼
1992—1996	闫盛德			亢正交	泰州路 9-13 号楼

续表 60

起止年限	主任	副主任	委员及助理		注
			委员	助理	
1997—2001	亢正交			栾熙芳	泰州路 9-13 号楼
1998—2001	李爱仙	曲芝玲			1999 转属金湖路，全村合并
2001—2004	辛建春	曲芝玲			
2004—2010	辛建春	孙安利、臧秋菊	刘可林、刘玉兰		包括宜兴路、扬中支路、金坛路、电缆厂宿舍等小区
2011—	荆彩虹	孙安利、苟明华	韩恩辉、葛连军		

第三章 行政管理

明、清时期，县令兼行政、司法于一身，其下设巡检、典史之职，辅佐县令掌管缉捕之事物。逐朝历代都有法律、法规，均称王法，只在京城掌控上层建筑的人群和地方的州府、县官们驾驭国法条律，百姓们吃上官司也不知法规。在偏远的农村，百姓只知有王法不知规则，世世代代受儒家的礼治，强调传统伦常关系，三纲：父为子纲、君为臣纲、夫为妻纲。五常：通常指仁、义、礼、智、信。三从：未嫁从父、既嫁从夫、夫死从子。四德：妇德、妇言、妇容、妇功等。

亢家庄的行政管理是随着社会的变化而变化的。明、清之际，亢家庄归即墨县浮山所。德、日侵略军占领时期归李村区，北洋政府统治时期归台东镇，南京国民政府统治时期归台东镇和浮山区，中华人民共和国成立后，分别归浮山区、浮山街道办事处、浮山人民公社、崂山郊区人民委员会、青岛市市南区。1985 年 5 月，亢家庄生产大队更名为青岛大信农工商公司，仍归青岛市市南区管辖。虽然管辖的单位不一，但亢家庄的政权保卫和治安管理上，法制宣传上，从形式到内容，都是扎实有效的，特别是自青岛大信农工商公司更名以后，更加走上正规法治渠道。

第一节 治安隶属

明代，即墨县划分为 7 乡、82 社、3 厢，亢家庄隶属仁化乡“浮峰社”管辖。清代，即墨县划分为 7 乡、81 社、3 厢，亢家庄治安隶属仁化乡“文峰社”管辖。

德国侵占时期 德占当局在“胶澳租借地”设有“总督府”，将租借地划为青岛、李村两个区，亢家庄隶属于李村区。李村区设区长，由德国人充当，并设董事、粮约，各村庄皆设村长、庄长，由中国人担任。1914年11月，日本取代德国占领青岛。日占当局设立“青岛守备军司令部”，为统治青岛的最高权力机关，对其占领区仍按德国旧制划为青岛区和李村区，并分设青岛、李村两个军政署。1917年又改为青岛民政署和李村民政署。日本人在李村区内设立了沧口警察支署、李村警察支署和沙子口警察支署，亢家庄治安隶属李村警察支署的管辖范围。

1922年12月10日，中国政府收回青岛，改称胶澳商埠。“胶澳商埠”之市区定名为青岛市，划分为青岛市街、台东镇、台西镇，亢家庄隶属台东镇。北洋政府统治时期，青岛的基层政权主要由“胶澳商埠”警察厅兼管，下设第一、第二、台东、李村、海西等警察署，亢家庄治安隶属台东警察署第二分驻所管辖。

1929年4月15日，南京国民政府接收青岛，改“胶澳商埠”为“青岛特别市”，1930年9月改为直辖市。1935年5月设立海滨、台东、大港、小港、浮山、四方、沧口等市区建设办事处，亢家庄隶属于浮山建设办事处，地方治安归台东镇青岛公安局第四分局管辖。

1938年1月10日，日本第二次侵占青岛，成立“伪青岛市公署”，在市区实行保甲制。亢家庄隶属于台东镇总联保办事处，地方治安归伪警察局台东分局管辖。

1945年8月15日抗日战争胜利，南京国民政府再次接收青岛，仍定为直辖市。1946年3月17日，将青岛市划为12个保甲区，亢家庄隶属于浮山区，当时的浮山所共设29保，亢家庄为第10保。

1949年6月2日，青岛市人民政府成立，将青岛市划为市南、台西、市北、台东、四沧、浮山、李村七个区。当日青岛市公安局成立（1949年4月在莱阳地区组建）。各区设立公安分局。设在浮山所之公安派出所由台东公安分局划归市南公安分局领导。管辖着浮山所、亢家庄、田家村、大尧村、逍遥村、辛家庄、丁家庄七个村庄的治安。1951年因区划调整，浮山所派出所划归崂山公安局领导，管辖着自石老人村以西包括亢家庄共二十九个村庄的治安工作。1954年又因区划变更，浮山所派出所划归市南区公安分局领导，亢家庄治安仍属浮山所派出所管辖。1984年亢家庄行政归属湛山办事处，治安随之转为湛山派出所领导。1999年亢家庄行政划归金湖路办事处，治安归属金湖路派出所管辖。2004年亢家庄行政转属八大湖街道办事处，治安归属金湖路派出所领导。

第二节　政权、治安保卫

一　政权保卫

中华人民共和国成立初期，为巩固政权，社会安宁，从中央到地方开展了锄奸反特、取缔反动会道门、镇压肃清反革命、改造四类分子等一系列的政治运动。

锄奸反特 青岛解放前，亢家庄村民中没有汉奸特务。抗日时期，亢家庄人亢中珊与牛宁玉（大尧人）于1944年4月4日，将汉奸乔智金（原青岛市商会常务董事长、日军宪兵队嘱托顾问）连人带车，捕捉至王家麦岛与山东头之间，因后面有追兵逼近，情况危急，故将乔击毙于车内。此事对日军、汉奸震慑很大。

取缔反动会道门 1951年2月，青岛市根据中共中央和中共山东省委关于取缔反动会道门的指示，成立青岛市取缔反动会道门指挥部。从同年3月开始，先后在市内6区和崂山郊区取缔"一贯道"等反动会道门。在市统一领导下，亢家庄取缔了"圣贤道"，道徒大都为老年人和中年以上的妇女，全部退道，其中两名道首被捕，1956年4月释放回家，入社劳动。

镇压肃清反革命 1950年12月，全国镇反运动开始。青岛市对土匪、恶霸、特务、反动党、团骨干和反动会道门头子进行搜捕。1950年年初，亢家庄一李姓被即墨县公安局遣返回原籍处理。1953年年底，镇反运动基本结束。

肃反运动 20世纪50年代后期，中共领导在机关、团体、厂矿、部队、学校内的开展肃清反革命分子的政治运动，简称肃反运动。1955年7月，中共中央又发出《关于展开斗争肃清暗藏的反革命分子的指示》。1956年亢家庄有两名从农村流入的肃反对象被遣返回乡处理。1959年10月全市肃反运动结束。

改造四类分子 根据公安部1952年公布的《管制反革命分子暂行办法》的规定，1959年开始对四类分子（地主、富农、反革命、坏分子）实行管制，监督改造。亢家庄被劳动教养4人，反革命分子2人，坏分子1人，由村治保会负责监督改造。1978年全部撤销其管制。

二 治安保卫

很早的治安状况无据查考。相传清朝中期以后（隶属即墨县），村中打官司、告状等事宜都到即墨县衙。自德国侵占青岛以后至中华人民共和国成立，城市规模逐渐形成，外乡人从四面八方先后涌入市区，有的无职业人群为生存，又不断地向农村潜入。亢家庄与城市相接，为城乡结合部，闲杂人员流动频繁，治安也随之出现不安定因素。各个时期的政府都在所属统辖范围之内，设立军政署、警察局、分局、公安局、分局。村中有较大案情，由村长带领相关人员报案解决。为使乡民安宁，各任期村长将青壮年组织起来，排班轮流夜晚在村庄及田间守望，一是为打更，二是为护村防盗。1918年在村前街盖了一间平房，为打更者避风雨和临时歇脚，村民惯叫"更屋子"（日伪时期亢家庄雇用"陈"姓常年打更，并居住更屋子）。该项活动一直延续到青岛解放前夕。几十年一代接一代亢家庄的青壮年们为村民生活起居就寝的安宁起到了不可磨灭的作用，避免了许多治安事件。

自1947年始起从日照、莱阳、胶州

及平度近县在土改中被斗的地主、还乡团及其不良人员流窜进村，自称所谓难民，到处宣传反共言论，有的给当地人扛活为掩护，不愿劳动者男女混居亢家庄村西三号炮台内，白天男的睡觉，女的到村内讨饭，打发不好，口出脏话。晚上男的到临村偷窃庄稼和蔬菜，使周边村庄民众无法安生。在保长的倡导下，以原打更队伍又增加了青壮年骨干：闫瑞平、张立臣、闫盛福、亢中贞、亢中尧、亢正保、亢正方、亢正亭、亢正和、亢中达、闫盛惠、闫盛喜、闫盛保、闫盛利等轮流夜晚看家护坡。青壮年大部分是村办武术练习所的学员。各自选择刀、枪、棍棒、三节棍、七节鞭，也有持铁锨的,还有自制土枪。白天雇用“雷”姓看坡(村民轮流管饭)。后来即墨人“单沈明”(青岛解放后回乡务农)接替雷姓成为看坡庄丁。

由于队伍壮大，齐心共议，方法得当，村民财产未受到太大损失。1948年冬某一日，一扛活的“费”姓召集西炮台一伙人(有男有女)在村公所闹事(是因为一名讨饭者与村户发生口角)，幸好保长组织青壮年及村众将他们嚣张气焰压倒，被驱赶出村外，再未敢进村。

中华人民共和国成立后，在崂山县武装部的领导下，成立了民兵组织，隶属浮山区，武装干事由亢中伟担任，亢正和为村队长兼操练员，民兵有20余人，主要任务是配合派出所民警防特、防盗、按户籍登记排查不明身份人员、禁毒、查赌等治安工作。1951年8月亢家庄与浮山所成立浮亢乡，随之成立武装委员会，宋光啓(亢家庄人)任大队长。1952年改组山东军区崂山民兵基干团，随即成立治安保卫委员会(简称治保会)，主任闫盛利。1958年成立东风人民公社，浮山所、田家村和亢家庄为二管区，实行军事化编制，成立民兵营，各自然村为连，亢中泰为副营长兼亢家庄民兵连长，亢正和为指导员，排长由五个小队政治队长兼任。并且与周边驻军实行军民联防进行治安保卫。白天安排民兵李文焕护坡，夜晚五个小队民兵在田间搭铺轮流值班看护庄稼及蔬菜，大队长、民兵连长以身作则，白天生产，晚间组织民兵常年流动护村、护坡。1978年荆朋森任民兵专职指导员，1979年荆朋森接任民兵连长，闫可斌、亢继清任副连长，排长仍有五个小队政治队长兼任。1985年亢家庄大队改组青岛大信农工商公司，民兵转属青岛市市南区人民武装部，仍为连编制，在公司党支部领导下，成立社会治安综合治理领导小组，设置综合治理办公室(简称综治办)，主任亢淑英。治保、调解、帮教等工作转属“综治办”。1986年荆朋森接任综治办主任职务，并成立安全保卫科，科长由荆朋森兼任。至2010年民兵组织虽未解体，由于人员逐步减少，防火、防盗等工作由安全保卫科突击队员来完成。

自中华人民共和国诞生以来，亢家庄历届治安保卫委员会和民兵组织，都全力支持配合地方公安部门搞好治安联防，在禁毒、禁赌、易燃易爆物品管理和户籍管理及交通管理等方面，做了卓有成效的工作，确保了一方平安。亢家庄大队自1985年5月更名为大信农工商公司以来，治安管理工作更加规范。在党总支领导下，组织党员、干部、群众认真学习党和国家关于治安管理方面的有关文件，深刻理解“要改革就一定要有稳定的政治环境，离开这一点，什么都搞不成”的思想，在公司范围内开展宣传活动，加深了社会治安的综合治理、对改革开放、经济建设重要性的认识，并采取了切实可行的措施。

公司制定综合治理工作目标责任制，把综合治理工作作为党政干部任期目标之一，承担起“管好自己的人，看好自己的门”的社会责任。实行社会治安综合治理“一票否决权”，对公司辖属企业，社会治安综合治理工作不达标的单位，一律不能评为先进单位。年终，按签订的综合治理目标责任书进行考核，奖罚分明。

公司由党总支副书记具体抓综合治理工作，建立了群众性的治保、调解、帮教、普法等队伍，建立相应的规章制度，落实各项治安管理措施，搞好人防、物防、技防的配套设施。

着眼解决群众普遍关心、反映强烈的“热点”“难点”问题，开展依法治理活动。在城管方面配合当地公安清理拾荒大军，清理违章建筑和卫生死角，搞好村容村貌建设，给村民一个整洁、舒适、美丽的居住环境。加强昼夜巡逻值班，社会秩序井然。在办事处、综治办及派出所的领导下，对流动人口进行大清查，特别是流动人口的计划生育管理，情况复杂，困难多，工作量大，工作人员不怕苦不怕难，夜间行动，确保计生工作不出任何问题，受到上级的好评。与居委会密切配合，开展“大手拉小手”活动，对青少年进行法治教育，取得良好效果。公司为两名难以找到工作的失足青年安排工作，并及时跟踪，做好专访、谈心、帮教工作，使其多年来能够认真工作，本分做人，成为一名好职工，并成了家，有了孩子。对于公司的关怀，他们的家庭非常感激，对公司一再表示谢意。

第三节　法制宣传

大信农工商公司紧紧围绕建立和完善社会主义市场经济体制，认真实施“三五”普法规划，使依法治理活动不断深化和拓宽，促进两个文明建设，取得了较好的经济效益和社会效益。公司连续八年被评为市南区法制宣传先进单位。

一　宣传内容

普法教育的根本目的就是用法律法规教育人，改造人，使每个职工都能懂法守法，在社会上做一个遵纪守法的好公民，在企业里做一个遵章守纪的好职工。

在普法教育中，公司组织职工学习了《中华人民共和国宪法》《中华人民共和国宪法修正案》《中华人民共和国工会法》《中华人民共和国劳动法》和《山东省人口与计划生育条例》等内容。同时，紧密结合公司的实际，组织职工学习与工作、生产、生活相关的专业法，如《中华人民共和国企业法》《中华人民共和国商标法》《中华人民共和国会计法》《中华人民共和国产品质量法》《中华人民共和国经济合同法》及安全生产、税收和涉外经济等一系列的法律法规。

二　宣传方法

一是成立了由公司党政主要领导任组长，总支成员及各企业党政主要领导任组员的“三五”普法领导小组。公司辖属单位都成立了“三五”普法领导小组。二是“三五”普法领导小组坚持每季度召开一次会议，总结前段工作，布置安排今后的工作任务。三是召开公司动员大会，传达上级有关文件，宣读公司“三五”普法规划，利用黑板报、橱窗等大造声势，做到家喻户晓。公司订购了《大众法制》等普法杂志，“三五”普法教育材料达到人手一册，参考或借鉴经验。四是从上到下层层制订了“三五”普法规划及各年度实施方案，对“三五”普法教育和依法治理工作进行统筹安排，使工作目标明确，有章可循。五是层层签订了普法教育、依法治理责任书，明确责任确保落实。六是公司每年都举办普法学习班，每个职工轮流参加培训，普法领导小组成立了宣讲组，进行有的放矢的辅导。共进行辅导讲解120多场次。整个亢家庄群体成为一个人人懂法，人人守法的法制村庄。

普法教育的重点是干部，尤其是领导干部。举办党员干部法制讲座。公司党总支成员、各企业的厂长、经理、工会主席、公司各科室负责人都参加学习。按规定及时参加区里统一组织的领导干部学法日。组织有关人员参加区以上组织的法律学习班，取得“合格证书”。

认真抓好职工的学法用法。①工青妇各群众团体根据职工的特点。几年来，出黑板报40期，张贴宣传标语120条。举办“三五”普法知识答卷活动。1992年亢家庄社区居委会成立以来，管区内设宣传栏多处，多种形式及内容常年不懈。②通过看录像、写读书笔记、开研讨会等一系列活动，在深度和广度上下功夫。1999年，撰写读书笔记100多篇。对保障社会治安起了很大作用。

三　依规治企

企业贯彻执行法制建设的十六字方针：有法可依，有法必依，执法必严，违法必究。企业有严格的规章制度。公司以法律为准绳，制定各项规章制度、管理办法和标准。①制定与修订企业管理制度。全公司职工共同遵守的规章制度就有20种。企业的“规章制度”，规范了职工行为，做到有章可循。公司及各企业领导在经营决策中依法办事。②尊重职工的主人翁地位。企业的改革和经营、经济责任制等重大决策，都必须经职代会审议通过。③制定的规章制度力求健全。贯彻执行中，要求严格，一丝不苟，领导带头执行，为职工做出表率。

第四节 民事调解

一 调解形式

新中国成立以后，亢家庄成立了民事调解委员会，负责调解人与人之间、邻里之间、家庭中出现的房屋宅基、财产权益、婚丧嫁娶等纠纷，以及时化解矛盾，达到息事宁人的效果，多次被评为乡区级先进单位。青岛大信农工商公司和亢家庄居委会在法治建设上尽心尽力地付出，得到的是团结、祥和、稳定的和谐局面，为改革开放、经济发展打下坚实的社会基础。

二 调解途径

1954 年，根据政务院颁布的《人民调解委员会暂行组织条例》，加强调解工作的领导，定期召开调解工作会议，并通过培训等形式促进调解人员的思想和业务水平的提高。坚持“小事不出队，大事不出村，纠纷不挤压，矛盾不上交，包袱不外推”的宗旨，努力使调解工作逐步走上制度化、法制化、规范化的轨道，还采取了“调防结合,以防为主”的办法，消除和化解不应有的矛盾，促进了社会的稳定和经济的持续发展。

第四章 团 体

第一节 农民团体

1950 年 10 月，为贯彻执行中央人民政府在农村实行土地改革运动的指示精神，中共浮山区委和浮山区人民政府派遣由王强任队长的浮山区土改工作队进驻亢家庄村，成立土改领导小组，组建农民协会。首任农会主席张仁珍，委员亢正琛、芦国秀。土改小组和农会依靠积极分子，组织农民，发动群众，宣传和拥护党在农村实行土地改革的各项政策，领导农民反对封建剥削制度，贯彻土地法，保护农民的切身利益。组织人力清查人口，劳动力统计，丈量土地，兴办互助组，发展农业和副业生产，改善农民生活，保障农民的政治权利，逐步提高农民的政治觉悟和文化水平，参加地方基层政权的建设，组织村民进行生产自救。通过普查确定成份和出身。贯彻党的土改政策，针对亢家庄这种城市近郊村庄的特点，对有轻微剥削、而自身又参加劳动的土地出租者确定为小土地出租者；以剥削量不超过 1/4 的小土地出租者的土地予以保留。对地主与富农成份的划分，主要是以自身是否参加劳动和不参加劳动或仅以雇工参与劳动予以区分。亢家庄确定的阶级成份有：小土地出租者、富裕中农、中农、贫农和雇农，没有地主和富农。参加土地改革的张仁珍、闫盛利、闫盛福、亢正琛、芦国秀（女）等人，以后都成为村、乡的领导干部。兴办农村供销合作社。农村供销合作社的成立，活跃了城乡物资的交流，极大地满足了农民对生产物资的需求。1952 年在农会的领导下成立了以部分农户组织的互助组，继而在互助组的基础上逐渐发展成立农业合作社。亢家庄农会在基本上实现了农业合作化之后，完成了其历史的任务便停止了活动。农会在土地改革运动、发展农业生产、推行互助组及实现初级社和农业合作化等方面，起到了巨大的推动作用，使土改工作得到顺利开展。

1963 年秋，四清运动初级阶段以社会主义教育运动为主要内容开始在农村推行，随即成立了贫下中农协会（简称贫协），第一任主席秦元祥。

第二节　青年团体

一　中国新民主主义青年团

1949 年 1 月，中共中央颁布了《关于建立中国新民主主义青年团决议》，同年 9 月 10 日，中国新民主主义青年团青岛市工作委员会成立，全市团员人数为 1244 人。1955 年，亢家庄亢中武第一个加入中国新民主主义青年团，后陆续发展了亢淑英、亢中泰、闫可泰、李秀英、丁月珍、亢秀美等 6 名团员。这些团员积极参加了浮亢乡团委的组织生活，认真完成了团委所布置和分配的工作任务，积极投身社会主义革命和社会主义建设事业，在发展生产、节约备荒、互助合作及学习文化科学知识等方面发挥了先锋作用。

二　中国共产主义青年团

1957 年 5 月，新民主主义青年团召开第三次全国代表大会，将中国新民主主义青年团改称为中国共产主义青年团。1963 年全市共有 45555 名团员。1964 年 3 月，亢家庄成立团支部，直接受浮山公社团委领导。1992 年 3 月，成立团总支，下设 3 个团支部，受湛山办事处领导。3 个团支部分别是：工业团支部、亢家庄加油站团支部和山东路批发部团支部。1994 年 12 月，根据青南发〔1994〕43 号文件“关于改变湛山等七个农工商公司管理体制的决定”和南团发〔1994〕14 号文件“关于加强七个农工商公司团的组织建设工作的意见”，团的工作由共青团市南区委直接领导。2002 年 5 月 16 日，市南区成立了企业团工委，团的工作又改为受企业团工委领导。随着共青团组织的扩大，在“青年突击队”“植树活动”“向雷锋同志学习”“争当新长征突击手”“五讲四美三热爱”“做‘四有’青年”等项活动中，亢家庄的共青团员都积极热情地参加，并取得了好的成绩（见表 61、62）。

亢家庄共青团组织主要负责人一览表

表 61

组织名称	书 记	时 间	备 注
团支部	亢淑英	1964—1976	
团支部	荆朋森	1976—1983	
团支部	亢正嵩	1983—1989.12	
团总支	亢继进	1989.12—1996.12	1992 年改为团总支，下设 3 个团支部
团总支	亢海蓉	1996.12—	下设 3 个团支部

亢家庄部分年份共青团员统计表

表 62

项目 / 年份	合 计	男	女
1992	26	5	21
1993	24	6	18
1998	27	7	20
1999	26	6	20
2000	26	6	20
2001	21	5	16
2002	22	5	17
2003	20	4	16
2004	15	4	11
2005	14	3	11

三 中共十一届三中全会以来共青团的活动

中共十一届三中全会以后，大信农工商公司的共青团工作围绕公司的中心工作，以“树立大信农工商公司青年形象，做跨世纪文明青年”为目标，团的组织建设和各项事业取得稳步推进。

跨世纪青年文明工程 利用收看录像片、开展知识答卷、理论交流会、研讨会等多种形式，掀起理论学习的新高潮。同时，又积极开展“爱国、立志、成才、奉献”为主题的教育活动，丰富团员青年的文化生活。团总支还在团员青年中开展了爱国主义教育、集体主义教育，组织团员青年到革命烈士纪念馆扫墓，观看“红岩魂”展览，参观青岛山炮台遗址、青岛与“五四”运动展览、青岛解放50周年图片展等。“五四”青年节，为团员过“团的生日”，重温入团誓词，举办联欢会、趣味运动会、表彰会等，提高了团组织的凝聚力。还组队参加“市南区党的十五大知识竞赛”，获三等奖；参加“满意在身边、文明在市南，我为岛城添光彩”演讲比赛，获得个人三等奖和优秀组织奖；参加“市南区建党80周年党的知识竞赛”获第一名。

志愿者活动 亢家庄村各团支部都成立了青年志愿者服务队，团总支长年坚持，开展“一对一”帮困结“对子”等活动，被评为“市南区青年志愿者活动先进集体”，其中两人被评为“市南区优秀青年志愿者”。团总支开展的“慰问市政工人”志愿者活动刊载在1995年7月15日的《青岛日报》上，团总支开展的青年志愿者活动还曾于2002年5月25日在《青岛新闻》中播出。团总支还组织团员青年清扫公司周边街道环境卫生、利用休息日为辖属企业义务劳动、为贫困地区捐款捐物、参加打包等活动，形式多样的活动，促进了青年志愿者活动的不断深入。

青年文明号活动 推行青年文明号活动，对青年工人进行分门别类的技能培训，开展导师带徒活动，形成了一种争学技术，后进变先进，先进更先进，比、学、赶、超的热潮，团员、青年的工作技能、工作水平得到进一步提高，为企业的技术进步、经济效益的提高做出了贡献。亢家庄加油站团支部被授予“青岛市青年全优岗”“省级青年文明号”等荣誉称号。

思想教育活动 结合“四有”教育，进行了自尊、自信、自立、自强的“四自”教育，使广大团员青年认识到自己的历史使命和历史责任，从根本上提高了思想觉悟，正确认识自我，努力学习文化、科学技术和管理知识，“四有”新人不断得到壮大和发展。还在广大团员青年中加强法制及“三德”（社会公德、职业道德、家庭美德）教育。团总支面对市场经济的新形势，没有放松法制宣传、教育工作，组织学习法律知识，进行专题讲座，印发法律知识答卷，收看法律知识录相片，并与职业道德、社会公德、家庭美德教育结合起来。保证了企业的正常运行和生产的发展，是大信公司三个文明建设的得力助手。

宣传工作 各团支部都利用黑板报、橱窗等宣传工具，加强团的宣传工作。还创办了《大信团讯》《年轻人》等内部刊物。《大信团讯》每月一期，《年轻人》每月两期，号召团员青年们踊跃投稿，为他们提供了一个增长知识、展示才华、促进交流的平台。1999年团总支被评为“青岛市团的信息调研工作先进集体”。

青年人才工程 组织团员青年开展争创“青年岗位能手”活动，强化团员青年的岗位意识。各团支部都根据行业特点，制定了切实可行的活动方案，普遍开展了争做“青年岗位能手”活动。工业团支部围绕企业技术创新工作，大力开展岗位练兵、科技攻关、青年岗位能手等活动，引导和鼓励青年职工刻苦学知识、学技能、学管理，为企业经济发展做贡献；加油站团支部不断转变服务观念，改进服务态度，创新服务方式，优化服务过程，改善服务环境，增强服务的人情味，营造良好的服务氛围，为顾客提供更快捷、更有效的服务；机关团支部创新管理理念，探索适合企业自身发展特点的管理模式、管理方法和管理手段，向管理要效益，提高了工作效率，转变了工作作风。两人被评为“市南区青年技术能手”，四人被评为“市南区青年突击手”，一人获“市南区汉字录入状元”荣誉称号，亢家庄加油站营业室被评为“市南区青年突击队”。

基层组织建设 贯彻“三会三制一课”制度，完善基层组织建设的运行机制，及时做好团员年度团籍注册工作。深入开展“争创红旗团支部”“争做优秀团员”活动，各团支部都班子健全，制度完善，阵地落实。团总支自1994年连续十年被评为“市南区团的工作先进集体”，1998年被评为“青岛市红旗团支部”，工业团支部连续四年被评为“市南区优秀团支部”，亢家庄加油站团支部被评为“市南区‘青春立功’活动先进集体”，四人被评为“市南区优秀团干部”，四人被评为“市南区优秀团员”，三人被评为“市南区‘青春立功’活动先进个人”，一人被评为“青岛市优秀团支部书记”，一人被授予“青岛市‘青春立功’活动三等功”，一人被授予“青岛市‘青春立功’活动一等功”，一人被授予“山东省新长征突击手”，一人被评为“山东省优秀团支部书记”，一人被授予“山东省‘青春立功’活动三等功”。认真贯彻“积极地、有计划地发展新团员，向一切先进青年敞开团的大门”的团员发展方针，成熟一个发展一个。为加强团支部培训工作，每年都组织团干部参加上级团组织举办的培训班，将团干部培养成既懂团务，又懂经济的复合型人才，为将来担当跨世纪的重任奠定了基础。几年来，向党组织推荐了七名优秀团员青年作为入党积极分子。

第三节 妇女团体

青岛解放初，中共浮山区委和区政府派出土改工作队进入亢家庄，随后成立了妇女组织，首任妇女组织负责人芦国秀，在工作队和农会的领导协助下，开展妇女工作。1951年浮亢乡成立后，在乡妇代会的领导下（主任苏桂玉，浮山所人），亢家庄广大妇女组织起来，积极响应组织的号召，破除迷信，解放思想，参加各项社会活动。1951年，为配合“镇压反革命运动”的开展，亢家庄编排了歌剧《一贯害人道》，妇女占了其中主要角色，有钟秀云、亢玉英、洛秀美等。宣传活动促进了妇女自身的解放，提高当家作主人的信心和力量。她们踊跃报名参加扫盲班，学习文化科学知识，通过读报班了解时事、政治，积极参加亢家庄传统戏剧—柳腔戏的演出活动。1962年，社会主义阶级教育运动开始，

◇1977年浮山公社妇女组织获青岛市妇女红代会先进集体。前排右起：孙丕凤（社长）、张秀兰（湛山人）；后排右起：亢淑英、孙爱英、佘秀珍（浮山所人）

◇2001年青岛市市南区组织部、宣传部、共青团联合举办“纪念中国共产党成立80周年党的知识竞赛”大信公司共青团获一等奖。左起：马海涛、亢继进、荆彩燕、亢海蓉

由浮山所、田家村、亢家庄三村联合排演了柳腔戏《魏龙民忘本回头》剧目，剧中女性演员占数不少，亢家庄闫秀芬担当主要角色。在各村巡回演出多场，在区政府阶级教育汇演中荣获二等奖。妇女以自己的实际行动积极响应党和各级政府的号召，发挥了半边天的作用。

1956年，全国妇联发起了勤俭建国、勤俭持家、勤俭节约的“三勤”方针，亢家庄的妇女积极响应，在妇女中进行了广泛的宣传教育，使全村形成了勤俭光荣，浪费可耻的风尚。

1959年，东风人民公社更名为浮山人民公社，亢家庄归属公社第二生产管理区领导，亢淑英兼任管区妇代会主任。

1963年，亢家庄的妇女继续认真执行党中央关于农村人民公社的各项政策，在以“农业为纲，粮菜并举”，发展多种经济方针的指导下，积极参与农蔬业生产，投身以“兴水利，改良田、三夏、秋收、冬管、搞副业、办工厂”为主要内容的各个生产环节中起到了主力军作用。

坚持以中共八届十中全会精神为指针，继续贯彻勤俭建国、勤俭持家、勤俭节约的“三勤”方针，发动广大妇女积极投入增产节约运动和五好竞赛活动，从生产、工作、家庭等各方面完成党提出的各项任务，积极贡献力量。同时配合有关部门认真做好婚姻法、节制生育的宣传教育活动。号召正确对待婚姻、家庭，以共产主义道德品质处理家庭关系，建立新的和睦家庭，互敬互爱、妯娌团结、婆媳友爱、赡养父母、公婆。

要求妇女重视对子女的教育，以身作则，以共产主义道德品质影响子女，配合学校教育好下一代。把培养教育儿童作为妇女家庭教育的一项重要内容，努力把儿童培养成具有共产主义道德品质的优秀接班人。

第四节　工人团体

一　工会的组建

亢家庄20世纪90年代前没有工会组织。大信农工商公司工会第一届代表大会分别于1994年3月29日、4月4日、4月9日召开会议，选举产生了第一届工会委员会、经费审查委员会和女工委员会，下设5个分会，直接受市南区总工会领导。5个分会分别是：青岛呢绒制衣厂分会委员会、青岛市市南区山东路百货批发部分会委员会、青岛市市南区热工机械厂分会委员会、青岛亢家庄加油站分会委员会和大信公司机关及后勤分会委员会。2004年9月，更名为青岛大信实业有限公司工会委员会。2008年4月，根据人员的变动，调整为下设2个分会，分别是：公司联合分会委员会和物业管理中心分会委员会。

随着工会组织的不断壮大，在“普法和依法治理”“双学三创”“岗位练兵”“技术创新”等活动中，青岛大信农工商公司的工会会员都踊跃参与，为推进改革开放，加快经济发展和维护社会稳定发挥了积极的作用（见表63、64）。

青岛大信农工商公司工会组织主要负责人一览表

表 63

组织名称	主席	时间	备注
青岛大信农工商公司工会委员会	荆朋森	1994.4—1996.7	下设五个分会委员会
青岛大信农工商公司工会委员会	亢正福	1996.7—2003.12	下设七个分会委员会
青岛大信实业有限公司工会委员会	亢继进	2004.5—	下设两个分会委员会

青岛大信农工商公司部分年份工会会员统计表

表 64　　单位：人

项目／年份	合计	男	女
1994	264	118	146
2007	100	80	20
2008	93	74	19
2009	82	65	17

二　工会活动

1994 年开始经常学习《中华人民共和国工会法》，依法维护职工的合法权益。将学习《中华人民共和国工会法》《中华人民共和国劳动法》与普法教育相结合。按时为职工缴纳社会保险，保证劳动安全卫生条件，严格执行工作时间、休息休假规定。

注重维护女职工的合法权益。进一步建立健全了女职工委员会的各项制度，积极参加区总工会女工委组织的各项活动。每年为所有女职工查体，发现女职工的早期病症，及时治疗，免除后患。母亲节组织部分老母亲参观东部新建设与新发展，使她们看到了家乡日新月异的发展。

扎实实施“扶贫尊老送温暖工程”。公司工会认真履行责任人职责，当好第一知情人、第一报告人、第一帮助人，形成了“扶贫尊老送温暖工程”的制度化。春节发放慰问礼品。对 80 岁以上老人及老干部，登门拜访，征求意见，再发 1 份礼品。老人节为每一位老人发放节日礼品。看望住院职工、大病职工、慰问去世职工家属。为所有城镇职工解决了大病统筹问题。为 782 户城镇职工办理了房屋退费共计 144 余万元。每年为全体职工查体。为宜兴路、金坛支路小区 460 余户居民更换水表。为泰州路 9、11、13 号楼和如东路、扬中支路小区 8 栋楼及宜兴路 10 号楼 11 户漏雨问题进行了维修，2005 年，各小区 80% 的居民

◇ 2005 年大信公司参加市南区企业文化建设暨第一届歌咏比赛荣获三等奖

◇ 2005 年青岛市在五四广场举办全国第四个安全生产月活动，大信公司巾帼锣鼓队表演

都安装了暖气，解除了居民群众的后顾之忧。彻底解决了住宅小区楼顶漏雨和冬季取暖问题，受到广大居民的赞扬。为泰州路18、27、29号楼楼院硬化路面2500余平方米。为给职工提供一个安全、整洁、文明的住宅环境，为两个小区12栋住宅楼38个单元防盗门进行油漆和维修，并安装了消防箱。对各小区进行了绿化改造，新栽花草树木，成为花园式的住宅小区。

不断规范合同签订工作。一是做好集体合同签订前的平等协商工作。由职工代表和企业代表在集体合同签订前进行充分的协商，确保集体合同的公平合法有效。二是结合企业实际修订合同条款，以顺利进行劳动合同的签订。三是到期的合同按时进行续签。截至1997年，全体职工均已签订和续签了劳动合同，职工覆盖面达100%。

不断完善职工大会制度，保障职工参政议政。公司领导在职代会上进行了述职、述廉，接受职工代表的评议。将职工利益放在第一位，召开群众座谈会，制定最符合民意的解决办法，做好劳动争议的调解处理。严格依法办事，对侵害职工权益的行为督促予以纠正。随着公司产业结构的调整，呢绒制衣厂、加油站、信宇塑钢门窗厂等单位职工需分流安置，工会按照公司统一部署，多次深入单位了解情况，对部分职工上访，热情接待，耐心解释，对合理要求及时反映，有效地化解了疑虑和矛盾，监督分流安置致使公正、公平。

大力开展了各种有益的宣传活动。每年组织60多人的锣鼓、杂艺、腰鼓、舞龙队深入居民楼院进行宣传演出。为庆祝北京奥运会倒计时100天，组织参加了“激情闹元宵，欢乐奥运年”民俗文体活动。组织会员参加《中华人民共和国档案法》《中华人民共和国劳动合同法》等知识竞赛，获市南区《中华人民共和国劳动合同法》知识竞赛先进单位，在职工中掀起普法学法的新高潮。组织会员参加“市南区‘与新市民同唱一首歌’首届企业青年歌手比赛”获优秀奖。自编自演的“大信颂歌”参加了区工会第一届企业文化建设合唱比赛，获优秀奖。参加市南区“知荣耻，讲正气，树新风，促和谐”合唱比赛，获优秀奖。组织参加“知荣明耻，反腐倡廉”合唱比赛，获优秀奖。参加“青岛市‘情满旅途杯’企业文化建设文艺比赛”，获三等奖 。组织会员参加市南区“妇女学法律，家庭创平安”文艺汇演，获一等奖和优秀组织奖。自编自演的三句半“说平安”，代表市南参加了青岛市安全生产大宣传，演出的照片刊登在《青岛市安全生产宣传画册》上。为庆祝工会成立80周年，“巾帼锣鼓队”自编自演的三句半《庆祝工会成立80周年》参加了演出，获得了一致好评。参加市南区“社会公德、家庭美德”故事演讲比赛，获一等奖和优秀组织奖。组织会员参加市南区职工体育运动会，获“体育道德风尚奖”。与亢家庄社区联合举办老年职工趣味运动会，丰富了老年职工的业余文

◇ 1993 年，大信公司领导到亢中规家中祝贺其 99 岁生日

◇ 2010 年大信公司工会、妇联、共青团走访慰问老干部亢淑英

◇ 2010 年工会、妇联、共青团走访 80 岁以上退休职工孙秀英

化生活。每年各分会都组织冬季越野赛，组织会员参加市南区职工冬季长跑比赛，增强了会员的身体素质。号召广大会员热心参与“爱心飞扬”慈善一日捐活动，共计捐款1090元。在汶川发生特大地震后，开展为四川灾区捐款活动，自发捐款24160元。随后组织党员交纳了特殊党费，共计27200元。之后又在会员中开展“重建家园，再献爱心”捐款活动，共计捐款3250元。实施“春蕾计划”，20名女干部与5名春蕾女童结对，供她们继续学业至小学毕业。积极为灾区的孩子捐赠书籍，共捐赠各类书籍260册，书包6个。在女会员中招募“爱心大姐志愿者”，为灾区人民提供爱心陪护和心理疏导，用实际行动为灾区人民尽一点绵薄之力。组织职工对“感动青岛”十佳人物进行投票，开展“我为奥运祝福”网上签名寄语活动，参加喜迎奥运圣火仪式，招募“奥帆赛和残奥帆赛志愿者”。为推动《公民道德建设实施纲要》的贯彻落实，在全公司深入开展了第五个公民道德宣传日活动……

公司工会会同公司人力资源部、经济发展部等部门联合下发了《关于深入开展“创建学习型组织，争做知识型职工”活动的实施意见》，全面地对公司创建学习型组织、争做“知识型”职工活动提出了要求。全公司涌现出了一大批先进个人，其中“全国创业之星”1人，“青岛市劳动模范”3人，1人被评为“市南区工人先锋”，1人被评为“市南区知识型职工”。1名职工在“市南区职工技术比武”中获“市南区微机汉字输入工种状元”，公司财务部在“诚信市南”会计知识竞赛活动中获“团体优胜奖”。还被评为“青岛市巾帼文明岗”“市南区女职工明星岗”。公司办公室被评为“市南区巾帼建功竞赛活动先进集体”“市南区工人先锋号”“2008—2009年度市南区学习型班组”。在职工中开展了创建“五好文明家庭”活动，引导职工正确处理家庭关系。在全公司范围内大力倡导尊老爱幼、男女平等、夫妻和睦、勤俭持家、邻里团结的家庭美德。每年公司职工中有4个家庭被授予青岛市“五好文明家庭”光荣称号，80%的家庭被授予市南区“五好文明家庭”光荣称号。

大信农工商公司的工会自组建以来，被评为青岛市先进职工之家、“青岛市实施‘送温暖工程’基层先进单位”，连续多年被评为市南区工会工作先进集体。

第五节　儿童团体

一　童子军组织

1946—1949年，国民党统治时期成立的在校儿童组织。亢家庄有亢正策、亢正思在东吴家村小学加入童子军，并配有童子军服、帽、哨子和军棍。

二　少年先锋队组织

1949年10月13日，根据团中央指示，全国统一的少年儿童团改称少年儿童队。团中央召开了第一次全国少年儿童工作干部大会，1950年年底，亢中夏、亢正珞、亢继训、张忠兴在浮山所小学第一批加入中国少年儿童队。

1953 年 6 月，中国少年儿童队改称中国少年先锋队，简称少先队。1959 年 6 月，亢家庄小学成立少年先锋队，全校一个大队，按级部设立中队、小队。“文化大革命”期间，少先队遭到破坏，少先队标志被取消，随即由“批判走资派”为目标的“红小兵”组织所取代，少先队活动中断。1978 年 10 月，团中央十大宣布了恢复中国少年先锋队。1986 年亢家庄小学撤销前，亢家庄小学全校为一个大队，各班建中队，共 3 个中队，中队下设小队。少先队干部由民主选举德才兼备的队员担任。学校共有两位大队辅导员，分别是亢翠菊、亢正川，大队辅导员每周三下午参加市南区教育局的培训，学校对干部每周五下午培训一次。

三　少年先锋队的活动

新中国成立初期，亢家庄的少年儿童队响应党的号召，积极参加了土地改革、镇压反革命和抗美援朝三大运动。在“三反”“五反”的运动中，他们开展了“三要三不要”（要爱护公物，要爱惜时间，要艰苦朴素；不要损人利己，不要浪费，不要贪小便宜和拿别人东西）的活动。1951 年开展“捐献飞机大炮，抗美援朝，保家卫国”活动。1953 年开始，亢家庄少先队遵照毛泽东同志“好好学习，天天向上”的教导，开展了生动活泼的学习活动；在国家第一个五年计划鼓舞下，亢家庄的少先队员们努力学习，渴望为祖国建设贡献力量。全体队员收集钢铁、拣粮、种植油料作物、饲养小动物，节省零用钱捐献拖拉机；还在少先队员中开展了“热爱红领巾，做个好队员”活动。1963 年，党中央、毛泽东同志发出“向雷锋同志学习”的号召后，亢家庄的少先队开展了丰富多彩的“向雷锋叔叔学习”活动，他们读雷锋故事，和雷锋比童年，参观雷锋事迹展览，和雷锋班战士通信，做针线包、节约箱、建光荣簿等，在校内外做了许许多多的好事。

20 世纪 50—60 年代，亢家庄的少先队活动非常活跃。如祭扫烈士墓、开展拥军优属活动；与老前辈、战斗英雄见面、举行故事会，开展了“我长大了干什么”……这些活动为少先队组织的发展和育人作用打下了长期深厚的基础。

1978 年开展了“捐献红领巾拖拉机，向团的十大献礼”活动。1979 年深入开展了“五爱”教育活动。1984 年，参加“全国万名创造杯少先队活动竞赛”，开展了创造性活动。亢家庄的少先队还积极开展了“人人争戴新风尚小红花”、学赖宁、学习“十佳少先队员”“劳动实践”等教育活动，踊跃参加“我们爱科学”“红领巾读书读报奖章”等活动，少先队员走出校园，走向社会，走向大自然，在实践中增长知识，培养能力，全面发展。

第五章　武　装

第一节　明朝时期

一　军事建置

据《浮山所志》载：明以武功定天下，军元旧制，自京师达于郡县，皆立卫所，洪武二十一年（1388 年）五月朝廷下令在今即墨市东 20 公里处，设置鳌山卫，内辖有右、前、后三个千户所，于是便在浮山寨设置浮山备御千户所，为鳌山卫之前所，设雄崖所为后所，其右所附于卫。当时设立卫所主要抵御倭寇入侵。亢家庄原为张家疃，离浮山所 1.5 公里，自明初历代为浮山所辖管，浮山所的建置成为周边后来所建村庄的自然屏障，南临黄海，直面浮山所口，北接内陆，通达即墨，西南扼胶州湾口，掌锁海上航道，登陆能入腹地，片帆可达化外，退可守土保民，攻可歼寇海上，实为军事要地。其他设置有四要寨，设于浮山所防区之险要处，常年派兵戍守，规模大小不等，兵员亦无定额。

四军寨：楼山寨，位于楼山南麓，其址于今青岛市李沧区之营子村，永乐二十年（1422 年）浮山所十三户之一，百户侯氏三世侯通受命派驻。金家岭寨，其址今青岛市崂山区中韩街道办事处之金家岭村，明永乐二年（1404 年）筑有城寨一座，地处浮山所之东防地。于家庄寨，其址今青岛市李沧区李村镇之于家下河村，现城寨遗址无迹。张家寨，其址今青岛市城阳区上马镇之张哥庄，为浮山所最北方位，城寨遗址难觅。

二十五军屯：军屯是明代卫所统属下专司粮草以供军需之屯垦单位，共辖二十五军屯，有浮山所屯（为浮山备御千户所驻地，今青岛市市南区浮山所新城区）、葛家屯、赵家屯，其址均为今城阳区上马镇。任家屯、堠南、堠北两屯、李家屯、展家屯均为今即墨市普东镇。毛家屯：其址为今即墨市南泉镇之王演庄。其他都设于平度县境内。

十八墩堡：是防御体系中最小的军事单位，建于沿海者为墩，居于要路者为堡，习称统名为墩堡，民间俗称烟墩。遇有倭寇袭扰，各墩堡白天举烟，夜间举火，接递通报，以示告警。浮山所备御千户所辖有十八个墩堡。麦岛墩堡，其址为今大麦岛村，至今还有“烟墩顶”，“烟墩前”和“烟墩后”老地片名。错皮岛墩堡，为今错埠岭村。双山墩堡，今双山村。塔山墩堡，今大山村。孤山墩堡，今孤山村，是由四个山头组成，主峰烟台山，烟墩就设于此处。瓮窑墩堡，其址为今李沧区沧口飞机场，永乐年间村民多以从事烧瓦窑，后分为大翁头和小翁头村，1938年日军扩大飞机场，将大瓮村迁至李村，小瓮村改为晓瓮村。楼山墩堡，其址在今李沧区楼山之西，今名烟墩山，西临胶州湾。转山头墩堡，为今李沧区湾头村。狗塔山墩堡，为今城阳区流亭镇红埠村，原为狗塔埠。女姑墩堡，今名女姑山，为城阳区流亭镇之胶州湾东岸。城阳墩堡，今城阳村，为城阳镇驻地。桃林墩堡，今城阳镇之前、后桃林村。仲村墩堡，今城阳区仲村。因靠近炎真观之钟楼，原名钟鼓村。东城墩堡，为今即墨市前、后东城村，为浮山所防地最北端之墩堡，与即墨驻军之防地相接。在城阳区当年设立墩堡还有程家庄（今程哥庄）。张家庄（今张哥庄），当时地处浮山所防地最西端。斩山墩堡，其址为今青岛市市南区湛山小区西北侧（太平山）。明初在此设堡并有驻军。明嘉靖年间开始有人居住，初名斩山，清代定名官山疃，德国侵占青岛后更名为大湛山村。斩山与麦岛两墩堡为浮山所之两翼，直面黄海，东西呼应，传递警报，共守海疆。

二 防区范围

浮山所备御千户的防区范围：东至今青岛市崂山区金家岭村。北至今青岛市城阳区城阳镇与即墨市交界处，西北至今城阳区上马镇之张哥庄，西至胶州湾西岸胶南市红石崖村，南至黄海，陆地防区约450平方公里，南北长约40公里，东西长约11公里，呈椭圆形，包括今青岛市的市南区、市北区、四方区、李沧区全部境域和城阳区的流亭镇、城阳镇、棘洪滩镇、红岛镇和上马镇的全部境域，还有今崂山区、即墨市和胶南市的局部境域。海岸线长约130公里；包括东起山东头西至团岛的黄海海岸和胶州湾内从团岛北至城阳镇京口沿岸，而又由京口折而西至上马镇张哥庄之海岸，还有今胶南市红石崖之部分海岸。在当时这些范围内的城镇，村庄都属浮山备御千户所的统辖领地。其辖属民众得以安居乐业之盛世数载。

三 职官设置

据《浮山所志》《明史：职官志》载：千户所正千户一人，正五品；副千户一人，从五品；镇抚二人，从六品其属吏目一人。所辖百户所凡十，其百户十人，正六品升授。改调、增量无定员。总旗二十人，小旗百人。因浮山所属于沿海防倭卫所，情况特殊，故职官无定例，官员无定额，兵士无定员。浮山所设掌印千户一人，佥书千户一人，佥书为副职，又称管军千户，共同管理屯田、验军、营操、巡捕、备御、出哨、入卫、戍守和军器等军务。其余不任事之千户，保留原俸，编入军队带军管军，称“带俸差操”。

浮山所的千户和百户，其始祖有的跟随明太祖朱元璋起义军东征西伐打天下，也有跟随明成祖朱棣“靖难”而立战功。十六年转战九省，后战事逐息，奉旨调往浮山所任职，年代不一，如：百户张清于洪武二十一年自云南乌撒卫奉调而至。千户亢兴于建文元年（1399年）随燕王朱棣举兵“靖难”转战历经三年，攻克南京，奉调浮山所任千户职。在明朝270多年间任千户者：苏、余、杨、焦、亢、毛、张、两王。同封百户者：丁、詹、侯、葛，共为十三姓。即后来人们称谓的浮山所十三户。十三户来浮山所任职时，都持有朝廷颁发的《御卷》。为金黄色丝织品，边绣金龙，盖有玉玺大印、大明宝印两颗，其形为长方，长二市尺，宽八寸五分。上书录诰文。其中惟亢姓《御卷》保存下来，惜在“文化大革命”中散佚。千户和百户官职皆为世袭，其制严明。据《明史》记载：武官爵至六品，其职在者袭，老疾者替，世久而绝，以旁支继，年至六十者子替。明初定制，嫡子袭替，长幼次继之，绝者嫡子庶子孙，次及之，又绝者，以弟继。受袭者并非徒有虚名；凡应承袭官职之长子称为“官舍”，亦称“舍人”。而须入塾读书，下场习武。据《明史》记载：洪武初，军功袭职子弟二十者比武，初试不中，食半俸。两年再试，中者复全俸，仍不中者充军。其律甚严。浮山所因系海防卫所，袭职之制有所变通。凡袭职者必须到京师安定门外大校场进行比武考试，弓射和骑战合格后，由兵部引奏。在奉天门（今太和门）谢恩方获钦准袭授前程，由兵部发给以“山东”二字编号的官凭文书，方可到任管事（见表65）。

浮山所亢姓千户名录

表65

姓名	品级	爵位	职务	入所时间	简　记
亢　敏	正五品	武德将军	千户	明宣德七年	一世亢大随朱元璋起兵，洪武五年（1372年）为密云卫左所军士，洪武十六年（1383年）任管军千户。二世亢兴于洪武十六年袭职，随燕王朱棣起兵“靖难”，永乐十八年（1420年）闰正月调山东鳌山卫右所行掌印千户。三世亢敏于宣德七年七月七日袭职，调鳌山卫浮山备御千户所任掌印理事，亢敏为亢姓来浮山所第一人
亢　通	正五品	武德将军	千户	袭职浮山所	亢氏四世，正统十四年（1449年）正月袭职，任浮山所管军千户
亢　玢	正五品	武德将军	千户	袭职浮山所	亢氏五世，成任四年（1468年）二月袭职，任浮山所管军千户
亢思恭	正五品	武德将军	千户	袭职浮山所	亢氏六世，袭封武德将军，任浮山所管军千户
亢　儒	正五品	武德将军	千户	袭职浮山所	亢氏七世，袭封武德将军，任浮山所管军千户
亢秉忠	正五品	武德将军	千户	袭职浮山所	亢氏八世，袭封武德将军，任浮山所管军千户
亢应金	正五品	武德将军	千户	袭职浮山所	亢氏九世，袭封武德将军，任浮山所管军千户

四　驻军

明代沿海卫所之兵员，数量无定额，据以位置所需而定，浮山所驻军在各史籍中无记载，据以相邻的千户所推算，应有京操军600余人，守城军300人以上，屯田军近百人，共计约千余军士。京操军是专司攻防作战的军队，也是非常年驻守在所城，而要轮番到京师的各卫所操练、值勤和受阅。明太祖在京师设四十八卫，自永乐十三年（1415年）诏天下各省都司派兵到京城备卫戍守。浮山所京操军分两批入京，每年农历三月去，八月还者称春戍军。农历九月去，来年二月还者称秋戍军，军中兼设水军。根据汛期在海上巡守和追捕倭寇而配备战船，水军由鳌山卫统一指挥。守城军是专司守卫巡逻的军队，其职是保卫所城，驻防军寨和看守墩堡，守城军大多带有家眷，居于防区之内。屯田军是专司屯垦的军队，建于永乐元年（1403年），全称为"捕倭屯田军"。浮山所辖区有二十五处军屯，其中浮山所规模最大，垦田最广，军户最多，军士大多是垛集（是从平民中征兵的一种制度，以民户三家编为一个垛集单位，其中一户为正户，出一个充军役，另外两户叫贴户，正户丁男服军役死后，无子嗣替补，则由贴户丁男补充，后又改为正户、贴户轮流的办法）而来，也有从其他卫所奉调而来。屯田军士农忙务农，农闲习武操练。据《灵山卫志》记："峰烟告警，则民可为兵，外侮不作，则兵可为民。"明代军队专设军籍。民户有一丁被垛集成军士者，称为军户，世代沿袭，相替为军。军户不归地方管辖，由五军都督府掌管，统属兵部，军户之长子称"正军"，要补缺从军，庶子则为"余丁"，要服丁役，浮山所有屯田军余77名，其意为七十七名正军和附属若干名余丁。洪武二十一年（1388年）起，由兵部制作军籍勘合，发给各卫所之军士，详明本人从军来历，军中调防及营丁人数，实为军籍证明文书。

五　防倭作战

洪武二十一年（1388年）浮山备御千户所建置后，山东沿海之倭寇仍为猖獗，海氛不靖，警报频传，战事不断。永乐元年（1403年）平江伯陈瑄自江淮督海师运粮，以接济北京、辽东之军饷，海上倭寇稍敛。永乐七年（1409年）安远伯柳升在山东沿海指挥各卫所大败倭寇，追至金州（今辽宁省金县）白山岛，率师而还。永乐十四年（1416年）山东沿海告急，朝廷命都督同知蔡福备寇山东。永乐十七年（1419年）辽宁总兵刘江在金州望海埚大破倭寇后，山东及辽宁沿海倭患平息。尽管如此，正统十三年（1448年）朝廷仍命永康侯徐安备倭山东。嘉靖二十八年（1549年），海盗王直勾结倭寇入侵江浙沿海，滨海数千里同时告警。嘉靖三十三年（1554年），倭寇余众入侵山东沿海。嘉靖三十四年九月，倭寇洗劫山东南部之安东卫，入侵日照、诸城沿海，继而侵入胶州湾，浮山所与灵山卫、胶州所之军士配合作战，迎头痛击，将其驱赶海上。这股倭寇败退于威海卫以北海面，依山嘴停泊，又被威海卫守军围困，倭寇持刀登岸，被全部捕获，此事载于《威海卫志》。据《增修胶志》载：嘉靖三十五年（1556年），倭寇入侵今青岛沿海，各卫所纷纷迎击，倭寇一度占领灵山岛，后在各卫所战船围攻下弃岛而逃。又据顾祖禹《读史方舆纪要》记载：与浮山所隔海不远的黄岛，原有居民，亦因倭寇入侵，其地遂墟，成为荒岛。自嘉靖中期之后，今青岛不断受到倭寇侵扰，浮山所防区的军士和军户们同仇敌忾，英勇作战，保卫家乡，共守海疆。在明代历史自发生倭患以来，逐代朝廷加强了对海防的监管。将弘治十二年（1499 年）设置之登州、莱州、青州三府之巡察海盗副使加兵备道衔，总督沿海备倭之兵事，而在登、莱、青三府又设海防同知，分领海汛。尽管如此，然倭患多少年来终未根除，仍为朝廷及国民心腹大患。由于逐朝历代国民齐心共意，倾力抵御倭寇入侵骚扰，虽付出相当大的代价，也换得民众安居乐业，未使其野心得逞。

第二节　清朝时期

清朝建立后，对山东沿海卫所采取逐步过渡办法，到雍正十二年（1734 年）便将浮山所建置裁撤。并废除世袭千户、百户官职，按清制另委派守备（正五品）“所”千总（正六品）接职。约顺治十二年（1655 年）按卫的规格向浮山所派来一名守备，是因浮山所位于胶州，即墨县海域之锁钥，又扼胶州湾之海口，加之郑成功陈兵海上，清廷不准片帆下海，故而浮山所的海防地位又受到清廷重视。

清康熙末年，海禁渐开，浮山所不再是海防要地。自清雍正初年起，撤守备改设千总，派阎文彬为浮山所千总并兼管大嵩卫（今山东省海阳市沿海）事务，自此浮山所已无戍守任务，只管理军屯土地的佃租和税赋。雍正十二年（1734 年）裁撤浮山所建置，将原辖之四军屯并入即墨县，隶属即墨县仁化乡文峰社（亢家庄为属地），同年原属浮山所军屯收并平度州，并分为二十二屯。浮山所海口在清朝时期曾一度作为胶州水师营的汛地，但未驻士兵，只有水军船只游弋于此。至同治十三年（1874 年）裁撤。胶州协镇营所设的浮山所汛区而逐年减少兵员，至光绪十三年（1887 年）胶州协镇营撤销，浮山所汛仍设把总，已改为招募乡勇维护地方治安。

第三节　德日侵占时期

一　德占时期

1897 年 11 月 1 日山东省巨野教案发生后，德皇威廉二世立即电令驻上海的德国远东舰队司令棣利斯以此为借口，侵占胶州湾，棣利斯率 3 艘巡洋舰驶入胶州湾，以游历为名欺骗青岛守将章高元。11 月 14 日清晨 700 余名德军以前、后海兵分九路武装登陆，袭占各炮台（清朝建立）、电报局、军火库，包围清军兵营，胁迫清军退出青岛。清朝驻青将领章高元事先疏于防范，事发后惊慌失措，在德军炮口威胁下一退再退，撤出青岛，自此胶州湾地区成为德国军事占领区。翌年 3 月 6 日德国强迫清政府签订《中

德占青岛时期设防图
元家庄
中央堡垒
小港山北堡垒
小港山堡垒
1号
2号
3号
4号
5号
台东镇东堡垒
北炮台
太平山北炮台
太平山东炮台
太平山西炮台
太平山炮台
太平山南炮台
港山村
太平角炮台
太平角北炮台
兵营
仲家洼西炮台
台东镇炮台
台东堡垒
台东镇
海岸堡垒
台东镇西炮台
赛马场
汇泉角炮台
石油库炮台
贮水山炮台
贮水山
兵器库炮台
青岛山北炮台
青岛山南炮台
八关山
炮兵司令部
伏龙山
八关山炮台
移动炮台
大港
大鲍岛炮台
观象山
青岛
小港
台西镇
台西镇炮台
团岛炮台
北

德胶澳租借条约》，强行“租借”胶州湾水域及周边550平方公里的陆地，自此青岛沦为德国殖民地。遂将租借地置于德国海军部管辖。任命海军将校任“胶澳总督”，统一指挥在租界内的军队、行政、法律等部门。利用抢占的清军炮台、兵营、码头等建立初期防务。自1899年起开始大规模军事建设，构架了一系列炮台，构成了规模庞大、设计先进的军事防御体系、港口、码头、铁路、造船厂等，其唯一一支海外舰队—远东舰队以青岛为基地，成为德国在本土之外唯一的一处海军基地和军事要塞。

亢家庄炮台 德国的要塞体系由海防炮台、陆防炮台、步兵堡垒三大部分组成。前海一线，自西向东修筑有团岛炮台、台西镇炮台、衙门炮台、俾斯麦南炮台、汇泉角炮台等海防炮台；在海防炮台北方要地修筑了俾斯麦（今青岛山）北炮台、伊尔奇斯东、北两炮台、仲家洼炮台等陆防炮台；在陆防炮台东面和北面构筑了南起黄海岸畔的湛山，北抵海泊河口的步兵防御堡垒群，即小湛山、小湛山北、中央、台东镇和海岸五大堡垒群（即民间所说的1–5号炮台）。这三大部分构成了连接前海（黄海）和后海（胶州湾）长达六公里的步兵防御线，成为德军陆地防务的最重要、最系统的防线。其中1–5号炮台的中央炮台（即3号炮台），也称亢家庄炮台，坐落于亢家庄村西，防区距村庄不足百米，占用亢家庄村民可耕土地40余亩，当时亢姓的祖茔地（约30冢）就坐落于此，被迫迁址于亢家庄村北。2号炮台（小湛山北炮台）也距亢家庄村最近，约400米，占用亢家庄村民可耕土地30余亩。2号和3号炮台（现

◇2号炮台地下弹药库（2014年摄）

镇江路中段东侧）的建立给亢家庄村民带来了极大的不幸。3号炮台由一个大型掩蔽部和四个小掩蔽部组成，全部用钢筋混凝土建造，主门面西，高约十余米，门前宽敞辽阔，可存车辆，为半地下室，两层，每层5个大房间，每间约100平方米，在下层东北角有两个地井，左通道通往地下室是正规大房间，通往各堡垒。都设有瞭望窗口，距主掩蔽部约80米，设有呈弧形四个小掩蔽部，都有瞭望口和机枪射孔，向东呈斜坡直至大墙（另述），视线非常辽阔，地下各掩蔽部

◇2号炮台遗址（2007年摄）

相通，建造十分坚固，在小掩蔽部外有一道壕沟，深约两米，沿沟修筑若干步兵掩体（小地堡），这些掩体都配备了轻型火炮、机枪、步枪等武器。主体掩蔽部装备了重炮（88毫米）4门。

西大墙 德军依1-5号炮台东侧约百米不等，拟建造黄海与胶州湾一条水路渠道，将海水引入流通，使前海和后海连结通航，把土方挖掘翻往东侧，建造一道大墙挡住海水，墙高约10米，厚约80厘米，斜度约80°，用青岛京山花岗岩加水泥砌成，大墙顶部安装带电铁丝网，只留村西通往市里的路口（主要为亢家庄村民通行）。1901年建成。它的建成一为使海水流入，解决南北物资运输困难；二为防御东面来敌（主要面对日本）。后来因诸多原因未能实现海水贯通（现整条泰州路西沿线即为大墙顶部，南至江西路，北至延吉路）。因为它建在亢家庄村西，村民通称西大墙。在建造时，自挖土方，构筑墙体征用村民平均每日在30多人，瓦工20多人，因为劳务费是按日工发放，后来老人们经常向后人讲述给德国建大墙的故事：一天垒上十几块石头，到晚上收工时趁监工不注意再扒拉下来七八块，到第二天再垒。在大墙底部又建第二道铁蒺藜电网。据知情人披露：青岛的炮台竣工后，德军为保守秘密，将中国技术劳工秘密杀害，毁尸灭迹。因此直至今天，德军在青岛的要塞全貌仍未完全暴露，留下了许多不解之迷。中央炮台平时驻军约30余人，相当一个排的人员。在周边平时有骑高头大马的士官巡查。

二 日德战争

1914年8月第一次世界大战爆发。对青岛早有觊觎之心的日本侵略者趁德国陷入欧战而无力东顾之机，同年8月23日正式对德宣战，随即派海军封锁胶州湾。日军任命神尾光臣中将为司令官，调动了以第十八师团为主力的陆军5万人，配备了数百门重炮、山炮、野炮和多架飞机，从陆地进攻青岛。日本海军出动第二舰队的60余艘军舰，由司令官加滕正吉中将指挥封锁胶州湾和从海上攻击驻青海军。面对日本的进攻，德国总督瓦尔得克一面驱使数万中国人为其修筑临时炮台，挖掘壕沟工事、运输物资，积极备战，一面紧急召集在中国的预备

◇ 日德交战前被拆除的村庄（摘自市档案馆）

役人员参战，并将在北京、天津、武汉、上海、济南及胶济铁路沿线驻守的德国军队调至青岛。到战争爆发时，青岛德军总兵力已达4.5万人。此时德国的协约国远东舰队主力——6艘巡洋舰在日军合围青岛前，便悄然驶离大港，突破日、英、法、俄等国数十艘军舰堵截，驶入南太平洋和印度洋进行作战，留在青岛港内的仅有几艘小型驱逐舰和一艘老式巡洋

舰。德军把这些军舰的舰炮拆下来安装在临时炮台上，当陆战炮使用，并在前海航道布设水雷，以防日本军舰进攻。

9月2日日军主力在山东龙口强行登陆，占领黄县、掖县、平度、即墨和胶济铁路沿线城镇,向青岛逼进。9月18日，日军一部在崂山仰口湾登陆，击退德军警戒部队，抵达李村与南下日军会合，几天后英军2000人亦在仰口登陆，加入进攻青岛的行列。9月26日，日、英联军向青岛外围发起进攻，占领德国在孤山、楼山、罗圈涧、浮山等德军外围阵地，随后向德军堡垒线发起全面进攻。日本陆军火炮猛轰德军各炮台。日本海军亦从海上轰击各海防炮台，德军不甘示弱，各炮台一齐开炮，非常激烈，双方飞机亦加入战斗，除侦察和轰炸对方炮兵阵地外，还进行了空中格斗，成为亚洲战史的首次空战。由于德军防守严密，加以连日大雨，日军攻击未能奏效，战斗呈胶着状态。

三　亢家庄西炮台（中央堡垒）战役

1914年8月25日，村民正值准备秋收时节，亢家庄村民晚饭后不约而往、三五成堆聚在打谷场上乘凉，突然来了德国军队士官（当时人们称其为“马快”）用不熟练的汉语向民众宣布：要打仗了，这个地方要成为战场，你们要赶快搬家撤离。说完后急忙走开，通知其他地方去了。人们相视无语都蒙了神，都预料灾难要发生了，一时间村庄乱作一团。村民们不得不放弃房舍携妻母老小牵畜带禽，有亲投亲，有友奔友而远走他乡。后来也不知道什么时间，全村房屋全部被推倒，整个亢家庄村成为一片废墟，场景凄凉。还有刚出生的婴儿连名字都未起，后来取名叫“搬家”的“搬”字，以示纪念。

11月1日日军向青岛德军发起总攻，日本陆军炮兵在新登陆参战的海军联队配合下，向德军各炮台、堡垒进行猛烈炮击，日本步兵向各堡垒群发动了一波又一波的集团攻击，仅11月1日一天日军向德军各阵地倾洒了1600吨炮弹，德军回击炮弹亦与之相当。德军依托坚固的堡垒拼死抵抗，各炮台向日军猛烈回击，战斗甚为激烈。尤其中央堡垒是日军重点进攻的目标，中央堡垒德军凭借大墙和两道电网的有效阻挡，日军伤亡很大，久攻不下，一度出现僵持状态。经过多日激战，德军弹药日渐匮乏，人员只损不增，将士极度疲惫，火力逐渐减弱。最后日军改变策略，便从亢家庄村西挖地道迂回至堡垒下，经过激烈肉搏之后，其中一名日军士兵将最后一名还在进行用机枪射击的德军士兵用斧头砍死，中央堡垒陷落。德军遂集中全部炮火轰击中央堡垒，组织军队反攻，企图夺回阵地，但终未成功。日军乘势攻陷各个堡垒，市内其他炮台相继亦告失守。11月7日7时德军在信号山悬挂白旗投降。

在此次日德战争中，德军战死数百人，被俘4000人，日军死亡1000余人，仅在中央堡垒激战中日军死亡300余人。日德战争给中国民众造成了巨大的灾难和损失，为扫清射界，清除障碍，亢家庄村民房屋全部拆除，高杆庄稼焚毁，村民弃家外逃，流离失所，无家可归，亢家庄全村民众无辜地遭此厄运。

在日、德双方交战时，亢家庄有的村民还冒险到自家的田地挖地瓜和花生解决生活困难。后来村民回来修复家园时，发现到处都是炮弹皮，尤其在西大墙以西的田地劳作时，特别在雨后，遍地都是弹皮、铅丸、弹壳，时值今日盖楼房挖地基仍可发现。

四 各炮台、堡垒遗址保护与开发现状

1914 年 11 月 7 日德军投降后，日本占领青岛，德军在各炮台遗留的轻重武器装备及残骸大部分被日军拆下掠走，炮台被废弃。五大堡垒日本人未再使用，遭搁置。1922 年中国政府从日本手中收回主权，青岛成为胶澳商埠，除汇泉角炮台遗址群为旅游景点向游人开放外，其他大部分炮台处于无人管理状态。但是在德国占领时期所征用的村民土地仍归国有。中华民国十五年十二月十八日（1926 年）胶澳商埠局第二十一号文：通知村长亢辉镜备价领回原村民所占土地 2 号、3 号炮台（当时德国是有偿征用）共 16 户，计 30 余亩，交款 13917.32 元。中华民国三十六年（1947 年）一月廿九日中国国民党政府又下发拨给 2 号、3 号炮台官地与原村民土地两处（数目未计），当时隶属浮山区公所。

德军在青岛所建要塞的工程规模和设计优点一直为军界所承认。1937 年七七事变前夕，国民党陆军大学土木筑城系学员毕业实习，即选择青岛炮台遗址作为实习基地。

1938 年日本二次统治青岛时期，占据青岛日军为防止国民政府军队攻击和盟军在山东登陆，在汇泉角及各主要山头安置了火炮。其中中央堡垒驻了一个排的兵力，每天傍晚在西大墙路上（现泰州路）进行坦克训练。1945 年日本投降后，美国军队和国民党军队重新启用部分青岛各炮台，亦在各山头修筑了地堡和临时小型炮台，其中：第一号堡垒成为高尔夫球场，第二号堡垒（小湛山北堡垒）驻有国民党和美国军队，第三号堡垒未驻军，有好多所谓难民在此混居。1949 年青岛解放后，大部分炮台、堡垒保存较好，部分遗址因城建需要而完全消失：其中第一号堡垒开始驻有解放军，一部分区域建为疗养院、土山干休所，现有北海宾馆、香格里拉大饭店和海军潜艇学院。第二号堡垒：解放初期经中国人民解放军修复后驻军。1975 年始起建立了海军青岛镇江路干休所，在院内仍遗留当时局部掩蔽墙体（见插图）。第三号堡垒解放军某部通讯所部驻防，1953 年将原日本电台所竖五根高耸天线移入，重竖为八根无线电杆（1966 年前拆除），现仍由解放军驻防，另一部分区域被青岛手表厂、海尔集团等企业占有，1984 年建宁夏路将厂区切断，与第四堡垒接壤地方建有居民小区。

台东镇堡垒 习惯称为四号炮台，在日、德战争中，也是日军攻击的目标

之一。中央堡垒失陷后，亦被攻破。1949年解放后，解放军某防化连驻防时间较长，于1989年撤离改为部队仓库，2004年建盖了居民小区。1981年在炮台西侧建盖了青岛自行车大飞轮厂等企业厂房。现在3号、4号堡垒之间还存留了一段德军战壕。

海岸堡垒 习惯称为五号炮台；位于海泊河入海口处南岸的芙蓉山北坡（曾为青岛铸造机械厂院内）。日德战争中是最后一个悬旗投降的。原有三个小堡垒，中堡垒几年前被炸建房，现存大、小两堡垒，被改作工厂工具仓库。

这些堡垒是帝国主义侵略中国的罪证，也是近代青岛城市建设和历史文化的重要组成部分。

五 日本侵略军建无线电台

1938年日军第二次占领青岛，策划在亢家庄东岭地片为沧口飞机场设无线电台通讯机构。中华民国二十九年三月十六日（1940年）由青岛特别市公署转发，兴亚院青岛出张所（日本在青岛编制）中华航空株式会社布告，要在青岛市亢家庄建设航空无线标识，以低廉价格收买东岭地片可耕地2万坪（3.305785平米/坪），合市亩99.27亩，另外收买浮山所土地39.6亩（可耕地之间的非耕地就无偿而占），地价补偿按低于市场30%计算，每亩950元，整个建筑设于今徐州路东侧（原有一条自浮山所经北山顶通往西吴家村的一条老路，后来日本电台建成后，俗称电台路）。主电台房屋为多边形日式风格，屋面红瓦，多边起脊，奶黄色粉刷墙体，建筑面积约800平方米，内设电报收发室，安装仪表立柜多个，发电机组设施，值班室、机要人员室和办公场所，紧靠房屋北面建有6边形瞭望楼一座，青砖砌成，直径约4米，顶端出檐约0.5米，檐下方四周留有六个瞭望孔，内装木制楼梯，呈“之”字形，上有平台，士兵轮流放哨。楼高约20米。电台室向北约120米建有两处平房，为士兵宿舍、食堂和物资库，中间约有1.2万平方米为操场，周边建有院墙并设有电网，整个占地约68亩（北起现热能集团公司，西为徐州路，南至如东路，东至金湖路海军宿舍），设南北两个大门，都可通行汽车。徐州路西（现泰能集团对面）建有房屋一处，约100平方米，其中房屋东北角建有岗楼，该建筑为电台驻军守卫室。征用村民土地全部竖桩用铁蒺藜架隔圈定，南北路口设有屋脊形木栅栏路障。在主电台西南和东南方向相距100米不等竖有五根无线电杆，每根高约80米，由五节黑漆圆木捆绑而成，底节是两根，下端岔开入地，每根电杆用多根铅皮合股铁丝绳自上而下斜拉入地，使其牢固。每根电杆旁边建有砖混小屋一处，用来储存电器、配件及工具。其中在电台正西一座房屋，内凿一口约15米深的水泥井，设有吸、扬程水泵，专供电台用水。

电台整个建筑工程于1941年竣工并投入使用，日本驻军一个班的兵员，班长叫“内田”，基本全是技术兵，负责警卫只有几个日本兵，其余勤杂及门卫都

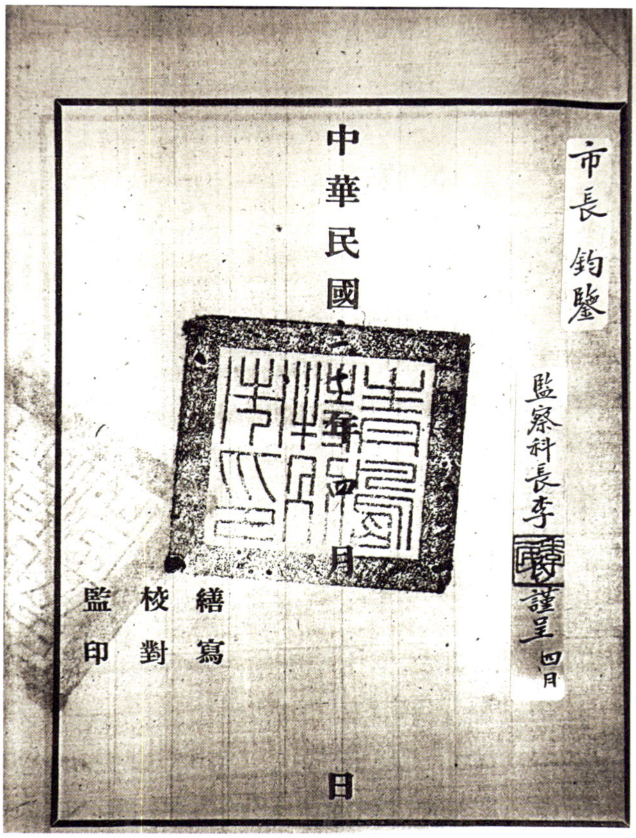

市長 鈞鑒

監察科長李[illegible]謹呈 四月

中華民國二十九年四月 日

繕寫 校對 監印

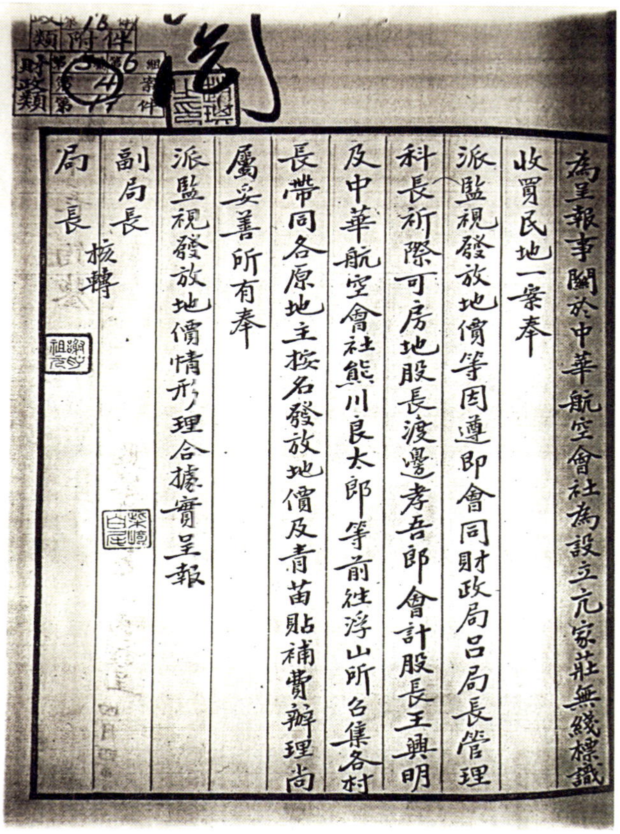

為呈報事關於中華航空會社為設立亢家莊無綫標識收買民地一案奉

派監視發放地價等因遵即會同財政局呂局長管理科長祈際可房地股長渡邊孝吾郎會計股長王興明及中華航空會社熊川良太郎等前往浮山所台集各村長帶同各原地主按名發放地價及青苗貼補費辦理尚屬妥善所有奉派監視發放地價情形理合據實呈報

局長

副局長 核轉

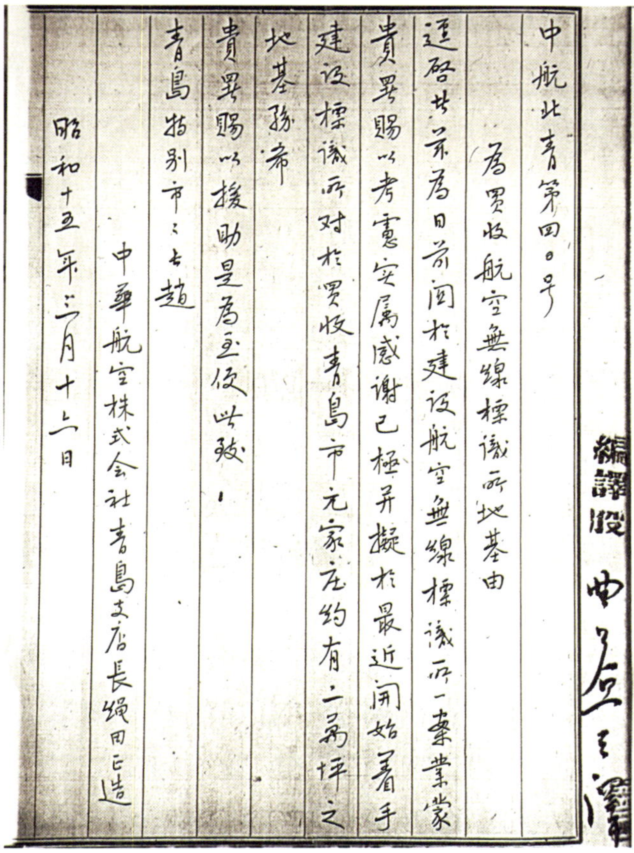

中航北青第四〇号

為買收航空無線標識所地基由

逕啓者 貴署關於建設航空無線標識所一案業蒙

貴署賜以考慮 安屬感謝已極 弄擬於最近開始着手建設標識所對於買收青島市元家庄約有一万坪之地基務希

貴署賜以援助是為至使 此致

青島特別市市長趙

中華航空株式会社青島支店長[illegible]

昭和十五年三月十二日

編譯股

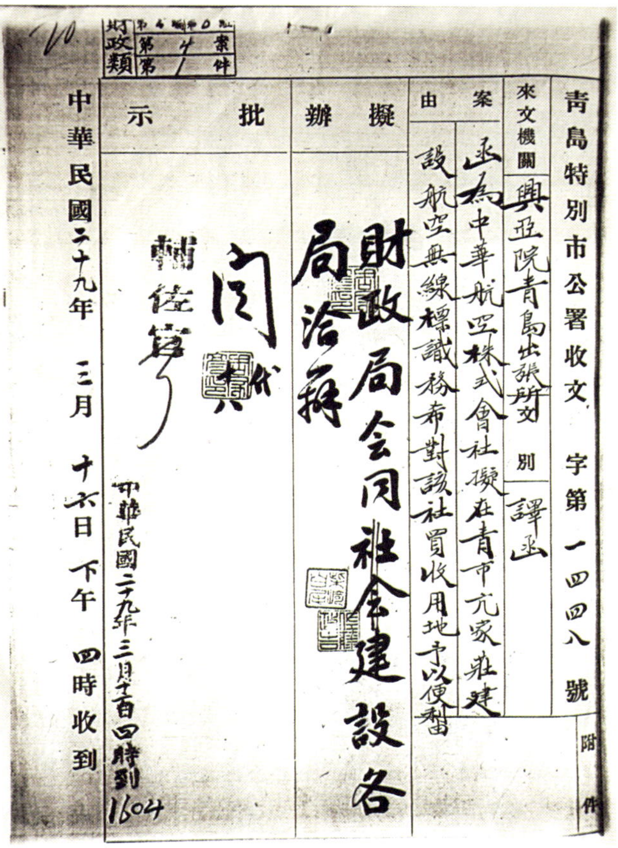

青島特別市公署收文 字第一四四八號

來文機關	興亞院青島出張所 文別 譯函
案由	函為中華航空株式會社擬在青市亢家莊建設航空無線標識務希對該社買收用地予以便利
擬辦	財政局會同社會建設各局洽辦
批示	閱

中華民國二十九年三月十六日下午四時收到

◇ 日军在东岭建设中华航空无线电台的行文（摘自市档案馆）

是中国人（在当时称谓二鬼子），在警卫室负责的中国人姓吴，村民都称为吴警长。由于电台的设立，自此亢家庄村民也用上了电灯。

被征用地户，由当时政府和日本财政局官员、房地股长渡边孝五郎、中华航空会社熊川良太郎，前往浮山所召各村地主发放地价及青苗补偿，一并发放到位。

第四节　南京国民政府时期

1945 年 8 月 15 日日本天皇“昭和”宣布无条件投降之前，日本人将电台一切机械及电器设备全部破坏。同年国民党第八军李弥所部的一个排的兵力接管了电台。开始国民党计划恢复电台功能，因关键部件严重损失，修整无果，加上当时时局混乱，国民党节节败退而完全放弃，周边所设电网和外围铁蒺藜也逐渐损坏弃用。大多被征土地拨给原户主耕种，不过每年要按地亩数一次性缴纳以粮（小麦）抵租，并恢复了南北交通自由。

第五节　中华人民共和国

一　中国人民解放军解放青岛

1949 年 6 月 2 日 6 时，解放军 32 军 94 师的 281 团从李村挺进浮山，一小时后，攻占浮山主峰，歼灭国民党守军一个连，解放军通过浮山口直取国民党第十一绥靖区公署所在地的浮山所村西，并向市区挺进。华东警备四旅，从沙子口沿海经过浮山所村西直抵前海栈桥。中午青岛解放。解放军某部一个连的战士进入亢家庄前街，其中一位指导员（胳膊负伤，裹着绷带）向群众作简单的安民讲话，随后整队开往村南场院休整，围成圆圈席地而坐、唱歌（同志们呀我要问问您，吃的饭，穿的衣，是从哪来的，吃的饭，穿的衣依靠老百姓，出来革命不要忘本……)庆祝胜利。村民踊跃烙饼、煮鸡蛋、烧水慰问解放军，战士们只喝水，不吃食品。

二　无线电台重新应用

1949 年青岛解放后，无线电台由中国人民解放军北海舰队某部接管，因电器设备无修复价值而全部拆除，五根电杆于 1953 年拆移另用，主房屋被海军北舰医训队使用，为北海舰队培训医务工作者多期，原宿舍房屋由北海舰队航报处所使用。路西（徐州路）北海舰队建盖了房屋，办理炊事训练班多期和军队兽医站多年。自 80 年代起相继建盖部队宿舍和民用住宅，现航报处青岛航海图书供应站仍在驻防。徐州路西侧现被青岛华威学院第三教学区使用。

三　反击细菌战

1950 年 10 月 25 日，中国人民志愿军跨过鸭绿江抗美援朝，美军和李伪军遭到惨败，便发动了灭绝人性的细菌战争。1952 年 3 月 6 日和 3 月 28 日美国军用飞机两次分别在崂山西部地区和本地区撒下大量细菌昆虫，周围村庄、园地及水渠发现许多苍蝇、蜘蛛等昆虫。经鉴定这些昆虫带有伤寒、痢疾、白喉等有害病菌，青岛市人民政府马上动员全市人民，以最快速度投入消灭细菌行动，亢家庄大部村民和全体小学生加入消灭细菌战行列中，在青岛市防疫委员会和有关卫生部门的指导下，村民自制口罩、苍蝇拍、竹镊子和纸袋，到浮山所海边和亢家庄田间、沟渠捕捉带菌昆虫，送到集中地点焚毁，每天捕捉数量统计上报，粉碎了美国的细菌战。在当时全市人民形成了很长一段时间的戴口罩习惯。

四 村庄驻军

自 1952 年始起至 1962 年先后有七支不同兵种的解放军进驻亢家庄。其中 1952 年抗美援朝胜利回归的某野战部队一个连的解放军战士进住亢家庄。村民踊跃腾出自家用房让解放军宿住。1953 年解放军海军一个连进住亢家庄。1956 年第一支义务兵一个连解放军战士进住。这些部队进驻时间都在一年以上，对保卫村庄，支援地方建设，协助民兵训练，提高民兵素质，军民联防，提供医疗、文化、体育等有巨大帮助和贡献。驻防期间，村民第一次看上露天电影，村民打篮球（自竖篮球架）也是从这里开始，三名亢家庄姑娘与驻村军人结为伉俪，亢家庄军婚自此开始。自 1957 年先后有通讯兵、探照灯兵和海军等部队驻防亢家庄。

第六节 兵役

一 招募

据《崂山县志》载：明洪武初叶，大兴军屯，兵员多以招募，实行“屯戍务农”，寓兵于农和且耕且战政策。清代实行“征募制”，征募士兵多终生服役，老死营中。民国时期实行“征民制”，实为抽丁制。抗日战争时期，国民党的兵员除招募外，还强行征集，由县政府军事科将应征兵员的名额分配到区、乡，再分配到保，各保按地亩数筹款雇兵，或让适龄青年抽签抓阄决定服役者。解放战争时期，国民党军队急于补充兵员，除招散兵和游匪外，实行招募、强征、抓丁三者并举。一户弟兄多得抽签抓阄，有钱有势者可雇人顶替，否则就得当兵。1948 年亢正勤、亢中高在读高中时，被国民党当局强征加入当时具有高文化水平的青岛宪兵学校，成为宪兵队员。1948 年国民党当局为补充兵员，到处抽丁补役，亢家庄有张仁祥、亢继木、闫盛保、闫盛扬等被抽丁，去了台湾。只闫盛扬逃跑后参加了解放军。青岛解放前夕国民党溃退时，到处抓青壮年村民补充兵员，当时若被抓给几块大洋就可放人，十五六岁的青少年也不放过。亢正顺、韩有声都是学生也被抓去，最后几经周折给了大洋便放回了。青壮年亢中庸、丁占海、丁占江、牟华明、李昆山等被发往台湾。1949 年青岛解放以前亢家庄被拔、抓壮丁成为国民党军队士兵共计 17 名，其中陆军 8 名，青保 7 人，宪兵 2 人。

自 1987 年开始，去台湾人员可回大陆探亲，闫盛保、丁占江、丁占海先后回亢家庄探亲，亢继木、亢中庸有音未归，李昆山、张仁祥至今杳无音信。亢正勤、亢中高是青岛宪兵学校毕业学生，1948年被编为青岛宪兵队，时年开拔至南京时，亢正勤跑回了家。亢中高被发往台湾，先考空军未果，干空军地勤工作。后开出租20多年。蒋介石为反攻大陆不让大陆士兵结婚，至今单身，现年86岁（2013年），仍在台湾居住。

1949年3月闫盛扬被拔壮丁到国民党第50军成为士兵，因该军溃退南下，在途中与几名老乡开了小差，跑到四川巧遇大尧村辛姓老乡，经商量于1949年11月两人便参加了解放军西南军区后勤汽车第八团，后转济南军区。1950年美帝国主义军队侵略朝鲜，奉命整团跨过鸭绿江参加抗美援朝战斗。1952年9月抗美援朝胜利回国。1953年转业青岛麻纺厂工作。

二　国民党地方武装——青岛保安总队

青岛保安队初建于1938年，1941年成立青岛保安大队，1942年始称青岛保安总队，李先良任总队长，高芳先任副总队长（青保的前身是国民党第五战区济南指挥部第十六支队第二总队直属第三大队，老百姓俗称“崂山游击队”），号称4000多人，该大队系二总队司令孙殿斌于1938年春派平度人孙俊卿在崂山汉河庵（即崂山玉清宫）协同孙式庵聚集起来的，孙式庵自任大队长，其成员为失业纺织工人、农民和小学教员，不久即有300人，200多条枪，他们在敌后抗日，出没在崂山山里及劈石口一带。1939年李先良任山东省政府鲁东行署主任时，将第三大队所部收编为独立营，营长由行署参谋长洪彪兼任，驻华严寺。1941年独立营改称青岛保安队。孙庭镛、薛益敦分任正、副大队长。青保活动在崂山100多平方公里地域，并把青岛市流亡政府设在华严寺，青保总部设在太清宫。李先良把太清宫作为训练游击骨干的基地，同时还在白云洞建立简易兵工厂（后被日军所毁），由于在敌后坚持抗日，无军需供给，艰苦异常，粮饷来源主要靠在当地征取，也从当地富户处索取。

在青保当兵服役的，来源遍布崂山、即墨和青岛市，绝大多数是崂山人，青岛市郊区及周围村庄有不少年轻村民迫于日本人和汉奸欺凌，也参加了崂山游击队。亢家庄有闫盛忠、闫盛寿、亢中春、张玉勤、张仁瑞、张仁祥、亢中珊、杨圣礼等。日伪军在崂山采取乌龟壳战术，在交通要冲和险要山头设据点10余处。“青保”对这些据点进行了多次攻击。1944年3月2日夜袭王哥庄据点。1944年8月6日攻克登瀛和柳树台据点。其间还先后攻击过大崂、汉河、沙子口、鸿园、窝洛子等日伪据点。同年攻克黄山据点，1945年4月14日在小河东阻击日本“黑须”部队战斗中，日军被全歼。亢家庄人张仁瑞在此次战斗中，非常勇敢，不幸阵亡，时年22岁。“青保”首脑和当地群众大加赞扬，并开大会予以表彰。1945年4月青保队员闫盛寿在大尧村被宪兵队抓捕，同年在广东公墓（双山村西北山）被日军杀害，时年17岁（见表66）。

◇ 驻扎在崂山的国民党青岛保安队

◇ 被"青保"攻陷的日伪碉堡

◇ 抗日战争胜利青岛保安总队进驻青岛

（摘自市档案馆）

三　志愿兵役

中国人民解放军自建立起至1954年一直是实行志愿兵役制，根据战争需要随时发动（基本上都是在10—11月份），广大适龄青年踊跃报名参加，亢家庄自抗日战争时期至1954年有5人，其中海军1人，陆军4人；王玉春是1938年在河南省汝南参加八路军，参加多次战役，立过功。1970年转业。亢中传原在山西省太原煤矿工作，1948年10月参加中国人民解放军为通讯兵。1950年10月参加抗美援朝战争，仍为通讯兵，任排长，曾立三等功。1953年3月复员回国。就业青岛军烈属毛纺织厂（后改为青岛毛纺织厂），任车间主任。闫盛扬1949年3月国民党拔丁成为国民党士兵，同年11月参加了中国人民解放军。1954年亢正浩在青岛第二中学参加中国人民解放军海军，参加多次海战，立过功，曾任北海舰队青岛基地副司令员，少将军衔，现已退休（见名人录）。

四　义务兵役

1955年7月颁布《中华人民共和国兵役法》后，亢家庄适龄青年积极响应，涌现出许多兄弟争相入伍，父母送子女参军的事迹。适龄青年应征入伍后，政府和村庄对其家属在政治、经济等方面给予较高待遇。对军属实行代耕、优待劳动日或工分等办法，以保证不降低军人家属的生活水平，解除了现役军人后顾之忧。逢年过节，各级政府组织群众给军属送光荣灯、光荣匾、送春联及不同形式的慰问。还经常召开报告会、座谈会、联欢会，加强对军队和军属的联系，义务兵服役期满复员后，当地政府及村政权根据实际情况和本人意愿，给予优先妥善安排。亢家庄自1956年始起至2006年适龄青年应征入伍共53人，其中海军24人，陆军21人，空军1人，武警6人，铁道兵1人（见表67）。

1940年—1949年亢家庄服役情况统计表

表66

序号	姓名	性别	服役情况									出生	入伍年龄	服役年度	退役年度	服役年限	获奖情况	备注
			中国人民解放军						国民党军队									
			海军	陆军	空军	铁道兵	武警	备注	陆军	宪兵	青保							
1	亢中珊	男									√	1919	21	1940	1946	6		1943年春与牛宁玉活抓汗奸乔智金（日统时期青岛商会会长）
2	闫盛忠	男									√	1919	21	1940	1946	6		曾任连长
3	张仁瑞	男									√	1922	18	1940	1945	5		1945年在大河东与日军黑须部队激战，英勇牺牲，通报嘉奖

续表 66

序号	姓名	性别	服役情况									出生	入伍年龄	服役年度	退役年度	服役年限	获奖情况	备注
			中国人民解放军						国民党军队									
			海军	陆军	空军	铁道兵	武警	备注	陆军	宪兵	青保							
4	杨圣礼	男									√	1912	28	1941	1944	3		1944 年被日军抓去当劳工，1945 年日本投降后回国
5	闫盛寿	男									√	1927	17	1944	1944	1		1945 年被日军抓走在广东公墓杀害
6	张仁祥（张芝香）	男									√	1928	16	1944	1945	1		1944 年参加青保，1946 年退役，1948 年国民党拔丁去了台湾
7	亢中春	男									√	1925	19	1944	1945	1		1945 年退役转青岛国棉二厂
8	张玉勤	男									√	1927	17	1944	1945	1		1945 年退役转青岛国棉二厂
9	亢正勤	男								√		1925	23	1948	1948	1		1948 年在青岛市读高中被迫参加国民党宪兵，1948 年发往台湾途中逃回
10	亢中高	男								√		1927	21	1948	1968	20		1948 年在青岛宪兵学校毕业，参加国民党宪兵，1948 年发往台湾，至今尚在
11	闫盛保	男							√			1927	21	1948				1948 年国民党拔丁去台湾，1989 年曾回亢家庄探亲
12	亢继木	男							√			1924	24	1948	1953	5		1948 年国民党拔丁去台湾，1989 年曾回亢家庄探亲。至今未归
13	丁占海	男							√			1929	20	1949				1949 年国民党溃退抓兵去台湾，1989 年曾回亢家庄探亲
14	丁占江	男							√			1937	18	1949				1949 年国民党溃退抓兵去台湾，1989 年曾回亢家庄探亲
15	李昆山	男							√			1912	37	1949				1949 年国民党抓兵去台湾，至今杳无音信
16	亢正直	男							√			1928	20	1948	1948	6 个月		1948 年参加国民党兵，同年在解放济南战役中，被解放军俘虏，因病回归
合计	16								6	2	8							

1949—2006 年亢家庄服役情况统计表

表 67

序号	姓名	性别	服役情况									出生	入伍年龄	服役年度	退役年度	服役年限	获奖情况	备注
			中国人民解放军						国民党军队									
			海军	陆军	空军	武警	铁道兵	备注	陆军	宪兵	青保							
1	亢中传	男		√				志愿兵				1916	32	1948	1953	5	三等功	1950 年参加抗美援朝战争，1953 年回国复员就工青岛毛纺织厂
2	王玉春	男		√				志愿兵				1921	17	1938	1970	32	荣立三等功	最高为团长职务，参加抗日战争、解放战争、抗美援朝战争
3	闫盛扬	男		√				志愿兵				1932	17	1949	1952	3		参加抗美援朝战争，1952 年复员分配青岛麻纺织厂
4	亢正浩	男	√					志愿兵				1938	16	1954			荣立多次战功	见亢姓有影响人物
5	王在宽	男		√				补充兵员				1935	20	1955	1958	3		服从分配参加大尧村农业社，1961 年来亢家庄至今
6	陈　智	男	√					义务兵				1936	20	1956	1964	8		第一批义务兵，1964 年退役就业青岛建筑公司
7	刘英瑞	男		√				义务兵				1935	22	1957	1969	12		1969 年复员转业青岛染织厂
8	亢中先	男	√					义务兵				1939	20	1959	1976	17		1976 年转业青岛市中级人民法院，曾任正处级审判员、法警办公室主任
9	曹怀智	男	√					义务兵				1940	19	1959	1966	7		1966 年复员就业青岛港务局
10	亢正来	男	√					义务兵				1940	20	1960	1963	3		1963 年复员就业青岛电缆厂
11	于志忠	男		√				义务兵				1944	17	1961	1968	7		1968 年复员回青岛缝纫机厂
12	闫可文	男					√	义务兵				1944	19	1963	1968	5		1967 年复员回亢家庄，现任中共青岛大信农工商公司总支部书记兼经理、青岛大信实业有限公司董事长
13	逄增玉	男	√					义务兵				1946	18	1964	1969	5		1969 年复员就业青岛航务二处

续表 67

序号	姓名	性别	服役情况									出生	入伍年龄	服役年度	退役年度	服役年限	获奖情况	备注
			中国人民解放军						国民党军队									
			海军	陆军	空军	武警	铁道兵	备注	陆军	宪兵	青保							
14	洛本先	男	√					义务兵				1947	21	1968	1971	3		1971年复员就业青岛邮电局
15	张作岭	男	√					义务兵				1950	18	1967	1971	4		4443部队海军航空兵，1971年复员就工青岛市公共交通公司
16	宋思河	男	√					义务兵				1950	19	1969	1973	4		1973年复员回亢家庄青岛浮山锻造厂
17	闫盛奎	男	√					义务兵				1947	22	1969	1974	5		1974年复员回亢家庄青岛浮山锻造厂，曾任中共青岛大信农工商公司总支部副书记、青岛大信实业有限公司监事会监事
18	亢继健	男	√					义务兵				1948	22	1970	1974	4		1974年复员就业山东省化工进出口公司
19	亢继昇	男	√					义务兵				1948	22	1970	1977	7		1977年复员回亢家庄青岛浮山锻造厂
20	王在焕	男	√					义务兵				1951	20	1971	1975	4		1975年复员回亢家庄青岛浮山锻造厂
21	荆朋森	男	√					义务兵				1953	18	1971	1976	5		1976年复员回亢家庄，曾任青岛大信农工商公司副经理。现任青岛大信实业有限公司董事
22	于福胜	男		√				义务兵				1954	19	1973	1978	5		1978年复员回亢家庄青岛呢绒制衣厂
23	亢继亮	男		√				义务兵				1955	18	1973	1976	3		1976年复员回亢家庄青岛信宇塑钢门窗厂
24	亢继财	男		√				义务兵				1955	18	1973	1976	3		1976年复员回亢家庄青岛浮山锻造厂
25	亢继顺	男		√				义务兵				1953	22	1975	1977	2		1977年复员回青岛北海船厂
26	亢继香	男	√					义务兵				1955	20	1975	1980	5		1980年复员回亢家庄青岛浮山锻造厂

续表 67

序号	姓名	性别	服役情况									出生	入伍年龄	服役年度	退役年度	服役年限	获奖情况	备注
			中国人民解放军						国民党军队									
			海军	陆军	空军	武警	铁道兵	备注	陆军	宪兵	青保							
27	赵明玉	男		√				义务兵				1953	22	1975	1978	3	荣立三等功	1978 年复员回交通部红星船舶修造厂
28	国世先	男	√					义务兵				1956	20	1976	1981	5		1981 年复员回亢家庄青岛浮山锻造厂
29	亢继庆	男	√					义务兵				1956	20	1976	1981	5		1981 年复员回亢家庄青岛浮山锻造厂，现任青岛大信实业有限公司监事会监事
30	宋思成	男		√				义务兵				1957	20	1977	1980	3	荣立三等功	1980 年复员回亢家庄，就业青岛华天大酒店
31	亢正贤	男	√					义务兵				1960	18	1978	1981	3		1981 年复员回亢家庄青岛浮山锻造厂
32	闫可柏	男	√					义务兵				1956	22	1978	1982	4		1982 年复员回亢家庄，就业青岛工商银行
33	亢继民	男		√				义务兵				1959	19	1978	1982	4		参加对越自卫反击战，颁纪念章，1982 年复员就业青岛人交公司
34	闫可峰	男		√				义务兵				1960	19	1979	1983	4		1983 年复员就业青岛葡萄酒厂
35	亢继凯	男				√		义务兵				1963	18	1981	1983	2		1983 年复员就业青岛铝制品总厂
36	秦成义	男		√				义务兵				1962	18	1980	1982	2		1982 年复员就业青岛人交公司客车修配厂
37	张作信	男		√				义务兵				1962	18	1980	1982	2		1982 年复员就业青岛拉链厂
38	王大森	男		√				义务兵				1961	19	1980	1983	3	荣立三等功	1983 年复员就业青岛拉链厂
39	闫可来	男	√					义务兵				1964	18	1982	1985	3		1985 年复员就业青岛第二食品厂
40	李照宝	男	√					义务兵				1963	19	1982	1985	3		1985 年复员就业济南铁路局青岛列车段
41	国世忠	男	√					义务兵				1964	18	1982	1987	5		1987 年复员就业第三毛巾厂
42	陈增强	男		√				义务兵				1966	21	1987			立功多次	总参谋部，在役，职务副处长，正团级

续表 67

序号	姓名	性别	服役情况									出生	入伍年龄	服役年度	退役年度	服役年限	获奖情况	备注
			中国人民解放军						国民党军队									
			海军	陆军	空军	武警	铁道兵	备注	陆军	宪兵	青保							
43	亢继传	男		√				义务兵				1972	18	1990	1993	3		1993 年退役就业
44	闫可学	男		√				义务兵				1971	20	1991	1994	3	荣立三等功	1994 年复员就业青岛商品检验局
45	亢爱文	女				√		警校				1975	18	1993	1997	4		1997 年进入青岛市公安局刑警大队
46	张立杰	男		√				义务兵				1973	20	1993	1996	3		国家仪仗队，1996 年复员，就业青岛海尔集团
47	郭　龙	男			√			义务兵				1975	19	1994	1998	4		1998 年复员就业青岛四八〇八厂
48	杨克江	男				√		义务兵				1976	18	1994	1996	2		1996 年复员就业中国农业银行青岛分行
49	迟泽龙	男				√		义务兵				1977	18	1995	1998	3		1998 年复员就业青岛市政工程处
50	闫卫庆	男				√		义务兵				1976	19	1995			立功多次	转业青岛市四方区瑞昌路派出所
51	王　全	男				√		义务兵				1979	18	1997	2000	3		2000 年复员就业青岛崂山区委青岛东仁集团公司
52	汪云峰	男	√					义务兵				1980	20	2000	2005	5		2005 年复员就业青岛邮政局
53	陆兆龙	男		√				义务兵				1981	19	2000	2002	2		2002 年复员就业青岛押运公司
54	张惠君	男	√					义务兵				1982	18	2000	2002	2		2002 年复员就业青岛海信广场
55	张慕刚	男		√				义务兵				1980	20	2000	2003	3		2003 年复员
56	荆汉琪	男		√				义务兵				1980	22	2002	2004	2		2004 年复员就业北京安图特科技有限公司
57	亢世杰	男		√				义务兵				1979	23	2002	2004	2		2004 年复员就业务青岛市公交集团
58	赵先晟	男	√					义务兵				1987	19	2006	2008	2		2008 年复员
合计	58		25	25	1	6	1											

◇ 亢继健（前排中）入伍留影（1970 年摄）

◇ 亢继民（前排左二）入伍留影（1978 年摄）

◇闫可柏（前排中）入伍留影（1978年摄）

◇张作信（前排左二）、秦成义（前排右二）入伍留影（1980年摄）

五　预备役

根据《中华人民共和国兵役法》规定，把服役期满义务兵转入第一类预备队，把已到征集年龄而尚未被征集现役的适龄青年公民和平时免服现役的公民编入第二预备队。28岁以下符合一类的复员军人编入第一预备队，29～35岁的编为第二预备队。亢家庄的预备役根据规定都造册编入预备队。原由崂山县武装部统一管理，后由青岛市人民武装部管理。

第七节　民兵

一　民兵组织

据《崂山县志》载：崂山地区民兵组织，始建于抗日战争胜利之后，崂山武装工作队先后在境内258个自然村建立民兵组织，时有民兵7740人，最初民兵组织称“村团部”，设正、副团长。

1949年6月青岛解放后，在崂山县8区91个乡410个自然村建立起民兵组织。亢家庄隶属于浮山区（设于浮山后村），中共浮山区委和区人民政府为保卫人民政权的建立和土地改革的顺利进行，派县武装干事到亢家庄建立民兵组织，由于村规模较小，人数少，只设武装干事一名，由亢中伟担任，亢正和为村队长兼操练员，民兵队员有李文焕、王啟华、徐立业、刘安福、亢中业、宋光啟、陆善臣、闫盛利、赵广善、亢正思、亢正道、亢正策、亢淑贞（女）、亢玉英（女）、亢翠美（女）、洛秀美（女）等20余人。1951年8月亢家庄与浮山所成立浮亢乡，仍属浮山区所辖，乡政府设于浮山所，成立武装委员会，主任余守河（浮山所人），宋光启任大队长，副大队长亢清瑞（浮山所人）。1952年根据国务院《民兵组织暂行条例》和《山东省军区司令部、政治部联合通知》精神，组建山东军区崂山民兵基干团，基干民兵（18～30岁），普通民兵（18～40岁），浮亢乡随之重组，1952年民兵大队长由宋玉霜（浮山所人）担任。1954年民兵大队长由戴以爱（田家村人）担任。

1958年实行全民皆兵，民兵体制均按军队体制改建，年龄亦相应扩大，基干民兵16～30岁，普通民兵16～50岁。同年东风人民公社成立，由七个自然村组成，1959年更名为浮山人民公社，亢家庄、浮山所、田家村为第二管区。实行军事化编制后，管理区为营，营长由焦立喜（浮山所人）担任。各自然村为连，排长由生产队长担任。1960年贯彻毛泽东主席提出的工矿企业及农村“全民皆兵，亦民亦兵”的指示，第二生产管区更名为浮山生产大队。普通民兵营长由詹仁信（浮山所人）担任，教导员由仲崇信（浮山所人）担任，亢中泰任副营长，下设五个连，一连（田家村）由刘志诚任连长，三至五连（浮山所）分别由王宗启、李方教和苏世凯担任。亢家庄为二连由亢中泰兼任连长。同时又从普通民兵选拔骨干，成立基干民兵，连下设五个排，其连长、排长皆由普通民兵营的营长、连长兼任。营教导员和连指导员皆由在职的党支部书记兼任。1963年浮山人民公社武装部重组公社基干民兵武装连。1964年3月25日浮山生产大队改组以各自然村为生产大队。亢家庄仍由亢中泰任连长，安汝迁任副连长，亢正和任指导员，按生产小队分为五个排，一排长亢继清，二排长亢正环，三排长宋思江，四排长亢正雷，五排长张中升。基干民兵达30余人，普通民兵有120余人。1979年由荆朋森担任连长，闫可斌、亢继清任副连长。1985年亢家庄生产大队更名青岛大信农工商公司，民兵组织转属青岛市市南区人民武装部。亢家庄民兵仍是连编制，荆朋森任连长，闫可斌、闫秀芬任副连长。1988年以后普通民兵编制未变。根据山东省军区、青岛市武装部指示成立有作战能力的基干民兵，亢家庄成立武装基干民兵班，有10人组成：亢继辉、闫可斌、亢正惠、宋兰德、亢正强、闫盛友、亢继香、荆朋海、汪洪仁、亢继波。普通民兵仍有130余人。1992年亢家庄成立基干民兵突击班，10人组成：荆朋森（连长）兼任班长、闫可斌（副连长）兼任副班长、亢继进、亢继香、亢继辉、亢继亮、亢正嵩、荆朋海、亢继庆、荆朋群等。基干民兵22人，普通民兵119人，其中男性81人，女性38人。1995年民兵连长由荆朋森担任，闫可斌任副连长，闫可文任指导员，闫盛奎任副指导员，连以下分三个排，一排长于福胜．二排长宋思河，三排长亢继进。1999年转属金湖路办事处武装部。荆朋森任连长，闫可斌任副连长，闫可文任指导员，基干民兵10人，普通民兵31人。2004年人员老化民兵组织自行消失。

二 民兵训练

1947年亢家庄村为护村保民组织起来的保丁，由当时任亢家庄保队副闫盛思为操练员，不定时进行操练，由保长亢中俊传授武术，除练刀、枪、棍、棒外，还学习擒拿防身术，亢家庄处于台东区最边缘地带，是市区到农村的必经之路，村民在自保防卫方面起到了相当作用。

青岛解放后，由浮山区武装潘干事来亢家庄负责民兵组建及训练工作，一般都在春、冬农闲时进行，地点大都在村东南场院，集合哨音一长两短（嘟……嘟、嘟），亢正和、陆善臣担任操练员，训练内容为站队、上操、防卫、射击、投掷手榴弹等。1951年浮亢乡成立后，民兵训练更加频繁。1956年浮山所、田家村和亢家庄成立工农联盟农业社后，根据青岛市武装部的统一部署，加强了民兵训练。1958年随着大办民兵师的兴起，民兵训练更加正规。1964年浮山人民公社所属各大队的基干民兵参加了青岛军分区组织的全市民兵大比武活动，浮山人民公社民兵取得了优异成绩。1964年在山东军区和山东省体育局合办的“山东省民兵射击大比武”比赛中，女民兵汪淑芝亢家庄人（时年20岁，为青岛粉末冶金厂职工）荣获小口径步枪一等奖。罗瑞卿、杨得志等军队首长亲临观摩，并接见了获奖人员。自1969年开始浮山人民公社武装部统一安排基干民兵的训练内容，在青岛二十五中学运动场练习实弹射击，在燕儿岛沙场练习实弹投掷。1970年亢家庄民兵连与青岛警备区、大尧营房陆军某部结为“拥军优属”“拥政爱民”单位，实行军民联防，相互支援，并由军队指导每年春、秋进行各项军事训练，为民兵提高了军事知识和军事技术。1979年青岛市四区一县举行的民兵射击大赛，亢家庄基干民兵闫可斌参加了比赛，并取得了优异成绩。1996年开始民兵不再参加各项训练。

三　民兵武器装备及管理

（一）武器装备

自1946年至青岛解放前，亢家庄青壮年在看坡护院时，大部分用各自的单刀、花枪、棍棒，个别人已有了长短不一的土枪（约有十几支）。1949年青岛解放后，民兵初建时，由崂山县武装部下发三八式步枪两支、子弹仅10发，后又发马枪4支，开始有子弹，后收回。并让村民将解放前所持私有土枪5支都缴归了民兵队伍。在当时对这些武器没有严格的管理（曾有土枪走火的事例，幸好未出意外）。1954年奉令由亢正和带领其他人员将土枪全部上缴崂山县武装部。1971年下发79式步枪3支，56式半自动步枪7支，苏式铁托冲锋枪1支，子弹1箱。民兵在实弹训练时，每人另分发10粒子弹。1984年，奉指示武器全部上缴青岛市市南区人民武装部。

（二）武器、弹药管理规则

1. 民兵都必须经过武器性能、操作规程、零件拆卸、弹药识别及应用培训。

2. 每个民兵都要爱护武器，配带时不可随意拆卸，严防损失和破坏，否则必须追查责任。如有损坏和丢失马上逐级报告。

3. 武器、弹药应集中专人保管，分开存放，发放时不得一人同时持有。回缴时必须经过检验，做到按时清点。

4. 武器及弹药未经上报批准不得随意携带外出和借用。

5. 平时枪内不能压子弹，枪口不得对人，不得携带武器串门走户。

6. 经常对民兵进行爱护武器教育，定期擦洗，按时检查武器清洁状况。

四　烈军属优抚

中华人民共和国成立以来，对现役军人和革命残废军人的家庭，由村内实行代耕。农业合作化后，按军人家庭人口实行工分补贴，使其家庭人均收入高于全村农户人均收入的10%，凡达不到此标准者，一律由生产队补齐（非农业人口由街道办理）。后来由浮山人民公社结合浮山街道办事处制定统一办法，各村生产大队（包括街道办）皆遵照执行。1984年开始烈军属和革命残废军人的优待抚恤工作，由街道办事处（前属浮山办事处，1984年后属湛山办事处，1998年属金湖路办事处，2004年为八大湖办事处）统一管理。

附：1962年8月15日《浮山人民公社关于烈军属和复员残废军人优待劳动日评定工作意见》

浮山人民公社关于烈军属和复员残废军人优待劳动日评定工作的意见
（各生产大队参照执行）

浮山人民公社为了更好地贯彻优待政策，进一步调动他们的政治、生产、工作积极性，以鼓舞士气，巩固国防，为此，公社提出关于烈军属和复员残废军人优待劳动日评定工作的意见，下达给你们认真研究贯彻执行。

一、优待标准：根据我社的实际情况，结合上级的指示精神，我们认为关于优待标准的问题，是以所在生产队的社员平均生活水平来计算，对于烈、残高于所在生产队社员的平均生活水平的10%，对于军属和复员、残废军人应等于生产队社员的平均生活水平。

二、优待劳动日的评定：

首先求出全生产队每人平均占有固定工值数（生产队全年应得的固定工值被全队人口除），求出每个包工工分或全队全年全体劳力应干的基本工分所分的固定工值即包工的分值数（在生产队全年由大队分得的固定工值总额被全队全年的包工工分或基本工分除），再评出他们各户所有劳力全年能挣的工分数（在评定时应本着留有余地有分可超的原则），然后用他们的全家人口去乘所在生产队每人平均占有固定工值数，得出他们全年全家应得的生活水平的总值，减去全家劳力全年能挣的金额（全年能挣的工分数乘上包工工分或基本工分的分值），再减去工人收入、房租收入、外汇和其他收入（不包括自留地和家庭积肥收入），得出的差数即为公社应优待的金额，以应优待的金额被全生产队的包工工分或基本工分值除得出他们每户全年应优待的劳动工分数。

关于他们各户全年能挣的工分数到年终决算时，多了不减，少了不加，一次定死，全年不变。

关于他们各户优待的工分数，到年终决算时，根据全队社员全年实干的工分比全队全年包工工分或基本工分增加百分之几，而他们各户的优待劳动日也应相应的增加百分之几，减少百分之几也应相应的减少百分之几。各单位将优待劳动日评出以后报公社批准。

三、优待劳动日的分配兑现：

首先将他们各户全年应优待的工分被12除开，得出每个月应优待的工分数，优待工分和自得工分一样参加生产队的一切分配和预借款项（关于优待劳动日分配的超产粮、补助粮由公社负担，并收取粮票）。

四、优待劳动日的组织领导：

公社召开各大队的正副大队长（各一人）和三管会计会议，讨论研究优待标准，优待劳动日的评定工作和优待工分参加分配的问题。各大队回去后召开生产队会计会议，传达公社关于优待劳动日的意见，并进行工作分工，待评定工作结束时，以生产大队为单位召开全体烈军属和复员残废军人会议，进行发扬光荣传统的教育，讲明有关政策，在提高思想，明确政策的基础上，发动讨论优待标准，优待工分如何参加分配，哪些户应优待，最后取得一致意见，并民主评议通过优待名单。

五、1961年各大队的优待劳动日：

以各大队的社员平均生活水平来计算他们各户的收入，高于的不优待，低于多少，优待多少（具体计算办法参照上述规定）。

五　军民共建

新中国成立后，亢家庄与周边驻军关系十分融洽，真正体现鱼水情感，开展多种多样的军爱民，民拥军活动。三夏、秋收秋种季节，部队派官兵到生产队大力支援。

自1949年6月青岛解放以后，在原来日本所设电台（现徐州路）就有中国人民解放军驻防，亢家庄与解放军便开始了军民共建活动，相互帮助解决困难。在文体方面，经常邀村民看电影，解放初期村民排演歌剧、戏剧等活动给予军装及武器道具支援，逢年搭戏台，清明节竖秋千，解决木材。经常相互邀请军民进行篮球友谊赛。在农业实行合作化以后，军民情意更加浓厚。

1956年亢家庄与浮山所、田家村成立工农联盟农业合作社，并与海军潜艇学院结为对口支援单位，在农忙时节学校经常安排官兵及车辆帮助生产队忙三夏，搞秋收。在1962年、1965年、1972年及1974年五次落入大井、水库和大湾的溺水村民，在紧急关头向潜艇学校求救，学校领导获悉后立即派潜水员帮助打捞，村民们难以忘怀，体现了军民鱼水之情。

1956年开始与海军北海舰队所属驻徐州路医训队、饮训队、兽医站、某部五大队二所、航报处等，在三夏、秋收农忙季节年复一年，官兵一批又一批不间断的给予大力支持，派汽车帮助生产队运小麦、运蔬菜供应市民。冬天到边远农村拉稻草、蒲英（绒），旧村改造时运输建筑材料等，多年来给予大量的无私支援。尤其是兽医站孙医生带领其助手几十年如一日为生产队医治牲口（马、骡、驴、牛、猪、羊）头数、次数不计其数，从不收取医药费，给生产队减少的损失，带来的利益无法计算。几十年的军民情至今难以忘怀。

1964年始起亢家庄与海军快艇支队和驱逐舰大队在海军四〇一医院院内建立了白酒场和养猪场，建立了友好关系，相互交流养猪经验，研讨疾病预防及治疗，相互支援猪饲料（白酒场酒糟、亢家庄糖场米糟）。其间亢家庄糖场的米糟经酒场酿酒成功（后因糖场污染而停产）。平时双方领导经常互访，关系持续多年。

1970年亢家庄与海军四〇一医院就有良好关系，该院为亢家庄村民救死扶伤、医治疑难病症不胜枚举，协助防疫及计划生育工作，为培训医务人员提供了极大帮助。海军四〇一医院半个世纪以来给周边村庄百姓的身体健康起到了保障作用，老村民们至今念念不忘。

第六篇　经　济

第一章　农　业

第一节　生产关系

一　土地所有制

1956年农村实行农业集体化之前，历史上，亢家庄的土地归私人所有，从事个体生产经营。

1949年10月1日，中华人民共和国成立，1951年冬至1952年春，实行了土地改革。全村共有土地774.23市亩（其中可耕地551.24亩，房屋及非耕地222.31亩），124户635人（见表68），

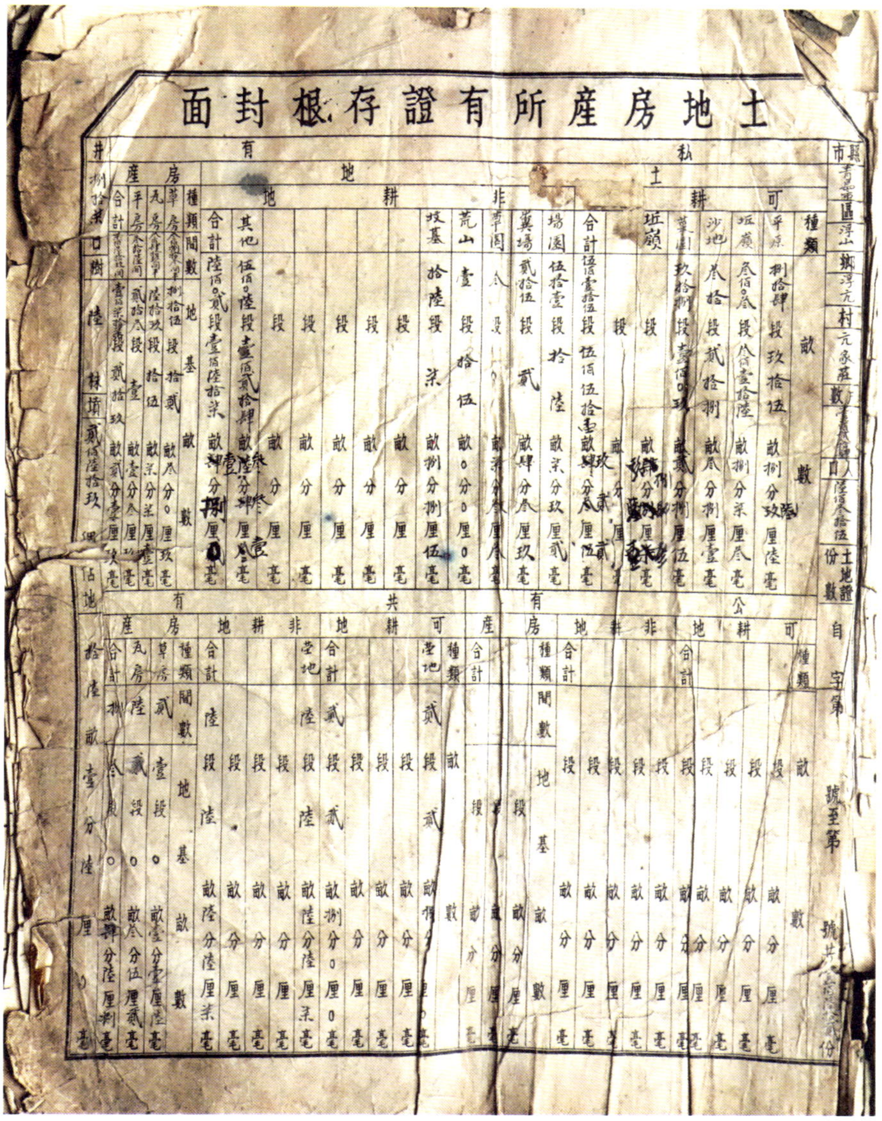

◇1952年亢家庄土地证总页

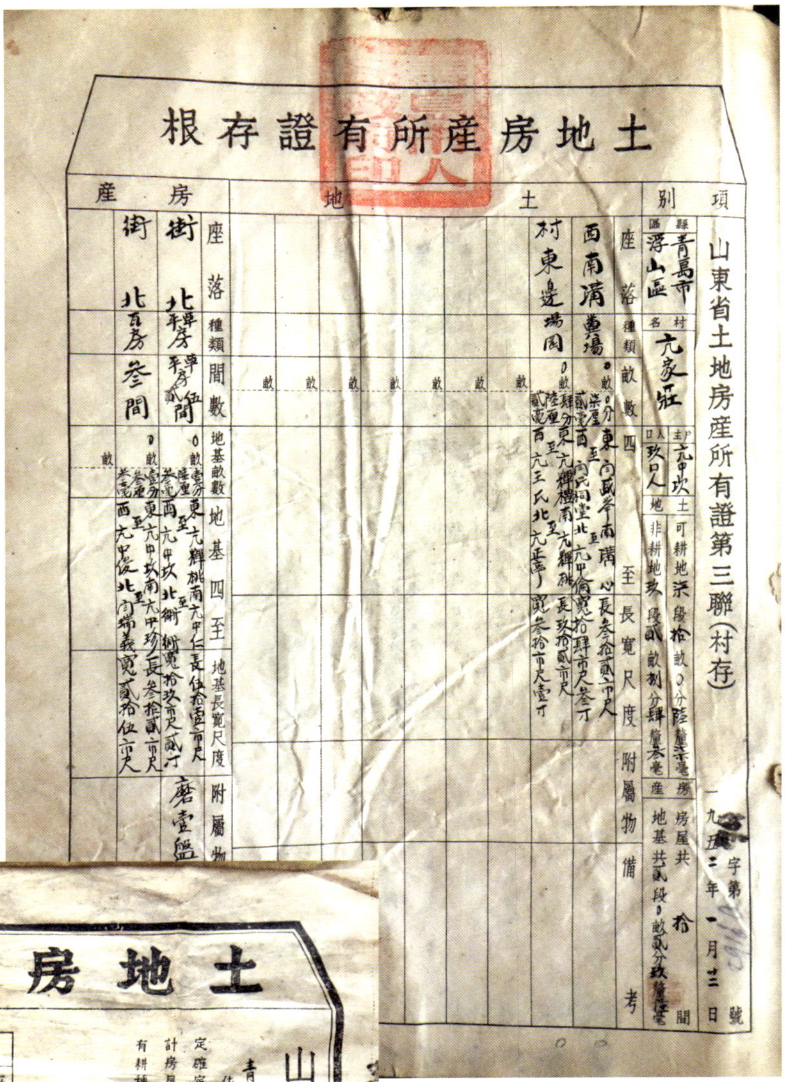

土地房產所有證存根

山東省土地房産所有證第三聯(村存)

項	別
縣區	青島市 嶗山區
村名	亢家莊
戶主	
人口	
土地	可耕地 段 畝 分
	非耕地 段 畝 分
房產	房屋共 間
	地基共 段 畝 分

土地	座落	種類	畝數	四至	長寬尺度	附屬物	備考
	西南清	菜場					
	村東邊	場園					

房產	座落	種類間數	地基畝數	地基四至	地基長寬尺度	附屬物	備考
	街北	草房					
	街北	瓦房 叁間					

一九五二年一月二十一日

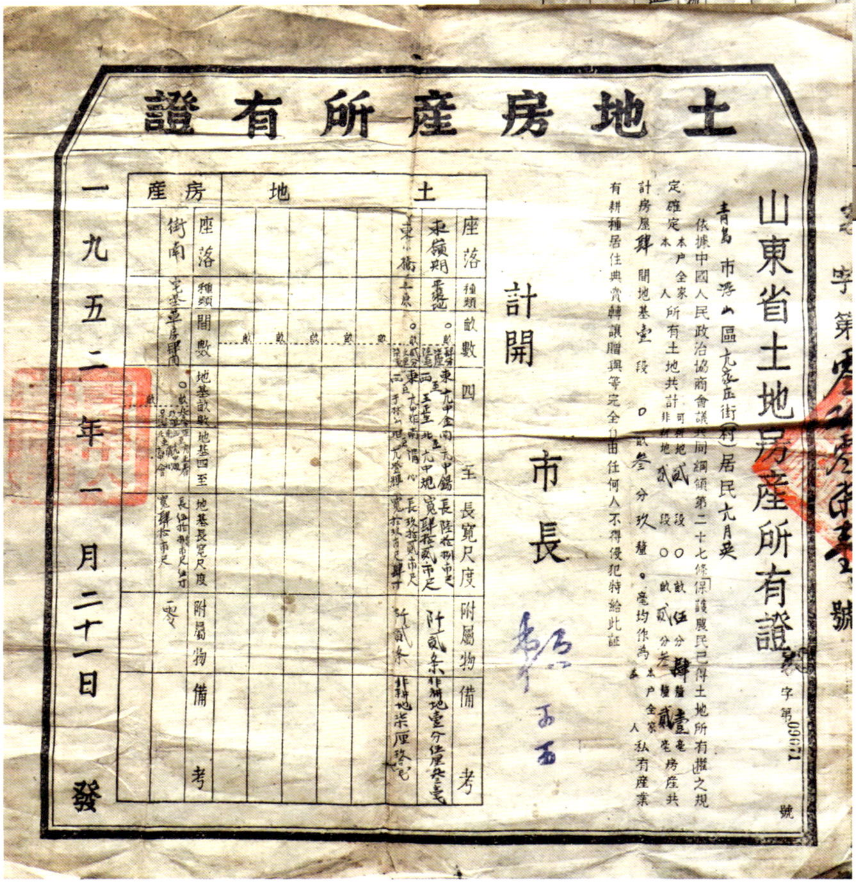

土地房產所有證

山東省土地房産所有證

青島市嶗山區亢家莊街(村)居民亢月英

依據中國人民政治協商會議共同綱領第二十七條保護農民已得土地所有權之規定確定本戶全家所有土地共計 段 畝 分 房產共計房屋 間地基 段 畝 分均作為本戶全家人私有產業有耕種居住典賣轉讓贈與等完全自由任何人不得侵犯特給此證

土地	座落	種類	畝數	四至	長寬尺度	附屬物	備考

房產	座落	種類間數	地基畝數	地基四至	地基長寬尺度	附屬物	備考
	街南						

計開

市長

一九五二年一月二十一日發

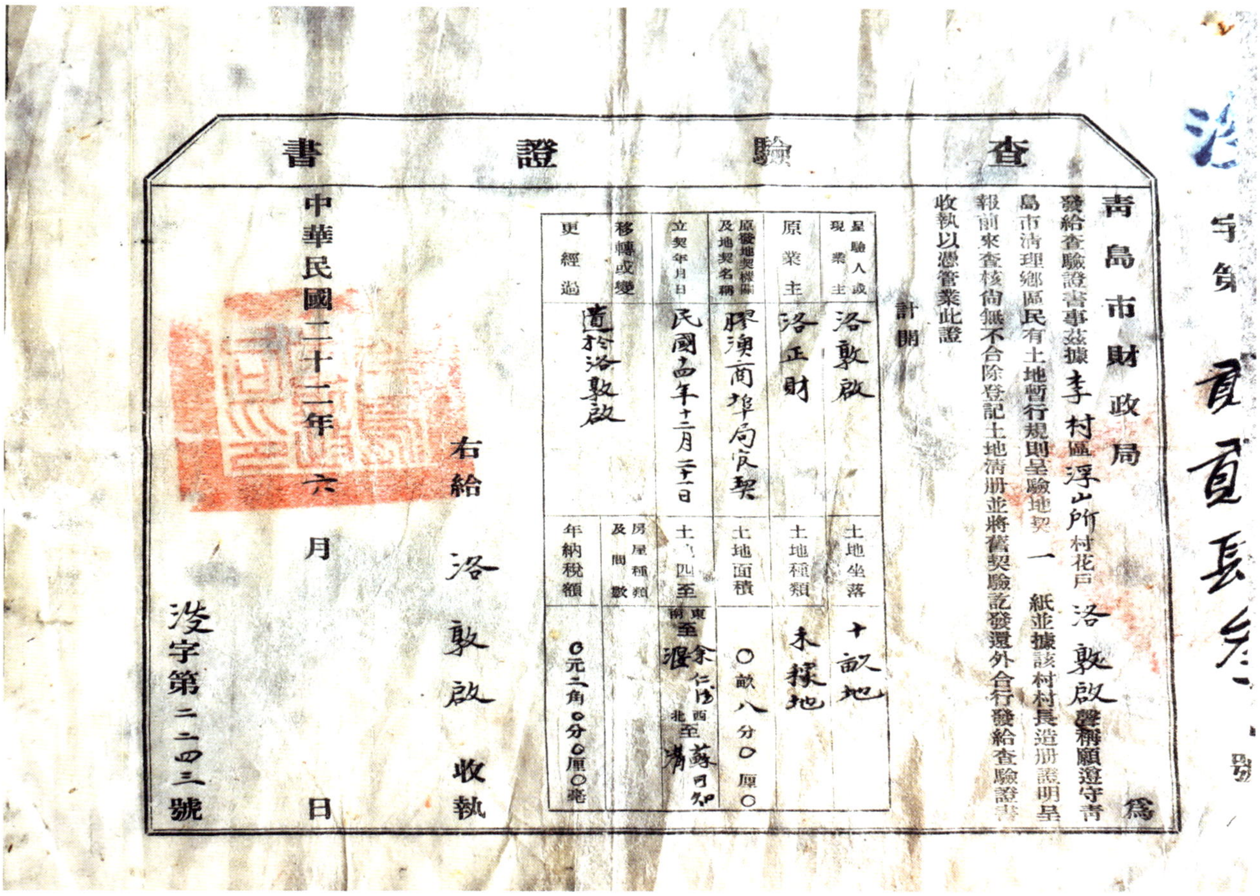

◇ 旧时土地买卖契约

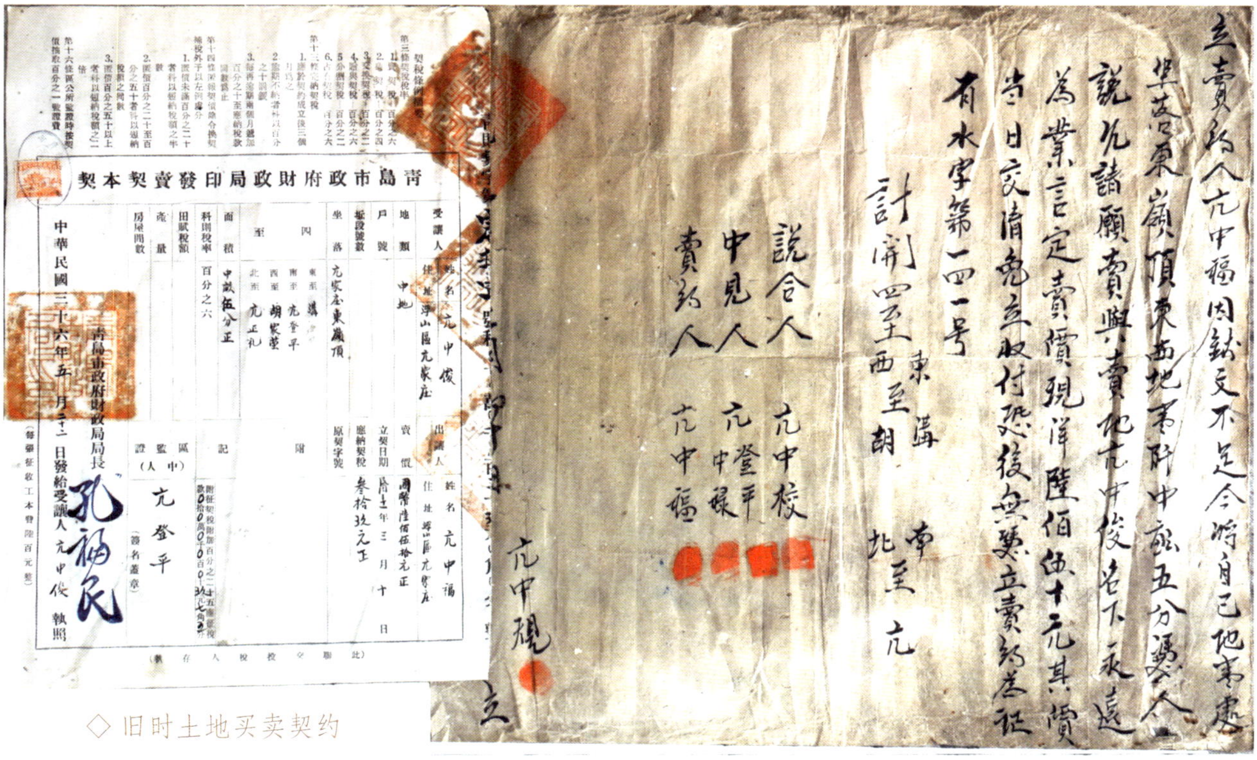

◇ 旧时土地买卖契约

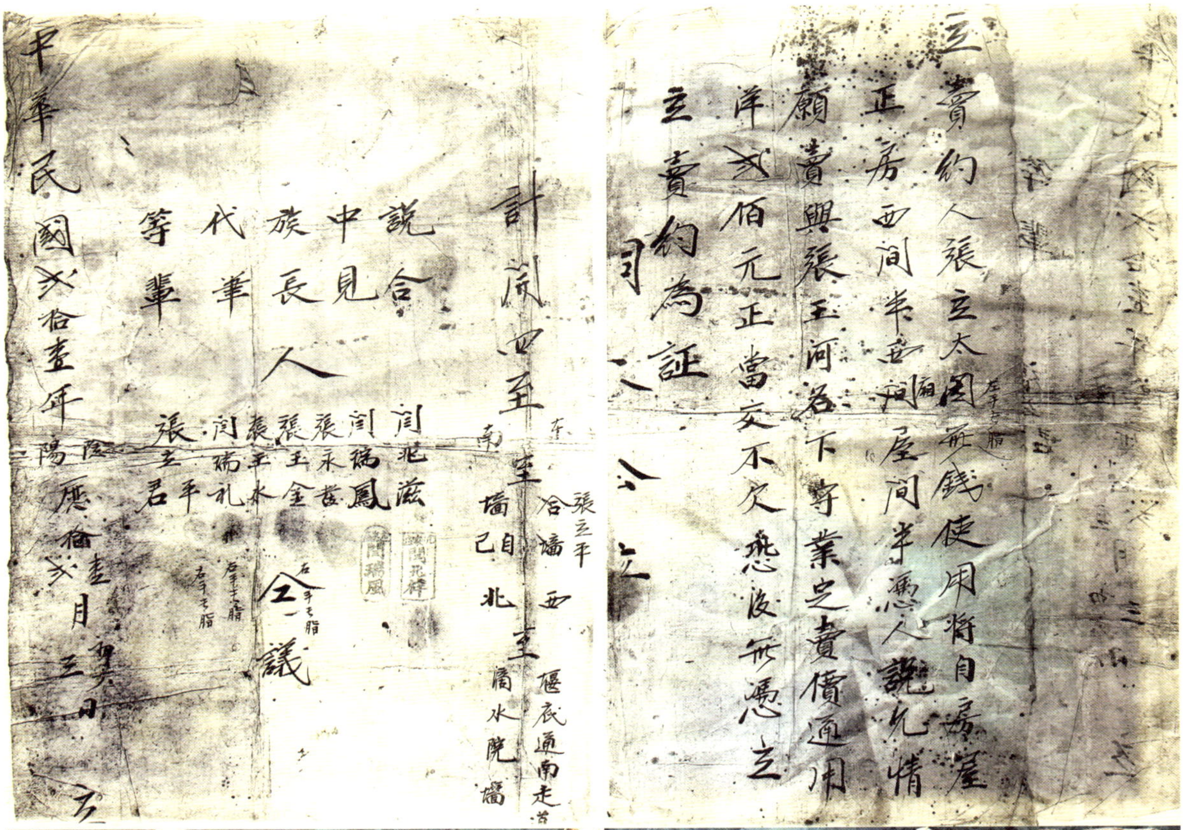

立賣約人張立太因無錢使用將自房屋正房西间半西厢屋间半憑人說允情願賣與張玉河名下耕業定賣價通用洋弍佰元正當交不欠恐後無憑立立賣約為証

計開四至 東至合墙 西至堰底通南走 南至墙己自 北至滴水院墙

說合 闫兆滋 闫瑞鳳
中見人 張永茂 張玉金
族長 袁立水
代筆 闫瑞礼
等 筆 張立平 張立君
仝議

中華民國卅拾壹年陽歷捌月三日 立

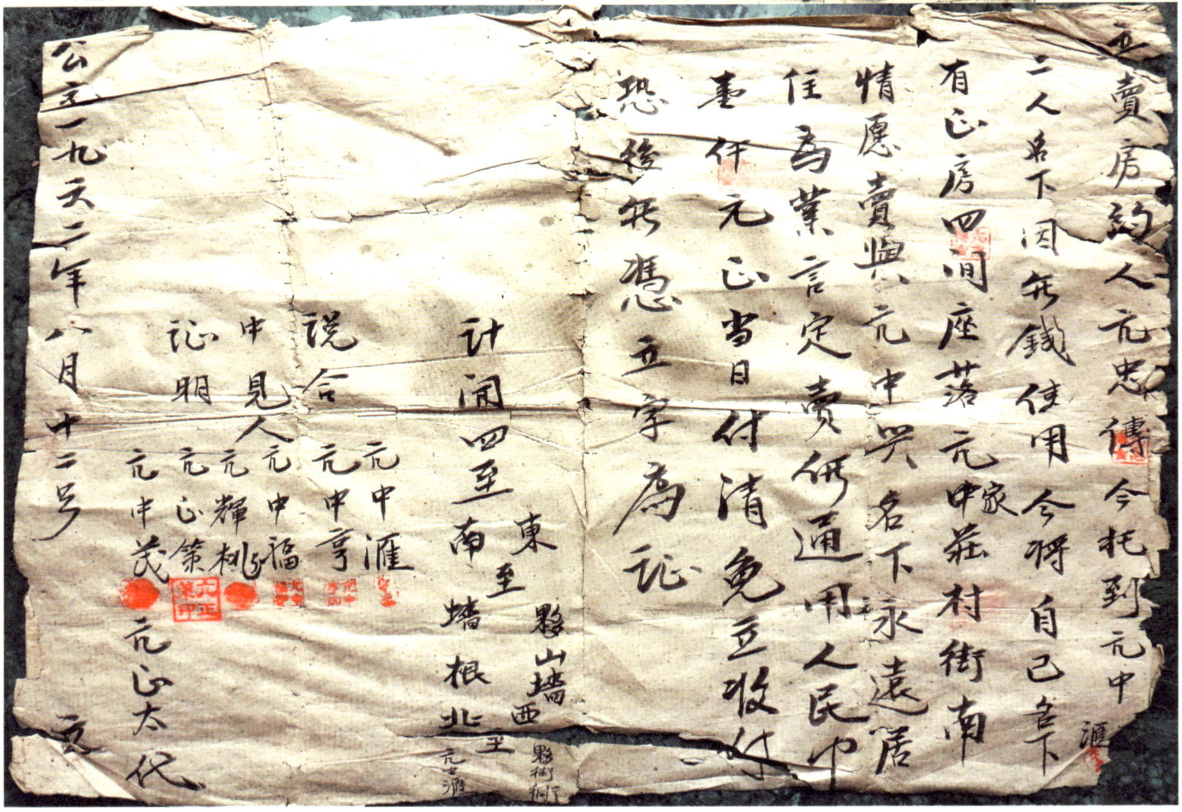

立賣房約人亢忠傳今托到亢中滙二人名下因無錢使用今將自己名下有正房四間座落亢家莊村街南情愿賣與亢中興名下永遠居住為業言定賣價通用人民币壹仟元正當日付清免立收付恐後無憑立字為証

計開四至 東至山墙 西至 南至墙根 北至

說合 亢中滙 亢中亨
中見人 亢中福 亢耀桃
証明 亢正策 亢中茂
亢正太代

公元一九六二年八月十二号 立

◇ 房屋买卖契约

最多土地户28.6亩，少者不足1亩，人均1.22亩。在家庭成份划分中，亢家庄没有地主、富农，上中农16户，中农33户，下中农17户，小土地经营者2户，小土地出租者1户，贫农51户，雇农4户。

1952年亢家庄农户拥有土地一览表

表68

拥有土地	不足1亩	1～2亩	3～4亩	5～6亩	7～8亩	9～10亩	11～13亩	14～16亩	17～21亩	22～29亩	合计
户	23	27	19	13	11	8	10	7	4	2	124
%	18.5	21.8	15.3	10.5	8.9	6.5	8.1	5.6	3.2	1.6	

互助组、土地入股组

土地改革以后，农民的生产积极性十分高涨，为提高产量、充分发挥劳动力、更好运用生产资料，在政府的启发和引导下，部分农民有了改变陈旧的个体经营方式的想法，对组织起来的经营方式有了认识。人民政府为了发展农业生产，从根本上避免农村新的两级分化，浮亢乡的亢家庄，根据中共中央《关于农业生产互助合作的决议草案》精神，按照积极发展，稳步前进和自愿互利的原则，号召农民组织起来进行生产，有步骤地引导农民走互助合作的道路。1951年秋由亢中武、亢中常、王玉贵、闫盛惠为组长先后成立“长年土地互助组”和“季节性互助组”。其中包括“轧犋”形式（两家牲口合起来相互拉犁耕地）。互助组大体分为两类，第一类是“农业生产互助组”，以工换工，日记月结年终欠工者以资补工的组织形式。第二类是“蔬菜土地入股组”。农田土地不入股，农田收入归个人所有，农田由组内统一耕种管理。蔬菜土地入股组的土地、牲口、大型生产农具折价入股，归集体所有，实行评工、记工、收入记账年终算账，减去农业税及生产费用后盈亏部分以分红形式进行分配。以上两类组织形式均实行自愿、互利、民主三大原则。“互助组”的规模、人员、条件大小不等。自1951年至1954年之间，全村有土地互助组6个31户，占全村农户的23.3%。人口210人，占全村人口的29.59%。耕地201亩，占全村的28.93%。这种互助方式土地不入股，只采用互助帮工，记工换工。“季节性临时互助”共有25户（包括四对“轧犋”形式），占全村户数的19%，主要在夏收夏种、秋收秋种时农忙季节互助帮工的办法。“土地入股组”共7户40人，占全村人口的0.6%；土地31.6亩，占全村土地的0.5%，这一种只有园地入股，收入和费用记账、劳动记工的方式。这三种组织形式全村共63户，占全村总户的47.36%。初步改变了农户传统单一的生产经营模式，走向了集体化初级阶段。

初级农业生产合作社 由于生产资料不断增加，使互助合作的实力继续壮大，浮亢乡根据中共中央《关于发展农业生产合作新的决议》精神，于1955年秋全乡办起了七个初级农业生产合作社，这些农业生产合作社基本是在原来比较大的互助组的基础上组建的。初时亢家庄村组成了三个社。初级社由社员民主选举干部，成立管委会，管委会由社委会和监委会组成进行管理，土地按土地优劣（又称地级）入股统一经营，所有权归社员个人（年底有土地分红），社员统一安排劳动，按劳动时间、质量、技术高低评工记分。入社股金每户93元，大型生产资料车、马、驴、骡等，小型农具锄、镰、锨、镢等均折价入社。1955年冬加速了合作社的组织结构，决定成立一个农业合作社（简称初级社），社长闫瑞平，当时只出现雏形，还没有实际操作运行，来年春被高级社替代了。

高级农业生产合作社 1956年浮亢乡根据中共中央七届六中全会《关于农业生产合作社问题的决议》，在初级社的基础上，加速了农业生产合作社的发展。4月，由浮山所、田家村和亢家庄三个自然村成立了工农联盟高级农业生产合作社（简称高级社），并制定了《工农联盟高级农业生产合作社章程》，共十章五十八条。章程中说，高级社是在自愿、互利的基础上组织起来的社会主义体制组织，土地归集体所有，大型农具及牲畜估价入社，取消了土地分红。组织集体劳动，实行各尽所能按劳取酬、男女老少同工同酬的原则。先以社员本身的体力强壮程度、农业技术水平评出个人基本工分，最高10分，最低5分。入社股金10分工为96.7元，以此按每人的基本工分折算交纳。以生产资料折价抵补，不足部分以现金补齐，仍不足部分年终决算时清结，最多不超过三年。如生产资料折价超出入社股金时，年终结算清算，不超过三年结清。高级社实行民主管理，合作社的领导由社员民主选举，选出社长和副社长及委员，组成社委会，重大事情由社员大会或社员代表大会讨论决定，社员有一定的权力和义务，有退社的自由。工农联盟高级社三个村共有719户3448人。选出社长、副社长、监事会人员、财务股人员、主管会计、出纳会计、保管会计、统计人员等。高级社下设十六个生产队，亢家庄划为5～7三个生产队，第五生产队为农业队，队长闫瑞平，记账员亢登信。第六生产队和第七生产队为蔬菜队。六队队长亢中亨，记账员亢正孝；七队队长亢正和，记账员亢爱美。

人民公社 1958年，青岛市市南区根据中共中央《关于农村建立人民公社问题的决议》精神，将浮山办事处管辖的工农联盟高级社、湛山街道办事处管辖的五一高级社、湛山渔业社及崂山区浮西乡的海防高级社联合起来，于1958年9月14日成立"工农商学兵"五位一体政社合一的"东风人民公社"。全部土地归公社所有，牲畜、农具、山林等全部公有化，生活实行集体化，组织军事化，生产战斗化，社员到食堂就餐，劳动组织按军事建制，男女劳动力编为团、营、连、排统一调配，搞大兵团作战，公社可随时平调生产队的社员劳动力、资金、牲畜、农具、粮食等，甚至家具和房屋。亢家庄生产队被调出蔬菜技术人员8人，其中，调到浮山所6人（崔洪锡、丁占臣、丁占亭、陆学信、丁占君、张温勤）、田家村2人（汪增全、陆明俊），做技术指导。东风人民公社划定三个生产大队，湛山村和小湛山村为第一生产大队，浮山所、亢家庄和田家村为第二生产大队，辛家庄和丁家庄为第三生产大队。1959年1月“东风人民公社”改称为“浮山人民公社”，亢家庄仍属第二管理区，为第三生产大队，生产队设大队部，大队长亢正和，副大队长亢正策，妇女队长闫秀芳，民兵连长亢中泰，贫下中农代表亢中业，主管会计亢中泰，出纳会计亢正孝，保管员闫瑞平。大队干部不全脱产，除会议及公共事务外，随时下生产队参加劳动，每人每年参加劳动最多者230天，少者160天。大队以下划分五个生产小队，第一至三小队分管蔬菜生产，第四、五小队分管农业生产。生产小队设小队长及副小队长（后为政治队长）各1人，妇女队长1人，记工员1人，基干民兵排长1人，贫下中农代表1人，生产技术员1人。生产小队任职人员不脱离生产劳动，除各种会议外，全部参加本队的生产劳动。生产小队只管生产及社员出勤劳动，所用种子及生产资料到大队领取，由大队统一计划采购，生产费用及农业收入均归大队管理。小队记工员只管社员劳动、出勤及工分，日记月结，月报大队汇总。1962年贯彻了国家关于调整、巩固、充实、提高“八字方针”，整顿了人民公社，废除了一级核算，确立了“公社、大队、生产队”三级所有，生产队为基础的管理体制，农业经济得到了迅速恢复。此时亢家庄大队大力发展经济作物种植，蔬菜地已增加到358亩，1972年后，第四、五农业队开始加大种植蔬菜面积，农作物逐渐停止种植，至1979年亢家庄大队全部成为蔬菜园地。

中共十一届三中全会后，全国农村陆续实行“家庭联产承包责任制”，亢家庄根据实地情况还是以大队统一计划经营核算为一体，这有利于全村的工农业生产建设和发展，能确保社员的生活共同提高。亢家庄地处市郊，随着城化市步伐的加快，土地被征用，社员盖房占地增加，农业收入逐年减少。党的“以副养农政策”激励社员开拓创新，涉足城市化工商业领域发展，成为发展经济主要渠道。

农工商公司 1984年10月7日，浮山人民公社解体，亢家庄生产大队撤销。1985年5月1日成立青岛大信农工商公司，仍是集体所有制，生产经营以公司统一核算。保留了一个生产队，至1990年蔬菜生产基本结束，转入企业经营。1996年取消了合作化以来40年的工分分配制，实行了工资制。2004年8月1日，在保留青岛大信农工商公司的行政机构统一规划中，又成立了股份公司“青岛大信实业有限公司”，并设立了公司章程，经全体股东大会投票选举成立了董事会、监事会组织机构，选举出董事会及监事会成员，第一任董事长闫可文。股份公司的成立，是亢家庄全体村民，经历了近600年的无数坎坷，一家一户自种自耕数十代，又经历了48年不同性质的集体所有制经济，将集体资产又回到职工身上，并成为股东，由董事会带领全体股东走向未来。

二　耕地分布

从旧时代到合作化以前，耕地面积基本没有大的变动。合作化以后，自1956年至1976年间，治理东河，平填地片沟渠及地片调整和加工深翻等，变非耕地为可耕地近百亩。1976年重新丈量可耕地为650.46亩，地片名称及可耕地分布重新作了划分。

村东五片地　可耕地为220.35亩，有东崖、东岭、东岭圻、东北圻和东南岭五部分。东崖，可耕地为56.21亩，位于村东的东河以东，今山东路东，宁夏路以南；东岭，可耕地为68.17亩，位于东崖以东，今徐州路的西侧；东岭圻，可耕地为18.43亩，位于东岭以东，今徐州路以东无线电台的东侧；东北圻，可耕地为55.98亩，位于东岭以北，今宁夏路以北，丰县路以东；东南岭，可耕地为21.56亩，位于东崖以南，水管子路以北，原电台路西侧，如东路两侧。

村南五片地　可耕地为199.08亩，有南崖、小南洼、南洼、大薄地和西南圻五部分。南崖，可耕地为19.62亩，位于村南的前马路以南，水井路以北的东河西侧，今山东路以西，宜兴路北侧；小南洼，可耕地为11.94亩，位于南崖以南、东南岭以西，水管子路两侧，今山东路和如东路之交会处；南洼，可耕地为65.15亩，位于小南洼及水管子路以南，今宜兴路以南、江西路以北的山东路两侧；大薄地为64.81亩，位于南洼以西，西大墙以东、放茧沟北侧，今泰州四路以南、江西路以北、泰州路的东侧；西南圻，可耕地为37.56亩，位于大薄地以北、西洼西侧、西大墙路东侧，今泰州四路以北、泰州六路以南、泰州路的东侧。

村西四片地　可耕地为95.54亩。有西南圹、西大坡、松岚前和西桃园四部分。西南圹，可耕地为27.6亩，位于西山（二号炮台）以北、炮台路以东，今泰州路以西、镇江路以东的泰州五路两侧；西大坡，可耕地为46.10亩，位于西南圹以北、松岚前以南、炮台路以东、西大墙以西，今泰州路以西、镇江路以东的青岛市第四十三中学和人交大修厂处；松岚前，可耕地为16.84亩，位于松岚岭（三号炮台）以南，今镇江路东的宁夏路处；西桃园，可耕地为5亩，位于炮台以西，亢家庄到南仲家洼的道路两侧，今镇宁立交桥偏西处。

村北两片地　可耕地为110.41亩，包括北园和北洼。北园，可耕地为38.04亩，位于村北侧北洼以南的东河两侧，今宁夏路以北、金坛路、丰县路之间；北洼，可耕地为72.37亩，位于北园以北、西吴家村地片以南的东河两侧。今金坛路以东、扬中路以北的山东路处。

◇ 1963 年亢家庄第四生产队十姐妹留影

◇ 1979 年第一生产队姐妹田间留影

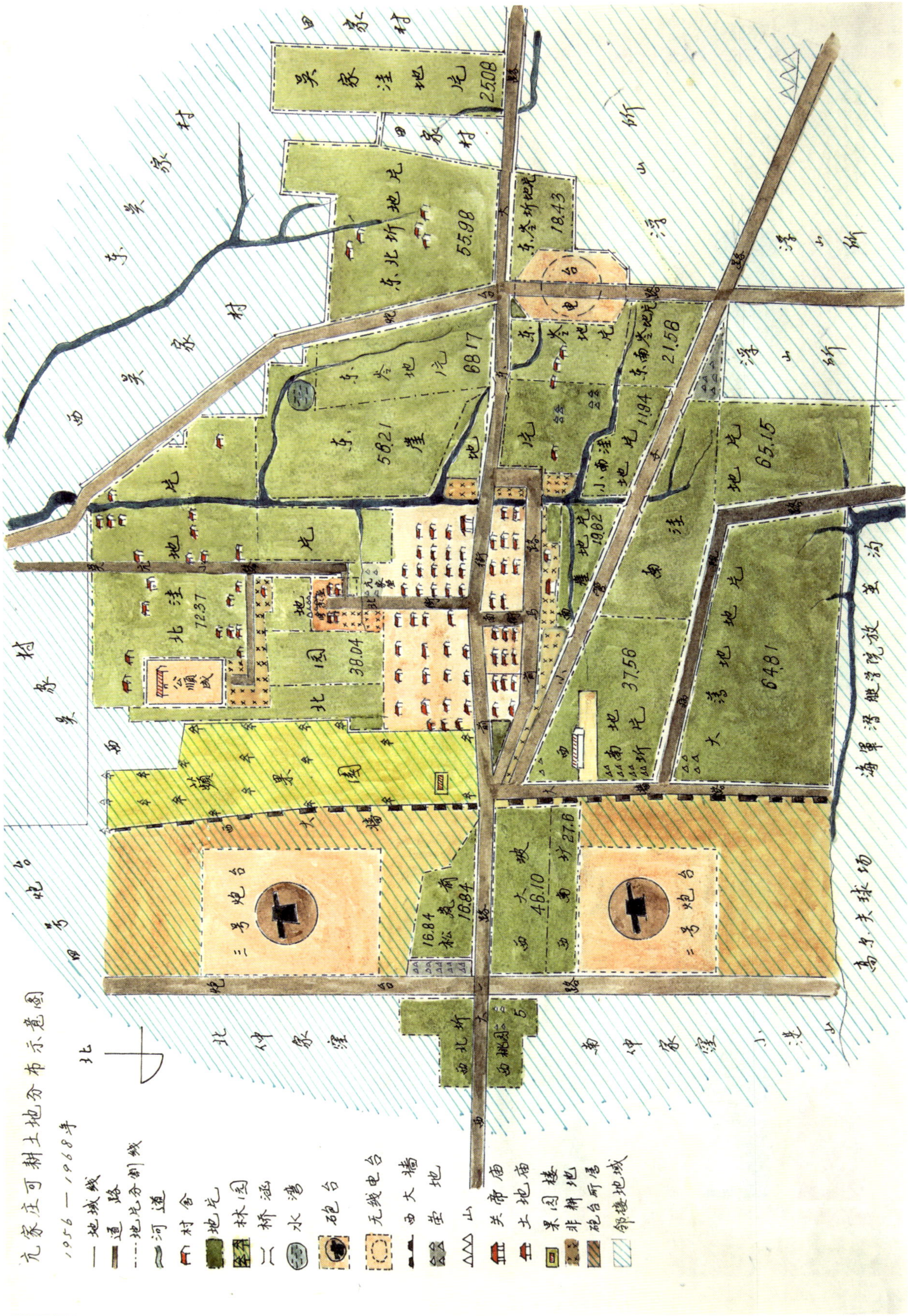

◇ 亢家庄可耕土地分布示意图（1956—1968年）

村东北一片地 村东北一片地为吴家洼，可耕地为25.08亩，位于村东北，其东西两侧与田家村和吴家村插花地，南边是亢家庄通往田家村的大路。

1962年，全大队农业人口由1952年的635人增加到756人，人均耕地为0.86亩，与中华人民共和国成立初期持平。

三 土壤

土壤状况 亢家庄的村东东岭和东南岭，村南的西山和松岚岭都是斜坡地。东河是南北流势，河两侧和南洼北洼地势比较平坦，土层厚土质好，下层是黄粘土，北洼的下层是黑土，这些土地既保水又保墒，非常适合蔬菜生长，占耕地的30%。土层较薄的耕地下层是黄沙，如东岭的东坡、西坡、北坡，东南岭的西坡，这些耕地的上坡地土层较浅，保水保墒效果差，要先进行改造。村西西山的东坡和北坡，松岚岭的南坡土层都比较浅，下层是坑沙（大粒沙），这些耕地既不保水也不保墒，土质最差，20世纪初期建2、3号炮台和炮台大墙时，运出的沙石把原有的熟土覆盖，土质越发被破坏，雨水存不住，雨过即时干，这类地占耕地的20%。个体耕作时村民没有条件对土地大面积改造，仅有少数农户对土地深翻过，因不得法，效果不大，只能顺其自然。

土壤改良 1958年人民公社以后，集体生产条件优越，劳动力集中，有能力改造土壤，大队在冬季农闲时带领社员搞土地深翻。土地改良采用两种方法：一种是“三刨两翻式深翻法”，深翻后把原来的熟土移回原位，深度40～60厘米，地头地边的小地和沟阡并入大地一同进行整平调直，这种深翻法效果好、工程量小，由各生产小队进行完成，所用工具比较简单，有锹、镢、镐、小铁车等。第二种是“大开膛式整平调直法”，工作量较大，时间长，如平高岭、填沟、治理旧河套等，要对地片进行测平，需要劳动力多，要增加地排车、拖拉机等大型工具，在进行中遇到硬黄沙和石棚地（呈馒头状，非石非沙）需要打眼放炮才能克服，这些工作都是在大队的统一调动下完成的。经过治理的沟河有东崖、东岭、东南岭、小南洼、南洼、放茧沟、西大坡、北园、北洼圈子地、旧河套、东北大湾、东岭圻、东北圻、吴家洼等，这些沟、河的整治变非耕地为良田90余亩。

土质改良分为四种：①黏土地（也称黄坚土）多用炉灰和牛马粪混合进行调治使土质松散；②壤土地少用炉灰多用土杂肥混合使用；③鸡屎黄坚土地数量较少，分布在东河两岸的下半部，土质过紧过细不透水，不适合作物生长，属最差的一种土壤，多使用经过混合发酵的粗炉灰和牛马粪，使土质松散透水；④沙土地多使用粘土加粪渣尿水土杂肥混合发酵的混合肥调治。以上四种经过治理后的土质保水保墒，也便于操作，是提高产量的有效措施，至1976年共深翻土地420余亩，占耕地的70%。不适合深翻只进行调整改良的园地180余亩，占耕地的30%，亢家庄改良土壤共计600余亩。

四　土地综合治理

每年的冬季农田的基本建设多用的是男女整劳力。剩余的男女半劳力则参与积肥工作。五个生产小队各自安排人员到南北仲家洼和太平镇等处，在炉灰集中地筛取炉灰，运回各队自己的积肥场，分别掺加粘土、粪渣、尿水及牛、马、猪粪、土杂肥和大量的鲜草菜叶等进行发酵。全大队每年的冬三月罗积炉灰6000余小推车，约1800吨，配合改造土壤，是一项十分有效的措施。寻找水源兴修水利，在东河的下游拦河建塘坝3处，中游修小型水库2座，存积地表水起到了关键作用，打大口深水机井是蔬菜和农田用水的有力保障。自1963至1977年共打大口机井13眼，盖起了电机屋13间，安装了电机、水泵13套，园片地下50厘米深处铺设送水管道13条，通向各园片的最高点，实行自动流水灌溉，累计长约2000米。农田作物的用水采用二级送水，用汽油抽水机把机井一级提起的水再送向农田地片。砌机井需要大量的石料，工本比较大，大队为了节约资金，运输方便，自己解决。1965年组织十余人成立起采石队，采石工具配备齐全，自己建炉对工具淬火，在东北大湾原石头窝子重新凿眼放炮，开始的小块石料肩扛，大块石料小车推，后用升降机起运石料。至1976年共采石料6000余立方米，完成了13口机井用石4500立方米的开采量，解决了生产队盖猪圈、砌地堰、修地片路、桥等及其它方面全部用石。多少年来对土地深翻的治理、改非耕地为良田、土壤合理改良、建造水源蓄存、配备全套电器化的供水设施、收集足够的肥料使用，以及地片内修筑运输道路等工作，减轻了体力劳动强度，提高了农蔬作物产量。

五　管理体制

计划管理　土地私有制时期，生产经营都是村民自己打算安排。1956年合作化后大集体生产时，亢家庄的生产经营计划根据本村的实际情况，由生产大队统一制定生产计划，下达生产小队具体实施。人民公社初期，实行统一计划、统一指挥、统一调度、统一核算，亢家庄大队在公社统一计划下进行生产，不能灵活机动，因地制宜，出现死搬硬套所带来的不利局面。1959年1月，人民公社经过体制调整，将一级核算体制改为三级核算形式之后，以生产小队为主。亢家庄生产队仍按二级核算形式，生产计划由大队统一制定，生产小队根据土地实际情况因地制宜进行安排。亢家庄生产大队根据各生产小队和各工业单位的不同情况制定生产计划和经济指标。年初下达、年终根据各生产队和工业单位完成情况，由大队进行核算，奖罚分明。

劳动管理　个体生产劳动时，亢家庄的农民生产劳动是一家一户自主安排。1951年至1955年农业生产进入“互助合作”期间，由单一的生产劳动初步进入小集体生产劳动组织。本着互利互惠的原则，以工换工的方式进行有组织的劳动管理。土地入股、劳动记工、评工，是以工算账的管理方式。1956 年 4 月工农联盟高级农业生产合作社成立后，土地、劳动力、大型生产农具归集体所有，由生产队统一安排生产，对社员采用评工、记工、记分的方法进行劳动管理。劳动力分男女两种，年满 16 岁可成为社员参加劳动，男劳力的基本工分最高 10 分，女劳动力的基本工分最高 8.5 分，男、女半劳动力是 5 分。当时为照顾家庭困难 16 岁以下经申请批准，可参加劳动，基本工分最低按 4 ~ 4.5 分。

1958 年东风人民公社初期，实行劳动力统一调动，大兵团作战，自贯彻落实“农村人民公社工作条例”后，改变了一级核算制，权力下放到生产队。

1966 年“文化大革命”中，有的地方出现严重无政府主义，劳动管理混乱，提倡自报的“大寨记工法”后，出现了出勤不出力，生产管理紊乱。亢家庄坚持在生产大队的统一管理下，各生产小队严格实行劳动管理制度，每小队月底全体队员评定工分一次，分五个小组分组讨论，然后汇总结果，根据劳动强度和个人表现，基本工分得以浮动。根据社员的劳动出勤，按每月评定的基本工分计算所得工分，日记月结公开公布接受群众监督，这种良好的劳动管理，几十年如一日。书记、大队长除开会时间全部参加田间劳动，劳动强度之大，难以想象。社员干劲十足，你追我赶，相互不甘落后。自觉遵守劳动时间，迟到五分钟扣半小时，相互监督工作质量。每年自清明节开始，早晨 5 点出工，7 点吃早饭，俗称“上早坡”，上午 8 点至 12 点，吃中午饭，下午 1 点半至 7 点，每天劳动 11.5 小时，生产大队采用奖勤罚懒，年终大队实行全勤奖。生产小队评出五好社员，大队给予奖励。

1985 年 5 月，青岛大信农工商公司成立后，随着工农业的发展需要，公司设立了劳动管理科，劳动管理逐步实行程序化。

1960 年至 1980 年亢家庄部分年份劳动力统计表

表 69

年份	入社户数（户）	社员总人数（人）	劳　动　力			
			合计	男劳力（人）	女劳力（人）	其中：半劳力（人）
1960	155	664	203	98	105	52
1962	176	756	277	142	135	61
1964	185	781	324	159	165	73
1966	194	871	332	170	162	91
1968	210	891	378	196	182	51
1973	257	1054	575	282	293	173
1975	283	1125	545	291	254	220

续表 69

年份	入社户数（户）	社员总人数（人）	劳动力			
			合计	男劳力（人）	女劳力（人）	其中：半劳力（人）
1978	319	1187	480	213	267	89
1980	348	1248	643	283	360	103

物资管理　农民私有制时的物资及生产农具均由农户自己保管。互助组阶段，生产工具集体使用个人保管。土地入股时，大型生产农具入股归组内保管。小型生产工具个人保管。高级社期间，农户的物资及生产工具，由各家各户的私人保管初步转向集体管理。亢家庄生产队开始设保管员，对粮食、种子、生产物资等开始有专人保管。1958 年人民公社初期，实行“一平二调”政策。物资管理过于集中，有的生产资料要到浮山所领取，误工误时。1959 年亢家庄改制为一个生产大队后，物资管理有了正常秩序，大队建立了三个仓库，有专人管理，逐步健全管理制度，闫瑞平担任大队保管员职务，尽职尽责（1980 年 69 岁才退休）。多少年来，亢家庄生产队党员、干部和群众对集体财产的管理尽心尽力，使集体财产没有受到损失。大信农工商公司成立以后，农、蔬业逐步减少，随着工商业的发展，物资管理工作随企业要求进一步走上规范。

第二节　农田水利

一　水利工程

亢家庄的东河水长年细流不断，河两岸地下水位浅、水质好，适合蔬菜和粮食作物的生长。20 世纪初，村民沿河两岸打水井和利用河水浇园，园地逐年增多，水井也随之增加，至 1952 年全村的小型水井增加到 87 眼。这些小井的水量只能维持 120 亩园地的使用，粮田作物的用水全部靠天。

人民公社化以后，园地逐年增加。原有的水源相差太远，为有效地使用地表水。1960 年新开辟的水源，加大了地表水储存，在东河的中游地段修建小型水库两座，在下游地区建挡塘坝 3 处和东北大湾 1 个，这些地表水储存季节性强，不稳定，只能为临时补给用水。主要灌溉必须依靠地下水，自开凿了大型机井以后，全部电力配套，灌溉覆盖全部蔬菜地及部分农田。

二　工程投入

拦截东河的小型水库，在第一生产队和第二生产队的地片内各建 1 座。水库的修建全部用人力，使用的工具全靠锨、镐、单轮小推车和夯坝用的木夯、石夯等。修水库的重点工程分两项：一是挖掘引洪道和挖掘水库底；二是运土夯筑水库坝。

第一生产队水库的引洪道长 45 米，宽 2.5 米，深 1.6 米，共挖掘土方 180 立方米。水库坝长20米，高6米，坝底宽12米，顶宽2米，水库坝夯土840立方米。水库总长95米，宽55米，平均水深2.5米，最大容水量13060立方米，第一生产队水库建成后总投劳动工日（按8小时计算）4133个。

第二生产队的水库的引洪道长35米，宽3米，深1.6米，挖掘土方168立方米，引洪道的土质松软，共用石料87立方米。水库坝长30米，高8米，坝底宽16米，上宽2.5米，共夯土方2220立方米。水库总长90米，宽70米，平均水深2.5米，最大容水量15750立方米。第二生产队的水库总用工11281个。

修筑塘坝工程量小，3处共用工180个，以上两项地表水储存工程，总用工15594个。

深水机井的挖掘分五层台阶，每层深2米，第一层直径18米，第二层直径16.5米，第三层直径15米，第四层直径13.5米，第五层直径12米，每层缩小1.5米，挖掘完后再用石料砌井。13个深水机井有12个是全部人工挖掘而成，最后1个是半机械挖掘。每个大井，大小深浅有所不同，平均井筒直径9米，井深12米。共挖掘土方20828立方米，平均单井1602立方米。挖掘总用工7.8万个，平均单井用工6000个。

大井总用石料4940立方米，第一个大机井（第一生产队1964年凿成）石料是由田家村石盆山小石头窝子提供，全部用小车、地排车运输。其他十二个大井全部由本大队东北大湾石头窝子自采石料砌成。平均单井用石料380立方米。井壁封面用水泥6吨，不包括电机屋用工料。

砌井总用工1.23万个，平均单井用工951个。

运石料总用工3495个，其中地排车单轮小推车运石占总石料的90%，用工2245个，用人肩扛运石占总石料的5%，用工1176个，其它车辆运石料占5%。

大井回填土用工：单井回填719.7立方米，占井的44.9%。单井回填用工503个，13个共回填用工6539个。

13个大井全部竣工后总用工10.04万个，平均单井用工7723个。

园片地下铺设输水管13条，总长2000米，挖掘土方960立方米，用工640个，输水铸铁管直径10厘米，长1米及1.8米两种规格。接头用石棉和水泥搅拌用专用钢钎捻砸而成。共用铁管1800余根，铺设输水管总用工1040个。

三　灌溉

1949年以前园地，依靠小井水用辘轳引水浇园，只有亢中典在南崖园地用一部畜力挂斗式水车。农田作物播种时，用水桶挑水点播，作物成长期无水灌溉。1950年以后农户陆续增加了7部解放牌畜力水车引水浇园，园地灌溉条件有所改变，灌溉面积由120亩增至180亩。1964年开始水源扩大，用机井水、水库水及部分小井水，安装固定式电动抽水机、流动式的汽油抽水机、水车等灌溉机具，淘汰了辘轳提水，灌溉面积290亩。1970年园地灌溉面积325亩，1973

◇1961年亢家庄大队在打第一个社会主义大井

◇合作化大机井

年电动化及机械化抽水，灌溉面积406亩，1975年园地灌溉面积450亩，成为高产园。农田作物灌溉，采用二级送水，先将机井水送到最近点，再用汽油抽水机送到地片，如：吴家洼、东岭圻、东北圻、东南岭、大薄地、西南圻、西南圹、西大坡地片。历史上无从对粮田作物进行灌溉，至1972年已达288亩，农田作物基本达到旱天保丰收。

四 水土保持

个体耕作时期，农户土地分散，各家劳动条件不同，对水土治理并无有效办法，劳动力较多的农户在春季比较简单的挑堰培阡，大雨冲坏的土地沟阡还能及时修补，劳动力较少的农户无力对被水冲坏的土地修补，水土流失较重。

农业合作化后，土地集体管理，生产条件改变，劳动力统一调动，能够及时进行水土整治。经过深翻改造过的耕地整齐划一，堰阡沟渠流通，减少了水土的流失。各生产小队，对水土保持形成了规律：每年的春季多积有机肥，用来改造土壤，农闲时兴修水利，开辟地下水和储存地表水以备春季使用（春季降雨少）。开春后全部的堰阡修整，用石料修补沟渠，修整田间小路，为春季生产做好准备，提前做好夏季的防汛工作。雨季冲坏的地块堰阡，雨后生产小队各自及时修补，损坏严重的由大队统一调动人员进行修整。水土的保持只要加强及时管理，水土不易流失，是水土保持的有效做法。

五 防汛

亢家庄经受自然灾害的侵袭、发生过较重的年份：光绪年间（1900年5月26日）的龙卷风。1956年的台风达11级。1960年的东北风达10级以上。1981年的台风。1985年的台风达11级。涝灾发生的年份：1910、1925、1939、1947、1950、1956、1961、1964、1975、1981、1985年。以上出现的灾情，强风带雨，有的房屋倒塌，农作物和蔬菜都有不同程度的损坏。雹灾，历史上屡有发生，多在夏初和秋初，下冰雹时间短，个头小，3～15毫米，受雹灾的损坏较少。受风雨损坏的房屋，多数是村中土搭墙草房，村边迎风的草房及园片中的草房。农作物中的高秸作物，菜园中的叶子菜及架子菜等。涝灾，长时间的暴雨使东河沟满河平，易成水灾比较严重的地片：东河两岸，北洼地片的低洼处及圈子地，西南圹、西大坡两地片的东边大墙根，其他地片中也有被水冲垮的地阡沟渠，遭受轻重不同的涝情。旧时代，村民缺少提前预防灾害的信息及措施。灾情发生后损坏轻的自家修补，损坏较重者请邻居及亲友帮助修复。

1949年新中国成立以后，人民政府对农业生产非常重视，大力支持和启发农民与自然灾害作斗争。同年的8月份发生海啸，亢家庄的农作物和房屋损坏较轻，同是一个乡的浮山所南海边的农田被海水淹没严重，同年的冬季和1950年的春季，在区、乡人民政府号召下，亢家庄组织强壮村民到浮山所南海边修筑沙土防浪堤。

北洼地片平坦，圈子地河道弯曲，

大暴雨时河水涨出耕地受淹，1956 年 9 月 5 日大暴雨河水外涨，圈子地被水淹没菜地 12 亩。1957 年春，区政府派人来作指导，同社员一起将圈子地河道进行取直改造，把原来的弯河改道直通吴家村南河，改造后河道流畅，解除涨水淹地后患。

1958 年人民公社化以后，大队成立防汛组，自始这项工作都由民兵连负责，书记、大队干部亲临现场，每年汛期昼夜值勤，维护村民的生命及集体财产的安全，及时巡查社员的住宅。大队办公室作为防汛指挥部，仓库、大队牲口棚、托儿所、幼儿园、学校、医务室、东河水情、水库、水井、电力设施、村办企业等都是防汛范围。五个生产小队也是昼夜值勤，巡查各小队的地片作物、农具房、猪圈、地片沟堰阡及田间路桥。

1962 年公社成立了有线广播站，给亢家庄大队架设了广播线路，大部分社员的家庭安装上有线广播，及时传达防汛信息，提前做好自然灾害来临前的准备工作。同年 9 月 7 日大暴雨，公社通知大尧水库险情告急，亢家庄大队党员干部带头组织部分骨干人员，自带防汛工具、双轮推车 2 辆、汽油抽水机 2 台，晚上去大尧东山水库抢险。当时水库的雨水涨出水库坝，引洪道狭窄达不到放洪要求。风雨交加情况紧急，各村支援的抽水机一同排水，半夜雨量渐小，险情较缓，夜餐发给高粱面窝头充饥解寒，天亮时险情才得以解除。

暴雨积水成灾，较严重的地片是西大墙下的西南圹、西大坡两地片的低洼处，大雨积水漫过西大墙，雨水冲向村西和村前、前街和前马路，积水较深危及村民房屋的安全，并造成东河水外涨。涝情较重的有：1956 年、1961 年、1964 年，积水淹地成灾，使桥下管道被淤泥及杂物堵塞，淹没土地面积达 40 亩，颗粒无收。1964 年大队调动强壮劳力冒雨抢修，挖掘淤泥，疏通放水，从而减轻涝灾损失。亢家庄历来在村干部的领导下组织广大村民采取有效措施，有效的使灾情降到最低程度。1984 年有线广播撤销，防汛信息由区防汛指挥部直接电话通知大信农工商公司。公司成立专门防汛班子，由书记、经理统领指挥，这项工作多年来一直延续至今，减少了受自然灾害的损失。

六　水资源管理

亢家庄历来只重视两种水源的使用：地表水是东河水，打井地下取水，积水除东北大湾外。大型积存雨水的措施较少。雨水顺东河水一起流失，得不到有效利用。

人民公社化以后蔬菜园地增加，水的需要量加大，陆续建造水库、塘坝积存地表雨水。增加大型机井后，逐渐缓解用水需求。20 世纪 70 年代以后，园地继续增加，对水资源更加重视，充分存积东河水，三个蔬菜生产小队的机井均分布在东河两岸，灌溉用水多，井下水位下降。为了不让东河水流失，利用汽油抽水机把河水输送到各自的大井储存以备使用，雨季井下水位上升时，再将河水放走。

第三节 农具农机

一 农具

自古来农户们用在农田的农具基本有大镢、小镢、大锄、小锄、铁锨等。耕地用的犁杖（俗称驴具）、耙（bà，用木板做成长方型框架，四周装有钢齿，用牲口拉着，上面站着人，将刚耕过土地划碎土块整平）。播种用的耧。用竹筒或向日葵杆制作的漏筒。压墒用的“打地磙儿”。收割用的镰刀、运输用的扁担、绳子（俗称桐绳，一头栓一树叉起固定作用）、独轮小车（早期用木轮，也称“土车子”）、偏筐、驮篓等。耕畜有驴、骡、马、牛。谷场用的有二、三、四股木杈、木耙（pá）、木锨、铡、连枷、碌碡、磙子、竹扫帚、簸箕、元斗等。收藏用口袋、麻袋（青岛建港后开用）、折子、屯、泥缸等。还有切地瓜干用的铡床。浇地用的水桶（早期用木桶）、担杖等。有了菜园地后，除锄、镰、锨、镢外还增加了三齿钩子、耙（pa）头子。割菜用专用镰刀。提井水浇地的辘轳、喷壶等。抬粪的圆筐。装菜的方筐和扁筐。挑尿水的木桶（俗称尿桶）。这些传统的农具虽然使用起来既费力效率又低，但大部分已沿用几百年。

二 农、蔬机械

青岛解放前，亢家庄第一部挂斗碾台式畜力水车，于1947年开始使用。新中国成立后，1950年村民陆续添置了解放牌链条式真空抽水水车7部，这种水车是畜力和人力两用的，其中人力使用5至7人。1958年公社化后，部分农具继续使用。1973年后相继增添手扶拖拉机1部、195型拖拉机4部、295型拖拉机2部、双铧犁1部。这三种拖拉机都是两用，既能耕种又能运输。两部刨地机专用于园地畦田使用，脱谷机4台、扬谷机2台。防治病虫害用的单筒气压喷雾器，在1976年全大队就有22套，也是最多的一年，人力喷粉器2套，半自动喷雾器3套，这些器具为消除病虫害起到关键作用。粮食及饲料加工机械，1956年合作化以前，村民用牲口拉磨加工粮食，没有牲口和磨的村民只能借用。有一个不成文的规定：借用别家牲口及磨具，所有麸皮都得留下作为牲口饲料为代价。农忙时少数村民出村加工粮食，入社后社员大都到台湛路郭景泰面粉加工点进行加工。1965年大队先后购置电动磨面机2台，粉碎机1台，加工玉米和豆类，解决了村民的粮食加工，并接收外来加工取得收入。1967年购置3台饲料粉碎机，至1976年增至5台。自古以来都是用木制铡床铡草，需2人操作，1人持铡，1人续草，入社后仍然使用。1971年购置1台铡草机，全部解决全大队牲畜草料的加工。1964年大队购进5台解放牌水车，后增加到12台，购进汽油抽水机4台，1964年至1975年购置安装电动水泵13套，并且配备电机屋13间，这些设施的建成基本满足了灌溉的需要。

三 运输机械

农业合作化以前，村民的运输以人力和畜力为主，用肩扛、扁担挑、小车推、

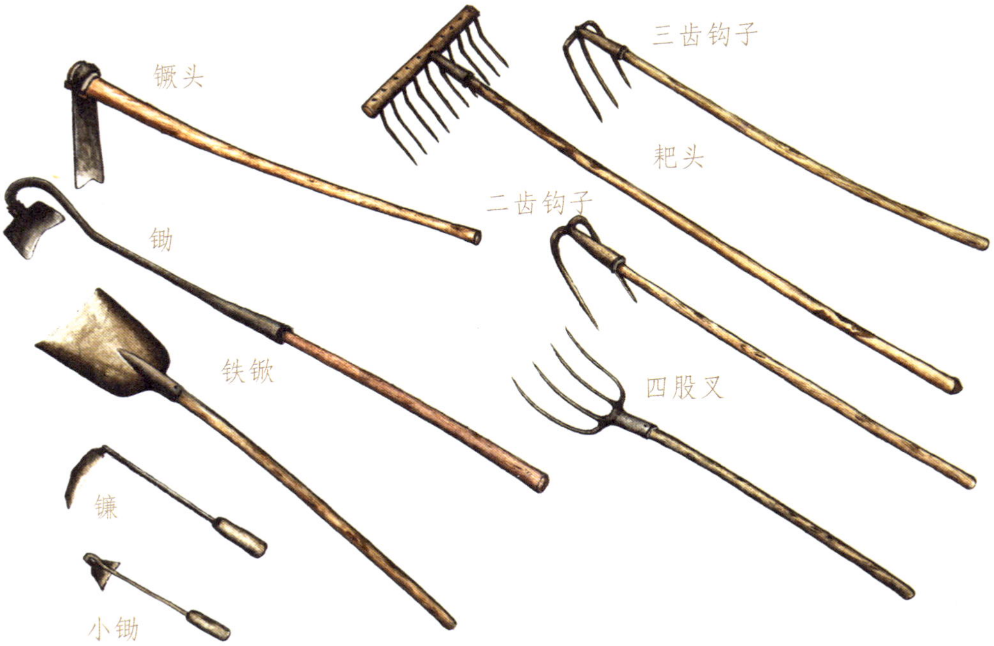

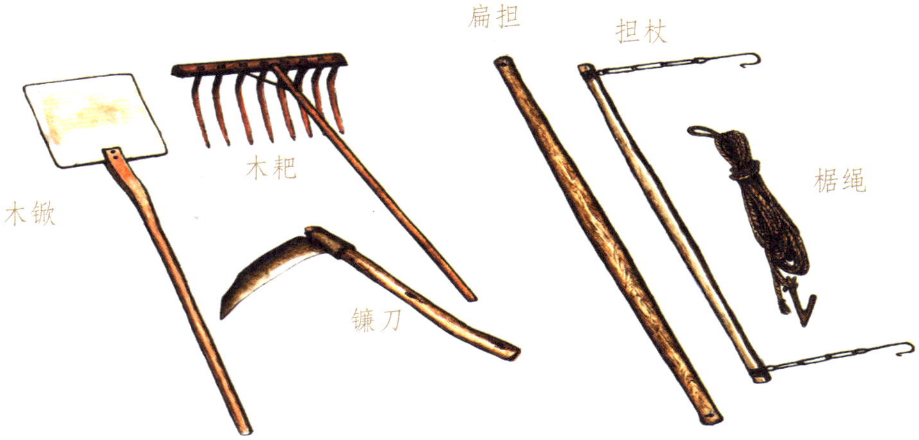

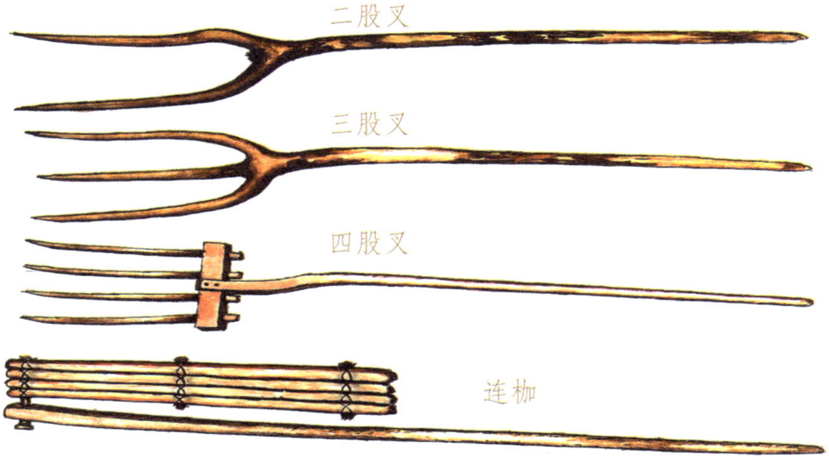

（亢正鼎绘）

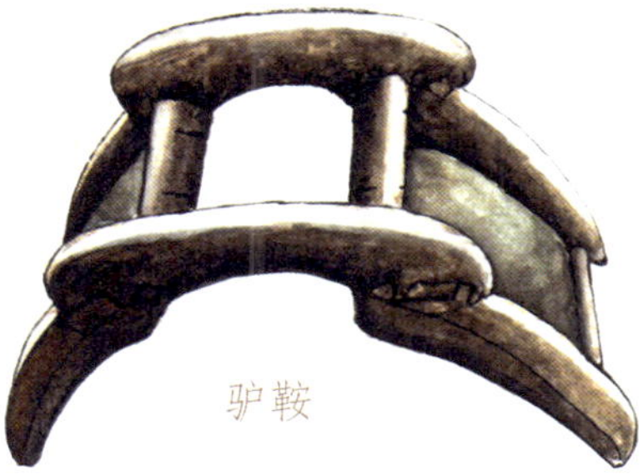
驴鞍

铡草铡

碌砫

地瓜干铡

打地轱铲

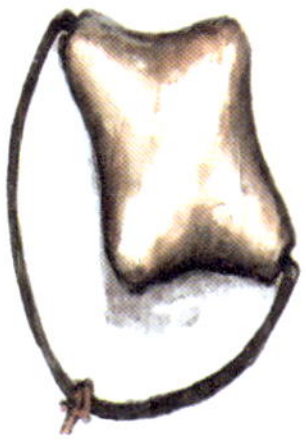

石磙子

平地耙

犁

（亢正鼎绘）

牲口驮等。合作化前全村共有单轮小推车28辆，双轮铁架推车24辆，适用于蔬菜运输。马车是农民较喜爱的运输工具，除农户自己使用外，还可搞运输收入，在当时一套马车的运输收入能顶三亩农田的收入。20世纪20年代全村有马车6辆，马车户都以运输为主业。当时的青岛市正在建设阶段，运输业务比较好干，该村的闫姓一家曾养过马车三套。1940年开始马车户陆续停止养车。1956年大队有两套木轮马车，主要运输几家牛场鲜牛粪，有一套胶轮马车（闫盛恕驾驭）随浮山所马车队搞运输。1967年全大队有马车2套，由亢中方、亢正禄驾驭，于1983年停用。1956年亢家庄大队开始购置木盘地排车取代了双轮铁架推车，当时的双轮地排车非常适用于蔬菜的运输，至1972年地排车增到34辆，独轮小推车最多达36辆。1973年大队开始由崂山县批进195两用拖拉机，至1976年共购置6辆，完全替代了地排车运输。自1974至2008年，青岛大信农工商公司除拖拉机外，先后购置大、小货车29辆，大小客车4辆，油罐车2辆，商务车2辆，轿车6辆（见表70）。自新式机具及设施引进以后，亢家庄大队的农业、蔬菜、灌溉、治虫害、收获、运输、粮食及饲料加工等，基本实行机械运作。

亢家庄大队、青岛大信农工商公司农蔬运输、办公使用车辆统计表

表70

年份	车辆名称	类别	辆	所属部门
1971	叭搭扒平板三轮车	简易	1	亢家庄生产大队
1973	手扶拖拉机	农机	1	亢家庄生产大队
1973	三轮汽车	农机	2	亢家庄生产大队
1973—1976	195型拖拉机	农机	4	亢家庄生产大队
1974	四轮汽车	农机	1	亢家庄生产大队
1975—1978	295型拖拉机	农机	2	亢家庄生产大队
1975—1983	解放牌汽车	货车	3	亢家庄生产大队
1976	淄博130	货车	1	亢家庄生产大队
1978	白浪河汽车	货车	1	亢家庄生产大队
1979	泰山牌汽车	货车	1	亢家庄生产大队
1982	天津大头	货车	1	亢家庄生产大队
1982	天津大头车	货车	1	服装一厂分厂
1983	半挂10轮	货车	1	亢家庄生产大队
1985	大客车	客车	1	服装一厂分厂

续表 70

年份	车辆名称	类别	辆	所属部门
1987	日本五十铃	货车	1	批发部
1988—1993	雁牌汽车	货车	2	批发部
1989	天津牌大头车	货车	1	科大针织厂
1989	富士达牌汽车	货车	1	冷暖工程中心
1989	南京跃进	货车	1	批发部
1990	上海桑塔纳	轿车	1	大信农工商公司
1990	CA 解放牌汽车	运油车	1	亢家庄加油站
1991	济南牌汽车	运油车	1	亢家庄加油站
1992	北京牌汽车	货车	1	热工机械厂
1992	燕台牌汽车	货车	1	亢家庄加油站
1992	金盾牌汽车	货车	1	康乐保健用品厂
1993	日本大霸皇	轿车	1	大信农工商公司
1993	航天牌汽车	货车	1	建材装饰经销公司
1993	航天牌汽车	货车	1	热工机械厂
1993	兰箭牌汽车	货车	1	服装一厂分厂
1993	五十铃汽车	货车	1	钢信五金厂
1994	五十铃 1030	货车	1	华艺建材公司
1994	1041 汽车	货车	1	建材装饰经销公司
1994	日本本田	轿车	1	大信农工商公司
1995	日本丰田	轿车	1	大信农工商公司
1998	钱江牌汽车	货车	3	冷暖工程中心
2000	上海别克	轿车	1	大信农工商公司
2000	昌河牌汽车	客车	1	建材装饰经销公司
2001	金杯牌汽车	货车	1	建材装饰经销公司
2001	华丽牌汽车	客车	1	建材装饰经销公司
2002	长安牌汽车	客车	1	建材装饰经销公司
2005	东风风行	商务车	1	大信农工商公司物业管理中心
2008	雷克萨斯	商务车	1	大信实业有限公司
2008	克莱斯勒	轿车	1	大信实业有限公司

农用胶轮小推车

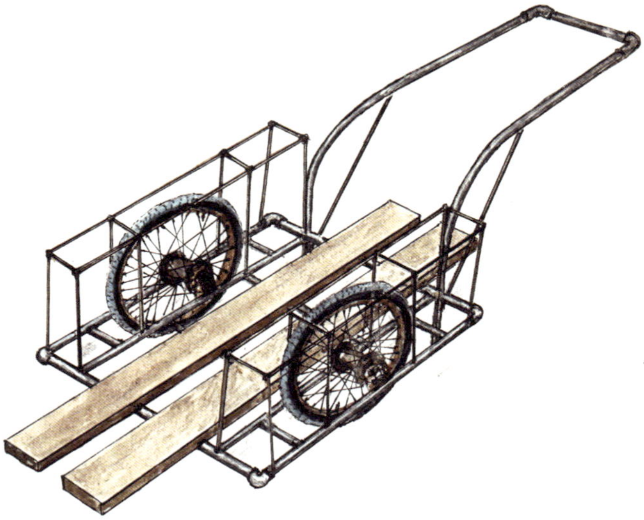

个体时期运菜铁管双轮车

合作化时运输尿水地排车

农用人力地排车

（亢正鼎绘）

四 农具、农机维修管理

农业合作化以前，农户们所用的锄、镰、锨、镢和菜园地工具都是个人保管，维修要等一年春、秋两季下乡串村的铁匠（本村大都是章丘县人张姓）打造及修理，大多是钢锄、钢镢、钢铡刀（在锄、镢、铡刀的刃上夹一层45#钢，使之锋利耐用）。增添新用具要到集市购买。打谷场上的用具（一年用1～2次，一般不坏，能用很多年）和菜园地用具及运输工具除钉钉砍砍、捆捆绑绑外大都是一次性的，坏了仍然要购置新的。

合作化以后，社员用的锄、镰、锨、镢仍然个人购置及保管，由集体维修（割镢楔、按锄刃等，最初由亢中规负责），其他用具都由集体购置。每一个生产小队都盖有小仓库，以便存放集体用具。1956—1964年社员个人所用工具都要集中起来以及其他集体用具维修要到浮山所铁匠铺、木匠铺、机电部、修车铺等维修，往返不方便，耽误使用时间。

1964年开始大队成立了木匠铺、铁匠铺、修车部，后来有了机械维修车间，配备维修二具及机械设备和维修及管理人员（见表71）。这些维修部门不仅及时解决了本村维修工作外，并接收外来加工者，增加了经济收入。

◇ 亢家庄大队叭达吧三轮车留影。左：亢美英，中：闫珍华，右：刘秋英。（1972年摄）

亢家庄大队农机维修部门统计表

表 71

部 门	起至年限	负 责 人
小型农具维修	1956—1964 年	亢中规
木匠铺	1964—1985 年	亢正森、张作山、亢继祥
修车铺	1964—1985 年	王啟凯、袁锡有
配电室	1959—2005 年	闫盛惠、亢正基
铁匠铺	1967—1978 年	李德昌、亢正佐
机修车间	1969—2005 年	闫盛明、闫盛恕、亢正君、亢正全、亢继波

第四节　农、蔬种植

一　作物结构

粮油类

（一）粮食作物　亢家庄自古以来完全种粮。1898 年德占青岛后，蔬菜需求量加大，村民把有水利条件的土地改种蔬菜，逐渐成为菜粮并种村庄。

早先个体耕作时，作物种植大都以小麦、地瓜为主，土地较多的农户根据需要种植少量玉米、谷子、大麦、䅟子、秫子、豌豆、高粱等调剂粮色。1956 年农业合作化以后，土地归集体，作物有计划种植。为保障社员口粮，仍然以小麦、地瓜为主。自 1961 年起，逐渐把玉米作为主粮种植。1962 年青岛市政府为确保市民蔬菜供应，将市郊四个人民公社（浮山、吴家村、楼山、西流庄）划归蔬菜生产基地，当时称谓“市四社”，故而使农田逐渐转为种植蔬菜。1963 年后只种植小麦、地瓜、玉米、花生和大豆。至 1972 年不再种植花生、大豆。

（二）油料作物　当地油料作物就是花生、大豆和芝麻三种。过去差不多家家户户多少都有种植。花生有春、秋之分，大豆只有割小麦后播种。芝麻基本不占用整地种植，都是沟阡、地边、茔地撒点种子随便长，基本不管理，或有与其他作物间作。本地种植油料作物其目的不是为榨油，过春节、办喜事、招待客人炒花生是必备品。大豆平日基本不吃，过春节家家生豆芽（俗称豆芽菜）。推成豆沫子和地瓜干馇子蒸萁馏，二月二日炒糖豆，偶尔也用豆子换豆腐（俗称“大”豆腐）。花生和芝麻炒熟（俗称芝麻盐）擀碎作调味品拌凉菜非常爽口。农业合作化后，因为按人口分配，花生、大豆比个体耕作时种的要多，20 世纪 70 年代初期因土地减少而停止种植。

（三）杂粮作物　大体包括豇豆、绿豆、荞麦等，属小杂粮。个体耕作时充分利用土地，在大田以外的地头、沟阡小地点种，玉米地也有间作。土地归集体后因分配问题不再种植。

（四）间作套种 过去就有间作套种习惯。1. 粮粮间作。谷子种高粱、大豆和玉米、地瓜和玉米都有间作，相互间不影响生长，增加产量，还能解决土地少增添粮色。农业合作化后，大豆和玉米、地瓜和玉米仍有间作，并增加小麦和玉米套种。2. 粮菜间作。以前有高粱套种西瓜、甜瓜。春玉米间作豆角，玉米收获后不拔秸，让豆角爬秸结角。土豆间作玉米，土豆收获后玉米仍在长。合作化后只保留一段时间土豆间作玉米。

（五）粮油作物秸、蔓的应用 小麦的秸杆应用最广泛。过去农户们都种一点“小芒麦”，产量低，面粉白并且“筋道”，秸杆挺拔、结实，用作打苫（披草垛，冬天架越冬风障），且编蒲墩、蒲团，青岛市工艺品厂收购编织花样繁多的工艺品对外出口换取外汇。作蒸馒头衬垫（馒头香甜可口）。一般的小麦秸杆盖房子披屋面，冬暖夏凉。打小麦的“麦穰草”，可用于对越冬菜保暖、絮草褥子。“麦糠”可作枕头。过去都是拔小麦，铡下麦根（俗称“麦薄达”）可烧火做饭。玉米、谷子、豆秸、花生蔓、地瓜蔓是牲畜的饲料。玉米棒外皮可做蒸包子等食品的衬垫和编织工艺品。地瓜叶、豆叶是猪的饲料，鲜地瓜叶可掺面粉蒸吃，叶柄可作炒菜。

穇子秸柔软，用于捆扎高粱秸、玉米秸和谷秸。秫穗脱粒后（俗称“秫苗”）扎条帚。高粱秸盖房“勒屋扒”，顶端杆（俗称“莛杆”）串“盖顶”（锅盖），短穗苗扎炊帚，长穗苗扎条帚等。

秸、蔓的应用多少年来给村民日常生活带来了极大实惠和方便。随时代推进，生活习惯改变，被新生用具所替代，它们逐渐对民生失去了用场，不过有不少用具在农贸市场中还能见到熟悉的踪影。

（六）农作物耕种程序 农作物的种植茬次根据当地气候变化和土地状况，从过去到集体化基本遵循一年一收、一年两收、两年三收的程序进行。春地瓜、春玉米、春花生都是一年一熟，9 月下旬收获后的土地称为“大茬子”。10 月初种上小麦越冬，第二年一般在 6 月 18 日—22 日收获。抢种秋玉米、秋花生和大豆，此时的土地称“倒茬子”。作物大体从 10 月下旬到 11 月下旬成熟收获。此类是一年两熟。其闲地越冬，来年种春作物循环，合并为两年三熟。

◇ 1964 年，亢玉美在田间给玉米施药

浮山人民公社亢家庄大队主要农作物部分年度统计表

表 72　　单位：土地面积亩、产量斤、产值元

品种/项目/年份	小麦					地瓜					玉米				
	亩数	总产量	平均亩产	单价	产值	亩数	总产量	平均亩产	单价	产值	亩数	总产量	平均亩产	单价	产值
1961	162.05	52617.6	324.7	0.11	5787.94	127.89	256364	2004.5	0.026	6665.46	11.71	5664	483.7	0.063	356.83
1962	173.6	56785	327.1	0.11	5886.65	126.2	250352	1983.6	0.026	6509.15	23.6	11503	487.4	0.063	724.69
1963	181.07	62689	346.2	0.11	6895.79	130.82	249992	1911	0.026	6499.79	32.13	15419	479.9	0.063	971.40
1964	158.61	52461	330.75	0.125	6557.63	126.46	228607	1807.7	0.0281	6423.86	59.14	29424	497.5	0.08	2353.92
1965	172.78	60059	347.6	0.125	7507.38	104.02	199923	1922	0.0281	5617.84	62.13	31017	499.2	0.08	2481.36
1966	165.97	57525.2	346.6	0.125	7190.65	109.85	208838	1901.1	0.0281	5868.35	61.85	30987	501	0.08	2478.96
1967	171.3	61604.5	359.7	0.125	7700.56	123.38	260336	2110	0.0281	7315.44	55.4	28754.5	519	0.08	2300.36
1972	154.6	56645.4	366.4	0.137	7760.42	99.6	220036	2209.2	0.0288	6337.04	60.4	32193.2	533	0.088	2833
1973	149.7	50104.6	334.7	0.137	6864.33	87.3	190052	2177	0.0288	5473.50	58.1	29613.6	509.7	0.088	2606
1979	29.3	9112.3	311	–	–	16.4	31340	1911	–	–	18.1	9263	511.8	–	–
1980	10.9	3237.3	297	–	–	–	–	–	–	–	–	–	–	–	–

续表 72

品种/项目/年份	花生					大豆					高粱				
	亩数	总产量	平均亩产	单价	产值	亩数	总产量	平均亩产	单价	产值	亩数	总产量	平均亩产	单价	产值
1961	17.88	5335	298.4	0.196	1045.66	59.91	10389	173.4	0.12	1246.68	13.73	4300	313	0.05	215
1962	39.52	11963	302.7	0.196	2344.75	32.43	5867	180.9	0.12	704.04	3.84	1180	307	0.05	59
1963	53.94	16727	310.1	0.196	3278.49	27.88	5200	186.5	0.12	624	–	–	–	–	–
1964	49.53	15532	313.6	0.204	3168.53	39.38	6590	167.3	0.12	790.8	–	–	–	–	–
1965	54.48	16884	309.9	0.204	3444.34	23.25	4410	189.7	0.16	705.6	–	–	–	–	–
1966	47.31	14605	308.7	0.204	2979.42	22.49	3860	171.6	0.16	617.6	–	–	–	–	–
1967	41.59	13375	321.6	0.204	2728.5	9.99	1839	184.1	0.16	294.24	–	–	–	–	–
1972	–	–	–	–	–	–	–	–	–	–	–	–	–	–	–
1973	–	–	–	–	–	–	–	–	–	–	–	–	–	–	–
1979	–	–	–	–	–	–	–	–	–	–	–	–	–	–	–
1980	–	–	–	–	–	–	–	–	–	–	–	–	–	–	–

续表 72

品种/项目/年份	谷子					豌豆					䅟子					实种总亩数	实际土地总亩数
	亩数	总产量	平均亩产	单价	产值	亩数	总产量	平均亩产	单价	产值	亩数	总产量	平均亩产	单价	产值		
1961	21.8	6269	288	0.07	438.83	19.3	3789	196.3	0.1	378.9	–	–	–	–	–	434.27	304.21
1962	20.27	5656	279	0.07	395.92	9.42	1789.8	190	0.1	179	2.88	885	307.3	0.065	57.53	431.76	301.7
1963	–	–	–	–	–	–	–	–	–	–	–	–	–	–	–	425.87	297.8
1964	–	–	–	–	–	–	–	–	–	–	–	–	–	–	–	433.12	303.07
1965	–	–	–	–	–	–	–	–	–	–	–	–	–	–	–	416.66	266.24
1966	–	–	–	–	–	–	–	–	–	–	–	–	–	–	–	407.47	255.9
1967	–	–	–	–	–	–	–	–	–	–	–	–	–	–	–	401.66	249.42
1972	–	–	–	–	–	–	–	–	–	–	–	–	–	–	–	314.6	204.73
1973	–	–	–	–	–	–	–	–	–	–	–	–	–	–	–	295.1	195.36
1979	–	–	–	–	–	–	–	–	–	–	–	–	–	–	–	63.8	44.09
1980	–	–	–	–	–	–	–	–	–	–	–	–	–	–	–	10.9	10.9

◇ 地瓜

◇ 小麦

◇ 花生

◇ 谷子

◇ 玉米

◇ 大豆

蔬菜类

（一）概况

亢家庄早期村民以农为主，种植蔬菜是为己食用，主要冬季菜有青萝卜、土豆，夏秋菜较多，有方瓜、北瓜、粗豆角、菠菜、茄子、扁豆、芸豆、葱，有时也在大田种甜瓜、梢瓜（俗称脆瓜）到集上换点钱。19世纪末青岛港建成后有了市井，增添了工、商、学、兵等人群，开始大量蔬菜需求，亢家庄属近郊，村民陆续在东河两岸打水井开园地种植蔬菜，经济效益明显。1898年后引进了大头菜（苷蓝）、甜椒、花菜等，几年内园地数量迅速扩大。村北有一片洼地，长满芦苇，人们都垦为蔬菜园地（后称为北菜园）。1920年青岛农事试验场（设于李村）从北京引进四英水萝卜，选在亢家庄、三里河（北京玉渊潭）试种，获得成功，在青岛地区扩大种植。可见亢家庄蔬菜已有名气。1914年后日本两次统治青岛时期，引进了日本菜“茯季”“宫宝”等，因销量不大，村民没有普及种植（1945年日本投降后便停止了）。20世纪40年代中期菜地已扩大到约110亩，分为两个菜区，村里片区主要是世居村民，有74家，园地约70亩，北菜园片区主要是即墨、胶南、高密、平度等地迁入的租用本村土地种菜村户，土地约40亩（其中有少量吴家村土地）。蔬菜品种（以商品菜为主），增加芹菜、莴苣、韭菜、黄瓜、香菜、蒜苗、茼蒿、苔菜、红丁萝卜、花心菜、油菜、辣椒等共30多个，此时为第一兴盛时期。

新中国成立以后，菜地有所增加，蔬菜品种变化不大，主要增加了冬瓜、瓠瓜、线豆角、仁青等。1953年统计已有长年园地127.66亩，季节性园地27亩。1956年农业合作化后，菜田并举，亢家庄生产大队分5个生产小队，1、2、3为蔬菜队，4、5为农业队，当时浮山人民公社属双重领导，行政属市南区，农蔬生产、技术管理属崂山县，所以蔬菜种植计划及市场供应由青岛市蔬菜公司派专管员蹲点安排，包产包销。关于作物品种改良更新、技术指导等由崂山县农科所派人指导、培训（常驻公社技术员张松寿）。利用科学种植，使之产量高，早出园，增加茬次，淡季不断。蔬菜品种增加了西红柿、南瓜、半夏萝卜、苤蓝、甜椒、白萝卜等，地窖菜有蒜黄、韭黄等。1972年大队领导学习天津、大连等地增加冬季塑料大棚，使用育苗技术，早栽培，种植架子黄瓜等各种蔬菜，填补了冬季无菜的空白。1974年常年菜地已达326.7亩（三个园业队）向市区交售蔬菜580.1万斤/年。此间亢家庄蔬菜为第二兴盛时期。

自1972年两个农业队开始使大量有水利条件的土地种植蔬菜，至1979年亢家庄五个生产队全部成为蔬菜队，菜地达598.66亩，年交售蔬菜924万斤，成为蔬菜专业村，达到历史最高。

1982年青岛市政府建设山东路，路向自南向北，1984年建设宁夏路，路向自西向东，把亢家庄地域分割成东西南北四片，大机井掩埋6眼，征良田156.06亩，打破了亢家庄大队的蔬菜种植秩序。由于山东路、宁夏路的建成，路两侧市级机关、商务大楼开始建造，自1983年至1984年一年时间被征用271.15亩，亢家庄的蔬菜地瞬间成为建设工地。1984年秋亢家庄大队由5个小队变更为一个小队，其他七眼大井全部掩埋覆盖。1985—1987年3年征用土地189.41亩，所剩土地都是山岭薄地，失去水利条件。1988年只有十几个人坚持到1997年便停止蔬菜作业了。

亢家庄人生产商品蔬菜兴衰达90个年头，为青岛市民供应蔬菜作出了很大贡献。尤其在20世纪60—70年代，生产队领导干部以身作则，与社员同甘苦，兴水利，改良田，战天斗地，不断提高经济效益，社员分配在周边村庄属上乘，远近有名。好多地区来此参观取经，多次受到省、市、县、区领导好评及嘉奖。

经过多年的种作经验、培训学习，对蔬菜培育、选种、科学种植、病虫害防治等有着成熟的经验。在生产队有一批较高的技术人才。崔洪锡（曾任浮山公社二管区蔬菜技术队队长，亢家庄大队小队长，大队长等职）对蔬菜种植技术、选育栽培等工作有很深造诣。汪福有（曾任浮山公社浮山管区蔬菜技术队副主任，亢家庄大队副大队长等职）对蔬菜种植技术颇有研究，特别对芹菜种植，采用科学选种、幼苗培育、生长管理等积累了丰富经验和理论知识，使亢家庄芹菜大幅丰产起到关键作用。在崂山县蔬菜技术交流大会上被誉为"芹菜大王"称号，被山东省蔬菜研究所聘为研究员。还有汪增全、陆明俊、丁占臣、丁占亭、丁占君、于仁连、国立起、宋光啓、荆萃吉、亢正亭、李书斋、闫盛思、迟盛山、袁锡有、刘云斌、张温勤、亢正同、张立臣、亢中伟等都是各生产队的技术中坚力量。对亢家庄大队蔬菜稳产高产做出了巨大贡献。

亢家庄蔬菜种植经过几代人的潜心研究，品种不断引进，增加更新，通过精种细作，产出了不少的上乘蔬菜品种。早期的有四英萝卜、大红袍萝卜，中期的有蒜苗、大金钩韭菜，架子菜有芸豆、线豆角、蛇瓜、瓠瓜。20世纪70年代的代表性菜有西红柿，1964年试种"台湾红"获得成功，后来种植京21号、京66号、京9号、71-73号（均由崂山县农科站提供品种），最后为72-69品种（本产品是原青岛市农科所在20世纪70年代选育的优质品种，编号为69号。1972年在原崂山县夏庄镇东古镇村试种成功，所以称72-69。1974年亢家庄大队开始种植），是适宜生食的瓜果，鲜美可口，大受岛城居民欢迎。亢家庄芹菜誉满全省（初为孔梗，后来种植实梗，脆嫩，筋少，高产耐寒，越冬密植），亩产高达1.5万斤，株高1.1米之多，1964年平度马家沟人曾来本大队取经，当时书记闫盛福赠送一麻袋种子。

（二）亢家庄种植蔬菜品种

1. 叶子菜：菠菜、苔菜、油菜、香菜、大头菜、小白口、小白菜（俗称半红）、雪里蕻、仁青、花心菜、大白菜、天津绿、梗子白（俗称勺子头）、芹菜、韭菜、茼蒿、太古菜、青麻叶、菱芩等。

2. 半茎半叶菜：大葱、蒜苗。

3. 秸秆果实菜：茄子、西红柿、辣椒、菜椒等。

4. 蔓类果实菜：冬瓜、北瓜、南瓜、方瓜、脆瓜（俗称梢瓜）、甜瓜、丝瓜、瓠瓜、芸豆、线豆角、黄瓜、扁豆、粗豆角、西葫芦（茭瓜）、丝瓜、蛇瓜、墩豆等。

5. 地上茎菜：青萝卜、白萝卜、苤蓝、莴苣、芥菜等。

6. 地下茎菜：红丁萝卜、四英萝卜、六英萝卜、大红袍萝卜、半夏萝卜、刀把萝卜、胡萝卜、土豆、元葱等。

7. 地窖菜：蒜黄、韭黄等。

（三）亢家庄野菜野果　亢家庄地域野菜品种很多，营养丰富，美味可口，不但可食，还可药用，解除小病小灾。多少年来伴随村民食用和度过荒年起到了切实作用，且取之不尽，用之不完。

1. 野菜：马齿苋（俗称长命菜、蚂蚱菜）、扁柱芽、驴板肠、七七菜（七七芽）、山菜（山苜楂）、荠菜、辣蒿、麦蒿、干饭块、曲曲芽、蒲公英（俗称婆婆丁）、苦菜、扫帚菜、野仁青、灰菜、韭蒜、咔巴菜、野芹菜（日本人专用）、关东姜（俗称鬼子姜，日本人专用，现在做咸菜）。

2. 野果：酸枣、野托盘（野草梅）、枸杞、胭柔、野绿豆、大巴子等。

（四）蔬菜种植程序　除韭菜为一种多收以外，多数菜类为一年二种两收、三种三收、三种二收或两年五收。自使用温室、塑料大棚和塑料小拱棚育苗、移苗的科学种植以来，由于提供及时，增加了茬口安排次数，打破了常规种植茬次（见表 73）。

蔬菜按季节种植收获一览表

表 73

季别	品种、名称	注
常年菜	韭菜	春季种韭菜苗，秋季起苗按墩排列栽到畦田，当年不割、越冬枯苗，来春 5 月份开始割收，一年一般收割 3 ~ 4 次。韭菜一年休眠两次，冬眠夏眠，4 ~ 5 年更换
越冬春收菜	蒜苗、苔菜、芹菜、芽葱、小葱、菠菜、土里扒菠菜、香菜等	土里扒菠菜，封冬前干种来春出苗生长
春播夏收菜	春葱、红丁萝卜、四英萝卜、六英萝卜、半夏萝卜、大红袍萝卜、春大头菜、春苔菜、春菠菜、春芸豆、春黄瓜、茼蒿、冬瓜、北瓜、方瓜、茭瓜、西红柿、菜椒、辣椒、小白口、花心菜、莴苣、南瓜、小白菜、茄子、土豆等	开春播种，自 3 月下旬开始收获直到 7 月下旬结束
夏播秋收菜	丝瓜、线豆角、粗豆角、秋黄瓜、秋芸豆、扁豆、油菜、白萝卜、苤蓝	油菜春、夏、秋都有种植（最快 16 天可出园）
秋播冬收菜	刀把萝卜、青萝卜、秋大头菜、雪里蕻、芹菜、油菜、胡萝卜、芥菜、大白菜、天津绿等	出售、冬藏食用，腌咸菜，生长时间较长，有的可达 100 天，俗称“大季菜”
套种间作菜	土豆与方瓜、北瓜。香菜与菠菜。芹菜与菠菜	先收土豆、菠菜，后收瓜类和香菜、芹菜
地窖菜	蒜黄、韭黄	挖地窖栽种，冬天收获，最多可割三茬

（五）蔬菜销售 亢家庄开始商品菜生产处于个体种植状态，销售无行政管理机构，自行处置，大都是头天下午收获装筐过宿（怕蔫加清水保鲜嫩），凌晨3点就开始到市场售卖（俗称赶集），都是批发给菜贩子（俗称“拉旱网”，就是什么菜都要），一般不零售。结算方式多数不当天兑现，第二天菜贩子将菜卖掉后才付款，甚至时间要更长，付款时经常发生讨价割钱，产生矛盾，但第二天复旧如初。当地有个俗语：“老婆汉子，青菜贩子”。村里菜户一般都到南山市场（桑梓路批发）。北园菜户一般都到西镇（原为台西区）寿张路、云南路市场批发。运输工具最早大都是扁担挑菜筐，逐渐用独轮小车，后用两轮铁管推车运送。这种销售方式一直延续到1956年。

农业合作化以后，蔬菜供应由青岛市蔬菜公司根据市场需求整体安排，生产计划下达到生产队，有专管员每天与生产小队长具体作播种及出园计划，开始专管员是王玉璞，后来是郝福森。生产队出园蔬菜与过去差不多，头天下午收割后装车放到大队集中点，第二天凌晨3、4点社员送到批发市场待发。1956—1957年送西镇寿张路，1958年以后送台东桑梓路，1972年转到台东阳明路。蔬菜包产包销，价格由蔬菜公司指定牌价，生产大队派推销员为代表，开始闫盛惠，后为亢正策，蔬菜公司有评价员纪恩清、王祝三，双方每天逐车抽检，根据蔬菜质量与牌价挂钩浮动定价（一般是下调），然后由分配员开送货单给送菜社员送达市区各菜店过磅验收，开回执单，社员带回。生产队与蔬菜公司按月结算（见表74）。1985年市场全面开放，蔬菜种植数量大幅减少，便随时与菜店挂钩自行销售。入社后运输工具开始仍用独轮小车、双轮铁管车，后改为木架地排车，1973年开始用上了拖拉机，替代了几十年地排车送菜的繁重体力劳动。

◇1957年崔洪锡在采摘西红柿

◇ 葱

◇ 黄瓜

◇ 辣椒

◇ 西红柿

◇ 茼蒿

◇ 韭菜

◇ 油菜

◇ 茄子

◇ 小白菜

◇ 大头菜

◇ 扁豆

◇ 豆角

浮山公社亢家庄大队商品蔬菜部分年份播种交售一览表

表 74　　　　单位：土地面积：亩、交售量：万斤

品名 \ 年份	1966		1967		1968		1969		1970		1971		1972		1973		1974		1975	
数量 项目	播种亩数	总交售量	播种亩数	总交售量	播种亩数	总交售量	播种亩数	总交售量	播种亩数	总交售量	播种亩数	总交售量	播种亩数	总交售量	播种亩数	总交售量	播种亩数	总交售量	播种亩数	总交售量
韭 菜	29.77	28.4	34.77	36.53	35.74	41.47	45.94	37.41	46.38	41.8	36.9	43.7	35.18	34.4	30.83	27.3	28.2	20.3	39.9	35
菠 菜	112.66	49	90.89	30.5	98.83	50.8	110.67	50.2	127.72	69	164.5	75	157.13	71.2	158.78	83.4	153.1	115.5	197.3	112.6
苔 菜	18.34	13.04	42.45	18.85	49.22	23.15	33.29	16.2	24.05	12.8	23.8	12.3	36.26	19.4	30.03	24.1	24.6	11.6	20.6	9.6
葱	51.89	25.07	80.68	62.74	29.88	16.74	39.54	20.67	32.04	16.7	24.5	12.3	29.69	16.6	25.2	22.6	20	11.2	41.3	30.9
芹 菜	74.06	48.61	48.55	41.05	51.31	35.35	74.25	46.28	77.09	51.1	90.9	50.7	121.2	62	90.25	72.6	104.9	78	94.5	72.4
蒜 苗	21.65	12.47	15.66	9.45	9.78	6.5	6.8	3.5	10.52	5.1	8.7	5.2	11.51	6.7	9	7.2	9.6	8	10.3	9.5
香 菜	8.7	2.01	8.57	2.49	7.51	2.28	4.01	1.0	5.26	1.4	6.1	1.3	6.73	1.8	3.42	0.9	4.1	1.4	5.4	1.5
莴 苣	-	-	-	-	0.3	0.15	-	-	-	-	1.3	0.5	1.85	0.9	7.42	2.6	2.1	0.7	-	-
油 菜	170.7	90.13	146.46	69	124.09	101.65	195.41	104.68	121.7	68.5	188.9	98.8	198.05	112.8	116.81	73.2	185.6	124.4	144.3	79.2
水萝卜	45.26	19.43	55.46	20.25	40.74	23.5	45.81	24.91	54.62	28.1	54.4	29.5	40.15	24.9	29.08	16	33.5	23..2	37.8	17.7
红丁萝卜	8.8	3.96	6.91	2.55	11.06	4.05	7.32	2.3	4.93	1.7	3.6	1.1	2.58	0.3	2.41	1.3	-	-	-	-
大头菜	22.77	14.9	25.9	15.75	25.23	12.55	32.96	16.94	14.54	7.1	18.5	8.6	22.81	10.5	56.03	28.4	21	9.7	64.5	34
西红柿	16.07	8.28	22.01	17.7	24.39	17.2	25.14	15.53	24.17	15.7	18.2	11.4	22.14	12.1	42.67	26	34.3	20.3	34.1	27.3
茄子	87.99	56.5	73.36	61.87	62.95	42.4	63.31	43.15	70.72	56	74.1	50.7	78.35	53.6	59.27	43.1	63	43.1	60	43
辣 椒	1.17	2.5	1.88	1.6	4.39	1.05	10.25	2.96	11.89	4.7	9.4	3.1	8.18	2.9	11.17	3.5	8.4	2.2	4.6	1.6
菜 椒	-	-	-	-	-	-	-	-	-	-	-	-	-	-	-	-	2.2	0.8	3.1	1.1
芸 豆	6.11	1.3	-	-	5.4	1.55	4.95	0.83	5.47	1	6.8	1.4	9.07	3.4	4.43	1.2	6.7	1.4	15.1	3.3

续表 74

年份/项目/数量/品名	1966		1967		1968		1969		1970		1971		1972		1973		1974		1975	
	播种亩数	总交售量	播种亩数	总交售量	播种亩数	总交售量	播种亩数	总交售量	播种亩数	总交售量	播种亩数	总交售量	播种亩数	总交售量	播种亩数	总交售量	播种亩数	总交售量	播种亩数	总交售量
墩 豆	–	–	–	–	0.4	0.1	–	–	–	–	–	–	–	–	12.1	2.1	3.8	1.1	–	–
黄 瓜	9.62	4.18	10.67	4.25	7.63	3	4.60	1.8	11.39	5.3	10.4	6.9	7.05	3.5	14.23	5.4	23.2	11	77.3	46.7
茭 瓜	–	–	2.59	1.6	2.02	1.6	1.22	0.8	–	–	2.5	1.5	–	–	4.8	2.1	3.4	1.5	–	–
方 瓜	20.37	11.07	21.55	10.8	32.55	20.9	32.23	20.05	30.88	21.7	30.7	18.1	26.04	17.5	28.98	20	20.4	13.3	26	17
北 瓜	1.93	1.16	6.86	3.2	5.44	3.9	5.65	3.3	9.33	7.3	7.6	6	10.23	7.1	13.42	10	16.8	10.7	19.3	17
冬 瓜	1.26	0.88	1.08	0.3	1.78	3.25	–	–	–	–	2	1.1	1.26	0.5	4.26	2.3	1.2	0.7	–	–
豆 角	–	–	18.32	1.84	15.73	6.98	17.96	1.67	22.52	4.6	10.2	2.2	14.08	2.9	6.38	1.7	8	2.2	13.4	3.5
线豆角	15.49	5.02	17.14	3.7	12.43	3.3	17.62	3.06	–	–	–	–	–	–	–	–	–	–	–	–
胡萝卜	–	–	–	–	–	–	–	–	–	–	–	–	3	1.2	–	–	1.1	0.3	5.6	2.1
雪里蕻	12.26	7.98	37.35	30.05	32.78	22.5	22.73	15.6	30.74	22.9	32.5	21.5	17.06	11.2	24.14	15.1	10.2	7.8	14.5	9.5
小白口	9.31	6.02	8.41	7.3	2.69	2	6.39	4.7	5.87	3.8	6.4	4.5	6.7	5.1	19.87	14.3	14.7	10.8	9	5.9
白萝卜	20.64	6.98	8.37	6.9	3.4	2	5.45	2.3	–	–	–	–	–	–	–	–	–	–		–
茼蒿	33.27	21.1	21.53	10.8	14.63	7	12.51	6.43	15.13	7.4	26.8	10.9	21.02	9.3	51.68	26.8	53.2	22.4	41.5	15.1
刀把萝卜	–	–	–	–	–	–	–	–	–	–	–	–	–	–	4.08	2	–	–	10.1	4
花心菜	–	–	–	–	4.08	2.5	–	–	–	–	–	–	–	–	–	–	–	–	–	–
苤 兰	–	–	–	–	–	–	–	–	–	–	–	–	–	–	4.29	1.5	5	3	10.7	4.5
瓠 瓜	3.72	2.5	3.21	2.3	2.38	1.5	2.17	1.5	–	–	3	2.3	3.95	2.6	2.25	1.5	3.1	2	4.2	2.6
蛇 瓜	–	–	0.74	1.1	0.55	0.35	0.55	0.3	0.11	0.1	–	–	4.34	3.1	6.13	4.8	5.7	5.3	7.9	5.8
脆 瓜	–	–	2.37	2.1	4.56	2.55	8.61	5.06	–	–	–	–	–	–	–	–	–	–	–	–

续表 74

年份 项目 数量 品名	1966		1967		1968		1969		1970		1971		1972		1973		1974		1975	
	播种亩数	总交售量	播种亩数	总交售量	播种亩数	总交售量	播种亩数	总交售量	播种亩数	总交售量	播种亩数	总交售量	播种亩数	总交售量	播种亩数	总交售量	播种亩数	总交售量	播种亩数	总交售量
元葱	–	–	–	–	–	–	–	–	–	–	–	–	–	–	–	–	–	–	7.7	0.8
仁青	4.24	1.3	–	–	–	–	–	–	0.6	0.2	–	–	–	–	–	–	–	–	–	–
丝瓜	–	–	–	–	–	–	–	–	–	–	–	–	1	0.2	0.89	0.2	1	0.3	0.3	0.1
太古菜	–	–	1.39	1	25.41	12.5	37.96	22.85	49.55	29	17	10	15.33	8.7	18.55	11.9	17.5	10.9	20.9	12
菜豌豆	–	–	1.13	0.09	–	–	–	–	–	–	–	–	1.1	0.03	3	0.3	2.7	0.3	5	0.8
茴香	–	–	–	–	–	–	0.6	0.15	0.51	0.4	–	–	–	–	–	–	–	–	–	–
蓋菜	–	–	–	–	–	–	–	–	–	–	–	–	–	–	1.49	0.7	5.7	3.9	–	–
菜花	–	–	–	–	–	–	–	–	–	–	–	–	–	–	2.15	0.8	1.9	0.8	2.7	0.6
小白菜	3.37	1.01	3.70	2.05	1.71	1	–	–	–	–	–	–	–	–	–	–	–	–	–	–
青萝卜	3.78	1.71	7.83	4.2	–	–	5.5	2.67	–	–	–	–	–	–	–	–	–	–	33.6	22
青麻叶	–	–	–	–	–	–	3.54	2.26	–	–	–	–	–	–	–	–	–	–	7.9	5.5
土豆	–	–	–	–	–	–	–	–	–	–	–	–	–	–	–	–	–	–	16.5	6.5
芥菜	–	–	–	–	–	–	–	–	–	–	–	–	–	–	–	–	–	–	5.8	1.9
合计	815.2	448.5	827.79	483.9	750.99	477.32	884.94	481.06	807.73	483.4	879.7	490.6	913.04	506.43	899.76	556.9	899.9	580.1	1112.7	662.6
土地亩数合计	287.67		298.46		288.93		301.77		308.41		309.16		325		325.58		326.7		449.39	

说明：播种亩数在同一土地上一年种植多茬菜，故要大于土地亩数。

二 农、蔬科学管理

农业试验田 在个体耕作时，人们也都在不断地对农、蔬品种进行改良及技术运作的管理，只不过大都自行其事，很少集中探讨研究，从客观上已经逐年的积累，收获了不少的效果，但总是没有专人管理和文字记录以及系统的档案资料。自集体化以来，逐步走上了正规。1958年农业建立了试验田，园业有技术队，虽然是雏形，但已纳入了科学种田的轨道。试验田安置在第五生产小队的南洼地片内，土质好，有水利灌溉条件，耕地8亩作为农作物新品种的试种地，大队安排管理人员1名，生产人员从第五生产队随时调用。根据农业八字宪法的水、肥、土、种、密、保、管、工，进行实地试种，经过试种的小麦、玉米、地瓜、花生、大豆，选择适应性强、质量好、产量高的品种留作种子。1962年后扩大蔬菜种植，撤销农作物试验田，留种和新品种试种工作转为第四、第五生产小队的地片中实地试种。

小麦新品种试种 1965年10月2日，在第五生产小队的西南圻地片内，也在牛棚前一块沙壤地，由地南头按顺序向北依次播种八个小麦新品种，1966年6月16日收割。试种的新品种小麦与大地播种的老品种小麦共同施肥、管理，比正常小麦早收5至6天。试种情况是：第一种黄县大丰，播种0.12亩，产量63市斤，亩产525市斤；第二种碧玛四号，播种0.11亩，产量52市斤，亩产472市斤；第三种蚰芝麦，播种0.10亩，产量46市斤，亩产460市斤；第四种山农麦，播种0.09亩，产量48市斤，亩产533市斤；第五种农大小麦，播种0.07亩，产量34市斤，亩产486市斤；第六种济南四号，播种0.07亩，产量44市斤，亩产628市斤；第七种济南二号，播种0.08亩，产量46.2市斤，亩产578市斤；第八种辉县红，播种0.19亩，产量95市斤，亩产500市斤。通过试种选出适应性强，抗病虫害，不倒伏济南二号、济南四号、山农、农大等品种，多年来获得丰硕成果。

温室 1960年大队建成蔬菜育苗温室一座，占地3市亩，回垅炕式加温，位于第二生产小队地片的河东崖。蔬菜试验田（人们称皇上地）安排蔬菜技术较好的老农具体管理，主要培育早春大田栽植的移栽菜苗，如莴苣、小棵大头菜、生菜、茄子、西红柿、黄瓜、瓠瓜、蛇瓜等10几个品种的幼苗。为早上市的细菜品种（价位高产量低的菜类）提供了可靠的保障。1978年园业技术队加以扩大，在温室前增加育苗地10余亩，增加管理人员10余人，由青岛农科所专业人员实地指导育苗栽培及病虫害的防治。1984年青岛市修建宁夏路及东部建设土地被征用。

“阳畦”蔬菜的种植 60年代初期为了使越冬的芹菜、韭菜等早日上市，每年秋，架建阳畦600余个30余亩，每个阳畦一个防冬风障600余道，编制芦苇帘子4800余个，可连年使用，阳畦的芹菜、韭菜上市早，价格高，芹菜产量每亩高达1.5万斤，部分阳畦作好移苗的栽植。1965年后，改用塑料薄膜搭建的小工棚，种植越冬芹菜、韭菜为主，还搞蔬菜育苗、移栽苗等。每年秋季建棚280余个，占耕地20余亩，编制稻草帘子3000余个，稻草帘子可连年使用，每两个工棚需架风障一道，共架140余道。阳畦和工棚种植的越冬鲜菜早上市，扩大了市场供应量，还卖了好价钱。

塑料大棚的蔬菜种植 20世纪70年代初期用木杆和竹竿及铁丝建棚架，不牢固易被风摧。70年代中期改用水泥柱及0.6至0.8厘米的线材做棚架，既坚固，使用期又长。秋末架棚夏季拆棚，年建棚12个，占地23亩。大棚的种植一年两季，主要是越冬芹菜、油菜、春季黄瓜及西红柿的育苗。春节前后上市的芹菜，亩产8000～1万市斤，春末夏初上市的黄瓜亩产4500～5500市斤，1974年引进大黄瓜品种，亩产可达万斤，但由于口感差，而逐渐被淘汰。大棚的使用改变了季节限制，一年四季有新鲜蔬菜供给市场，不仅带来了可观的经济效益，而且也为青岛市冬季蔬菜供应增添了夏菜品种。

三 栽培技术

（一）农作物种植

小麦 个体时期对小麦重视播种而不重视管理，长期采用“墩播”，“施窝肥”。墩播的小麦株距稀，不易后期水肥管理，产量低，亩产260～300市斤。

人民公社化以后，集体生产改变了旧时的耕作方法，采用科学种田，改用畦田条播，合理密植，耕地深翻改良，水肥足，管理及时，亩产小麦380～450市斤。小麦的播种历来秋分后开始，集体耕作时改为公历的10月2日播种（早播好于晚播，根系壮，耐寒），播种前必须整好地，不能有大坷垃（农谚：麦子不怕草，就怕坷垃咬）。越冬前追鲜肥一次，浇越冬水，来春长势旺。来年“五一”节后浇拔节水，秀穗后浇灌浆水。早春拔节前，锄一遍。每年的6月18—22日收割，当地俗语：麦割“夏至”。生长期260天至270天。每年的小麦播种面积占农田的60%～70%。

地瓜 地瓜有芽瓜和蔓瓜之分，芽瓜（也称春瓜）是火炕育苗，栽种之前是越冬的歇茬地，春分后施基肥整地，立夏后打岭栽地瓜芽，经二至三次的修锄，翻蔓、拔草、上垅、培土，秋分收获（当地有个说法：农历八月初一称“开沟”，就是春瓜已成熟，可开始刨地瓜吃），亩产3500～4000市斤。土地较多的农户种植芽瓜较多，为晒地瓜干，既可调济粮色也好储藏。切地瓜干时遇上下雨阴天容易坏烂。合作化后停止晒地瓜干。

蔓瓜 俗称小瓜，又称秋地瓜，是小麦收割后的茬地，必须抢栽，使用少量基肥打岭栽植，用春地瓜蔓剪段栽种，公社化后改为小岭密植栽种，亩栽3000～3300株，亩产2500～3500市斤。个体时全部到集市买蔓栽种，集体生产以后大队自己栽培，不足者到集市采购。地瓜播种面积占农田的50%至60%。

窝瓜 （也称窝瓜下蛋）20世纪60年代初开始在崂山地区用过“窝瓜下蛋”方式种植地瓜，与春地瓜同期栽培，亩栽约3000株。先打垅，用越冬的7～10厘米小地瓜，根朝下全部栽在垅上，待地瓜顶端发芽时，已确定地瓜下部已扎根，将小地瓜周围的土扒开，使小地瓜大部分裸露在外，就算成功了，只待生长期的修锄、除草、上垅的管理。“窝瓜”有个特点，其蔓不长，在收获期将近时，见裸露的小地瓜越小地下结瓜越大，相反只长根不结地瓜。所结地瓜较集中而数量少，一棵可达3～5斤之多，但近一半不结地瓜，多数出现畸形、起隆、干裂、外皮粗糙、口感差。亢家庄大队试种两年便放弃了。

玉米　旧时亢家庄农户土地较多的，只少量种植春玉米。人民公社化后有所增加，春玉米的前茬地是冬歇地，春分后施基肥，同时整好地，立夏后播种。1960年改为公历5月2日开始播种。苗出齐后进行第一次拣苗，追鲜肥一次，晾干后封窝，玉米长到20厘米后，第二次定苗，成长期修锄三至四次，秀穗时追化肥一次，处暑后收获，亩产450～600市斤。播种面积占农田的10%至15%。秋玉米是割小麦后抢种的，也称倒茬玉米，因为生长期短，产量低，出苗后20～30厘米高时刨窝施鲜肥。秋玉米产量差距很大，当地一般秋旱，若遇到雨水好，收成很好，亩产400～450市斤；遇到天旱收成极低，甚至不秀穗而绝收。“二茬子”玉米是在小麦拔节抽穗时间种的，不是春玉米，也不是秋玉米，割小麦后继续生长，因为种植稀疏通风，玉米棒较大，产量适中。由于茬口不适，种植很少。亢家庄大队自1961年才种玉米，后逐年增多，1965年播种62亩，占农业总亩数23%。1972年平均产量最高为533斤，随农田逐年减少，于1979年停播。

花生　俗称长生果，又叫果子。旧时土地较多的农户大都种植花生，花生又分大果子、小果子，大果子一般是两粒，粉红色。小果子3～4个粒，紫红色。大果子结果不集中，小果子集中结果。有春花生秋花生之分，春花生是越冬歇地种植，春分后施土杂基肥3500～4000市斤/亩，施肥后整地，立夏前后播种，花生在生长期不追肥，修锄一次至二次，开花后停止修锄，拔去杂草二次至三次，秋分后收获，亩产250～350市斤。春花生一般保收，果粒饱满，零碎果少（俗称“水葡孬子”）。秋花生是割小麦后抢种的，10月末收获，果粒不饱满，出油少，而零果多。花生喜欢重（chong）茬，“结果”虽偏小，但皮薄果实饱满，因为前茬土壤中留存根瘤菌起作用。亢家庄大队自始就有种植，逐年增多，1965年种植54亩，占农地20%，种春花生较多，1967年停植。

大豆　当地没有春秋之分，都是麦收后抓紧农时播种，个体耕作时种植较少，大都是墩种，亢家庄大队将旧时的墩种方法改变成条播密植撒种的方法，豆苗出齐后开始修锄二次至三次，豆子开花后停锄，拔去杂草二次至三次，豆子在生长期内不用追肥，秋分后收割，亩产170～200市斤。大豆的特性是在开花时需大量水分，决定收成高低。农谚称豆子开花，墒沟摸虾。大豆与花生有共同点，喜欢重（chong）茬。亢家庄大队开始年份种植较多，后逐年减少。1961 年播种最多达 60 亩，占农田 19.7%。后来随土地逐渐减少而停播。

高粱、谷子、豌豆、糁子、大麦、黍子 旧时个体耕作时，土地较多的农户为调剂食用或用其秸杆而有种植，数量很少。1956 年入社后，亢家庄大队开始有所种植。高粱 1961 年最多 13 亩，谷子 21 亩，豌豆 19 亩，糁子 3 亩。由于产量低，分到社员手中数量很少，个人加工麻烦，并影响高产主粮作物的种植，于 1963 年全部停播。

（二）蔬菜种植

蔬菜的栽种大体分为两部分：一部分是直接播种到收获。另一部分是先经过育苗、后移栽到大田。直接播种的蔬菜，先施足基肥整好畦田后播种，菜苗出齐后，除杂草拣苗、定苗，在生长期内追加水冲肥二至四次，浇水五至七次，直到收割，如苔菜、菠菜、小葱、小白菜、茼蒿、香菜、十里红等。

水萝卜、青萝卜、芸豆、豆角等，苗出齐后经过拣苗、定苗，追加鲜肥一次，晒干后封窝，在生长期内，不易水冲肥。

春季移栽的菜苗经温室育苗再移栽到塑料工棚。移栽到大田栽种的有莴苣、小棵大头菜、苤蓝、菜花、瓜类、茄子、西红柿、椒类等菜苗。移栽前施基肥整地，移栽大田换苗后，施窝肥（鲜肥），干后封窝，生长期浇水，但不易水冲鲜肥。秋季移栽的菜苗有韭菜、芹菜、大葱等，越冬菜封冻前加水冲肥。经育苗移苗移栽的菜类，产量高、质量好，又提前出园，确保较高的收获。

亢家庄大队部分年份收入综合统计表

表 75

项目/年份	总收入（万元）	其中（万元）					
		农业	蔬菜	副业	其他	畜牧	林业
1961	28.26	1.84	26.42	–	–	–	–
1962	25.55	1.72	23.83	–	–	–	–
1963	21.85	1.70	20.15	–	–	–	–
1964	22.95	2.10	19.46	1.39	–	–	–
1968	38.65	2.81	21.27	14	0.45	0.12	–
1969	47.05	2.49	22.71	21.22	0.40	0.18	0.05
1970	58.01	2.40	23.67	31.46	0.48	–	–
1971	65.04	2.87	21.06	40.81	0.28	0.02	–
1972	62.38	2.73	23.22	34.92	0.78	0.51	–
1973	62.48	2.68	23.32	36.17	0.13	0.18	–

续表 75

项目/年份	总收入（万元）	其中（万元）					
		农业	蔬菜	副业	其他	畜牧	林业
1974	64.14	2.51	23.72	36.37	0.85	0.69	–
1975	72.46	1.77	25.59	43.52	1.12	0.46	–
1976	77.98	1.28	25.24	49.45	0.85	1.16	–
1977	89.14	0.59	28.03	60.37	0.15	–	–
1978	92.58	0.42	25.84	55.80	9.05	1.47	–
1979	98.63	0.22	31.27	55.42	9.80	1.92	–
1981	88.03	–	22.08	56.07	8.58	1.30	–

四 种籽管理

农作物类种籽 很早以来，农民对作物品种的选择费尽心机，对每一个新品种的引进都通过试验才决定是否大量种植。20 世纪 20 年代青岛市政府就设于李村农林试验场，对农蔬品种就很重视。1920 年曾在亢家庄试种四英萝卜。建立新中国后，青岛市政府大力扶持农民选种。大多农户按自己的需要选留和购买作物种籽，当地有相互兑换的习惯。合作化以后，大队统一计划集体选留。小麦种，有 50 年代的小芒麦、白光头、红光头等。60 年代有扁穗、碧玛四号等。1966 年以后，有农大、山农、济南二号、济南四号等。玉米种有小黄粒、大马牙、金皇后、双跃 3 号、群单 105 等。地瓜种长期栽种的本地瓜和老洋瓜。1945 年抗日战争胜利后引进胜利百号品种，又称一窝猴，成立新中国后引进青农二号等。花生长期种的是大果花生和小四粒紫皮花生，60 年代后，种植推广品种伏花生，早熟、产量高。大豆种，长期播种的爬蔓青、四粒、绵豆等，1971 年改种黄烟 1 号、鲁豆 4 号。经过实地试种每年选留适应性强的高产品种。年留种籽粮 7000 ~ 9000 市斤。

蔬菜类种籽 蔬菜种籽的选留，个体时期，园地少的农户自己一般不留种，大多数到集市购买菜种，园地较多的农户除自己留菜种外，也到集市买菜种。当时村里有董姓菜种商专供本村，信誉很高，也给菜户解决了多年的菜种问题。集体化后，大部分菜种大队自己选留，对引进新品种，经过试种，挑选出产量高、质量好的品种留种。1965 年大队一年留菜种 2263.5 市斤，30 个品种（见表 76），其中叶菜类种籽 9 种，1885.2 市斤，韭菜种 5.3 市斤，萝卜类种籽 6 种，245 市斤。豆角类种籽 3 种，73.1 市斤，西红柿、茄子共 26.4 市斤，瓜类种籽 7 种，28.5 市斤，大队自留菜种外，其他所需菜种到种籽供应站采购。

1965 年亢家庄大队蔬菜种籽自留情况统计表

表 76

项目 / 品名	合计（市斤）	队别				
		一	二	三	四	五
菠菜	926	601	325	–	–	–
苔菜	304	304	–	–	–	–
小白口	7.5	–	7.5	–	–	–
大头菜	2.7	–	2.7	–	–	–
芹菜	371	–	–	371	–	–
油菜	184	–	–	184	–	–
苷兰	5	–	–	5	–	–
半红	50	–	–	–	–	50
茼蒿	35	–	–	–	–	35
韭菜	5.3	2.3	3	–	–	–
六英水萝卜	16	16	–	–	–	–
四英水萝卜	30	30	–	–	–	–
红丁	20	–	20	–	–	–
青萝卜	78	–	78	–	–	–
半夏水萝卜	22	–	–	22	–	–
白萝卜	79	–	–	–	79	–
线豆角	2.1	2.1	–	–	–	–
芸豆	67	–	67	–	–	–
粗豆角	4	–	4	–	–	–
茄子	24.9	4.7	15.1	–	5.1	–
西红柿京 21 号	1.2	–	1.2	–	–	–
西红柿京 66 号	0.1	–	0.1	–	–	–
西红柿京 9 号	0.2	–	0.2	–	–	–
黄瓜	3	0.9	–	–	–	2.1
胡瓜	1	–	1	–	–	–
绞瓜	5.5	–	5.5	–	–	–
冬瓜	4	–	4	–	–	–
南瓜	4.6	–	–	2.5	2.1	–

续表 76

项目/品名	合计（市斤）	队别				
		一	二	三	四	五
北瓜	7.7	–	–	–	3.7	4
叶三方瓜	2.7	–	–	–	–	2.7
合计	2263.5	961	534.3	584.5	89.9	93.8

五 病虫害治理

病虫害自古来对农蔬作物危害极大，人们甚至束手无策，旧中国由于科学落后，农药种类甚少，当时只有666杀虫粉，并且对人畜伤害大。对病虫害的防治更是无能为力，顶多用信石粉拌粪施入土中，预防虫咬。禾苗成长时，用信石泡水喷洒叶面，或用人工捕打，最后只得任凭其伤害。遇到棉虫灾害能使农作物颗粒无收。建立新中国以后，政府重视科学研究，农药种类增多。人民公社化后，特别对防治病虫害的意识增强，并有了防治病虫害条件和措施。

小麦的病害主要是麦锈病、白粉病，防治麦锈病用500倍的“敌锈纳液”，防治白粉病用“托布津”。虫害主要是蚜虫、粘虫、红蜘蛛。防治用800倍“乐果乳剂”。地下害虫危害多种作物，蛴螬、金针虫、地老虎（拖虫子），防治用六六六粉拌谷子，播种前施入土中，每亩使用“药谷”3至4两，效果很好。

玉米虫害主要是玉米冥、粘虫、棉蛉虫。防治用“六六六”毒沙灌心，每斤毒沙灌250至300棵效果较好。80年代用“1065”辛硫磷颗粒剂灌心，效果更好。

地瓜的病害主要是黑斑病、线虫病。防治用“代森铵”5%溶液250至500倍泡地瓜种10分钟，再用51至54℃温汤浸种10分钟即可。

花生的虫害主要是蚜虫、蛴螬、金针虫。防治用6%“六六六”粉或15%的“乐果”粉兑细土撒放根部或喷40%的“乐果”乳剂1000至1500溶液。防治蛴螬，每亩用谷子2斤，煮成半熟加6%“六六六”粉2两拌匀播种时施入土中，或向有蛴螬的根部使用200倍液的“氨水”。

大豆的虫害主要是豆虫，防治在豆虫2至3令（生长期）时喷“敌杀死”毒液。蝼蛄危害多种作物，除用毒饵防治外，还可以用黑光灯，夜间捕杀效果很好。

蔬菜的病害主要有大白菜霜毒病、软腐病。黄瓜霜毒病、白粉病、枯萎病、炭疽病、茄子脐腐病、绵疫病、褐纹病以及大白菜、萝卜、茄子、黄瓜、甜椒的黄斑病毒等。

蔬菜的虫害主要有菜青虫、菜冥、蚜虫、黄条跳甲、红蜘蛛、茄子28星瓢虫、茄虱、棉蛉虫、甜菜夜蛾、地蛆、钻心虫、地老虎等。

药物防治，20世纪50年代主要农

药“六六六”粉及“鱼滕粉”，效果较好，但价格较高，并且用法不当或伤及作物，使用的农户较少。“菸叶土”是卷烟厂的下脚料，防治蚜虫非常有效，20世纪60年代初开始，生产队到青岛卷烟厂拉烟土，主要用于秋芹菜蚜虫防治，撒于叶面，效果很好，并且价格低廉，落地腐烂后还是好肥料，使用量逐年增多。

人民公社化以后，农药的品种增多，以科学方法使用农药，各生产小队指定专人严格管理，合理使用，既要注意人畜的安全，又要按照各种农药的规定正确使用。至1971年防治病虫害的农药已有16种，其中1%和6%的“六六六”粉、5%“滴滴涕”粉、2.5%乳剂、粘虫散、2.5%“敌百虫”粉、90%“敌百虫”乳液、80%“敌敌畏”“代森锌”“赛力散”“三氯杀螨”片、“乐果”“四四九”“马拉硫磷”“退菌特”“硫酸铜”等，对农作物病虫害防治有特殊效能。

六 肥料管理

（一）积肥

1. 土杂肥 从前个体耕作时，每家都有一个茅房（厕所），俗称“圈”（juan），就是粪坑，用石头垒成，深约一米，虽大小不一，一般都在两立方米左右。平日的草木灰、烂菜叶子、牲口、鸡、狗的粪便，冬天老人们到沟壑拾的粪都往里面倒。也有的把猪养在圈里，吃、喝、拉和家人的大小便等聚集在里面，这种作法俗称“攒粪”。20世纪初期人们种植蔬菜以后，为了单独使用人粪尿把人的大小便另建厕所分开存放。猪也建“圈”分养。“圈”里攒的杂肥，每年春天“惊蛰”时分，用粪筐抬到粪场（农户大都有自己的粪场，也有村边闲地公用粪场）集中起来，用土和成泥将粪封闭发酵，待春耕前将发酵后的粪倒细，运到田地撒开翻入土中作基肥。

炕土和屋土都是好肥料，以前每家都是土炕，用泥土拖成土坯（俗称“墼”）盘炕，与锅灶、烟囱相通，炕洞成为烟道，锅灶烧煤及柴草的烟通过炕洞由烟囱排出，时间久了，烟呛火燎，加上草木灰的堵塞，炕洞通烟不畅，就要打炕，另拖墼盘新炕，倒下的炕土运往粪场集中存放。

从前的屋土包括“屋面草”下的屋巴土、墙体（土打墙）和垒石头用的泥土都是肥料，所以翻新房屋时全部的旧屋土都要集中运到粪场存放，有时直接捣碎运往田地使用，或与牲口粪搅拌后使用。

1956年成立农业社以后，各生产小队都有自己的粪场，专人积肥，开始仍以村民锅头和冬天取暖炉子的草木灰和炉渣、屋土和炕土为主要肥源。当时社委会下发了有关文件，亢家庄大队根据文件精神对屋土和炕土管理制定了两种办法：一是以新换旧，生产队拖墼，供新土，清除旧屋土和盘新炕，两不找。二是如果不用墼和新土，不盘炕，可补偿30分和15分（这项办法于20世纪60年代初期已停止）。

入社后生产大队联系了几个牧场，台湛路牧场、仲家洼刘姓牧场、东北牛场三处。派专人打扫牛场的粪便，并拉走牛粪，两不找。专人拉回牛粪分配到各生产小队粪场，调拌杂土、炉灰发酵待用。先后拉牛粪的社员有亢正官、亢正科，亢中方用马车拉，亢正太和逢焕照用双轮铁推车拉。最后闫盛德替代拖运。20 世纪 80 年代初停止拉运。

20 世纪 60 年代中期开始，每年冬天各生产小队派人到仲家洼居民区垃圾点筛罗大量炉灰运回粪场，同黄坚粘土、猪、牛粪、鸡粪、尿水灌泡混拌一起发酵，是亢家庄大队多年来农蔬丰产的主要基肥来源。

自 20 世纪 70 年代初开始自制有机肥料，将生产队的作物茎叶、秸秆、杂草等集中堆垛发酵，是很好的绿色肥，实行引草、秸秆还田，是增加土壤有机质的有效措施，改善土壤结构，缓解化肥在土壤中形成的酸化状态。

2. 鲜肥（人粪便） 20 世纪以前只是自家人的粪便，非常珍贵，冬天浇小麦，夏、秋给谷子、玉米加点肥，或种点菜自给。20 世纪初，德国侵占青岛开埠以来，有了商家，市井繁荣，尤其台东镇工商业发展很快，外地迁入人群猛增。当时仲家洼村暂住人口密度相当大，亢家庄距仲家洼只一华里，两村庄有水利条件的土地弃农植蔬的很多，急需大量鲜肥来满足所求，为避免菜户争抢鲜肥，青岛肥料公司给予划片，详细到户，并规定了日期和刮粪时间（在居民早饭前）。村里农户大都划在南仲家洼云溪路一带，北园菜户划在北仲家洼（原寿康里）一带。

另外在市区还有外来人口组成的专门晒大粪干的人群，他们有组织，属肥料公司辖管（粪干产品销往外地山区种果树），产品原料是人大便，又和农户鲜肥是同一来源，为保障他们生产原料，肥料公司规定，让他们先捞走大便后，农户才能刮尿水。农户们经常刮在他们前头，如果让他们碰上还要扣下，所以发生磨擦是常事。

去刮尿的“路户”俗称“趟子”。盛尿水的工具是木桶（都是两个），大木桶、尿勺子，数量少的用扁担挑，多的用大木桶，铁推车，外村都用马车拉大桶或是独轮小车运输。

亢家庄农户的鲜肥相对充足，基本具备农蔬作物生长的水、肥、土三大元素，收入稳定，对改善村民生活起到了保障作用。

1956 年 4 月开始，个体时的鲜肥“趟子”改由生产队接管运输，成立了专门“拉尿队”，轮流给各生产队运送，有特殊情况临时调动。有四辆尿车，制作了专用尿箱，是一项又脏又累的工作，人员也一批批的更换着。先后有：闫盛喜、李文焕、陆学信、张延贵、董兆公、亢正华、徐宝月、张连勤、亢正廷、亢正起、亢正明、闫永太、亢正贵、亢继青等。管理人员开始是亢登信，后来闫盛德接替。1980 年由拖拉机替代了拉尿队，驾驶员有李玉峰、亢正平，摆脱了二十多年繁重的体力劳动。此后也不再到仲家洼拉尿水，只管本村居民茅厕。这项工作到 1988 年土地所剩无几而停止。

1956年青岛市肥料公司为方便田家村、大尧、逍遥、辛家庄、浮山所等村庄的鲜肥使用，在村西建造“鲜肥站”，俗称“大尿池子”。肥料公司专用汽车将市内鲜肥运来集中存放，各村尿车来此拉运。后来扩大到三个麦岛村。“鲜肥站”定期清除沉淀粪渣，都有亢家庄大队派人清理，能得到大量好肥料。20世纪70年代中期“鲜肥站”拆除。平日肥料公司的运肥汽车有计划的给亢家庄大队所属小队运送尿水达二十余年，至1982年修山东路时而停止。

3. 化学肥料（简称化肥） 20世纪50年代初化肥就进入亢家庄，当时只有尿素颗粒，个体耕作时，认识不足，极少人试用，虽作追肥效果很快，但听说板结土壤，又因经济问题，没有普及。1956年入社始初用量较少，随蔬菜土地逐年增多，同时在使用过程中效果明显，购买量增加。1979年五个生产队种植蔬菜“茬亩”1550亩，交售蔬菜924万斤，使用“化肥”近30吨，达到历史最高。亢家庄大队使用化肥有尿素、胺水（属有机肥），含氮、磷、钾多种元素的复合肥和混合肥料，以尿素数量最多。

化肥自始至终都是限量供应，按土地数量、平均亩产、作物种植数量供给。自亢家庄划归市四社后，扩大蔬菜种植，供应量随之增加，尤其蔬菜超产部分奖励化肥数量很大。这对亢家庄大队多少年来增产增收形成良好循环。

（二）施肥

1. 土杂肥的施用 自古以来个体耕作到集体施用程序基本一样。土杂肥充分发酵后，将粪摊开用二齿钩子、耙头子倒细，将石头、瓦片、琉钢（炉渣块）拣出。倒粪要耐心，越细越好，一般要2～3遍，用车运往田地（没有车都是肩挑），大都是均匀撒在田地上，耕地或刨地翻入土下做基肥。小麦、花生、玉米、谷子等随播种施窝肥或施于墒沟内。蔬菜地大部分撒于畦子，刨地翻入土中作基肥。土杂肥的最大好处，松软土壤，效力持久。

2. 鲜肥施用 个体耕作时，每家的菜园地中都有石头垒的尿池子，夏季的尿水储存池子发酵用作蔬菜施肥。冬天清早到“尿趟子”挑回尿水时，不能直接浇于麦田，先放在村庄房屋朝阳处，待下午麦田解冻后，才能将尿水浇在麦田垅上，蓄存养分。春、夏、秋作物，地瓜、玉米、谷子、花生等都可作追肥，已出苗的作物，在垅上或在苗之间刨窝浇入，必须晒干后封窝，一般只施一次。菜地在播种前将鲜肥泼于畦子里，晒干后刨地翻入土中作基肥。这种施肥形式一般都是种叶子菜，生长中途不再用追肥，直到出园。另一种是播种前不施基肥，如芸豆、豆角、黄瓜、茄子、辣椒、西红柿等，出苗7～10天或栽植已换苗成活开始生长的作物，隔开菜苗一定距离刨窝浇入，晒干封窝，效果较长。有时叶子菜在将要出园（收获）时，随浇水冲入作追肥（在尿池子内已充分发酵），效果很好。鲜肥的施用方法及程序从个体到集体也都基本没有区别。

3. **化肥的施用** 含氮、磷、钾元素的复合肥和混合肥料，一般作基肥较多，刨窝墩施。如茄子、辣椒、西红柿等果实类作物。尿素和胺水大部作叶子菜在出园前浇水冲入作追肥。夏秋交接市场缺菜为撵茬子补淡季。亢家庄五个小队都大力栽油菜、小白菜，整地后先撒上尿素栽苗后浇水，待出园时再冲尿素生长特快，最快十六天可出园。

亢家庄人在漫长的岁月中，对农蔬种植不断推进改良新方法，利用科学种田，尤其在合理施肥上，为增产增收提供了可靠保障。

第二章 粮油统购统销

第一节 粮油购销

旧时代，亢家庄的农业生产落后，粮油产量不敷村民的食需。其交易方式主要通过市集贸易形式，达到一种供需补充，也是调节余缺的主要手段。

清光绪十七年（1891 年）胶澳建立后，青岛地区已有商人经营粮食、食油以供军需。后随青岛市城市的扩大，人口增多，专营、兼营的粮油店铺也逐年增多，亢家庄民众的粮油购销大都到农村的集市粜籴粮食，也到店铺购买。

1949 年 10 月 1 日，中华人民共和国成立初期，粮食市场实行国营、供销合作社、私营店铺及农民自产自销多方经营。

1953 年 11 月，中央人民政府政务院颁布了《关于实行粮食的计划收购和计划供应的命令》之后，即称统购统销，结束了粮油市场自由交易的局面。除国家指定的国营商业、粮食部门外，任何单位和个人一律不得经营粮食和油料。其统购方法，有定购、包购、议购等，而粮油的销售方式，由供给制过渡到定量供应，包括施行各种票证。进入 80 年代，则逐渐废除了各项不利于集市贸易的禁令，粮油市场日见宽松。90 年代，随着改革开放的不断深入，粮油市场放开，达到了物资货畅丰富的可喜局面，亢家庄同样粮油充实。

第二节 粮油统购

一 粮食统购

1954 年，崂山郊区政府在辖区内广泛宣传粮食统购统销政策。通过试点调查摸底，然后分配控制指数，经余粮户自报和群众评议等办法，落实统购任务。夏季，按户统计人均余粮数的层次，规定出差别，制定累进统购率，同时规定农民完成任务后，自有余粮可自行处理。

1955年，崂山郊区内对农民实行“定产、定购、定销”三定政策。

定产 以1954年的估（实）产和丰歉因素为技术根据，确定常年农户产量，3年不变。余粮户、自足户的垦荒地，自收获年起，3年不计产量。闲置宅基、庭院、场院种植而不计产量。

定购 以产量为基础，扣除公粮、口粮、种子、饲料、机动粮后，一般农民余粮的90%、富裕农民（不留机动粮）余粮的95%为定购任务，3年不变。凡年景正常，家景稳定，尽管有丰产或歉收，统购任务不变。

定销 对一般缺粮农民，以定产加年度增产计划为自产，年核年销。对种植经济作物的农民，以完成国家计划为前提，以粮田定产为自产（3年不计增产指标），按当时口粮标准统销。实行“增产、减产、超产”三产政策，可以鼓励村民增加粮食生产的积极性，保证国家和人民对粮食的需求。合作化生产以前，亢家庄交售余粮有40余户，占全村农业户的30%，但余粮户交售数量不等，多者百余斤，少者几十斤。合作化集体生产以后，经户与户之间平衡后，划为缺粮村。

1957年规定，以“增产增购，以丰补歉”为原则，据实产确定统购任务。

“大跃进”期间，粮食生产出现了浮夸风。1958年，粮食实行购销差额包干，亦称包购。实行起征、统购合并计算。夏季规定人均小麦40斤为起征点。秋季改农村分配程序为留足种子，完成国家统购任务后，按人员等级定量，分配社员口粮。1959年夏季规定，产麦区人均口粮留量限为70至100斤，山区丘陵种麦少的地区人均口粮留量限为60至80斤。抵低限者，必须完成统购任务；超高限而有余者，国家适当多购。1960年夏季规定，人均口粮留量不足70斤不征购，秋季大歉收，全区总产粮食减5成。郊区政府规定人均口粮每日不足半斤不征购。1961年农村粮食分配，实行“增产多吃，减产少吃，超产奖励”的政策。

1962年，粮食征购实行“五年一定，一年一议”的办法，并加购统购任务的10%作为机动粮，以补歉防灾。同时取消农村生产大队、人民公社提取机动粮、自筹粮的制度，只允许生产队保留一定比例储备粮。在崂山区内增产不增购，一般减产不减购，如减产幅度大，口粮与任务按适当比例同时调减。1963年规定完成粮食统购任务后以化肥换购小麦（1斤尿素换购小麦2斤）。同年，中央规定全国实行对粮食“统一征购、统一销售、统一调拨、统一库存”的四统一原则。1964年夏季，崂山县委决定包购基数实行全年统购制。农业队人均小麦30斤以下，菜、果生产队人均小麦50斤以下免购，秋粮统算，并提出农村的粮食分配“按人分等为主（占口粮的80%），按劳、肥分配为辅”的分配方案。1965年，以生产队的产量多少、贡献大小为根据，在40至100斤的范围内区别分配社员口粮。

“文化大革命”期间，粮食生产受到影响。1971年县委按省、市指示精神，以原包购任务为基础，增加5%为新的一定5年的包购基数，并以当年生产之实际产量，增购增产部分的20%至40%。1977年县政府对农村采取产量分配，征购同步增减的政策。

中共十一届三中全会以后，农业生产得到了恢复，粮食生产的若干政策也得到了落实。1981年，据中央和省指示精神,改“统购统支”为“购销差额管理，调拨包干”的办法。

1983年初，县将包购基数、包干任务指令性落实到生产队，通知到农户。后农村实行联产承包责任制，各个农户成为产量、分配、统购的核算单位，统购方式和结算成为“队缴队结算、户缴户结算、户缴队结算”3种方式。经市指示，取用“户缴户结算”一种结算方式。

1985年，根据中央国务院《关于进一步活跃农村经济的十项政策》改用合同定购制。除个别品种外，国家不再向农民下达农产品统购派购任务，按照不同情况，由粮食部门与生产单位签订定购合同，并按合同定购和市场收购。定购以外的粮食可以自由上市，如果市场价格低于统购价格，粮食部门按照统购价格敞开收购，以保护农民的利益。

二 油料统购

1954年9月，国家规定对油料实行统购统销。崂山郊区政府在农村实行“计划种植，国家包购”(农民留足种子和人口油料后一律缴售国库)的政策。1956年，对种植油料作物的农民实行预购合同制，增产增购，返销部分“生饼”作为奖励，减产酌减任务。

1958年，实行“留种子、缴任务，最后分配”的方法。1961年春，对农民实行产、需油料油脂不征购不统销的政策，预借种子给农民，凭自产保自食。

亢家庄在国家实行油料作物统购统销以前，是半菜半农的村庄，对油料作物的种植很少，除极少数农户种点花生或大豆作为生活调济及牲畜饲料用，村民日常生活所需的油、脂等大都到集市求购。人民公社化以后，大队种植少量的大豆、花生油料作物，除解决牲畜饲料用外，亦作为社员生活中食油不足的调济。

三 辅助政策

周转粮 1956年起，对农村开展“周转粮政策”，周转期以次年麦季为限。对麦后秋前缺粮户由国家供应，秋后收还。若全年口粮不足标准者免还，此称倒周转。成立人民公社后,农村经济体制改变，即改倒周转粮为供销粮。至70年代末80年代初，农村经济日趋昌盛，农民逐渐富裕，周转粮随之取消。

粮食品种兑换 青岛市粮食局成立之初，就开展以粮换取农民的柴草，以大豆换取谷子的兑换方式进行调节。农民用小麦到国库换取比例粗粮或瓜干。1963年用1斤小麦可换取地瓜干2斤。过节时部分农民到粮食局用粗换细，或用同样品种换取良种，用油料作物换取食油，用原粮换取混合饲料或粮食加工后的副产品等。

第三节　粮油统销

一　粮食统销

农村粮食统销政策，是新中国成立以后实施的。1954 年 5 月，青岛市崂山郊区政府设立了粮食办公室，主管统购统销。各乡设计划收购供应评议委员会，委托各区供销社、门市部为代购代销点，对缺粮农民每人每月供应粗粮 20 斤（地瓜干除外）。各区根据乡政委员会的摸底，确定缺粮比例，匡算数量，与缺粮户自报公议的数字相吻合，即审批发证购粮。此年春节起，国库拨出小麦、大豆供应缺细粮的农户。此项制度相沿了 20 余年。

1955 年春，规定对缺粮农民的口粮供应，每人每月最多不超过 30 斤原粮，但购粗粮的比例不能超过自足农民的粗粮比例，可全购地瓜干。对渔民的口粮标准为每人每月原粮 55 斤（粗粮 60%，细粮 40%）。4 月改为供应 60 斤原粮（细 60%，粗 40%）。对缺粮农民的供应比例为粗粮的 20%、地瓜干 80%。时年冬，统销政策落实到户，规定：粮农缺粮，以定产加计划增产指标为当年自产，年核年议，按缺定销；经济作物农民，以完成国家种植计划为前提，以定产为基数（3 年不加增产指标），按专用标准供应口粮。

1956 年，定自足口粮为人均年 380 斤，对劳力强、大人多、劳力弱、小孩多等食量水平不同的户，实行参差定量、总粮不变的供应原则。时年，农村实现合作化，同社户间余缺平衡后，方议购销，定销到户。国库拨面粉供应有生、老、病、死的特需户。

1958 年，“大跃进”过后，粮食供应紧张。安排统销粮的基本指导思想是：吃粗、吃稀、吃代食品，勤俭持家，节约粮食。麦收后对缺粮户分小麦不足 40 斤者统销口粮，规定每人每月不超过 20 斤，但总销粮骤增的主要原因是：1957 年秋季减产，社员分配少，无余粮；1958 年春旱减产，全崂山区人均小麦 41 斤；提倡密植多留麦种；接收下放干部家属用粮。1959 年，对缺粮农民实行分等定量的统销原则。1960 年，农业大歉收，全郊区粮食总产量与 1959 年比不及半，人均口粮 144 斤。是年农村普遍实行集体食堂化，至 10 月入食堂人数占总人口的 96.45%，统销口粮的供应由户转到食堂。供应标准：初定菜农每人每天 1 斤，果农 14 两（1 斤 =16 两，下同），缺粮农民 12 两。如此水平仍号召每人每天节粮 2 两，并提出 1 人 1 分菜田、1 人 1 天 1 斤菜、全年千斤鲜菜、争储百斤干菜的自救措施。11 月改日定量标准为 5、6、7、8 两（1 斤 =10 两，下同）4 个等级，核定到户，安排到翌年 6 月底，并以农事忙闲调节供应。入冬集体食堂陆续解体。

1962 年 1 月 11 日至 2 月 7 日，召开了扩大的中央工作会议，也称七千人大会。会议对生产指标过高、对农业生产增产的速度估计过高等问题作了纠正。10 月，山东省规定，农村除对渔民集中经济作物队保证供应，对特重灾区给予必要照顾外，对于一般产粮区的缺粮生产队基本不予供应，而由县、社、队之间互济互利，调济有无。

1963 年年初，县境内大多数生产队自产口粮的 70% 为人均分配，致使劳动力多的户不足，孩子多的户有余。后调整口粮分配方案，将口粮的 80% 按人分等定量，20% 按劳、肥分配。按人分五级：不满 1 周岁为低级；15 周岁以上为高级，中设 2 ～ 4 周岁、5 ～ 9 周岁、10 ～ 14 周岁 3 个级别。最低 1 级不少于平均口粮的 30%，最高 1 级不超过平均口粮数。

1964 年，按经济类型划分出蔬菜队、果蔬队、农业队、专业渔民，政府统一划定出供应口粮标准线。

1965 年，粮食供应逐渐好转，也就是将菜农区分为纯菜队和半菜队，视蔬菜队实施种植计划的情况，实行奖罚统支算的政策，但不使纯菜队的口粮每人每天少于 9 两（含自产粮），粮菜混合队不少于 8 两。凡粮菜丰收，年计口粮以 400 斤为限，若自产超额，提超额数的 40% ～ 60% 抵减统销指标，余归集体储备或适当增加口粮。节约算作统销指标，按超购政策计价奖励。对果农以包产为基础，统销口粮标准每人每天 1 斤，允许多产多吃，减产则少吃，但每人每天不低于 9 两。对一般缺粮农民，统销口粮以 8 两为限。时年，口粮水平一般为 300 ～ 360 斤，高限 450 斤，分配原则多以基本口粮加按劳分配，缩小户间差距。丰年备荒，规定口粮在 360 斤至 400 斤者提取 2% 作储备粮，口粮超 400 斤者可适当多储，富裕队可储 1 月口粮。时年，改为“支算预分到队（插花缺粮队），队均分到户”的统销方法，逐队安排发证到户，并由菜、果队的统销指标中抽出 5% 至 10% 重点照顾烈、军属、五保户。

“文化大革命”期间，由于“左”的思潮的影响，村民的生产积极性受到了严重的挫伤。1967 年春，在同类队实行口粮水平差别制，以各队原吃粮水平和对国家贡献大小为依据。专菜队之间差别幅度为 1 ～ 1.2 斤（每人每天平均水平，下同），专果队为 0.95 ～ 1.1 斤，半菜队和近郊缺地农民为 0.6 ～ 1 斤。对水库移民的统销标准为 0.9 斤，花生集中生产队为 0.85 斤。1971 年，崂山境内的农民口粮分配规定分三种：人七劳三、人八劳二、按人分等定量。不满周岁的 10 斤（月定量，下同），1 岁至 5 岁 15 斤，6 岁至 10 岁 20 斤，11 岁至 15 周岁 25 斤，16 周岁以上而无劳动能力者 28 斤。按劳动力工分划段，划分 5 级定粮标准（男劳力 1 天最高 10 分，女劳力 1 天最高 8.5 分），9.1 分至 10 分 53 斤，8.1 分至 9 分 48 斤，7.1 分至 8 分 44 斤，6.1 分至 7 分 40 斤，余者 36 斤。劳动力缺工者，按缺工比例扣减。1973 年，规定下乡知识青年未参加生产的分配之前，由国家统销，不低于年 600 斤原粮的口粮。1975 年秋涝成灾，农民口粮缺，国家统销口粮。

中共十一届三中全会以后，对农村实行改革。1981 年崂山县按青岛市政府的意见，对粮食统购统支改为“购销差额，调拨包干”的管理办法。对 1980 年秋旱受灾大队安排了统销粮。1982年，全崂山县大多数社队实行了联产承包责任制。1983年，县分配各公社的统销指标，除包干基数外，余皆为供销，3年归还。此后，农业丰收，农村口粮水平提高，最低亦达365斤。农村统销改原粮为成品粮。

1985年，半菜队改称为粮菜混合村。时年，调整统销价格政策。纯生产蔬菜村、粮菜混合生产村按统销价统销粮食。果菜村、渔民、缺粮农业村的人口，按比例价统销粮食。后对菜农的统销粮施行与种植面积、合同任务挂钩的两种形式。

二　油料统销

油料统销的政策，与粮食统销基本一样，也是定量供应。1954年9月，国家对油脂油料实行统购统销。崂山郊区对城镇居民实行定量供应，对农民限量留用自食油料或定额供应食油。机关、厂矿等人员每月定量供应10两（1斤=16两，下同），城镇居民5两。1959年，改10两为9两，改5两为3两，缺油农民1两。1961年，工作人员改为2两（1斤=10两，下同），居民1.5两，计划外各1两。对农民改为自种自食（不能自种者，国家按每月1两的标准，分季供应）。

1964年，城镇居民、机关工作人员的月标准改为3两，菜农1.5两，半菜、果农及缺油农民为1两，渔民2两。

“文化大革命”期间的供应情况是：1966年，城镇居民及国家职工月供应4两，菜农3两，渔民4两。1969年，城镇居民及国家职工月供应5两，菜农2两，果农1两，其它未更。

60年代中期起，国庆、春节两节日对城镇居民及国家职工人员补助8两，70年代末改为2斤，对县境内熟食、糕点的用油供应，以用粮的5%带油，但增减取决于农业的丰歉。丰年多一点，歉年少一点。

第四节　粮油销售

一　议购议销

中华人民共和国成立之初，粮食有集市买卖，粮价随时浮动。实行粮食统购统销后，崂山县境内的集日是为农民买卖粮食的合法场所。粮食市场价与统销价基本持平。国家规定在统销季节的市上售粮，可抵统购任务。议购议销的原则是属于国家计划下的市场调节，是统购统销的必要补充，经营上坚持“高进高出，要有利润，量入为主，不挖库存”。

1956年国家允许粮食市场的成交价可越统购价的30%。秋，国家规定“统购期间上市的统购品种粮，只准卖给国家”。年底，完成统购任务后，对上市粮价由控外放，境内市价均游移在购、销价格之间。1964年，粮食市场关闭，农民需售的自留粮，概由国家议购。

1967年10月起，对城镇居民限量供应议价粗粮，对饮食业下达议销指标，平、议价熟食品同时登市出售。1969年，粮食议价经营机构撤销，零星业务由各级粮食部门兼理。对粮食经营取消议价压缩议销。

1978年议购部分按统购价格加价30%计价。11月，按省有关文件规定，议购价不得超过牌价一倍，议销价维持保本微利的原则。1980年，省提出对粮油议价经营，随季节、地区赔赚皆宜。到年底，各种粮油综合计算须稍有利润。

1981年，粮食部、国家物价局颁文通知，各地议购价，在省最高限价内，略低市价，随行议购，以稳粮情。对城镇议销，以收获季节议购价格确定的议销价，在议购价（因季差）变动幅度不超过5%时不调整。超过5%时，议销价的调整幅度不超过10%。同年崂山境内秋旱，玉米市价由每斤平均0.16元上涨到每斤平均价0.30元，国库拨出粮食1800余万斤投市议售，农村统销指标也据实调整，以抑平粮价。

1982年，国家制定了“购得进、销得出、高进高出、稍有利润”的议营原则。

1983年，确定“服务于各方面的需要”为经营宗旨。冬，成立了崂山县议价粮油购销公司，自设门市零售兼批发，并托各粮所、粮库代购代销，经营品种由原粮、成品粮扩大到粮油制品、熟食品等。1985年国务院确定从本年度起，采取将议价收购的部分粮食，有计划地转为平价库存，也就是中央的议转平政策。除粮食部门办粮油购销公司，又增添了粮油个体摊、点扩大营业。1987年，议价经营的粮油占市场总销量的60%，利润是1985年的2倍。

二　补助供应

粮食实行统购统销后，同时实行了各项补助，以保证特需。对来自南方各省的人员，每月调济供应大米10斤。对入托儿童、住院病人皆有调济粮色的规定。

1956年，青岛市粮食局规定：产妇一次性补助粮食10斤；城镇居民的婚、丧事一次性补助粮食30至50斤；暑季，按每人每月4两高粱的标准，销发工厂，为工人消暑降温；大专、技校学生，参加工农业实习，按实际操作工种申报补助；机关、企业工作人员公差到农村，每日补贴粮5两，外出参加会议，定量由会议补助；参加临时劳动，期在半月者，工地包供口粮，余由工地报补；对疗养人员、住院病人、高级知识分子，皆供应细粮。

1965年，理顺了各项补助，统一标准：出差属脑力劳动者，每天补助粮2两（公社以下干部，定量在32斤以上者不补），到农村出差，与民同食，日定粮补足1斤3两。商业、供销人员赴边远地区采购牲畜，押运期间，日定量1斤半。参加社教，在城市月定量补足33斤，在农村补足40斤（驻公社、县机关者，补足36斤）。各级党政机关人员参加体力劳动，日补助粮半斤（本人属重体力类定粮36斤者不补）。厂矿企业干部定期参加劳动，按实操作工补助，临时参加劳动，足1天补粮半斤。跨省、地支援经济建设，补足当地工种标准。拖拉机手在田间作业期间，每月补足50斤，崂山县召开农村非脱产人员（包括市民）会议，自带口粮外，在1斤范围内按需实补。县以上民兵比武大会，参赛民兵日口粮补到1斤半。县级业余运动员，在选拔集训、外出参赛期间，享受专业运动员定粮标准。凡劳动部门批准的临时工，按实操工种补足定粮，在部队就餐的民工，补足士兵的口粮标准。人民来访1天补助1斤粮。住院农民补足市民定量。非农业人口中不能控制食量的特殊病人（如甲状腺机能亢进、精神病等）酌情补助。少数民族节俗适当补助细粮。归国华侨，月口粮标准为30至40斤。回国定居的侨民半年内月定量30至35斤，后按当地同等标准供应。县级以上机关、团体、厂、企业、学校的脑力劳动者因公加班过夜12点，发放夜餐补助粮2两。复员回乡的老红军、重残荣军、口腔、肠胃负伤的二、三等残废军人和复员回乡的重慢性病军人，农村分配月不足32斤原粮者，国家供应差额。农业人口的中学生，口粮达不到高中学生定粮水平者，国家补足。农业渔民出海，按国家标准，由国家补充供应。遣返的盲流人员，按居民定量标准临时供应。

1972年开始，市粮食、卫生部门联合规定，对糖尿病患者，月补助大豆1.5斤，准由本人定量换月购大豆10斤；肝硬化腹水者，准兑吉豆2至3斤；甲状腺功能亢进（基础代谢增高至+30%以上），月补粮10斤；严重精神病人，补足月定量到40斤。1975年，省、市规定，国家干部、职工到农村蹲点劳动，日补足1.3斤口粮。

三　饲料供应

1955年国家规定：马、骡每日每头原粮4至7斤。驴每日每头原粮2至4斤。奶牛每日每头4至6斤。猪在不超过附近农村饲料标准的范围内酌定（供应饲料包括麸皮、细糠、豆饼）。

1962年，山东省下达全省统一标准：役用骡、马长途运输，每日每头6斤，短途运输4斤。役用牛、驴长途运输3斤，短途运输2.5斤。厂、矿重役骡、马7斤、驴4斤。专业牧厂的奶牛7斤，小牛1.5斤。奶羊每月每只17斤，小羊6斤。种马每日每头（下同）6斤，种牛4斤，种猪1斤。孵化厂之雏鸡、鸭每百只每日3两。推广性的种鸡场的鸡、鸭每月每只3斤。集运待宰猪每日每头1斤。

1970年规定，对科学试验，动物园展览的动物、警犬按需供应。

四　居民供应

1949年6月2日，青岛地区解放，由粮食部门调集粮草供应机关、部队，不分品种比例。1950年秋季，对征调的粮食在本地区内通盘调济，供应粮食品种比例归一。1951年对驻本地区的机关、部队，供应粮食仍然实行供给制，口粮之外各项费用以粮价计代金。1953年冬，实行统购统销政策，崂山区内对部队供应照常。

城镇的供应标准划分4等：机关、团体、学校的人员，每人每月供应粮食35斤（小麦33斤、大豆或小米2斤）；企业职工每人每月供应原粮60斤（细粮60%、粗粮40%）；市区铁路、建设、搬运等行业住崂山区内的职工，每人每月供应原粮45斤（细粮80%、粗粮

20%）；非农业人口，每人每月供应原粮30斤（细粮40%、粗粮60%）。此外对各部门召开会议、临时建设用工所需粮食，由主管部门上报财委核批供应。

1954年崂山郊区机关、团体、教职人员、工商人员的粮食供应标准为人均30斤成品粮，分类高低参差的供应方法，并对面食业施行节约控制，保证供应的方针。1955年，对教职员工、盐工的口粮供应数量，按实需为标准，年底归类分析，平衡出一个平均供应水平。尔后，各类定量逐步推开普试4年。此时，对城镇居民的风俗用粮实行补贴政策。到1959年，定量成制，实行了国家制定的第一个城镇居民粮食定量供应标准。

1960年，经“双核”（核定市镇定量人口，核实市镇居民口粮的定粮标准，下同），因灾缺粮，城镇人均供粮月量由32.69斤降为30斤，10月又规定，后8个月的粮食安排9个月吃。1961年，贯彻省、市部署，组织检查集体伙食单位，工商行业饭店的小粮库存粮及油脂油料的工作，8月，“双核”查实年龄不实，工种不符冒领的粮油等情况，时经“双核”城镇人均口粮，月定量为24.48斤，其间发放代食品（康复粉、碎地瓜干、豆饼等），以补主粮之缺，给高中学生月增定粮半斤。

1962年，城镇居民及职工，一部分返乡务农，吃商品粮的人口减少。同年，实行“双核建制”，凡减人必先减粮后减户口，凡增人口必先增户口后增粮。以后每月对6周岁以下儿童免票供应饼干1斤，对居民除月定粮外，再供应大豆半斤。

1965年，根据山东省修订后的各项粮食补助标准，结合当地的具体情况，对因公出差、社教（社会主义教育，下同）人员、法定会议、人民来访、病员和各类临时参加劳动的补助，少数民族的传统大节、华侨、复员回乡的老红军、荣誉军人等的照顾，均定有标准。同年对公社干部、儿童和城镇居民的定量标准调高。

“文化大革命”期间，1970年10月全省统一定量标准，取消甲乙类地区之别。体力脑力（含大、中学生）劳动者，统行原甲类地区标准。居民儿童统行济南市现行标准。公社级脑力劳动者的供应粮，自社教起改为月定粮33斤。1971年7月29日，省发布非农业人口粮食定量新标准。1975年1月，原退休回乡变为农人员的口粮，改为由国家供应，每月成品粮30斤，享受城镇粮食结构。

1977年，县将城镇供应粮定量分为30斤，按常规供应，工种粮由粮食部门一次核批到单位，由单位按工种、看出勤、对标准，编制花名册，报粮食部门核批。

中共十一届三中全会以后，1983年起，对城镇居民开展粮油兑换业务。居民凭证存粗粮换面粉（2比1），凭证存细粮5斤换粗粮6斤、换油票1斤，凭油票1斤购花生米2.6斤或皮果4斤。

五　各种票证

青岛解放初期，崂山地区曾实行使用华东米票、山东省票及凭机关证明可提取粮食或就餐的票证制度。华东米票

1
青岛市粮票
壹市斤
1983

中华人民共和国粮食部
全国通用粮票
1
1
壹市斤
1966

5
青岛市细粮票
伍市斤
1983

3
中华人民共和国粮食部
全国通用粮票
叁市斤
1965

500
青岛市粮票
伍佰克
（壹市斤）
1990
500

中华人民共和国粮食部
全国通用粮票
5
伍市斤
1966

青岛市细粮票
500g
伍佰克
（壹市斤）
1989

山东省粮票
壹市斤
1
1978

青岛市细粮票
2.5kg
2.5kg
贰仟伍佰克
（伍市斤）
1989

山东省粮票
伍市斤
5
1984

青岛市细粮票
5kg
5kg
伍仟克
（拾市斤）
1989

山东省粮票
拾市斤
10
1984

青岛市出租车统一定额客票
壹拾元
93
乙
含保险费
报销凭证
№ 4428250

青岛市食油票
三季度
伍佰克
壹市斤
粮食局
1992

分5类7种级别：麦粮票、秋粮票、马料票、柴草票；壹餐（斤）、贰餐五斤、拾斤、伍拾斤、壹佰斤、伍佰斤。改薪金制后，此票即废止。

自1953年11月实行粮食统购统销起，逐步设用了“市镇居民粮食供应证”“机关团体购粮证”“工商业用粮供应证”“市镇饲料供应证”和为居民迁徙转移粮食关系使用的“市镇居民粮供应转移证”。

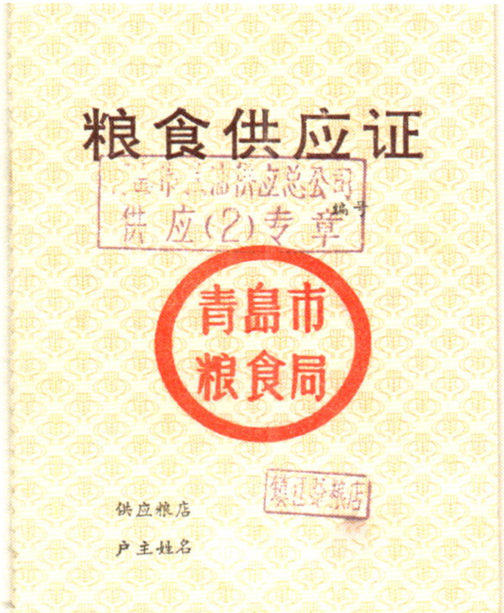

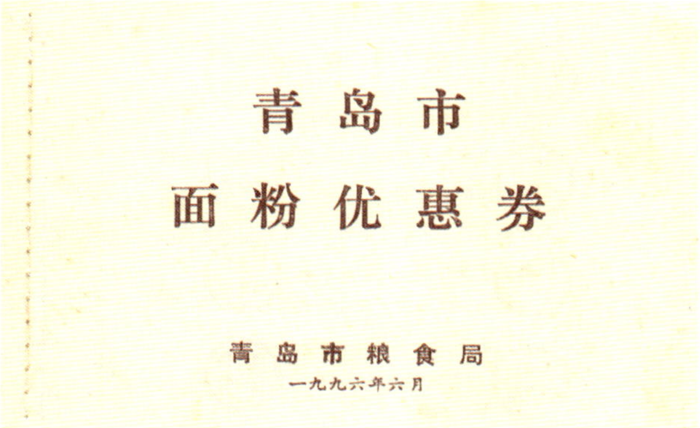

1955年11月起，崂山县境内相继流通使用国家粮食部和山东省粮食厅分别颁发的票面定额的全国粮票、山东省粮票、山东省饲料票、山东省油票和青岛市粮食局颁发的票面定额的地方粮票（细、粗、薯），油票、粮单（细、粗）和无定额签发式的粮食代用凭证。全国粮票、山东省粮票、油票等票证，虽数经易版，但作用未变。1959年至1961年青岛市粮食局颁发的各类票、单、证在短期使用过。

各种票类即为流通范围，皆可就地购粮（油）。全国粮票、山东省粮票又可做零星使用粮类票证。

粮票始行，控制发放，一般限定供应口粮的5%，以后逐渐放开，农民探亲、病人住院、参加会议、渔民出海皆可以粮兑票。

1969年，对农业人口的轮换工、合同工、寄宿中学生及各种临时需要，建立兑换粮票制度。1975年，对民办教育、赤脚医生、供销社代销员、社办企业人员等，兑换粮票。

自1955年11月始用粮票，规定流通1次即作记停用，待令动支。数月后此制即废，允许粮、油票循环流通，直至残损为止。

粮、油票使用，青岛市粮食局规定管理制度，局、所均设专人负责。残损面达三分之一，而图章号码清楚，真伪可辨，视同全额收用。残损面达二分之一，或虽完整，但磨损至无法辨认真伪，即作废、封存，统一核销。

第五节　粮油加工

一　食品加工

20世纪30年代以前，亢家庄村民的

粮食加工，石磨、石碾是主要工具。民户有石磨者除自用也为无磨户加工粮食（加工后不收费，多者只留点麸皮作为牲畜饲料）。村中设公用石磨2盘，石碾2盘方便于村民。40年代随青岛市机动磨坊的增多，村民在农忙季节，粮食加工量大增，逐渐到村外的机磨加工，缺粮户及市民直接购成品粮者逐年增多。

1958年人民公社成立以后，村民家中的石磨停止使用。60年代中期亢家庄大队只有社员入社时所带的旧式电动磨1台，加工不及时，大队为了解决村民粮食加工的需要，又增添了新式电动钢磨1台，同时也对外加工，1982年农转非以后全部购买成品粮食，大队自设磨坊停止使用。

二　油料加工

青岛开埠以后，亢家庄的农业生产逐年形成半菜半农生产村庄，大多数的村民生活所需的食油是商品油，少数农民自产的花生、大豆油料作物，除自留外余者到集市兑换货币按需购买食油。人民公社化以后全部食用商品油。

第三章　畜牧业

第一节　畜禽种类

亢家庄自建村到20世纪80年代初期，村民家庭饲养畜禽类主要的有牛、驴、马、猪、羊、狗、猫、兔、鸡、鸭等，基本上为当地的品种。

第二节　畜禽饲养

耕牛　村民很早就饲养黄牛，主要用来耕地。一家喂养1头的较多，极个别的农户带有小牛，全村最多时20余头，农闲时牧童放牛，南去的到放茧沟，西去的顺赶牛道到西山和村西的松岚岭等草场。20世纪初，建二、三号炮台时占用了赶牛道、西山和松岚岭三地。从此村民改变了放牧地点，到北洼及东河的北段两岸和吴家村河的南岸等地放牛，此处水多草旺，是放牧的好去处，到冬季吴家村的牧童也到此处放牛，双方经常进行斗牛取乐。1920年以后园地继续增多，随着农业生产的变更，对黄牛的饲养逐年减少，到1935年喂养黄牛的农户全部停止。

奶牛　1947年张中德第一个饲养奶牛，荷兰品种，最多时饲养三头，后来又有两户村民养过奶牛。20世纪50年代初期，外来的几户姓氏在东北大湾的东北部，购买亢家庄和吴家村的土地盖房养牛。北园地片的西部王家大院养牛最多约十几头，都以售牛奶为业。其他养牛户规模都很小，每户几头牛，“公私合营”时全部加入“青岛畜牧公司”。

人民公社化以后，1964年亢家庄生产大队集体饲养生产用牛4头。1970年以后本村有2户个人喂养奶牛2头是为自给。

驴 村民早期就饲养毛驴，用于农业生产耕地、拉磨、驮运、拉车、拉水车等。合作化以前全村最多时共有毛驴18头，合作化以后的1964年只有7头，到1968年增至17头，最多时1971年18头。由于新式的机械设备逐渐购进，如拖拉机、刨地机、汽油抽水机、电力水泵、机动车辆、脱谷机、磨面机等设备的使用，取代了牲畜效能，1980年只剩1头毛驴。

骡 村民饲养骡子数量很少，1955年以前数量最多时5头，以后逐渐减少到3头。村民饲养骡子主要用于马车，人民公社以后增加到5头，1980年停止喂养。

马 旧时本村只一户养马。新中国建立初期全村共有马2匹，人民公社初期4匹，1972年6匹，1978年只剩1匹。

猪 村民饲养肥猪历史已很久远，有句农谚：养猪图攒粪，挣钱是枉然。可是农民为攒粪种田的同时，也是攒零为整的经济积蓄。合作化以前，喂养肥猪的民户一家喂养5头以下的较多，6头以上的少数，个别户喂养8头以上。喂养窝猪的全村最多时6户。1958年人民公社化以后大队集体饲养的有：肥猪、窝猪、种猪。1968年167头，其中母猪6头，种猪1头。1976年236头，其中母猪31头；1980年431头，其中母猪27头；1982年11月农转非以后陆续停止饲养。

羊 奶羊的饲养，亢家庄历来很少。1960年开始村民家庭喂养，一户1至2只，有的户产羊奶自家食用，也有的户除自家食用外其余部分销售。1968年全村有8只，1976年全村发展到35只，1983年后逐步停养。

狗 很早少数村民就饲养本地狗，喂养狗是为了看家护院，全村共有10余只。50年代以后城市民户禁止喂养，基本见不到狗的存在。70年代初极少数村民有喂养。进入21世纪又有民户喂养宠物狗，是为了休闲玩乐，国外品种较多。

猫 村民饲养本地猫历史也很早，喂养猫是为防鼠害，全村共有16户20余只。20世纪50年代以后，政府卫生防疫部门按期发放灭鼠药，鼠害减轻，猫饲养减少，几乎灭迹。进入21世纪极少数民户又喂养宠物猫，为观赏物，国外品种较多。

兔 家兔的饲养很少，全村20余户，主要品种有青紫兰肉食兔及安哥拉长毛兔等，大多为观赏，少数的当副业。70年代最多时母兔32只，子兔180余只，80年代以后停养。

鸡 村民饲养蛋鸡历史悠久，院落条件好的民户圈养，多数是散养，几只到十几只不等，产蛋自食及家庭往来使用。合作化以后村民饲养有所减少。1967年大队开办了糖稀加工，有了糖糟，是养鸡的好饲料，村民养鸡数量大增。全村养鸡户占70%以上，一户多者60只以上，既调济生活又能增加经济收入。

◇ 鸭

◇ 鸡

◇ 猪

◇ 鹅

◇ 牛

◇ 马

◇ 驴

◇ 羊

1975年全村蛋鸡700余只。主要品种莱克亨、欧洲黑及寿光鸡等，1983年以后陆续停养。

鸭和鹅 亢家庄在20世纪60年代以前村民很少喂养，因缺少水草湿地，吃的又多，不适合家庭圈养，俗言说："家无万担陈粮，不敢养脖儿长"。1967年自大队有了廉价的糖糟以后，饲料有保障，部分村民开始饲养。白天可到村东的水库放鸭鹅，1975年全村共有鸭125只，鹅45只。1983年停养。

胶凤 别称"虎皮鹦鹉"，是观赏鸟，但饲养户不为观赏，为换取经济收入。20世纪60年代以后，形成小规模喂养户有5家，亢正身最多时饲养130对，成鸟300余对。有黄色、绿色、白色、蓝色四种颜色。社员刘安贵曾饲养几十对，时间不长而停养；居民宋世佐最多养100对左右；张中德养过几十对。孵化的幼鸟长大后送销"中山公园"，由公园收购出口，集市也有收购出口，80年代以后喂养户陆续减少。

金鱼 对观赏鱼的饲养，亢家庄小规模家庭园落饲养的只有一户，村民亢正身自1976年开始在自家院落内建水泥池12个，水池占地面积80平方米，年产鱼苗1.5万尾，饲养成品鱼2000尾至3000尾。主要品种：水泡、望天、红龙眼、墨龙眼、珍珠、鹤顶红、狮子头、大鳞缨球、紫缨球、凤尾、红帽子、红流金、花流金等。这种家庭院落式的饲养，是增加经济收入的一种较好方法。主要销往南山鱼鸟市场，也是赠送亲友的一种观赏物。1983年停止饲养。

鸽 20世纪60年代初期，村民亢正身、张忠德、宋世佐饲养观赏鸽30余只，有玉带围、十二玉栏杆、巫山积雪、大鼻等名贵品种，并有空中表演特技之功能，筋斗、平翻、高翻、盘旋飞翔等高难动作。20世纪80年代初，亢继辉、亢继尧、亢正科、王先乐、汪洪仁、闫永春等曾饲养观赏鸽和信鸽，其中闫永春、汪洪仁都饲养30只以上，都有国内外名鸽，十二玉栏杆、紫乌、瓦灰等。20世纪90年代初，随时代变迁，人们对观赏鸽不再青睐，转为信鸽，它有天生的归巢本能。相传中国楚汉相争时，信鸽就已发挥传递书信求援作用，逐用于通讯。现已被快捷信息所替代。如今将信鸽演变成竞翔比赛，成为体育竞技项目。传统赛鸽有戴笠鸽、中国蓝鸽、粉灰鸽、中国枭、红血蓝眼、竞翔贺姆、安特卫普鸽等，羽色主要有雨点、黑绛、灰、白花等。眼睛明亮为上品。世界名鸽产于比利时（发源地）、荷兰、英国、德国、西班牙、日本和美国等，中国的台湾省也有不少名贵品种。

竞翔赛程300～500公里为短程，500～1000公里为中程，1000～1500公里为远程。

亢继庆1990年开始养竞翔鸽70余只，有台湾、比利时等品种，曾是青岛市信鸽协会会员。1996年青岛鸽协举办银海杯大奖赛，获得团体冠军和个人冠军，2000年弃养。亢继选1992年饲养竞翔鸽90余只，有紫乌、黑盖、瓦灰等品种，曾在青岛市信鸽比赛中获得二、三等奖，多次获前十名。2004 年弃养。

艾培明（青岛信鸽协会会员）1993 年开始饲养竞翔鸽 60 余只，有台湾麦克斯、火箭、荷兰、英国等品种。曾多次参加比赛。2003 年青建集团杯获二等奖，确山 700 公里大奖赛获二等奖，至 2010 年仍饲养 40 余只。

第四章　工　业

亢家庄从事农业种植，没有工业生产。1942 年村民闫盛思在东镇开办铁工厂，是亢家庄第一个私营企业。20 世纪 40 年代中期来本村一家外乡人租房用土织布机织布，另一家租房制做砂纸。这也算是工业。最后北园王家大院王凤云用机器制针和渔钩就算工厂啦。解放前几年有几家做豆腐和开粉坊的。1966 年始起，队办副业、队办工业才日渐发展起来，尤其 1985 年亢家庄大队转体为青岛大信农工商公司以来，业务上属青岛市乡镇企业局领导，税务对乡镇企业有优惠政策。1. 提留新产品开发基金，新产品三年免征营业税。2. 社会性开支 10% 提取。3. 提取能交基金调节基金。4. 新开商业企业所得税减二免三优惠。集体企业有了大幅度的发展，企业项目也逐渐增多，至 1997 年各类企业达到 27 个，规模和设施也大大超前，向着现代化的企业发展。社员的物质生活逐年得到提高，公共积累年复一年增加，集体事业与社员的福利待遇也得到了大幅提升。工业生产出现了前所未有的可喜局面。

1978—2001 年亢家庄大队、大信农工商公司工业区厂房情况表

表 77

序号	建筑面积（平方米）	结构	层数	建筑年代	注
1	3010.15	钢混	2	1997	1 层热工机修车间，2 层塑钢窗车间
2	175.27	混合	2	1997	工业区配电室
3	106.43	混合	1	1981	仓库、包装车间
4	269.17	混合	1	1981	山东路批发部仓库
5	12.20	混合	1	1981	厕所
6	57.55	混合	1	1981	传达与库房

续表 77

序号	建筑面积（平方米）	结构	层数	建筑年代	注
7	40.77	混合	1	1981	车库
8	502.98	混合	2	1981	锻造、热工办公楼
9	359.07	砖木	2	1997	机修车间、密胺厂
10	96.82	砖木	1	1981	锅炉房
11	219.55	混合	1	1981	钢信车间
12	1177.03	混合	2.5	2000	公司办公楼
13	59.52	砖木	1	1981	食品厂豆腐车间配套房
14	32.68	其他	1	1981	锻造厂空气锤车间
15	21.88	混合	1	1981	锻造厂传达室
16	64.40	砖木	1	1981	锻造厂办公室
17	48.16	混合	1	1981	锻造厂仓库
18	1126.25	砖木	1	1985	保健用品厂车间
19	281.27	混合	2	1999	大信公司车库
20	441.53	混合	2	1993	大信公司仓库
21	887.60	混合	1	1993	华艺车间
22	18.42	其他	1	1981	杂品房
23	756.89	混合	2	1987	工业区配电室
24	170.40	砖木	1	1981	冷拔厂车间
25	44.89	混合	1	1981	冷拔厂车间
26	3344.42	钢混	3	2001	工业楼
27	38.65	砖木	1	1978	锻造厂热处理传达
28	756.89	混合	5	1987	服装厂办公楼
29	1741.16	混合	4	1987	服装厂车间
30	751.55	混合	4	1987	服装厂仓库
31	293.74	混合	4	1987	服装厂锅炉房
32	45.00	混合	1	1985	服装厂花房
合计	16952.29				
土地使用权面积（平方米）			22542.30（33.85 亩）		

续表 77

青岛市房屋勘察测绘处房屋实测图

产权人	青岛大信农工商公司	房屋坐落	市南区	地号	A5-20-19
				门牌	泰州 / 宜兴（路）23/19/2 号
测 量		绘图	李 慧	比 例	
审 核				日 期	2002-08-10
图 号				档 号	

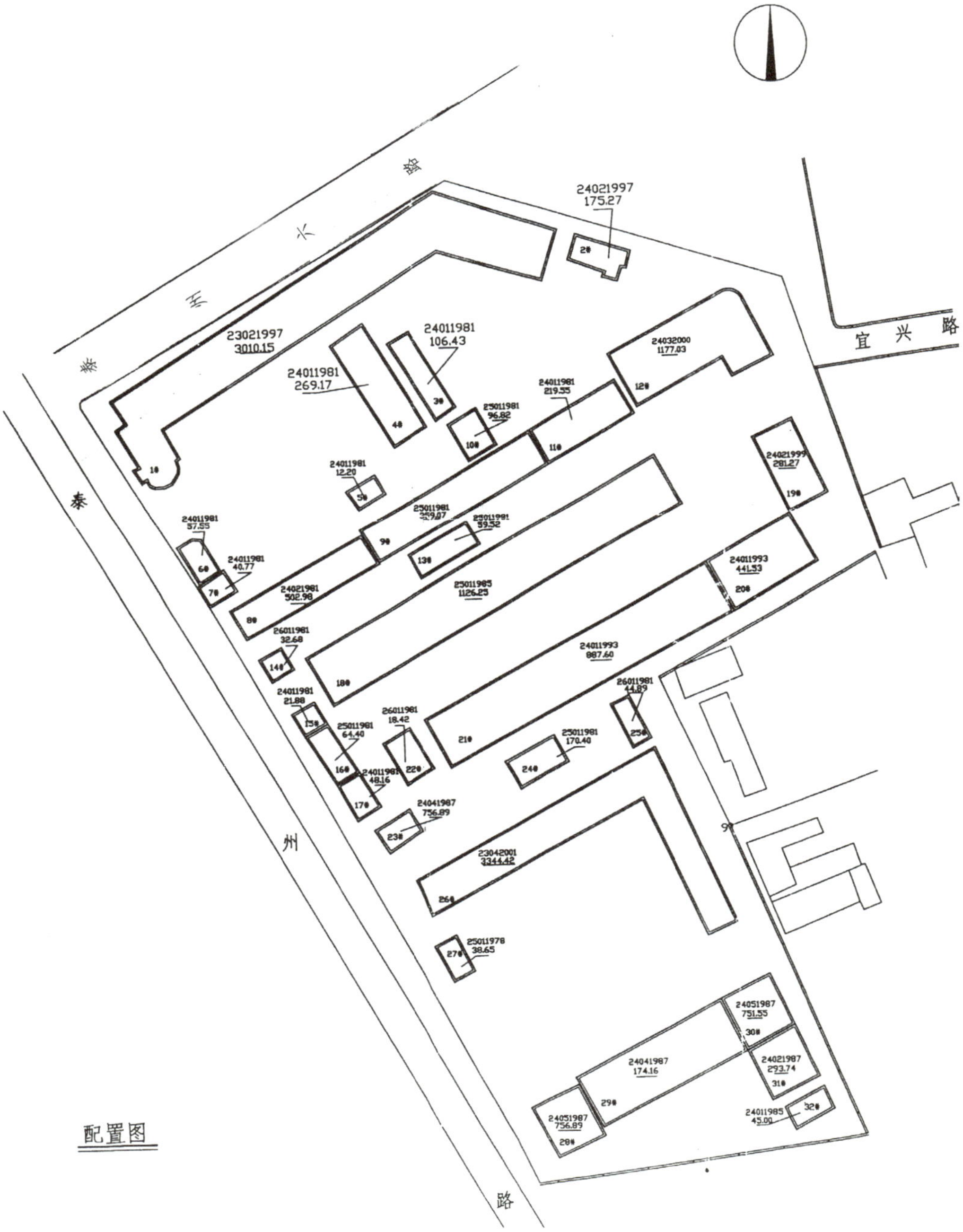

◇ 工业区图

第一节 队办副业

1958年人民公社实行了农、林、牧、副、渔五位一体的机制。为适应秋季农业大集体生产中的田间用肥及农作物与蔬菜等运输的需要，亢家庄生产大队从五个小队中，挑选了强壮男劳力，组织起16辆单轮小推车成立了“小车队”。同年冬闲时，“小车队”开始到青岛市区搞副业，给所需单位运输砖、石子、沙子等物料以增加经济收入，来年开春农忙时撤回。此后，每到冬季农闲时，由大队安排少数闲余整壮劳动力到外单位搞副业收入。大都到火车站干装卸工和到工厂单位打零工，但收入不尽人意。

1962年冬，青岛第四十三中学建校时，亢家庄大队承揽学校大楼的基槽挖掘工程，组织了60余人整壮劳动力一锨一镐的大干两个月完成。这是自合作化集体生产以来副业项目工程量较大、用人较多的一次，工程款8000余元，也是收入最高的一次。1964年全大队副业总收入仅1.4万元。1966年台湛路的磨坊加工收入0.4万元。同年10月至1967年的4月派出6人2辆地排车，给青岛市电业局运送水泥做成的电线杆，日挣运费200元。1967年大队又派出9人到青岛市“手工业管理局”干建筑活，所挣工资上交大队，以工资多少给记工分，年末参加社员的年终分配。以上所从事的各项副业都不能成为大队发展的经济渠道。

第二节 队办工业

亢家庄生产大队着手发展加工项目来提高经济收入。1967年1月与青岛市烟糖站所属的市南、台东两糕点厂签订了糖稀加工合同，加工厂的厂房是将60年代初，用放茧沟少量的土地与第四海校（海军潜艇学院）在亢家庄村南建造的养牛场兑换的房屋（后大队划为工业区），建起了第一个工业厂房，成立了“浮山食品加工厂”发展糖稀加工业务，以后相继承接了台西、市北、四方、沧口共六区糕点厂的糖稀加工。其下脚料糖糟用处很大，为村民养猪养鸡提供了方便条件，周围村庄及仲家洼市民都到亢家庄购买。自1967年至1986年近20年，每天上百人排队购买糖糟的场景令人回味。村民亲戚远到中韩等地，甚至崂山地区赶着马车来买糖糟喂鸡、猪。以后又承接了青岛市烟糖站供应青岛市的白面糖加工业务，还有数量较大的进口古巴原沙糖脱色加工及糖精的包装业务，还增加了每年农历正月十五元宵节做元宵用的糯米粉加工，生产量最高时达28万市斤。最初加工是用村东的石碾，以后加工量增加，安装粉碎机用机械加工。同时又承接青岛市蔬菜公司的芥末、胡椒、辣椒、五香面等调味佐料的粉碎加工及包装和味精的包装业务。芥末面和胡椒面的初期加工，始初也是用村中的石碾加工，后改换机械加工。自从大队在村前办起了加工厂，减少了冬闲外出

◇1977年5月21日队办企业职工合影留念

◇1991年大信公司有关领导在栖霞考察建筑材料于英灵山合影

◇ 1988 年锻造厂职工留影

◇ 1988 年锻造厂职工留影

◇青岛呢绒制衣厂

◇热工机械厂、塑钢门窗厂

◇亢家庄老加油站

◇建于2000年山东路37号亢家庄新加油站

◇青岛康乐卫生保健用品厂

◇青岛市市南区钢信五金厂

◇ 始建于1984年村内蔬菜店

◇ 大信建材总公司

◇ 青岛大信冷暖设备工程中心

◇ 青岛市市南区山东路百货批发部

◇ 青岛浮山锻造厂

◇ 1988 年青岛浮山锻造厂锻造车间

◇ 青岛浮山锻造厂锻造车间

◇ 青岛浮山锻造厂锻造车间

的打工人员，还安置了大部分妇女半劳动力，把冬闲变成了冬忙。1968年大队的食品加工项目总收入达14万元。此项的收入与农作物及蔬菜的价值相比是非常可观的数字。大队非常重视工业的发展。1969年冬亢家庄大队又成立了“锻造厂”，建热炉安装夹板锤，后增加了空气锤，承揽机件加工。同年全大队的副业收入增至21.2万元。

初时，大队操建两处加工厂异常艰难，一是大队的经济实力薄弱缺少资金，更没有银行贷款的支持；二是建筑物资及工业材料紧缺，采购困难；三是技术及外协人员缺乏。面临种种困难，大队以勤俭节约的精神，先用简便法上马早投入生产，后逐步完善和更新发展。初建厂房是调动亢家庄大队的“瓦工队”，木工亢正森，机械安装及部份机件的制作有闫盛明等人负责完成，外协事项及材料的采购则有郭景泰等人负责，聘请了热炉行家亢中印建造热炉及维修工作。为了培训锻造技术人员，大队派人到工具一厂短时间的培训学习，聘请工具一厂的锻造技术人员来厂指导，边干边教边学，大队领导下车间与职工边干边研究操作，以尽快地掌握锻造技术。

1970年开始食品厂及锻造厂的业务量逐年大量增加，业务非常繁忙，干部群众生产情绪极高。虽然是“文化大革命”期间办起的工业，但在“抓革命促生产”的口号下，工业发展空前。此时大队还是以农业、蔬菜生产为主，在不影响农蔬双高产的情况下继续发展工业，确保了农副业经济收入的双提高。大队为了节省耕地和工厂便于集中管理，将整个西南圻地片约30余亩耕地（今泰州路以东、泰州六路以南、泰州四路以北）划为亢家庄大队工业区。1977年在工业区内建造了焖火炉进行热处理加工业务。1979年在工业区内成立了青岛浮山冷拔厂，主要生产及承接加工钢材冷拔业务。至1979年队办工业总投资77万元。

青岛浮山食品加工厂 地址设在泰州路21号（工业区内），经营期1967至1986年（始初与亢家庄大队锻造厂为一套领导班子，1983年注册正式成立），法人代表闫盛惠，销售负责人郭景泰，会计亢正温，1983—1986年亢正泽。主要经营糖类及调味品等加工业务，全厂职工最多时99人，工厂占地8.12亩，固定资产25.5万元，流动资产7.6万元，其中1977年加工收入28万元。

青岛市市南区浮山公社亢家庄大队锻造厂 厂址位于泰州路23号（工业区内），经营期为1969至1993年。主要经营钢铁锻造加工及热处理，企业法人代表亢中泰，1984至1990年闫盛恕，1990至1994年宋思江，副厂长兼销售负责人郭景泰，主管会计王啟凯、亢继周、亢正鼎。全厂职工73人，企业占地5亩，建筑面积1773平方米，企业固定资产39.1万元，流动资产34.8万元，其中1992年加工收入224.8万元，利润34.1万元，实现税金43.9万元。主要业务单位：通用机械厂、北海船厂、塑料模具厂、东风电机厂等199家。因噪音及空气等多项污染于1993年停止生产。

青岛市浮山冷拔厂 厂址在泰州路19号，经营期为1979至1986年。主要经营钢材冷拔加工业务，全厂职工44人，企业法人代表亢中泰，销售负责人李旦恩，主管会计亢继进，后与刘家下庄联营时由刘新华担任。企业占地3.4亩，建筑面积800平方米，企业固定资产17.6万元，流动资产21.4万元，其中1986年加工收入31.3万元，利润13.6万元，实现税金2.9万元。主要业务单位：青岛自行车总公司、鲁南自行车公司等。1986年因废水污染停业，迁往刘家夏庄与其联营。

第三节 集体企业

中共十一届三中全会以后，尤其是1979年国家经济体制改革开放以来，亢家庄地域位置在青岛市东部建设与发展的重点范围，自1982年建筑山东路开始，土地大量被征用，耕地急剧减少，20世纪80年代中期基本停止农、蔬生产，转向非农业经济生产项目的开发，大信农工商公司成立以后，实施产业化升级，并根据形势发展逐步走上退二（工业）进三（商业）渠道，大力发展工业、商业、服务、联营、招商等企业。对企业的投资加大力度，对重点建设的大宗资金周转，通过银行贷款解决。自1985至1997年，共建工业单位5个，占用土地21.9亩，其中，建筑面积6193平方米，合计实投资金520.4万元，工业总固定资产512.2万元，流动资产596.4万元，从事工业职工329人。亢家庄自办工业以来经济发展稳步上升，为巩固三者关系打下了坚实基础。一是社员收入稳步增加。二是公共积累、集体事业与社员福利逐年提高。三是为国家扩大了税源，增加了税收。

青岛热工机械厂 厂址在泰州路23号，经营期为1985至2005年。主要生产经营机械加工及安装，属公司集体企业。企业法人代表初期是贺儒林，1991—2005年是宋思江。1985—2005年主管会计分别是于福胜、亢继周、亢正鼎、王丽华。1991年并入浮山锻造厂为一套领导班子，1994年锻造厂注销，将活板手的配件销柱、弹簧、滑轮加工并入该厂。业务单位遍及全国，主要有湖北英山工具厂、佳木斯市工具厂、文登工具厂等，青岛市有第一、第二工具厂及崂山工具厂等。企业职工48人，企业占地面积2000平方米，建筑面积770平方米，固定资产42.4万元，流动资产276.9万元，其中1997年销售额204万元，利润23.7万元，实现税金14万元。1991年开始主营啤酒设备输瓶线。主要业务单位：青岛机床厂、寿光啤酒厂、四川什邡啤酒厂等。

青岛信宇塑钢建材厂 厂址是泰州路23号，经营期为1991至2008年。主要制做塑钢门、窗及型材等，企业法人代表1991—1997年宋思江，1997—2005年丁树华。主管会计亢正鼎、王常慧、亢继周。全厂职工20人，厂房占地600平方米，企业固定资产197.5万元，流动资产130.2万元，市场运作及产品款式根据需求以销定产。其中亢家庄旧村改造所建新楼房塑钢窗产品全部由该厂生产。

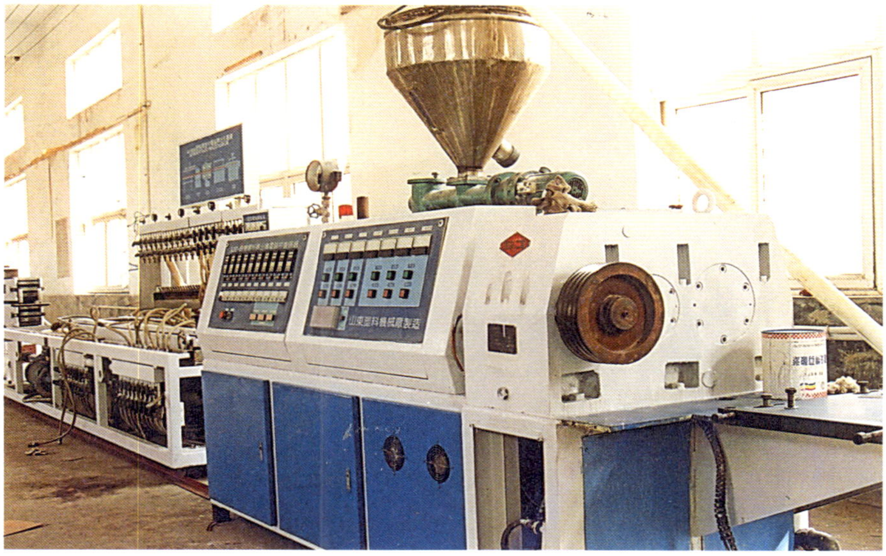

◇塑钢成型机

青岛康乐卫生保健用品厂 厂址在泰州路21号，经营期是1991至2003年。属公司集体工业，主要生产及定做香味湿纸巾及桌布等，销售方式推销及定做。企业法人代表张巨波（兼销售），主管会计亢继周。全厂职工18人，企业占地600平方米。厂房面积350平方米，企业固定资产90万元，流动资产56.1万元，其中1993年销售额64.9万元，实现利税9.8万元。

青岛普马密胺制品厂 厂址在泰州路21号，属公司集体企业。经营期是1997至2003年，主要生产密胺餐具，企业法人代表鞠宗磊，副厂长王伟，主管会计亢祝爱。全厂职工17人，企业占地400平方米，厂房面积200平方米，固定资产83.4万元，流动资产81.2万元。2002年与热工机械厂合并。

第四节 联营企业

为适应改革开放的市场经济新形势，根据国发（1986）36号《国务院关于进一步推动横向经济联合若干问题的规定》精神，发展乡镇工业，提高经济效益和社会效益，大信公司根据自身条件决定成立联营企业，主要弥补技术、销售、企业管理的薄弱环节。联营对方必须具备法人资格，双方成立联营企业建立章程，订立合同，并成立工厂管理委员会进行管理（简称工管会，第一任期不得少于五年）。采取投资比例相等，共担风险，利益共得，集体领导，厂长负责的原则，具有独立法人地位，厂长为法人代表（厂长任期一般情况不得少于一年），实行独立经济核算，自主经营，自负盈亏。厂长、副厂长、技术人员、销售人员由联营对方委派，主管会计由大信公司委派，水电由大信公司负责供给。

投资方式有两种：1.直接按注册资金各50%，以资金投入。房屋、场地、设备、材料等联营企业以租赁购买形式入账。2.也可用房屋、场地、设备、原材料等作价的方式，不足部分以资金弥补。

联营企业每年年底决算一次，盈利

时（税后利润）按国家规定提出福利、奖励等基金后再提出20%～30%为工厂生产发展基金，然后双方按投资比例分配。发生亏损时，双方按投资比例分担亏损金额。联营企业续期和停办时，需到期前三个月，双方均可提出要求，经双方协商解决联营事宜。

自1984至1996年共办联营企业5处，联营企业共有固定资产473.6万元，流动资产1314.9万元，联营企业实投资金共359.9万元，其中大信公司实投资金294.2万元，联营单位共投资金65.7万元。从事联营企业职工315人。联营单位是：

青岛呢绒制衣厂（原青岛服装一厂分厂）厂址在泰州路17号（工业区内），经营期为1984至2002年，由大信农工商公司与青岛服装一厂（后青岛衬衫厂）联营。企业法人代表初时李智，后林鸿文、亢继香、孙盛范，销售科长孙盛范。主管会计山广通、亢正泽、于福胜。主要经营各式服装制作及销售，全厂职工184人，企业占地5.97亩，四层大楼，建筑面积3588.34平方米，企业固定资产188.1万元，流动资产783万元，其中1993年销售额818万元，利润75.8万元，实现税金43.3万元。大信公司投厂房、资金及劳动力，青岛服装一厂投入技术、生产、经营、品牌及购销管理。

青岛亢家庄加油站 地址在宁夏路86号，1989年开业，是大信公司与中国石化公司青岛分公司联营企业，占地8.06亩，房屋建筑面积699平方米，总投资107万元，其中大信公司投资97万元，中石化青岛分公司投资10万元，1989—2002年企业法人代表闫可文，副经理闫盛恕，主管会计亢继进。2002年企业法人代表亢继进，副经理闫可斌，主管会计亢林峰。全员职工25人，固定资产171.9万元，流动资产408.6万元，其中1993年成为市南区利税过双百万企业。1998年建澳柯玛立交桥拆迁，另建于山东路37号，占地5.74亩，房屋建筑面积702.3平米。2004年撤销联营体制为青岛大信农工商公司独资企业。同年与中国石化青岛分公司建立合作关系，期限15年。

青岛科大针织厂 厂址在泰州路17号，经营期1989至1992年，大信农工商公司与山东纺织科学研究所联营，主要生产丝型化纤针织产品。企业法人代表曲培基，主管会计亢继周。全厂职工30人，企业占地3.3亩，厂房建筑面积726平方米，企业固定资产42.2万元，流动资产39.5万元，企业总投资39.1万元。

青岛钢信五金厂 厂址在宜兴路4号（工业区内），经营期为1990至2005年。公司与青岛钢厂联营，双方投资各50%，主要生产低炭冷拔钢丝。法人代表张钧国，主管会计亢继自。全厂职工30人，企业占地1445平方米，其中，建筑面积321平方米，企业固定资产43.8万元，流动资产54.9万元。其中1994年销售额900万元，利润38万元，实现税金22.9万元。

青岛乳胶厂分厂 地址泰州路21号，厂房建筑面积800平方米，是大信公司与青岛乳胶厂联合生产经营企业。大信公司投入厂房及资金，乳胶厂投技术，企业固定资产27.6万元，流动资产28.9万元。法人代表牛忠光，主管会计亢继自。主要生产医用乳胶手套，联营期1987—1989年。

第五节 合资企业

为进一步适应改革开放市场经济新形势，开拓经济转型模式，向涉外经济发展，大信公司一班人经过对市场调查、论证，经研究决定成立合资企业。1993年3月与香港合兴公司达成了合资意向。合资企业名称为“青岛华艺建筑材料有限公司”。生产浮雕花门、雕花板。1996年，大信公司与台湾子玮公司成立合资企业“青岛华信纸制品有限公司”，生产纸制餐盒。确定对方的合法地位（企业法人执照）后，开办合资企业事宜。

1. 制定合资合同、章程、可行性研究报告。2. 经青岛市外经贸委批准，领取批准证书及相关产业主管部门的证书，如“卫生防疫站”、“环保局”等部门颁发的许可证。3. 到工商局取得营业执照。4. 到银行开立临时账户，将注册资金入账。5. 到外汇管理局办理外汇登记，取得“外汇登记证”。6. 到会计师事务所验资，取得验资报告。7. 持验资报告和营业执照到税务局涉外科办理税务登记，取得税务证。8. 到“海关”办理进出口许可证。9. 到技术监督局办理代码证。产品投产经检验合格后，申请企业计量定级和质量认证。企业自定产品标准，报技术监督局备案。

青岛华艺建筑材料有限公司 厂址在泰州路21号，经营期为1993年至2001年。大信公司下属企业青岛市市南区塑钢门窗厂为甲方，与香港合兴公司为乙方合资，主要生产雕花门、雕花板。企业法人代表闫可文（董事长），副董事长杨学忠（香港合兴公司），总经理亢正福，副总经理牛忠光，财务负责人亢正鼎。1997—2001年企业负责人丁树华，主管会计亢继周。全厂职工20人，企业占地2.3亩，厂房建筑面积1100平方米。大信公司实投资金313.5万元，合兴公司实投资金209万元（设备价款及部分资金）。亢家庄旧村改造所用雕花门都是该企业生产。

青岛华信纸制品有限公司 厂址在泰州路21号。大信公司下属企业青岛康乐卫生保健用品厂为甲方，台湾子玮公司为乙方合资，主要生产纸制餐盒。甲方代表闫可文，乙方代表陈培湖。产品在试制过程中未达到技术要求而搁置。

第五章 商 业

亢家庄较长时间通过集市进行交易，私人营业的数量也不多。随着经济体制改革的推进和改革开放政策的实施，亢家庄的商业有了突飞猛进的发展。自1984至2005年，商业企业共成立6个。

第一节 集市贸易及私营商业

一 集市贸易

青岛开埠之前，亢家庄民众柴粂粮食、生活用品和生产物品大都以“赶集”方式进行交易。“浮山所集”是农历月旬中逢四逢九日开集。李村集月旬中逢二逢七日开集。“沙子口集”和“即墨城集”都是逢五逢十之日开集。村民赶集以浮山所集为主，有时也去赶李村集或沙子口集。需要特殊物资时去赶即墨城大集。

“集市”是有时间限制的，平日的开集交易时间从清晨至中午，一过中午开始散集，如果去晚了就可能买不到所需的物品，所以民间称“赶集”。

“赶年集”是在春节前的两个开集日，这两天是从清晨开始至日落收集，持续一整天的交易时间，又称“天集”，所以有“赶年集”不用急的俗说。

村民用的锄、镰、锨、镢、钩子等生产工具的打造和修理，都是由走乡串村的铁匠每逢春秋两季在村东“关帝庙”前搭炉接活。

平时经常有卖布料及针头线脑的货郎；卖油盐酱醋的油匠；跑海鲜的卖干海货的小贩（吴家村人，葛姓）进村走街串巷的叫卖，方便村民。

村民盖房所用的砖、瓦都是手工制坯烧制而成的，最早到西城汇、海西，后来到张村、夏庄等地，青岛开埠以后逐渐改用机制砖瓦，主要到错埠岭、东吴家村、田家村等窑场购买。

青岛开埠以后，海、陆（小港、大港、铁路）运输的开通，逐步形成大鲍岛、小鲍岛、台东镇、四方商贸集中的街区，各大商号不断增加，市井繁荣，商品种类琳琅满目。村民到商贸区购物、兜售农副产品倒也方便了许多。

二 私营商业

在胶澳商埠期间，亢家庄初办商业小铺者是张通明，小铺商品较为简单，以趸销形式经营，商品有散白酒、散黄酒、炒花生米、炒瓜子及糖果等小食品。

20世纪30年代中期，由外地刘姓人在村内前街租房开设小铺，除一般小商品外，又增加香烟及茶炉项目。40年代先后相继开办过类似店铺的有张通胜、亢中元、闫瑞山、王淑珍、芦国秀、单沈明、王乃迁等七家店铺，其经营规模基本没有扩大。

新中国成立初期，由崂山县供销社在前街借房开设分店，负责人亢正深。经营粮油、煤油及生产用小型物资等，1954 年撤销。1952 年，由仲家洼人葛本高在北街租房开办小铺，初时烤火烧，后增添了烟、酒、糖果等小商品，1954 年移前街租房并安装容量 500 市斤的锅炉式开水炉，后与开设茶炉的王乃迁合并，成为持有工商执照的合营商店。其间也有外村人先后在村北办过电器厂、制针厂，在村内办过砂纸厂，时间不长便关门。

1969 年浮山烟酒糖茶百货商店在村南盖房三间，开设分店，规模较大，给村民带来方便不小。于 1978 年撤销。

◇ 建于 1969 年村前的浮山烟酒糖茶百货部分店

20 世纪 80 年代改革开放以后私人企业兴起。1986 年本村人李福华第一家办起持有工商执照的“福华烟酒百货店”，并带有开水茶炉及公用电话；以后相继办起类似商店 5 家。

20 世纪 90 年代开始亢家庄对旧村进行陆续改造，周边新建起的住宅楼和花园式小区 4 个，外单位新建起的住宅楼增加，有亢家庄人用私房和外地人租房开设的各种店铺随处可见。

第二节 集体商业

国家经济体制改革开放以后，大信农工商公司为了解决村民出村购买油、盐、蔬菜等食品的困难，1984 年办起第一个集体所有的蔬菜食品店，初办时在村中心处，用旧房三间作为店面，规模小，经营品种少。1986 年迁址村北成为宁夏路综合商店，逐步扩大店面增添商品种类，1988 年于村东（山东路西）建起了新店，成立了山东路百货批发部。自 1984 至 2005 年商业企业成立 6 个，共占用土地 7.61 亩，建筑面积 3044 平方米，公司对商业单位实际投资 521 万元，商业总固定资产 271.3 万元，流动资产 1173 万元，从事商业职工 158 人。商业单位：

青岛大信商行 地址在泰州路 21 号，经营期为 1984 至 1987 年，属公司集体商业企业，法人代表闫盛惠，销售负责人郭景泰，主管会计亢正温、亢正泽。主要经营木材、土产品、干鲜果品等，批发兼零售。企业职工 8 人，占地 600 平方米，房屋面积 400 平方米，企业固定资产 2.7 万元，流动资产 48.5 万元，其中 1985 年营业额 96.5 万元，利润 2.1 万元，实现税金 1 万元。

青岛山东路百货批发部 店址在山东路 36 号，经营期为 1984 至 2001 年，主要经营百货及食品批发兼零售。企业法人代表刘安贵，后夏洪斋，主管会计亢继自、丁占宣，属公司集体商业。全员职工45人，企业占地2.5亩，房屋面积1022平方米。企业固定资产70.1万元，流动资产219.4万元，其中1989年营业额585.6万元，利润15.8万元，年实现税金9.5万元。2001年与青岛大信经贸公司合并。

青岛东信大酒店 地址在宁夏路103号，经营期1986至1998年，属公司集体饮食服务企业。法人代表亢正明，后闫可斌，主管会计孙秀云、亢爱萍。经营范围炒菜、面食、酒水等，全员职工20人。占地1亩，房屋面积312平方米，企业固定资产37.9万元，流动资产71.5万元，其中1995年营业额99.7万元，利润10.8万元，实现税金6.8万元。1998年建造澳柯玛立交桥时停止营业。

青岛油库设备器材公司 地址在宁夏路88号，经营期1987至2002年，属公司集体商业。法人代表闫可文，全员职工15人，主要经营油库设备器材，占地140平方米，房屋面积110平方米，企业固定资产10.5万元，流动资金116.7万元，其中1992年营业额246.3万元，利润17.5万元，实现税金11.6万元，建澳柯玛立交桥时迁入山东路37号并入亢家庄新建加油站。

青岛大信经贸公司 地址在宜兴路2号（原址宁夏路，建澳柯玛立交桥时被迁），经营期1992至2005年，属公司集体商业。主要经营建筑材料及综合经营。企业法人代表亢继庆，主管会计刘秋英、刘新华、亢红。全员职工70人，企业占地2.1亩，房屋面积800平方米，企业固定资产92.9万元，流动资产340万元，其中1994年营业额185.4万元，实现利税24.6万元。2007年建乐天玛特超市拆除并注销。

青岛大信冷暖工程中心 地址在山东路38号，经营期为1996至2002年，属公司集体企业。主要经销春兰空调及工程安装，法人代表刘正寿，主管会计亢斌。1998年由亢继庆接任。全员职工30人，企业占地600平方米，房屋面积400平方米。固定资产57.2万元，流动资产376.9万元。其中1999年营业额228.2万元，实现利税13.1万元。1998年建山宁立交桥时迁入大信公司泰州路工业区。

第三节 招商引资

国家经济体制改革开放以后，大信农工商公司随着市场经济新形势，由第二产业逐渐转向第三产业，大信公司新开发的招商项目，对21世纪的经济发展奠定了良好的开端。自1986至2010年共招进外商单位10个，外商租用厂房占地72146.7平方米（108.33亩），其中，建筑面积73071.47平方米，开发招商项目建设的实投资金15268.8万元，招商项目对今后的经济发展开拓了新途径，给大信公司全体职工经济收入奠定了久远保障。招商企业：

青岛大信花卉园艺场 第一个招商项目，地址在原亢家庄村前，占地1180平方米，其中，建筑面积480平方米，经办项目有建筑物花室、园地及办公室。

◇2006 年大信公司党总支、董事会成员在市南上藏工业园合影

◇2010 年 9 月公司领导视察乐天玛特工地

虽然投资规模不大，却是个良好的开始。承租商刘浩世，场地租用期1986至1996年，主要经营花木栽培及绿化工程。

青岛化工新材料公司 山东路36号，占地200平方米，房屋面积150平方米。承租商是青岛化工新材料公司，租用期1996年至1998年，主要经营化工材料。建澳柯玛立交桥时停业。

德国卡罗尔热暖技术有限公司 泰州路23号，厂房占地1300平方米，其中，建筑面积2600平方米，两层厂房大楼。承租商是德国卡罗尔热暖技术有限公司，主要生产热暖材料，厂地租用期2000年至2001年，因噪音、粉尘被停止生产并解除承租合同。

青岛九中分校 泰州路19号，占地3438.6平方米，其中，建筑面积3996平方米，三层大楼。承租人是郭敬先，租用期2002至2012年，开办青岛瑞达中学，后为青岛九中分校。

东方医院 泰州路17号，原青岛呢绒制衣厂厂址，占地2664平方米，其中，建筑面积3588.3平方米，四层大楼。承租商为民康皮肤病研究所，开办东方医院，租用期2003年至2023年。2012年市南区政府征用已拆迁，解除租赁关系。

百安居 山东路38号，原亢家庄村址，占地24282.36平方米（36.46亩），其中，建筑面积21346.85平方米，两层商场大楼，建于2003年。承租商为英国B & Q翠丰集团公司，开设百安居装饰建材商场，厂地租用期2003至2023年。

中国石化青岛分公司 山东路37号，企业占地3823.7平方米，建筑面积702.3平方米。2004年与中国石化青岛分公司合作经营，主要经销汽油、柴油，期限15年。

乐天玛特购物中心 山东路36号，建于2011年，占地26.59亩，三层商场，局部四层，房屋面积33744.52平方米，与韩国承租商“乐天玛特”建立租赁关系20年。

美国艾丝莱特按摩床有限公司 位于崂山区上藏村，市南科技工业园，占地23.5亩，两层厂房，建筑面积6463.5平方米。承租商为美国艾丝莱特按摩床有限公司，生产加工按摩床以及相关产品等，厂房租用期2006至2016年。

第六章 财务管理

1956年农业合作化以前，土地及生产资料私有制，村民生产经营自主，大都不设账，有的村户家庭记流水账，收入、支出及杂事等。1952—1955年互助合作期间，互助组只记录劳动日，以备兑换劳动工日，至土地入股组期间开始实行记工记帐，设记账员和出纳员，设账简单，只记收入，种子、肥料、生产工具支出及剩余价值，年终也有结算。

1956年高级社成立以后，土地及生产资料集体所有，实行以合作社（社委会设于浮山所）一级核算，重大事项由社委会决定。亢家庄设5、6、7三个大队，第五大队会计由亢登信担任，第六大队会计由亢正孝担任，第七大队会计由亢爱美担任，大队下设小队记工员。各小队记工员只管记工。所用种子、肥料及各项支出都向大队领取。蔬菜都送指定批发市场进行交易，市场有大队专管人员推销、记账。汇算后上交社委会。大队会计记录社员平日往来账，主要是口粮和借支款。年终由社委会派财会人员来亢家庄大队协助年终结算。1958年人民公社初期仍沿用前期财务核算模式，生产资料、粮食及劳动力管理由社委会实行统一调配，财务管理不规范，出现严重的平调现象。1959—1962年为生产救灾年代，全国农村实行三级所有以生产小队为核算体制，由于生产搞得好，年终分配逐年上升。当时惟亢家庄顶住上级的压力，实行二级核算，坚持以大队为基础的财务管理体制。主管会计由亢中泰担任，出纳员由亢正孝担任，物资保管由闫瑞平担任。1966年6月2日亢家庄大队制定了第一份生产财务管理制度。"文化大革命"期间，虽然受到了冲击，财会人员坚持不动摇，使财务档案及集体财产没有受到损失。1969年闫可文担任主管会计工作。

自1967年大队搞起副业生产。1969年锻造加工项目上马后，随着其他加工业和商业的增加，工业厂区已成规模，其财务账项仍由大队管理。由于工业的账务要求对收入、生产费用、利润及税金等项目进行规范核算，原来大队使用的收、付记账方法已不适用，尤其工作量的加大使大队财会人员难以承受。这种现象也在全公社普遍存在。1982年浮山公社在浮山所举办首批财会人员培训班，亢家庄大队有王啟凯、亢正温、杨孝书、亢正泽、亢继周、闫盛奎、刘新华等参加了培训。1983年大队对每个独立企业充实了财务人员，聘请了有资历的会计人员许子学、张红卫为工业会计指导老师，隋永和为商业指导老师，到各个企业边设账边讲边教边指导，从会计基础学起直至能单独掌握企业的财务核算和管理工作。开始使用加减记账方法，至1986年全部改用国际通用的借、贷记账方法。自1986年至1998年聘用许子学、张红卫老师分别担任青岛呢绒制衣厂和亢家庄加油站会计工作。1986年青岛市市南区经计委聘请财务专家，组织七个农工商公司工业、商业百余财会人员参加财务培训。大信公司领队亢正嵩，工业有亢继周、亢继进、亢正鼎、丁占堂、于福胜。商业有亢继自、王丽华。经过四个月的培训，通过考核均达合格。1987年亢正嵩担任大信公司主管会计职务。20世纪80年代中期，国家扶持乡镇企业给予优惠的税务政策，浮山地区七个农工商公司正开始大力发展乡镇工商企业，也是市南区政府纳税大户，区政府非常重视对企业财会人员的业务培训，以提高核算水平和纳税意识。一方面税务部门给各个公司所属企业派税管员亲临指导，一方面每到年终组织七个农工商公司财务人员集中学习汇算清缴工作，不但学习和掌握了新的税务政策，也提高了财务专业水平，在实际工作中既正确的按政策上缴国家税金，也享受了国家的税务优惠政策，增加了企业利润，有利于职工分配和发展生产资金。

其后，区财政、乡镇企业局、税务等部门举办多期财会人员培训班，大信公司共对30余名会计人员进行正规培训，并对财会人员进行资格考核和职称评定,实行持证上岗。大信公司会计员15名，助理会计师9名，中级会计师3名。1992年青岛市对企业进行财务达标考核，十三个工、商企业第一次有十一个企业一次通过。第二次全部通过，并且受到检查人员的好评，乡镇企业有如此规范的财务管理水平还是少有。市、区政府在多次开展财税物价大检查中没有一个企业出现大的违规现象。自1984年开始企业编制正规的财务报表，清晰醒目，平衡关系正确，数字反映明确，月报、年报上缴及时，受到各级部门赞扬。2000年张梅生担任大信公司财务科科长职务。进入21世纪财务核算实行电算化，账目更加清晰，程序简明，财务管理更加严谨。现仍然实行税务代理缴税。

刚入社时，财务账项大都在社委会，大队只有往来明细账，对财务档案管理认识不足，只年终分配账基本得以保存。自1985年大信农工商公司成立开始，公司领导对财务档案纳入正规管理渠道，从公司机关到各个企业的财务资料至今保存完好，年份清晰，井然有序，财务档案管理规范，

大信公司的统计工作自入社以来能够按上级要求所需要的各项数据按时如实上报。中共十一届三中全会以后，全国走进改革开放的大环境，对统计工作要求严格，各项数据确保来自各个企业的最基层。自1983年开始公司领导对统计工作加强了管理，要求企业必须按实际情况上报各项数据，市南区统计局举办多次培训班，提高统计工作意识和统计水平。区统计局每年年终组织全区统计人员作集体年报。多年来大信公司统计工作非常出色，从不虚报、瞒报，为国家提供了所需数据，得到了上级好评，多次被评为市、区统计工作先进单位和多名统计先进工作者。1999年亢继自、亢正鼎获得国家统计局颁发的为统计工作作出贡献荣誉证书。大信公司的统计员大都由企业主管会计兼任。1996年开始由石立红担任大信公司统计负责人。

◇1986年市南区东三办工业联合办公室财务培训集体合影。二排右五亢正鼎，三排右五于福胜，后排右二丁占堂、右三亢继周，左一亢正嵩、左五亢继进

第七章　财税、金融

第一节　赋税

一　旧时税赋

清末，本地区属即墨县，税收由粮房征管，较大税户直接向粮房缴纳，其他户均由乡征收解缴。大粮地分上、下两种，额外荒田征银，加摊丁银为官府规定正供，正供以外尚有各种带征，征购钱粮，名曰火耗，以为解费及本县公务之用，还征收商税、牛驴税、契约税、盐税等，以盐税最高。

德国侵占时期，设财源调查委员会，议定课税物件及方针，于1898年9月2日发布胶抚命令，定为胶澳开始征税规则，共八条，其中与农村有关的是：（一）租借地内土地所有权尚未归市公有的，仍向所有人征土地税，每当时的中国亩（合现市亩0.92亩），缴纳制钱32文。（二）市亩厅收买的土地再卖给民间的按照土地售价征收2%地税。（三）畜犬税。（四）狩猎许可证费。

日本第一次侵占青岛时期，基本沿袭德人规定，租税及杂税的征税科目及标准，虽略有改动，但无大差别。

北洋政府时期，中国收回青岛后，基本沿用德、日时旧制，并逐事推行国家规定的国、省税如盐税、印花税、烟酒公卖税等。张宗昌统治山东时期（1925—1928年），有军事特别捐、军械、军鞋捐附加等8项。韩复渠统治山东时期（1930—1938年），主要苛税有地亩捐、民团捐、教育捐、戏捐、门牌捐、自动车捐、富户和振灾捐等14项。盐税，自1923—1932年陆续有所增加。

日本第二次侵占青岛（1938年）后，逐渐恢复港务、水道收入、地租地税，增加了营业税、屠宰税、房租、矿产税、所得税、遗产税等税，共16个税种。

南京国民政府时期，主要课税有：屠宰税、筵席税、娱乐税、营业牌照税、房捐、契税及附加、印花税、遗产税、田赋、地价税、土地增值税、财产出卖所得税、财产租赁所得税、教育捐等苛捐杂税1700余种。税额也因物价暴涨，货币贬值而迭次变更，田赋实行征实、征借和预征，其他税收逐年加码翻番。

二　新时税收

（一）税制

1949年青岛市人民政府成立始初，根据中央“关于暂时沿用旧税制，部分废除，在征收中逐步整理”的原则，本地区沿征货物税、营业税、印花税、屠宰税、牲畜交易税、文化娱乐税6个税种。1950年1月，中央人民政府政务院颁布《全国税收实施细则》，全国开征14

种税，本地区开征货物税、工商业税、印花税、交易税、屠宰税、车船使用牌照税、房地产税、存款利息所得税8个税种。1953年1月中央对税制做了修正，共16种。本地区开征9个税种。1958年中央进行了工商税制改革，全国确定了14种税，本地区征收工商统一税、工商所得税等8个税种。1973年试行工商税，合并税种，简化税目和税率。对国营企业只征工商税一种，对集体企业只征工商税和工商所得税2种税，全国共有13种税。本地区只征工商税等六个税种。1977年停征车船使用牌照税。1983年、1984年分别为第一步和第二步利改税，是新中国成立后的重大税制改革，形成新税制，全国有30个税种，先后开征了产品税、营业税、集体企业所得税等18个税种。同年10月开征建筑税，1985年1月1日开征城市维护建设税。1986年10月1日恢复征收城镇房产税、车船使用税。奖金税扩大到集体企业。1986年7月1日开征教育费附加。同年10月1日开征水利基金。1987年1月国家能源交通重点建设基金征收扩大到乡、镇、村办企业。同期开征个人所得税。1988年11月1日开征土地使用税。1991年1月1日开征固定资产投资方向调节税（自2000年1月新发生额暂时免征）。1994年1月1日国家将工矿企业产品税改征增值税。1997年10月1日开征契税。

至2010年中国正在实行19个税种，有增值税、消费税、营业税、企业所得税、个人所得税、资源税、城镇土地使用税、土地增值税、房产税、城市维护建设税、车辆购置税、固定资产投资方向调节税等。

（二）涉及税种

农业税：新中国成立时，“按照国家下达的农业税指标，折实为粮”。后推行合理负担的征收政策，利用累进税率和减免政策，保护农民利益。1953年改农业税率为“按行政区域划类，按类定税”的农税征收政策。1954年改按“常年常产常率计征，无故减产不减税，勤劳增产不增税”的征税政策。人民公社化后，农业税改按人民公社征收。1965年，政府规定农村人均口粮300斤为起征点，不足者，改缴代金或豁免。20世纪70年代末，农业税均改用代金。

屠宰税：1950年遵照政务院颁布《屠宰税暂行条例》规定，对自养、自宰、自食的牲畜免征屠宰税。1954年对屠宰商的税率为15%，自养、自宰的猪、羊按13%从价征收。1973年改为收购、零售环节各征3%工商税。牛4元/头，猪2元/头，羊免征。

营业税：1950年属工商税的一部分，1953年成为一个税种，1958年并入工商统一税，1984年10月成为独立税种。征收对象：商业、服务业、交通运输、建筑、金融、邮政、娱乐、公用事业、个体经营等11个税目，根据不同行业采用比例税率3%～10%。

产品税：1984年10月起，遵照国务院通知，试行第二步利改税，以产品税替代工商税。征收对象：生产销售应税工业产品、企业自产用于本企业非生产和连续生产所规定的工业品、委托加工、应税的农、林、牧及水产品和进口应税产品等，适应税率 3% ~ 6%。1993 年 12 月 13 日由增值税替代产品税。

增值税：国家自 1979 年开始试行增值税。于 1984 年、1993 年和 2012 年进行三次重要改革。现行的增值税制度是以 1993 年 12 月 13 日国务院令第 134 号《中华人民共和国增值税暂行条例》为基础的。一般纳税人适用税率有 17%、13%、11%、6%、0% 等。增值税由国家税务局负责征收，税收中 75% 为中央财政收入，25% 为地方收入。进口环节的增值税由海关负责征收，全部为中央财政收入。

其他税种有：房产税、城市维护建设税、个人所得税、企业所得税、车船使用税、教育费附加、地方教育费附加、水利基金、印花税等。

第二节　金融

一　机构

清光绪二十四年（1898 年）德国在青岛设立的第一家金融机构“德华银行青岛分行”，相继英、法、日等国设立了几家银行。清廷官办的“交通银行”等。民族资本金融有设立“义聚合钱庄”“谦顺银号”等。国家银行有“中央银行”“中国农民银行”等。

民国 32 年（1933 年）5 月由青岛市市长沈鸿烈倡议成立青岛农工银行，主要业务代理市库、调剂农村金融、发放农业贷款，下设七个办事处，其中有浮山所办事处。1937 年“七七事变”停业，1946 年复业，1949 年歇业。

1949 年 7 月“北海银行南海支行”设于崂山县，1949 年 11 月改称“中国人民银行南海支行”崂山办事处，是新中国成立初期本地区属于人民的金融机构。

50 年代初期成立青岛市“农村信用合作社”，属集体所有制，主要业务是农民合作储蓄，有益于农民贷款。浮山所设储蓄所，主任刘鸿琪。1956 年浮山所、亢家庄、田家村成立农业合作社后，便成为合作社的存储、信贷主要金融机构。1958 年成立人民公社后，辛家庄、大尧村、逍遥村划入营业范围（1994 年机构注销）。1980 年中国农业银行青岛市中心支行成立，行址在香港中路。1984 年成立中国农业银行青岛市分行市南区支行，行址在南京路。浮山公社储蓄、工资发放、信贷等业务全部在该行开户。

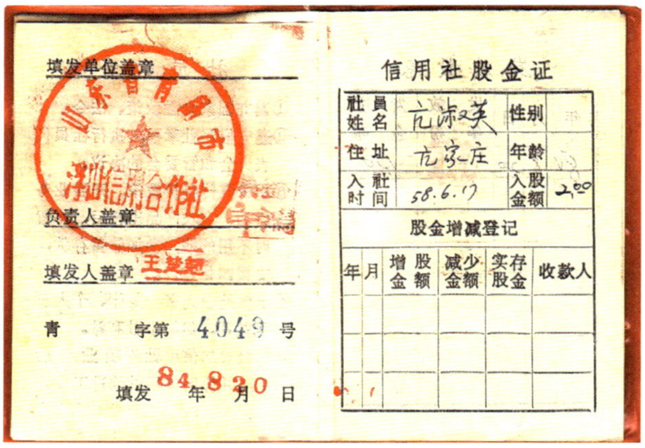

◇ 亢淑英信用社股金证

1997 年大信农工商公司职工工资开户（包括退休人员）转入中国农业银行青岛分行营业部（行址：山东路）和中

国工商银行青岛分行营业部（行址：山东路）。

中国人民银行青岛市分行，是公司外汇业务开户行。

中国建设银行青岛市分行山东路、镇江路储蓄所是村民储蓄、委托代缴业务银行。

二 货币

清末本地区流通的货币有白银（以两、钱、分为计算单位），制钱（铜币，圆形方孔，一枚一文）。该时，库平银一两折制钱1吊200文。购物记账：大数用银，小数用钱。此后改用银元、铜元（俗称铜板），有当制钱10、20文两种。

德、日侵占时期，德国“马克”、日本“龙洋”、英国“站人”、墨西哥“鹰洋”等外国币，都曾少量地流入民间，随他们撤离而绝迹。

北洋政府时期的货币有孙中山半身侧面像开国纪念币（银元，俗称小头钱），袁世凯半侧头像银元（俗称大头钱），民国24年（1935年）通行“法币”，禁止银元流通，通用中央、中国、交通、中国农民四家银行发行的法币，票面额有10元、5元、1元，辅币有1角、2角镍质币和1分的铜质币。铜元自此绝迹。该时青岛的“谦益和”“立诚”等私营钱庄所印制的钱票，亦在社会短期流通过。

日本第二次侵占青岛时期，“中国联合准备银行”发行的“联银券”，市区和崂山地区泛滥一时，票面分100元、10元、5元和1元，辅币（镍质）有5角、2角、1角、5分、1分。

南京国民政府时期，恢复使用法币，并通用“关金券”，关金与法币的比是1∶20。以法币1元收兑联银券5元。1946年4月联银券停止使用。由于恶性通货膨胀，货币急剧贬值，国民党政府在1948年“八一九”币制改革时发行“金圆券”，金圆券与法币的比是1∶300万，曾禁用的银元又开始使用。

1949年青岛解放后，7月青岛地区通用北海银行发行的“北海币”。人民政府下令禁止使用和买卖金银，对金圆券组织收兑。中华人民共和国第一套人民币从1948年至1953年12月版，面额12种，62种版别，从1元到50000元。1955年3月1日中国人民银行发行1953版人民币，主币有拾元、伍元、叁元、贰元、壹元，辅币有伍角、贰角、壹角、伍分、贰分、壹分。新旧人民币折比1∶10000。旧人民币全部兑回。

1957年12月，市面开始流通中国人民银行发行的1分、2分、5分金属币。

1999年10月1日中国人民银行发行第五套人民币，面额100元、50元、5元、1元（有纸币和镍币），5角和1角为硬币。

第七篇　教育、文化、体育、卫生

第一章　教　育

20世纪前亢家庄没有办学条件，学子都到仲家洼和浮山所求学，人数不多。1902年由村长带领利用亢氏祠堂开始办私塾教育，人数增多。1935年亢家庄私塾教育终止，同年公学堂开始，为浮山所小学分校。1949年新中国建立后，更注重儿童教育，仍属浮山所小学分校。亢家庄私塾和公学教育培养了不少优秀学子。中共十一届三中全会以来，教育得到前所未有的重视，居民的素质也逐年得到了提升。亢家庄大学毕业生及硕士、博士研究生至2013年281人。

第一节　私塾教育

村塾是封建社会初级教育的形式之一，有村办和私办两种形式，地址多在村中祠堂，又称“义学”“义塾”，是一村或数村为其子弟开设的免费学塾，其经费主要靠学田地租和村民集资。教师生活一般是村长在学子家中轮流安排。

私塾以尊孔读经为宗旨，课程大致有两类：一是启蒙课本，有《三字经》《百家姓》《千字文》《日用杂字》《幼学琼林》等，相当于初小。再高一级有《论语》《孟子》《大学》《中庸》四书，为科举考试做准备，五经有《诗经》《左传》《书经》《礼记》《易经》，在教学上既无学制年限，又无教学计划和具体要求，多因材施教，课程单一，教法一律，无统一规定的上下课时间和活动时间。在训导学生方面重封建礼教“三纲五常”“三从四德”，对不守规矩的学童轻则训斥，重则打板子、罚站、罚跪等，惩罚学生是天经地义的。

古今有文化者向来应该为人们所尊敬和崇拜。在农村传统观念却认为：种庄稼用不上文化，不能吃，不好喝。随着社会的发展和要求，农民对文化也有了向往，家庭状况好的让孩子上学，但要求不高，能识个人名，写封信，逢年过节能给故人写个包袱褡子就足够了。19世纪末期亢家庄亢辉镜、亢中衔就在仲家洼念私塾，从师仲姓。20世纪初期亢登平、亢中规等五人去仲家洼上私塾，师从胡姓和葛姓，唯亢登平完成《论语》

◇亢登平用过的书法用具

《孟子》《大学》《中庸》《礼记》等八年学业。1900年海泊村学者洛正雨迁入。在当时是亢家庄人们称谓的一批圣人（有资历的文化人）。村民结婚查日子、媒柬、地房契、春节对联及白事等均有他们撰写操办。

1902年亢登悦任村长，协同村老自己办学，首聘金家岭人马守业为老师，第一批学子9人，亢登聪、亢中规、亢中衎等。第二批学子12人，亢中珍、亢登信、闫瑞芳、亢中典、亢中金、洛敦恩等。1931年聘即墨郭埠黄姓为师，学子13人，亢正叔、闫盛思、闫冷梅、亢正林等。1933年聘胶县洛姓来此教学，学子20人：亢正亭、亢正深、陆学信、亢正保、闫盛忠、亢中尧、亢中善、亢正泰等，继后即墨人王钦臣来此从教。教学地点一直在亢氏祠堂。到1935年上半年私塾教育在亢家庄终止。当时有学子26人，其中女生6人。亢家庄的私塾对儿童启蒙教育和传承民族文化教育起到了重要作用。

第二节　幼儿教育

自1956年高级社成立以后，生产队办起了幼儿园、托儿所。1958年人民公社化以后，幼教事业逐渐走上了轨道，入园入托的孩子最多时达100多人。

从事幼教工作的人是亢家庄大队从女社员中抽调来的，没受过专业培训，主要是对孩子以看护为目的，同时也对孩子进行礼貌之类的启蒙传统教育。由于领导重视，在人力、物力、财力上大力支持，队办幼儿园、托儿所齐心协力，幼教工作者认真负责，年年受到表彰。亢淑英在公社分管卫生福利部抓幼教工作，1959年被评为省儿童福利先进工作者。队办幼儿园、托儿所曾在北园孙敬斋和村里亢中林的房子、亢氏祠堂、村西大队食堂以及村西五队工具房相继驻办。1981年9月大队派亢祝爱到市南区教师进修学校参加幼师工作培训两年，取得毕业证书。自此，大队幼教工作逐步走上正规。1987年队办幼儿园孩子大都进入江西路公办幼儿园而撤销。队办托儿所到1995年归并到队办企业“青岛呢绒制衣厂”所属托儿所，直到2000年撤销。

历届从事幼教工作的有20人，她们是：亢淑英、丁月珍、王玉真、亢胡氏、苏桂贞、张美兰、侯玉珍、亢秀风、徐淑文、王淑珍、杜锡俊、李秀英、王美华、崔洪芳、袁淑贞、亢秀玲、于桂芳、闫翠玉、亢祝爱、曲芝玲等，为亢家庄的幼儿教育工作做出了贡献。

第三节　小学教育

一　公办小学

据《浮山所志》载，民国初年政府下令取缔私塾，不久在浮山所停办。而亢家庄私塾教育仍在继续。

1915年3月，浮山所设公学堂。公学堂的教学方法与私塾不同，以讲解为最重要，对学生要施“循循善诱之法”。

对学生“只可示威，不可轻施（体罚），尤以不用为最善”。废除私塾教育中的个别授课制，实施“班组授课制”，“同一学级者，讲授时同为一班”。改为浮山所公学堂后，学制五年，含初级和高级小学教育，由教育知名人士仲跻成任校长。授课教室分别在孙、仰、胡、苏氏祠堂。高小生源（五、六年级）除浮山所以外，还来自湛山、麦岛、辛家庄、田家村、大尧、逍遥和亢家庄等村。当时占据青岛的日本当局为奴化中国人民，强令把日语课列为主课。

1922 年浮山所公学堂改为胶澳商埠公立浮山所两级小学校，经费完全由政府解决，教师由政府调任，学校管理及教育质量较前规范，新式教育渐受欢迎，生源大增。此间闫世臣是第一个成为该校的亢家庄学子。1926 年全校共有学生 104 人。第一届高小毕业生共 9 人，其中有亢家庄闫世臣。

1933 年青岛市政府为改善学习环境，号召大的村庄建筑新式校舍，浮山所出让燕儿岛 10 亩土地（明、清时代承传的学田）给万国会建青年营（国际夏令营），所得资金全部用于兴建浮山所小学校舍。新校舍图纸由市政府提供，坐落在浮山所西北角，占地 14.162 亩，1935 年 10 月 20 日启用。新校舍为内带檐廊的四合院，统一桌凳，操场在校舍前方，有篮球场、排球场、单、双杠及沙坑等

◇ 1926 年浮山所公立小学第一届毕业式。校长仲跻成（前排中、浮山所人）后排左三为闫世臣

体育器械。当时（沈鸿烈任青岛市市长）在青岛市和崂山地区建立此类学校66所。其中包括辛家庄和湛山小学。浮山所小学第一任校长牛姓（留法大学生），继有刘姓校长（留英大学生），时年亢家庄公办小学随之开办，是浮山所小学的分校（田家村同属浮山所小学分校），经费、师资都由浮山所小学拨入。校舍设于亢氏、闫氏两个祠堂。设置1～4年级四个班，一个教室两个班级，由一名教师担任。学到五年级时(开始是四年级）学生就去浮山所就读到高小毕业。亢家庄继闫世臣后第一批去浮山所就读的学生有亢中琳等。第二批是闫盛思、亢正叔、闫冷梅、亢正泰等。第三批：亢正亭等。亢家庄第一位公学教师是曲阜人毕克运，大学学历。第一批学子：亢正方、亢正直、亢正温、亢中达、王启华、闫盛寿、亢正孝、徐英美（仲家洼人）、亢秀芬、葛玉香（仲家洼人）等20人。第二位老师是梁姓(济南人）。第三位是谢轩德（济南人）。日伪时期有华老师（女）、朱老师、周汝庆、李占先、马仙桥等。

二　民办小学

村民办小学是根据中央“群众办学，勤俭办学，两条腿走路”的方针于1960年办起来的。当初招收学生21人，教室是借用村南戏台上的戏屋子。民办小学的负责人是闫可太，第一任民办小学教师是公社办事处委派的王玉琴老师。

三　公办、民办小学合并

1968年亢家庄公办小学与民办小学合并，由生产大队办学。队办小学一直到1986年7月26日根据市政府指示撤销合并到镇江路小学。

村民办小学曾经在戏屋子、亢氏家庙、大队的食堂上课，条件比较简陋。为办学需求，“文化大革命”初期在村西先后建新校舍约300平方米（五间教室一间办公室）。到1982年校舍因年久失修，再加上三面被队办工厂包围，且工厂的噪音和烟尘严重影响儿童的健康，场地狭小不能再扩展，通过市有关部门批准，大队于1983年在村北将大队马棚拆除新建校舍444.74平方米，办学条件有了很大的改观。

从1960到1986年先后在民办小学任教的教师有15人：亢中夏、王玉琴、闫秀香、杨淑云、亢秀珍、亢翠菊、宋淑华、张淑贞、亢正川、亢玉珍、秦成仁、闫盛奎、于志传、董显庆、亢爱维。先后担任过民办小学负责人的是闫可太、亢秀珍、闫盛奎、宋淑华。

第四节　成人教育

一　农民教育

中华人民共和国成立后，为扫除文盲，提高农民的文化水平，1950年冬开始利用“冬闲”时间在亢氏祠堂、闫氏祠堂和北园粉房办起夜校识字班。孙正家（湛山村人）教高小班课程，任全职教师。亢中达、刘星堂任语文老师，王惠贞任算术老师，教识字班，亢正浩教音乐，后来闫盛忠任音乐老师。为使村民及时了解国家的大政方针、形势、农业生产及科技知识等。1950年村里办起了读报组，由亢正勤、王啟荣、闫盛福、亢正保、闫盛忠、于林公等在亢中常家组织学习，闫盛福为组长，王啟荣任读报员。识字班和读报组，在当时起到很大的宣传效果和影响，受到群众欢迎。成立初级社时停办。

1959年人民公社化以后，大队为提高社员的文化素质，按青岛市市南区政府的要求，对社员进行业余文化教育，办起了小学初级班、高级班和初中班三个班，学员达100多人。大队抽调亢中夏、亢正温、亢正身、亢正鼎、刘殿濬任教。市南区教委派董凤田、张天棋驻浮山公社抓这项工作，张天棋任辅导教师。在进行业余教育期间，还推广普通话教育，1959年10月青岛市政府遵照中央的指示，推广学说普通话，市南区政府组织所属各单位指导老师在中山路集体培训。亢正身、亢正鼎参加了培训，在业余教育时增加了一门学说普通话课，1960年中期停止。1960年按上级要求又在全村组织开展扫除文盲活动，由亢正身、亢正鼎、亢正温担任老师，组织文盲学习，并经市南区对文盲现场考核，80多人摘掉文盲帽子。业余教育到1964年结束。

1959年崂山县在流亭高家台举办水利排灌专业培训班，根据要求以公社为单位，亢家庄大队派亢正身参加了培训。1960年秋浮山公社派亢正身参加了青岛市政府在天津路生产资料站举办拖拉机驾驶员培训班。1982年公社指派闫盛有在大队进行手扶拖拉机培训，继而社员董肇恭、闫可武、袁希明也参加了培训。这些活动的举办，提高了社员的劳动技能。后来生产队购置了两架手扶拖拉机，大幅提高工作效率，降低了劳动强度。

二 职工教育

随着青岛市经济建设的速度和规模的不断加快和扩展，村里的土地逐年大幅度减少，客观形势促使大队快速进入工业生产经营领域。自1967年大队从开办糖房起步，随着时间延续，工业生产项目不断扩展增加。到1996年，队办企业和联营企业有21个，职工人数多达818人（包括联营厂职工、合同工、临时工等），尽快提高职工素质提到重要议事日程上来。大队一是委派人员外出接受专业培训学习，二是在生产经营过程中组织职工边干边学，聘请行家里手、能工巧匠和专业技术人员进行具体训练指导，取得了明显成效。

1969年秋，大队锻造厂派亢中泰、亢继训、张鸣等人到青岛工具一厂锻造车间接受专业培训四个月。

1980年公社组织锅炉培训班，聘请上海路技工学校锅炉培训中心的老师进行专业培训，董肇恭、亢中业、亢继自、李盛昌经过了一个半月的学习，经考试合格后，青岛市劳动局为其颁发了证书。

1980年公社举办企业财会人员培训班，聘请青岛市南区退休财会专业人员授课，大队分期分批派出企业财会人员共计20余人去参加培训学习。其间，大队先后派出财会、税法、统计等培训达

◇1992年大信公司职工业余大学劳动经济专业班学员毕业合影

200余人次。

1990年4月，塑钢门窗厂派杨孝书、亢正强、亢继祥、亢继伟、王先乐、迟须太6人去章丘明水县塑钢门窗厂培训学习10天。使企业的生产能力快速增长，产品质量显著提高。1991年为亢家庄旧村改造如东路小区提供5882平方米的塑钢门窗。

1990年9月公司举办劳动经济管理专业培训班，聘请青岛职工大学教师任教。公司机关人员、各企业的厂长、副厂长和主管会计共36人参加，学制1年半。到1992年3月毕业，由青岛市总工会、青岛市高等教育学校、青岛职工大学联合发放了“青岛市成人高等教育专业证书”。后来，在职工教育的诸多环节上，根据形势发展的需要，举办了多种形式的培训班，培训了各种人才，使企业生产力得到了提高。

第五节　学位、职称

亢家庄有较早受过高深教育的学子。19世纪晚期，清咸丰年间，亢姓十五世族人亢殿珂曾进京应试，并取得名次，是本村有高学问的人。20世纪之初亢登平、洛正雨在外村完成《四书》《五经》学业，成为一世文人，且书法艺术造诣颇深，闻名乡里。

30年代闫姓族人闫世臣考入北京师

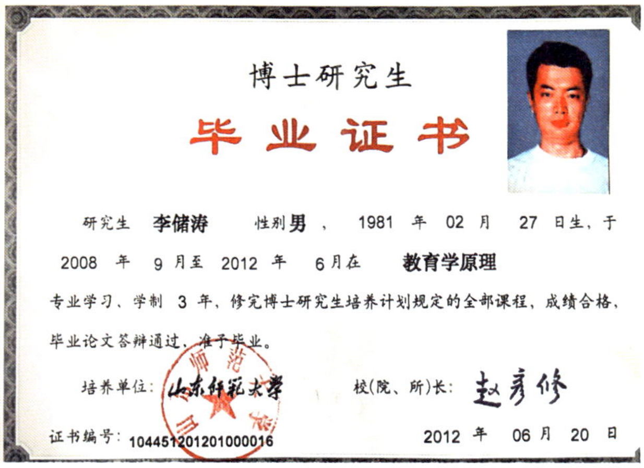
博士研究生
毕业证书
研究生 李储涛 性别男，1981 年 02 月 27 日生，于
2008 年 9 月至 2012 年 6 月在 教育学原理
专业学习，学制 3 年，修完博士研究生培养计划规定的全部课程，成绩合格，
毕业论文答辩通过，准予毕业。
培养单位：山东师范大学 校(院、所)长：赵彦修
证书编号：10445120120100016 2012 年 06 月 20 日

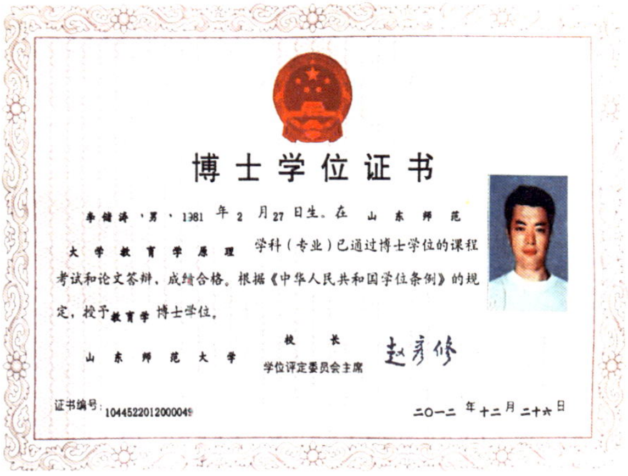
博士学位证书
李储涛，男，1981 年 2 月 27 日生。在 山东师范大学 教育学原理 学科（专业）已通过博士学位的课程考试和论文答辩，成绩合格。根据《中华人民共和国学位条例》的规定，授予 教育学 博士学位。
山东师范大学 校长 学位评定委员会主席 赵彦修
证书编号：1044522012000049 二〇一二 年 十二 月 二十六 日

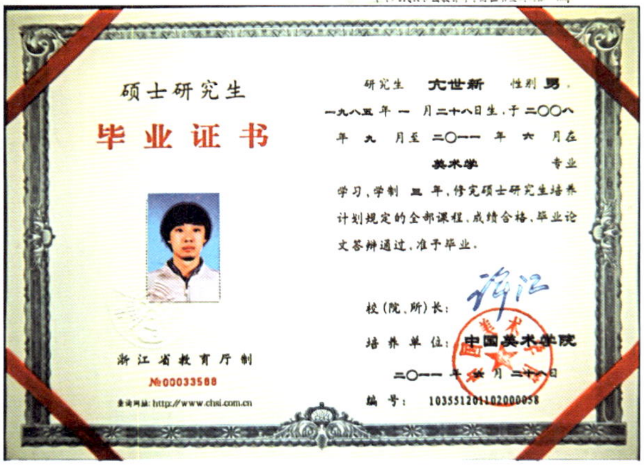
硕士研究生
毕业证书
研究生 尤世新 性别 男，一九八五 年 一 月 二十八 日生，于 二〇〇八 年 九 月至 二〇一一 年 六 月在 美术学 专业学习，学制 三 年，修完硕士研究生培养计划规定的全部课程，成绩合格，毕业论文答辩通过，准予毕业。
校（院、所）长：许江
培养单位：中国美术学院
二〇一一 年 六 月 二十八 日
编号：103551201102000058
浙江省教育厅制
№00033588
查询网址：http://www.chsi.com.cn

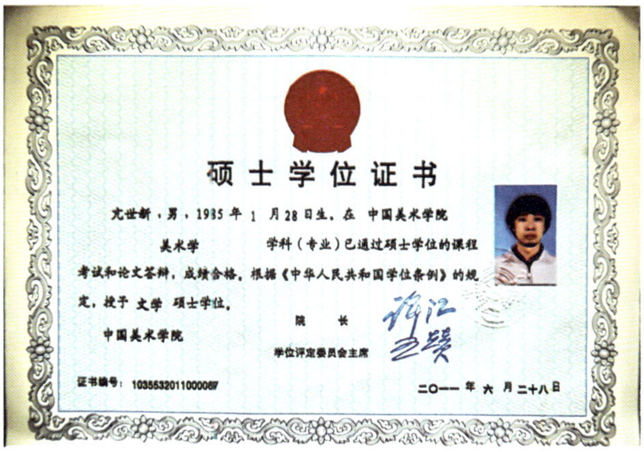
硕士学位证书
尤世新，男，1985 年 1 月 28 日生。在 中国美术学院 美术学 学科（专业）已通过硕士学位的课程考试和论文答辩，成绩合格。根据《中华人民共和国学位条例》的规定，授予 文学 硕士学位。
中国美术学院 院长 学位评定委员会主席 许江
证书编号：1035532011000067 二〇一一 年 六 月 二十八 日

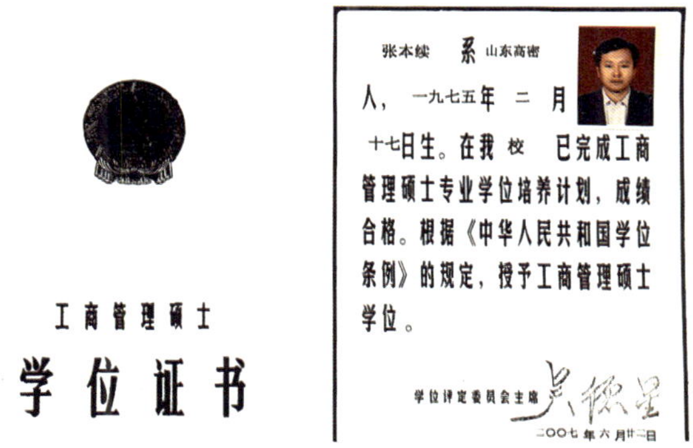
工商管理硕士
学位证书
张本续 系 山东高密 人，一九七五年 二 月 十七日生。在我校 已完成工商管理硕士专业学位培养计划，成绩合格。根据《中华人民共和国学位条例》的规定，授予工商管理硕士学位。
学位评定委员会主席 吴桢星
二〇〇七年六月十二日

硕士研究生毕业证书
浙江省教育厅制

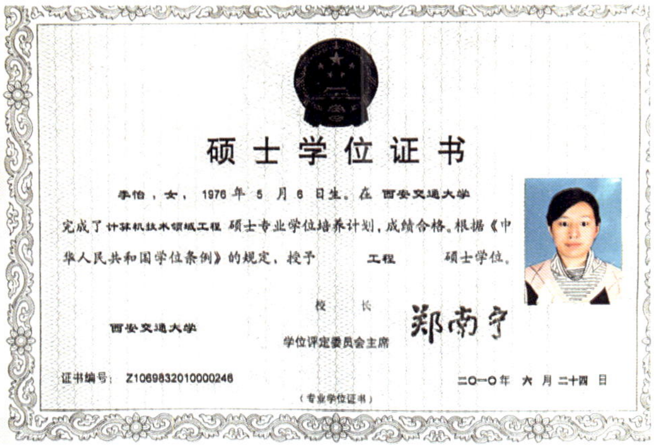
硕士学位证书
李怡，女，1976 年 5 月 6 日生。在 西安交通大学 完成了 计算机技术领域工程 硕士专业学位培养计划，成绩合格。根据《中华人民共和国学位条例》的规定，授予 工程 硕士学位。
西安交通大学 校长 学位评定委员会主席 郑南宁
证书编号：Z1069832010000246 二〇一〇年 六 月 二十四 日
（专业学位证书）

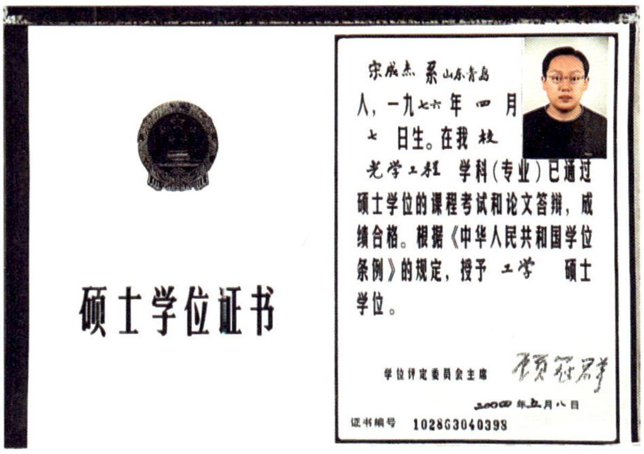
硕士学位证书
宋成杰 系 山东青岛 人，一九七六 年 四 月 七 日生。在我 校 光学工程 学科（专业）已通过硕士学位的课程考试和论文答辩，成绩合格。根据《中华人民共和国学位条例》的规定，授予 工学 硕士学位。
学位评定委员会主席 顾冠群
二〇〇〇 年五月八日
证书编号 102863040398

1040

RÉPUBLIQUE FRANÇAISE

UNIVERSITÉ DE NANCY II

CENTRE EUROPÉEN UNIVERSITAIRE
DE NANCY

DIPLÔME D'ÉTUDES SUPÉRIEURES EUROPÉENNES

Le Président de l'Université de Nancy II

atteste que *Monsieur YAN Muxin*

né à *TIANJIN (Chine)*

le *24 novembre 1950*

a subi avec succès les épreuves portant sur le programme d'enseignement du Département
de *Sciences Economiques*

a rédigé un mémoire, retenu par le jury, sur : *"La perspective des échanges commerciaux entre la CEE et la Chine à partir de l'intégration entre le développement économique de la Chine et son commerce extérieur"*

et lui décerne le Diplôme d'Etudes Supérieures Européennes. *mention très honorable*

Fait à Nancy, le *29 février 1988*

Le Directeur
du Centre Européen Universitaire.

Le Président
de l'Université de Nancy II.

G. DRUESNE

◇ 闫沐新 1988 年获法语硕士证书

◇ 亢世新 2011 年中国美术学院美术系硕士

◇ 李储涛 2012 年山东师大教育学原理博士

范大学，开创了周围村庄最早农家子弟接受高等教育的先河。40年代中期亢中高、亢正勤、闫盛海就读东文书院（原青岛二中分院，黄色校服小檐帽）。赵鸿善、王啟荣、亢正大（张村）等就读青岛市中（黑色校服大檐帽），他们都成为进入青岛市高级学校的学子。

新中国成立以后，自50年代末开始，先后有闫盛慈、亢正乐、亢中夏、亢正顺、亢继臣、刘安吉、亢正欣、亢正云等走进了大专院校，而后都在全国各地从事各自的所学专业，担任了工程师、矿长及建筑部门的领导职务。1964年闫世臣之长子闫沐霖毕业于中国科技大学，自1989年成为中国科技大学博士生导师。

1979年改革开放。恢复了高考制度。20世纪80年代，闫沐新、闫沐霖已取得硕士、博士学位。进入21世纪，大学教育已经普及，至2012年张启辉、宋成杰、李怡（宋成杰妻）、闫恒、卓蕊（闫恒妻）、张本续、李储涛、亢世新等取得了硕士、博士学位。

学位（硕士以上）统计表

表78

姓　名	性别	出生年月日	专业项目	学位	毕业学校	授予日期
闫沐新	男	1950.11.24	经济学	硕士	法国南锡第二大学	1988.2
闫沐霖	男	1940.12.26	物理系专业	博士	中国科技大学	1989
张启辉	男	1972.11.7	计算机应用	硕士	北京航空航天大学	2000.3
宋成杰	男	1976.4.7	光学工程系	硕士	南京东南大学	2004.5.8
闫　恒	男	1979.4.18	计算机科学	硕士	美国佛罗里达农工大学	2005.8
卓　蕊	女	1978.11.12	生物医学工程	博士	美国宾夕法尼亚大学	2006.8
张本续	男	1975.2.17	工商管理系	硕士	中国海洋大学	2007.6.24
李　怡	女	1976.5.6	计算机技术领域工程	硕士	西安交通大学	2010.6.24
亢世新	男	1985.1.28	美术系	硕士	中国美术学院	2011.7
李储涛	男	1981.2.27	教育学原理	博士	山东师范大学	2012.12.26

亢家庄职称统计表

表79

姓　名	性别	教授	高级政工师	高级经济师	高级工程师	高级工程师（教授级）	副研究馆员	评定日期
亢正珞	男				√			1966
闫沐霖	男	√						1987.8
康萃文	女				√			1987.8
亢正山	男					√		1987.9

续表 79

姓　名	性别	教授	高级政工师	高级经济师	高级工程师	高级工程师（教授级）	副研究馆员	评定日期
王爱荣	女					√		1987.9
闫盛慈	男					√		1987.12
亢继臣	男				√			1988.6
亢正欣	男				√			1990.8
牛忠光	男				√			1993.12
闫晓峰	男				√			1993.12
闫可文	男		√	√				1995.10
闫红艳	女				√			1997.9
张巨波	男			√				1999.11
宋思江	男			√				1999.11
夏洪斋	男			√				1999.11
亢正嵩	男			√				1999.11
鞠宗磊	男				√			1999.11
包琦玮	女					√	√	1999.12
闫沐新	男	√						2000
唐莉莉	女				√			2000.8
荆朋森	男			√				2000.11
亢继雷	男					√		2005.9
亢海蓉	女						√	2008.11

第二章　文　化

亢家庄继承了优秀文化传承，吸纳了周边地区的文化精华，尤其是声誉四乡的亢家庄柳腔戏，多年来被人们称道。其他民间艺术办的有模有样，亢家庄的高跷闻名乡里。近几年的舞龙队在青岛市名声大振。2007 年居委会组建的威风锣鼓队阵营浩大，腰鼓、跑驴、旱船等杂耍水平很高。

第一节　地方戏曲

一　轴棍戏

轴棍戏也称“本肘鼓”“周姑子”，在亢家庄流传了百年有余。1748—1758

年（乾隆年间），即墨县以西诸县逃荒至即墨县甚多，边乞边唱，因大部分是小姑娘演唱，当时，人们称为“周姑子”。后来逐渐在即墨地区落户，与当地的民间小调交融，结合秧歌服饰。由说唱演变为演唱，开始形式较简单，一只手鼓，一只手锣作为伴奏，三五个演员，化妆的服饰随时而变。在农闲和农历节日到集市一角和村镇街头巷尾划地为戏台，进行演出，收入微薄，维持生计，这种形式持续了100多年。亢家庄自建村隶属即墨县，于18世纪末（1780—1790年）“本肘鼓”传到亢家庄。当时，没有手鼓和手锣，就用木棍代替，用两根直径约2～3厘米，长约25厘米的木棍，用软木头击打时发音不清脆，后来用坚硬的木质，像檀木或枣木类，修饰很光滑，呈椭圆型，根据上手要求修出粗细部分，很像独轮木车的轴，经常用手磨擦，颜色逐渐变深，光亮好看，一边当板伴奏一边唱，故而变称“轴棍戏”。这种戏，以传统剧目为主，结合自编小戏流传，几个人凑在一起演练几遍，逢年及农历大节，不化妆，一个人可担当几个角色，在街上随时演出，但从未出过村。由于词比较简单，曲又上口（每句戏的尾音基本都是“哦嗬唵”），大人小孩妇女，平日闲暇或手头干着小活计，不自觉地都能哼上几句。“轴棍戏”在19世纪末被柳腔戏所替代。

二 柳腔戏

柳腔戏自即墨兴起 19世纪中期，即墨肘鼓戏受莱阳地区四弦小调的影响，采用四根弦胡琴（四胡）伴奏，配以唢呐帮腔。由于没有乐谱，琴师拉的和演员唱的不能完全协调，他们之间就相互配合着往上“溜”，逐渐被人们称为“溜腔”。由于“溜”字用字不雅，便改为“柳”字。柳腔戏大体形成以后，便开始走上舞台，在演出过程中伴奏乐器逐步完善，角色分工越来越明确，化妆的服饰和脸谱也有较严格的要求。由于运用地区方言，通俗易懂，表演朴实亲切，内容充满生活气息，具有浓郁的乡土风情，深受当地老百姓喜爱。在即墨地区蔓延相当快，流传的地方更为广泛。因为是在即墨地区独创的地方剧种，故即墨称为“柳腔之乡”。

即墨艺人来亢家庄传艺 柳腔在19世纪末已流传到青岛市，亢家庄是柳腔戏流传最早的村庄，也称为青岛市的“柳腔之乡”，至今已有百余年的历史了。开始在轴棍戏的基础上会溜上简单的剧目，没有服饰，不化妆，一副呱哒板，在街头上放根凳子，随便演唱。后来有了坠琴和锣鼓家什伴奏，也被称之为“板凳戏”。1916年即墨人38岁的王永来，携妻小来到亢家庄，他带着一身柳腔戏的演技，先拜访了村长和村中的头面人物，欲想组建柳腔戏班。通过交流观察和考证，其人确有柳腔戏的艺术才能，并且样样精通，从司鼓伴奏，角色扮演，可以说是无一不晓，戏路相当广泛，上百个剧目的台词尽存脑中，很快得到了村中的认可和赞同。在他的指导下，村里购置了一套完整的旧戏装（称戏箱），有箱娃子（即箱主），这一切在剧团中是共有的，无论在哪里唱戏，开箱前，班主首先要拜箱主，目的是征得一种寄托、辅佑、吉祥之愿。一支大号，可伸可缩，缩回约1米，伸出时1.8米，开戏前要吹大号，一作号令，二作压场镇静。有头面箱，里面青衣、花旦头面装饰基本俱全。武生盔、帅子旗各四套，老生乌纱帽、相剑四顶，武松帽一顶，毡帽3顶，各种髯口俱全，四身蟒、四身靠，八卦衣、老斗四身，龙套兵衣四套，青衣、花旦、小生花衫各两套。各种长枪、关羽刀、黄忠刀、绣缨刀及兵卒朴刀若干，其他场务用具俱全，这些行头演一般的地方戏是足够的。

亢家庄组建柳腔戏班 亢家庄柳腔戏班于1916年正式组成，第一个领班是亢登悦。当时没有专门学戏的场所，临时就在领班的家中，白天干农活，晚间和雨天念戏（没有戏本，凭脑想、口传），一边唱，一边练。武戏的武打动作随学随练，有的演员本身就有武术功底，架式到位，也很上眼。基本熟练以后，就在大街上排练，引得大人小孩纷纷前来围观，算是预演，相当于走场。真正的演出是春节后的正月初四开始，一直唱到正月十六日，每天晚上一出折子戏压场，一出正场戏，有时下午加演一场。没有正式舞台，只是借着村边场院的崖头，竖起四根木杆子，扯上布围起来，就是戏台，没有电灯，挂上马灯，后来有汽灯，十分明亮。由于王永来师傅教的得当，学的认真，练的到位，第一次演出相当成功，得到村民的称赞。自此亢家庄柳腔戏的声誉开始向外村传播，每年的大年正月，原本已疏远的亲戚逐步又开始走动，近村的青年纷纷前来看戏。每年春节已过，戏班和村里管事的派出青年忙碌搭戏台，白天妇女、儿童很早就在戏台前用砖或石块占地方，还有的做小买卖人前来凑热闹，市里的坐着马车前来看戏，呈现出一片热闹景象，给节日增添不少欢乐气氛。

亢家庄柳腔戏走出家门 20世纪20年代开始，临村纷纷前来邀请演出，自此亢家庄的柳腔戏便走出家门，向其他村庄传播地方戏文化。每年正月初四在村唱三两天后，就串乡演出。在一个村演出几天，又去另一个村演，一天三顿饭和住宿都是村长安排在较富裕的村民家中，虽当时农村生活很困难，但都争先恐后的到戏台提前去请，并且做最好的饭给演员吃，拿出最新的被褥给演员盖。其中也闹出不少笑话甚至尴尬场面。请演员吃饭，大多愿意请青衣、花旦和小生扮演者，最不受欢迎的是钳旦（后老婆演员）。有一次在朱家洼唱《钥匙记》，扮演后老婆的亢中臣因演技高超，太逼真，在剧中百般虐待前闺女，激起了广大观众的愤怒，演出结束后，请演员吃饭时，扮演受虐待和其他的演员被抢走了，只剩下演后老婆的无人请。领班知道了后，报与村长，便领了二人回家吃的饭，演员很沮丧地说："今后再也不演后老婆了。"同样的一例，亢登平演同一角色，出现了同样的一幕，感觉受到了凌辱，独自出村闲步消气，见到一小水湾，随即捡起一石块，气愤地投入水中，嘴里念道：这是干什么！我 *** 要是再演钳旦就是这块石头。在一个村庄演出结束后，村长都要赏一些胭脂粉暂作为费用补助，其实就是给的赏钱。有时候长时间演出竟忘记回家的日期，晚了春耕，更有甚者，家里派人到处找。有趣的是，亢殿璜（原来是打武场的）到东瀛找儿子回家，进村后听到戏班在唱戏，感觉锣鼓打的不对，很生气，随即上场亲自给予纠正，结果也忘了找人，并且也留了下来。亢家庄的柳腔戏去最远的地方是东瀛村、青山村、黄山村等地，达几十个村庄。演出剧目先后排序有一个不成文的规矩，不论在哪里演出，第一场戏是《上天台》，图吉利，是步步高的意思。收场戏是梁山伯下山巡视英台《隔帘》，以美好爱情结束。

柳腔戏“四刘班”的形成和对亢家庄的影响　20 世纪 40 年代，即墨柳腔戏的代表人物刘作廉（艺名刘森）、刘洪石（艺名刘小）、刘德昌（艺名刘嫚）和刘永华（艺名刘朝）等搭班，成为当时的柳腔的“四刘班”。他们在青岛台东大陆市场北门挂牌演戏，在一个阶段声望很高，戏迷流传称：“刘森”唱的好，“刘小”浪的好（旦角撒娇表演技能高超）之说。这是对他们艺术的肯定。亢家庄的演员和戏迷经常伙同光临，也是学习交流的机遇，通过接触了解，相互切磋技艺，友谊加深，并同台演出。后来戏班不景气，有时特来亢家庄邀请艺人协助演出，得到了观众的好评。有时还能与其它不同剧种（茂腔等）演员切磋，吸取精华，使亢家庄演员在艺术上日臻完善与成熟。20 世纪 30 年代涌现出一些颇受群众称赞的名艺人：第一代黑净（花脸）的演员在《珍珠衫》中扮包拯的亢登辉，铜锣般的嗓音无与伦比。亢中臣的钳旦，表演技能堪称一绝，职业剧团少见。洛敦华的小生有金嗓子之称。亢登平的老生表演技艺精湛，观众都说是京剧演员功底。《金瓶梅》中扮演武松的亢中金架子功可与京剧演员媲美。第二代艺人是 20 世纪 40 年代，著名优秀艺人闫瑞智的青衣花旦，唱腔之美，婉转悠扬，被誉为“柳腔之花”，尤其在《东京》戏里的赵美蓉观灯称为绝世之唱。武生演员亢中贞在《火龙记》里扮火龙神在严冬赤背耍火一场，成为火的舞台，功夫超群，使观众眼花缭乱，拍手叫好。刀马旦、花旦张仁珍，青衣亢中印，丑角演员亢中福等都有出色表演。场务管理亢中琳，把握细腻，有条不紊。柳腔戏的兴旺，感染了整个亢家庄人，20 世纪 40 年代，差不多有 2/3 的青年人参加学戏，老艺人们根据个人不同条件给予角色安排。一年四季，除三夏、秋收以外，其余时间差不多都在戏班。戏班不仅是学戏的地方，还是注重品德教育场所，特别刚参加的年轻人，在学戏的过程中受到良好的传统教育。又能根据剧情学习孝敬父母、善待亲友、和睦邻里和避恶扬善等良好风尚。但日本侵占时期，受社会不良习气影响，有人染上吸毒（抽大烟），搞得家破人亡，妻离子散，年轻丧志。戏班领班与大伙商量，以戏班为主体，1942年组建了戒毒同乐会，征得全村人的赞誉，使更多人成为会员，避免了很多人染毒，同乐会越办越好。

亢家庄柳腔戏传统剧目及情缘 柳腔戏："一百二十记"，是反映柳腔戏剧目之多的顺口溜，就是说所有的传统剧目都应当带"记"字。戏班有一个戏簿子，用褐色牛皮纸做成，折叠式，合折时长约20厘米，宽约12厘米，开折全长约5米，每页上用各种图案镶嵌有红色纸墨写所有戏名，非常雅观。代表剧目四大京：东、南、西、北"京"；八大记：罗衫记、钥匙记、火龙记、丝兰记、樱花记、二兰记（亦称绣鞋记）、玉环记、金簪记；其他传统剧目：珍珠衫、锦香亭、金瓶梅、北平府、红罗账、兰瑞莲打水、梁山伯与祝英台（隔帘）等等。每到一个村庄与村长接触时，第一件事就是将戏簿给人家，让其点戏，所有在册的戏都必须会唱。柳腔戏在亢家庄是家喻户晓，全村的男女老幼，走行立步或做各种家什时都会不自觉地哼上几句，故而不知从何而起，流行这样一句顺口溜：亢家庄的狗出门都会溜。就是说亢家庄到处都有柳腔戏的存在，根深蒂固。1945年张秀云之父带两女（包括张喜云）与刘洪石、范连祖（范友山）、文场主弦兰德先等艺人继刘森开始在南山市场、四方市场和台西市场盘凳子演出，后来在台东市场楼、台东影剧院搭班演出，条件非常简陋，并随时受到不良人群欺侮，没有地位，生计不保。尤其女艺人经受了更多的凌辱和不公正待遇。其中范连祖、兰德先等艺人不时地来亢家庄搭班演出，一是得以乐趣，二为解决温饱。

新中国成立后柳腔戏的振兴 1949年新中国成立以后，柳腔戏得到了新生，妇女彻底解放，女艺人得到了保护。1950年在张秀云、张喜云戏班的基础上组建"金星柳腔剧团"，团址在台东南山市场，观众踊跃，名声大振，发展空前。1954年参加山东戏曲观摩大会演出获奖。亢家庄柳腔戏班受到很大启发，得到了广大村民的支持和资助。丁占臣（大队社员）、孙敬斋（亢家庄村民）都对剧团资助过。尤其葛本高（仲家洼人，亢家庄百货店老板）对剧团支持最大，剧团演出不管走到哪，都跟随前往。预备好烟茶招待演员，对剧团建设出资最多。亢正修既是音乐伴奏艺人，又是资助者，并将家室当做排戏、念戏场所，从不厌烦。演员亢正亭为了让剧团演员有立足之地，把自家的壁墙拆除，三间成为一厅，既念戏又排戏。有时除夕夜都忘记了下饺子过年。他们的义举为亢家庄柳腔戏的振兴贡献颇大，受到了团员和村民的赞誉。1952年成立了"亢家庄工农联盟业余剧团"，团长闫盛惠，副团长亢正修、亢正华，主要演员：黑净亢正和兼武生，主演小生亢中达，文武丑亢正亭，刀马旦赵广善，青衣花旦闫盛清都是剧团的顶梁柱，1953年又吸收了亢玉英、亢淑贞、钟秀云、沈秀莲等第一批女演员，主要学演青衣花旦。剧团组织到柳腔剧院看戏，主要学习专业演员的更新唱腔，一招一式的舞台表演，得到了很大提高，特别是女演员，唱工及演技不亚于职业剧团。演武戏的刀马旦，如《红罗帐》、《北平府》等，以前都是男演员，后来闫秀芬就是新培养的担纲刀马旦的主要女演员，亢玉英担纲青衣的女演员，加上其他女演员的配合，如钟秀云的彩旦等给亢家庄的柳腔戏增彩不少，后来发展青年演员李文德担纲小生角色。但新的矛盾引起团领导与演员的重视，这就是陈旧而逊色的老戏装不能满足发展要求，尤其女演员的头面装饰，已经出现捉襟见肘的现象，剧团是业余性质的，资金来源困难，为此剧团领导与大伙商量决定，利用对外演出，不管收入多少，补充行头。1958 年夏季，与当时社教干部（青岛市文化馆薛敬熙）联系在市北区少年宫演出三天，南山柳腔戏院演出三天，共收入 1000 余元，其中 40% 的收入买料自己加工制作，其他部分去潍坊用于购置戏装。全体演员经过一个冬季的努力，重新装备了剧团，文场乐器由原来只有四胡、月琴和唢呐，增添了二胡、苗子、笙、坠琴和大低胡等。至此亢家庄的柳腔戏在演员的人数、演技水平和伴奏乐器达到了地方戏较高的水平和规模。

“双百”方针后亢家庄的柳腔戏

1957 年，在“百花齐放，百家争鸣”方针的指引下，大大促进了社会主义文化繁荣，青岛市柳腔剧团得以扩大影响，在即墨地区许多村庄组建了“柳腔剧团”。亢家庄附近的田家村 1957 年成立了“柳腔剧团”，发展很快。而亢家庄柳腔剧团进入鼎盛时期，人员达 40 余人，其中女性 10 人，文武场 10 人。1957 年利用业余时间在村南盖起了俱乐部，20 余平方米，房前就是戏台，达 40 平方米，从此排戏不在个人家里。在 1960 年生活困难时期，不管白天体力劳动多繁重，晚上仍练到 10 点以后，饿了以水充饥，从不叫苦。演员之间一直保持良好风尚，尊重前辈，相互勉励，齐心协力把亢家庄柳腔戏发扬光大。对传统剧目不断改良，打出了新《珍珠衫》《钥匙记》《绣鞋记》《火龙记》《北平府》等。移植剧目《小姑贤》《龙凤面》《双生赶船》《棒打薄情郎》《打狗劝夫》《借红灯》等。折子戏有《喝面叶》《井台会》《王小赶角》等。

1962 年以后剧团不但能演传统剧目，逐渐配合形势发展，进行社会宣传。国民党台湾当局要反攻大陆，征兵工作受到不同程度的影响，以临村的真人真事为题材，编排了《积极应征》独幕戏，在青岛市会演（青岛影剧院）获编剧、演出及演员二等奖。1962 年农村开展社会主义教育运动，浮山公社为配合运动有效的进展，编排了现代剧《魏龙民忘本回头》。内容是：主人公是从旧社会的贫苦孤独农民孩子，解放后成为农村干部，后蜕化变质，逐渐忘记阶级斗争，犯了路线错误。通过社会主义教育和贫下中农的帮助又重新走上了光明。从浮山所、田家村、亢家庄挑选了文艺骨干，用柳腔的剧种临时组织了柳腔剧组进行排练，聘请区文化局专职人员给予指导。通过认真排练后，在各村进行了多场演出，受到上级领导及民众好评，达到了预期效果。1963—1964年“四清”运动开展以来，运动内容对旧文化有了限制，群众被迫逐渐淡泊了学戏看戏情绪。1965年柳腔戏停止了。

1966年“文化大革命”在破“四旧”的风暴中，传统剧目定为是宣扬帝王将相、才子佳人的毒草，属旧文化，将近百年的戏装及各种行头全部当众焚毁，戏簿也未能幸免。只锣鼓保留下来。以“现代京剧”样板戏替代了全部的文化生活。

亢家庄柳腔戏舞台艺术及主要唱腔

亢家庄柳腔艺术在舞台表演上是由粗糙到细腻的发展过程，逐步形成了手、眼、身、发、步的表演程式，与唱、念、做、打、舞有机结合，并借鉴于京剧和其他剧种的舞台艺术，逐步发展丰富了自己的表演技艺。

柳腔戏的曲调基本由三大腔调组成：一是“原板”，就是主腔。一般用于花旦、小生和正工老生。扮演的角色在兴高采烈、悠闲、观花或得意的情况下使用，不同的角色也可用一些花调作点缀丰富唱腔风格，悦耳动听，在演唱的开始，“起板”很重要，其实就是定音调、接引上下句、保证后面唱腔不走调的一种方法。二是“杀板”，柳腔戏一段戏为一板，最后两句为杀板，演员在唱第一句杀板调时，就是预告文武场做准备，要唱结束板，因结尾要有武场和唢呐伴奏。三是“悲调”，是不同角色在悲切及痛苦状态下用悲腔表达，尤其青衣角色，多在受丈夫、婆母虐待下，求情或对外诉诸倾吐内心苦衷，如《小姑贤》里的李荣花，《钥匙记》的苏凤英等，其剧情接近有些封建家庭的观众，所以老太太和媳妇最宜接受和倾听，特别在身处直接受害者，随演员凄楚唱腔，泪如泉涌，甚至跟着哭出了声，如此情景，说明演员与观众都已沉醉于戏中。许多剧目反映家庭妇女的心声，故而柳腔戏有“老婆戏”之说。男角色的悲调听起来也很凄凉，剧目中男角遭欺，受冷落，敢怒不敢言或名落孙山考生的心境，如《金瓶梅》中武大郎见到武松场面的唱腔，十分悲切。老生和花脸的悲调也称“哭头”。两大腔调都有“快板”，是为增加激情，表达心急焦虑和急于赶路的情景等。其他唱腔有“南锣”“娃娃腔”都是采用其他剧种曲调，一般用在几个人的欢乐场面，一个领唱，几个抱唱，无音乐伴奏，只有唢呐和小钗伴调，如《小姑贤》中和好一场戏即是如此。柳腔戏唱腔形成，经历了一个由无伴奏自由演唱（开始只是自己唱自己念“甚动甚”，自我伴奏），到有伴奏定调演唱的发展过程，它的尾音仍保留了“轴棍”戏“哦嗬唵”的“唵”字，轴棍戏的“唵”字是平声延长，而柳腔的“唵”音是以上滑音延长。柳腔戏开始没有乐谱，后与其他剧目和唢呐学用了中国古乐谱；宫、商、角（jue）、徵（zhi）、羽，相当于现行简谱1、2、3、4、5。在当地用的古乐谱是五、里、工、车、商五个音符，但只是用口念叨而没有曲谱和音符。因为柳腔戏的唱腔随意性太强，胡琴只是给其抱音，没有严谨的谱曲，正如干某一件事还没有计划的歇后语：“柳腔戏的胡琴……连《谱》还没有。”新中国成立以后才逐渐与乐谱接轨。

由于不断向其他剧种学习，不断创新、完善，唱工戏和武打戏表演艺术都有飞跃性的提高，其角色分工：生、旦、净、末、丑等行当趋于明确，在服饰和面部化妆都上了一个层面。

柳腔戏的伴奏分为文武场："文场"是指音乐伴奏，四胡领衔为主弦，其他乐器都为配弦。"武场"为打击乐器，由司鼓人用板和皮锣组织锣、钗、手锣等编排乐谱。司鼓是整个舞台演出的总指挥，他占据舞台入相门的台前方，直面上台门，整个舞台一目了然，便于指挥。司鼓人也称"大鼓老"，他对每一个剧情、场次甚至戏词都了如指掌。武场的乐谱都有套路；随机应变尤为重要。在演出过程中，演员随时都有忘词以及动作、站场不规范等尴尬局面，他都可随时给予纠正或用手势给予提示。司鼓第一代王永来，第二代洛敦恩，第三代亢正华，第四代董肇恭；第一代琴师仲家洼人葛本成，第二代亢正礼，第三代亢正修，第四代亢正泽、亢正鼎、亢正福、亢正君、徐立祥、闫盛集等，他们对亢家庄的柳腔戏的兴旺和发展做出了一定的贡献。然而武场的打击乐伴奏要求越来越高。1960年组织人员专门联系青岛市京剧团接受鼓师张云龙的亲传，形成了京剧武场伴奏模式。

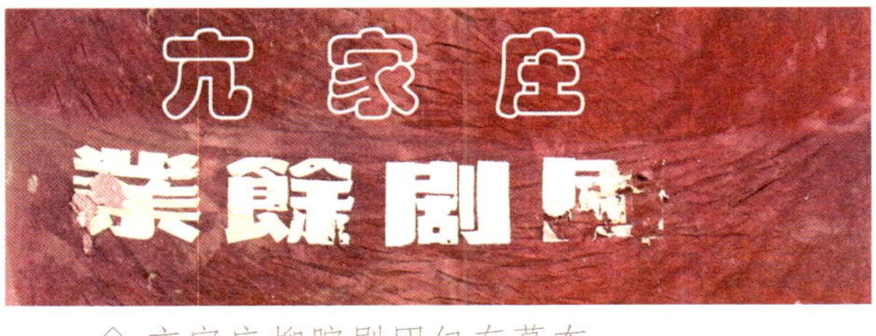

◇亢家庄柳腔剧团仅存幕布

传统柳腔戏在新时期的再度复兴

由于柳腔戏在亢家庄村民心中的底蕴太深，影响颇大。在迫于某个时期的政治压力而沉寂一段时间之后，渐渐苏醒过来。1968年排练了现代戏《红嫂》很成功。1975年农业学大寨在东南岭整地会战工地上，柳腔戏是活跃的主角，几乎占领了文娱阵地，大大活跃了会战气氛，提高了社员情绪，为提前完工起到了不可估量的作用。

1997年迎接香港回归，青岛大信农工商公司宋淑华编写柳腔剧《香港回归》在市南区汇演，被评为编剧、演出二、三等奖。2005年6月17日参加市南区第一届企业文化建设合唱比赛中，自编《大信颂歌》用柳腔合唱被评为三等奖。

亢家庄的柳腔戏已近百年历史，利用上百个剧目倾吐着民间心声，表达了人们的美好愿望，除少数剧目含有封建迷信糟粕外，仍以颂扬古今英雄人物和诅咒人间邪恶为主题。多年来不但丰富了村庄的文化生活，还对与临村和市区的文化交流起到了沟通作用。愿亢家庄的柳腔戏这项非物质文化遗产得到延承，弘扬于民。

第二节 传统艺术

一 高跷

20世纪40年代亢家庄办起了高跷队。开始高跷腿子是借用的，以后是村里自己打造。用木棍根据扮演角色不同，也按自己胆量大小，在木棍适当位置刻上凹窝，钉上踏板加以固定，在棍的里侧踏板以上部分必须是扁的，以便裹捆加固，高和矮视踏板以下部分的长度而定，一般在50厘米至100厘米之间，在使用的时候，首先将脚放在踏板上用绳子把脚和大腿部分绑好。跑高跷首先要学会绑上腿子练跑的基本功，开始要拄着棍子，并且要身体强壮，因为踏着腿子整天跑，一般的身体顶不下来。在熟练的同时学练各种动作。高跷队约30人，来自该村青壮年。其中，有柳腔戏班和其他青年，没有女性。打造角色一般是以一出故事为题材，如《白蛇传》分白蛇、青蛇、许仙和法海和尚。再如《西游记》，扮唐僧、孙悟空、沙僧和猪八戒。有扮兰瑞莲打水的，也有扮后老婆打孩子，另外配有其他角色，其中，最具特色的是一个自由人，提着尿壶（尿瘪子），里面盛着老酒或饮用水，是整个高跷队的主角，既能唱流行小调和有关戏剧，又能与观众对歌，巧语答对等。时而喝一口尿瘪子里的水，时而闹，出鬼脸、耍滑稽，引逗观众捧腹。扮青蛇的亢中顺、白蛇的张仁祥（别名:张芝香）技艺很高，用细竹杆系上一个锦制蝴蝶，引逗许仙，戏弄法海。《西游记》的猪八戒贪婪的看媳妇，孙悟空以教训的姿态惩罚他，十分有趣。跑高跷必须有武艺高超的孙悟空，王先香有活猴子的美誉，翻跳滚越称得上绝活。仲家洼每逢办高跷耍儿，必来亢家庄请去扮猴子。不过扮猴子的腿子要矮。

高跷队不但要角色表演的好，还要有一班高超的锣鼓队和唢呐手配合。唢呐有《农家乐》，锣鼓有《进香点》《幺二三》，也掺杂戏曲锣鼓谱等，在春节过后初四开始，在村里跑第一场再去临村跑。每一个村庄都要为迎接外村的耍儿作进村表演的准备。有特约的叫“请”，也有临时决定的。特约的一般是中午最后一个跑场，要完卸妆，中午村里备招待饭。跑到一个村庄专门有人接待，备有茶烟之类的东西，表演结束还要赠上点赏钱，数量不拘。其理由:一是拜年钱，二是费用开支，也称礼钱。一天能跑三四个村庄，不为钱财，只图乐趣。自正月初九开始赶庙会，周围村的耍儿有“耍龙灯、跑旱船、大秧歌等”，差不多都参加。一方面为弘扬农村文化，一方面也是比赛。它是才艺展示的场所，都使出浑身解数、看家绝活，耍的好赖就看围观群众的多少，说明水平高低，人多越耍越来劲，人少显得没有面子，或草草收场。到正月十六日基本上天天有庙会。正月十六日以后在年内没有特大事，村办耍儿就搁置一年。就这样年复一年的办，人员年复一年的变，而人员不管如何变，各村的耍儿是永远存在的。

新中国成立以后，在“三反”（反贪污、反浪费、反官僚）运动中，又办起了高跷队。有26人，这次不是图乐，是配合运动作宣传，扮的贪污分子、浪费分子和官僚分子，宣传《中华人民共和国婚姻法》，扮童养媳被婆母追打，人民解放军、警察、民兵、儿童和妇女追捕“三反”分子。连续到几个村庄表演。1958 年成立东风人民公社搞庆祝活动，三十余人扮《绣鞋记》剧妆的高跷队宣传，在公社范围跑完以后，又到市内跑了一天。以前本地区曾流传着：逍遥村的旱船，田家村的龙灯，亢家庄的高跷。自四清运动以后，再未办过高跷活动。

二 舞龙

1992 年为丰富春节期间的群众文化生活，体现繁荣祥和美好的节日气氛，青岛大信农工商公司领导以公司为主结合村民组织了民间文艺表演队，有旱船、跑驴、秧歌和杂耍。1993 年春节在青岛市人民会堂广场举办民间文艺邀请赛和市南区第四届市南之春元宵秧歌会获得最佳表演奖和最佳组织奖。队员情绪高昂，表演了精湛的传统节目。1993 年青岛大信农工商公司组织了舞龙队表演了《双龙戏珠》。第一次是借用青岛国棉二厂的两条彩龙，聘请了青岛市文化局搞专业的张澍老师亲授，由 23 个小伙学会了舞龙的基本要领，并能够熟练地完成“龙翻身”和“龙打滚”的高难动作，非常优美，特具观赏。在一次表演中，把借来的其中一条龙给损坏了，所以下决心自己制作，以借来的龙身作样品，组织各企业技工人员，用了十几天的时间，栩栩如生的红色、绿色、雌、雄两条各 22 米长的彩龙做成了。服装厂的职工连夜加班制作了红黄两色古典服装 30 多套，舞龙队员和锣鼓队员统一服饰。23 名舞龙队员都是青岛大信农工商公司企业生产工人，白天工作，晚上排练。舞龙是个力气活，身体要承受巨大消耗，个个都认真参与。1993 年农历正月初十举行的市南之春文化活动大比赛，青岛市委宣传部部长和青岛市文化局局长观看了表演，获得了最佳组织奖和最佳表演奖。同年农历正月十五日在青岛市政府大院参加青岛市迎春文化活动中，获最佳表演奖。1994 年市南区举办元宵秧歌会，舞龙队和村已秧歌及杂耍 80 多名演员在海天大酒店军乐团的配合下，调动四部大客车，到海天大酒店、青岛衬衫厂、青岛孚德鞋厂、航务二公司、海信集团和青岛纺织疗养院等单位巡回演出四天共 14 场，并借机宣传青岛大信农工商公司生产的产品和公司形象。1994 年以后多次参加市、区组织宣传交通安全、计划生育、消防安全等演出活动。

亢家庄的舞龙活动自 1993 年春节开始，还在该村各社区楼群，与其他杂耍一起搞迎春、闹元宵表演活动，活跃小区文化气氛，年复一年，从不间断。但最具特色的是两条龙在表演激烈时能喷火，特别是在夜晚，红光四射夺目，观众拍手叫绝，在市、区各种民间文艺表演活动中屡屡得奖，是青岛市市南区至今唯一保留项目。龙体旧了再换，人员也在新老不断更替，唯舞龙队表演艺术则是源源流传。

大信公司舞龙队走出国门 1997 年 8 月 28 日经韩国仁川广域市中区（与青岛市市南区为友好区）的邀请参加该区的文化节，由青岛市市南区副区长单强

1 第2333號 (1990년 2월 15일 第3種 郵便物(가)급 認可 1989년 10월 26일 登錄番號 가-90) The

全·盧씨 내주 釋放

趙정무 '金대통령, 李대표 건의

抱川郡、산정호수 사유림 수백평 불법훼손

金泳三대통령은 4일 회창대표가 全斗煥, 盧泰 시 및 법

청와대에서 신한국당 李 우 두전직대통령에 대한 검토할 것으로

◇1997 年大信公司舞龙队去韩国演出剪报

◇1997 年市南区访问韩国仁川广域市中区，大信公司舞龙队合影

炜，市文化局副局长聂申梅（女）和青岛大信农工商公司荆朋森、宋淑华等带队及15名舞龙队员（八男七女，男有荆朋海、亢正惠、孙垒、亢继进、安丰祥、宋思河、亢正基、闫盛集担任龙珠队员。女有刘爱华、亢祝爱、孙秀云、王建美、闫翠玉、亢林峰和曲淑玲），组成了中国青岛市市南区访问团赴韩国。8月31日晚在仁川广域市中区和平广场庆祝传统民族文化节，气氛热烈，各种表演精彩纷呈，青岛大信农工商公司的舞龙队参加表演，女的舞红龙，男的舞绿龙。队员们想的是代表我们的国家，个个生龙活虎般的使出浑身解数，吸引了2000多名韩国市民前来观看，尤其在喷火时引得观众拍手高呼，受到市民的赞扬，增进了友谊。9月2日仁川广域市《京仁每日报》头版报道了这一新闻，并配上彩影图片，发表了高度评价文章。

三　腰鼓

1998年为庆祝青岛山宁立交桥竣工，亢家庄社区以曲芝玲和王美华为领队组建了腰鼓队。开始30余人，大部分是青岛大信农工商公司退休女职工，最大72岁，开始由闫茂伟和张红卫当教练。鼓点由简单到复杂，动作由粗糙到细腻，服饰是青岛太湖路管区腰鼓队留传下来的，花鼓自备，演出时要求人人都化妆。平日主要目的为健身，陶冶情操，丰富、活跃社区文化生活，不论春夏秋冬，风雨无阻，每到晚间不约而同相聚一起，在多处宽敞地点演练。鼓点在原来的基础上，既学习别家又自编排，现在已形成自己的风格，紧凑熟练，动作优美颇具观赏。不论在哪里活动，都能引得无数居民和路人立足观看。每年配合青岛大信农工商公司舞龙队参加市、区级各种文艺比赛和社会活动。逢年过节只要有社区活动，必定参加。在青岛市、市南区多次得奖。随着退休职工的日渐增多，生活逐步提高，都有利用好闲暇时间、提高精神食粮和老年生活质量的愿望。队员服饰也在不时更新，新老不断更迭。

四　其他

亢家庄很早就有杂耍艺术活动，大体有《跑旱船》《跑驴》《猪八戒背媳妇》等。

旱船　用竹木扎制，长约两米，宽约60厘米，以彩绸装饰若画舫状，一人扮乘船女子（也有男性扮女装），在船中双手提船，边走边舞左右摇摆（走S形，以前说走剪子股形），另一人扮划船艄公，平持船桨在旁侧划动引领船跑，扮者着彩绸装，优美好看。

跑驴　用竹木扎成驴状，用绒布裱糊，逼真有趣，在驴身中间留孔，一女性着彩装扮新娘，从孔中套在腰的位置，呈骑驴状，一手提缰，一手扶鞍，另一人扮赶驴新郎（另一种说法是赶脚的儿童），意思是新郎赶着毛驴驮新媳妇回娘家（一种说法是新媳妇雇脚回娘家），小毛驴不听使唤，上、下坡、过河时出了许多难度动作。赶驴者一一化解，富有浓厚的生活气息，幽默风趣。

猪八戒背媳妇　是一人表演，用竹做架，绒布裱糊做成猪状，一女性着彩装扮媳妇，将猪装套在身上，猪头在胸前，

◇ 亢家庄腰鼓队

◇ 2011 年元宵节文艺展演

◇ 亢家庄锣鼓队

◇ 杂耍

◇ 2008 年迎奥运纳凉晚会

◇ 杂耍

◇1990年元宵节大信公司在栈桥展演

◇1990年大信公司在栈桥展演

◇ 2008 年八大湖街道激情闹元宵合影

◇ 2010 年 2 月大信公司与亢家庄居委会在社区文艺演出

猪头可摇摆，媳妇操纵猪头做贪婪的看媳妇状，十分有趣。

因为这些民间活动单项表演人员太少，所以大都将这些活动组成一起表演，人们称其为杂耍。有锣鼓伴奏，有时也有唢呐帮腔更好。自中共十一届三中全会以来，这些杂耍得到复兴。本村自20世纪90年代由大信公司和居委会举办文艺活动，组织了40余人办起了这几项杂耍队伍，庆祝节日和活跃社区文化，并又增加了大头娃娃和秧歌队，一般都与舞龙队、威风锣鼓队一起活动。

第三章 体 育

第一节 体育项目

一 武术

武术是是中华民族体育项目。亓氏先祖在明代洪武年间是驻扎浮山备御千户所、抵御倭寇侵袭而屯垦成边的13个有军职的军户之一。亓氏迁入亓家庄后与村民齐心协力将爱好武术的习俗传承下来。

民国初年，亓中金、亓中距去“上四方”拜滕玉森为师,学练“武当”拳术。民国26年（1937年），在亓氏家庙、闫氏家庙和村公所设置了隶属于青岛市国术馆的三个（32、33、34）练习所，聘请董中先（吴家村人）、张鹏福（浮山所人）、东镇潘姓三位拳师，教导村民习武练功。拳师接收徒弟标准比较严格。首先是在家孝敬老人的，在外安分守己的人，对练习武术必须是以健身为主，并且要具备耐心和毅力，不能三日打渔，两天晒网。村里的习武爱好者纷纷到拳房拜师学艺，最多时有40人之多，教练谆谆教导，学员勤学苦练，其中不乏佼佼者：亓中贞到青岛市国术馆摔跤班学习结业，身手不凡，与武友们比试过招屡屡取胜。亓中俊先拜著名武术家高凤岑为师，后又投入武术名家张鹏福门下学练少林长拳，尤其擅长摔跤，练功极为认真刻苦，当时武术界崇尚以武会友，他扎实的功底令武友们折服。其40年代活跃于岛城跤坛，在市举办的多届摔跤比赛中，均获得中量级的好名次。解放后五十年代，仍是活跃在跤坛上的一员老将，连续在市举办体育运动比赛上获得好成绩。其与当时岛城轻量级跤王马金海私交甚笃，在

◇张鹏福

◇亓中俊

岛城摔跤界有一定的声望，影响并促进了地方上的习武练功活动。村中拜师董中先学习少林长拳的亢正信，擅长螳螂拳的杨从德，在周围都小有名气。

二　棋类

早先村里流传下来的民间棋艺丰富，村民们休闲时聚集在一起玩得开心乐和。

赛五福：两人对垒，在平地上划出棋盘（如图示），二人各持不同颜色的小石子或用碎砖瓦块加工的子儿，先寨方持 13 颗子儿，对方持 12 颗子儿，可布出“小方”“三斜”“四斜”“通天”（也叫大棍）、“五福”五种棋式（如图示）。“小方”可吃掉对方一颗子儿、“三斜”可吃掉对方两颗子儿、“四斜”可吃掉对方三颗子儿、“五福”可吃掉对方四颗子儿、“通天”可吃掉对方五颗子儿、直到对方被吃得只剩两颗子儿时为赢。

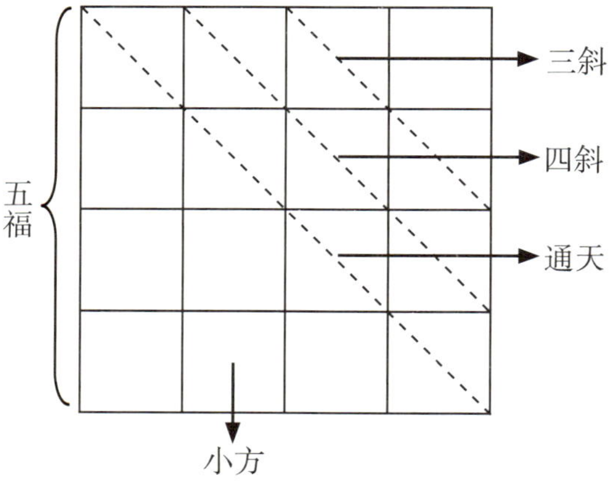

二吃一：两人对垒，在平地上划出棋盘（如图示），每人 5 颗子相对摆在棋盘的边线上。走棋过程中在同一条线上，一方的两颗子对上另一方的一颗子时，这颗子就被吃掉拿下，直到对方被吃得只剩下一颗子为赢。

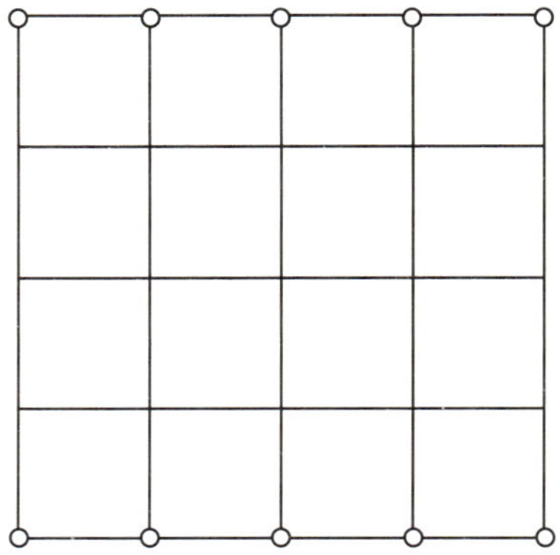

妈虎（狼）吃小孩：两人对垒，在平地上划出棋盘，一方持妈虎子两颗，一方持小孩子 17 颗，相对摆在棋盘的边线上（如图示）。在一条线上妈虎子跳过小孩子，小孩就被吃掉拿下。如果小孩把妈虎围堵得不能走动了，小孩方就赢了。小孩围堵不住妈虎时，妈虎方就赢了。

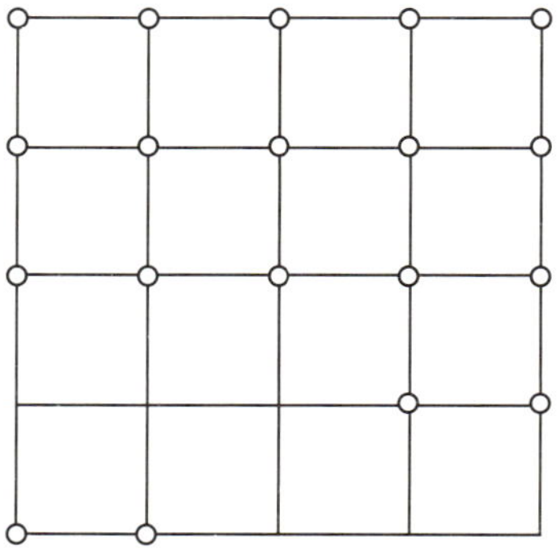

寨三：两人对垒，在平地上划出棋盘（如图示），双方各持 12 颗子，一方布出三点连一线时，就可吃掉拿下对方的一颗子，直到将对方吃得只剩两颗子为赢。

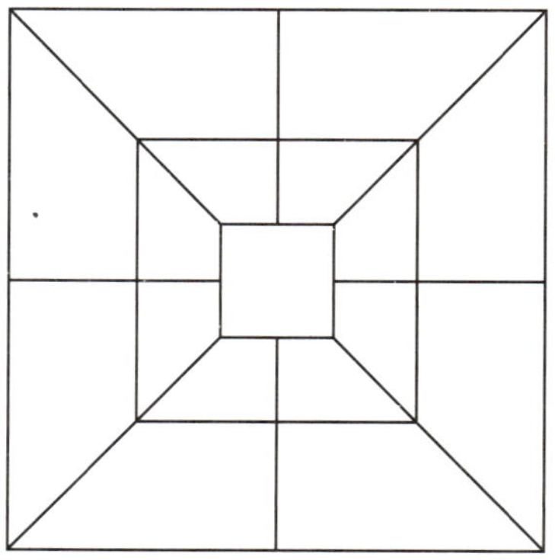

象棋：早先村里爱好者经常在邻里过道胡同或街上，有时也在家中的院子里，两人对垒，围观者指点评议。年轻人则喜欢玩棋摞，两到四个人玩，三个人玩要拿出一兵一卒两个子。棋子大小依次为：将一、车二、炮三、马四、士五、相六、兵七、卒八，同级红子比蓝子大。

麻将：19世纪30年代后期，村里开始有打麻将的，大都用来赌博，解放后被取缔，自1957年开始有人暗地偷玩，大都以顶脸盆、背砖、画眼镜取乐。1964年搞点上四清运动时已禁止。文化大革命开始严令取缔。1977年文化领域复苏，扑克“够级”、麻将全面活跃，现在男女老少玩得很普遍。

凤凰棋：青少年们在春节期间玩的游戏。从集市上买回用木板印刷的螺旋形彩色棋盘，上面印有各种古装人、鸟禽及野兽，其中图形相同的有数对。至少两个人玩，一般不超过6个人。先“将军宝”或打色子确定走棋的先后次序。用两颗色子打数前进，前进遇到相同图形时，要倒退到后面的此种图形上。谁先到达中心点（一个刻有福字的丫丫葫芦）为赢。

再是早先村里大人玩《推牌九》《看麻掌》，大都是赌博的，解放后被取缔。

三　球类

新中国成立前村里只是上学的学生们在各自的学校里参加球类活动。50年代初，村里的青少年自发地组织在一起活动。先后在村里的东场院、南场院、关爷庙西的场院、西北场院、西大坡和南戏台等场所修筑了篮球场，自制篮球架。大伙利用节假日及平日业余时间聚集在一起活动。在此基础上自发地组成了两个球队：“青联队”和“少联队”。参加“青联队”的队员是：亢正华、王啟凯、亢正思、解明许、亢正方、李先善、亢中伟、亢正泽、亢正福、亢正義、杨才书、赵志叔、王思成、管毓杰等；在外工作的或上学的学生，星期天或放假时节也经常回家一起参加比赛，最早有亢正勤、张玉勤、王啟荣等，后闫盛慈、亢正珞、亢中夏、亢正云等。参加“少联队”的队员是：亢继祥、亢正禄、亢正基、亢正启、闫盛全、闫可春、亢正业、洛本跃、陆兆亮等。亢正华负责“青联队”，并担任裁判员。王启凯负责“少联队”，解明许负责球队对外活动的联络有关事宜。球队经常出村活动，与村周围的十几所中小学、十几家工厂企业、驻防部队所属的28个部门，还去大麦岛、王家麦岛、王家村、浮山后村、北龙口等村庄进行友谊比赛。

1974年亢家庄成立了村篮球队，队员是：亢正基、亢正业、亢正启、亢正培、闫可春、洛本显、杨孝书、王啟凯（队长）。每年都参加浮山公社所属的七个自然村（浮山所、辛家庄、亢家庄、田家村、大尧、逍遥、湛山）的篮球赛，曾获第三名。球队中亢继汉身高1.92米，在市商学院毕业就业到遵古药房，1954年被昆明部队选拔为篮球队员，1960年转业回村，1963年参加浮山公社篮球队。杨孝书身高1.80米，1967年就业在青岛造纸厂，被选拔到市轻工局篮球队，1970年回村被选拔到浮山公社篮球队为主力队员。1972年公社篮球队参加崂山县职工篮球赛获得第一名；1982年作为市南区职工篮球队队员参加青岛市职工篮球赛获得第一名；1982年作为青岛市职工篮球队队员参加山东省职工篮球赛获得第一名；1983年作为省职工篮球队队员参加全国“丰收杯”篮球赛，名列前12名之中。

四 田径

新中国成立前村里只是上学的孩子们在学校里参加活动比赛。解放后村里的少年儿童们在王启凯的倡导组织带动下，利用节假日和平时业余时间聚集在一起，在村的前街、南马路、水管子路、电台南北路、东南沟沙窝地、场院及电台大院里的篮球场上，经常进行田径方面的比赛活动。

田赛活动中的铅球、铁饼、标枪、手榴弹、跳高、跳远大都在村的东南沟沙窝地里进行，有时也在南场院、东场院进行。活动用的器械铅球是从火车轴承中取出的钢球；铁饼是自制的，将成形铁皮周围用铆钉铆住，中间灌上铅；手榴弹是村里民兵军训用的；标枪是借用的。活动器械大都是王啟凯筹备的。

径赛活动中跨栏、竞走和短跑大都在场院上进行，中跑在马路上，长跑是自村前街装着变压器的电线杆处起跑，往西到西大坡，再沿水管子路到东南岭，再顺东岭南北路到电台，再往西到村的东街，最后回到前街起跑点处。赛跑用的发令枪是孩子玩的“洋火枪”，计时表是借用的。参加活动队员：王啟凯、于志华、黄佳武（小村庄人）、亢正身、亢中先、亢正鼎、亢正交、洛本元（1957年去了西安）等。

五 其他

村里流传下来的民间游乐活动丰富多彩。

打秋千：早先每逢清明节，村里的场院上就竖起秋千。老少爷们、娘儿们结伴一块去玩乐。一个人坐着或站着打，也有两个人对面站着打，观看的人呐喊助威！悠荡得越高越受欢迎和称赞。也有在邻里过道仰棚梁上拴绳做秋千坐着蒲团悠荡玩的。还有在自家大门的门楣上拴绳做秋千让孩子们玩乐。此项活动是为了迎一年一度的清明节，平日里没有活动。

放风筝：清明节前后，村里人大都自己制做“八卦”（如图示），用竹子劈成细条，用线扎成形，用糨糊粘贴上白纸，有的还画“八卦”图，并在八个角上涂上红、黄、蓝、白、黑、绿、灰、褐八种颜色。个别心灵手巧者亢中珊自扎的长筒，难度很大，亢正道还扎制出彩色长龙，有20几米长，龙头活灵活现，眼珠能转。也有去商店买“孙悟空”“红孩”“知了”“雄鹰”“蝴蝶”多种图案彩色风筝。青少年结伴到场院上放飞，比赛谁放得高放得远。

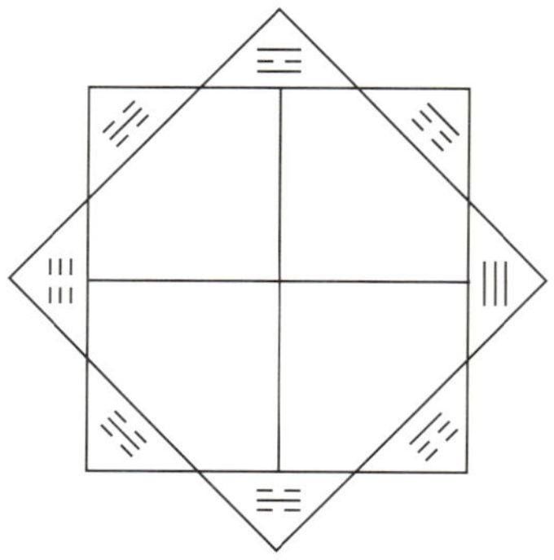

说明：这种风筝因有八角，每角标有《易经》里的八卦图形“乾、震、坎、艮、坤、巽、离、兑”当地称谓八卦。

“老鹰”抓“小鸡”：孩子们玩的游戏，先确定老鹰一人，小鸡竖排成队，由高到矮一个挨一个，后面的双手抓紧前面的腰部衣服，排头那个人伸开双臂随老鹰左右跑动，阻挡其抓到身后的小鸡。老鹰每次必须抓小鸡队列中的最后一个，抓到一个下一个，直到把小鸡都抓完。

打阎王鼻子：六个人玩的游戏，将五块小石片摆在平地上，分别为阎王、鼻子、左耳、右耳、辫子（如图示），在距鼻子五米左右划一条线，玩者站在线外，按次序先喊出要打的目标，才可将手中的石片抛向目标。最后没打中目标者为小鬼就要挨打。阎王站在一旁，其它四人分别拽着小鬼的鼻子、左右耳、辫子，拽左右耳两人用手掌拍打着小鬼的脊背，一边打着口还念叨着：“打金鼓、敲金钟，问问阎王中不中？”阎王说中就停打，若说不中就继续打。

骑马打仗：三人组合，一人站立，一人弯腰双手抓紧其人腰部的衣服，第三者骑在弯腰者的背上，同另外三人组合玩耍，直到把对方的骑马者拉下马为胜。

将媳妇：三个人玩的游戏，两个人先用各自的右手握紧自己的左手腕，然后相互用左手握紧对方的右手腕，第三者跨坐在两人组合的四只手背上，两人托着此人，一边走一边还唱着“喂里喂，哇里哇，俺把媳妇将来家”。

藏猫儿：孩子们玩的游戏，在约定的范围内，大伙躲藏起来，寻找者（一个人）大声喊叫：“藏好了吗？”喊三次后隐藏者没有回应，就开始寻找，藏者被找者发现时可以跑躲，直到找者捉住一个藏者，并用手拍打三下后，就可以解脱，游戏重新再来。

打瞎呼：孩子们玩的游戏，在一定的范围内，一个人被手绢蒙上眼睛，双手摸索着抓在他周围来回逗他玩的人。如果抓住一人时，便用手从头摸到脚，根据其高矮胖瘦和穿着，判断此人是谁，猜对了就可解脱换人继续玩。

挤“要饭的”：天冷的时候，孩子们聚集在墙角处，排成一溜喊着号用劲挤，谁被挤出行列就到后边再挤，大伙玩得既快乐又暖和。

跳房：女孩们玩的游戏，在平地上划出房（如图示），跳者将沙布袋抛入第一间，单腿站立跳进第一间，用脚尖沿地面把沙布袋踢进第二间，按顺序（1→2→3→4→5→2→1），最后把沙布袋踢出房。然后再把沙布袋依次抛入第二间、第三间、第四间、第五间踢跳。在跳踢过程中，脚不能踩线，沙布袋不能压线或踢出间。

3	4
2	5
1	

打“懒老婆”（陀螺）：孩子们在街道、场院，冬天在冰上玩的游戏。“懒老婆”都是自制的，用直径 3 ~ 4 厘米、长 5 厘米左右的圆木，一头削成圆锥形，尖端镶嵌上一粒钢珠。用鞭子使其在平地上旋转不断用劲抽打。孩子们有时比赛抽打得鞭数相同，看谁的“懒老婆”旋转的时间长。

打瓦：男孩们玩的游戏，每人一块手掌大小，厚两厘米左右的石片。在平地上相距四到五米划两条平行线，一帮在一条线上把瓦立起，另一帮在另一条线外，按规定的动作顺序（一步、二步、三拍打、四取脚、碗豆脚、张飞蹁马、两腿夹瓦、胸部挺瓦、脊梁背瓦、肩扛瓦、头顶瓦），依次把对方的瓦打倒。

打茧儿：男孩们玩的游戏，用长 6 厘米左右，直径 2 ~ 3 厘米粗的圆木，两头剥成圆锥形，手握长约 40 厘米的木板条，将茧儿放在地上，用木板将茧儿砍起，然后使劲抽打，看谁打得远。

翻棉单：孩子们玩的游戏。用一根长壹米多的网线，两头接起来，一人用双手手背和中指挽撑起来，另一人用手翻到自己双手上。相互可翻出“喜鹊窝”“面条”“棱形方”“金点子”“驴槽”“舢板”等平面或立体的花样。

斗鸡：男孩们玩的游戏，一条腿站立，另一条腿弯着用双手托起，跳着用弯腿的膝盖顶撞对方，直到把对方撞散架或撞倒为赢。

跳马：男孩们玩的游戏，一人九十度弯着腰，双手撑握在两腿膝盖上，其它人跑着用双手摁着此人的脊背分腿跨越过去。

背堂倌儿：两个人背靠背站立，弯起胳膊相互挎紧对方的双臂，然后轮流弯腰背起对方走着玩。

拾伍儿：孩子们玩的游戏，用到海滩或河边拣的小卵石，也在用缝制的小沙布袋，玩时将五颗子儿垂直上抛，用手接住一颗子儿为“头”，其余四颗子儿落地，然后先将手中的“头”子儿抛起后，拾起地上的子儿，再翻手把“头”子儿接住。

滚铁环：用 U 形铁丝钩去滚动一个直径约 40 厘米的圆铁环，有的铁环上还上几个小铁圈，滚起来还有响声。个别还有用旧车圈去掉辐条，用木棒滚着玩的。

踢毽子：早先村里青少年们经常聚在街上或场院上踢鸡毛毽（用布包住铜钱后再插上几根鸡毛用线绑扎好）或沙布袋（用六块正方形边长约 4 厘米的布缝好里面装上沙），大伙比赛，一次谁踢得次数多，谁踢得花样美。

玩杏核儿：孩子们玩得花样挺多。

弹杏核——在平地上划一个边长 20

厘米的方框，内分五个格（如图示），在距方框两米左右划条线，再划出框边的延长线至横线。

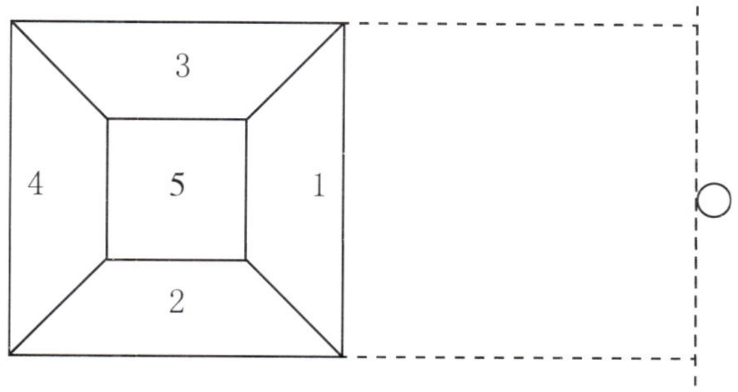

玩时一人坐庄，其他人在横线外放一个杏核儿，用一只手的拇指和食指（或中指）对着方框弹四次，弹时嘴还念道“一大弹、二包连、三小鬼、赢个子儿”。第四次弹入方框中某格，其中的数就是赢的杏核儿数。若杏核儿没弹进方框，此杏核由庄家收取。

摔杏核儿——在地上挖个圆锥形的小窝，玩者将杏核儿放进窝，然后“将军宝”确定摔打的先后顺序。摔时手拿着“头”（一个较大的杏核儿，个别的里面还灌上铅，增加其重量）用力摔进窝，打出窝的为摔者所有。

赢杏核儿——玩者坐在平地上，都拿出数量相等的杏核儿，先“将军宝”确定拾的先后顺序。拾时一只手捧着杏核儿（多时用双手捧着）垂直上抛空中，然后用一只手背接住一部分，其余的都落地，再将手背上的杏核上抛后，反手接住“头”，最后把“头”垂直上抛，空手去拾地上的杏核儿，再反手接住下落的“头”，拾起的杏核归己有。

堵湾：雨后，孩子们轧伙到马路边的水沟用铲子挖土筑起小堤坝积水，待积水平坝时就掘开堤放水，如果把下游的堤坝冲垮为赢。否则前功尽弃，为下游增加了蓄水量。

玩雪：严冬时节天降大雪，地上积雪厚，孩子们结伴到街上、马路上、场院上滑雪、滚雪球、打雪仗、堆雪人，互相进行友谊赛，虽说天冷，大家却玩得开心高兴。

第二节　场地设施

20 世纪 50 年代初，亢家庄造设了农业生产所必需的七个场院（东场院两个，南场院两个，西场院、西北场院、北场院）。农闲时这些场院又成了村民们娱乐活动的好场所。街南的东场院上设置了一副正规篮球架，是海军潜艇学院赠送给村的。其余场院上的简易单杠、篮球架都是村民们自制架设的。

村的东场院和南场院农闲时是村民们进行铅球、铁饼、标枪、手榴弹投掷的好场地，也是大伙进行竞走、跨低栏和 60 米短跑的地方，也是武术爱好者夏季摔跤、练武功的好去处。村东南沟沙窝地，是村民进行跳高、跳远的好地带。平日村民搞中短跑比赛，都在南马路上进行。长跑比赛是从前街装着变压器电杆处起跑，往西到西大坡，再顺水管子路到东南岭，再顺东岭南北路到无线电台，再沿东岭路进村东街，最后到前街起跑点。经过丈量，长跑全程约有 2500 米。

第三节　社会体育

一　农民体育

20 世纪 30 年代后村里爱好举重的村民，空闲时聚集在前街村公所门前，进行举石担、举石锁的活动和比赛，围观的人为他们加油呐喊助威，场面很热闹。这个活动始于学习武术以来才有的，主要是为锻炼武术基本功和增加体力，在熟练的过程中还练出各种花样。表演优秀者：始为亢中俊、亢中贞、亢正信等；后来有闫盛海、亢正勤、王啟荣、张玉勤、亢正方、徐立业、亢中尧、亢中伟等，实行农业合作化后逐渐淡化了。

人民公社化后，崂山县每年都举办篮球比赛，所属 17 个公社积极参加。自 1972 年起，浮山公社每年都组织篮球赛，为参加县篮球赛选拔优秀队员。1972 年到 1983 年期间，亢家庄大队热情组织社员参加公社举办的篮球赛，曾获得过第二名。1978 年到 1981 年间，两次参加公社文化站组织的象棋比赛，杨孝书、王啟凯、亢正荣、闫可斌、荆朋森拿过集体第三名，杨孝书得过个人第二名。

1988 年，大队服装厂在本厂院内自己搞运动会，以生产班组为单位参加比赛。比赛项目有：60 米跑、跳远、拔河、托球、吊瓶、越野赛等。

二　职工体育

1987 年至 1996 年期间，大信公司参加过市南区农经委分别在五中、二十五中、海军潜艇学院举办过的运动会。1988 年 6 月 12 日，大信公司在锻造厂大院举办过运动会，比赛项目有铅球、跳远、拔河、100 米、越野赛、吊瓶、托球、棋类等。1991 年 6 月 13 日大信公司在海军潜艇学院举办首届运动会，裁判员全部是聘请的，女职工还表演过集体健美操。

从 1998 年到 2008 年期间，公司组织职工参加市南区举办的职工田径运动会共六届，其中：

1998 年 6 月获市南区职工田径运动会团体总分第三名，获市南区职工田径运动会女子团体总分第四名，获市南区职工田径运动会男子团体总分第三名。

2000 年 6 月获市南区第一届职工田径运动会精神文明奖、获市南区第一届职工田径运动会团体总分第四名。

2002 年 6 月获市南区第二届职工田径运动会精神文明奖。

2004 年 6 月获市南区第三十四届职工田径运动会体育道德风尚奖。

2006 年 6 月获市南区第三十五届职工田径运动会优秀组织奖，获市南区体育道德风尚奖。

2008 年 4 月获市南区第三十六届职工田径运动会体育道德风尚奖。

◇1988年大信农工商公司春季运动会比赛现场

◇ 1991 年大信农工商公司在潜艇学院举行职工运动会

◇ 1994 年农经委系统在青岛 25 中学召开春季职工运动会，图为青岛大信农工商公司运动员入场式

◇2000年大信公司参加市南区第一届职工田径运动会合影

◇2006年大信公司参加市南区第三十五届职工田径运动会合影

◇2008年大信公司参加市南区第三十六届职工运动会

◇ 后排右三为杨孝书

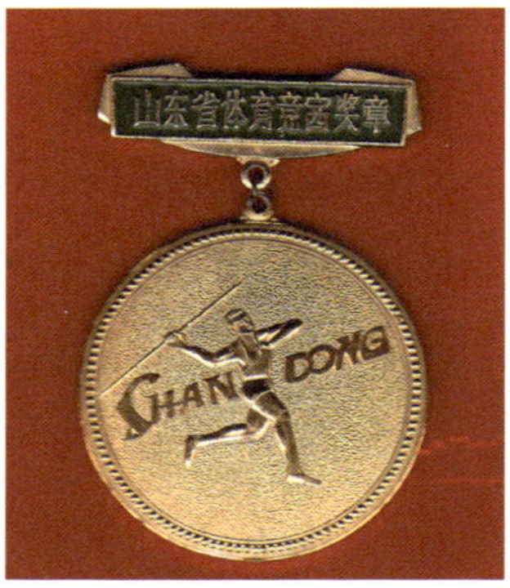

◇ 亢继房获得的山东省体育竞赛奖章

◇ 杨孝书获得的青岛体育竞赛奖

◇ 前排左三为亢继房

◇ 青岛大信农工商公司 1991 年职工运动会，青岛浮山锻造厂巾帼获奖合影

◇ 2008 年 7 月青岛大信实业有限公司参加第 28 届奥运会青岛地区火炬传递活动

第四章　卫　生

第一节　卫生机构

新中国成立前，村里人患疾病大都用民间流传的土法偏方应对，那时的神汉巫婆大行其道蒙骗群众，也有去求神拜佛许愿保佑平安的迷信陋习。防病治病多依靠传统中医中药。青岛开埠（德国侵占青岛）以后，西医西药进入岛城，大都是市里有钱人和政府官员找西医寻医问诊，广大贫民百姓患病者因家境贫寒无钱就医，也有的心存侥幸期待病情好转，拖延了治疗时机，以致造成严重后果。

中华人民共和国诞生后，党和政府十分关心老百姓的健康，广泛宣传发动群众讲究卫生预防疾病，上级有关部门经常派人到村里检查督导卫生工作。1956年市南区政府组织成立了浮山中西医联合诊所，为社员群众看病提供了方便。隶属于工农联盟高级农业生产合作社的亢家庄大队安排了卫生员亢爱珍、闫盛恕，他们提着药箱同社员们一起下地劳动，随时随地为在劳动中受伤者疗理服务。1958年公社化后，属于浮山人民公社第二生产管理区的亢家庄大队，按上级要求专设负责卫生工作的妇女队长（农业队：闫秀芬、园业队：闫秀芳）。1959年在原工农联盟社（浮山所）、五一社（湛山）、海防社（辛家庄）三个联合诊所的基础上成立了浮山人民公社卫生院，有医务工作人员18人分工负责各大队的医疗卫生工作。1966年10月济南卫校毕业的洛秀文到大队从事医务工作。同年大队抽调洛秀文、亢正培、亢继健半脱产到浮山公社农中医务班参加培训学习结业，称卫生员。当时农村里亦农亦医的医务工作人员，亦称“赤脚医生”，他们经常由公社组织到401医院、海疗、纺疗、全总疗养院接受培训学习。

遵照毛泽东主席“6·26”指示，把“医疗卫生工作的重点放到农村去”。1967年亢家庄大队成立了卫生室（合作医疗）。由市南区卫生局主管，业务由浮山人民公社卫生院领导。负责人洛秀文并兼医务工作，1968年8月亢正培接替洛秀文（顶替父亲就工）主持卫生室工作。1969年受公社卫生院委派到市立医院医务进修一年，1971年去青医接受培训一年，1982年市南区卫生局颁发了医师证，1995年经考核青岛市卫生局颁发了主治医师证，2000年山东省卫生厅颁发了主治医师证。1969年亢玉香到卫生室任收银员。1971年大队按上级要求，从下属每个生产队抽调一名女社员（亢玲娣、荆桂花、徐美花、于翠兰），由卫生室带领去陆军137医院培训卫生员。1972年辛悦英到卫生室工作，其毕业于公社农中医务班，1979年到市南二医、浮山医院、市妇幼保健院进修学习。

1985年亢家庄大队更名为大信农工商公司。1998年公司撤销了亢家庄卫生室，申办成立青岛大信农工商公司卫生所，市南区卫生局颁发了“医疗机构执业许可证”，主要负责人亢正培。为了方便公司职工和居民们就诊，卫生所分别在如东路、宜兴路、泰州路、扬中支路开设分支机构。扬中支路负责人辛悦英。宜兴路1999年招聘了康丽萍（青岛医学院毕业，1994年经全国统一考试，市卫生局颁发了主管药师证）为卫生室负责人。另外又聘请海军镇江路干休所赵姓军医和王姓护士到卫生室工作。2003年3月，大信公司以原服装厂楼房与民康皮肤研究所建立租赁关系，成立东方医院后，大队医务室业务减少，于2005年年底停诊。

自2002年青岛大信农工商公司卫生所定点于如东路至今，平均每天接诊病员达40人；平均每月药物的采购用费在1.1万元左右。从亢家庄卫生室到青岛大信农工商公司卫生所开办至今，医务工作者坚持“预防为主”的方针，工作上尽心尽力，精益求精，热诚为群众服务，受到广大群众的赞许好评。由于工作成绩突出，1970—1997年，亢家庄卫生室年年被评为区级先进卫生室。1995年亢家庄卫生室被评为青岛市计划免疫先进单位。1972年亢正培代表浮山公社医疗卫生单位出席了山东省卫生系统先进个人经验交流会，会后赴各县参观学习交流。

第二节 防疫

青岛市传染病防治始于20世纪初。1906年德国胶澳总督府发布了《报明传染病章程》，此后历届政府均有关于报告传染病的章程，规划并采取一些疫苗接种和预防注射措施，建有专门的传染病院。中华人民共和国成立后，青岛市人民政府颁布《传染病管理暂行办法》规定天花、霍乱等13种传染病报告制。60—70年代强化了预防接种和计划免疫工作，天花、黑热病、白喉、伤寒、斑疹伤寒、炭疽病、脊髓灰白质炎、麻疹、麻风、丝虫病等传染病已基本消灭或控制。青岛市于1954年成立“青岛市卫生防疫站”，1957年各县区均建立了卫生防疫站，形成了全市性卫生防疫网络，全面展开传染病防治和计划免疫疾病监测工作。亢家庄历来都能积极配合上级做好预防工作。

历来村里出现的传染病有天花、麻疹、疟疾、脊髓灰白质炎、百日咳、病毒性肝炎等。天花自古在村里是多发的传染病，据查自20世纪初期至青岛解放前夕，因天花后遗症形成的麻脸有27人（男15人，女12人），解放初有4人。1971年春季，麻疹、腮腺炎在村里大流行，高发期腮腺炎患者有80多人，麻疹患者有90多人。在浮山公社卫生院的大力支持下，院长毕岩亭亲临村里指导防治工作，及时对患者进行隔离治疗，控制疫情防止扩展漫延。村卫生室的医务人员废寝忘食，全力以赴进行理疗，用蛇蜕（蛇皮）和癞蛤蟆（蟾蜍）加工调制成膏剂，给患者外敷，疗效明显且无毒副作用。肝炎多发期在春天，村卫生室医务人员本着“重在预防”的方针，采用中草药茵陈和大枣熬制成汤药送到社员家中，提前做好预防工作。疟疾多发生在夏季，主要是蚊虫叮咬传播，村卫生室在市南防疫站的关照下，将脾寒（疟疾）药发送到每家每户。

20世纪60年代，遵照拥军爱民的号召，亢家庄和海军401医院积极开展军民共建卫生活动。401医院经常派军医到村里指导村民防病保健。村民有病可随时去401医院检查且免费治疗。1968年市结核病院派车安排医生和医疗设备进村实施结核病普查。区防疫站派人，公社卫生院毕院长亲自参加，对全村从幼儿到60岁村民的全部查体。1969年亢家庄大队划出半亩地给卫生室，专门种植红花、杜仲、板兰根等中草药，以备防疫用。1970年卫生室派人参加公社组织的去“女姑口麻风病院”参观学习，回来后参加公社组织的麻风普查活动。70年代初，省市防疫部门统一部署安排防治牛痘的宣传教育活动，村里积极配合，组织村民参与，适龄的孩子全部接种了疫苗。1972年周总理指示攻克慢性支气管炎，由市南区防疫站组织，青岛医学院附属医院、137陆军医院、公社卫生院参加，到村里进行防治试点。一年内三次组织人去崂山采迎山红，到水库捉癞蛤蟆，回村后加工成药剂让村民服用。90年代中期，为预防控制“流感”，大队派人到沙子口采集银冬藤、卡巴菜、柴胡、茵陈等草药。60年代末到80年代初，为防治霍乱、疟疾、大脑炎，大队安排卫生员按时定点喷洒药物，进行环境消毒，从事直接触及鲜肥（人粪尿）工作的社员打霍乱防疫针，入冬后对所有的水井、洞穴喷洒药物，消灭越冬蚊蝇。

食品行业是卫生防疫的重点，村办有糖厂、调味品包装厂等，防疫站每年定期到厂检查，对工作场地和环境卫生及工作人员的健康状况都有严格的标准要求，查出问题要立即整改，工作人员健康不达标马上调离。

过去蛔虫病和钩虫病是村里男女老少普遍存在的多发病。蛔虫卵通过人的饮食进入体内，寄生在小肠内生长繁殖。症状表现为食欲不振、懒惰、脸上长癣、面黄肌瘦、腹痛，严重时出现肠梗阻、胆道蛔虫、胆结石。1975年有一名46岁的女社员因蛔虫造成肠梗阻病故。钩虫卵是从人皮肤上的毛孔钻入体内，通过血液循环进入大肠，吸血繁殖。症状表现为贫血、面黄肌瘦、全身无力、心悸。给村民造成很大危害。1970年84岁的亢辛氏因钩虫造成肠阻塞而病故。上级有关部门很重视，区防疫站、公社卫生院派人到村进行普查，提出防治措施。大队卫生室春秋两季为村民发放了驱蛔灵等药物治疗。随着粮食蔬菜作物种植逐渐减少，鲜肥改用化肥。加之环境卫生不断改善，特别是村民的讲卫生习惯增多和防治意识的提高，到80年代末，蛔虫、钩虫病基本消灭。

第三节　爱国卫生

细菌战：1952年3月15日美机侵入青岛上空，撒布了带有伤寒、痢疾、白喉及炭疽病的毒虫毒物，污染了环境，危害极大。亢家庄村民按照上级爱国卫生运动委员会的号召，雷厉风行，全力开展捕鼠、灭虫、清除垃圾的爱国卫生活动。用投放药物、铁夹子、封堵或水灌洞穴等方法捕捉老鼠，将其尾巴剪下集中上交，以统计核实战果。全村各家各户都搞好家庭卫生，想方设法捕灭苍蝇、蚊子、虱子、跳蚤、臭虫等害虫，清除其孳生场所。村民齐心协力按时清扫整治好村里村外的环境卫生，要求达到街道净、院子净、室内净、厨房净、厕所净、畜栏净的规定。

除四害：1956年按照市政府提出争创“五洁四无”城市的要求，除四害（老鼠、麻雀、蚊子、苍蝇，1960年麻雀改为臭虫）讲卫生，消灭疾病的爱国卫生活动在蓬勃开展起来。1958年4月27日，亢家庄大队和街道组织村民（社员400多人，居民70多人，小学生100多人）参与全市性捕捉麻雀的集体行动。天不亮大伙一齐出动，拿着旗、铜盆、喇叭、锣鼓等，在大街小巷、田间地头、阡陌沟坎，万众一心摇旗呐喊，敲盆吹号，锣鼓齐鸣，致使麻雀惊恐万分无处安身，最终筋疲力尽坠地被擒。公社化后，大队安排专人，按时到每家的厕所、村里垃圾集中堆放处、村周边的河沟喷洒药物。各生产队粪场上按时打药水，肥料集中堆放用泥土封存。拆除临街住户家的后院墙，填埋了各家院内的大粪坑，从而大大减少了蚊蝇的孳生活动场所。还特别要求妇女们搞好家庭卫生，大队协同居委会按时组织检查，相互参观学习，查找不足。1959年上级有关部门进村入户进行检查评比，全村评出卫生标兵五家（亢辉桃、亢登平、亢中金、王玉贵、夏保祥），区政府颁发了奖牌挂在标兵户家的大门上。在除四害讲卫生的爱国卫生活动中，特别是小学生们都积极参加，利用放学后的时间或星期天组织起来，春季挖蛆蛹，夏季打苍蝇，秋季到野外捉地老鼠（田鼠），冬季薰除过冬蚊蝇。

门前三包：20世纪90年代初，市爱委会提出《门前三包、院内达标》（门前三包是：包卫生、包秩序、包绿化；三包责任范围是单位门前至人行道路沿石，周边墙5米范围内。院内达标内容是：1. 单位院内有专人负责卫生保洁工作，院内环境卫生整治，无脏乱差现象。2. 单位产生的垃圾要做到日产日清，无积存无卫生死角。3. 单位院内花草树木管理好，无损坏，按规定完成绿化任务）。公司按照上级爱委会的倡导要求，把所在地域和应承担的责任，分片包干落实到下属的每个单位、部门和职工个人，做到《门前三包、院内达标》，处处有人管，事事有人问。

青岛大信农工商公司获市、区卫生荣誉统计表

表 80

日期	项目	授予机关
1996 年 10 月	创建国家卫生城市先进单位	青岛市市南区人民政府
1998 年 3 月	创建卫生先进区工作先进集体	青岛市创新国家卫生城市领导小组
1999 年 1 月	环境保护工作 1998 年度先进单位	青岛市市南区人民政府
2000 年 12 月	2000 年青岛市市南区环境保护先进单位	青岛市市南区人民政府
2000 年 12 月	城市管理工作先进单位	青岛市市南区城市管理委员会
2003 年 7 月	全区防治非典型肺炎工作先进集体	中共市南区委、市南区政府
2004 年 3 月	青岛市市南区绿化先进集体	青岛市市南区绿化委员会
2005—2007 年	青岛市市南区绿化先进集体	青岛市市南区绿化委员会

第四节　医疗制度

一　合作医疗

亢家庄自 1956 年到 1969 年 3 月 1 日为私费医疗阶段。遵照毛主席“把医疗卫生工作的重点放到农村去”的指示，从 1969 年 3 月 1 日起实行合作医疗。浮山公社贫代会医疗卫生工作领导小组负责领导管理全社的医疗卫生工作。公社设卫生院，大队设卫生室，生产队有卫生员。要求公社卫生院对大队卫生室加强业务指导，并设置病床接诊卫生室不能医治的重病号。大队卫生室一般 2 ~ 3 人，要求一专多能，承担常见病、多发病的治疗，让社员一般病不出村，尽量方便群众。每个生产队要培养 1 ~ 2 名不脱产的卫生员，解决社员在劳动中发生的小伤小病。合作医疗经费的筹集：参加合作医疗的每人每年交 2 元，大队从社员分配中提取 1 元，公社从公益金中提取 1 元。参加合作医疗必须是本社社员。不包括带帽的地、富、反、坏、右分子和享受国家劳保条例的职工家属。

二　免费医疗

浮山公社党委决定自 1977 年 1 月 1 日全公社实行免费医疗。凡属本公社正式社员均可享受免费医疗。国家职工家属在合作医疗期间未参加者，计划外生产的第三胎，戴帽的地、富、反、坏、右分子均不享受免费医疗。免费医疗资金由公社统一支付，按二级管理使用。公社按参加人数每人每年拨款 9 元，由大队掌握使用，超支部分由大队从年终分配中扣除。

三　医疗保险

从 1985 年开始公司实行半价医疗。医疗费用职工负担一半，公司承担一半，住院手术费，公司承担百分之八十。

自 2005 年 12 月 1 日起，公司在职、退休固定职工参加城镇职工基本医疗保

险，享受城镇医疗保险待遇。按照《青岛市城镇职工基本医疗保险规定》（青岛市人民政府176号令），用人单位以在职职工工资总额为缴费基数8%比例缴纳，在职职工以本人工资收入为缴费基数按照2%比例缴纳，由所在单位代扣代缴，退休人员不缴费。

公司职工医疗报销定点医院，1997年有401医院、市立医院、台东骨伤医院、传染病专科医院。为了给公司退休和在职职工就医提供更多便利，2003年7月23日又将东方医院纳入公司医疗报销定点医院。因东方医院租赁大信公司房屋面临拆迁，2011年10月开始转入设备齐全、仪器精密、医生水平高的济南军区青岛第二疗养院作为体检定点医院。

第五节 妇幼保健

1953年村民芦国秀经正式培训成为亢家庄第一个接生员，为妇女生育保健付出艰辛。1969至1976年由社员李秀英担任。当时接生费2元/胎，卫生纸费0.5元。

1956年高级社成立后，为解决女社员的切身困难，大队办起了托儿所，办所地点一是在村北新建三间房，二是在北园借用孙敬斋家三间房，当时管区给大队批了十七张竹编小床和一些小凳子，入托孩子最多近70人。1958年公社化后，大队在扩大托儿所规模的同时又办起了幼儿园。办园地点开始在亢中琳家的房子，后到村西原队办食堂和闫盛利家的房子，最后迁到亢氏祠堂，入园孩子最多时有60人。

办托儿所和幼儿园初设保育员2人（王玉贞、仲瑞芳）、幼儿教师2人（李秀英、丁月珍）。随着入托入园的孩子逐渐增加，保育员和幼儿教师增加至9人。孩子入托入园前必须进行体检；保育员和幼儿教师必须定期去公社卫生院查体。为给孩子保健，保育员到纺织疗养院专门学习给婴儿按摩推拿的技能。大队按时组织妇女干部去市妇幼保健院听妇幼保健讲座，回村后对妇女进行宣传教育，指导如何搞好妇幼保健。公社每年年底下队进行检查评比，肯定成绩查找不足，更好地促进妇幼保健工作。20世纪60年代末到80年代初，市南妇幼保健所定期到大队对女社员进行妇科检查。市南防疫站定期组织大夫、公社卫生院毕院长带队到大队举办讲座，指导家长如何搞好儿童保健。建立新中国后，党和政府对民众的健康非常重视，虽然医疗条件还较差，但仍然按时对儿童接种疫苗进行预防，自1951年对小学学生打卡介苗预防天花始起，每年定期实施，尤其实行合作化以后，通过集体规范实施防疫。

从1987年开始，大信公司妇联每年两次组织为在职女职工查体。从2004年起为全体（包括退休的）女职工查体。自1987年起公司妇联每年“六一”儿童节，为独生子女发放礼品，为独生子女报销托儿费、学杂费、医药费。实施“春蕾计划”，为失学女童捐款，共资助了市南区的4名失学女童，每年“六一”儿童节，都买上礼品前去探望。

第八篇　社　会

第一章 地域及演变

第一节 地域创立

旧时代，土地是亢家庄农民赖以生存的生产资料，是庄户人的命根。亢家庄始初从几户张姓垦荒建村，后亢、闫、张（浮山所）诸姓相继迁入，人丁旺盛，村民垦凿能力、土地购置量逐步提高，地域不断扩大，至19世纪末期，达到村庄地域最大化，已与周围村庄地片接壤

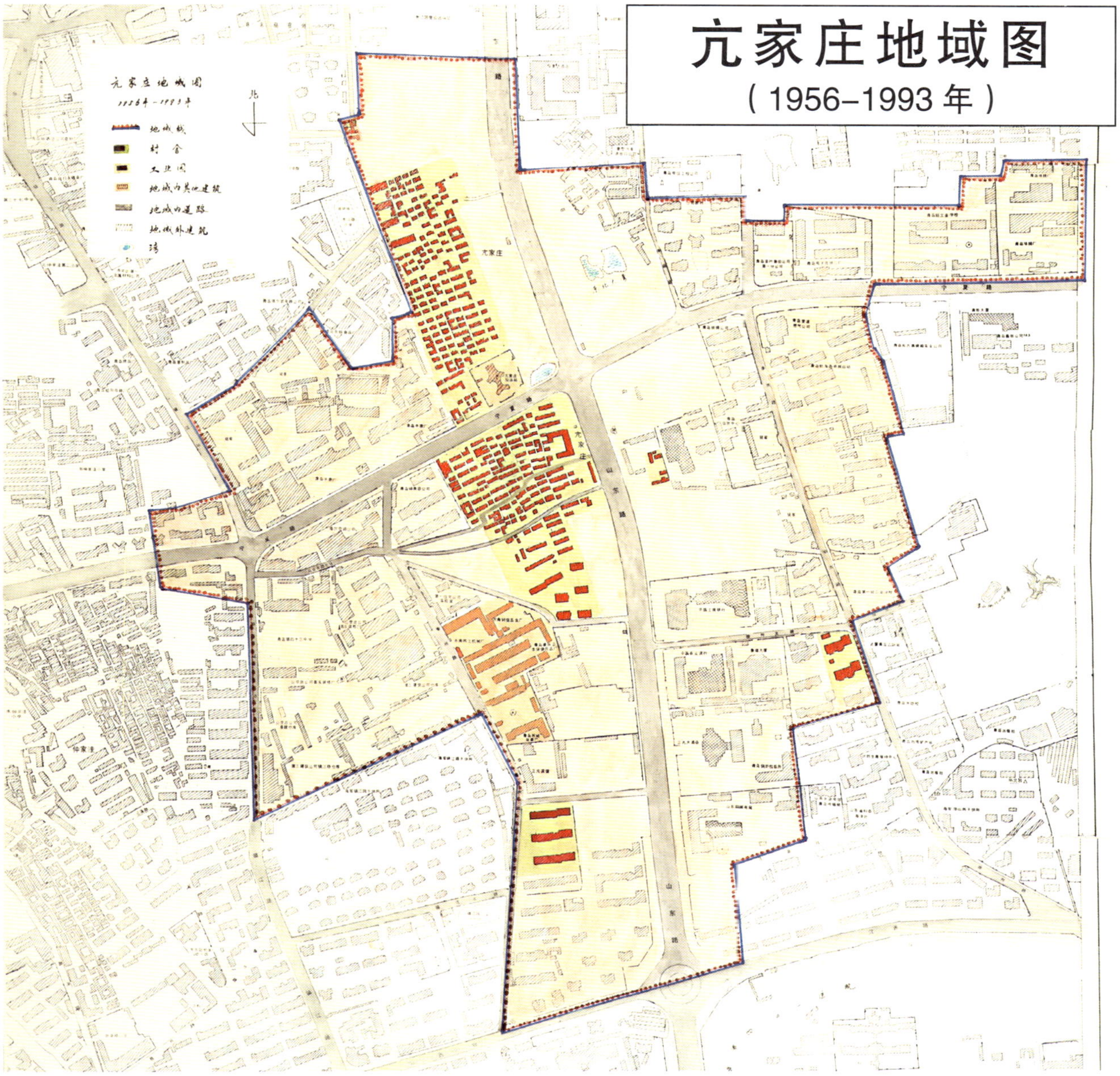

亢家庄地域图（1956-1993年）

（西与小湛山、仲家洼，北与吴家村，东、南与田家村和浮山所），与其他村庄的插花地已走进深处并有继续扩大趋势。村庄呈现繁荣景象。此时亢家庄村民可耕地 780 亩，地域面积达到 1600 余亩，近 1.07 平方公里。

第二节　房屋及设施征用

一　新中国成立以前被占用土地

1897 年德国侵占青岛以后，建立多处军事防御设施，1899 年德军在亢家庄村西建筑 2 号、3 号炮台，强征耕地 72 亩，连同山丘、林坡、非耕地及挖建西大墙和道路（今泰州路）达 150 亩，并挖墙向外翻土破坏了良田 50 亩以上，虽征地有补偿，还是夺走了村民永久的食粮来源。此间其他村庄被德国占用遭驱迁的百姓，不少人群迁入（会前村的于姓、海泊村的洛姓、扫帚滩的王姓等），盖房置地，给原本土地不多的村庄增加了负担。

民国 22 年（1933 年）国民政府时期，青岛市农村事务所建立农林试验场占用村西耕地 60.29 亩（其中有吴家村 10 亩土地）。1934 年东镇公顺成货栈（即墨人王凤云）私人购买北洼西土地 9.8 亩建厂房（解放初期三五反运动后被搁置），1956 年农业合作化时划归生产大队，1975 年原大院被青岛电缆厂征用建职工宿舍。

1940 年日本第二次侵占青岛时期，为建设航空标识局（无线电台），由日本当局兴亚院青岛出张所与青岛市特别市政府联合强征东岭地片村民可耕地 99.27 亩，连同非耕地合计 150 亩以上。三次占用土地因为都有补偿（德国补偿比市价高出一倍。日本补偿低于市价三分之一。农林局为平价补偿），故而自征地始起至今地权都归属军队和国有。建立新中国以前合计被占用可耕土地 231.86 亩。

二　新中国成立以后地域征用

1949 年建立新中国以后，土地仍为私有，1952 年土地改革结束，根据青岛市人民政府所颁“土地房产证”统计，亢家庄实有可耕地 551.92 亩（土改时经清丈小组实地测量），非耕地（粪场、场园、草园、坟地及私有荒坡等）183.16 亩，村庄房屋 777 间（包括公有房 8 间，不包括北园及周边的零星菜园屋），占地 29.69 亩，公有乱葬茔地 9.46 亩，共计 774.23 亩。1956 年与浮山所、田家村成立工农联盟高级农业合作社以后，周围相邻插花地作了适当调整，但变化不大。1959 年成立浮山人民公社后，为耕作方便，按自然地理位置，与小湛山、仲家洼、浮山所、田家村所有插花地作了统一划分，另与吴家村通过协商按地亩数也作了相互有利的调整（后来通过填沟平渠，增加土地近百亩）。地域面积：南北长约 1350 米，东西长约 900 米（扣除 2、3 号炮台、苹果园、无线电台、浮山所及吴家村地片 430 亩）约计 1394 亩，达 0.93 平方公里（包括村庄、道路、河道、可耕地和非耕地）。可耕地占地域面积 46.46%。1956 年青岛市肥料公司通过政府批准在西大坡为解决周边村庄田间鲜肥（尿水）供应，建立了肥料站，占地2.34亩，是建立新中国以来第一次征用可耕地。1956年至1965年青岛市水产局、北海舰队和青岛第一教育局建宿舍、卫生学校和青岛第四十三中学共征用土地67.04亩。

亢家庄大队自1966年开始搞以副养农路径，以减轻地少、人多的压力，与市内企业单位烟糖站、工具一厂、仪表局及人交公司建立了协作关系，扶持大队上糖业加工项目、机械设备及汽车等，自1967年至1980年征用大队土地建厂房123.08亩。1978年12月中共十一届三中全会召开以后，改革开放全面展开，加快了经济发展步伐，随着各项建设的加速，先由市政府几个局级机关在大薄地区域建筑职工宿舍，仅1981年三个单位征用土地44.39亩。1982年亢家庄大队农转非以后，随着城市中心的东移，又有山东路和宁夏路的贯通，市级通讯、金融、职能及劳动部门的机关大楼相继落成。自1983年至1990年征用土地220.19亩，80年代中期，出现国内外企业投资热，房地产业也开始兴起，国家、省、市一些部门及国外一些投资商相继建筑了商务酒楼、高层商品楼、机关职工宿舍，尤其在山东路及宁夏路两侧，高低、大小不一的楼群鳞次栉比，形成机关、商住的城市东区大环境，在亢家庄地域自1991年至1998年被征用土地167.53亩。

亢家庄大队自1966年开始搞以副养农，工业发展逐成规模，至2001年在西南圻地片经过30余年时间建起了工业区，厂房车间达22542.3平方米，占地33.85亩。

后来厂区改造，除服装厂4.7亩保留，其他又二次改造。自1966年开始，亢家庄大队为社员建私房，至1982年批地31.5亩。为改善和解决村民住房，于1984年在大薄地建村民宿舍楼三幢，占地12.04亩。1990年开始，大信农工商公司利用滚动式进行村庄改造，经过十年的努力，原村庄所有平房全部改造完毕，至2000年建成五个多层居民小区，共占地100.75亩，完成了村庄改造工程。

2001年在山东路建筑第二个亢家庄加油站。2002年将腾出的原村庄旧址建筑了大型商场（百安居装饰建材超市）。2004年在西南圹地片建筑了大信实业有限公司办公楼。2008年在百安居南侧建筑了大型商场楼（乐天玛特超市）。自2001—2008年大信公司建设集体设施占用土地80.58亩（其中包括连云港路补征2.39亩）。综上房屋及设施征用土地合计1070.64亩（见表81、82）。

亢家庄土地变革明细表（1949 年以前）

表 81

年份	用地单位	征地文号	面积（亩）	用地方式	用途	地处方位		备注
						原地名	现地址位置	
1899	德国侵占青岛军队		42	强征	建炮台	松岚前、西大坡	泰州路北端西、镇江路东、宁夏路西端	德军建造防日 3 号炮台，强征本村土地（有补偿）
1899	德国侵占青岛军队		30	强征	建炮台	西南圹	泰州五路南侧，海军干休所北侧	建 2 号炮台，两炮台占用 70 余亩。1927 年胶澳商埠局时期，当局让村民交纳 13917.32 元，退回原地户 30 余亩。建立新中国以后，3 号炮台为解放军驻地至今，2 号炮台改建海军青岛干休所和住宅楼
1930	国民党青岛市政府		50.79	征用	建农林试验场	村西崖、北洼西	宁夏路西端，沿青岛手表厂直至青岛教育学院	当时的青岛农林事务所呈请征用（有偿）60.79 亩，其中亢家庄土地 50.79 亩，西吴家村土地 10 亩建造农林试验场，始种植苜蓿（马草），后种植跳蚤药草。1945 年日本投降后属青岛林务局，种植苹果树。1956 年实行农业合作化时，将南侧的 12.79 亩划拨给了亢家庄大队，剩有 38 亩，于 1987 年修宁夏路被占用
1932	公顺成货栈		9.8	购买	建工厂、住宅	北洼西	青岛电缆厂宿舍	开设粉房，后生产钢针。青岛解放后饲养牛、猪等各种经营。后被征用建青岛电缆厂职工宿舍
1940（中华民国二十九年三月十六日）	青岛特别市（日本占领时期）	青岛特别市公署字第 1448 字	99.27	强征	建无线电台	东岭	徐州路中段两侧 87–151 号	侵青日军建造无线航空标识局，1941 年竣工，为沧口飞机厂导航专用。廉价征用本村土地 99.27 亩，另有浮山所土地 39.42 亩。青岛解放后为北海舰队某部
	合计		231.86					以上被征土地面积为可耕地，非耕地未计算 表内所统计土地当时都有征用文号及地契

亢家庄土地变革明细表（1949 年以后）

表 82

年份	用地单位	征地文号	面积（亩）	用地方式	用途	地处方位		备注
						原地名	现地址位置	
1956	青岛市政府		2.34	征用	建粪站（池）	西大墙下	泰州路西、公交集团大修厂东	青岛市肥料公司建鲜粪站，专为本村、田家村、大尧村、逍遥村及浮山所农蔬业肥料供应，20 世纪 70 年代停用。该公司建盖小房为职工居住至今
1957	青岛市政府		5	征用	建宿舍（平房）	西桃园、闫家茔	宁夏路南、镇江路西、云溪路东	青岛市水产局职工宿舍
1961	北海舰队		33.9	征用	建教学楼	吴家洼	宁夏路中段北，南京路西	驻青海军（北舰）建立卫生护士学校。两楼座，主体建成，后放弃
1964	青岛第一教育局		23.2	征用	建学校楼	西大坡	镇江路东、公交集团大修厂南北环绕	青岛教育局建立青岛第四十三中学
1965	青岛第一教育局	（65）建管字 94 号	2.6	征用	建操场	西大坡	镇江路东、公交集团大修厂南北环绕	学校补建运动场
1967	青岛仪表局		5.33	征用	建厂房	松岚前	泰州路北头西、宁夏路南	亢家庄大队与青岛第三仪器厂搞协作，解决大队车床 3 台，后改为海尔集团至今
1969	青岛仪表局		24	征用	建综合厂房	大薄地	江西路北、泰州路南头东	建立青岛日光灯管厂，后为电子元件一厂，又转海信集团，现为洁神饭店及元通公司住宅楼
1975	青岛城建局	（75）建生管字 237 号	29.85	征用	建整装车间	西大坡	泰州路西，青岛 43 中学东及镇江路东侧	青岛市公交集团公司建客车整装大修厂，补偿亢家庄大队解放牌货车 2 部，560t 空气锤一部，青苗补偿 2676.9 元
1975	青岛市城建局	青军生指（75）156 号	19.8	征用	建厂房	西大坡	泰州路西，青岛 43 中学东及镇江路东侧	青岛市公交集团公司建客车整装大修厂，补偿亢家庄大队解放牌货车 2 部，560t 空气锤一部，青苗补偿 2676.9 元
1978	青岛市城建局	（78）城建管字 147 号	3.8	征用	建变电室	西大坡	泰州路西，青岛 43 中学东及镇江路东侧	青岛市公交集团公司建客车整装大修厂，补偿亢家庄大队解放牌货车 2 部，560t 空气锤一部，青苗补偿 2676.9 元
1977	青岛烟糖站		9.9	占用	建库房	东北圻	徐州北路东，二轻新村	亢家庄最早最大的副业支持单位。青岛烟糖站建茶叶库，青苗补偿 18711 元

续表 82

年份	用地单位	征地文号	面积（亩）	用地方式	用途	地处方位		备注
						原地名	现地址位置	
1977	青岛异型管厂		18.4	占用	建厂房	东北圻	徐州北路东，二轻新村	扶持亢家庄大队建拔条厂
1980	青岛汽车运输二队		12	占用	综合车队	东岭圻	宁夏路中段南，万事兴嘉园大厦	征地文号由浮山公社机关代办
1981	青岛市邮电局、商业局、纺织学院		16	占用	建宿舍楼	大薄地	山东路西、泰州路东，五洲大酒店南	征地手续由浮山公社办理
1981	青岛市司法局、华侨办、外贸局		11.59	占用	建宿舍楼	大南洼西，大薄地东	山东路西，江西路北，泰兴路南	征地手续由浮山公社办理
1981	青岛市外贸局、饮食业局、山东路幼儿园		16.8	占用	宿舍楼及校园	大薄地	泰州三路南，泰州路东，南接元通公司宿舍	征地手续由浮山公社办理
1983	青岛市邮电局		18	征用	建高层楼	大南洼	山东路东，沛县路北，北与青岛劳动服务培训中心相邻	建立邮电局机关及营业厅，征地手续、文号由浮山公社代办
1983	青岛市劳动服务培训中心		25	征用	建高层楼	南洼东	山东路东，青岛市联通营业厅与青岛市农业银行中间	建劳动服务培训中心机关、商住及餐饮部，初为青岛大厦，继改为三九大酒店、青岛大酒店，现拆待建。征文由浮山公社代办
1984	青岛大信农工商公司		12.04	划拨	建村民宿舍楼	大薄地	泰州四路南，泰州路东，五洲大酒店西	1985 年年底，亢家庄第一批村民住进楼房，2009 年拆除建高层楼，数字在村改时一并计算
1985.3.30	青岛泰能集团	（85）城管字第 17 号	11.66	征用	建中层楼	东岭圻，电台北	宁夏路南与徐州路交汇处	初为青岛煤制气公司，后改现称
1985.12.30	青岛市农业银行	青征函（85）350 号	14.11	征用	建高层楼	小南洼	山东路东，如东路南，鲁煤大厦西	青岛市农行建机关楼及营业厅
1986.1.31	青岛丝绸公司	青政函（86）23 号	7.23	征用	建小高层楼	东岭	宁夏路南，徐州路西交会处	建机关招待所及餐饮经营厅
1986.3.8	石油工业部管道局	青政函（86）48 号	21.8	征用	建小高层楼	西南圻	泰州路东，泰州四路北，山东路西	始建商务及驻青机关楼，后转青岛电子元件三厂设三元宾馆，后转海信集团，现拆除待建，东部分转济南市政府建济南大厦高层楼

续表 82

年份	用地单位	征地文号	面积（亩）	用地方式	用途	地处方位		备注
						原地名	现地址位置	
1986.8.7	山东省冶金厅、山东省公路管理局	青政函（86）131 号	32.17	征用	建高层楼	南洼	山东路西，宜兴路南	建高层商务楼金富大厦、曼哈顿广场
1986.10.16	山东路二小区	青政函（86）186 号	3.5	占用	建多层住宅楼	北洼西（公顺成大院南）	金坛路青岛电缆厂宿舍	补征职工宿舍楼土地
1986.10.28	青岛市工商银行	青政函（86）202 号	30.18	征用	建高层楼	东南崖	山东路东，如东路北交会处	建机关楼及营业厅
1987.6.29	青岛市二轻局	青政地字（87）63 号	10.96	征用	建住宅楼	东北圻	宁夏路北，二轻新村	建职工住宅小区：二轻新村
1987.7.29	山东省畜产进出口公司	青政地字（87）80 号	12.5	占用	建高层楼	东南岭西	如东路南，市农行东，如东小区西	省级机关驻青办，加设鲁煤大厦，现为兴安大酒店
1987.8.1	青岛市农业银行	青政地字（87）84 号	1.46	征用	银行补征	小南洼东	山东路东，如东路南交会处	建青岛市农业银行机关楼及营业厅
1987.12.12	海军北海舰队	青政地字（87）134 号	11.59	征用	建宿舍楼	电台西	如东路北，徐州路西，工商银行东侧	北舰依小青岛占地与青岛市政府征本村土地交换建宿舍楼
1987.12.30	青岛市邮电局	青政地字（87）159 号	2.8	征用	地下设施	南洼	青岛联通营业厅	铺设地下电缆补征
1988.1.3	青岛轻工业学校	青政地字（88）3 号	2.7	占用	扩大校院	东北圻	宁夏路北，二轻新村东	占本村村民住房用地
1990.12.20	青岛土山干休所	青政地字（90）75 号	11.36	占用	建商务高层楼	大南洼	江西路北，山东路东，沛县路南	建深业中心大厦商住高层，兼海信广场，现为巴黎春天广场
1990.12.24	青岛市人事局	青政地字（90）75 号	3.17	征用	建多层宿舍楼	东岭	徐州路西，山宁立交桥东引桥，兴发房地产以南	职工宿舍
1990.12.28	青岛大信农工商公司	青政地字（90）81 号	7.01	划拨	建村民住宅楼	东南岭	徐州路西，如东路南	亢家庄旧村改造两个楼座
1991.4.27	青岛市机关事务局	青政地字（91）7 号	2.31	征用	建多层宿舍楼	东岭	徐州路西，如东路南	职工宿舍

续表 82

年份	用地单位	征地文号	面积（亩）	用地方式	用途	地处方位		备注
						原地名	现地址位置	
1992.10.8	中华人民共和国船舶检验局青岛分局	青政地字（92）30 号	21.82	占用	建商务高层楼	北园	山东路西，山宁立交桥北	原征 20.6 亩，2004 年补征 1.22 亩始建富捷城，现为广发大厦
1992.10.9	青岛兴发房地产开发有限公司	青政地字（92）32 号	27.96	占用	建高层商务楼	东崖北	山宁立交桥东南，青岛丝绸招待所西	现为山宁商务酒楼
1993.2.26	青岛华宇房地产开发有限公司	青政地字（93）8 号	14.71	占用	建商务高层楼	北洼	山东路西、杨中支路小区东	建商务楼，租售
1993.2.27	青岛四海高新技术开发部	青政发字（93）9 号	12.69	占用	建商务高层楼	东南崖	山东路东，市工行北，港澳大厦	建商务楼，租售
1993.6.30	山东省国际海运公司	青地字（93）36 号	12.12	占用	建商务高层楼	南洼	山东路西、泰州四路南，邮电局宿舍北	商用高层楼，一层为五洲大酒店
1993.8.23	青岛二轻局	青政地字（93）44 号	3.52	占用	建宿舍楼	东北圻	宁夏路北，连云港路东	与本村村民房交换
1993.8.23	青岛银河新技术总公司	青政地字（93）46 号	14.06	占用	建商务高层楼	东南崖	山东路东，南临港澳大厦	商住，银河大厦租售
1995.9.2	青岛变压器厂	青政地字〔95〕79 号	12.49	占用	高层住宅楼	东南岭	市工商银行东	租售住宅楼，班芙春天
1997.9.22	山东省国际会展中心	青政地字〔97〕107 号	32.35	征用	建高层住宅楼	东北大湾地片	二轻新村西、山宁立交桥东北	东半部分为商住高层楼，西部分为立交桥绿化地
1997.11.14	青岛大信农工商公司	青政地字〔97〕121 号	32	划拨	建村民住宅楼	北洼	山东路西，杨中支路小区	亢家庄旧村改造，自建九个楼座。1996 年村民迁入
1998.4.17	青岛大信农工商公司、亢家庄社区	青政地字〔98〕52 号	8.9	划拨	建村民住宅楼	北洼	银禧苑西，电缆厂宿舍东	村改建 21、23 号村民楼
1998	青岛三建公司		13.5	占用	建住宅楼	西南圹	泰州路西，泰州五路南交汇处	青岛第三建筑公司征用
1999.10.26	青岛大信农工商公司	青政地字〔99〕52 号	19.56	划拨	建村民住宅楼	北洼西	金坛路东，康嘉景园北	大信农工商公司旧村改造工程，2000 年竣工村民迁入，26 号、28 号、30 号楼

续表 82

年份	用地单位	征地文号	面积（亩）	用地方式	用途	地处方位		备 注
						原地名	现地址位置	
1999.11.9	青岛大信农工商公司	青政地字〔99〕58 号	30.14	划拨	建村民住宅楼	西南崖（赶牛道）	泰州路东，百安居商场西	旧村改造，建宜兴路 6、8、10 号楼，泰州路 31 号楼转让市农业银行宿舍
1969—2001	青岛大信农工商公司		33.85（其中 29.15 亩不计算）	自用	建厂房、办公室	西南圻	泰州路 17–23 号	自 1969 年亢家庄大队依原海军养牛场房为工业基地建第一个锻打车间开始，至 2001 年经过 32 年的发展建为工业厂区（见 518 页图），其间翻建多次。其中只服装厂保留原状 4.7 亩，计算地数
2001.8.22	青岛大信农工商公司	青政地字〔2001〕114 号	11.07	划拨	建加油站	东北洼	山东路东，东晖大酒店南	1998 年建澳柯玛桥被征拆迁，青岛市政府批地另建亢家庄加油站。山东路 37 号
2004.6.29	青岛大信农工商公司	青政地字〔2004〕56 号	4.07	划拨	建办公楼	西南圹	泰州路西，泰州五路北，公交大修厂南	大信公司第三次建办公新大楼兼租赁
2004.12.30	青岛大信农工商公司	青清地让字〔2004〕95 号	36.46	划拨	建商场楼	亢家庄村中心	山东路西，宁夏路南，泰州六路北	大信公司建商场楼，与英国世界 500 强百安居（B&Q）建立 20 年租赁合作关系
2008.9.22	青岛大信农工商公司、青岛大信实业有限公司	青政地字〔2008〕284 号	26.59	划拨	建商场	南崖	山东路 36 号西，与泰州六路南交汇处	大信公司建商场与韩国商“乐天玛特”超市建立租赁 20 年合作关系
2008.9.23	青岛热电新兴房地产开发有限公司	补偿协议	2.39	交换	建高层住宅楼	吴家洼	连云港路东，延吉路南	西吴家村改造，占用本村住户房屋而交换地块
	合 计		1070.64					

第三节　路桥占地

1899年德国军队建炮台，用汽车运载货物，开辟了炮台路（现镇江路），占亢家庄地段5亩。因建西大墙防御工事而建修了由村西通往仲家洼的西大路，占地2亩。西大墙建成后，沿墙边电网外开辟一条南北大路，称西大墙路（现泰州路）占地10亩。1933年民国政府时期，自村西沿村南修筑了至田家村的国防大马路，可通汽车，占地14亩。1938年日军在浮山所西建立陆军病院，设立供病院水源地于浮山所焦家山处，从西至水源地铺设地下水管，水管上铺修道路。村民称“水管子路”，占地8亩。1938年从日军陆军病院北门建筑了一条道路，连接2号炮台东、西大墙路，占地4.5亩。1940年日军在东岭建无线电台时，为了运输，随即修筑了自浮山所焦家山山顶至亢家庄国防大路的南北大道，村民习称电台路（现徐州路），占地亢家庄段4.5亩（此地数在建电台时已征用）。新中国建立前数次道路占地约50亩。

1956年成立农业合作社后，由于运输工具没有多大改良，只拓宽了各生产小队运输小路，可通马车。70年代中期用拖拉机运输，主要道路相应拓宽，这种状况一直持续到1981年。改革开放后，青岛市政府首先建筑了青岛市南北的大动脉“山东路”，1983年9月30日竣工开通，南起东海路，北接瑞昌路，总长5100米，宽40米，占地98.4亩（亢家庄地段），长1638米，占总长32.12%。1984年青岛市政府又建筑了东西大动脉“宁夏路”，总长5596米，宽30米，西起延安三路，东至青岛大学，占用亢家庄地段47.33亩，占全长18.78%。1989年市政府扩宽宁夏路又补征亢家庄土地11.33亩。1982至2003年建筑道路20条，占地257.85亩。1998年青岛市政府建筑东西高架快速路，西起胶州路，沿宁夏路至银川路，于山东路与宁夏路交汇处建筑立交桥、四周引桥及绿化带，征用亢家庄土地60.18亩。路桥合计占地322.91亩（其中楼群中的道路大都是在建楼征地时已规划在内，故没有征文）。徐州路、镇江路、泰州路都为国有地，实际路桥征用土地233.3亩（见表83、84）。

建筑路桥征用土地统计表（1949 年前）

表 83

年份	道路名称	征地文号	亢家庄地段：道路走向	起止地	长（米）	宽（米）	其中：主道（米）	其中：边道（米）	占地（亩）	备注
1899	炮台路		南北	南起二号炮台（现杨州路），北至三号炮台（现延吉路）	420	8			5	侵青德军建，全长 1600 米，后改镇江路拓宽至今，当时有征文而无的觅及
1899	西大路		东西	东起村西（现泰州路）西至仲家洼土地（现镇江路）	200	5			1.5	侵青德军扩建，今青岛四十三中学北，后拓宽沿用至今。20 世纪 40 年代属仲辛路（仲家洼至辛家庄），1970 年改属延安东路，1984 年改属宁夏路
1900	西大墙路		南北	南起大薄地（现江西路），北至村西（现宁夏路）	1330	5			10	侵青德军建，1933 年自村西以北至北洼段被农林试验场使用。1994 年拓宽改建泰州路
1933	南马路		东西	西接西大路，东至东岭圻	1170	8			14	民国政府时建筑国防路，属辛仲路，因在村前故称南马路，建筑山东路截断，旧村改造时全毁，东岭圻段建宁夏路接续
1939	水管子路		西北、东南向	西接西大路，东接浮山所焦家山	750	6			8	侵青日军建陆军病院，在浮山所焦家山建供水站，自本村南设水管，上铺路，总长 1110 米，1982 年建山东路截断，村改时全毁
1939	南病院路		西北、东南	西起西大墙路（现泰州路），东至陆军病院（现 401 医院北门）	600	5			4.5	与建陆军病院同时进行，为运输建筑材料。1982 年建山东路截断，西段为现泰州四路
1940	电台路	青岛特别市公署字〔〕第 1448 号	南北	南起浮山所北山顶，北至南马路东岭段（现徐州路）	500	6			4.5	青岛解放后延伸到吴家村南河，1990 年扩建向北延伸至延吉路、南起香港中路，改为徐州路
	合计								46.3	

说明：以上占用地数，一部分是侵青德、日军征用时已包括，一部分后来建楼房征地时包括在内，不作为统计数字

建筑路桥征用土地统计表（1949 年后）

表 84

年份	道路名称	征地文号	亢家庄地段：道路走向	起止地	长（米）	宽（米）	其中：主道（米）	其中：边道（米）	占地（亩）	备注
1983.9.30	山东路		南北	南起放茧沟，北至北洼（现南起江西路，北至青岛图书馆）	1337	49	40	9	98.4	征地文号被浮山人民公社社委会受理归档，后撤销致失落。山东路总长 5100 米，其中亢家庄段长 1638.36 米，宽 40 米，占总长约三分之一
1984	宁夏路	青政地字（89）59 号	东西	西起炮台路（现镇江路），东至东岭圻（现连云港路）	780	50	42	8	58.66	征地文号同上。20 世纪 40 年代仲家洼沿亢家庄村前马路至辛家庄建修辛仲路。1970 年改为延安东路，1984 年依此路扩建宁夏路，征用本村土地 47.33 亩，1989 年扩建，第二次征用本村土地 11.33 亩，宁夏路全长 5595 米
1984	江西路		东西	西起大薄地（现泰州路），东至放茧沟（现山东路）	126	20	15	7	4.16	占用亢家庄小部分土地
1985	镇江路		南北	南起海军干休所，北至三号炮台驻军	487	16	10	6	11.7	依原炮台扩建，南起江西路，北至延吉路，为镇江南路
1985	泰州三路		东西	西起泰州路，东至泰兴路	99	10	7	3	1.49	建筑泰州路 9、11、13 号楼一并计算
1985	泰州四路		东西	西起泰州路，东至山东路	183	12.5	8	4.5	3.44	征地时一并计算
1987	泰兴路		南北	北起泰州四路，南至山东路	301	10.5	6.8	3.7	4.75	征地时一并计算
1990	徐州路		南北	南起沛县路，北至二轻小区	750	16	9	7	18	依原电台路扩建延伸，南起香港中路，北上延吉路，侵青日军征地已包括，不计算
1994	泰州路		南北	南起江西路，北至宁夏路	833	14.7	8	6.7	18.39	依原西大墙路扩建，已征 10 亩
1994	如东路		东西	东起徐州路，西至山东路	290	13.4	8	5.4	5.83	工商、农业银行征地时一并计算
1994	沛县路		东西	东起徐州路，西至山东路	41	9	7	2	1.23	青岛邮电大楼征地时一并计算

续表 84

年份	道路名称	征地文号	亢家庄地段：道路走向	亢家庄地段：起止地	亢家庄地段：长（米）	亢家庄地段：宽（米）	其中：主道（米）	其中：边道（米）	占地（亩）	备注
1998	丰县路		南北	南起宁夏路，北至古玩城	111	13.6	7	6.6	2.27	建二轻小区一并征用
1998.11	澳柯玛立交桥	青政地字〔98〕374号	东侧，南北	东侧南北引桥					19.97	包括南北两侧绿化地
1998.12	澳柯玛立交桥	青政地字〔98〕552号	西侧，南北	西侧南北引桥					40.21	包括南北绿化带，涉拆村户住房、大信公司办公楼及企业房屋
2000	扬中路		东西	西起金坛路，东至山东路	198	13.8	7	6.8	4.1	建住宅楼一并征用
2000	扬中支路		南北	南起杨中路，北至吴家村小区	243	7.4	5.4	2	2.7	建住宅楼一并征用
2001	泰州五路		东西	西起镇江路，东至泰州路	320	14	8	6	6.73	建住宅楼征用一部分，计自在内
2001	宁夏支路		东西	西起镇江路，东至泰州路	196	8			2.35	依原延安东路整修。减原征 1.5 亩
2003	金坛路		南北	南起宁夏路，北至扬中支路小区	340	13.8	7	6.8	7.06	建住宅楼一并征用
2003	泰州六路		东西	西起泰州路，东至山东路	293	9.5	7	2.5	4.18	建住宅楼征用
2003	宜兴路		南北转东西	南起泰州六路，西至泰州路	280	9	7	2	3.78	2000 年建修，东起山东路，2003 年建泰州六路被截断。建住宅楼已征用
2003	连云港路		南北	南起宁夏路，北至吴家村小区	122	19.2	15	4.2	3.51	涉拆本村住房，签订补偿协议
	合 计								322.91	

第四节 土地购入

1998年青岛市市南区政府为使市南工业继续发展，组织联合原七个自然村集体购于李沧区上藏村土地建立市南区工业园，其中青岛大信农工商公司购得土地23.03亩，于2004年已建车间及办公楼，现与美国艾斯莱特公司建立租赁关系。

第五节 地域的军事作用、经济价值

自明朝初年建村以来，经过了六个世纪的漫长岁月，一代接一代的村民们，背朝黄天，汗滴禾土，辛勤开垦耕耘，山岭沟壑逐变平展良田，祖祖辈辈渡着寒苦却相安的日月。1897年德国侵略军打破了这块寂静的乡土，强占耕地修炮台、筑马路。1914年的日德战争，亢家庄成为主战场之一，并成为日本统辖区。1938年日本再次入侵，强征良田建电台，修马路。侵略军陆续霸占了本来不多的200余亩土地，占全村可耕地的22%。

新中国建立后步入了安定生活，农业合作化以后土地归属集体，改变了土地隶属关系，村民大力改良土壤，填沟平阡，合小成片增加可耕地，尽力扩大种植面积。自1966年开始为村民批地建私房。1979年改革开放，随着城市建设的东移，亢家庄土地趋于紧张。村民依赖土地为生，而政府需要土地规划建设。1980—1982年青岛市政府先后下达了四个文件，对市区21个生产大队户口、征地、转体及生活安置等项目作了针对性的规定。1982年11月社员转为非农业人口，1984年公社转体亢家庄大队更名为青岛大信农工商公司。1983—1986年为286人社员就业走进正规企事业单位。

亢家庄地域有军事作用，自德国侵占后，便视为军事防御要地，大肆构建军事设施。日本入侵又占地建电台。20世纪80年代市区扩容后，亢家庄以优越的地域特色成为了东部开发的重点部位，现已成为青岛市最繁华的城区中心地带，亢家庄人感到无比的自豪。现在的亢家庄已无闲置土地。青岛大信农工商公司（行政）和青岛大信实业有限公司（业务）替代了亢家庄的原型，拥有百安居、乐天玛特商场、亢家庄加油站、泰州五路1号办公大楼、上藏工业园、五个居民区，占地185.82亩。昔日只能勉强维持温饱的沙土薄田如今变为城市开发的黄金之地。

百安居商场地处为亢家庄原址，在东南角耸立一石，留为永久证迹。在乐天玛特商场东北方位，立碑一尊，为“大信”以彰显先民馨德，镂石而冀再运鸿猷，载入史册。

第二章 村 舍

第一节 房舍

明朝成化年间张姓来此建村，始有十户左右人家，坐落西南、东南和东北方位，住舍非常简陋，当时一无开凿能力，二无砖瓦，只能就地取材，村民相互帮助搭建，用捡来碎石铺上碰水基（地下约20厘米，地上约30 ~ 40厘米，抗雨水和屋檐滴下水溅起的高度），四面墙垛及屋门垛也用碎石垒建，中间墙体都用土打（用两页木板横立，两头撑住，大体厚度40厘米左右，土质以黏土为主，掺加适量麦秸草，加水拌匀，湿度以手能攥成团为宜，均匀放入木板内，用木锤夯打，层层加高）。房屋高度大体都在2.3米左右。屋面多用麦秸草搭坡，屋脊用土窑烧的鞍子瓦压住。因为木材奇缺，檩、梁多用杂木。大多用整坯垛硬山。做门用木板搉背，没有活页，用木柱为门枢，窗户用木条（约3×4厘米）搉成，用钢练纸或毛头纸贴糊，中间留一个卷窗，以便透气。房屋朝向一般是座北朝南，一幢房屋三间较多，四、五间较少，中间叫正间，一般有两个锅台，两头的房屋叫梢间。都是独门独户，一个院落，院墙都用土打，一个门楼。开始民舍非常简陋。很早就流传一个盖房原则："高打地基，矮盖房"。人们从多年来积累的经验中意识到，地基用石头垒成，不怕水，地基高可挡雨水侵袭，房屋矮能避寒，屋面是草披不易被风刮走。这些简陋的房舍一直延续了几百年。17世纪中期自亢姓、闫姓迁入后，人丁兴旺，建盖房屋有所改善，在各姓族长的引导下，村民已有了凝聚力，具备了一定的开凿的能力，冬季农闲时节组织村民开凿小型石场（石头窝子），尽管料石较少，但房屋的前墙和两山墙尽量用好石头，院墙大都用小石头垒建，房屋高度相对增高了，在院落内有的加盖东西厢房。随着

◇ 旧时草房

人口增加，村庄房舍相继增多，宅基地趋于紧张起来，人们已有了寸土必争的意识。尽管如此，当时的房舍仍没有质的变化。盖房模式一直延续到20世纪30年代（到2000年村改拆除老村庄时，仍能见到土打墙体）。

1898年德国侵占青岛以后，各种军事设施、楼宇、自来水及地下排水设施需要大量建筑材料。为了运输方便，在青岛建立了新型机制窑厂（1899年德国人卡普勒首先在后海边建起砖瓦厂，莱州人刘子山任翻译，后来刘子山掌握技术后，自己建起了"复合永"窑厂，规模很大，生意兴隆，在当时青岛市建楼房很风行，大部分都用"复合永"的材料，发了大财，人们给起了绰号称"刘半城"。"大窑沟"这个名字由此而生，时至今日，很多人还很熟悉），制造大量机制砖、瓦等（质量坚固，型号规范，用橡胶模型），德国人在青岛建盖了多处高楼及军事设施，这些建筑材料也被城镇居民所认可。青岛商家开始先在市内兴起建造时尚平房和商业楼房。机制建筑材料便替代了土窑手工制品。因亢家庄距东镇（当时最先发展起来的东部商区）较近，受城市的影响，村民接受的要快，经济较好的村民在建房时用上了新兴的建筑材料。

1914年日德战争爆发，德国为战争扫除障碍，将亢家庄房舍全部推倒，村民弃家而逃。战争结束，德国宣布投降，村民回村无力重修家园，只为暂且安身，不管好歹，各尽其能，在原来房屋各自用小乱石插起来，也有恢复土打墙方式，亢家庄房舍又出现了早期的简陋（复建房屋第一家是亢登彦，亢正鼎之祖父，位于村中心）。待时局平稳、村民收入状况趋于好转，社会经济相对平稳、城市出现新颖建筑，有的村民萌动了改造住所的意念。草披房屋虽有它优越一面，"冬暖夏凉"，但经不得风吹雨打的折腾，霉烂较快。经常也会出现不测之灾：冬天屋顶前坡暖和，家养和流浪猫经常在屋上扒窝取暖而破坏了屋面，老鼠打洞也更是司空见惯的事，屋顶及屋面经常遭破坏，透风漏雨，需经常维修。思想开放的村民索性先把屋面换成机制瓦，可持续几十年，也有的把土打墙体外贴砖，不用大动土木使之美观又耐久。这样村户占全村20%左右。整房翻新的村户还是极少数。1916年由亢氏族长亢登发带领族人在原有老房舍的基础上（日德交战推倒的）用青色机制砖、水泥瓦和条石重建了亢氏祠堂，门楼是传统民族风貌，正房三间，有雕花照壁，是一座较时髦的土洋结合建筑。

1933年由村长闫瑞凤带领闫姓族人建盖了闫氏祠堂，坐落村西南，坐北朝南，正房三间，青花岗岩条石墙体，青砖青瓦，飞檐门楼，手摔水泥沙子围墙，很是气派，是典型的民族风格建筑。

自1934至1945年经济条件较好的村民相继盖起了砖混新房：孙中田、孙中会（湛山人）、郭宝先（浮山所人）、陈泰连（即墨王村人）、宋连奎（莒南人），村里有王玉全、亢登聪、亢中方、亢正法、亢正森、亢中典、亢中江、亢正同、亢正春等。旧时体现家境状况基本按两项进行比较：一是土地多少，二是房产多少。并且要看房屋规模及质量。

1942 年即墨人王凤云之父（原籍有土地百亩，东镇有企业，商号为“公顺成”）购置北洼地片西侧土地 9.8 亩，建盖了砖混房屋多处，约 1500 平方米，四周筑建高约四米的石头围墙，留有南向弧型通行马车的大门，侧门 3 处。在地域内是第一家建起了工厂式房区，人们俗称王家大院。1943 年在北园地片内，胶南人庞士杰盖起了砖混房屋三间开粉房，也是较早的砖混房屋之一。1944 年村民亢辉桃在东河东崖自家园地建盖砖混红瓦房屋三间。

1919 至 1949 年在北园地片相继迁入近 20 个姓氏落户至此，他们大都暂栖居本村农户在地头阡边建盖的放置农具和看护蔬菜的菜园屋，既简陋又无规则。后来有的因经济好转也相继翻新原房。

自 1946 年时局动荡，村民建房有所降温，家境状况好的也不再建房。1949 年新中国成立以后，经过土地改革、镇反等运动，是农村经济复苏阶段，民众还未曾考虑建房问题。1952 年国家颁发“土地房产所有证”统计，亢家庄拥有 124 户（只拥有房产证村户，不包括城镇居民住户），房屋 180 栋 777 间，占地 29.69 亩（不包括街道、胡同、前后院、未盖房宅基地等面积），其中，草房 86 栋 386 间，瓦房 71 栋 355 间，平房（水泥浇注屋面）23 栋 36 间，其中包括亢、闫两姓祠堂房屋两栋 6 间（见表 85）。至此，亢家庄房屋自建村以来形成最大的聚落格局（北园地片的王家大院虽在亢家庄地域范围，而未统计）。在北菜园地片的田间地头的房舍，虽数量不少，因结构简陋，尺度不够，大多没有房产证件，不在统计范围，但这些居住群体是构成亢家庄聚落不可缺少的一部分。

1952 年亢家庄住房面积统计表

表 85

种类	间数	地基亩数	栋数	注
草房	384	12.31	85	私有
瓦房	349	15.77	69	私有
平房	36	1.14	23	私有
草房	2	0.12	1	公有
瓦房	6	0.35	2	公有
合计	777	29.69	180	

第二节 村庄建设

亢家庄虽经过了土地改革运动，因为没有地主、富农成分，土地基本没有大的变动。至1955年全村只有3家在村内和北园家前屋后的宅基地盖了新房（当时个人宅基地可以买卖）。1956年成立工农联盟高级农业合作社以后，土地归集体所有，家前屋后的宅基地均属生产队，私人建房占用土地需合作社批准。1960年生产队批准住房困难户李文德、刘云斌在村东村西宅基地建盖了新房。除此之外，1961—1965年受自然灾害和政治运动的影响再无村民建盖新房。1966年春经四清工作队建议，经社委会批准，与亢家庄大队协商，同意兰京涛因住房困难用可耕地建盖新房。随着亢家庄大队生产发展，集体经济不断壮大，村民收入越来越高，生活有了保障，对居住面积和档次要求相应升格，人口增长也与原有住房不适应，出现了拆旧翻新要求，不少家庭出现要解决新婚夫妇的新房和家庭分居问题。当时各个自然村类似情况基本相同。盖房占用可耕地数量很大。针对这一情况，公社决定：由生产队统计申报，公社复核同意，经政府有关部门审批后，实施划地盖房，仍然以村庄四周不易耕种土地为主。1970年开始审批可耕地建新房。至1982年共建盖新房175栋，用地31.5亩，拆旧翻新51栋。1982年始起不再批示可耕地建盖私有房屋。这时亢家庄全部为平房村舍，形成自建村以来第二次最大聚落，南北长约630米，东西平均长约150米，地域面积达140亩。有364处院落。这时的房舍格调及质量与1960年以前的房屋结构相比差距很大，老村庄的草房基本不见，北菜园的简陋房舍消失了。户型美观大气，檐头（屋面前檐与地基顶面的高度）都在2.6米以上，房屋宽度在5米以上，大部红瓦屋面，砖木与砖混结构，墙体大都前窗下块石垒成，上部水泥拉毛或石子水刷、水泥地面，内部开始讲究装修，独门独院，房距合理，整齐划一，整个村庄像一条条红色彩带，呈现一派欣欣向荣新气象。

第三节 旧村改造

一 改造缘由

20世纪40至60年代近20年亢家庄村舍几乎没有大的改观，人民公社成立以后，亢家庄大队干部与群众齐心协力，大力发展蔬菜生产，随着工商企业的迅猛发展，村民收入逐年增加，生活水平大有提高，在当时已成为远近闻名的较富裕村庄。第一，村民们对住房格调要求攀高。1982年以后不再批地建房，但是村民对改善住房的欲望没有停止。第二，随着市区工商业的迅速发展，村民们在家前屋后的空间地建盖非法临时房，来满足越来越多外来人员的租居。这些外来人员行业复杂：做蔬菜生意、家具行业、杂货买卖及装修工人等。本来就不大的村庄变的十分拥挤，环境卫生脏、乱、差，排污设施陈旧，大街、胡同污

◇亢家庄旧舍

水横流，村民生活环境极度恶劣。第三，青岛市政府为加速城市东移发展战略，1982—1984年开辟建造山东路、宁夏路以来，省市级的机关大楼相继耸起，金融、星级酒楼、通讯、商务宾馆、高档写字楼及国内外驻青机构等坐落山东路及宁夏路。青岛大厦、青岛市邮电大楼、济南大厦、海信广场、深业、银河及港澳等大厦相继开业，几十层楼群拔地而起，整个亢家庄周边楼宇经济发展空前，而亢家庄房屋状况与之极不协调。第四，也是最重要的因素，在当时还有选择地块建盖住宅楼的优先权，如不趁早启动，势必出现被动局面，也是关系到全村百姓住房长久大事。故此亢家庄大队领导一班人责任感和紧迫感油然而生，决定自筹资金，对旧村庄进行改造。

1984年在大薄地划拨土地12.04亩建盖三个楼座（泰州路9、11、13号），1985年竣工，同年年底分配给村民（包括子女多，闺女社员和宁夏路拆迁村民）。自此亢家庄部分村民第一次住进了自己建盖的楼房，也是周边村庄最早住进楼房的村民（社员户）。

二　整体村改实施

山东路和宁夏路的建造，亢家庄地带成为整个青岛市交通枢纽，尤其山东路是从流亭机场接送国内外宾客的主要道路，而直接影响到青岛对外的形象。亢家庄的土地在不断减少，村民人口不断增加，一旦土地出现恐慌而悔之不及（仲家洼改造时，老村民受到背井易地之苦），故而整体村改势在必行。必须加快步伐建盖楼房，解除村民长期居住的后顾之忧。自泰州路建盖第一批楼房以来，增强了大信领导层的信心，具备了城中村改造的能力和条件。

1990年11月26日，青岛大信农工商公司书面申请向青岛市城乡委呈报：为配合青岛市的重点工程建设（山东路、宁夏路交汇处建设立交桥规划），由大信公司承担对亢家庄村民住房及大信公司办公室、山东路批发部、宁夏路饭店等设施进行自我改造。1990年11月28日经青岛市土地管理局、青岛市规划局土地管理处批准，主任王树生签字生效。亢家庄村庄改造自此展开。

1991年3月在徐州路中段西侧（东南岭地片），划拨土地建盖6层楼两幢，于1992年11月竣工。在此期间大信公司为把这一次的拆迁安置工作做好，拟定了“致亢家庄旧村改造动迁居民的公开信”发到村户。第一批安置时间为1993年3月，拆迁范围主要是亢家庄南马路以南，东自亢正寿起，闫家祠堂以西，共33户村民，还有村内申请换房的村户经大信公司批准具体按排为第二次分配。虽然是旧村改造首次拆迁安置，村民大都满意，工作实施顺利。通过多方论证，这次拆迁安置补偿办法切实可行，为下一步大规模村改工程奠定了坚实基础。

亢家庄旧村改造工程具备了两大优势：一是具有了青岛市技协会关于村改用地的审批文件；二是自我改造，利用滚动式，先建楼房后拆迁安置，村民不用易地过渡，可直接进住，节约了大量的过渡费用，村民免受分散他乡易居之苦，公司和村民双方受益颇大，由于政策合理到位，村民积极配合，在拆迁安置过程中无1例“钉”字户出现。

1993年6月24日青岛大信农工商公司基建科成立，科长由闫可文兼任，副科长亢继清具体负责，刘秋英分管财务工作。1994年青岛市市南区政府确定“亢家庄旧村改造工程为群众要办的十件实事之一”。为确保工程顺利进行，经区政府研究决定，成立市南区亢家庄旧村改造领导小组（青岛市市南区人民政府文件“青南政发（1994）122号”），组长：姜岱积（市南区委常委、区政府副区长），副组长：王本富（湛山街道办事处主任）、闫可文（青岛大信农工商公司经理），成员：吕逢舜、张善坤、朱建贵、王惠民、张兴祥、李大明、腾兆福、郑永亭、李永琪、苏刚、张来臣、杨友三。领导小组下设指挥部暨办公室，闫可文任指挥部办公室主任，亢继清任办公室副主任。自成立起挂牌“青岛市市南区亢家庄旧村改造指挥部”，指挥部办公室其他人员从大信公司抽调，亢家庄旧村改造工程全面启动。

1993年9月在北园地片建盖9个楼座，由六个建筑公司承建，于1995年8月竣工。1995年12月14日亢家庄旧村改造指挥部拟定了《亢指字第004号》文件，关于亢家庄旧村改造工程房屋拆迁安置补偿办法，共设五大项，二十二条。1995年12月20日又做了七条补充规定。1996年1月拆迁宁夏路以北168户村民，安置扬中支路、金壇支路楼房262套，网点属大信公司物业管理。1996年4月在海军潜艇学院礼堂召开了全体村民对旧村改造动员大会，得到了广大村民的一致拥护和赞同，同年又发给全村民众“致亢家庄被拆迁居民的一封信”（见附录）。1996年开工建宜兴路村民宿舍楼3栋，1998年12月竣工。1999年拆迁宁夏路以南老村庄152户，安置楼房242套入住。1998年8月在北园片、金壇路和金壇支路开工建5个楼座，1999年5月竣工。1998年青岛市建造澳柯玛立交桥，占用大信公司土地，被拆迁居民124户。动迁安置工作由市政工程管理局动迁办公室实施，大信公司给予配合，根据《青岛市城市房屋拆迁管理条例》和《亢家庄旧村改造房屋拆迁安置补偿办法》的精神，由于条款政策合理和村民积极配合，拆迁安置工作顺利，2000年宁夏路南北两片拆迁旧房181户，安置楼房262套。

大信公司自1984年开始为村庄改造至2000年建盖住宅楼21栋，占地102.12亩，旧房拆迁569户，安置新房1026套。至此亢家庄旧村整体改造工程经过16年的打拼运作圆满结束。

第四节　集体设施建设

一　集体及福利设施

1956年亢家庄成立高级社之前，村民们是个体经济，除亢、闫两姓祠堂和关帝庙，再无集体设施。入社后经济管理属集体，人力物力集中统一。具备了

◇亢家庄大队食堂（1959—1987 年）

构建集体设施的能力，入社后的第一件事是：在村北建盖了耕畜集中饲养房屋14间，俗称“马棚”和一起连体建盖的生产大队办公室4间，共250平方米，全部块石墙体，红瓦屋面。1959年在东场园建盖集体食堂，砖混结构，建筑面积189平方米。1968年在村东建大队办公室117平方米。1973年在村中建卫生室36平方米。1975年在村西建盖托儿所77.66平方米。1979年在村北盖托儿所54.26平方米。1988年在原大队办公室翻建大信公司办公楼（两层）288平方米。

二　工、商业设施

早在20世纪60年代末，亢家庄大队领导认清了必须发展副业、工、商替代农、蔬业，弥补土地逐年减少的局面。党的“以副养农”政策激励着村领导带领村民奋发图强，兴村致富。自20世纪60年代中期，在搞好农业生产的同时，开始涉足食品加工，以此为先导，随之诸多加工制造业项目逐步扩展壮大。1969年始起在村西南处建盖了锻造厂房，建筑面积135平方米。由于工、商业逐年发展，此处便成为工业区。至1996年建盖工业厂房31处，占地33.85亩，厂房建筑面积16952.29平方米。

1984年在村南建花卉房330.59平方米。1984年修建宁夏路将亢家庄办小学拆迁，在原处建立东信饭店312平方米。1988年在山东路西与大信公司办公楼相接（单层）建盖商业门头房（山东路36号）240平方米。1989年在村北（宁夏路北侧）建亢家庄加油站702平方米，占地8.06亩。1996年在工业厂区东侧建大信公司办公楼940平方米，2.5层。1998年青岛市建造山宁立交桥拆迁亢家庄加油站，选址山东路37号，于2000年开建，2001年9月新加油站竣工，占地5.74亩，建筑面积699平方米（两层），与中石化建立了15年合作关系。2001年在工业厂区内建盖3层教学楼，与瑞达中学建立了租赁关系。在旧村改造时，将老村庄房屋腾出。2002年在此址建起了商业楼，占地36.46亩（占了整个老村庄），于2003年3月竣工，建筑面积21346平方米，与英国世界500强企业百安居装饰材料超市B&Q建立了20年租赁关系。2003年在工业厂区原青岛服装一厂分厂改装后，与东方医院建立了二十年租赁合作关系。2004年在泰州路西建起了大信公司新办公大楼，占地4.07亩，建筑面积5123平方米（2006年5月18日起用）。2010年，位于山东路36号在大信公司工业厂区建造大型商场，占地27.96亩，18621.36平方米，建筑面积33744.52平方米，2011年10月竣工，与韩国乐天玛特建立20年租赁关系（见表86）。

亢家庄（大信公司）集体设施建设统计表

表 86

项目 建筑位置及名称	占地面积（平方米）	亩数	竣工年份	建筑面积（平方米）	座数	层数	用 途	注
泰州路 19–23 号（大信公司工业区）	22542.3	33.85	1969—2000	16952.3	31	1 ~ 4	工业厂房、车间、办公室	服装厂楼与东方医院建立租赁关系
山东路 36 号大信公司办公楼	519.5	0.78	1989	288	1	1 ~ 2	办公区、商业网点	1998 年建山宁立交桥拆迁
亢家庄加油站（宁夏路 86 号）	5361.3	8.05	1989	699	1	2	商业、服务	1998 年建澳柯玛立交桥拆除
宜兴路 2 号、大信公司办公室	工业厂区内		2000	1177.03	1	2 ~ 3	大信公司办公区	2003 年建易初莲花超市拆除
山东路 37 号亢家庄加油站	3823.7	5.74	2001	702.3	1	2	商业服务	合作（中石化）
泰州路 21 号厂房	工业区内		2001	3383	1	3	租赁	青岛瑞达中学、九中分校建立租赁关系
泰州六路 1 号商城	24282.36	36.46	2003	21346	1	2	租赁	与英国世界 500 强企业 B&Q 公司，于 2003 年建立租赁关系
青岛市市南区泰和工业园（李村上藏村）	15333.27	23.02	2004	4037.7	1	2	租赁（车间）	美国艾斯莱特公司建立租赁关系
			2005	2178.7	1	3	租赁	
			2009	4284.8	1	2	租赁（厂房）	
泰州五路 1 号（大信公司办公楼）	2710.6	4.07	2005	5123.9	1	5	办公租赁	大信公司办公区、青岛立信会计师事务所、青岛邮电快递
山东路 36 号商城	18621.36	27.96	2011	33744.52	1	3	商用租赁	与韩国“乐天玛特”建立租赁关系

至 2010 年，虽亢家庄的村改工程已完全结束，然青岛大信实业有限公司的楼宇经济还在继续为广大村民造福。

第五节 建筑质量管理

亢家庄旧村改造正式启动之前的住宅楼和大信公司工业厂区房屋建设对各项工程质量管理要求不是很严格，投资方和承建方都普遍追求降低成本，在不同程度上出现了不少问题，在工程验收等事项遇到了很大阻力。1991 年旧村改造建盖如东路小区时，领导层加强了质量管理，施工质量由青岛市质检站和青岛市市南区质检站严格地把关和监督检查，工程质量均达标准（见表 87）。

亢家庄建设项目规划设计、施工、监理、情况统计表

表 87

项目 建筑位置	竣工年代	幢数	用途	设计单位	施工单位	监理单位	质检单位	质量鉴定
泰州路 19–23 号工业厂区	1969—2000	31	车间办公室	青岛市城市规划设计院、山东省对外贸易设计院	胶州营海建筑队、即墨大信镇建筑队			
泰州路 9–13 号	1985	3	住宅	青岛市建筑安装工程总公司设计院	即墨大信村镇建筑队			
如东路小区	1992	2	住宅	青岛市新铁设计院	胶州营海、胶南二建、红石崖、西祝建筑公司		青岛市质量检测站	合格
扬中支路小区	1995	9	住宅	青岛市民用建筑设计院	胶城、红石崖、胶南一建、胶西镇前店口乡		青岛市质量检测站	8 幢合格，2 幢优良
宜兴路 6、8、10 号	1999	3	住宅	青岛市西海岸建筑设计院	胶西镇、胶州张家屯建筑公司		青岛市市南区质量检测站	合格
金坛路 21、23、26、28、30 号	2000	5	住宅	青岛市沿海建筑设计院	胶州张家屯建筑公司		青岛市市南区质量检测站	优良
大信公司服装厂泰州路 19 号	1987	1	厂房	青岛市第二轻工业局设计院	胶州营海建筑公司			
亢家庄加油站（老）	1989	1	企业	青岛市城乡建设委员会规划设计院	胶南红石崖建筑公司			
亢家庄加油站（新）	2001	1	企业	青岛市离退休工程师建筑设计院	山东红建建安集团	青岛恩地工程建设监理公司	青岛市质量检测站	优良
大信公司厂区楼（瑞达中学）	2001	1	厂房	青岛市城市规划设计院	胶州广厦建筑安装公司	青岛恩地工程建设监理公司	青岛市质量检测站	优良
大信公司办公楼（宜兴路 2 号）	2000	1	办公	青岛市西海岸建筑设计院	崂山古建建筑工程公司	青岛方园建设监理有限公司	青岛房屋修缮工程质量监督管理站	合格
大信公司商业楼（百安居）	2003	1	商场	青岛沿海建筑设计有限公司	青岛建设集团总承包公司	青岛商业建设监理公司	青岛房屋修缮工程质量监督管理站	优良

续表 87

项目 建筑位置	竣工年代	幢数	用途	设计单位	施工单位	监理单位	质检单位	质量鉴定
大信公司办公楼（泰州五路）	2005	1	办公	青岛沿海建筑设计有限公司	青岛新隆安建筑安装有限公司	青岛方园建设监理有限公司	青岛房屋修缮工程质量监督管理站	合格
大信公司上藏工业园	2004	1	厂房	青岛工业建筑设计研究院	青岛胶东建筑有限公司	青岛方园建设监理有限公司	青岛市市南区质量检测站	优良
大信公司上藏工业园（办公楼）（市南区泰和工业园）	2005	1	办公	青岛工业建筑设计研究院	青岛胶东建筑有限公司	青岛方园建设监理有限公司	青岛市市南区质量检测站	合格

第六节　物业管理

大信农工商公司1997年12月成立了青岛市市南区亢家庄住宅小区物业管理中心，管理旧村改造后新建住宅区，驻地设在金坛路16号（现扬中支路小区），两层楼房，是一个独立经济实体。占地200平方米，其中，建筑面积400平方米，固定资产47.6万元，流动资产263万元，公司实投资金50万元。企业法人代表（经理）荆朋森、荆朋海、亢继辉，副经理亢正强，主管会计丁占堂、于福胜、李红波、亢红。主要负责各小区中的住宅设施、环境卫生、安全及绿化等管理事项，为居民提供安逸舒适的住宅条件。

第三章　村民生活

亢家庄因地势呈南高北低，冬冷夏热，土质以沙土较多，不利作物生长，再遇天灾、瘟疫更是生计不保。自德占青岛以后村民开始以种植蔬菜为主，民生逐渐好转。中华人民共和国成立以后，走上集体化道路，村民生活明显提高。自20世纪中期始起，物质及文化生活发生了很大变化。

第一节　穿戴

一　衣帽

服装：在清朝末年以前，根据老人们描述，男人衣着为长袍（亦称夹大袄），清末以后最具特征是延续清装衣着，马蹄袖，大襟长袍，马褂很短，是对襟，都是布扣。后来经济条件好的，尽管仍是长袍马褂，但马褂为丝绸料，长袍以毛哔叽为上。德占青岛后，马蹄袖不见，马褂逐渐遭弃，长袍仍为时尚，经济差的只用布料，年轻的男人总想方设法争取一件，甚至有少年儿童都有一件兰士林长袍，以备过年走亲戚穿用。结婚更是必备之品，这一时尚衣着一直持续到新中国成立。成年女人们一般都穿老兰色大襟褂子，黑色裤子，花布是兰底、印有白色碎花图案。只有新媳妇和姑娘，逢年过节、走亲、结婚才穿花衣。

◇旧时中年以上妇女穿的老蓝布上衣

早年人们平时都穿便装，男的上衣都是对门一排布扣，下面有两个敞口方兜。后来有的做绸布料的上衣，在左上方做上小兜，有的人是放怀表用的，链子系在扣子上。下身不论男女都是大裆裤子，裤腰一般多以白色或浅兰灰色。以前基本没有季节交接的过渡衣服，晚秋农民下地就穿上了棉衣，里面是单的，春夏交接，天气相当暖和才彻底脱下棉衣。俗话说：吃了端午粽，才把棉袄轰（扔）（hong）。棉袄棉裤大都是黑表白里，为了节约，有时新表配旧里，男人穿棉衣一般都是骣（chān）穿，很少有内衣，为了暖和避风，用黑布做成长条带子扎着上衣（以前通称褡包），用黑布缝两条小带子扎紧裤角。女人扎裤角的带子比男人的要宽（一般都是买成品的，这种带子是中间用机制的，两头是散线的，以前女人们一年四季要扎裤角，也叫“扎腿”，不能撒裤角，否则人们视为“放荡”）。以前人们穿上棉衣，一直穿到来年夏初，平日没有洗澡的条件和习惯，没有衣服更换，大部分人身上生虱子。有年纪大的男人，冬天穿叉裤（主要为大小便方便），只两条裤腿是棉的，没有臀部，里面穿上夹裤，两裤腿上部吊在腰带上，基本是用白布。

老一辈的人做一件新衣服不容易，要穿好多年，破了就补，所以流传一句谚语“新三年，旧三年，缝缝补补又三年”。男人的单衣穿的年岁久了，补丁摞补丁，就成了很厚的衣服叫“纳托”，挡风又挡雨，农民春秋季节在田间铺着休息睡觉，渔民用的最多，都可以几辈人穿用（有留存下来的，20 世纪 50 年代演剧时，成为扮演贫苦老农最具典型的衣服道具）。

旧时代没有计划生育，一对夫妻生几个孩子，老大的衣服穿小了传给老二，老二传老三，老小穿不破送给亲戚孩子穿。

20 世纪 40 年代国外纺织技术不断传入，各种针织品衣服进入市场，条件好的村民穿上了原色卫生衣（绒衣），非常时尚。40 年代中期在市里上学的中学生都穿校服，大盖出檐帽子，服装均为黑色，真神气。村里也有女中学生，她们的服装特色以夏季为主，兰士林半袖上衣，黑色裙子，非常洋气。他（她）们改变了传统的服装，故而人们都称其“洋学生”。20世纪30年代中期，在市内给外国老板（美国、白俄、日本等）及中国民族买办资本家开车的年轻村民，经济条件优越，受环境影响，能穿上西服和呢绒大衣，也有穿中山服的，这是一般农民高不可攀的事。夏天农民做一件白平纹上衣，一般不舍得穿，走亲戚才能用上，等到穿旧了，才能穿着下地，天热时大都光着膀子干活。夏天，有的上了点年纪经济好的妇女也能穿上漆布上衣。新中国成立以前，做衣裳布料除到市场买（俗称：割）成品布以外，几乎家家都割白布染色后做衣服，吴家村的李姓是多年的染匠，也有村民买染料自己染。新中国与苏联友好阶段，兴起穿列宁服和苏联花布的热潮。穿一件列宁服感到很自豪。50年代末期开始兴盛穿单、棉军便服，布料为双面卡、华达呢等，到60年代以后各种化纤和混纺布日益增多。

在“文化大革命”初期，青年男女，尤其是中学生随着毛主席发出的“不爱红装爱武装”的口号，能得到一套黄、灰军服并非易事。毛主席发出“深挖洞、广积粮”的号召，全国各地（尤其城市）各工矿企业都派出相当人数挖地下干道，每人发一件帽子和上衣连体棉衣，表里是粗布，既挡风又御寒，人们很感兴趣，通称“棉猴”，也称“干道猴”。当时都学做该式样服装，后来流行起各种面包服，棉猴便被淘汰。后来，夹克衫开始兴起，逐步成为男女老幼服装的主流。70年代末期随着改革开放的潮流，款式新颖的国外服装大量流入，各种风衣、T恤衫、牛仔裤、西服、面包服、羊绒衫、长短大衣（包括女式裘皮大衣）等相继充塞市场，特别是女装，花色、款式多变。衣着不是因破旧而更新，而是因款式落后被淘汰。从清朝传承下来的满族服装—旗袍，作为一种民族服装，今日在某些场合仍在穿用。

帽子：人们无从追溯前人帽冠的特征。辛亥革命后割辫子，有的老人不舍得割，仍盘在头上，大都戴着半帽，圆形沿底边上叠约一寸宽的边，冬天是平绒布料，春秋是绸缎表，有里子，分六瓣，也称瓜皮帽，帽顶中心部嵌缀一结，冬天用绒布的，春秋用绸缎的，也有晶体球的，分红、黑两种颜色，老人用黑色，青年用红色，身负重孝（父、母已故未满三年）的不能戴红色的，有的富家儿童也作一身大袄马褂，配一顶红结瓜皮帽。后来有一种毡帽替代半帽，只是冬季戴，用毡做成长筒状，能卷三层，在眼部留一长缝，平时全部挽上去，天气特冷时就全部放下，只露双眼，脸及后颈全部遮盖，俗称满头撸，也叫卷帽。还有一种是三开帽，前面一块，两侧各一块，两耳部分高出，后面连在一起，表有毡的、兽皮的，高档的用水獭皮的，里子有布料和丝绸的，天冷时三面都可放下，前一块挡前额，两边挡耳朵，后边挡脖子。20 世纪 20 年代中期开始，青年们就开始戴大檐礼帽，大体有黑、咖啡和灰色，一般与长袍配合穿戴，也有夏天礼帽，有白色、浅兰和米色不等，多与纺绸衣服配戴，建立新中国前后，结婚时新郎还都戴礼帽，两边插上一串绒花，穿长袍，配戴粉色绸带，非常好看（人们传说这属明朝时代状元装束）。1957 年本村亢姓姑娘出嫁，西吴家村的女婿是最后用这种装束娶亲的。

在日本第二次侵占青岛时期，二鬼子（汉奸）、青保便衣及在市里混事人群戴礼帽的较多，也有不少戴鸭舌帽的。在那个日军横行、汉奸作歹的年月里，老百姓对这种穿戴有惧怕感和厌烦感。

新中国成立后，兴起戴干部帽，平顶，圆边带折，有前檐（俗称帽子盖），大体有布料和呢绒两种。文革期间解放军陆军（黄色）、海军（灰色）士兵曾戴这种帽型，青年男女如能得到一顶军帽，自以为荣。这种帽型持续了几十年，自 80 年代改革开放起，各种帽子款式推新以后才逐渐淡出（现在边远农村仍有老人戴）。80 年代以前冬季戴两开带前盖棉帽兴盛了几十年。

进入 90 年代，小檐礼帽、鸭舌帽、艺人帽（不带檐），带前盖的两开皮帽纷纷亮相，花样众多。

很早，村民夏天不管在田间还是外出都戴苇笠，一般都是以蓑衣配套，遮日挡雨，蓑衣又可在田间铺地休息，尤为实用。

清朝满族妇女的帽子没有留传下来。以前妇女不下地，也很少出门。走亲戚时用方巾（年轻是花的，老人用土布）包头，出嫁时用大红花盖头（俗称蒙头纱）。店铺有专为老人做的成品头箍，前宽后尖，尖处有带，以便固定打结，大多用平绒、丝绸布料，嵌有图案，天冷外出扎在头上，包住前额。亢家庄自有了纱厂和棉织厂的纺织女工以后（她们一般都打三班），大都有长围巾，长度在 1.5 米以上，基本都是绒线的，有买线自己手工织的，也有成品，价格不菲，最适宜于冬天，包住头部，捂住嘴再缠着颈部，既是帽子又当口罩而又是围巾，在当时青年妇女对这种围巾羡慕不已。随着经济状况的好转，大多妇女都可具备，也有好多用勾针织出多种花样的长围巾。改革开放以后，各种漂亮女帽和连帽衣服便替代了长围巾。

特别具有特色的是自 1956 年入社后，女社员开始戴各种花色方围巾，挡风遮日避雨，不知是什么时候，也不知是谁发起的，不长时日，不论春夏秋冬，全村妇女都戴同一色的白方头巾，不管是在田间劳动或是一起到公社开大会及各种集体活动都是一片白色，这一点在本公社或全国都是独一无二的。刚娶进的新媳妇和一够到劳动年龄的姑娘，待参加劳动前必备的是一个蜡条篓子、一张镰和一条白头巾。年老的妇女不能下地干活摘下了白头巾，新社员又戴上了，一代接一代，白头巾在亢家庄生产队延续了约 40 年。在当时是亢家庄大队的一大亮点。

二 鞋袜

鞋：从老人们的记忆中，他们的老人穿一种布帮木底鞋，前脸起两道高棱叫夫子力鞋。前辈人从记事起村民穿的鞋都是自己做，很少有到鞋铺买鞋，鞋底用浆糊把白布打成壳子（内层也夹杂色布），好多层用麻绳衲成，鞋帮一般都用黑布，圆口浅脸。做一双新鞋不舍的穿，都是有事被迫试新。时间久了才穿着下地，遇到雨天，地里泥泞便踏脏了。有句谚语：洗手做鞋，泥里踩坏。后来用汽车轮胎作鞋底，替代布底坚固耐磨。20 世纪 30 年代起，男人兴穿毛呢鞋，黑色毛呢帮，三色猪皮（也有牛皮）底，浅脸，这种鞋轻便、高雅、美观，不能干体力活穿，一双鞋穿若干年，结婚、过年、走亲戚穿。这种鞋一般是文雅老人穿的较多，故而也叫丈人鞋。文化大革命时期，消失一段时间，现又兴起。以前过春节给孩子做一双割花鞋，其实就是一般布鞋，在做好的两只鞋帮合并一起，把前头圆弧处用黑线或彩线密针衲成图案，然后用快刀将连结处割开，即成为绒状图形，再做成鞋，前头带绒处形成包头，既耐磨（俗语：顶祛）又美观。

棉鞋的帮比单鞋高，是把夹层絮上棉花。以前村民冬闲，不下地而穿棉鞋很少。儿童上学怕冻脚，才做上棉鞋。冬天老人们喜欢在房前朝阳地方聚在一起聊天，他们大都穿“蒲凹”（念哇，蒲叶编的鞋，轻而保暖，集市购买）。20 世纪 30 年代末已有了胶鞋，黑布帮，浅棕色橡胶底，既轻便，又合脚，并且耐穿，适宜雨雪天气、走路爬山。当时最先兴起的商标是太阳牌胶鞋，后来被万里牌替代，通称万里鞋，年轻人最喜欢。在抗日战争时期，崂山游击队为便于山地对日作战常到村里向村长索要。40 年代后期胶鞋多了，其中年轻人喜欢篮球鞋，回力牌最盛，价格较高，都称“回力球”。新中国成立后村民加入农业社，不论男女都穿黄军鞋（解放军专用），宽松、耐用、适合农田劳作。穿破了再用汽车内胎粘补起来，最后干脆用胶胎火补一圈，泥水不怕。这种黄军鞋延续了半个世纪之久，时至今日晨练时还能见到穿者。

早时，男性在夏季田地劳作或闲暇时，除穿很破的鞋或光脚外，还穿一种木制拖鞋，用约 2 ~ 3 厘米的木板，割成鞋型，在脚趾位置横向钉上皮条或帆布条横跨脚背，走路时木板随脚步发出有节奏的响声，故而俗称“呱嗒”，也称呱嗒板。这种木制凉鞋无法考究是什么时候诞生的，20 世纪 60 年代末，本村铁路工人亢中节是青岛至北京列车车检员，从北京带回塑料凉鞋，人们颇感新颖。20 世纪 40 年代就有皮凉鞋，可不是普及一般老百姓，眼下这种物美价廉的凉鞋一时间几乎遍布全村，替代了传承多年的木“呱嗒”。直至 90 年代后，各种款式皮凉鞋和泡沫凉鞋将塑料凉鞋淘汰。

20 世纪 30 年代初期就有穿皮鞋（三接头的较多）的，大都是在市内给老板开汽车的司机，能买得起，也配穿，一般村民望尘莫及。这种现象持续了 30 年之久。新中国成立后村中的工薪阶层可以买上。60年代末期村民（社员）收入高了，便开始逐步普及。至21世纪，皮鞋在鞋类中占主导地位，各种款式从几十元到几千元的价格差距，适合于各类人群。旧时亢家庄只有数得过来的几家女性能穿上高跟皮鞋，自改革开放以后，村民们穿高跟皮鞋是一件很平常的事。进入90年代国外旅游鞋款式进入中国市场，青年很向往。进入21世纪后，各式各样，价格在几十元至几百元不等，不论男女老少，不管春夏秋冬和收入高低，只要有人群的地方，就有旅游鞋的踪迹。

1911年以前的妇女缠足（从五六岁开始包脚，将大拇指留住，将其他四趾强行卧倒，包住拇指，渐渐失去脚趾功能），称小脚，前头是尖的。人们都以脚小为美，也称小金莲。形容特小的脚为三寸金莲，脚太小的女人不能静止站立，需前后左右不停的挪动才能稳住中心，从前姑娘出嫁，男方用轿娶（将）回下轿时，人们先看脚，脚小则称赞不已，如脸蛋又漂亮，则称之谓“整牡丹”。如果脚大，脸蛋再漂亮，只能称为“半截牡丹”。她们穿的鞋随脚型而做。鞋面有平绒、绸缎和布料不等，有绣花和平布之分。结婚穿绣花红鞋。年龄很大的老人穿黑鞋绣素花。鞋底以前是白布衲底，后来都是猪、牛皮底。鞋型浅脸。冬季妇女一般不穿棉鞋。老人穿棉鞋较多，只不过将夹层絮棉花，鞋筒高一些。成立中华民国以后，男人要割辫子、女人禁止缠足。其中有的正在包脚的女童，被解救放脚，但脚趾的组织已造成一定的损伤，不能回复原状，人们对这些脚称“棒棒脚”（玉米棒），人们也戏称其为“三民主义脚”。这些人群的鞋很难买，也难做。缠足是多少年来封建礼教对妇女的束缚，放脚是妇女的幸福。进入21世纪小脚妇女基本见不到，“棒棒脚”也寥寥无几。

“绣花鞋”：出自20世纪30年代初，结婚姑娘都穿，鞋面为绸缎，粉色较多，猪、牛皮底，绣有龙凤戏珠、喜鹊登梅等图案，艳丽美观。新娘自结婚起在婆家住七天，第八天父亲搬回娘家，称“住七还八”。还要过一年节日，正月十五、清明节、端午、仲秋节、十月风山，腊月二十三日过小年要到婆家，准备过年。这一年中称为新媳妇，到婆家要穿绣花鞋，之后再一般没有机会穿，为了珍惜，就放于衣箱最下边，俗称“压箱底”。20世纪50至60年代，村中演剧或唱柳腔戏的姑娘和旦角，曾向她们借用当道具。

袜：很早，男人的袜子都是用白粗布缝起来，袜筒很高，上端串上绳，扎起来，以防下坠。缠足的女人们，不是直接穿袜子，先用裹脚布包脚（她们不包脚不会走路），用约1米长、10厘米宽

较细的白布，牢靠的缠住脚，再穿上袜子，她们晨起第一件事是包脚，直到晚上睡觉前，一天内不能放开，再者她们不能经常洗脚，很不卫生（人们对唠叨、罗嗦的一句歇后语是“老太太裹脚头子，又臭又长”）。20 世纪初期德占青岛以后，有了针织袜，这种袜子有弹性，袜筒短，很方便，逐渐替代了布袜，因都是棉织品，前后容易破，个人不能做，人们用木头做了一个袜子板，与脚型一样（不分左右），撑起袜子缝补，有时要补几层。60 年代初期市场已有了棉织品袜子前后加织了锦纶丝，逐渐有了二合一袜、锦纶丝袜和尼龙袜。因尼龙袜不吸汗，有异味，逐渐被淘汰。改革开放以后，各种袜子眼花缭乱。高筒袜子兴起。旧时村里上学的学生和嫁给豪门的姑娘穿旗袍才配穿高筒袜子，今日有的老太太也跟着赶时髦。流行的袜型千姿百态，档次差距很大，从几角钱至几十元不等。如今相当多的人群又想穿棉线袜吸汗舒适。

三 被褥

老一辈的人结婚时，人们兴看媳妇，男人们主要是闹房，看新媳妇的容貌如何。女人们（姑娘较多）看媳妇主要看陪嫁（以前称陪送），一是桌椅箱凳，更重要是被褥。姑娘出嫁前娘家尽一切能力打发闺女满意，陪嫁多一点显示娘家有脸面，也为闺女在婆家不被小看。一般情况是两铺两盖（铺为褥，盖为被），四铺四盖就很不错了。结婚也不只是女方陪嫁，男的也配被子，婚后三天用女方被褥，第四天女方将被褥放到箱子里，开始用男方的被，女方的褥。非常困难的家庭只得量力而行了。平日里女人串门也看炕上的铺盖多少，是否洁净（以前称“炕”就是女人的脸），依此作为评价主妇料理家庭的准则，俗语曰：不看吃的看盖头（被褥）。很多困难家庭，几个人盖一床被，下面就是炕，甚至只有棉花套，没有里表。以前的被大部分是白布里，蓝底润白花土布表、绸缎及线缇刺绣被面很早就有，但不是一般村民能持有的。除结婚被褥用新棉花，脏了就找人弹一弹再用。40 年代中期，日子好的家庭，尤其是做工的姑娘，私房钱也多，陪嫁能达到六铺六盖，铺的就有了带图案的线毯和毛毯。50 年代末开始，国家遇到了经济困难，各种家庭用品凭票购买，有布、鞋、粮、油等十几种票证，人们购买力下降。1962 年中期开始好转。至 70 年代少数人结婚能达到十铺十盖。自 80 年代社会经济极大好转，村民收入大增，床上用品豪华，这时候好多村民不再睡炕，换成了床，用上了沙发垫、床罩和床单。进入 90 年代人们不再讲究被褥多少，讲精美。丝棉被进了村民家，被褥不再摆在房间炫耀。进入 21 世纪，全村住上楼房，村民们换成大型床、豪华沙发和宽大被褥，夏季兴起夏凉被，冬季盖太空棉被。连精品毛毯都不屑一顾了。

第二节 饮食

漫长的旧时代，吃饭是一个大问题，

祖祖辈辈村民种啥吃啥，而且还糠菜半年粮。只能多种地瓜，少量好地种小麦、谷子、花生、高粱及其他杂粮。春天每家每户都种土豆（俗称地瓜蛋），又当饭又当菜，立秋种青萝卜，深秋收藏埋地下，以备冬菜。德国侵占青岛后，带来了大头菜（甘蓝），也成了越冬的蔬菜。村民的粮食（叫“吃货儿”）大体能维持夏、秋、冬三季。有的到春天连地瓜干都没有了，只靠填补野菜、干地瓜叶和树芽度春（遇到春季长，妇女做饭都害愁）。村民秋收地瓜时都是把小瓜（麦茬栽的地瓜）储存有暖炕房间的阁棚上，把芽瓜（早春用地瓜芽栽的）切成片晒干，俗称“地瓜干”，储在囤里。多少年来人们想改善生活，也只能在地瓜干上做文章，将地瓜干磨成粉，可做粥，当包子皮，蒸地瓜面条、烙饼、锅贴子等。村民在夏秋农忙季节一天吃三顿饭，冬春农闲为了节食大都吃两顿。平日的饮食结构很单调，除了地瓜及制品，很少吃白面、小米、玉米、秫子、穇子、高粱和豆类。逢年过节、红白事及生小孩烙饼招待客人吃白面制品（馒头、面条、饺子），人口多的家庭年夜饺子包黑、白两样，妇女不能全吃白面的。家里人过生日也不一定全吃白面面条。平常日玉米饼子还要给下地的男人吃。按照时令节日（农历节）都忙活做一些过节食品。春节前一过小年（腊月二十三日灶神节）开始起，各家各户都忙活赶制过年食品，用地瓜干碾成碴子，加上黄豆沫子做其馏（窝头状），用穇子面或小米面加发面引子蒸“米面”（大发糕），地瓜干和豌豆、豇豆煮烂碾成碴子、用地瓜面皮包豆包（白面皮的少）、大黄米面（秫子）、用白面皮包糕、枣饽饽、枣山等。正月十五吃饺子，后来也时兴吃元宵。以前正月十五为灯节，妇女们在前一天就用地瓜面、豌豆面、青萝卜和蜡烛做成面灯或小动物型灯。十五、十六日晚上，在散灯时倒上豆油，放到厨房、厕所、每个房间、盛水大缸等地方点亮照明，意思是正月十五的灯照到哪儿哪里亮，迎来一年好时光。用完后孩子们争抢面灯吃。二月初二日为龙抬头节（靠近24节气中的“惊蛰”，冬眠动物复苏），大都用黄豆加面加糖炒“糖豆”，用地瓜面或白面馎萁子，摊煎饼，后来也吃单饼。清明节煮鸡蛋，用面糊加鸡蛋、葱馎鸡蛋饼。端午节用柞树叶（大叶柞）制做大黄米粽子。以前大部分是吃米饭就炒菜，后来也兴包糯米粽子。六月初一过半年，家家用新麦子面包饺子。七月七日人们欢庆织女姑姑和牛郎相会，家家户户磕馎花。每家都备有磕子，桃木较多，形状有鸡、狗、猴、金鱼、狮子、莲蓬和小篓等。但都不全，要相

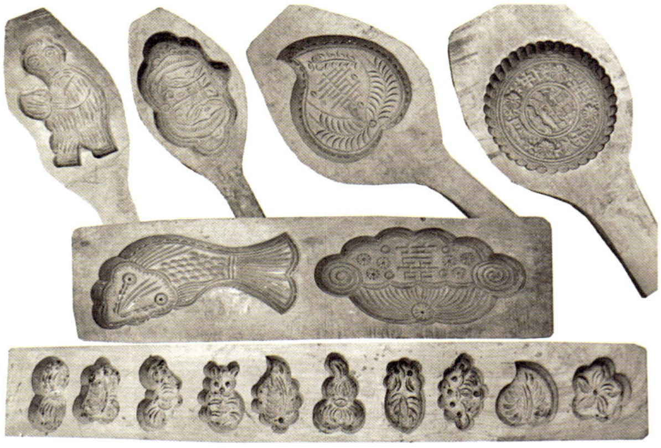
◇ 磕子

互借用，尤其女孩子最忙活，串门传递交换使用，把揉好的面放到磕子里形成各种造型，放到锅里餺，是一种观赏食品，大人吃，小孩用线穿起来套在脖子上玩。后来妇女都参加工作，儿童学业紧张，没有时间操作，再者食品行业提前做成商品，节日忙碌气氛逐渐淡漠了。七月二十二为财神节，商家最盛，后来菜农也过，晚上喝酒吃菜。八月十五仲秋节，合家团圆盛宴赏月至今不衰，也是走亲访友送礼大好时机。从前经济条件拮据，过节每人分一块月饼，孩子不舍的吃，攒下数月甚至变霉而不弃。20 世纪 80 年代以后月饼琳琅满目，价格也差别很大，而且包装追求豪华。农历十月初一日是农村节日，此时秋收秋种及冬藏基本结束，也是祭祀的日子（也称鬼节），农户都在此时烧香焚纸祭祖，为逝去的亲人送寒衣。也是农家的雇工（俗称“泥（觅）汉”，通称“抗活的”）解聘的日期，也称“泥汉下力儿”，通常的年度雇工（不成文的规定）是农历二月初二日（称上力儿）到十月一日与雇工结算。农民为庆祝一年的辛勤成果，这一天要吃饺子。

农村吃饺子是庆祝节日时的最佳食品，传统饺子形状很像元宝，表示吉利、发财。以前，村民日常生活是很艰涩的，妇女做饭也尽量搭配，既要吃饱，还要节省粮食，尽量让干活的男人吃好吃饱。村民留传的一句农谚“难过的日子好过的年”，过年就几天，日子却是漫长的。一个会过日子的家庭主妇是至关重要的。夏秋三餐、冬春两顿大都有稀饭，夏天小米、玉米粥较多，有时也用白面划拉饹馇汤（疙瘩汤）。春冬高粱粥、地瓜面粥较多，一来暖和，二者充肚子，而且不能太稠。主食地瓜、地瓜干及其制品，苞米及䅟饼子就算是好一点的，平日基本见不到白面。夏秋主菜是土豆、瓜类及叶子菜。春冬基本没有炒菜，有大头菜青萝卜熬（煮）的大锅菜就不错了。村民家家有咸菜缸、青萝卜、芥嘎嗒头，一年四季不缺，秋天腌一缸石榴红吃到春节前，每家都有虾酱坛子。这些自备副食对调剂日常生活起到关键作用。后来各家不备了，因为市场里副食品很丰富。

很早村民吃的是本地地瓜，筋多，虽易保存，但口感差，产量低，抗日战争胜利后，引进了胜利百号品种（俗称一窝猴地瓜），产量高，有面，好吃，后因退化且易长疔而停止种植。新中国以后，国家重视农作物品种更新和科学研究，玉米新品种有大马牙、金黄后等，小麦品种以前是“小芒麦”，面粉白，后引进“光头”和“大扁穗”，尽管面粉质量稍差，但产量高，这些作物的引进使 50% 的家庭有了余粮。1955 年以后，根据国家的统购统销政策，除交公粮外，余粮全部卖给国家。1956 年 3 月全村农户全部加入高级农业合作社，土地归集体所有，16 岁以上男女都成为社员，人多力量大，修水库，科学种田，农业大丰收，人人有饭吃。1958 年成立人民公社，当年全国开展“大跃进”运动，大炼钢铁，大搞农业，大搞一体化，根据形势强制

◇ 箢篼

◇ 面萝

◇ 纸面缸

◇ 夹篓

◇ 食盒

◇ 簸箕

性的全大队成立了公共食堂，村民一日三餐到食堂领饭回家吃，这种突如其来的大改变，管理上没有经验，又没经过专业培训，全村又设置几个食堂，人力物力耗费很大，出现问题很多，又值1959年始起出现全国性的农业歉收，食堂无法持续，一年后有的食堂撤销，至1961年年底全部停止，恢复各自为炊。连续三年的经济困难，给村民带来了极大困苦，人们费尽脑汁解决饥饿问题，以菜为粮，野菜、树叶被吃光，大部分百姓因极度缺乏营养出现浮肿。党中央实行“三自一包”政策后，经过村领导和全体村民奋发努力，至1962年年底逐渐得以缓解。

自浮山、吴家村、西流庄和楼山四个公社划归市管辖后（俗称“市四社”），扩大蔬菜种植面积，成为保证供应市民的蔬菜基地，亢家庄压缩了大量农田耕地来种植蔬菜，收入有了明显提高。自此青岛市政府对社员发证供粮，社员得到了城市居民的供粮待遇。由于村领导与社员同甘苦，敢与自然灾害抗争，科学种田，得到丰产保收，村民生活大幅改善。较远的贫困农村姑娘纷纷来与本村联姻。1982年11月亢家庄农户全部转为城镇户口，摆脱了几百年来风吹雨淋的农田劳作。1985年全部成为青岛大信农工商公司职工，工商企业收入大增。自1978年开始享受退休待遇。1992年享受青岛市医疗保险。2000年全村村民都住上楼房。2005年全村装上了暖气。自此亢家庄村民不再忧虑吃、住、病、老问题，生活质量较前天渊之别，天天是节，月月是年。

炕头箱

风箱

板凳

蒲团

第三节　交通

村民出行：建村初时由于地处山岭，通往相邻村庄都是崎岖小路，红、白事通行时极为困难，农田的运输只能是独轮木脚小车、牲口驮运，多是肩杠人挑。小脚女人更为艰难。远行有条件的可骑牲口，也有用独轮车一边是孩子，一边是女人。其他出门走亲赶集只能徒步。这种出行方式持续了数不清的岁岁月月。

1898 年德国侵占青岛后，建造西炮

亢正鼎保留的百年挂钟

缝纫机

半导体收音机

留声机

黑白电视机

大金鹿自行车

台(3号堡垒)开辟了村西马路、西大墙路、炮台路。1933年国民政府时期，建修了村南国防路（自东镇至田家村段），可通马车和汽车，村民出行方便了许多。20世纪30年代末闫姓开始拥有木轮双脚马车,有四套之多(闫瑞信、闫瑞智、闫瑞山、闫盛志等）搞起运输经营。1938年日本第二次侵占青岛开辟了自村西至东南岭水管子路（路基下铺设水管通往浮山所北山顶专供日本陆军医院，现为海军401医院）。1941年自浮山所经北山顶至吴家村修了电台路(现为徐州路)。道路多了，村民运输工具相应增加了。村民为供应市民蔬菜，制造铁管两胶轮推车有30余辆，胶胎独轮小车30余辆，替代了木轮车。1956年农业合作化后，生产队购置双胶轮地排车，是田间收运庄稼，去市里送菜及队办企业的主要运输工具，70年代最多达到30辆之多，这些工具为生产、经营起到很大作用，但都是社员体力操持，非常辛苦。其间生产大队购置了两辆胶轮双套马车，对大宗物资运输发挥了重要作用。

生产大队为减轻繁重的体力劳动，减轻运输压力，1971年购置了第一辆机动195三轮平板车（俗称叭嗒吧），1973年崂山县批下第一辆195型四轮带车斗拖拉机（不为耕地，主要为运输），后陆续购进195、295型拖拉机五辆，基本替代了人力运输，人力地排车逐渐失去了用场。1975年亢家庄大队购置第一辆解放牌4吨货车。由于队办工业、商业不断发展壮大，根据各企业运输、出行、业务需要，至1996年购置不同型号货车12辆。1984年大信公司用上了第一辆日本产面包办公用车，1990年购置第一辆桑塔纳轿车。至2008年共拥有不同品牌轿车及商务车7辆。大信公司也有了自己的专用停车场。

交通工具：自行车：德占青岛后，德国人带来了自行车，当时只有市里个别人拥有。1924年村民亢登信有了第一辆自行车,这一新鲜交通工具,年轻人特别羡慕，至1949年，本村共有自行车34辆，其中德国、日本品牌居多，40年代起在市里上中学的青年都愿意骑光腚自行车（前无车瓦，后无货架）。成立新中国以后，有了青岛牌自行车，村民张中德第一个拥有。当时村民经济条件差，至1959年全村只购置了17辆。60年代前期青岛产大国防牌自行车很兴盛，1960—1969年购置54辆。后来改名为大金鹿，1970—1979年购买220辆，平均每年购入22辆。1980—1989年购进197辆。自1982年起有的村民已开始骑摩托车，骑自行车者减少。1990—2006年17年中购57辆，年均3辆多点。自1940—2006年全村共购自行车579辆。其中助力自行车19辆。

摩托车：自20世纪30年代村民亢登师（亢姓十六世族人）曾有摩托车，1943年崂山游击队亢中珊被日本抓去，经人周旋暂为日本干事，配备摩托车。1982—1984年辟建山东路和宁夏路，道路状况大为改观，1984年村民汪洪君有了第一辆摩托车（重庆产嘉陵无极变速），后来也有将自行车改装上发动机。

至2006年共购摩托车73辆，大都是嘉陵、恒大、亚玛哈等品牌。三轮摩托和残疾人三轮摩托各壹辆。进入21世纪大量汽车上路，摩托车基本淡出。

汽车：1993年村民亢正庆购置了第一辆苏式“拉达”轿车，搞起了出租业务。至2006年个人购置私人汽车88辆，其中轿车66辆，微型面包车9辆，小型货车13辆。

公共交通：1983年山东路建通后，公交车辆随之开通，第一趟公交线是33路，1984年宁夏路开通后，线路逐渐增多，至2009年已有224、318、319、374、605、223、322、226、227、308、11等路公交车经过。现已形成公、私及出租车辆交通网络。

第四节 信息

1941年村民亢中琳购买第一台日本产电子管收音机，至1947年村民相继购进8台日产收音机，1947年亢中典购买一台美国收音机。青岛解放前亢正修给白俄老板开车，1948年因时局动荡白俄撤离赠其俄产落地两用“收放机”。1952年一村民购进第一台国产“中苏友好牌”收音机。

青岛解放前，村民只为生活奔波，社会新闻只能靠极少的报纸和在市内工作的人获取。建立新中国以后，通过运动、社会宣传和村民大会等多种形式了解国家大事和时事新闻。自加入农业合作社后，公社给各大队（自然村）装上了大喇叭和各家的小广播，开始了家喻户晓的新闻播送。分三次开播，早晨的开始曲拉开了一天的广播序幕，接着，有天气预报、公社新闻、转播中央、山东省、青岛市及崂山县新闻等，还有领导专题报告、各种文艺节目，有地方戏、京剧、歌曲、相声等。之前需享受这些文艺生活，要到有收音机的邻居家，自有了小广播便再不用出门了。当时的广播员是湛山人孙秀香，管理人员是浮山所人苏泽民。随着经济条件好转，人们对文艺生活要求相应提高，已对有局限性的小广播听腻了，对收音机发生了好感，1966年村民李盛昌自己组装了矿石收音机，需戴上耳机收听。20世纪70年代市面上已有青岛生产的半导体收音机，人们争相购买。1972年村民购进36台。从电子管品牌到半导体不断更新，当时南京大熊猫牌大型收音机为上品。1976年打倒江青反革命集团后，文艺开放，刘兰芳在中央广播电台播说“岳飞传”，全国人民都在同一时间收听，不少村民为专听评书而购买收音机。至1984年村民共购置196台。青年结婚也是必备之物。20世纪70年代中期已有了录音机，一种小型的俗称为半头砖，那个时候有人在马路上或在市井内拿一台手提录放机，那是很体面的事。20世纪70年代末期市面上已有了黑白电视机，1977年生产队购进五台电子管黑白电视机，晚上在大队办公室院子播放，虽收视效果差，但全村人还是争相亲临观看这一新鲜事物。至1979年村民购买日产12寸黑白电视机达 14 台，一到晚饭后邻居们聚合观看。当时只能收看几个频道。1980 年全村购进 93 台，1982 年已有了国产电视机，至 2002 年全村共购进 248 台。有了电视机后收音机也就受到冷淡，而黑白电视机也只兴盛了 6、7 年。1983 年村民张鸣有了第一台 14 寸彩色电视机。1985—1986 年两年购进 132 台，其中 1986 年就购进 91 台。1983—2006 年共购进 891 台彩电。2003 年有三名村民已有等离子超薄彩电，至 2006 年已有 14 台。

第五节 通讯

书信来往自古就有，逐朝历代没有专门邮政机构，只州府县衙发文通传之类，村民只能相互顺便托带信件。德占时期已建邮局。1914 年日本第一次占领青岛，设立野战邮便局（今堂邑路），后改为青岛通信局。1945 年日本投降后，被青岛市当局接收。后来台东也有了邮电局，在仲家洼设了投信箱，村民投信也算方便了许多。20 世纪 40 年代中期就有专职邮递员，新中国成立前后亢家庄有一赵姓分管送递工作。60 年代辛家庄辛兆秀是周围村庄专职邮递员，村民发信函也由其代寄，70 年代后国家逐步增添了通讯机构，除电报和包裹物件以外，一般信函大都不再直接到户，统一送达大队办公室，专职邮递人员不再繁忙。

1956 年合作社以后，生产大队办公室装上了第一部分机电话，总机设于浮山所。1968 年大队办公室装上了第一部直接对外电话，号码为 62696。1984 年村民张志宣开百货店装上第一部私人电话，以前打长途电话要向邮局备号等待，私人打长途电话要到邮电局挂号排队。90 年代中期私人电话放开，全村达到 40%，随即便有了 BP 机，俗称传呼机。进入 21 世纪初期走向了手机年代，而今通讯工具先进程度开始进入全球通的时代。

为适应新文化领地，20 世纪 90 年代中期进入了包罗万象的电脑时代，亢家庄也开始了电脑热。自 1995 至 2006 年共购入 374 台，其中手提电脑（笔记本）5 台，只 2003 年度就购置了 118 台，其前景无法估量。

第六节 文艺器具

进入 20 世纪初，亢家庄组建了柳腔戏班，文武场俱备，文场为笙管琴弦，武场为锣鼓，开始只有一把四根弦胡琴（四胡），一个人伴奏，一套锣鼓，这种方式一直延续到 40 年代末。新中国成立后，政府为丰富村民文艺生活，以戏剧、歌剧等形式编排新剧目结合当时国家形势巡回演出，并增加了乐器种类。亢家庄柳腔剧团和歌剧团，利用演出收入和个人集资等形式，购买了坠琴、月琴、二胡、大低胡和笛子等。1958 年全国性开展“百花齐放，推陈出新”的号召以后，生产大队加大了宣传力度，又增加了唢呐、笙等乐器，锣鼓更新了不知多少套。进入 70 年代青年们以亢正君、亢正福为首的组建了小乐队，个人购置二胡等乐器十余件。进入90年代青岛市政府、市南区政府为举办各项活动：海之情、啤酒节、闹元宵等，组织工厂企业、部队、学校和社区等自1990年起年复一年的大搞文艺会演活动。1993年大信公司组织了舞龙队，自制了两条约20米长的彩龙，购置了旱船两条，跑驴、猪八戒背媳妇、大头娃娃等道具，除对外参加活动外，每年正月十五在各社区进行表演，丰富了社区文艺生活。购买了大型锣鼓一套，异常气派。亢家庄居委会自20世纪末组织了腰鼓队，个人购买腰鼓50余只。2007年由八大湖街道办事处投资70%，亢家庄居委会组织发动个人集资购置4个大鼓、20个小鼓、22个大钹组成了50人的威风锣鼓队，参加市、区各项庆祝活动和巡回表演，有时还参加婚庆活动，既呈现出了社会色彩，又丰富了社区文艺生活。进入90年代中期，个人购买力大大提高，大型乐器进入家庭，1987年闫盛明购进第一架钢琴，至2006年共购入15架，1架手风琴。

第四章　村民收入及福利

第一节　旧时村民经济状况

亢家庄旧时是沙岭薄地的贫困村庄，村民祖祖辈辈以背朝天、头拱地、日出而作、日落而息靠天吃饭的庄户人，丰年吃得饱，艰年兼吃草（野菜），只有靠粜（卖）粮食取得微薄收入，打油买盐，添补点零花钱。有的不舍得花，积攒起来置买土地，后来逐渐出现了土地较多的村户，便有了贫富之别。儿女大了老的们积攒点钱给儿娶媳妇，还要盖房子。鸦片战争开始不久也影响了这个不起眼的小村。有本来不错的村户染上吸食鸦片，出现了卖房卖地家境破落的贫寒者。

清光绪二十九年（1903年），由英、德商人合资开办了日尔曼啤酒公司青岛股份公司（今青岛啤酒集团公司），时年村民于德祥（于志远的祖父）成为随啤酒厂建厂的职工。1916年由日商收购该厂，更名为大日本麦酒株式会社青岛工场。一批村民先后成为该厂的职工。1923年英、美烟草商在青岛成立颐中烟草公司。1924年村民亢中即(亢正孝之父)成为第一个该厂职工。1916年日本第一次侵占青岛在四方建立了“内外棉纱厂”（后青岛第二棉纺织厂）。1924年村民孙中田（湛山村人）成为该厂职工，任会计（俗称大先生）。1922年，中国政府收回青岛，更名为第一公园（德占青岛在会前村辟建的植物试验场），时年村民洛敦华（洛开家之祖父）成为公园职工。

1933年村民王玉全（王啟宝之父）给美国人在青岛兴办“知美”洋行的老板开车。他们在市内各个不同企业谋工给村民开了先河，他们的收入每月几元大洋到几十元不等（在当时30元大洋可置买一亩地），给家庭生活带来了巨大变化。村民们看在眼里，急在心里，尤其年轻人纷纷托关系谋职。在20世纪三四十年代先后在市内给国内外商人老板、青岛铁路局和石油公司等开车的就达十余人，青岛啤酒厂职工十余人。烟草公司、国棉一、二、三厂和后兴起的阳本染织厂及其他小型织布厂等职工达30余人，其中纺织厂女工较多。有的在新中国成立前因出嫁不再继续工作，大部分在新中国成立后成为正式职工。还有在园林局、港务局、造纸厂等单位的职工达6人。自20世纪30年代至40年代末商业职工和经营个人企业有10余人。1942年村民闫盛思在市里开办个人铁工厂，这些职工和从商村民中，农家子弟有35户，非农业人口14户，弃农为工的4户（后两类人群建立新中国后成为街道户口，为老市民）。从职人员中，为老板开汽车的收入最高，月工资在20～40元大洋，从事工、商职工月工资5～20元不等，有的按季节或年终还领取红包。

在冬闲时，特别是日本第二次侵占青岛时期，村民结伴到市内工厂做临时工（俗称卯子工），男人去几家石油公司的较多（美国1915年设立的“美孚”火油公司、1912年英国成立的“亚细亚”火油公司、1921年英国设立“德士古”火油公司，人们通称为火油柜）。妇女们（大都是姑娘和小媳妇）秋收结束就开始到青岛几家植物油厂（前身是1916年日本开设的三井油坊、三菱油房等）和当时的民族资本企业“合兴利”进出口公司（黄县人张姓）做短工分捡花生米。他（她）们月收入3～8元不等，男人们挣钱为添补家庭生活，妇女们主要为个人置买衣物和私房钱。

村民中全部依赖种地为生的分为三种类型：全靠以务农为生的有19户；以农兼种蔬菜为生的48户；全部依赖种植蔬菜的有27户。全靠以农为生者，一般是无劳力者或土地出租者，经济收入微薄，有的需依赖亲戚帮衬，零用钱都显紧张，温饱基本没问题。以农兼种蔬菜者，经济来源参差不齐，有40%的家庭土地较多，种植五谷较全，蔬菜种植也多，牲口、车辆、农具等生产资料雄厚，收入较多且有剩余，具备发展生产能力，接受种植新技术较快，年终积累30～150大洋不等。全部依赖种植蔬菜者，大都是北园片外乡迁入的村民，先以租地种菜为生，他们能够接受较先进的种植技术，初为栖身糊口，后逐渐转贫有蓄，有的能置地建房，但要全部购买口粮，年终可积累20～100元不等。

第二节　新中国成立后村民收入

一　始初阶段

建立了人民民主政权后，最明显的是，有劳动能力的市民，大都就业有了职业，工资在 20 ~ 40 元（人民币）不等，老职工工资都在 40 ~ 60 元（人民币），并且有了年老享受退休的社会保障。尤其在国棉厂的纺织女工，人们习称为中纺工人，待遇较为优越，虽然工作较繁忙，但工资都在 60 ~ 80 元之间，在当时的生活水平是相当好的，谁家有个中纺工人，是让人羡慕向往的。

从 20 世纪 60 年代中期，青岛市外来人口逐渐涌入，需要大量的蔬菜供应，政府要求近郊村庄扩大蔬菜种植，国家对农、蔬科学种植大力支持，不断改良品种，生产资料（水车、牲畜）购买力提高，病虫害防治得到了极大保障，村民收入因此有所提高。

二 实行农业合作化

1956 年，农、蔬户及雇农 90% 加入农业合作社，改变了几百年的个体生产经营方式，土地、生产资料全部归集体所有。年满十六岁、不分男女老少，按劳动付出，以工分所得分配报酬。初入社时按每人身体状况、技能评出基本工分，符合条件的“整劳力”（男性）为 10 分，妇女最高为 8.5 分，最低 5 分（老龄妇女和仅够入社年龄的社员）。入社基金（实际就是股金）定为 96.7 元 / 整劳力，入社土地不作价，生产资料评估作价可抵入社基金，如不够以现金补齐，再不够以年终分配抵补。农业合作社是“股”“劳”合作性质，既投入社基金，又必须参加劳动才能取得报酬。后来，完全依靠工分为计算单位取得报酬。

初入社时取得工分有两种形式：一是计时工分，按当天的劳动时间乘以个人的基本工分就是个人当日所得工分。二是承包工分，每天由小队长分配工作，定出工分数额，不管工作量多少，按质按量完成后，就可得既定工分数额，否则按完成程度给予工分。承包工分可一人或多人。每天晚饭后小队集中由小队记工员计算个人所得工分，月积年累为个人年度所得总工分，年终由小队记工员汇总上报，大队会计汇集，按照各小队完成全年收入所得净利润得出各小队工分值，合并到每户劳动力所得，扣除全年粮食分配数、预支款项和其他费用后，“多分少补”。入社基金不够者，可申请逐年从年终分配中扣除，但最多不能超过三年。这种分配方式仅持续了两年，自 1958 年成立人民公社后便全部沿用计时工分进行分配。

组建高级合作社后，总部设在浮山所，是一级核算三级分配，年终总部根据三个自然村所设生产大队总收入、总支出，将剩余价值作总分配（即年终决算）。首先提留公积金（为总社扩大再生产）、公益金（作为公益事业），然后分配到各生产大队进行年终分配。这种分配方式存在平调现象，不利于调动各生产大队社员的积极性。另外，由于合作社总账设在浮山所，自 1956 年至 1959 年本大队的所属生产小队变动较频繁，所以社员年终分配数额的账目没有档案记录。当时由于单靠农业和蔬菜收入，村民生活水平难以提高，社员们生活水平差距不大。1959—1962 年三年经济困难特殊时期，党中央发出了“三自一包”的政策，属一级核算的人民公社强制性改用三级核算，即按生产小队为核算单位，取消了不合理的相互依赖的平调做法。亢家庄由于领导干部与社员同甘苦同劳动，极大地调动了社员的积极性，实施科学种田，生产经营成效显著。基于这种情况，亢家庄大队实行了二级核算，这在当时山东省也是少有的。全大队收入逐年提高。社员分配增长明显。

土地有限而亢家庄大队的社员不断增多，仅靠农业和蔬菜生产要继续提高村民收入是有困难的。此时，党中央提倡以副养农的号召鼓舞着亢家庄人。1967 年开始办起了副业及加工业，由社员郭景泰（对外联络负责人）与青岛市烟糖站联系确立给各糕点厂生产糖稀和加工古巴产原糖脱色业务，得到认可。1969 年 11 月又增加了钢铁锻造加工，异常红火，副业收入颇丰，既扩大副业收入，又解决了劳动力逐年增加的难题，社员收入大增，壑劳力单人收入已接近城镇工人，并呈上升趋势。

自 1982 年青岛市政府辟建山东路开始，1983 年建青岛市电信大楼、青岛市劳动服务培训中心（原青岛大厦）、1984 年辟建宁夏路，征用本村土地近 200 亩，此间也是亢家庄大队劳动力最多的时候，从 1961 年 166 人增至 1982 年的 591 人，增加了 2.56 倍，出现了“土地与劳动力”不协调状况，影响了社员收入。此时，青岛市政府下发了“关于对市区二十一个生产大队转体征地的有关规定”，对被征土地生产大队的社员生活安置作了规定，按照土地、劳力比例安置就业。自 1983 年至 1986 年相继安置就业人数共计 286 名，其中男社员 118 人，女社员 168 人，缓解了地少、人多的压力。被就业人员基本都是青壮劳力，对本人都解决了职业及归宿（见表 88）。

1983—1986 年亢家庄大队、青岛大信农工商公司安置社员就工统计表

表 88

序号	安置年份	安置单位名称	人数	其中 男	其中 女	姓名
1	1983	青岛钢铁厂	10	10		亢正治、亢世俊、李朝钢、亢继欣、张启荣、亢继环、张国梁、亢继成、亢正谦、国世校（1976 年 12 月）
2	1983	青岛市邮电局	36	18	18	闫云龙、闫可勤、闫永乐、张启光、刘青刚、陈增建、张守柱、张逸臣、亢正栋、亢继珏、亢世松、亢世凯、汪洪伟、陆兆德、安丰乐、亢继铁、亢世金、袁希成、闫美贞、李玉先、丁秀华、亢爱兰、亢永娟、于翠兰、张风英、丁祝美、张爱华、亢云芝、赵风英、张兆霞、牛锡惠、宋兰琴、周青梅、刘青平、葛秋菊、刘永秀
3	1983	青岛染料厂	8	7	1	亢正刚、亢世敏、周青山、闫可云、刘建军、荆朋群、亢润月、亢继纯

续表 88

序号	安置年份	安置单位名称	人数	其中		姓名
				男	女	
4	1983	青岛帆布厂	8		8	亢文贞、付敏、杨克颖、刘文革、亢丽梅、韩桂玲、丁秀芬、张青文
5	1983	青岛纸箱厂	5	5		曹东升、亢世朋、惠增林、舒强、陆兆文
6	1983	青岛床单厂	2	2		闫可俭、张凯吉
7	1983	青岛纺织配件厂	2	2		高卫清、张作来
8	1983	青岛链条厂	1		1	亢淑惠
9	1984	青岛自行车公司	7	7		闫可健、亢继坤、董显武、陈增平、闫可凯、李国延、亢静
10	1984	青岛皮鞋材料厂	8		8	张永君、付燕、刘宏伟、刘洁、亢玲爱、杨可缓、亢玉霞、宋兰雪
11	1984	青岛电缆厂	8	3	5	董春燕、舒萍、高秀贞、亢正胜、杨克臣、葛爱香、张守珍、闫永春
12	1985	青岛农业银行	30	9	21	亢继宝、亢正鹏、亢继锡、董显庆、荆青山、丁延寿、刘序山、亢正川、亢继跃、亢玉珍、张秀珍、亢丽美、董德芳、杨爱峰、辛淑玲、王桂芳、辛爱春、王秀峰、胡金风、丁延华、于翠兰、亢玉伟、韩桂华、章玉文、亢祝庆、邵文华、苏清华、闫联苏、汪淑香、刘君利
13	1985	青岛橡胶六厂	35	9	26	袁秀琴、亢继琴、丁世珍、袁慧君、亢正友、兰瑞萍、李玉华、亢秀芹、亢继财、刘玉兰、曲芝玲、于德新、曲秀芹、刘洪书、张守云、王淑玲、洛秀彦、亢继清、李淑贞、葛太平、刘淑兰、兰爱云、沈风珍、高淑云、刘素琴、亢美芝、亢继彩、张淑英、亢云华、张作森、亢爱玲、亢月英、亢秀芳、丁月萱、亢秀彦
14	1985	青岛供电局	2	2		洛本显、闫可春
15	1985	青岛乳胶厂	5	1	4	刘清华、王素君、张玉贞、王吉玉、陆兆云
16	1985	青岛橡胶九厂	3	1	2	亢秀芝、陈增高、藏庆云
17	1985	青岛市政工程处	1	1		张志刚
18	1985	青岛卷烟厂	3		3	张立荣、辛梅菊、曲喜爱
19	1985	青岛罐头食品厂	3	1	2	亢桂香、汪淑华、亢正瑜
20	1985	青岛圆珠笔厂	2		2	闫爱香、陆兆霞
21	1985	青岛橡胶制品二厂	8	3	5	丁启顺、王淑芳、宋兆玲、亢秀香、刘锡琴、亢世瑞、丁延青、袁永清
22	1985	青岛衬衫厂	3	1	2	张作智、闫翠娥、赵莉风

续表 88

序号	安置年份	安置单位名称	人数	其中		姓 名
				男	女	
23	1985	青岛第三染织厂	4		4	亢红玉、葛玉香、袁淑琴、亢淑香
24	1985	青岛五金站	2	1	1	兰心栓、徐华琴
25	1985	青岛自行车零件二厂	2		2	毛秀英、程夕秀
26	1985	青岛日用化工厂	2		2	张爱芳、徐华英
27	1985	青岛饮食机械厂	2	1	1	亢继奎、亢瑞云
28	1985	青岛百货站	2	1	1	陆兆亮、荆桂华
29	1985	青岛住宅一公司	2	2		陆学德、高卫光
30	1985	青岛外轮供应站	2		2	董淑云、满增君
31	1985	青岛石油公司	2	1	1	逄增有、陆桂美
32	1985	青岛台东化工店	2	1	1	国世先、董爱兰
33	1985	青岛天和实业有限公司	1	1		迟须平
34	1985	青岛台东四路土产杂品店	1	1		亢正瑞
35	1985	青岛物资回收公司	1	1		丁月春
36	1985	铁道部青岛四方机车车辆厂	2	1	1	张俊杰、李朝进
37	1985	青岛湛山百货店	1	1		李永昌
38	1985	青岛晶华玻璃厂	1	1		亢正贤
39	1985	青岛氧气厂	1		1	张秀兰
40	1985	青岛人民造纸厂	1		1	亢爱华
41	1985	青岛台东交电公司	1	1		迟须荣
42	1985	青岛商业局车队	1	1		张作君
43	1985	青岛糖果冷食厂	1		1	张秀芹
44	1986	青岛啤酒厂	4	1	3	袁志清、张国栋、袁秀琴、刘瑞琴
45	1986	青岛工商银行	13	9	4	刘序清、赵明礼、闫永利、闫永玉、闫可本、闫可林、袁秀芳、亢正社、李玉凌、董兆江、宋平花、张桂香、方春玲

续表 88

序号	安置年份	安置单位名称	人数	其中		姓名
				男	女	
46	1986	石油部、石油管道局	44	11	33	惠金林、董肇河、亢正宾、辛建春、闫茂伟、亢正禄、亢继金、亢正祖、袁锡忠、刘宗书、亢正书、亢继玉、张作义、董桂美、亢秀香、刘福香、亢秀君、亢秀花、亢秀玉、张德玉、张淑惠、徐爱兰、耿淑美、亢秀筠、张继兰、张淑芹、李文娟、王金玲、兰秀芝、亢佩雪、闫美珍、袁秀云、张玉美、陈以惠、王喜诺、张秀欣、张秀芳、逄淑云、张兰香、王淑珍、刘素珍、王祝英、王瑞香、王丽美
		总　计	285	118	167	

1980 年山东省人民政府 166 号文件批准了青岛市市区 21 个生产大队农业户口转为非农业人口，于 1982 年 11 月正式实施，自此属亢家庄生产大队在册农业人口均已成为城镇户口。日常生活及商品供应享受城民待遇。在此亢家庄大队作出了规定，自 1982 年 12 月 1 日起不再接受社员子女为大队社员，原所属企业增加人员均按有关规定招工办理。

1984 年 10 月浮山人民公社解体撤销，1985 年 5 月亢家庄大队更名青岛大信农工商公司。随着改革开放的不断推进，政府对乡镇队办企业给予了优厚的税收待遇，初建企业享受减免营业税、减一免三所得税政策等，这给予了大信公司大好契机，至 1997 年大信公司已发展到 27 个工商企业，其中包括台湾、香港两个合资企业和五个联营企业。各企业获利逐年增长，其中亢家庄加油站于 1991 和 1992 年获利超百万元。

1996 年 11 月青岛大信农工商公司根据青政发〔1996〕4 号文件和青南政发〔1996〕103 号文件《关于推行技能工资制度的通知》，并开始实行技能工资文件规定，根据职工职务、工种、工作年限、劳动贡献划分为 15 ~ 30 级。按照“农工商公司企业职工技能工资制度对应表”（见表 89），确定工资等级和工资额，并于 1997 年 1 月实施。至此亢家庄农民自 1956 年参加农业合作社以来到农工商公司，执行了 40 年以工分为单位的分配制度结束，全部在岗职工享受技能工资待遇。

农工商企业职工实行技能工资制对应表

表 89

等级	三类产业工资标准	二类产业工资标准	公司领导干部正职	公司领导干部副职、公司财务科长、厂长经理正职	公司正科级副科级、企业厂长经理副职	公司科员、企业管理人员	技术工种 车、钳、铣、刨、磨、电焊、气焊、电工、维修、厨师、汽车维修等艰苦工种搬运工等	一般工种 熟练工 后勤 传达 服务 勤杂等
40	675	713						
39	653	689						
38	631	666						
37	610	643						
36	589	621						
35	568	599						
34	548	578						
33	528	557						
32	508	536						
31	489	516						
30	470	496	工龄 30年以上					
29	452	477						
28	434	458	满25年不满30年	工龄 30年以上				
27	417	440						
26	400	422	满20年不满25年	满25年不满30年	工龄 30年以上			
25	383	404						
24	366	386	满15年不满20年	满20年不满25年	满25年不满30年	工龄 30年以上		
23	350	369					工龄 30年以上	
22	334	352	工龄 15年以下	满15年不满20年	满20年不满25年	满25年不满30年		工龄 30年以上
21	318	336					满25年不满30年	
20	303	320		工龄 15年以下	满15年不满20年	满20年不满25年		满25年不满30年
19	288	305					满20年不满25年	
18	274	290			工龄 15年以下	满15年不满20年		满20年不满25年
17	260	275					满15年不满20年	
16	247	261				工龄 15年以下		满15年不满20年
15	234	247					工龄 15年以下	
14	221	234						工龄 15年以下
13	209	221						
12	197	208						

1996年根据《中华人民共和国劳动法》和农业部的《关于乡镇企业实行劳动合同制的通知》(农企发〔1996〕5号)以及市乡镇企业管理局、市劳动局关于《青岛市乡镇企业实行劳动合同制度的实施意见》(青乡企企字〔1996〕128号),大信公司制定了“关于实行劳动合同制度的实施方案”(见附录),对在职职工(原亢家庄大队社员固定工)实行全员合同制,全部签订了劳动合同。签订的劳动合同期限不一,从1至5年到本人退休年龄及无固定期限等,同时对劳动合同的实施、变更、终止、续签和解除等都作了详细的规定,公司机关、各工、商企业等与全体合同制职工签订了劳动合同。

1997年按照政府劳动部门“关于取消农工商二次分配机制”的指示,停止了实行多年的二次分配模式。

三 青岛大信实业有限公司

为适应社会主义市场经济的发展,符合建立现代企业制度要求的“产权清晰,权责明确,政企分开,管理科学”的改革方向,为打破“大锅饭”的惰性现象,尊重知识人才和贡献,对亢家庄大队到大信农工商公司历年留存和所属集体资产明晰到人,解决产权关系和利益分配关系,根据国家有关规定和青岛市体改委的文件精神,将大信农工商公司资产进行改制,对大信农工商公司每位职工(包括已退休和在职原社员固定工),在集体经济中的经济地位,应占有的份额,及根据拥有的资产份额享有的资产所有权、收益权、重大事项决策和选择管理者的权利、应承担相应的义务,都作出了规定。2004年8月全体社员职工参加了“青岛大信实业有限公司”成立股东大会,投票选举产生了董事会、监事会,选出了董事会、监事会成员,闫可文被选为董事长(见组织结构图)。

青岛大信实业有限公司组织结构图示

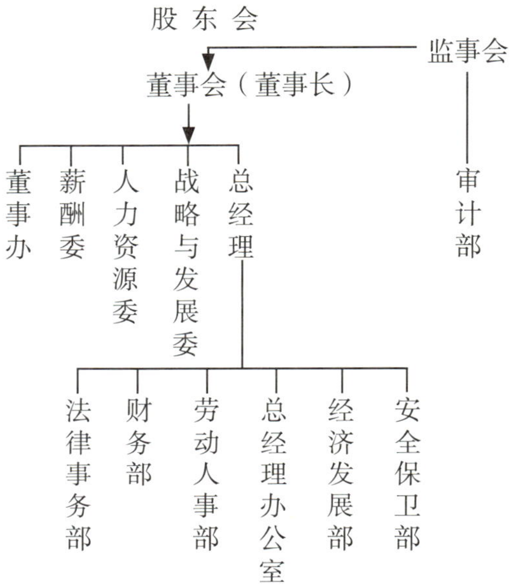

自此青岛大信农工商公司的固定职工成为了青岛大信实业有限公司股东的一员,开始履行每个股东的权利和义务,青岛大信农工商公司的固定职工既是青岛大信农工商公司的职工,也是青岛大信实业有限公司的股东。设置股权资本金7400万元,股值一元。

股权分配:先计算出固定职工的工作年限,每工作一年记一分,得出每个职工所得分数。将个人应得分数汇总,全公司总分数与应分配股权数折算后即为个人应得股权,股民以0.2元/股购买,最终为个人应得股额。改制后，由于董事会经营理念高，决策把握有度，市场运作机制适时，当年就取得了前所未有的经济效益，年终分得股利0.045元/股。此后逐年递增，2008、2009年连续两年每股0.08元/股的收益。现在大信公司固定职工除每月发放工资及退休养老金外，并加年终股利分红。至21世纪初，亢家庄村民生活已接小康水平。

第三节 村民福利

一 旧时福利

自建村以来，村民自垦耕作，以农为业，衣食艰难。福利是政府对社会群体和企业单位对职工在食、宿、医疗等额外照顾的一种社会行为。以前村民连"福利"这个词语都未所闻及。

自青岛被德国占领后，到处设立工厂、商店，大量雇用本土老百姓为其干活，有一些利润雄厚的企业，工作稳定性较好，为了长期使用熟练操作工，为收买人心而象征性的在工资以外给予一种不稳定的微薄利益。英、德开办的日尔曼啤酒公司（现青岛啤酒集团公司）曾每月给职工发放无商标啤酒。颐中烟草公司每星期六对职工发放精品馒头等食品，并每月发无牌卷烟。在市里给资本家老板开车的司机，大都年终或农村大节发放红包。棉纺织厂每月发给职工废棉纱和废布等。大概这就算是福利了。

二 新中国成立后福利待遇

1949年青岛解放后，亢家庄有城镇户口的工矿企业的职工先行有了福利待遇，在国营及大型集体企业首先设立洗澡塘、医务室，为打三班的妇女设立托儿所。棉纺织厂尤为突出，啤酒厂、颐中烟草公司等企业的福利待遇比解放前更为优厚。有的企业没有洗浴设施而每月发澡票和理发票。各企业都有季度奖金、超产奖金和安全奖等。国家和政府根据产品性质制定了提高职工的生活水平和对身体健康有益的措施，享受越来越多的福利待遇。该时，亢家庄的农业人群还未享受到福利待遇。

（一）妇幼福利

1953年，村民芦国秀经培训成为本村第一个接生员，为本村妇女生育付出艰辛。1969年由社员李秀英接替。1956年成立农业合作社后，为解决女社员的特殊情况，大队办起了托儿所三处。1958年成立人民公社后，又办起了幼儿园两处。自1987年开始，大信公司每年两次组织为在职妇女查体。从2004年起在职妇女和退休职工每年进行查体。新婚夫妇婚假规定：1959年6月1日，中华人民共和国劳动部（59）67号文规定，企业单位职工享受三个劳动日的假期，工资照发。1980年国家劳动局、财政局29号文规定；国营企业职工符合晚婚年龄（女23周岁，男25周岁）可享受晚婚假15天（含3天法定假）。1988年7月国务院发布了《女职工劳动保护规定》，规定：女职工产假为90天，晚婚晚育的增加60天，剖腹产的，增加产假15天，多胞胎生育的，每多生一个婴儿，增加产假15天。

产假工资：产假工资以女职工参加社会保险的缴费工资为基数拨付，除以上应享受的产假工资外，怀孕七个月以上流产的，产假为42天。属计划内允许生二胎的，如果第一胎已享受150天产假工资的，第二胎只能享受90天，如果第一胎已享受90天的，第二胎应享受150天。

亢家庄大队、大信公司职工（社员）新婚夫妇产假、丧假待遇根据公社及农经委逐个时期下发文件执行。1997年（15号文）青岛大信农工商公司颁发了《关于改革和加强劳动工资保险福利管理的暂行规定》（见附录）。

（二）医疗待遇

根据浮山人民公社规定，从1969年起，亢家庄生产大队实行合作医疗，全村农业人口全部享受这一待遇，医疗基金每人两元，其中社员从分配中提取1元，公社从公益金中提出1元。全体社员受益很大，小病基本不出村。1977年1月1日起全公社实行免费医疗，凡本公社在册社员均享其待遇，国家职工家属在合作医疗期间未参加者，计划外生育的第三胎，戴帽的地、富、反、坏、右分子不享受免费医疗。

医疗资金由公社统一支付，按各大队人数，由公社拨款9元，超支部分由大队从年终分配中扣除。

1985年开始，大信公司实行半价医疗，医疗费用职工负担50%，需动手术病员及住院医疗费，公司负担80%（医疗报销定点医院有海军401医院、青岛市市立医院、青岛市骨伤医院、青岛市传染病医院和东方医院等）。2005年12月1日起，大信公司在职和退休固定职工全部参加城镇职工基本医疗保险，均享受城镇医疗保险待遇。按照《青岛市城镇基本医疗保险规定》（青岛市人民政府176号令），用人单位以在职职工工资总额为缴费基数，按2%比例缴纳，由所在单位代扣代交，退休人员不缴费。

2006年1月1日全村村民开始享受“青岛市基本医疗保险十八种大病门诊大病统筹”待遇。至2009年12月，仅在东方医院一家就有53人申请办理了该项统筹保险。其中男性23人，女性30人。

自1998年大信公司对公司机关、企业负责人、全体在职固定职工（包括合同制职工）和退休职工每年进行查体（见表90-1、2、3）。

1998—2002年大信公司机关、企业负责人查体统计

表90-1

查体项目	年份	人数	其中		查体医院
			男	女	
心电图、胸透、肝功、B超、内科、外科、五官科	1998	57	34	23	中国人民解放军57324部队大麦岛门诊部
	1999	54	35	19	
	2000	47	30	17	
	2001	54	35	19	
	2002	47	29	18	

◇ 2010 年 10 月
公司组织职工在东方医院查体

◇ 2011 年 9 月
重阳节为退休职工发食品

◇ 2011 年 11 月
公司组织职工在济南军区青岛第二疗养院查体

2003—2010年青岛大信公司全体在职、退休职工查体统计表

表90-2

查体项目	年份	人数	其中		查体医院
			男	女	
内科、外科、眼科、耳鼻喉科、心电图、胸透、B超（肝、胆、胰、脾、肾）、肝功＋乙肝五项、血糖、血脂、尿常规、血清、肾功、血常规	2003.8	270	90	180	青岛东方医院
	2004.11	296	121	175	
	2005.11	272	107	165	
	2006.11	260	108	152	
	2007.10	254	105	149	
	2008.10	239	107	132	
	2009.9	232	102	132	
	2010.10	229	100	129	

2011—2013年青岛大信公司全体在职、退休职工查体统计表

表90-3

查体项目	年份	人数	其中		查体医院
			男	女	
内科、外科、眼科、耳鼻喉科、心电图、腹部彩超（肝、胆、胰、脾、肾）、血常规、尿常规、胸部正位摄片。妇科四项（妇科常规、宫颈涂片、子宫彩超、红外线乳腺扫描）	2011.10	217	96	121	济南军区青岛第二疗养院
	2012.11	229	100	129	
	2013.11	235	104	131	

（三）工资性补贴

自20世纪70年代末始起，国民经济随改革开放得到了快速发展，国计民生发生了前所未有的转变，国家对原来定量供应的生活必需品粮、油、肉、蛋、糖等逐步实行敞开供应。为保障广大民众的购买力不受影响，根据省、市政府有关部门规定，自1979年起给予广大职工执行增加福利项目的工资性补贴，随工资发放，其后国家实行了对各种物价进行调控管理，并对工资性补贴实行了逐年逐期逐项增加，至1994年除年功工资（工龄补贴）不定额以外，综合补贴项目的福利工资合计为：男职工每月135元，女职工137元；退休男职工105元，退休女职工107元（见表91）。

工资性补贴项目及执行日期情况表

表 91　　　　单位：元

序号	补 贴 项 目	金 额	执行日期	备 注
1	粮食补贴	2	1979	
2	生活补贴	5	1983	
3	肉价补贴	5	1985	
4	蛋、菜、油、糖补贴	10	1987	
5	洗理费	男 7、女 8	1990.1	
6	交通能源补贴	7	1991.1	
7	粮价补贴	6	1991.5	
8	粮食提价补贴	5	1992.4	
9	民用煤提价补贴	5	1992.8	
10	敞开粮食补贴	8	1992.11	
11	年功工资（工龄补贴）		1993.1	根据每人工作年龄，1 元 / 年
12	水费补贴	2	1993.5	
13	补偿工资	25	1993.5	
14	民电提价、煤价放开	10	1993.5	
15	粮食调价	10	1993.11	
16	图书	15	1994.1	
17	交通增加补贴	5	1994.1	退休人员不发
18	洗理费增加	男 8、女 9	1994.1	
在职职工月合计：男 135 元，女 137 元，不包括年功工资			退休职二月合计：男 105 元，女 107 元	

其中，年功工资在执行中有所调整，自 2008 年起由原来的每月 1 元，增加到 4 元。冬季取暖费待遇，自 1984 年在职职工与退休职工同等享受 80 元 / 年的补助。2007 年大信公司 25 号文规定，根据青岛市地税局有关政策，对在职干部职工调整冬季取暖补贴为 490 元 ~ 680 元不等。自 2010 年始起，根据青岛市人民政府规定，在职职工和退休职工均享 1100 元 / 年的补贴待遇。在职职工自 1984 年起享受夏季高温补贴，开始 24 元 / 年。后，60 元 / 年。自 2008 年增加为 80 元 / 年（按 6—9 月计发）。夏季有时单位不发高温费，而发放解暑食品，如：白糖、茶、饮料等，但入账不能超过国家规定限额。

退休职工高温补贴及取暖费每年根据国家规定分别随工资发放。

（四）其他待遇

自1997年开始对在职职工和退休职工春节前发放副食品（俗称年货）。

自1997年农历九月九开始连续为退休职工发放礼物及副食品，对80岁以上的退休职工年终发放慰问品。1993年腊月廿九日大信公司退休职工亢中规百岁生日，领导亲临送去蛋糕及礼品祝贺。

第四节　退休养老、社会保障

一　传统养老习俗

退休养老是一种社会保障形态，中华民族的逐朝历代就有退休养老之说，在历史资料及小说中提及了在朝文武官员可享受告老还乡以享晚年的待遇。在官宦退休养老的品级、年龄和待遇无统一标准。多少年来，退休养老只是针对官员而不是老百姓所能享受的事。但在农村家庭中很早就有养老的作法，形成了不能违反的传统习俗，如果违犯了要受到群众舆论的谴责。就周围村庄来说：一个家庭兄弟几个，都已成家立业，就需要分家，各过各的日子，那么老人怎么办？在分家之前，一般都是老人请分家人（本族尊长、有权威、有正义感的和执笔人，需三人以上）立分家契约（俗称分家单）。（一）分家人据老人的预愿，将土地房产及重要家当等写入分家单。（二）老人提前没有打算，就依分家人根据老人“家当”酌情处理，但要留出养老地及房产，写入分家单中。上两种情况多利用协商和抓阄的办法来解决，谁分得另外的土地和房产及其他家当就得承担养老责任。（三）也有老人直接向分家人点名愿意跟哪个儿子赡养，养老土地及房产就归谁所有。（四）还有一种情形，弟兄几个，只有小儿子未成家，在分家时直接随小儿子一起过，一切家当，最后就无可争议的属小儿子。当地利用后一种形式的较多。不论是哪种形式，都必须承担对老人养老送终责任。

还有一种养老形式：夫妻二人有土地、房产，身下有女无子（传统中，女儿不能承担养老责任和义务），到了丧失劳动能力不能自食其力的晚年，可在本族中（未出五服）选一名弟兄多的侄子作为过继儿子。通常都需族尊长辈们办理过继手续（过继单），确立后，大部分的被过继儿子（未婚者或有了家室及孩子）直接搬进“过继老”家过日子，成为一个完全儿子，对待“过继老”也就像亲爹、娘，承担其衣食住行等事宜，“过继儿”要圆满履行为两位老人养老送终责任。其后“过继儿”成为名副其实的遗产继承者，并且传宗接代也随于“过继老”的名下。这种形式在过去对无子的老人也圆却了后继有人的愿望。旧时办理过继形式的长者单亲较多。也有在履行的过程中双方产生矛盾而中断继承约定。也有的因家境贫寒，无产业办过继约定，最后也就中断香火（断后）了事。也有单身村民最后落个后继无人的终场。这种“过继”传承形式在旧时也解决了好多无后老人老有所养的困境。

二 尊老敬老的其他习俗—尝鲜

百善孝为先。亢家庄和崂山地区自古至今传承一种“孝行”习俗之一，“尝鲜”，属“尝鲜”食品有两种取得形式，一是“自产”，二是外购或馈赠。多少年来，农、蔬产品种植，收获都是按季节进行（不像现在一年四季都有），每逢收获后第一次吃就是“尝鲜”。麦收结束当地兴盛吃新麦子饽饽，此时也正值土豆和黄瓜初熟时节，全家人喝酒吃菜庆祝。刚出锅的饽饽先拿一个放于盘子端着向正北（祖先）、灶神先后“供献”，然后让老人吃一口便为尝鲜。还得送长辈亲戚品尝。

秋收新小米、玉米、农历八月初一刨新地瓜（俗称开沟），第一次吃都得以吃新麦子饽饽程序进行。

从集市买回或亲友馈赠的新鲜食品，都得先“供献”后让老人先尝第一口。

谷雨时节，正值四月海市，海产品为最丰盛时候，女婿都要买鲅鱼（鲅鱼为吉祥鱼）送给岳父、母尝鲜，时至今日仍很兴盛。

樱桃是早春水果，以前本地很少，农历四月初八逢湛山寺庙会，外地樱桃相聚于会，也称“樱桃会”，人们赶会买回樱桃给长辈尝鲜。

在日常生活中，以食品敬老事项比比皆是，不论是新鲜的还是逢年过节的食品，都履行着孝道老人的习俗，让老人先品尝后，其他人才享用。

这种以“尝鲜”形式尊老敬老的美德应代代传承。

三 新中国退休养老制度

建立新中国以后，工矿企业实行退休养老制度，先是国营企业（属城镇户口）的正式职工首先享受。村民于德祥（国营青岛啤酒厂职工）1950年是本村首例享受退休养老待遇的。后，大集体企业陆续开始。养老制度不断规范、完善。

1950年中华人民共和国颁布婚姻法，实行了男女平等，并强调妇女有了“继承权”。1951年亢家庄实行土地改革，因没有地主、富农，亢家庄的土地和房屋基本保持原状，赡养老人的习俗也没有变化，仍然遵循着旧时的过继形式。农业人群没有国家养老待遇。

1956年亢家庄农户加入了工农联盟农业合作社，土地全部归集体所有，够劳动条件的男女都成为社员，实行同工同酬。为进一步体现社会主义集体化优越性，社委会根据国家的有关规定，对全社失去劳动能力的鳏、寡、孤、独老社员实行“五保”（保吃、保住、保穿、保医、保养）养老待遇。对适合“五保”条件的男女社员，均可自愿向社委会提出参加“五保”的书面申请，经批准后按规定时间开始享受“五保户”待遇。规定中指出：“五保”老人的生活水平高于一般社员收入的10%，如达不到这项标准，年终由社委会补齐。已参加“五保”的社员，身体好的仍然可干一些力所能及的生产劳动。如华士和仍然干着饲养员，老雇农于凤起（村民亦称于四），入社前就失去劳动能力，1955年年底在刚成立初级社时，队长闫瑞平率全队担其养老责任，是第一个享受被集体养老的村民。入农业社以后第一批"五保"社员：华士和（雇农）、张永明（雇农）、宋正义（宋正君三弟，青年时受伤致残，入社后从未参加劳动），后继有孙炳和（雇农）、朱桂香（女性，贫农，有一女嫁入田家村，未参加劳动）、薛秀峰（女性，原为城民，与本村亢姓结婚成为社员，后离异成为独身）、黄正良（社员）。至2000年5月，最后一名"五保户"薛秀峰去世。

另外有一种情况是，有的农户土地已归集体，有房产，已成为单身，年老本应享受五保待遇，但享受"五保"待遇规定，应将房屋所有权归属大队。同室族人自愿承担养老责任，也享受遗产（房屋等）继承。

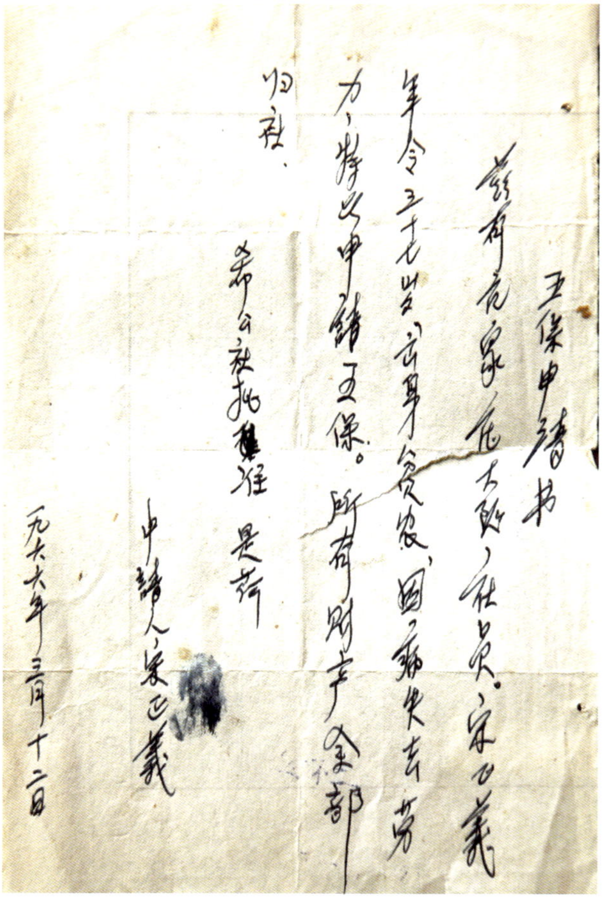
五保申请书
兹有亢家庄大队社员宋正义，年今三十七岁，本身贫农，因病失去劳力，特此申请五保。所有财产全部归社。
希公社批准 是荷
申请人宋正义
一九六六年二月十二日

◇ 宋正义五保申请

1978年9月30日浮山人民公社作出了《关于实行年老丧失劳动能力社员退休制度的暂行规定》，在全公社范围内实行社员年老退休制度。该暂行规定的前言指出："根据党和国家在发展生产的基础上，逐步改善人民物质生活和文化生活的一贯方针，根据新宪法规定的精神，在不断增加积累、保证扩大再生产、社员收入有所增加的前提下，要逐步扩大一些共产主义因素及福利事业。"暂行规定还明确了享受退休待遇的年龄等级规定；社龄（即劳动年限经历）的计算办法；退休金的计算办法；退休金的开支；办理退休手续和批准权限。

1980年浮山人民公社按1978年对社员退休制度的"暂行规定"作出了四条补充规定：1. 凡社员已满退休年龄的都要退休。2. 对社办企事业和公社机关的社员职工退休金的计算办法。3. 各大队社员退休金的计算比以前稍有增长。4. 社员退休手续每年分上、下半年办理。

1983年9月3日浮山人民公社作出了《关于生产大队和社属企、事业干部退休照顾的暂行规定》，对年老退休的农村基层干部退休后照顾的范围和条件作了具体规定。本大队闫瑞平是第一个享受此项待遇的。

1989年市南区农工商经济工作委员会下发了《关于在农经委系统实行乡镇企业固定工养老保险的通知》（南农字

〔89〕47号、52号文件)。根据青岛市人民政府(青政发〔1986〕225号)文件精神，市南区农工商经济工作委员会与中国人民保险公司市南区办事处签订了协议书。在下属七个农工商公司实行了在职职工投保、退休返还的形式解决养老金问题。该协议因市南区农工商经济工作委员会1996年撤销而中止。

1997年9月青岛大信农工商公司根据青岛市人民政府《关于城镇农工商企业从业人员参加社会养老保险若干事项的通知》要求，为全体在职职工和退休职工办理了社会养老保险，文件规定：1997年9月4日年满60周岁的男职工和年满50周岁的女职工，皆按规定办理退休手续。其退休金在1997年9月4日前养老退休的享受两种工资待遇，一种是青岛市最低退休工资标准(由市工商银行代发)。第二种是补齐1997年9月4日后第一个(一个退休工资卡)退休工资差额部分(由农业银行代发)，由青岛大信农工商公司负担，并按月发放。1997年9月4日以后退休的职工全部由市劳动保障局养老保险处发放，由工商银行办理现金代发，与社会退休职工一样。自此，亢家庄农户村民享受到了政府养老保障。

1993年开始青岛大信农工商公司实行对男职工内部退养规定，定为55岁，退养职工养老保险金仍由大信公司投缴。退养工资开始按基本工资70%发放，后改为按基本工资的百分之百发放。至年满60周岁时办理正式退休手续，成为社会退休人员，退休工资由市保险处通过工商银行代发。

补交社会养老保险基金：

根据青政发〔1997〕153号文件规定，已退休职工按每人每月12元计算，全年为144元，10年应补交1440元，全部由大信公司负担。在职职工自1984年1月至1994年9月共补交129个月，按每人每月12元计算，由企业、公司负担8元，个人负担4元。自1994年10月起，按上年度工资总额作为投保工资计算，交纳25.5%，并建立个人账户。自1998年开始按每人的投保工资额交纳28%(企业负担20%，个人负担8%)，每月将按时上缴市劳动保障局养老保险处(见表92)。

大信农工商公司机关、企业及退休人员补缴 1984 年 1 月至 1998 年 3 月社会保险费统计表

表 92　　单位：元

序号	企业名称	职工总数		在职绝对额补缴	按社会平均工资补缴	按核定工资总额补缴	退休职工补缴 1440 元 / 人		总计补缴金额
		计	其中：需补缴保险人数	12 元 ×129 月 / 人			人数	金额	
1	市南区钢信五金厂	3	3	4644	7469	13114			25227
2	青岛密胺工业制品厂	7	7	10836	17427	28242			56505
3	信宇塑钢建材厂	20	20	30960	49792	79418			160170
4	康乐卫生保健用品厂	14	14	21672	34855	53752			110279
5	大信冷暖工程中心	1	1	1548	2490	4141			8179
6	亢家庄加油站	27	22	34056	54771	93896	4	5760	188483
7	大信建材装饰经销公司	8	6	9288	14938	24148	2	2880	51254
8	市南区热工机械厂	67	26	40248	64730	110778	41	59040	215756
9	山东路百货批发部	30	9	13932	22406	35898	21	30240	102476
10	青岛呢绒制衣厂	59	23	35604	57261	90723	36	51840	235428
11	大信公司机关	97	30	66568	107054	169575	54	77760	420953
12	大信公司物业	–	13						
	合计	333	174	269352	433193	703685	158	227520	1633750

退休金的实施：

自 1978 年 10 月实行养老退休暂行规定以后，亢家庄大队刘云斌是第一个申请办理养老退休的社员。1978 年 12 月第一批退休社员共 64 人，男 18 人，女 46 人，其中包括体弱多病的社员办理申请，以后按年龄逐年增加。至 1981 年已达到 82 人，其中：男 32 人，女 50 人。退休金是按大队年终分配人均生活水平的两个百分之 40%、35%、30% 计算的。第一次退休金只有十几元不等。退休年限不足五年的为最低档，每月只发 5 元。之后由于大队收入逐年提高，退休金相应随之增长，1989 年增至 90 多元。至 1997 年增长到 220 元。由于社会经济的发展与民生的提高相比应同步，青岛市政府对退休职工实行了全社会养老保险制度。大信公司给全体职工和已退休职工都办理了社会养老保险并补缴了投保费。自 1997 年 9 月 4 日以前已退休的男女职工（社员固定工）退休金由两部分组成：一部分是 1984 年 1 月至 1998 年 3 月由大信农工商公司向青岛市劳动保障局保险处补齐劳保统筹金后所应享受的国家养老退休金（青岛市社会最低养老

金）。最初每人每月 200 元。另一部分由大信公司按基本数额（原浮山公社七个自然村研究得出的基数），结合劳动年限所得数额（参加劳动一年为一元）由农业银行代发，属差额部分。人们对这一部分退休职工称为两证（两个银行卡）人员。统筹部分根据青岛市人民政府对社会养老金按不同基数和年份统一比例增加。自 1999 年 230 元至 2009 年增加到 745 元。差额部分已增至 400 元以上。

青岛大信农工商公司至2009年12月，在职固定职工 56 人，其中男 49 人，女 7 人。合同制职工 26 人，其中男 16 人，女 10 人。退养职工 23 人，待岗 13 人。退休职工（包括社员固定职工和合同制职工）213 人，其中男 48 人，女 165 人。最低养老金者达 13800 元 / 年以上，并享受社会医疗保险和大病统筹待遇，完全解决了养老问题。

第五节　退休村干部（以生年为序）

新中国成立之初，亢家庄仍然是个体经济。领导干部是乡长、村长、农会主席、民兵武装干事和妇女主任等，他们为村民跑腿、办事、解忧，尤其在土地改革和镇压反革命的运动中，对划定成份和稳定社会秩序做了大量工作，因年岁较早都相继离世。

1956 年占村民百分之八十以上的农户加入了农业社，已成为有组织的新农村，亢家庄组织形式是在浮山人民公社领导下的大队二级，以下分为五个小队，自入社后到 1985 年的近 30 年的劳动生产经营中，大队干部以身作则带领五个小队的队长与全体社员一起早起晚归、战天斗地，科学种田，取得了显著的业绩，成为远近闻名的富裕村。20 世纪 80 年代初期改革开放以来，亢家庄的土地逐年减少，工、商企业替代了农、蔬业，集体经济飞跃发展。1985 年亢家庄大队更名为青岛大信农工商公司，至 2005 年的 20 余年里，最多发展到 27 个多种经营的工商企业，公司领导带领各个企业的厂长、经理边取经、边经营，20 多年来取得了良好的经济效益，有的企业年利税达到双百万元。受到上级政府的表彰和嘉奖。这些领导干部为亢家庄工、农业的发展付出了毕生的精力，使亢家庄村民在物质、精神生活得到了极大提高，也为大信公司今后的发展打下了坚实的基础。这些农、工业的开拓者们大都年时已高，业已退休，祝他（她）们晚年生活幸福安康！

亢正和：男，1929 年 3 月 19 日出生，

亢姓十八世族人，世代农耕。1937 年启蒙于亢家庄初小，后转入东吴家村小学，1942 年辍学务农，1944 年、1946 年两次进入铁工厂做过徒工。1956 年加入亢家庄农业社，至 1958 年任工农联盟农业社亢家庄第七生产大队队长，1959 年至 1970 年任浮山公社浮山管区

第三生产大队（亢家庄）队长。1970年至1976年任中共亢家庄大队支部书记。1977至1981年任浮山公社工业办公室副主任。1982至1984年任中共亢家庄大队支部副书记。1985至1987年任大信公司办公室副主任、顾问等职。1988年至1991年被聘为亢家庄居委会泰州路片区主任。1989年退休。2007年被聘为大信实业有限公司顾问至今。

1960年8月13日加入中国共产党，多年来受党的培养教导，从一名普通百姓走上亢家庄领导岗位。立场坚定，忠于职守，廉洁自律，吃苦耐劳。从不计较个人得失，群众基础坚实。自农业合作化以来，带领全体社员兴水利，改良田，搞副业，建工厂，哪里最艰苦必然出现在哪里。为增加集体经济，提高社员收入作出了贡献。深受干群的爱戴，曾多次受到上级（省、市、区）的好评和褒奖。为大信公司的发展做出了显著的贡献。

亢淑英：女，1937年9月27日生，亢姓十八世族人，世代以农为业，1944年启蒙于亢家庄小学四年。1948年辍学务农理家，1952年至1955年组织亢家庄七户农民成立首个土地入股组，任记账员。1956年至1957年任工农联盟高级农业社亢家庄第五大队副大队长。1958年至1964年任浮山公社管委会委员、卫生福利部主任、二管区副主任、党支部委员。1964年—1966年任中共浮山公社亢家庄大队党支部副书记兼副大队长，1966年至1970年任中共浮山公社亢家庄大队党支部书记。1971年至1981年任中共亢家庄大队党支部副书记兼副大队长。1982年至1987年任中共亢家庄大队党支部委员兼妇女主任。1987年退休。1988年至1997年被聘为亢家庄居委会亢南片主任。2007年被聘为大信实业公司顾问至今。

1956年加入中国共产党，是农业合作化时第一个党员，多年来受到党的培养、教育，从一名农村普通妇女走上村领导干部岗位。立场坚定，刻苦学习党的理论。任职期间一直担负着亢家庄的妇女、文教卫生工作，不遗余力地维护妇女权益，使全体妇女在各个时期不同岗位发挥了半边天的作用，对管区文教卫生、扶老爱幼做了大量工作，多次受到上级褒奖和群众赞扬。

退休村干部一览表（以生年为序）

表 93

姓名	性别	籍贯	出生日期	政治面貌	曾 任 职 务
亢正和	男	青岛亢家庄	1929.3.19	中共党员	工农联盟农业社亢家庄第七生产大队队长、浮山公社亢家庄大队大队长、中共亢家庄大队党支部副书记、书记、浮山公社工业办公室副主任
李旦恩	男	山东高密	1933.11.28		大信农工商公司冷拔厂销售科科长、厂长
王启凯	男	青岛亢家庄	1937.7.6		亢家庄大队保管员、大信公司工具配件厂厂长、山东路百货批发部经理
亢淑英	女	青岛亢家庄	1937.9.27	中共党员	工农联盟农业社亢家庄五大队副大队长、浮山公社管委会委员、卫生福利部主任、工管区副主任、党支部委员、中共浮山公社亢家庄大队党支部副书记、书记、亢家庄大队妇女主任
牛忠光	男	青岛城阳	1938.1.4	中共党员	大信公司青岛乳胶联营分厂厂长、青岛华艺建筑材料有限公司副总经理
闫盛恕	男	青岛亢家庄	1939.6.9		亢家庄大队、大信农工商公司机修车间主任、浮山锻造厂厂长、亢家庄加油站副经理
亢正雷	男	青岛亢家庄	1942.3.15		浮山公社亢家庄大队第四生产队队长
亢正明	男	青岛亢家庄	1942.4.17		浮山公社亢家庄大队第二生产队队长、大信农工商公司东信大酒店经理
亢正廷	男	青岛亢家庄	1943.3.13		浮山公社亢家庄大队第二生产队队长
亢正福	男	青岛亢家庄	1943.11.9	中共党员	中共亢家庄党支部委员、大信农工商公司工业办公室主任、工会主席、青岛华艺建筑材料有限公司总经理
亢正俭	男	青岛亢家庄	1946.1.5		亢家庄大队第一生产队队长
夏洪斋	男	山东沂水	1946.5.11	中共党员	亢家庄大队第二生产队队长、副大队长、大信公司山东路批发部经理、中共大信公司党支部委员、青岛大信实业有限公司董事会董事
闫盛奎	男	青岛亢家庄	1947.3.1	中共党员	中共大信农工商公司党支部副书记、总支部副书记、青岛大信实业有限公司监事会监事
宋思江	男	青岛即墨	1948.11.30	中共党员	中共亢家庄大队党支部副书记、书记、浮山卷尺厂副厂长、浮山公社运输队队长、中共浮山自行车另件厂支部书记、大信公司浮山锻造厂厂长、青岛热工机械厂厂长
亢继清	男	青岛亢家庄	1950.7.15	中共党员	亢家庄大队第四生产队队长、大信农工商公司副经理、中共大信公司党支部委员、总支部委员
宋淑华	女	青岛即墨	1952.6.28	中共党员	亢家庄小学校长、大信农工商公司妇女主任、工会副主席、青岛市市南区妇联支委委员、中共大信公司总支部委员、青岛大信实业有限公司董事会董事
张巨波	男	山东诸城	1952.12.13	中共党员	大信农工商公司青岛康乐卫生保健用品厂厂长，中共大信农工商公司工业联合支部书记

第五章 救　助

亢家庄村民自古以来就有着乐善好施、海纳百川的美德，对外来逃荒者尽力安排食宿。外乡人迁入的，大伙齐心帮助，提供落脚住所，然后给创造条件盖房安居，从不嫌弃讨饭者，所有外来人走进这个村落都感觉特别温暖，有安全感。来做买卖的人，颇受支持，生意兴隆。村民们一直遵循打墙盖屋，邻里相助、嫁娶喜、丧相互踊跃待客的优良传统。

新中国成立以来，村干部积极组织救助排险。1956 年加入农业社以后，亢家庄积极帮助邻村修大型水库，改良土地，抗旱排险。1961 年青岛市遇特大暴雨，大尧水库告急，亢家庄青壮年前去通宵排水，解除险情。多年来向残疾人福利基金会、为贫困地区捐衣捐款热烈踊跃。自 1994 年开始至 2007 年大信公司、亢家庄居委会动员职工及社区居民向贵州、山西及云南等贫困地区捐赠衣被 14784 件。在 2008 年四川汶川、2010 年青海玉树等地发生地震，政府发出号令，一方有难，八方支援，党员以特殊党费形式、民众以献爱心方式捐款救助。自 1995 至 2010 年大信公司集体及职工、亢家庄社区居民各类捐款总计 231752.90 元，向灾区孩子捐赠书籍 548 册(套)。(见表 94、95)

◇2008 年 5 月大信实业有限公司向汶川灾区募捐现场

大信公司及所属党员、职工历年对贫困地区、灾区捐赠统计表

表 94

日期	捐赠地区、项目	衣物（件）	金额（元）	书籍（册、套）	注
1994—2002	为贵州省铜仁、安顺贫困地区捐衣物救助	6391			连续九年，公司领导及职工
1995.11.3	为青岛市市南区残疾人福利基金会捐款		1612.50		全体领导及职工
1998.8	为南方地区特大洪涝灾害捐款救助		10962		公司全体职工捐 10685 元，24 名团员特殊团费 277 元
1999.5.19	为西藏日喀则市儿童捐赠书籍			225	公司 24 名团员
1999.9.10	为胶州、胶南、平度受灾地区捐赠		393		37 名职工
2000.1.25	为“山东省希望工程邮政邮资纪念明信片”发行认购活动		6300	63 套	公司团总支
2003	为山西省贫困地区捐赠衣被	1688			全体职工
2004	为云南省贫困地区捐赠衣物	964			全体职工
2007.5.9	为“情系西部，爱心飞扬”捐款活动		10000		大信公司
2007.5.30	为“爱心飞扬—慈善一日捐”活动		1090		55 名职工捐助
2008.5.14	为四川省汶川地震灾区捐款		20000		大信公司
2008.5.15	为四川省汶川地震灾区捐款		4160		57 名职工救助
2008.5.22	为四川省汶川地震灾区捐款		107200		大信公司全体党员交纳特殊党费及全体职工救助款，其中大信公司 80000 元
2008.5.30	为四川省汶川地震灾区捐款		3250		56 名工会会员
2008.5	为灾区孩子捐赠各类书籍			260	其中书包 6 个
2010.4.22	为青海玉树地震灾区捐款		30000		大信公司
2010.4.29	为青海玉树地震灾区捐款		10450		46 名职工
合 计	为青海玉树地震灾区捐款	9043	205417.50	548	

亢家庄社区居委会党员及居民历年对贫困地区、灾区捐赠统计表

表 95

日期	捐赠地区、项目	衣物（件）	金额（元）	书籍（册、套）	注
2005—2007	为贵州省铜仁贫困地区捐赠	5741			社区党员及居民
2005. 2007、2010	为“爱心飞扬——慈善一日捐”		530		社区居民及红十字会
2006.11	为贵州省铜仁贫困地区送温暖捐赠		5502.40		社区党员及居民
2008.5	为四川省汶川地震灾区捐赠		10128		社区党员及特殊党费
2010.5	为青海省玉树地震灾区捐赠		10175		社区居民
合 计		5741	26335.40		

第六章　民俗及节日

第一节　礼仪民俗

一　旧时代婚姻及礼仪

旧时，人们的婚姻大事不少是通过童养媳、买卖婚姻、追求门当户对、指腹为婚来完成的，大都是通过媒人一张嘴，把双方父母说通，然后受父母之命撮合而成。男女从未相识，双方情况全然不知，甚至从没见过面，直至入洞房后，男方掀起女方“红盖头”（亦称“覆眼”、“蒙头纱”），方见第一面。即便没有感情基础，好歹也都能将就过一辈子。有一亢姓婚后羞于直视对方，夜晚早熄而寝，女方第一趟回娘家后，两人未约而同去市内，路上碰面时，都朦胧感觉像是自己的媳妇、女婿，擦身过后回头对视，但又不敢确认更不敢言语。

（一）结亲：旧时给儿子成亲称“说媳妇”，给闺女成亲称“找婆家”。成亲前都要侧面打听对方的家境、形象、道德、为人处事等。媒人是关键人物，只言好处，隐瞒弱点（有好多婚后不和谐都埋怨媒人），双方家长同意后，便请村里有识之士，拆析两人的属相“八字”，是否相克。其实拆八字的人，一般不愿拆散婚姻，如果属相不符也想方设法破解圆成。在旧社会有一种摧残人性的婚姻，一旦亲事确定，而男方有顽疾久治不愈，便突击结婚，意在“冲喜”，有的婚后不久便去世，害了一对青年。

（二）订亲：媒人根据男方家境情况

和女方要求，商妥订亲礼物，用红纸写好“媒柬”，上书男女方姓名、年庚、双方家长和媒人名字，注明日期，一式两份，择日媒人与男方（多是家长）持礼，一般备有40个大馒头（内包栗子、枣）、首饰（耳环、戒指）、现金、衣料（四色布：蓝士林、白布、花布等2～4匹等，其中必备红棉衣一套，结婚时新娘穿用），必备四十个大馒头（约一斤面粉一个），用牲口驮着到女方家，俗称“撒媒柬”。这是双方亲家第一次会面。女方设宴款待，事毕女方压回二十个大馒头，给男方买一双毛呢鞋（后来改为皮鞋）、礼帽一顶作为回礼，至此亲家关系确立。

（三）送日子：订亲后男方开始筹办婚前事宜，找村中知书达理、德高望众的人根据男女属相查定结婚吉日，如：鸡、兔嫁正、七，虎、猴二、八宜，猪、蛇三、九好，狗、龙在四、十，马、鼠六、腊行，牛、羊五、十一（20世纪初以来，由亢登平、洛正雨两人查日子为最佳人选）。其实人们在心目中，都愿意把婚期定于春、冬为宜。一方面是以前都在自家和邻居办喜筵，所准备的海鲜食品春、冬温度低，不易变质。另一方面新娘子要穿棉衣坐炕头，俗称“坐三日”。如果在夏天是异常难熬的事。还有喜欢春季海市季节，海鲜品种丰富多样，招待客人菜肴丰盛。在农村结婚大宴必须有“散席鱼”（最后一道菜是带鳞的整条大鱼，大都遵循一个规矩，“散席鱼”不能吃，否则大失面子），曾有一说：宁许一猪，不许一鱼。猪可随时买到，冬季的鱼没有保障（在不临海的农村中，都备有公用木鱼一条，逢喜事借取，用鸡蛋面糊炸后充当）。另外尽量避开农忙时节。在当地选腊月和春季的较多，完婚后正好新媳妇来过年，更是一件最快乐的事。婚期选定后，须在婚前至少两个月以上时间，媒人和男方的叔父辈或舅父均可，备上两盒粉、两扎红线（以备开脸用），到女方把确定的结婚日期通知女方，俗称“送日子”，女方设宴招待。双方开始操办婚礼事宜，并把办喜事的日子通知亲戚朋友。

（四）开脸：结婚前一天，男方（女婿）由其舅父或叔父带领第一次去女方家拜会，男女仍不见面（女方的妹妹、嫂子把女婿的大体情况报与女方），女方设宴招待。此日女方请一名夫妻、儿女皆全的妇女，用婆家送的红线给女方（媳妇）绞光脸上的汗毛，擦上婆家送的粉，象征脱掉亲娘给予的胎毛出嫁成人，也是为了更加漂亮，并把头发挽成簪，一切就绪准备待第二天出嫁，也称“出阁”。当晚女方由自家的弟兄们拿着红包袱（装有供品），到自家茔地给先祖坟头压红纸，祭奠一番。家人和待嫁女在靠村的场院上铺上席子迎接，当接到回来的人后，叩头回家。

（五）抬嫁妆：在开脸的当天（有的村庄风俗是结婚当日早晨抬嫁妆），男方派人到女方家，将陪嫁（俗称“陪送”）抬到男方家，女方要为抬嫁妆的管一顿饭。抬回陪嫁当晚要在洞房安置妥当。陪嫁没有标准，在一般情况下就是梳妆台、两把椅子或方凳（秋木为上品，红松为次），衣架、穿衣镜较少，两个箱必不可少（樟木为上品），箱内压上馒头（是第二天给婆婆的）。还有娘家给的钱，通常称谓“压箱底的钱”，不到万不得已是不能动用的。脸盆、化妆品、宽心面放在食盒内，陪嫁都用粉红纸封住。被褥四铺四盖或两铺两盖不等。晚上将新被褥铺好，需本家的下一代男孩躺在被上打滚，叫“滚炕”，预愿生男孩。

家境好点的，在结婚前几天就要先请厨师进行宴席准备。头一天将男方的姥姥、姑、姨请来家帮助张罗、打算，也是来热闹一番。

租赁的吹鼓手头天晚上就到喜主家，摆上小菜，边喝边吹打庆贺。

（六）迎娶：俗称“将媳妇”，以前的童谣：娓哩娓，哇哩哇，将了个媳妇来了家。

在20世纪20年代市里就已经有用花车娶亲的。1948年本村亢中庸用美国吉普车娶亲。本村的外籍人按故乡习俗用单乘轿迎亲，女婿在家，叫“等亲”。

清晨，租赁的两乘轿（官轿和花轿）和吹鼓手一同来到，花轿在街上扎建。喜主家的大门贴上对联，门垛两边挂上粉红绸布彩带。新郎开始穿戴，身穿长袍马褂、头戴礼帽（清末前戴半帽），身佩叉腰粉红扎结绸带，向两边垂下，礼帽两边插多色串花（相传仿明朝状元装束），十分庄重。迎亲时间根据距女方家的路程而定，新郎坐官轿，花轿不能空着，需一名男方本家的弟弟或侄子坐着，俗称“压轿”，四人抬一乘轿，鼓乐手在前，轿在后，一路吹打迎娶新娘。由一名兄长携带毡毯随往。途中遇有庙宇等建筑物要用毡挡一挡，遇到怀孕女子看要让其回避，或临时处理沿途其他事宜。花轿出走以后，男方家将好多红纸喜字贴到迎花轿进村的显眼处。亢家庄结婚传统习俗出西、南向，进东、北向。到了女方家，有专人安排新郎，在院子坐椅等候，待新娘打扮停当，由女方兄长从闺房抱到正间，面向南坐在椅子上，将一铜镜用红布带系在胸前，发光面朝娘家，由母亲往新娘嘴里扒三口米饭，左边一口，右边一口，中间一口含着（半路再咽下一半），并把一把筷子、栗子、枣给女儿用手攥着（到了婆家三日前用这双筷子吃饭，用完后保存起来，将来盖新房子，将这双筷子用红布带绑在脊檩上，示意大吉大利。四日开始用婆家的筷子）。蒙上盖头，少不了对女儿叮嘱一番：一是喜于女儿出嫁成人，二则自幼呵护，朝夕相处，自此便远离少见，千嘱万咛，今后如何服侍丈夫、孝敬公婆等。最后由女方“架女客”搀扶，女婿在前，媳妇随后进轿。鼓手大号示令起轿回转。女方有四名送客（方言，“剋”kei，舅父、叔父、叔、表弟兄）随往。从前，社会上对迎亲队伍很尊重，有“武官遇其下马，文官遇其落轿”让行之说。路程行至一半，新娘要将铜镜反过，光面朝心，并咽下所剩半口饭。当地有不成文的规定：娶媳妇必须在中午十二点以前娶回，鼓乐手一路不停吹打。男方有人在村头迎接，进村后不能落轿，鼓乐手吹奏有节拍的曲子，抬轿者便用力踩着乐点将轿上下掂起来，称“压街”。新娘要把住轿杠，否则会坐不稳而磕碰。此时喜主的招待人员端着酒（多以黄酒）送给抬轿人和鼓手喝。如果双方配合默契，能掂很长时间不停。男方同时派专人到村头迎接女方四位送客到正客厅。待落轿后，首先由女婿妹妹或叔妹端着装有燃烧的木炭的铜盆，盆边放有红线和斧头，首先掀起轿帘让媳妇烤烤手脚，心中默念“烤烤手，烤烤脚，烤烤手脚福份多”，然后放在花轿前，由男方的架女客（两位未出嫁的直系姑娘或儿女、夫妻双全的妇女）将新娘搀出，让新娘跨过火盆（原意是为烧去新娘随来的晦气），然后再将火盆端进屋内（意味到了温暖的家），称谓“烤火”。新郎在前，媳妇在后沿着提前铺好的席子或地毯（意味新娘、新郎进家不踏土，为传宗接代之意）进家，在门槛上备有马鞍，鞍上放有一串铜钱，一对新人要跨过去，意愿“前（钱）景平安”（鞍），这时有少男少女拿着五谷掺些剪好的彩纸片向新人头上身上甩撒。院子已摆好方桌，上有香案、供品（猪头、整鸡、整鱼、摞好的五个大馒头），由主持人（德高望众的男人）安排两新人面南站立，男左女右，举行拜天地仪式，随主持号令：一拜天地，二拜高堂，三是夫妻对拜，新娘由新郎用红绸带领进洞房。三天的洞房一般都安排在父母住的房间，四日便回到自己新房。一般都是小姑子给新娘摘下“盖头”，新娘、新郎上炕喝合婚酒，并按提前查定喜神所在的方位坐一段时间，称“坐时辰”。这时女婿与吹鼓手一起由一弟弟持毡到直系祖父、叔父家叩头。新娘在炕上吃宽心面，然后开始在已定的墙角盘腿坐三日（坐三日是很苦的事，一般不能动，也不能多吃、多喝，尽量避免大小便，由小姑子们定时让嫂子方便）。在炕上提前放有一个斗（从前量粮食的器具，上口小，肚子大，用白柳条编成），用一杆称扎上一块红布，将称插在斗里（意思是说话办事要公平，有肚量，红布是给第一个孩子做兜兜或布衫）。此时村里看媳妇的人开始川流不息，白天大都是姑娘、年轻妇女及孩子较多。喜主摆上糖果、花生、香烟（从前放上烟末蒲罗）等供众人享用。晚饭后男子开始闹房，花样很多，也经常出现不雅和出格现象，喜主一般也不好意思加以干涉，大都安排一小姑子在场保护新娘，闹房有时到深夜。

（七）听墙根：新婚晚间闹房结束，夫妻熄灯就寝。此间本家的同辈青年（姑娘较多）在窗外偷听新郎新娘二人的缠绵情语，如果听到两人的甜言蜜语，也能让偷听者笑出了声，有的新人知道有偷听者，只能低声说话或打手势。也有的一点声息无有。偷听者要向老人汇报。小夫妻说笑的话让老人们自然欢乐，默默无语反而让老人们徒增心事。也有的不安排人听墙根，就在窗外摐（chuang）一把竹扫帚，权当有人在听。新婚情语，日后会当做小叔、小姑和嫂子间的嬉闹的话柄。兄长绝对不能听墙根，在旧时弟媳称丈夫的兄长为“大伯”（音“北”），他（她）们之间相互须郑重相待，一般不开玩笑。有“宁在公公腿上坐，不在大伯眼前过”之说。

旧社会婚姻不自由，婚前双方从不见面。男女之间只能私下托人打探对方情况，连双方老人平日里也在揣测。只在结婚当天掀盖头的刹那便见端倪。如果相互都能接受，喜事办的可能顺利，否则双方或一方不称意，洞房就寝不和谐、不如愿，自然影响夫妻感情。

（八）婚宴：结婚当日的宴请，一般不在喜主家，大都借用邻里房舍，但不论在那里，“送客席”是最重要的，也最讲究，并必须是在正房的正间，要用八仙桌（方桌），陪送客的人员也必须是本家长辈、祖父、叔父、舅父或本家德高望重的尊长，姑父、姨夫等不能参加，席口（上菜的地方）是本家晚辈，负责端菜、斟酒、倒水等事务。叔父为主陪，也称领席。席间气氛客套相兼谨慎。送客席“斗酒”是免不掉的。主与客早有准备，送客和陪客一般都选酒量大的人员。在以前送客席有三宴：首开为一小宴，四个小菜，每人一碗饺子（包的小而美观），烫一壶黄酒，也称“预宴”和“垫底席”。第二宴是茶食（点心、糖果、花生、茶水等），亦称“吃茶”，用毕撤下。撤下后正席开始。第一次参加当送客的年轻人提前也要经过培训。尽管如此通常在宴席进行中间很多把握尺度不够，饮酒过多而乱了方寸，出现笑话。还有男方陪客人酒量不佳，脱身换人替代。送客席需 24 道菜，先上冷拼 4 ~ 6 个，一般第一个热菜是整个猪头，先端上桌让众人验证后，席口人撤下用刀分切，再让众人享用，并备有蒜泥。最后一道菜是散席鱼（带鳞单尾，越大越上脸面）。本地风俗这道菜只能看，虽然主陪一再客让，但决不能动筷。送客席冷拼一直保留，而每一道热菜都要撤下，桌上只有一个热菜。最后吃饭时另上四个一般热菜吃饭。面食大都是白面做内包红糖的鱼和莲蓬式样馒头。送客席旧时习惯一直进行到掌灯（傍晚光线暗淡后点上蜡烛或油灯，后来条件好的也用上汽灯）时分才散席。此间新房已安排好简单的小菜和点心，酒桌具备，由主陪与四位送客与新娘简单交谈（有时男方父母一同作陪），对新娘说一些安慰的话语，叮嘱听从公婆教导，如何尊老和体贴丈夫，不要想家之类话语，也对男方父母谦虚的道一些：侄女或妹妹年龄小，不懂事，多指教并加原谅等客套。有的新娘眼看亲人，含泪应诺嘱托。事毕，由主陪送出村外。这时女方娘家早派人到村口等待送客回转。送客要向女方父母回复，父亲问酒席如何，是否喝醉，母亲问孩子想不想家，哭没哭等……

当日的其他客人都安排在邻居家（不论红白事都有相互借用地方请客的习惯），喜主备用食盒，有专人传递，席间的菜肴都是一样的，只不过不能保证散席鱼。女客席亦称老婆席，基本不喝酒。

（九）其他婚俗：

三日面　新婚媳妇自婚前整理的发

型一直保持到结婚第三日，清晨自带奁盒到本族长辈家梳洗整理，称“梳头”，在长辈家吃早饭后，回家与新郎一起到祖坟压红纸，告知亡灵喜事。中午喜主将本家本族及祝喜的妇女请去，以吃面条为主，菜较简单，在本地称“吃三日面汤”。如今都到饭店，请的人也多，酒肴很丰盛。

望四日　也称“回亲”（有的地区二日、三日回亲，在崂山地区，二日女方送食盒看女，三日拜公婆及长辈祭祖，四日回娘家当日返回）。本村新婚夫妇四日早饭后，公婆备礼回娘家，俗称“望四日”，女婿拜岳父、母。媳妇骑牲口（毛驴较多），男的跟后，必须有一个本家小叔子牵牲口（本地戏称：拾驴屎蛋子的，纯属美差），到女方家女婿属贵客，招待很排场（隆重），男、女席都设，亲戚都到，宴席持续时间很长。夫妻二人及牵牲口者当日必须在日落之前赶回男方家。女方带回礼品（发面包子、油卷、点心、鸡蛋等），回来送给公婆（包子给婆婆包住嘴）、姑嫂、大伯及小叔子等，其中单独给女婿的一份，外有鸡蛋、花生，即称“上炕礼”，晚上睡觉前就要吃，以求早生贵子。有句歇后语：媳妇往家走，婆婆用扁担充着口—等吃。

叫七还八　婚后第七天女方的父亲到男方家搬闺女回家（从前一般都用牲口），中午少不了招待亲家，住八天将闺女送回婆家，住几日便返回娘家。亢家庄很早就没有还八的习俗了。

“过节令（儿）”　新婚第一年新媳妇几个节日要到婆家过，二月二、清明、端午、七月七、七月十五、八月十五、九月九（有不过九月九，以避“另插花另奠酒”之说。意谓：男的另娶媳妇）、十月一、风山（有不过风山“死了丈夫嫁东边”之说）、小年、春节。过去新媳妇住娘家时间要长，老人们唯恐小夫妻感情淡漠，故定下节日提供机会，使夫妻团聚。农历腊月二十三过小年就要到婆家，嫁出的姑娘不能见娘家贴的“灶码”。每年春节正月初三，女婿给岳父、母拜年，夫妻同往，当日返回。有特殊情况可延到初四，初五不能回，有“拜四不拜五，拜五死丈母”之说。逢“立春”节气（当地称“打春”）要回避娘家。若岳父、母都健在，每年的清明节、七月十五日、十月初一为祭扫日，不能回娘家（若二老缺一则除外）。农历九月初九不能回娘家，恐娘家遭火灾。

二　新时代婚姻

新中国成立以后，政府提倡移风易俗，实行婚姻自主自由。50年代初期浮山所排练歌剧“小二黑结婚”，吴家村排练“小女婿”，本村排练“一贯害人道”，田家村、大尧村及逍遥村都排练剧目，台东区丰盛路街道排练京剧“贫女泪”，相互巡回演出，起到很大的社会效果。男女青年冲破封建枷锁，掌握了自己的婚姻大事，刘安福（男）和张淑华（女）于1952年6月是首例实行新式登记结婚的青年。同年亢中武（男）和王秀云（女、惜福镇人）、闫彩美（女）和张所香（男）、1953年洛秀美（女）与徐中才（徐家村人）等青年自由恋爱登记结婚，不收财礼，不大摆宴席，受到政府和村民的支持和欢迎。浮亢乡委、农会及妇女组织发动群众办了秧歌队，扎戏台，新人佩戴红花，副乡长闫盛利主持婚礼并讲话，全村男女老少踊跃观看结婚仪式。

1950年3月14日中华人民共和国颁布了婚姻法，实行男满20岁，女满18岁登记结婚，男女平等，妇女有了合法地位，有了法律保护，彻底得到了翻身，自此几千年的包办婚姻一去不返。有一亢姓姑娘在解放前订的娃娃亲，自己通过政府解除婚约。

同时期，也有好多青年村民沿用传统形式结婚用花轿，亢姓闺女于1957年是最后乘坐花轿结婚的。毕竟是新时代了，青年双方都是得到先见面（俗称：验人、相亲），相互了解，接受对方后登记结婚。进入60年代，人们的意识有了更大改变，一般婚事从简，几十元至200元不一，割一套衣服布料，也能订婚，结婚用自行车也可把媳妇娶进家。进入70年代初期，随着经济好转，村民有了一定的物质追求。社会开始流行三大件（也称“三转”），即：手表、自行车和缝纫机。后，男方家要摆上大衣橱、写字台、收音机。到80年代随着改革开放，村民收入有明显提高，三大件逐渐失宠，有了更大要求，首要是新房，旧房也要翻新，家具、衣物、被褥自必不少，黑白电视机成为新宠之物。80年代末期在操办婚姻上更有了攀比现象。进入90年代中期，女方索要财礼等条件上升，房屋要装修，摆沙发、彩电、洗衣机、钢丝床、金银首饰等，结婚要有彩车，宴请到饭店。跨入21世纪“订婚礼”追逐增加，为图吉利，只现金四位数为六和八，五位数三尾数带八，谐音“888”为“发发发”。壹万零壹元称万里挑一。后一路飚升30888元、60888元。近年增加到6位数，从黄金到白金、翡翠及各种珍贵玉类饰品，女方陪嫁轿车，五星级酒店宴请宾朋几十桌，花车十几辆，还有新郎自驾敞篷高档车迎娶新娘，甚至聘请电视台主持人担任主持。20世纪90年代初开始结婚仪式全程录像、摄影（包括外景）。新娘礼服原为粉红色，进入21世纪变成西方白色婚纱，表示纯洁。近几年信奉基督教的教徒到青岛耶稣教堂按其礼俗举行婚礼。从90年代起就开始有旅行结婚或举行婚礼后旅行度蜜月。人们的婚姻礼仪不断地变化着，结婚费用不断攀升，收入中低等的家庭也力撑操办。

三　旧时代婚姻妇女遭遇

在旧社会，男、女婚姻是不许自由恋爱的，不论谁家出现这样的事，舆论会一片哗然，家人在外说话办事低人一等。如果出现未婚先孕之事，对女的那可犯了天条大忌，本来是男、女双方的事，但有“丑女不丑男”之说，对男的可不多谴责，有另娶妻的权力，而对女的只有两条路：一是偷着打胎，远嫁他乡或给人添房，可能永世不得翻身。二是以死而对，历史上，有两例亢姓闺女为此溺水而亡，死后还不能进家，只能在外停灵。

封建社会年轻妇女丧夫，在家庭没地位，在外不敢接触男人，男人也不能随意进寡妇家，有“寡妇门前是非多”之嫌，受旧礼教“好女不嫁二男”的束缚，不能随意改嫁。身心受尽折磨，土地房产要过继叔侄。后被养老送终了却一生。有的自觉前景无盼，自寻短见，随夫同去。这种行为可为本族人、娘家以及整个村庄、甚至地区官府增光添彩，要树碑立传，成为贞节女，以自身生命为他人换取荣誉。在村北立有两支贞节石碑，一支刻有“节孝两全”，一支刻有“扬徽彤史”，是亢姓十二世两男（史考无后）约1740—1760年乾隆年间，均娶田家村田氏，婚后亢姓男子相继卒世，田氏自缢随去，后亢氏族人立碑赞表（文化大革命时已毁），其后亢家庄与田家村长时间无姻缘相续（不只亢姓，其他姓氏也随之），自20世纪50年代末期，其他姓氏开始与田家村通姻。

年轻的妇女丧夫之后，如果再嫁人可引来冷眼以对，公婆一家、甚至相邻都鄙夷相视。新找的婆家要出一点钱给原婆家。其男方娶改嫁的妇女称谓“孝妇”，过门时不能按初婚的礼仪接娶，不能坐轿，须在夜深时步行，或顶多骑男方的牲口去往新夫家。当地有句俚语：孝妇老婆坐三日，看你按些四季（意思是不能享受初婚礼遇）。改嫁出门后，其家人尽快点燃秆草（谷草），驱走晦气，以“丧门星”对待。

旧时的妇女们蒙受了难以洗雪的不白之冤，为一点琐事或一句话，不管谁是谁非，只要惹怒丈夫、公婆，都可受到殴打和辱骂，平时干重活，吃剩饭，敢怒不敢言。被当成生孩子的工具，不但身体负担重，心灵上还要受到折磨，若生男孩皆大欢喜，若是女孩，心里压上了石头，丈夫不理，公婆冷眼以对，不少产妇因营养不良、焦虑成疾或难产含怨而去。以前妇女们受一代接一代自己迫害自己的说法：生孩子顺不顺是自己修炼的结果。男人丧妻可另娶，也可因妻不生男孩可纳妾，有钱人可一夫多妻。旧社会尤其富裕及有权群体，因琐事随意将老婆一纸休书，驱逐门外，妇女人权没有保障，被休女人叫天不应，入地无门，无颜返回娘家，便寻短离世。即便重归娘家，难觅容身之地，娘家父母在众人面前抬不起头。

四 丧葬

旧时丧葬 在社会民俗中，红、白是两个大事，在农村显得极为重视。八十岁以上、儿女一大群的逝者，称为“喜葬”。四世同堂者，要大操大办，鼓手、喇叭、拜路钱，送大盘缠，五日以上出殡。除儿、媳及闺女带重孝外，其他未出五服的小辈妇女们，都分一块白布，14市尺，称为“破孝”。孙及曾孙的帽子，称“头子”（用白布做两夹帽），曾孙虽用白布做成，两角可缝上红线以示喜葬。玄孙极少，头子缝黄线。自然去世的人，一般在家停灵（尸体）三天，富裕村户有停放五天，最多不超过七天（亢中珉之母于1948年春故世时即为七日殡）。

一般葬时都租赁“白差”包括抬棺材用，俗称“罩”，木制龙骨大架底排，有“罩杆”，上有木架拼成长方形，扣住大架上，外用龙凤图案红布封住，有简易的和有龙凤罩顶的（根据办丧规模而定）。并同时租赁吹鼓手和旌楼、旗、伞、牌等仪仗品。逝者用的棺材木料的厚度从3寸至一尺不等，富裕户用棺材以柏木、楸木较多，一般用杉木。以前老人们在世时就打算自己的后事，做寿材，建寿坟，寿材放于闲屋（不居住的房子）。本村亢辉镜亲自督做寿棺、寿坟，亢正春给祖母、母亲同时做寿棺。80岁以下至60岁有身份者可照此办理。60岁以下逝者，家境特好的也可大办，其他就从简办理。有家室、儿女的逝者不论年龄大小都可进老茔（宗族墓地）。80岁以上逝者为高寿，70至80岁之间为享寿，60至70岁为享年，60岁以下为德年。在旧时逝者在临故时（称“咽气”）必须在家，可停灵于家中，否则就不能进屋。故而即便在医院医治，临危时宁可不医也要回家。在外突发病而逝也同是如此。

旧时丧葬形式 以前，亢家庄逝者俗以土葬（俗语：入土为安），旧时张姓、亢姓、闫姓等几个世居大姓都有茔地和支茔地。家境优越的老人凿建寿坟，大都用石条建造。一般家境临时建造坟墓，用砖砌和乱石插建。生活困苦家庭也只能临时买一口薄皮材（1.5～2厘米白松棺材）裹尸，挖土矿掩埋。近县迁入的世居村民，老人去世，大部分用棺木运回祖籍殡葬。极度贫困者，只用苇席包裹到乱葬场掩埋了事。还有夭折的幼儿用谷草打箔或用苇席包扎找专人抛弃沟壑。在四五岁以上至未娶、嫁而殇的，大都做一口简易棺材，在自家地头阡边埋掉，也保留坟头。

旧时丧葬程序

1. 倒头 是逝者停止心跳为寿终之刹时便为倒头，通常病危者家人早有准备，先将已做好的寿衣穿上，口中含入压口玉（如果没有玉料，可拤一块金银簪）。此时将先写好的倒头褡子（按一定格式，注明逝者称呼名字、寿终原因、出生日期时辰、寿终日期时辰、年龄）在炕前烧掉。意思是先向阴间声明，阳世间人已去世。再将逝者安放在正间（正厅）支好的门板上，头东脚西，脸上盖黄纸。将已准备好的白布扯开罩住逝者，儿、女、儿媳一起跪在白布下，由长子（俗称“大孝子”，如长子不在或已故世，可由叔父长子替代）双手拄擀面杖，包上黄纸，给逝者“叫路”，先称父、母、念“**年**月，亡故，上金桥，走明路，苦处施钱，甜处安身”。其中念一句用擀面杖搌一下地，连诵三遍，此曰“扯桥”，儿女们给逝者归西祝愿有个好去处。灵前摆放小桌、香炉，放置牌位（初谓之灵，二日入棺盛殓谓之柩，殡葬后谓之位）、油灯（曰：长明灯，殡葬前昼夜不灭）、祭品等，桌前备有泥烧盆（称：尸盆），以备烧纸用，纸灰不丢，殡葬时将灰包裹放入坟内，认为都是逝者的钱财。在灵体后面留出空间，是闺女、媳妇守灵哭灵的地方，儿子在灵前跪坐守灵及迎接和搀扶吊唁者，儿子每人手中拿哀杖（用一根柳条枝折成的，约二尺长，捆上黄纸），自父母倒头后至殡葬日内，儿、女、媳妇不能出门。办理一切事宜都有叔父、叔弟兄、乡邻及理丧人（邀请村内有名望、心德正直有办丧经验及族尊等人，就是治丧临时组织）来办理。此间要用白纸或黄纸按逝者年龄裁成长条扎一头，另一头散开，挂在大门外，为丧家标志，称“寿幡”。治丧人按丧家的家境，也根据丧家意愿，决定几日殡和耗资多少来主宰丧葬事宜。他们有一定的权威性，如果丧家子女平日孝敬父母，理丧经费可“手下留情”，否则或“缶古”（抠门）丧家，治丧者特意给予铺张办理，更有以卖房典地给予“制裁”。逝者从倒头开始就安排专人到各亲戚、朋友处“报丧”（平时很多事情都可拖延，只丧事例外，接报后，得马上上奠仪吊唁）。一般每个家庭都有红、白事往来账。有的商人有赖账的陋习，只丧事异然。民间俗语称：不怕要账的，就怕报丧的。谁也不愿在丧事上赚个不良名声。

2. 穿孝 逝者倒头后，本家族人都前来助丧，男人跑外办事，女人们在家帮儿、女、媳妇忙活孝服，一般家庭都存有整套的白衣服（专为白事穿用），男人为白布无扣系带长袍（俗称白大褂），闺女、儿媳妇必备整套白衣服（大襟上衣），也可借用，孝子开始用白布扎头，二日送盘缠改戴白布圆半帽，用草绳扎住下沿。闺女、儿媳妇将每人分的白布，自中间做成“箍箍”裹住头（露出脸庞），下交叉系在腰上，男、女鞋用白布挂满。儿、女、儿媳外加麻布坎肩，帽子箍箍缝上麻，腰系散麻，称谓“披麻戴孝”，亦称“全孝”。如果办“破孝”礼仪，所有直系侄女、侄媳，与孝子、女、媳孝服一样，只是不加麻制孝衣，不挂满鞋（鞋跟端留口），堂侄男穿白大褂戴夹帽，堂侄女、侄媳只穿上衣，只在鞋两侧缝上白条布，孙子穿白褂，戴尖夹帽，孙女只穿白上衣。有曾孙不用穿白褂，只戴头子，帽夹上缝象征四代的红线。

逝者女婿，只穿白大褂，戴帽子（早年戴半帽，后为大檐礼帽），把做帽子的白布叠成长条，掖在左耳边帽子里，露出半截，腰上系白布（六尺）称“褡包”，“结”系两边（男逝系左边、女逝系右边），孙女女婿穿戴一样，只是“褡包”一头染蓝色。以示区别。女婿二日送盘缠方到。妇女穿孝的白布，事后为己有，一是做一套白衣服（以备白事穿用），二是可做一床被里，或作其他用，算是穿孝得的赏物。

3. 搀孝 遇丧后，报庙、送盘缠及出殡，大孝子要弯腰哭路，边哭边走，视路不清，就由叔兄弟搀扶，闺女、儿媳因哭街时容易被箍箍遮住脸，所以要仰脸看路。自逝者倒头后，儿、女、儿媳都吃不好，熬夜，特别是闺女悲伤之极加上整天哭灵，身心极度疲惫，甚至出现呕吐、晕厥等现象，沿街祭祀活动，跪、起频繁。尤其喜丧，儿、女们都上了年纪、体力不支等，他（她）们都需要别人帮扶，减轻负担，人们便让侄子、侄女、侄媳等人来搀扶，人多可两人搀扶闺女和儿媳。“搀孝”习俗留传至今。

4. 守灵、哭灵、谢孝 遭丧后，孝子、女、儿媳要守灵，不能离开，女在灵后，男在灵前，在早年孝子开始要赤脚，表示孝心。亲戚、朋友前来吊唁，俗称“吊孝”。跪拜时，都要跟随啼哭（一方面用哭来表示谢意，另外很多吊孝者要哭几声表示礼节，如果儿、女不随哭，来者很尴尬），孝子要随时搀扶来者起身。在出殡前，不管停灵几天都要照此例行。在出殡当天宴请宾客时，孝子们要到各宴席间向亲戚朋友跪拜感谢，称为“谢孝”。逝者停灵在地时，除对吊孝者哭谢以外，一天四时（早、中、晚、午夜）定时儿、女、儿媳要啼哭一番，称“哭灵（儿）”。

5. 报庙 逝者倒头后要到土地爷庙前“报庙”（土地爷是当庄之主，归西之人的灵魂都要前来报到），由近支同辈和晚辈搀扶孝子、女、儿媳在出殡前每天三时（中、午、晚）都要例行报庙，一路啼哭，男在前，女在后，第一次称“倒头庙”，在庙前停止啼哭，大孝子拄哀杖诵悼叫路词，三遍后沿路啼哭回复。早些年代报庙，提前有一人用一只水桶，倒入米浆水用担杖（挑水用两头带钩的扁担）撅着到土地庙前向四周泼撒，后来干脆用清水，称“泼浆水”。后逐渐消除。

6. 送盘缠 逝者二日为归西之时，要给逝者送路费，在二日傍晚进行。提前要到专业扎纸店（有农村家庭专营扎纸铺，从前台东四路有“玉香斋”、“全玉斋”两家，麦岛村王姓（午山人）赁差兼扎纸）。男扎马（坐骑）女扎牛（为妇女喝混水），男女都扎轿，配有轿夫四名，牛倌一名，马童一名，逝者有孙子，须扎“引灵幡”，有曾孙要扎“彩幡”（花色引灵幡），童男童女必不可少，置于灵前，男左女右，出殡随焚。扎纸亦称“纸草”，先要对马、牛、人物的器官开光，眼、嘴、肚、屁股等，这些仪仗品为逝者交通工具。其中马童和牛倌担负着另外的责任：一是逝者随从，他们肩上都背着“小褡子”，褡囊一面装着干粮，另一面装“马票”，亦称“马引”为归西路上的通行证（马引上的撰文内容为：逝者祖籍、隶属、现居地、生于＊年＊月＊日及时辰，卒于＊年＊月＊日及时辰，寿龄，一生简历，生育子女，操行品德或功名等，备有通行工具如纸草等，金银钱财等物，归西沿道由各路土地爷帮其逢山开路，遇水搭桥，路逢馆驿倒换关文等事宜，沿路关隘河道无名之鬼不能阻挠，顺利到达酆都冥府。不孝男＊＊叩奉、日期等）。盘缠少不了包袱褡子，女人送的叫包袱（装衣物），男人送的叫褡子（装金银钱财），用专用白纸（俗称钢炼纸）裁成包袱状和褡子状（即钱插，古人留传下来用帆布做成钱袋，前后一样，留有钱囊，专盛装金属币），粘贴后用古钱状的模具将专用黄纸打上印痕，化开分匝装入包袱、褡子内（上书：对逝者称呼、送给逝者、因由、送者署名、日期），另用金、银箔纸叠成元宝状，装入包袱、褡子内。送盘缠的钱财越多越好。在送盘缠前先将逝者入殓，也称“盛殓”，将棺木打扫干净，最底下罗上草木灰（以防尸液漏湿），垫上黄纸，铺上褥子，放上栗子、枣和铜钱，子女将尸体放入，盖上被子，脸上蒙黄骠纸，以前入殓即为向遗体告别，高寿的女人一般无疑义，年轻的女人要经过娘家人查验后，才能盖上“材天”（棺材盖），材天要留缝隙。换上之柩牌位，将撰写好的旌旗铺在材天上。旌旗是用红色绫、绸、绨及布料均可，就是不能用缎子（谐音：断子），整幅，以前用长约2.4米，后用2米（盖住材天为宜），中间撰写旌文，用金、银粉末，调蛋清书写，或用蛋清写上字，然后趁湿将金银粉撒上，再将没粘上的粉末倒下来。男人的旌文：旌表硕德故父（姓）、讳（右挪半格）名字、根据年龄写高寿、享寿、享年、德年、岁数之灵柩。女人旌文：旌表阃范（男姓）门，女姓氏名字、高寿、享寿、享年、德年、岁数之灵柩，字数男为奇数，女为偶数，其中在岁数中的“有”字是调节总字数用的，如：八十五岁之灵柩或八十有五岁之灵柩。

送盘缠是在土地庙前施行，丧家本支及所有亲戚朋友都要参加。傍晚开始，引灵幡由孙子举着在前头带路，纸草跟随，根据报庙顺序到土地庙，去时都不能啼哭，将纸草向西南方排列（祖上留传亢家庄亢姓等几大姓祖源为云南，再转酆都城），用杆子将参加人员和纸草划一圆圈内，西南方位留一道口（准备逝者灵魂上路），在道口处放一凳子，上面放一张面箩，将草木灰箩在凳子上，好让逝者踏着凳子上马，此时，由大孝子端着“之灵”牌位，与众人一起念叨请逝者上马上轿，男者放马背上，女者置轿内，就绪后将所有纸草焚烧，引灵幡不烧留作出殡引路用。在焚烧的时候，让年幼的孙子或侄子拿着箩向西南方位说是能看到逝者远去的影子，在凳子上的草木灰能落下逝者的脚印。烧完纸草和褡子等物后，回转（自开始报庙到土地庙的路，都不能从原路回），行至半路时才能啼哭，送盘缠要吹鼓手沿街吹奏（在最前），走到大街宽敞地方，停下进行拜“茶饯”仪式，放上方桌，摆糕点一类，参加送盘缠的人都要跪下，由理丧人中选一人为司仪（一般都由“挎”元斗者充当），主要为闺女女婿司礼，女婿行大礼是重头戏（约定哪位行礼，要提前培训演练，不能显丑）。三拜九叩礼都要按套路行施，行礼规范，风度大气的女婿可受到众人的称赞。如果女婿多，行礼要延长至晚十点钟，甚至更长。吹鼓手也随之吹奏。奏曲全部是悲哀曲牌，如小寡妇上坟、孟姜女哭长城等。这种有排场的俗称“大盘缠”（一般都是家境好的或高寿者），几乎全村人都出来围观。如果贫困家庭就得从简料理。家人为年轻逝者悲伤至极，众人都为之落泪。

7. 殡葬 是逝者埋葬的仪式，是最隆重、繁忙的程序。虽然在下午进行，可一大早吹鼓手和赁差者就得前来做准备（当地红、白事大都用浮山所宋姓“出差”），白差抬棺材的称“罩”，长方形也是红色，龙凤图案，最少八人抬，称八抬杠、十六抬杠，最大32抬杠（大棺材，重量特大），随“差”仪仗品有旌楼（两人抬）、旗、伞、牌等八件。有好多环节都要听吹鼓手的大号号令进行。

（1）吊唁 俗称“吊孝”，丧家（亦称丧主）从报丧开始，每天都有前来“吊孝”者，拿着烧纸、馒头和款项（称“上奠仪”），出殡这一天友人较多，理丧者提前在较显眼宽敞的街上或门口设立桌子，前立丧榜，用整幅白纸按一定格式书明逝者出生日期及卒日、寿终年龄、一世生平简介、育子孝老、品行施人等功德。有专人坐场登记，设有账簿，迎收吊唁者赠奠品（黄纸、钢炼纸、款项及纱锦帐子等），大号逐个吹响以示礼节，后入灵堂施礼。

（2）代客 周边地区大都有遇白事相互代客的良好风尚。出殡这天宾客特多，中午要宴请，丧家又无暇应付客人，由理丧者统计宾客人数，在丧家的本支和邻里家安排宴席，对男客人备酒席，对女客人备饭席。其间在大街上备一小桌，保持四菜，黄酒不限，供吹鼓手边饮边奏，一为渲染气氛（喜丧），二为招徕村众观看，以壮声色。

（3）出殡 早晨做一盘粘糕放在材天上，让儿、女、儿媳每人吃一口，宴毕过晌，最后一次报庙，理丧者安排就绪，示意“大号”吹第一号令，先盖棺刹殓（将材天封棺，用铁钉，亦称“天钉”，关殓）。第二号令：牵棺（出棺），搀孝者扶尸盆于孝子头上顶着与其他男人在前先行，女人在后（在棺材出屋门时，有两个妇女用筛子端着豆腐和斧头，由外向里传送过去，称“抬豆腐”，其妇女要夫妻双全的），出街啼哭跪迎出棺，由预先安排好的强壮青年抬棺出门，先出头，出大门后调转脚在前（意在逝者不能往回看），如果棺材很大，胡同深又窄，可能遇到麻烦，有时不得已而拆墙（在以前，盖房屋留走道的宽度，相邻都要协商以能抬出棺材为宜），将棺材缓缓放到已排好的“罩”底大梯架上，然后叩上“罩”封住。罩前摆上方桌，供上三生（生猪头、鸡及鱼）五个大馒头摞成“供（儿）”，及三个盛有黄酒杯、香案（香炉、蜡烛）、烧纸及香等称“摆路祭”。由挎笼斗者示意吹鼓手司大号，让女婿和友人行三拜九叩大礼（行礼毕收拾祭品，搀孝者将尸盆摔碎，称“摔户盆”。摆路祭沿路行施次数不定，但不再行大礼，祭品除三生外，另外还有许多用面粉做的各种动物及昆虫类等形状的熟食品，最后一次摆路祭是在基地，摆完后供看殡人哄抢），大号吹响，起罩出行，旌楼在前（旌旗挂在旌楼里，旌楼扎彩，两人抬杠），“差家”备有大锣一面，一人扛着（用一根木杠，锣在前，后头挂一面三角旗）跟在旌楼后面，遇桥、涵或抬罩“稍息”敲锣示意。随后仪仗品队伍行动（旗、伞、牌等八件聘用青少年每人一件用专用旗杆举着，还有用纸临时粘贴在高粱秆上的童面纸牌、鞭等，聘儿童举着），孙子举着引灵幡领孝子等男人在罩前，妇女在罩后跟行，两人举着童男童女在罩两边。亢家庄传统白事出东、北方位，回转自西、南方位。挎笎斗者，逢桥、涵、沟河或拐弯处散撒黄烧纸（恐无主鬼卒也称“穷神恶鬼”阻拦闹事，故分钱打发以求顺利），在途中抬罩者（有差家雇专业人员，也有理丧者招聘本村民众，此类人群也称“举衷的”）想短时休息，罩不能落地，敲锣为号，便用顶杠支撑抬杠，行（hang）语称“打蓄”。没有大锣的，由“举衷者”的领队大喊“打蓄唠”。在途中不管何种活动停止行走时，送殡男、女都要跪下啼哭，只有女婿和贵宾可站立。在出殡当天，理丧者就安排人员提前将已做寿坟挖开整理妥当，未做寿坟的要提前一天开始做，但都必须在出殡时完工，到墓地后将罩去掉，露出棺材。挎笎斗人领大孝子先用白布抹棺，再下墓穴用“黍笤帚”扫坟，其他儿、女、儿媳及亲戚均在坟四周跪哭。坟内置入小镜，下食罐、五谷囤、油灯、逝者一生最珍爱之物，后将棺材置于坟穴内，俗称“下葬”，将旌旗铺在棺材上，引灵幡、寿幡、孝子的“哀杖”搃在坟旯间，闺女、儿媳手攥栗子、枣放在材天上。孝子可摘下帽子，闺女、儿媳解下头箍箍系在腰上，一只手兜位前大襟，另一手抓土三把撒地上，抓三把放坟内，三把盛在兜内，各自叩头回转。随后，置放盖石，铲土掩埋，筑起不规则圆锥形坟堆，将烧纸和童男童女焚烧。在出殡时，家中有人留守，并聘一夫妻双全的妇女（通常都是抬豆腐的人兼理），将逝者枕头拿到儿女们回转的村头路边烧掉，旁边放铜盆装有清水，内盛硬币，儿、女、儿媳们每人捞一个装回家，称“回头钱”。进家后将土撒在墙旯旮，用小米、豆腐、粉条、面条做成粥，称“义合饭”，并每人吃一口（由留守人员准备，意思是不空口，儿女们今后有饭有钱，日子挺脱，全家和睦）。正北桌上供奉逝者牌位，孝子、女、儿媳席地而坐，称“坐时辰”。晚上宴请理丧者，由叔父作陪，并当孝子面，将办丧的账算清，剩余部分留给另一老人或过节令儿使用。欠债都由弟兄们分摊。众人散去。出殡事宜结束。

8. 园坟 殡葬翌日清晨，儿、女、儿媳们带锹、镢，备香纸及带壳高粱、谷子、芝麻等到坟前亲手将坟墓整理成圆锥形，儿女们要围着坟正转三圈，反转三圈，称谓“园坟”，并将谷类撒在坟堆上，等待下雨发芽生长，最好园坟后逢雨，有“雨打新坟，骡马成群”之佳谚（下雨能将新坟松疏的土滋润实落，谷类逢雨助其发芽，成长茂盛）。高粱为红色，象征日子红红火火，谷子为“五谷丰登”，芝麻开花节节高，好日子逐年攀升等吉利祝愿。园坟去回要在日出之前回到家中。

9. 为逝者祭祀节令 从殡葬之日起在家供奉逝者牌位七日，后缩为三日，今已免除。起码即墨县范围都有烧七的风俗，一、二、四、六、八、九等七不用过，只过三、五、七等七（有的地区从一到九的七都过）。三七、七七为小节令，只子、女、儿媳持黄纸到坟前焚祭。五七是为逝者供应资金及住处安家的大节令，头一天晚上孝子们在傍晚端着牌位到坟前请灵回家，在将要回到家的时候，闺女、媳妇与直系亲属，在家啼哭迎亡灵，烧香、纸并守牌位一夜（后演变为半夜，逐缩短时间），自晚上开始，亲戚、朋友带烧纸或款项前来哀拜。晚上男人写褡子包袱，妇女们叠元宝。第二天上午约十时，孝子端牌位在前，与闺女、儿媳身着全孝服，出门时闺女、儿媳要啼哭，称谓“哭路”，出村便停，其他亲友及乡邻携带已备好的“纸草”，如金、银山、摇钱树、聚宝盆、一进三宅屋、库房、箱子、椅子及茶具等，到坟前与包袱褡子集中焚化，中午宴请亲朋诸人。“百日”是逝者第100天。儿、女们到坟前烧纸作罢。在这几项祭祀活动中的日期，都按逝者倒头日算起，男为单头日，女为双头日，即五七男过35天，女过34天，百日男过99天，女过100天，即为“满百”。此后再过三个周年，都要在头天晚上请灵位，第二天到坟前烧纸，中午宴请亲朋。只三周年要扎纸，与五七节令一样隆重。到此，对逝者孝拜礼仪结束。随其他本家过世祖人一样，逢年请回，逢清明节、农历十月一例行烧纸祭祀。

五　丧葬改革

新中国成立以后，国家号召废除旧礼俗，尤对丧事从简。首先，废除寿棺、寿坟陋习。丧礼逐步简化，1963年村民葛本高是最后一个用“罩”办丧的去世者。1961年青岛殡仪馆成立，政府号召火化。1966年“文化大革命”除“四旧”时，全体村民将祖坟已提前迁移到大尧村东山、田家村东山或浮山以东诸山头掩埋。生产队对在亢家庄地域内及市里“乱葬墓地”出示迁移公告，之后对无名坟墓进行挖掘深埋，共扩大了十多亩的可耕地。实行火化以后，村民享受火化费报销。改革开放以后，人民生活提高，虽然办葬事旧俗有所复原，但人们的观念上已改变很多，穿孝服逐渐淡化，不再例行报庙祭祀，废除了出殡路祭，供奉祭品也只是象征性的对逝者表示悼念。送盘缠也只在十字路口举行。出殡开始时用地排车自己送往火化场，自60年代中期殡仪馆备有灵车代运，70年代中期开始，人们为省钱生产队曾出车运送。进入21世纪以后，不再个人出车，火化场的灵车也替代了租赁白差的“罩”。逝者遗体直接从医院由殡仪馆专用的灵车运达存放。出殡日改为火化日（为了要等待亲友及办理逝者的事物，现在大体还是遵循第三天为火化日）。在殡仪馆举行向遗体告别便替代了以前的出殡下葬。

实行遗体火化以后，村民不再下午进行葬仪，而是改为早晨，一般在七时发车，主要是为赶第一炉（因为第一炉骨灰可能不与别人混杂）。自21世纪初便有了豪华炉，就可解除这个担心。即便用豪华炉也仍尽量赶第一炉（几十年来崂山及周边村庄为赶第一炉都是你争我赶），为赶上第一炉，差不多每一村庄都有经常办理此事的人员。开始有郭景泰，后来李旦恩接上，他们无私为村民尽了几十年的义务。实行火葬以来，节省了不计其数的作棺的木材，始初自家带一个瓷缸盛骨灰，进入80年代就购买殡仪馆的骨灰盒，开始几十元至几百元不等，后来逐年飚升，从几百元至几万元。骨灰已不各自掩埋，必须放到政府民政部门批准的公墓和怀念堂。

第二节 传统节日（农历）

一 春节（传统称过年）

农历十二月（称为腊月，古代在农历十二月里合祭众神叫腊）最后一天称“年除日”（除夕）。早餐后男人挂“祝子”（宗轴：悬挂正屋北墙，供奉本支故世三代宗亲先祖，两边东挂莲花、西挂牡丹条画。五服以上记入族姓宗谱，供奉于祠堂），摆上香案祭品，花瓶插上鲜竹子、耐冬等，张贴对联、福贴，过门钱等，清扫收拾天井（院子）安放天地棚（供奉：天地三界十方万灵真宰神位），门两边挂上香炉，以供奉门神，水缸须挑满水，老人们用纸封窗，窗榜贴东莲花，西牡丹画，墙壁贴上年画（木版彩印，多有麒麟送子，喜庆有鱼（余）、五子登科等图案），孩子们穿上新衣服，男孩开始放鞭炮。女人们赶做中午饭，全家人团聚吃“隔年饭”（一年中最丰盛的食餐）。饭后女人忙着包过年饺子（亢姓吃素馅，包上红枣和金属币，通称“小银子”，吃到枣为有福气，吃到钱为发财。人们都鼓励孩子们多吃饺子），男人将谷草铺在院子里（一为祖先坐骑饲料，二为来人拜年踏地发出响声，示意来人拜年）。

（一）请年：傍晚带上香、纸、鞭炮到祖茔请先辈亡灵回家过年，回家后烧香纸磕头祭拜，在大门槛外放上“拦门棍”（意防坐骑出走和游神荡鬼进门）。

（二）接灶：接灶王爷回宫（家），约三巡香时间（初更），先填一张“疏码子”，注明户主姓名、全家人口、性别，然后将灶码请下，一起焚烧报与上天，再换贴“东厨司命皂君之位”（年前到集市买香处购买一套：疏码子、三代宗亲、东厨皂位、天地三界）。

（三）过年：晚十点以后人们陆续开始辞旧迎新，妇女烧水下饺子，第一碗饺子，男人带上香纸，打着灯笼，端着盛饺子的盘子，到土地庙、关帝庙拜神，再到家庙拜“宗”（全族宗轴。西街张姓要到浮山所拜宗），回到大门口拜神（东、西、南、北，即福、禄、寿、禧），整个过程都不能讲话，路上碰面不打招呼，然后回到家中祭奠先祖叩头，接下来家人在正北论辈份叩头拜年，长辈给磕头钱，给孩子压岁钱，青年及孩子们放鞭炮，此时，整个村庄鞭炮声“响彻云霄”，最后全家人吃饺子，俗语称“过年五更（音：敬，指子时11点至凌晨1点），吃饺子——没有“外四家”（即全都是自家人）。“一夜连双岁，五更分二年”，全家人相互祝福“长”了一岁。亢姓自中午吃隔年饭以后，直到初二送年以前不动荤腥。历史习俗还有：大多村民过年期间，不动针线活，不扫地，不挑水（意思是：人们忙活一年，在过年时，只吃、喝、玩，不用干活）。很早流传的一句谚语说，“大年三十百般不齐，正月初一万事皆休”。

（四）拜年：吃完年夜饺子，男人穿新衣结伴（本支、本家）走街串户川流不息相互到各家拜年祝福，先同族本支，后异姓街坊,共祝“过年好”“恭喜发财”，气氛欢欣热烈。每家都准备烟、酒、糖、茶，招待拜年者。以前拜年通宵达旦，家里人通宵不眠，谓之“守岁”。初一早晨开始，大姑娘、小媳妇身着盛装，结伴相互登门拜年，有的老人平日不见面，借新春佳节之际，走动拜访，拜年活动至初二晚。其间早、中、晚定时家里、门两旁、天地棚要烧香，并要到家庙、土地爷、关帝庙送香（一般都是大人安排大孩子去完成）。

（五）送年：初二晚包饺子（亢姓也包荤馅），送年没有规定时间，大都午夜进行（有的自晚九点就开始），以前有“早过年”“晚送年”之说。点烛、烧香、纸、放鞭炮、吃饺子，送先祖灵魂回归。男人们还要去家庙集合，约凌晨 2 ~ 3 点，集体敲锣打鼓将先祖亡灵送至村外回归。家庙的“看宗人”按本族支派轮流守护，作下年交接事宜。

过年期间除相互拜年以外，还有初一看姑，初二看舅看姨的习俗。老人们

◇ 祝谱

打点个“篓”（大都面食之类食品），让年轻人拿着走动，中午还要招待。有的外地落户村民，五更（清晨5时）放鞭炮、吃饺子过年，开始拜年。受“入乡随俗”的影响，尤其参加农业社以后，一切事都是集体行动，也逐渐演变融入当地风情。

新中国成立以后，尽管很多旧习俗得以改变，树立新风，而过年风俗仍在延续。20世纪60年代国家经历三年经济困难时期，过年时好多副食品不到集市购买（除香、纸、蜡烛、鞭炮等），都要到菜店、商店排队凭票、证购买，在当时也形成一种忙年气氛。1965年“四清”运动以后，过年挂祝子，烧香、纸，铺谷草、栏门棍的迷信活动基本消除。1966年“文化大革命”之时，祝子自己处理，族姓宗谱当众焚毁，关帝庙和土地庙拆除，香、纸不见了。过年的祭祀活动消除，“福”字改为“春”字和“忠”字，拜年只言“好”，不说“发财”。进入80年代改革开放，民众购买力大幅提高，过年老习俗复苏，请祝子，焚香、纸悄然开始，“福”字复原，拜年气氛增加，年前置办年货及购买服饰不再犹豫。进入90年代，工作单位年终对职工发年货兴起。年味渐浓，多花样的鞭炮愈放愈烈。1995年国家颁布了对城市燃放烟花爆竹的禁令，年味逊色不少。进入21世纪全部村民住进了楼房，村民已享“日日节，月月年”的生活水平，年前不再那么忙活，拜年方式用电话、发短信，登门走访大量减少。2003年国家对烟花爆竹开禁（春节三天，正月十五一天），好多老百姓有住楼不适宜放鞭炮之感。自2000年始起国务院发布的《全国年节及纪念日放假办法》中，春节放假三天，加上移动节日前后的两个周末共七天，称长假。

二 腊八节

即农历十二月初八日，起源于佛教，传说释迦牟尼这天得道成佛，寺院煮粥供佛，以后相沿民间成俗，这一天早餐用谷物及干果八样煮粥食之，粥要煮的粘稠，意思是连年丰收，民俗称：吃了腊八煮（粥），就把年来数（二十二宿，指过年）。年味渐浓。陆续办年货，请对联、香、纸，粉刷墙壁，糊仰棚，扯布做新衣，添置新碗筷等，人们开始“忙年”，力求年前的事都办妥。

三 辞灶

即腊月二十三，俗称过小年。灶王爷是一家之主，这一天上天汇报家里情况。

傍晚过小年，祭品有“糖瓜儿”、果品、一碗面汤（面条），将灶码图贴在厨房东侧墙上（以前正房坐北朝南，东间大都是老人住，为东间炕暖和，东厨锅做饭多，故为东厨），烧香叩头放鞭炮，糖瓜儿是甜食，有粘性，能粘住灶王爷的嘴，不让上天说坏话，让其尽说好话。两边对联：右为：上天言好事，左为：回宫降吉祥。也有不贴对联的。本为灶王爷供奉的面条上天时未来得急吃，等除夕晚“接灶”时才回来享用，但“面条”已泡成浆糊。本地区传统一说：“灶王爷，本姓张，一年吃一碗烂面汤”。过小年以后，便开始做过年的面食，包“豆包”、蒸“萁馏”（地瓜馇加豆沫子）、“蒸米面”（小米面或䅟子面）、花卷、馒头、枣饽饽、枣山（过年摆在正北供奉）等，除夕头一天，一般都包大包子，大体就绪，准备过年。

四　正月十五

旧时称灯节（有正月十五闹花灯之说），后也称元宵节，中午全家人吃菜喝酒，晚上吃饺子。自 20 世纪 60 年代起陆续吃元宵。家家用豌豆面和地瓜面依十二属相做出灯具，也在集市购买小蜡烛，傍晚，男人到祖茔送灯（大都用小蜡），称“散灯”，一个坟头一盏（怕被风吹灭，带一把铁铲子挖一个窝挡风），妇女把面灯和用青萝卜做的灯插上灯芯，倒入豆油或花生油点亮后放于屋里各房间和茅房，特别用青萝卜做的灯放在碗里再放到水缸的水面上点亮，来回飘荡十分有趣，直至油尽灯灭为止。还端着灯到角落旮旯照一照，嘴里还念叨着：萝卜灯，清荧荧，照到哪里哪里清。十六日晚还要照此办理。孩童们手提各式各样红灯笼，相聚游戏玩耍，燃放“滴滴金（儿）”，大人燃放烟花、爆竹。村里有时操办高跷队，先在本村活动，也到外村跑。以前每年正月十五扎戏台演出柳腔戏《珍珠衫》和《赵美蓉观灯》。《珍珠衫》剧情：宋朝官员刘君正正月十五携全家到灯会观灯所引出的一系列故事。《赵美蓉观灯》也是柳腔戏四大京中的“东京”，赵美蓉女扮男装（以前有“女不观灯，男不踏青”之说）到“汴梁”城观灯所引出的故事。从前正月十五玩通宵，直到十六半夜结束。

◇灶神图（俗称灶码）

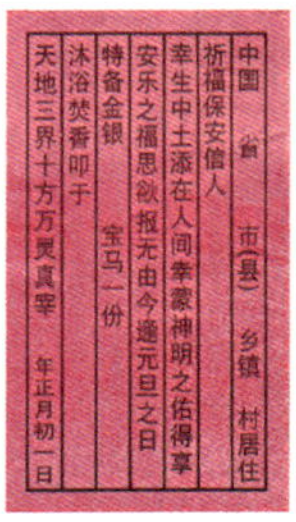

疏码子

天地棚神位

春节供奉神位

皂君神位

五　二月二

俗语“二月二龙抬头”，距惊蛰节气较近，冬眠的动物起蛰，阴雨天可听到雷声了，春耕将要开始。是日，每家每户在黎明时用草木灰在天井、大街、自家的场院撒些圆圈名曰“打囤子”，胡同打上梯形，灰囤打的越多，秋天收获的越多，里面撒上五谷，把鸡放出把五谷吃掉，鸡代

表六畜，预祝五谷丰登、六畜兴旺。家庭主妇点上香在屋里各个角落“熏虫”，一年不生虫子不招染杂病。节前人们就开始烙煎饼、单饼，炒糖豆、燎豆、面棋子等，拿着各种炒豆与别人相互兑换吃，称“入流”。此日也是“觅汉”（雇工）上工的日子。这个季节冬藏的青萝卜也糠了，俗语：觅汉上力(lei)(儿)，萝卜没有味儿。

六 清明节

二十四节气之一，按（岁时百问）的说法：万物生长之时，皆清洁而明净而得节气名。据传始于古代帝王将相为“墓祭”行礼之日，定于祭祖扫墓活动。清明节与寒食节的关系；相传春秋时期介子推及老母被烧死绵山，晋文公重耳下令是日禁火吃冷食以示纪念，定为寒食节、冷节，它的日期距冬至105天，距清明节不过一天或两天，有时重合为一天，故有清明，寒食并称的说法，原本清明节和寒食节是两个节日，事因时期相连，二者都有怀念祭祀故人的情愿诉求，自唐代以后清明节便置代兼并了寒食节。在当地把清明节的头一天定为开明日。新媳妇要到婆家过节。早餐大都煮鸡蛋，馎鸡蛋饼，中午吃菜喝酒。在当地青年们（大姑娘较多）夜晚准备鸡蛋、小米、大米等生食，清明凌晨到村外隐蔽处支锅煮吃，称“扎葱（儿）”（踏青）。儿童放风筝。很早人们就把扫墓和栽树定在这个日期，清明前十日就可给祖坟添土、栽树、压纸、烧褡子等祭祀活动。本村家家户户扎秋千，供小孩荡玩。青年妇女挨户收鸡蛋给男青年在大街、场院上竖扎大秋千（几天不拆），引得不大出门的姑娘、小媳妇都出门凑热闹，市里人坐着马车前来观赏情景。从前，青年妇女及儿童都穿新衣，还有在发髻上佩戴片松、儿童用柳条做哨吹的娱乐活动（柳树正发芽时期）。20世纪50年代开始，学生在清明节期间去烈士陵园扫墓献花圈。自2008年起国家将这天列入传统节日，法定公休日。

七 端午节

传说农历五月初五，是屈原投汨罗江而死之日。为纪念屈原民间在这天称端午节。在节日几天前人们就开始到野外拔艾蒿回家插在门窗上方。青岛地区有拉露水的习俗，在这天日出之前，人们（市里也结队前来）到野外、草丛上，用手帕沾上露水擦眼洗脸，谓可防治眼疾，亦可使皮肤不长疮疖。故而这天都盼望晴天有露水。给少年儿童的手腕、脚腕上系上五彩线，俗称“五索”，节后遇第一场雨，将它摘下随河流漂走。青年妇女绣香荷包相互赠送，未婚少女亲手做荷包赠给意中人。以前本地大都吃炒菜及米饭，南方人吃粽子，现今基本都以粽子、茶蛋为主。自2008年1月1日始起国家将这天列入传统节日，法定公休日。

八 半年

农历六月初一为过“半年”，本应六月底或七月初一为半年，而此时正值小麦收获之后，农家为赶吃新麦面粉，包饺子庆祝丰收。这期间本地还有吃新麦子馒头的习俗，依此请长辈及合家喝酒吃炒菜。亲友之间相互赠送新麦子馒头，增加丰收气氛。现在虽仍在延续吃饺子，但吃不到自己收获的小麦面粉，氛围淡漠。

九　七月七

传说牛郎与织女（民间称织女姑姑）为冲破封建婚姻，争取自由而受到王母娘娘的阻挠，只允许在农历七月初七夜在天河（银河系）相会，这天所有喜鹊为他（她）们搭桥会面，人们为祝贺他们，用桃木和梨木以十二生肖为样做成“咯子”家家户户烙饽花。大小不一，儿童把小的用线穿起来套在脖子上玩赏。

十　仲秋节

农历八月十五为中秋节，近于二十四节之“秋分”，此时，月亮最明最圆。是全中华国民的传统节日。本地区农历八月初人们就开始以月饼为主的礼品恭奉长辈，亲友相互馈赠。是日之夜烧香叩头祭月，家家吃月饼，合家吃团圆饭，喝团圆酒，共同赏月，故也称团圆节。自2008年始起国家将这天列入传统节日，法定公休日。

十一　十月一

农历十月初一，亦称“鬼节”，秋收基本完毕，村民写褡子上坟祭祖，此日也是雇工（觅汉）解雇的日子，当地普遍吃饺子过节。

十二　冬至节

二十四节气中的“冬至”,习称为“过冬”。旧俗，头一天为“鬼冬”，当地大都吃大包子，是日家家吃饺子。农家顺口溜“过了冬，一天长一葱（层）”，开始白天渐长。冬至、夏至有俗语：“夏至待十日，冬至当日回”。

第三节　新节日

一　元旦

阳历一月一日为“元旦”，俗称“阳历年”。新中国成立后为法定公休日，机关、学校、厂矿、企事业等单位按例放假一天，悬挂国旗，张灯结彩庆祝。

二　国际劳动妇女节

1909年3月8日，美国芝加哥女工和全国纺织服装业的工人联合举行了声势浩大的示威游行和罢工，要求增加工资，实行八小时工作制和获得妇女选举权，得到美国和世界广大劳动妇女的热烈支持和响应，影响扩及全球。为纪念美国芝加哥女工大罢工，团结各国妇女共同奋斗，特定每年3月8日为国际劳动妇女节。新中国成立后，机关、单位妇女放假半天，由各级妇联组织纪念活动。

三　五一国际劳动节

1889年7月14日，由马克思主义者召集的社会主义者代表大会在法国巴黎隆重开幕。这次大会上，法国代表拉文提议：把1886年5月1日美国工人争取八小时工作制的斗争日定为国际无产阶级的共同节日。与会代表一致通过这项决议。“五一”国际劳动节诞生。新中国成立后，机关、学校、厂矿、企事业单位按例放假一天。自1999年开始实行法定休假日为三天，连同两个周六、周日共七天，称“长假”，是民众旅游的黄金节日。自2008年恢复放假一天。

◇ 1990年三八妇女节文艺展演观众现场

四　五四青年节

一九三九年“五四”前夕，延安的青年联合会向全国青年发出倡议，定“五四”为中国青年节，此建议得到各地青年团体的同意，一九四九年12月中央人民政府政务院正式宣布，5月4日为青年节，各级共青团组织举办活动。

五　母亲节

1906年由美国费城的安娜·加维斯小姐为报答母亲的养育之恩而倡议建立的节日。1914年美国政府规定每年五月的第二个星期日为母亲节。这一倡议得到了世界许多国家的赞同。1989年5月14日青岛市妇女联合会等单位首次组织了以歌颂母亲、颂扬母德为主题的母亲节庆祝活动。此后按例传承。现市民家庭以各种丰富多彩形式孝敬自己的母亲。亢家庄村民历来有赡养、尊重、热爱母亲的风尚。

六　国际儿童节

1942年6月德国法西斯枪杀了捷克利迪策村16岁以上的男性公民140余人和全部婴儿，并把妇女和90名儿童押往集中营。村里的房舍、建筑物全部被毁。为了纪念死难儿童，保障儿童权利，1949年11月国际民主妇女联合会在莫斯科召开执委会，正式决定每年6月1日为全世界少年儿童的节日，即“国际儿童节”。新中国成立后开始庆祝，小学放假一天。少年儿童穿戴节日盛装，参加联欢、游园及参观等活动。

七　中国共产党成立纪念日

1917年俄国十月革命胜利后，马克思主义迅速传到中国，经过“五四”爱国运动，最早接受马列主义的革命知识分子李大钊、陈独秀、毛泽东、董必武等人相继在各地成立共产主义小组，宣传马列主义，从事工人运动。在列宁领导的共产国际的帮助下，1921年7月各地共产主义小组派代表到上海召开了中国共产党第一次代表大会。大会通过了党的章程，选举陈独秀为总书记，宣告中国共产党成立，定于公历7月1日为中国共产党成立纪念日。新中国成立后，每年这一天由各级中共党组织举办纪念活动。

八　建军节

1927年7月31日至8月1日，周恩来、朱德等人领导了南昌起义，标志着中国共产党独立领导武装革命的开始。因为南昌起义的部队为中国共产党领导的第一支军队，因此定8月1日为中国人民解放军建军节。地方政府和当地驻军举办拥政爱民、拥军优属和军民联欢活动。

九　国庆节

1949年10月1日毛泽东主席在天安门城楼向世界及全中国宣布“中华人民共和国成立”。1949年9月的第一届一次政治协商会议上，决定把10月1日定为中国人民的国庆节，全国放假1天，自1999年开始放假三天，连同两个周六、周日共为七天长假。

十　重阳节（老人节）

农历九月九日为传统的重阳节。因为古老的《易经》中把“六”定为阴数，把“九”定为阳数，九月九日，日月并阳，两九相重，故称重阳。九九重阳，因为与“久久”同音，九字在数字中又是最大数，有长久长寿的含意，再者秋季也是一年收获的黄金季节，重阳佳节，寓意深远。以前青岛民间此日有登高、赋诗、赏菊、饮酒等活动，但只是在少数文人雅士中流行。1988年山东省把该日定为老人节，给重阳节赋予了新内容，增添了活力。单位组织离退休干部近郊观光、旅游。现今儿女依此为孝敬、探望老人的佳节，故而成为新时代节日。

第四节　迷信、陋习

一　迷信

（一）求雨：旧时干旱，人们用不同方式祈求天老爷爷、龙王爷为民降雨。如碰巧真降雨，村长、地保带领村民们烧香、敲鼓打锣拜谢。

（二）有病不求医

1. 求神、请巫婆。贻误治疗，造成恶果。

1947年6月亢家庄一孩童（5岁）在东河抓蜻蜓玩耍被疯狗咬伤，染狂犬病，由其奶奶下神，延误医疗时机而夭折。

2. 孩子被惊吓，神志恍惚称掉魂：不找医治疗，让其睡觉后，用一根香点燃，用一红线系另一头倒立，吊在身边，等第一次香灰掉下后，魂魄便回，称叫魂（其实受惊后，就是应该镇静，睡觉即可痊愈）。另一种叫魂方式是：在哪里受到惊吓后，大人领孩子到原处，一手扶着孩子，另一只手在地上划拉，在身上捕撒抚摸，嘴里叨念孩子名字“回家吧……”。还有一种是拉魂，让孩子睡觉后，用孩子的衣服，在原处拉上几下后，盖在身上，称拉魂。

3. 孩子生麻疹（天花，俗称疹子、痘子，此类病以前因医疗不及时，护理不当，终因肺炎并发感染，死亡率特高。生天花者留下麻脸，终生遗憾）：找人用红纸写一张“痘疹娘娘”让其快出疹子和痘子的贴子，并许愿“好了后给予纸香答谢”，称“还愿”。结果贻误治疗，不少孩子因麻疹夭折。亢家庄1947—1948年出生的男性有五人生天花（痘子）因护理不到位，最后都留下不同程度的麻脸。在本村也是最后一批受害者。现在的婴儿一出生就接种疫苗，再不会出现上类情况。

4. 逢疑难事宜或丢掉物品，找瞎汉算卦、算命先生抽签，以判断吉凶、取舍。

5. 过年(春节)忌说“穷”“破”“断”“完”等字眼，否则意主来年不顺。

6. 结婚时不让孕妇观看，以免冲了喜事。

7. 辞灶到送年这段时间，出嫁的闺女不能回娘家，否则主娘家人丁不旺，家境不利。

8. 麦收时，妇女不能到麦场观看、多说话。否则会使收获不利。公社化以后，妇女在麦收时成为主力军。

9. 老人活到百岁只能说九十九，忌讳“人活百岁终须死”“和老驴同岁”之说。

10. 人到中年41岁时只能说40或42，否则会有“四十一大王八（甲鱼）”之说。

二　陋习

1. 赌博：旧时赌博形式多样：看麻掌（一种长约 10 厘米，宽约 3 厘米的纸牌，玩法如同麻将）、推牌九、打麻将、打色子和押宝等，亢家庄以看纸牌、推牌九和打麻将居多，特别是过年时节，几天几宿不睡觉，输了钱打老婆孩子、偷盗，欠债家庭闹矛盾。新中国成立后明令禁止，自 20 世纪 80 年代起又有用扑克、麻将形式赌博。

2. 自鸦片传进中国以后，民众受害非浅，早在 20 世纪 20 年代就有不下 10 名村民吸食大烟，后来转吸海洛因，扎吗啡，原本不错的家境很快变卖房屋、土地，使得妻离子散，流离失所，最后以盗窃糊口或落得死无葬身之地的下场。新中国成立后，严令禁止。今仍有吸食摇头丸、冰毒等毒品者。

3. 早婚：在“早娶媳妇早养儿，早养孩子早得济”的旧观念支配下，男女过早成婚，男子十三四岁就成婚，有摧残人性的娃娃亲、童养媳，还有为身患重病的男女以“冲喜”带病结婚，伤害双方身心。

4. 重男轻女：在“养儿防老”、“不孝有三，无后为大”等传统观念的支配下，女人不仅得不到读书上学的机会，还不得从事社会活动，甚至连继承权也被剥夺。有女无子者要“过继”别人的儿子，以嗣香火传宗接代，遗产给过继儿子。

5. 妇女缠足束胸：旧时女孩子五、六岁便开始缠足，用布条将足裹成尖的，造成终生残疾苦不堪言。未婚女子乳房发育凸起，不能太显眼，多以贴身内衣紧束，影响身体正常发育。旧时的妇女在炎热的天气，不能穿短裤，并且还得用带子扎裤角，否则视为放荡。

第七章　方言·民俗谚语·民俗歇后语·节气诗歌·民谣·民俗谜语

亢家庄先祖们走过了面朝黄土背朝天的漫长垦耕岁月，既有千辛万苦的磨难经历，又有丰富的生活、生产的智慧积累，亢家庄人用独特的方言、谚语、民谣等形式传承着这些珍贵的人文财富。

第一节　方言

亲属称谓

爹—父亲。

爷爷—祖父。

大爹、二爹……—没出五服与父同辈。

大爷、二大爷……—已出五服，年

龄比父大的同辈。包括其他姓氏。

大叔、二叔……—已出五服，年龄比父小的同辈。包括其他姓氏。

娘—母亲。

妈妈—祖母、奶奶。

大娘、二娘……—未出五服的叔辈之妻（旧时称呼）。

大妈、二妈……—未出五服的叔辈之妻（现今称呼）。

大妈、二大妈……—已出五服，比父亲年龄大的长辈之妻。或其他姓氏的长辈之妻。

大婶子、二婶子……—已出“五服”的叔辈（比父亲年龄小的）之妻。

姥爷—外祖父。

姥娘—外祖母。

舅（儿）—舅父。

妗子—舅母。

丈人—岳父。

丈母娘—岳母。

舅子—妻子的弟兄。

大伯（北）—丈夫的哥哥。

小叔子—丈夫的弟弟。

割不断—连襟。

老婆—妻子。

小色（shei）儿—男性幼儿。

小嫚儿—小女孩。

男人、外头、汉子—丈夫。

汉们—男子。

爷们—长辈对下辈男人的称乎。

哥们—同辈男人的互称。

背父生—遗腹子。

带肚儿—再嫁后所生前夫的孩子。

替头—女儿亡故娘家称女婿续娶之妻。丈夫去世而另招的上门女婿。

带脚子—随娘改嫁的孩子。

天文农事

日（yi）头—太阳。

阳阳地（儿）—阳光大面积照到的地方。

晒阳阳（儿）—冬天晒太阳。

扫帚星—慧星。

天河—银河。

忽雷—雷。

冻溜—冰。

凌驹驹—冰锥。

煞实—无风的冷天气。

头晌—头午。

下晚（儿）—晚上。

现当急（儿）—当场。

觅汉—雇工。

揍营生—干活。

驴具—犁。

支生—茂盛。

差（chai）—泥泞。

障子—篱笆。

月（儿）—月亮。

阴凉(儿)—夏天阳光照不到的地方。

跑星—流星。

背后阴（yei）儿—冬天阳光照不到的地方。

雾漏—雾。

拔子—冰雹。

上冻—结冰。

暴—尘土飞扬。

刹黑（儿）—傍晚。

白依—白天。

么臧改儿—时间很短。

发先头—已过去一段时间。

接热窝—接着办。

庄户把式—农事方面的行家。

上坡—下地干活。

车轱辘儿—车轮。

锢炉子—锔锅碗的工匠。

雨淋—苇笠。

漫坡地—荒郊田野。

要犯天—刮大风、下大雨、雪前的预兆。

倒照—雨后转晴太阳刚落映出的霞光。

西北咧子—冬天刺骨的大西北风。

雾露嗤子—毛毛雨。

动植物

公子—雄性动物。

母子—雌性动物。

蛤蟆过当(儿)—蛙类的幼虫、蝌蚪。

赖卡巴—蟾蜍。

长虫—蛇。

家雀（儿）—麻雀。

皮狐子—狐狸。

捣打木子—啄木鸟。

臊水狼子—黄鼠狼。

鸦鹊—喜鹊。

土蛰（儿）—蟋蟀。

刀螂—螳螂。

蛐蟮—蚯蚓。

聒（guo）噪—跳蚤。

蚂点布蝼—蜗牛。

簩固—海胆。

廷八鱼—河豚。

胡秫—高粱。

四季豆（儿）—芸豆。

转游剋—向日葵。

草鸡—比喻甘拜下风。

外子—青蛙。

狠虎—鸱鸮，大猫头鹰。

黑瞎子—熊。

马蛇子—蜥蜴。

泥（mi）狗—泥鳅。

猫耳头—猫头鹰。

脚猪—种猪。

壳罗猪—半大猪。

妈虎—狼。

老鸹—乌鸦。

蝎虎—壁虎。

蚁蛘—蚂蚁。

节留—蝉。

节留虎—蝉的幼虫。

小咬—无名咬人小虫。

茄巴—七星瓢虫的幼虫。

夹不蝼拳—大海螺。

沫货（儿）—小虾幼虫。

地瓜蛋（儿）—土豆。

长生果（儿）—花生。

坡盘—草莓。

芫荽—香菜。

棘子树—刺槐。

洋柿子—蕃茄、西红柿。

狗奶子—枸杞。

花卜都（儿）—花蕾。

房舍用品服饰饮食

天井—院子。

门蟾（chan）—门坎（槛）。

夹古道（儿）—房与房、房与墙之间的地方。

裹棚—承重的仰棚（当地冬天储藏地瓜的棚）。

锅头—炉灶。

茶燎子—烧水壶。

电棒子—手电筒。

潮脑—樟脑球。

小褂—上衣。

裹脚—妇女以前缠足的包脚布。

搭撒（儿）—扎成缨（儿）、穗（儿）。

兜枕—枕头。

毛窝—用毡做的棉鞋。

蒲哇—用蒲草编的棉鞋。

铺衬（儿）—碎布做的尿布。

嘎（音）子—戒指。

面汤—面条。

锅疙渣—锅巴。

老汤—煮肉食品多年陈汤。

筋道—有韧性。

麻山—豆饼、花生饼。

过当—走廊。

门掩后（儿）—门后。

抽头—抽屉。

插关—门关的插销。

浮台—烟囱。

风显（音）—风箱。

篓子—篮子。

担杖—两头带铁钩的扁担。

柱棒—手杖。

爆仗—鞭炮。

布兜（儿）—兜肚儿。

手巴掌（儿）—手套。

指扣—顶针。

卫生衣—棉绒衣。

钱插子—用帆布做的盛金属币褡裢。

围脖（儿）—围巾。

盖垫—高粱杆串做的锅盖。

香油果子—油条。

打油—买油（以前用专具量具油墩打油）。

大料—指八角、花椒等调味品。

变蛋—松花蛋。

馉馇（guzha）—饺子，亦称扁食。

萁馏—地瓜馇子加豆沫子做的窝头。

瓜唧—整个青萝卜、芥疙瘩腌的咸菜。

滋裹（儿）—食物之精华。

丝挠—食物霉变。

瓤子饼—加葱油制成的多层饼。

忌讳—醋。

澥冽—粥状物水分游离。

晌饭—中午饭。

身体器官、动作表情

耶髅盖儿—前额。

勃罗盖儿—膝盖。

胳（ga）膊（ba）窝儿—腋。

腚巴骨—盆骨。

后脑勺子—后脑壳。

痴水—口水。

鼻清—鼻涕。

铺闹（儿）—身上的水泡。

锅腰（儿）—驼背弓腰。

冻着了—感冒了。

心口痛—胃痛。

打啊吃—喷嚏。

固束—收缩。

鼓拥—轻微移动。

豁子—兔唇。

雀谷眼—夜盲。

病秧子—亚健康。

牙巴骨—下巴。

耳朵底子—中耳炎。

肋齿骨—肋骨。

脚孤拐—脚拇指与脚掌相连突出的部位。

腚巴子—臂部。

脚核桃—踝骨。

腿干子—小腿。

脚懒筋—脚后根伸向上部的筋儿。

眼择毛—睫毛。

疙瘩—疮疖。

牙花子—牙龈。

邪腺—口流粘液。

囵墩—疙瘩。

鸡皮子疙瘩—因受冷或恐慌皮肤起的小疙瘩。

左巴来子—左撇子。

发皮寒—疟疾。

胀胞—腹胀饱满。

惧敛—紧缩害怕。

鼓踴—抱着胳膊左右摇晃。

拳腮骨—颚骨。

潦浆—烧烫的水泡。

喘齁（hou）（儿）—哮喘。

打直式—打冷颤。

懒巴—伸懒腰。

歪块—半躺半坐。

蛤爬—俯卧。

呕吼—喊叫。

啵啜—背后挑弄是非。

白（音）讳—重复别人的话。

嘁喳—小声喳咕。

道三不着两—说话颠三倒四。

噘人—骂人。

瞅瞜—看。

稳下—放下。

约断—折断。

仰歪—仰卧。

窄弄着—侧身。

趄着—躺着。

拉趴腿—叉开腿。

嘘嚯—大声叫喊。

嫌喉—指责。

戗促—抢白。

重（chong）念—叨念挂牵。

唧嘎—吵嘴。

嘁嘎—斥责。

毛浪—睡眠朦胧无意识的言行，似梦游。

巴数—批评责备。

瞜瞜—窥视。

擢（音滴）—用大拇指和食指捏着拔。

訇（hong）了—扔、丢掉。

蜷—用脚踢。也用作讽刺挖苦人。

跐蹚—脚踩脚碾。

木硬—麻木。

旺醒—有精神。
淡莫索的—难为情。
扑蹬—践踏。
懊头—懒洋洋，提不起神来。
腻歪—精神倦怠干着没头绪的事。
上鼻子上脸—言语动作不礼貌。
跟脚子—随时跟着大人的孩子。

日常生活

门子口—近邻。
受卡打—生活窘迫，吃不饱穿不暖。
拉饥荒—欠债。
叨—用筷子夹食物。
扎固—修理、治疗。
斤留—手提。
犒劳—用酒食慰劳。
捣鼓—翻弄、捣动。
鼓捣—边琢磨，边制作。
二下旁人—不沾亲带故的人。
饥困—饿。
急芯子—性子急。
硬寨 —吃饱了还吃。
豁罗—搅拌。
满井是—很多。
掂对—掂量、打配。
相付—端详观察。
杂么—品行不正。
摆怀—显示、炫耀。
贯继——贯的、经常。
作动人—无端的糟践人。
展扬—自我显摆、夸耀。
掌划儿—张扬，言过其实。
谋量—估算。
演当—演示、排练。
剜钻—捞取、获得。
乍煞—狂妄。
拿捏—女对男撒娇。
周留—惩治。
插把—设圈套给人亏吃。
乍利—性情顽劣，作害人。
啬卡—吝啬、不痛快。
讲混理—不讲正理。
谎点—骗，捉弄。
攻颂—想方设法追求、讨好。
柳光—恭维、讨好、拍马屁。
不济—不好。
谝弄—显示、夸耀。
召继—经常。
洋活（儿）—故意显摆。
浪摆—语言仪态出格。
嘴莫—琢磨、猜测。
忐验—试验，考验。
革应—讨厌、令人厌恶。
钻挤—想方设法以达目的。
烧包—得意、摆富架子。
柴践—贬他人，抬自己。
嘎杂子—吝啬小气。
发熊—无端地大发雷霆。
鬼花狐—要花招。
赶拢—巴结、讨好、动员。
舔么腚（儿）—讨好拍马屁。
颠鲑—献殷勤、讨好。
技亮—心灵手巧。
将干—有意思，巧妙。
烈觉—强烈。
交运—走运。

义合—和睦。
宾服—佩服。
护驹子—偏袒自己的孩子。
骣空—贴身穿棉衣及外套。
拉撒—不干净，不利索。
排癞—很脏。
贱才—下贱。
朝巴—呆子。
半彪子—智力低下。
死羊眼—瞪不起眼神干事。
害淡—害羞。
刺闹—痒、故意刺激人。
献板子勤—多余的殷勤。
扒争—努力争取。老想比别人多。
干单人—尴尬。
煞脱—办事严紧。
时气—运气。
香门—受宠爱。
就符—将就。
记事钟（儿）—记忆力。
不意良好（儿）—不知好歹。
打懒老婆—打陀螺。
埋汰—脏。
滥才—杂乱。不规整。
下三滥—下贱，无自尊。
痴斯—精神病人。
二王种—粗野蛮横之人。
刁蛋—偷懒耍滑。
勒揹（儿）—捆绑留下的痕迹。
剎动—毁坏、食物变质。
备不住—说不定。
其必—预料的结果。
赶急—马上。
直愣争的—突然发生，不知所措。
发几时—什么时候。
当口（儿）—时机。
情好（儿）—放心。
单为—特意。
囚搓—蓬头垢面，衣不整洁。
叫固（儿）—饭菜酒吃喝一顿。
混是—大概可能。
敢自好—非常好。
赶自—就是。
赶忙—等一会。
管几时——贯的。
不希的—不屑，小看对方。
好上的—认真、仔细、小心谨慎。
倘上—遇上、摊上。
挡害—碍事。
得（dei）为—故意。
瘪约—变形。
挤束—紧凑。
齐截—整齐。
不离（儿）—挺好、不错。
般配—相称、相当。
相应—合适。
江江的—稍微。
一拢总——起，一共。
若老干—相当多。
撸了—没达目的，办砸了。
熬炼—长时间不睡觉。
扛不凡—承受不了。
超容—富裕，较轻松。
神琐—顽皮、乱拿乱动。
忘魂失道—神志恍惚，丢三落四。
板争（儿）—整齐。

耍刮—干净、利落。

疵毛—质量差、差劲。

么大点（儿）—很小、很少。

共隆总—总共全部。

拣不垃残—被挑拣剩下的劣品。

大约谋儿—约摸、估计。

行宜—流行，风俗。

敨（tou）露了—包扎物散开脱出。

艮了—物品受潮、食物不脆。

不返乏（儿）—多出承受范围。

玄—危险，前景渺茫。

轻省—轻松、轻快。难办的事说的很简单。

皮脸擦滑—不受约束的顽皮。

二乎—无保证。

不果睬—没注意。

翅（chei）翅（儿）的—轻轻的，小心翼翼的。

巴望—盼望、指望。

摆谱（儿）—超出能力条件的摆设。

备不住—说不定，或许。

背晦—不该说的话反复讲。

藏奸—不肯出全力，耍滑。

扯臊—低趣味臊话。

趁钱—有钱。

出栏—卖猪的行话。

打吵子—吵嘴。

打怵—心虚、畏惧。

掂对—斟酌。

吊膀子—用眼神勾引异性。

掉称—舍分量。

顶杠—对着犟嘴。

定规—保证、一定。

二五眼—含乎。

干松—干燥洁净。

膈应人—使别人讨厌。

孤拐—脾性特别。

呱嗒板—以前的木底凉鞋。

过逾—过分、过甚。

花花肠子—鬼点子。

青皮—无赖。

晌觉—中午觉。

烧包—摆阔气，忘乎所以。

神道—瞎捣鼓。

耍把戏—演魔术。使用诡计背后捣鬼。

武把子—武功。

瞎诌—胡乱编造的话。

暄腾—松软而有弹性。

坐蜡—惹了祸又无能力解决。

营生—干活。

值当—值得、划算。

指头肚（儿）—手指顶端有纹理鼓起的部分。

一落上庄—事办的已经踏实。

一罗一稳—把事办妥。

十三点—节骨眼、延巧。

破门（儿）—打谜语。

捡洋捞（儿）—捡外国人垃圾，也指得到意外收获。

节骨眼（儿）—没有预料到的当口。

嗤空之—空隙很大。

嗤牙子—不结实的卷心蔬菜。

毛闷了—本来知道的事而一时想不起来。

第二节 民俗谚语

一 天气与自然

1. 正月十五不收灯，二月二刮大风。

2. 二八月，乱穿衣。

3. 大雁不过三月三，小燕不过九月九。

4. 七月八月看巧云。

5. 一场春雨一场暖，一场秋雨一场寒，三场秋雨要穿棉。

6. 春雨贵似油。

7. 立了秋，哪里下雨哪里收。

8. 八月十五下一阵，旱到来年五月尽。

9. 七月十五定旱涝，八月十五定收成。

10. 过了十月节（农历），刮起风来就是雪。

11. 大雪不封地，住不了三五日。

12. 一九二九不出手，三九四九冰上走，五九六九河边看柳，七九和八九耕牛遍地走，九九八十一家里做饭坡上吃。

13. 打了春，甭（音：拜）欢喜，还有六十天的冷天气。

14. 长到夏至短到冬（冬至）。

15. 冷在三九，热在中伏。

16. 不怕初一下，就怕初二阴。

17. 东浆（虹）雾露西浆雨，南浆发河水，北浆淹萝卜。

18. 旱涝东北风，旱天不下雨，涝天雨不停。

19. 有钱难买五月旱，六月连阴吃饱饭。

20. 关门雨，下一宿。

21. 朝刮三，夜刮四，不晌不夜刮一时。

22. 清明断雪不断雪，谷雨断霜不断霜。

23. 清明难得晴，谷雨难得阴。

24. 风倒八遍不用卡算（下雨）。

25. 瓦碴云，晒死人。

26. 不行春风，哪来秋雨。

27. 浮山戴帽，下雨一瓢。

28. 天黄有雨，地黄有风。

29. 千难万难不离崂山，大艰不艰，大难不难。

30. 天河（银河系）弯弯吃干饭（指收谷子），天河直溜吃萁馏（指收地瓜）。

31. 吃了端午粽，才把棉袄轰（扔）。

32. 燕子低飞蛇过道，必是大雨到。

33. 浮台憋了烟，转眼就变天（浮台指烟囱）。

34. 初一、十五正午海，吃了晌饭晚了海（低潮时间）。

35. 初八、二十三，两头响崩干（指早晚低潮）。

36. 立夏风不住，刮到麦子熟。

37. 鸡往高处跳，大雨就来到。

38. 雪下高山霜打洼。

39. 下雪温温，化雪凉。

40. 豆子开花，墒沟摸虾。

41. 朝看东南，晚看西北（观察雨、云）。

二 生产类

1. 人糊弄地一时，地糊弄人一年。

2. 一亩菜园十亩田。

3. 春天插根棍儿，秋天吃一顿儿。

4. 有钱买种，没钱买苗。

5. 人勤地不懒。

6. 歇地如歇马。

7. 千买卖，万买卖，不如在家翻土块。

8. 谷雨前后，种瓜点豆。

9. 一遍锄头顶遍粪，三遍锄头装满囤。

10. 小麦锄三遍，浑身都是面。

11. 麦苗不怕草，就怕坷垃咬。

12. 六月六，看谷秀（秀穗）。

13. 头伏萝卜末伏菜（菜：以前指大头菜，后指大白菜）。

14. 麦熟一晌，蚕老一时。

15. 五黄六月不出工，十冬腊月喝北风。

16. 七月核桃八月梨，九月柿子赶大集。

17. 旱瓜涝枣。

18. 过了夏至节，锄头不能歇。

19. 白露早，寒露迟，秋分种麦正合适。

20. 麦怕胎里旱，人怕老来贱。

21. 麦盖三层被（指雪），枕着馍馍睡。

22. 麦子成和秕，单看正月二十一（是庄稼生日，好天预兆丰收）。

23. 高地芝麻洼地豆，沙地花生多出油。

24. 三春不如一秋忙。

25. 桃三杏四梨五年，枣树当年就见钱。

26. 猪五羊六牛十月，兔子一月抱一窝。

27. 养猪图攒粪，挣钱是枉然。

三　生活

1. 当家才知柴米贵，养儿方知父母恩。

2. 吃不穷，穿不穷，打算不到一世穷。

3. 一天省一口，十年省一斗。

4. 吃饭先喝汤，强起开药方。

5. 人是衣裳马是鞍。

6. 饭后百步走，活到九十九。

7. 宁吃鲜桃一口，不吃烂杏一筐。

8. 吃萝卜，喝酽茶，气的大夫溜街爬。

9. 冬吃萝卜夏吃姜，不用大夫开药方。

10. 桃养人，杏伤人，李子树下抬死人。

11. 勤捡粪，少赶集，保险明年置头驴。

12. 馋咬舌头瘦咬腮。

13. 抠耳眼，剔牙缝，吐吐哒哒一世穷。

14. 男人街上走，带着老婆一双手（穿戴、装束）。

15. 婆媳要想好，两好轧（ga）一好。

16. 家有万贯，也有一时不便。

17. 少年夫妻老来伴，一天不见问三遍。

18. 笑一笑十年少，愁一愁白了头。

19. 家丑不可外扬。

20. 老婆亲，跑断筋。

21. 惯子如杀子。

22. 火伤肺，气伤肝，能忍身子安。

23. 强扭的瓜不甜。

24. 闺女回娘家，又吃又拿又撒码（到处搜看）。

25. 庄户人三件宝：丑妻、薄地、破

棉袄。

26. 老乡见老乡，两眼泪汪汪。

27. 耕地看拖拖，媳妇看哥哥（音：国）。

28. 一分地要个场，一百岁要个娘。

29. 远亲不如近邻，近邻不如对门。

30. 姑舅弟兄两姨哥，差上差下差不多。

31. 丈母娘亲女婿，一腚蹲死个老母鸡。

32. 南风温温北风凉，好刹的公婆不如亲爹娘。

33. 新三年，旧三年，缝缝补补又三年。

34. 长木匠，短铁匠，油匠不给多打上。

35. 亲不亲，一家人，砸断骨头连着筋。

36. 大旱三年，饿不煞厨子。

37. 三天打鱼，二日晒网。

38. 靠山吃山，靠水吃水。

四　事理

1. 打人不挖脸，嘅人不揭短。

2. 不做亏心事，不怕鬼叫门。

3. 不听好人言，吃亏在眼前。

4. 身正不怕影子歪。

5. 人心隔肚皮，做事两不知。

6. 只要功夫深，钢梁磨成绣花针。

7. 南风唤北雨，好似亲娘搬闺女。

8. 外行看热闹，内行看门道。

9. 有志不在年高，无知枉活百岁。

10. 老实常常在，刚强惹祸端。

11. 一步赶不上，十步撵不上。

12. 宁走十步远，不走一步险。

13. 有狠心的儿女，没有狠心的爹娘。

14. 吃人家的嘴短，用人家的手短。

15. 你赠我一尺，我敬你一丈。

16. 师父领进门，修行在个人。

17. 耳听是虚，眼见为实。

18. 听人劝，吃饱饭。

19. 一个巴掌拍不响。

20. 家家有本难念的经。

21. 贼不打三年自招。

22. 兔子不吃窝边草。

23. 一朝被蛇咬，十年怕井绳。

24. 吃过知滋味，买过知价钱。

25. 吃东西品滋味（儿），听话听下韵（儿）。

26. 出门看天气，进门看脸色。

27. 眼经不如手经，手经不如常掇弄。

28. 脱了三月三，逃不过九月九。

29. 刮锨磨镰不算刁蛋。

30. 嘴上没毛，办事不牢。

31. 家有千口，主事一人。

32. 瘦死的骆驼比马大。

33. 话不说不知，灯不挑不明。

34. 谁不愿意精神，谁不愿意怪，谁不愿意坐轿八人抬。

35. 浪子回头金不换。

36. 干打忽雷不下雨。

37. 摁下葫芦起来瓢。

38. 八杆子拨拉不着。

39. 饱汉不知饿汉饥。

40. 老母猪想着万年陈穇糠。

41. 成事不足，败事有余。

42. 此一时，彼一时。

43. 打破沙锅问（纹）到底。
44. 高不成，低不就。
45. 前怕狼，后怕虎。
46. 胳膊拧不过大腿。
47. 吹胡子瞪眼。
48. 一朝天子，一朝臣。
49. 上梁不正，下梁歪。
50. 有鼻子有眼（儿）。
51. 胳膊肘（儿）朝外拐。
52. 大鱼吃小鱼，小鱼吃虾，虾吃沙。
53. 这山望着那山高。
54. 照葫芦画瓢。
55. 拆东墙，补西墙。
56. 羊毛出在羊身上。
57. 丁是丁，卯是卯。
58. 碰一鼻子灰。
59. 一个萝卜一个窝。
60. 车到山前必有路。
61. 看客下菜碟。
62. 有心拜年，十五不晚。
63. 有儿不怕晚，就怕寿限短。
64. 路遥知马力，日久见人心。
65. 朋友千个少，冤家一个多。
66. 人不可貌相，海水不可斗量。

第三节　民俗歇后语

芝麻开花——节节高。

八月的核桃——满人（仁）（儿）。

新媳妇往家走，婆婆扁担撑着口——等吃。

聋汉放爆仗——算（散）了。

外甥打灯笼——照舅（旧）。

茶壶煮饺子——肚子里有倒不出来。

南山顶上滚石头——石（实）打石（实）的来。

武大郎玩毛儿头（猫头鹰）——各好一班鸟。

正月十五贴对子——晚了半个月。

歪脖子胡秫——各一路种儿。

秃子头上的虱子——明摆着。

丑媳妇见公婆——早晚的事。

西北风刮蒺藜——连风（讽）带刺儿。

鸡蛋碰石头——不自量力。

聋汉的耳朵——摆设。

哑吧吃饺子——心里有数。

哑吧吃黄莲——有苦诉不出。

花岗石脑袋——死不开窍。

拾草打兔子——捎带着。

竹篮子打水——一场空。

妈虎（狼）跳在羊栏里——拣口吃。

懒驴上磨——屎尿多。

窗户棂子吹喇叭——名声在外。

门缝望人——看扁了。

裁缝掉了剪子——光剩下吃（尺）了。

隔着靴子挠痒——白费劲。

做梦将媳妇——想好事。

大水冲了龙王庙——一家人不认一家人。

西瓜掉在油篓里——滑蛋。

豆腐掉在灰窝里——吹不得打不得。

老鼠扛木锨——大头在后边。

膘水狼子给鸡拜年——没安好心。

肉包子打狗——有去无回。

猪八戒照镜子——里外不是人。

鸡蛋里挑骨头——没事找事。

黑瞎子照像——熊样。

狗戴帽子——装人。

井底的蛤蟆——没见过多大的天（儿）。

屎克郎打哈欠——张开臭口。

秋后的蚂蚱——蹦达不几天了。

癞蛤蟆打啊欠——好大的口气。

八带鱼戴礼帽——似充海先生。

鸦鹊跳在干枝上——哨哗。

半大小子、壳罗猪——能吃。

捣打木子（啄木鸟）歪了嘴——命该如此。

狗头长角——出羊（洋）相。

苍蝇跟着个卖盐的——操些闲（咸）心。

嗑瓜子嗑出臭虫来——什么人（仁）都有。

苍蝇飞进牛眼里——找泪（累）吃。

地冻三尺——非一日之寒。

千里送鹅毛——礼轻情义重。

钢杵磨成针——功到自然成。

第四节　节气诗歌

二十四节气诗

春雨惊春清谷天，夏满芒夏暑相连。

秋处露秋寒霜降，冬雪雪冬小大寒。

二十四节气歌

立春天气好，雨水阳气转。

惊蛰虫物醒，春分犁不闲。

清明燕来到，谷雨种大田。

立夏点瓜豆，小满锄两遍。

芒种麦灌浆，夏至开了镰。

小暑不算热，大暑到伏天。

立秋栽白菜，处暑无青疹。

白露要打枣，秋分把地翻。

寒露忙种麦，霜降要犯天。

立冬快收藏，小雪地封严。

大雪雪满地，冬至改长天。

小寒严冬冷，大寒过新年。

第五节　民谣

在周围村庄所流传的民谣大体相同，大都是闲暇中妇女哄孩子玩或让孩子睡眠时以歌谣形式，一边说唱，一边拉手摇晃和一边拍打腹部（现在称催眠曲），它的含意是不同时期人们一种心灵体现，因为押韵上口贴近生活，容易被人们接受而一代一代的传承。现在的孩子很小就到托儿所、幼儿园，抚慰孩子的形式大变，这些民谣逐渐被遗忘。

一、引针针：扁珠芽，红根根儿，姥娘教俺引针针儿。引不上，姥娘打俺两柱棒，上南园，哭两声，回来还是亲姥娘（柱棒：拐杖）。

二、肚子痛：肚子痛，找老熊，老熊没在家，找三疤，三疤在家磨刀子，吓得肚子好好的（过去，孩子患一般肚子疼，大都吃东西不当所致，因缺医少药，大人一边给孩子摸索肚子一边哼唱着歌谣，时间长了肚子可能便不痛了，或孩子就睡过去了）。

三、闺女谣：俺的娘，你好狠的心，把俺说给午山村，挑担水，满断筋，石头瓦碴垫脚心。上坡回来肚子饿，干饭、面汤捞不着，划拉的粘粥稀流薄，舀在碗里放沫洛（粥音“主”，划拉是“熬”的意思）。注：午山村，坐落于崂山余脉的半山坡，街道崎岖，满街是石头，歌谣借用午山村。顺口压韵。泛指婆家很贫寒。

四、小白菜：小白菜呀叶儿黄呀，三岁两岁没有娘呀，跟我爹爹还好过呀，就怕爹爹娶后娘呀。娶了后娘三年整呀，生了个弟弟比我强啊，弟弟穿新我穿旧呀，弟弟吃面（儿）我喝汤啊。白天想娘哭断肠哎，夜里想娘泪汪汪。有心跟着山水走呀，又怕一去不还乡。

五、小老鼠：小老鼠，上灯台，偷油吃，下不来，叫它奶奶抱下来（以前没有电灯，用豆油点灯照明）。

六、拉大据，扯大槐，姥娘门口扎戏台，请您姑，搬您姨，俺不用搬请自己来。

七、不孝歌：鸦鹊喳喳尾巴长，将了媳妇忘了娘，把娘撩在南山上，媳妇住在炕头上。关着门，堵着窗，稀流哗啦下面汤（鸦鹊：喜鹊。将：娶。面汤：手擀面条）。

八、胖娃娃：我家有个胖娃娃，不到两岁会说话，不吃饭，不喝汤，整天吃妈妈。头戴小绒帽，身穿粉红纱，见人面带笑，好像一枝花，一家老少都爱它。

九、小胖孩：小胖孩儿，上窗台，砸坏了爷爷的小烟袋儿。爷爷打，妈妈拉，姐姐背着上街耍。

十、日本鬼儿：日本鬼儿，喝凉水儿，坐火车，压断腿，坐轮船，沉了底（对日军侵华罪行的咒骂）。

十一、下雨了：下雨下大了，老妈妈在家害怕了。下雨下小了，老妈妈在家包饺子（这里老妈妈指织网的蜘蛛，从前住平房，蜘蛛设网夹道，以屋檐下为家，下雨把丝织网淋湿了而抓不到飞虫，雨将停了便又活跃起来，可以在屋里吃库存食物了）。

十二、破棉袄：背草，拾草，路上拾了个破棉袄，穿着吧？虱子咬；扔了吧？可惜了。

十三、亲娘谣：小老鸹（音：哇），贴天飞，无娘的孩子吃千亏，若是有俺的亲娘在，谁言谁语谁怕谁（农谚：一分地要个场，一百岁有个娘，母亲是保护伞，是永远疼爱自己的人）。

十四、闺女梦：剪子股，弯弯苔，夜晚做梦姐姐来，姐姐你爱吃个什么饭（fai）（儿），我就爱吃个面汤打鸡蛋（带）（儿），一擀擀成个封窗纸，一切切成个百丝线（sai）（儿），下了锅里滴流转儿，舀在碗里莲花瓣（儿），姐姐姐姐您尝尝，不巧给姐姐撒了满胸怀，姐姐姐姐不要哭，咱爹咱娘从南来，咱爹骑着桃红马，咱娘扯着根红绒带，一扯扯出个花大姐，花大姐您十几，麦子开花俺十七，马莲开花做媳妇（做：音邹 zou，媳妇指结婚）。

第六节　民俗谜语

谜语在当地方言称“破门儿”，也称“猜门儿”，就是“破谜”和“猜谜”。过去农村文化生活贫乏，闲暇大人哄逗孩子和儿童开发智力的一种很受喜爱的活动。制谜、猜谜能使精神得到享受，传统的谜语在周边地区都差不多，其特点具有诗的含蓄、歌谣的节奏，顺口压韵。

谜语：

1. 东山一个牛，西山一个牛，一到黑天来碰头—门栓。

2. 麻屋子，红帐子，里面住着个白胖子—花生。

3. 水里生，水里长，不能称，不能量—水蒸气。

4. 一个小盒，里面盛着个拨拉娥—口腔，舌头。

5. 大哥上山吱留留。二哥下山滚绣球。三哥摇头梆子响。四哥洗脸不梳头—鸟、刺猬、兔子、猫。

6. 腰缠一根线，能在半空站，不怕大风刮，就怕天出汗（下雨）—风筝。

7. 小小诸葛亮，独坐中军帐，摆开八卦阵，专捉飞来将—蜘蛛。

8. 空脖树。扁扁筋。野鸡下蛋土里埋。紫不留囚一身疥—大葱。韭菜。蒜头。茄子。

9. 小小红绣娘，吹笙进绣房，有心喝个交心酒，就怕举手见阎王—蚊子。

10. 大哥一脸疤。二哥平铺塌。三哥歪歪嘴。四哥一支花—核桃。柿子。桃子。石榴。

11. 从南来了拽呀拽，不脱裤子就下海—鸭子。

12. 一条腿土里生。二条腿叫五更。三条腿正北坐。四条腿挖窟窿—蘑菇。公鸡。烧香。老鼠。

13. 细细腰，圆圆脸，天天围着太阳转，生就一幅俊模样，从夏笑到九月寒—向日葵。

14. 弟兄千千万，住在白云间，旱天盼他来，涝天望他闲—雨。

15. 一只老虎，四脚拉扒，口里吞人，肚子说话—房屋。

字谜：

1. 一点一横长，一撇到南洋，里边两棵树，长在石头上—“磨”字。

2. 上边既能飞，下边又能站，今天先猜着，明天出答案—“翌”字。

3. 上不在上，下不在下，不可在上，且宜在下—“一”字。

4. 某（*）字真大，天没有它大，人有他大—“一”字。（天、大）

5. 日月一齐来，休当“明”字猜，说“昌”更不对，难煞若干有文化的小青年（nai）儿—“胆”字。

6. 左看八十八，右看八十八，正看八十八，倒看八十八，仔细一端祥，好像一朵花—“米”字。

7. 老王和老白，坐在石头上—“碧”字。

8. 一个字，千张嘴，要想活，浇点水—“舌”字。

9. 二木不成林，八厶不成分；言边主下月，二人土上蹲—“相公请坐”。

10. 三人同日去观花，百友本来是一家，禾火二人并排坐，夕阳底下两个瓜—“春、夏、秋、冬”。

11. 老大老二和老三，弟兄三个叠罗汉，老大跨着老二头，老三挺在最下边—

“奈”字。

12. 有户无门一间房，一员大将里面藏，有人说是关夫子，我说他是楚霸王—“扇”字。

13. 一个不出头，两个不出头，三个不出头，说是不出头，都是不出头—“木”“林”“森”字。

14. 四个口字边靠边，四个王字团团转，四个山字对着坐，四个日字肩碰肩—“田”字。

15. 遇水一片汪洋，遇木可闻花香—“每”字。

康家庄志
KANGJIAZHUANGZHI

第九篇　人物、荣誉

第一章　人物传略

第一节　已故村干部

一　新中国成立前（以卒年为序）

闫瑞凤：男，1878 年生，1954 年病逝，享年 76 岁。是闫姓七世族人，自幼务农，善于持家，本村首富之一，民众威望颇高，为公益能慷慨解囊。1936—1940 年担任亢家庄完全村长，办事公正，尽力为民排忧解难，深得村民好评。闫瑞凤目光较远，尤其重视子女上学求知。1920 年送儿子闫世臣到浮山所公学堂读小学，1926 年是亢家庄第一届毕业生，随即到青岛铁路中学念中学，1933 年考入北平（北京）师范大学，后参加革命，成为本村第一个大学生并为参加革命第一人。其女闫冷梅也是第一个成立新中国前的高中毕业女性（见表 96）。

亢辉镜：男，亢姓十六世族人，1881 年生，1960 年病逝，享年 79 岁。世代务农。童年在仲家洼从师仲姓念私塾四年，知书达理，为人正直，善辨是非，经常为村民解除纠纷矛盾，是村民的主心骨，威望极高。1922 至 1928 年任亢家庄村长时，尽职尽责，尽力挡外安内，深得民意。记忆力超群，能说善讲。步入老年时代，不分春夏秋冬，不论走到哪里都有老者、甚至年轻人跟随听其论古道今（见表 96）。

新中国成立前村干部一览表（以卒年为序）

表 96

姓　名	性别	籍　贯	生卒年份	享庚	任　　职
亢登悦	男	青岛亢家庄	1868—1926	58	德日占领时期，1900—1922 年任亢家庄庄长
闫兆梓	男	青岛亢家庄	1888—1940	52	一期南京国民政府时期，1928—1933 年任亢家庄村长
亢中梓	男	青岛亢家庄	1889—1942	53	一期南京国民政府时期，1935—1937 年任亢家庄村长
亢辉信	男	青岛亢家庄	1896—1946	50	一期南京国民政府时期，1933—1934 年任亢家庄村长
亢辉仁	男	青岛亢家庄	1880—1950	70	德日占领时期，1913—1927 年任亢家庄地保
闫瑞凤	男	青岛亢家庄	1878—1954	76	一期南京国民政府、日本二次占领时期 1936—1940 年任亢家庄完全村长
亢中义	男	青岛亢家庄	1906—1955	49	日本二次占领时期，1942—1943 年任亢家庄村长
亢辉镜	男	青岛亢家庄	1881—1960	79	一期南京国民政府，1922—1928 年任亢家庄村长
亢正礼	男	青岛亢家庄	1906—1976	70	日本二次占领时期，1942—1943 年任亢家庄村长

续表 96

姓 名	性别	籍 贯	生卒年份	享庚	任 职
亢正法	男	青岛亢家庄	1903—1977	74	日本二次占领时期，1941—1942 年任亢家庄村长，二期南京国民政府时期，1945—1946 年第一任村长
王玉贵	男	青岛亢家庄	1896—1982	86	日本二次占领时期，1941—1942 年任亢家庄村长
亢中福	男	青岛亢家庄	1908—1983	75	日本二次占领时期，1944—1945 年任亢家庄村长
亢中俊	男	青岛亢家庄	1915—1987	72	二期南京国民政府时期，1947—1949 年任亢家庄（第十保）保长

二　新中国成立后（以卒年为序）

闫盛福：男，亢家庄闫姓第八世族人，1922 年 6 月 15 日出生，农民家庭，小学四年，自幼务农。1939 年青岛国棉三厂工人，1943 年青岛四方机厂工人，1945 年日寇投降后回乡务农，1954—1956 年任浮亢乡副乡长，1956 年 5 月—1958 年 9 月任工农联盟高级农业合作社副社长，1958 年 9 月—1960 年 4 月任浮山公社第二生产管理区主任，1960 年 4 月—1964 年 3 月 25 日任浮山人民公社二管区副主任，1964 年 4 月—1966 年 8 月任亢家庄大队党支部书记。1966 年 8 月 1 日，因积劳成疾，卒于崂山县医院，享年 44 岁。

1966 年 8 月 15 日中共浮山四清工作大队委员会，中共浮山人民公社委员会做出“关于在全社范围内开展学习闫盛福同志的活动的决定”。（见附录）

闫盛利：男，亢家庄闫姓第八世族人，1930 年 2 月 23 日出生，农民出身，浮山所小学高小毕业。1949 年任亢家庄农民协会青年委员，1950 年任亢家庄团支部书记，1951 年任浮亢乡团总支书记、浮亢乡副乡长，1952 年当选浮山区人大代表，1957 年任浮亢乡农民协会委员。1958 年成立人民公社后任亢家庄生产大队第五生产队小队长，1986 年因病去世，享年 56 岁。生前为农民协会和青年团组织以及浮亢乡的发展做出了重要的贡献。

亢中泰：男，亢家庄亢姓十七世族人，1937年5月19日出生，世代务农，浮山所小学高小毕业后务农。1956年加入工农联盟农业合作社，开始担任小队记工员，1966年5月28日加入中国共产党。在1961年浮山公社首届社员代表大会上被选为记账员、主管会计、支部委员，1969—1979年任浮山人民公社亢家庄大队锻造厂厂长。1980年任浮山冷拔厂厂长，后任浮山联营冷拔厂厂长。1960—1978年兼任民兵连连长。1989年病逝，享年52岁。任职期间为亢家庄大队财务管理打下了良好基础，为民兵队伍的建设、治安保卫工作和集体事业的发展付出了辛劳。

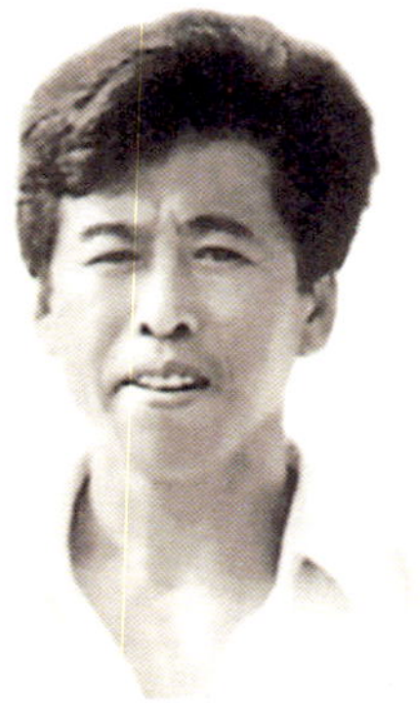

汪福有：男，1914年2月11日出生，原籍胶南县阳信镇旺山庄人，自幼务农，未进校门。1905年随父去吉林通化县打工。1937年七七事变迁回原籍，1939年举家来亢家庄北园以租地种菜为生。1956年参加高级社，后任浮山管区技术队副主任，1959年7月27日加入中国共产党，1964—1970年任亢家庄大队副大队长，1971—1978年任副业办公室主任（已超出退休年龄），2003年7月28日病逝，享寿89岁。生前为农业生产和副业生产的发展、壮大做出了突出的贡献。特别对芹菜种植方面，他采用科学的选种、幼苗培育、生长管理等，使蔬菜生产获得大面积的丰产，被山东省蔬菜研究所聘为研究员，被称为“芹菜大王”，受到群众尊敬。

崔洪锡：男，原籍山东省胶南县寨里乡东崔家滩人。1928年11月4日出生，自幼务农。1937至1940年在原籍读初小。因家乡遇荒，又逢时局混乱，于1946年随兄长及其他乡亲奔青岛谋生。始居恩县路，同年只身来到亢家庄北园，以租地种菜为业。1956年加入亢家庄农业社，成为亢家庄大队社员，并担任小队记工员。1958至1964年调入浮山公社蔬菜技术队任队长。1964至1967年任亢家庄大队第二生产队队长。1967至1979年任亢家庄大队副队长、大队长。1980年至1984年任中共亢家庄大队党支部书记兼副大队长。1985至1987年任青岛大信农工商公司经理，1987年退休。1988至1997年被聘为亢家庄居委会亢北居委会主任。2007年受聘为大信实业公司顾问。2015年10月病逝，享年87岁。

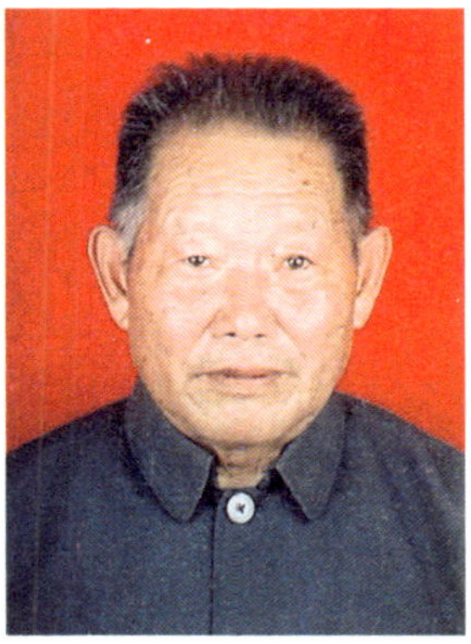

1966年4月15日加入中国共产党。多年来受党教育培养，思想坚定，忠于职守，从一名贫困百姓成为了村领导干

部。任职期间，讲党性，严格要求自己，任劳任怨，从不计较个人得失，深受群众爱戴，1963年、1966年当选青岛市人民代表大会代表。工作上特别对蔬菜栽培种植、科学管理的研究付出了辛劳，为浮山公社范围蔬菜的增产增收做出了贡献。

新中国成立后部分村干部一览表（以卒年为序）

表97

姓名	性别	籍贯	生卒年份	享庚	政治面貌	生前曾任职务
张仁珍	男	青岛亢家庄	1911—1963	52		1950年10月当选亢家庄农民协会主席
闫盛福	男	青岛亢家庄	1922—1966	44	中共党员	浮亢乡副乡长、工农联盟农业社副社长、浮山公社二管区副主任、亢家庄大队支部书记
闫盛清	男	青岛亢家庄	1930—1973	43		浮山公社亢家庄大队第一生产队队长
国立起	男	青岛即墨	1926—1980	54		浮山公社亢家庄大队第三生产队队长
亢正策	男	青岛亢家庄	1933—1984	51		浮山公社亢家庄大队副大队长、亢家庄大队蔬菜推销员
闫盛利	男	青岛亢家庄	1930—1986	56		浮亢乡团总支书记、浮亢乡副乡长、农民协会委员、亢家庄大队五小队队长、区人大代表
亢中亨	男	青岛亢家庄	1909—1988	79		工农联盟农业社亢家庄第六生产大队队长
闫瑞平	男	青岛亢家庄	1911—1989	78		工农联盟农业社亢家庄第五生产大队队长
亢中泰	男	青岛亢家庄	1937—1989	52	中共党员	浮山公社亢家庄大队主管会计、党支部委员、青岛浮山锻造厂厂长、青岛市市南区冷拔厂厂长
汪增全	男	青岛胶南	1916—1990	74		浮山公社亢家庄大队第三生产队队长
亢中伟	男	青岛亢家庄	1927—1992	65		浮山公社亢家庄大队第一生产队队长
亢中业	男	青岛亢家庄	1933—1992	59	中共党员	浮山公社亢家庄大队贫下中农协会主席
闫盛明	男	青岛亢家庄	1936—1993	57		浮山公社亢家庄大队浮山锻造厂机修车间主任
安玉迁	男	山东莒南县	1929—1993	64	中共党员	浮山公社亢家庄大队第一、五生产队队长
秦元祥	男	山东沂水	1919—1995	76	中共党员	浮山公社亢家庄大队贫下中农协会主席
闫盛德	男	青岛亢家庄	1935—2000	65		亢家庄街道居委会南片主任
汪福有	男	青岛亢家庄	1914—2003	89	中共党员	浮山公社亢家庄大队副大队长、副业办公室主任
张作山	男	山东高密	1943—2005	62		亢家庄大队革命委员会主任，浮山锻造厂车间主任

续表 97

姓名	性别	籍贯	生卒年份	享庚	政治面貌	生前曾任职务
刘安贵	男	青岛即墨	1935—2007	72	中共党员	浮山公社亢家庄大队第二生产队队长、青岛大信农工商公司山东路批发部经理
闫可斌	男	青岛亢家庄	1955—2009	54	中共党员	青岛大信农工商公司东信大酒店经理、亢家庄加油站副经理
亢正同	男	青岛亢家庄	1919—2009	90		浮山公社亢家庄大队第四生产队队长
闫盛惠	男	青岛亢家庄	1926—2010	84		浮山公社亢家庄大队青岛大信商行经理
宋光啓	男	山东莒县	1931—2011	80		浮亢乡乡政府民兵大队长
荆萃吉	男	山东平度	1924—2012	88		浮山公社亢家庄大队第二生产队队长
崔洪锡	男	山东胶南	1928—2015	87	中共党员	浮山公社蔬菜技术队队长、中共亢家庄大队支部书记兼副大队长、青岛大信农工商公司经理、青岛大信实业有限公司顾问

第二节　已故知名人士（以年代为序）

一　明、清时期

亢敏：亢姓三世祖，生卒年代无考。来浮山所亢姓第一人。据《亢氏族谱》载，其父亢兴为明永乐十八年（1420 年）闰正月任鳌山卫右所备御掌印理事。明宣德七年七月承袭武德将军管军正千户，调任山东鳌山卫浮山备御千户所掌印理事、千户职务，正五品，武德将军爵位。

亢通：亢姓四世祖，生卒年代无考。明朝正统十四年（1449 年）正月承袭武德将军掌印正千户。

亢殿珂：男，亢家庄人，亢氏十五世族人，进读私塾数年，世代务农。清咸丰年间（1851—1855 年）去京城应试后，到市井游览，出榜时误卯未到，不知中榜否，故扫兴而归。后朝廷差人送来一顶官帽，不解其品级。后人过年时摆于供桌供奉数载。是亢家庄第一个有高学问之人。

二　南京国民政府时期

亢登聪：男，1886—1945 年，本村亢姓第十六世族人，童时念私塾四年，由于记忆力超群，学识较高，有语言天赋。1914 年日德战争后，德军在青岛所建军事设施，除武器装备被日军拆掠外，基本全部被搁置，只汇泉角炮台遗址（包括大炮设施）保留完好，当局借优美海景作为游览景地。1918 年经人介绍到该地看管炮台，兼解说员。并携家属常住，与日本军官及家属相邻，很快便学会一口流利的日语。当日本游人参观时，他用日语介绍讲解受到赞赏。后欧美国家在青设领事馆和代办机构，逐渐增加了不同国家的观光者，故有机会经常接触其他国家的语言，在不长的时间能用法、俄、德、英等语向游人作以简单的讲解，外国和中国人都非常惊讶钦佩，甚至连日本人都说他根本不是中国人，是地道的日本人。外国人有给“小费”（赏钱）的习惯，只小费收入就相当可观（他家有一个白蜡条编的小筐篓，盛装小额钞票，家人不知里面有多少钱，用时随意抓一把即用）。在很长一段时间青岛传扬在汇泉角炮台有一个会讲五国话的庄户老头。1931年沈鸿烈接管青岛海军后，炮台不再对外开放，他便回家务农。

1944年春的一天，在东岭的日本电台有两个日本兵，来村公所办公事，走到他的胡同见有一群鸡，遂生歹意，想抓一只鸡，正好有只鸡跑进他家院子，家人害怕，他不慌不忙出来用流利的日语严厉地对日本兵讲：你们是军人，随便闯入民宅，拿老百姓的东西是违反军纪的，你们是哪个部队的？我要告到你的上司，你要受到惩罚……日本兵被突如其来的训斥指责吓懵了，认为是碰到日本人啦，连连告饶便灰溜溜地跑掉了。此举后来人们经常当笑谈讲述。1945年病逝，享年59岁。

三　中华人民共和国（以卒年为序）

亢登平：男，1891年生，亢姓十六世族人，世代务农。少时到仲家洼从师葛姓读私塾十载，从启蒙《三字经》《百家姓》直至完成《大学》《中庸》《论语》《诗经》等，学业达高境界，书法亦颇有造诣，20世纪始初至60年代初被村民视为知书达理的亢姓族长，村里红、白诸事的主导。村民经常请其撰写媒柬、查日子、结婚、过年对联及各种契约等事宜，学识及品位口碑载道，信望终生。1967年故世，享年76岁。

闫世臣：闫瑞凤之次子，又名杨黎原、闫方昕、闫丁南、闫戈南，男，青岛市亢家庄人，1912年11月出生，卒于1996年8月3日，享寿84岁。闫姓八世族人。1926年浮山所小学毕业，1926年9月—1932年7月在青岛铁中求学并在学生自治会任常务，1933年考入北平师范大学数学系，1935年12月闫世臣等进步学生发起组织北师大学生自治会，任执行委员，联合北平其他高校学生，发动、组织和领导著名的“一二·九”运动，他主持了12月16日在正阳门举行的市民大会，在用自行车临时搭建成的讲台上发表演讲，愤怒声讨镇压学生运动的反动当局，高喊“反对成立冀察政务委员会！”“打倒日本帝国主义”等口号。1936年2月他参加了共产党的外围组织民族解放先锋队，先后担任北

◇1935年12月16日北京正阳门群众大会，戴礼帽高立者为闫世臣在演讲

师大分队长和总队部副总队长，投身挽救民族危亡的斗争。1937年1月因参加进步活动被开除学籍。后由中共地下党组织安排到陕北榆林女中、榆林中学任教，继续从事抗日学运活动。为掩隐身份改名杨黎原。1938年1月被党组织派遣到国民党军86师驻延安办事处做统一战线工作。同年11月至1942年4月任共产党开办的湖南塘田战时讲学院负责人，该学校遭敌人破坏后，又到新化县上梅中学、广西女师、中山中学等校以

◇ 1936年闫世臣（前排左二）参加共产党领导的南下宣传工作

教员身份为掩护，继续从事党的地下工作，其间，还曾任新化县县委书记。

1942年5月，杨黎原调任中共主办的重庆《新华日报》报委委员、办公厅秘书、主任、营业部主任、党总支常委等职。1945年日本投降后，内战开始，《新华日报》大力宣传反对内战、主张和平民主建国。1946年2月22日上午，国民党当局胁迫部分青年，纠集大批特务、打手进行反苏游行，妄图捣毁《新华日报》营业部，事先得到情报的营业部主任杨黎原，把老弱和女同志疏散后，带领图书课主任徐君曼等四人坚守岗位，对来犯的特务、打手从说理斗争到顽强抵抗，暴徒从一楼砸到四楼，石块横飞，棍棒狂舞，四人均被打伤，杨黎原头部受重伤当场昏迷，营业部被洗劫一空。即日，周恩来等领导前往现场视察，并到医院看望杨黎原、徐君曼、管佑民三位重伤员。杨黎原对国民党特务阻止《新华日报》发行的暴行进行了坚决的斗争。

1946年10月，杨黎原奉命回到延安中央党校学习，同年年底，前往山西吕梁地区任中阳县土改团团长，领导当地土地改革。1947年11月调中央城工部，被派往石家庄市从事城市经济政策的调查研究工作。

1949年1月，天津解放，先后任中共天津市委政策研究室副主任、市财委秘书长、财经党委书记、市计委副主任兼统计局局长、市委候补委员等职。当时天津经济形势十分混乱，中央高度重视，刘少奇副主席前往指导工作。杨黎原多次聆听了刘少奇关于恢复和发展天津经济的指示，贯彻团结、利用和改造工商业者的政策，鼓励恢复生产，发展经济，稳定市场，为天津市经济建设的恢复和三大改造的完成奠定了基础。1955年8月，杨黎原调中央机械工业部任计划司司长，为发展中国机械工业进行了不懈的努力。

1957年10月18日，国务院任命杨黎原为云南大学副校长，11月到任后，云南省委决定他任云南大学党委常委，书记不在校时，由他主持党委工作。在

学习贯彻“鼓足干劲，力争上游，多快好省地建设社会主义”的总路线和“教育必须为无产阶级政治服务，教育必须与生产劳动相结合”的教育方针中，杨黎原十分重视提高教学质量和调动教师积极性，并纠正了对待知识分子的宁左勿右的现象。为此，他被打成右倾机会主义分子。1959 年 12 月 16 日，杨黎原被撤销副校长、党委常委、党委委员职务，安排到昆明钢铁厂轧钢厂任副厂长，与工人同吃同住同劳动近三年。

1962 年在中央监察委员会的督促下，云南省委对杨黎原的错误处理进行了甄别平反，省委书记于一川到云大宣布了平反决定，向本人道歉，安排他到昆明师范学院任副院长，后又调任省财办副主任、省供销社主任等职，为云南省三年困难后的经济恢复和发展做出了贡献。

“文化大革命”中，杨黎原受到了冲击，被审查和批判数年。1972 年 3 月起先后担任云南省商业局革委会主任、省财办主任、党组成员。在混乱时期尽力完成了民众的生活保障。

1978 年 1 月，杨黎原任中共云南大学核心小组副组长、革命委员会副主任。同年 5 月，云南大学取消革委会，核心小组改为党委，杨黎原改任党委副书记、副校长。“文化大革命”后的学校工作百废待兴，在揭发批判林彪、江青反革命集团在学校造成的灾难性损失基础上，首先是落实党的知识分子政策，对学非所用的业务技术人员进行了调查统计，并调整了工作岗位，成立落实政策办公室，抽调大批干部对历次政治运动中形成的冤、假、错案进行深入细致全面的复查审理。他同时还担任教授、副教授评审委员会主任，主持恢复和教师业务技术职称；恢复和重组业余函授、夜大学；开设经济、法律等新系新专业，新建或重建一批研究所、研究室、研究中心；重建和恢复各民主党派的组织和活动，带领全校师生职工学习讨论“实践是检验真理的唯一标准”和学习贯彻中共十一届三中全会精神，重新建立教学、科研和管理的新秩序，把学校工作着重点转移到教学和科研两个中心上来。

1979 年 7 月 6 日—8 日，在召开中共云大第五次代表大会上，杨黎原代表上届党委作工作报告。在平反冤、假、错案工作中，对复查“文化大革命”以来立案审查过的 369 人，全部做出实事求是的结论，为大批受迫害的同志公开平反昭雪，恢复名誉，给被错误遣返、开除公职的人员复了职，对被打伤致残的同志发了《伤残证明书》和自理及医疗费补助，为被迫害致死的同志举行了追悼会和骨灰安放仪式；公开宣布为 1959 年被划为“右倾机会主义分子”和戴上“严重右倾”帽子的同志平反；对 1957、1958 年划为右派分子的 159 人进行复查，并给予平反，妥善作了复职分配和安置，把教学和科研工作搞上去；加强了思想政治工作，搞好党风建设。

1980 年 2 月，杨黎原到中央党校学习。同年 10 月调天津市，先后担任市委副秘书长、市财贸委主任、党组书记。

1983年12月当选为市顾问委员会常委。1985年10月离职休养后，仍十分关心天津的建设和发展，主动出谋献策，撰写革命回忆录，教育后代。杨黎原在六十多年的革命生涯中，刻苦学习马列主义、毛泽东思想和邓小平理论，讲党性，顾大局，工作兢兢业业，任劳任怨，处事稳健，善于协调，严谨细致，待人诚恳，平易近人，团结同志，作风正派，敢讲真话，淡泊名利，生活俭朴，廉洁自律。

1996年8月3日，杨黎原突发心脏病，抢救无效与世长辞。中共中央政治局常委、全国政协主席李瑞环及天津市主要领导干部派人或亲临追悼会。闫世臣长子闫沐霖为父亲撰写的悼词：

一别师大六十年，恨死日寇上延安。
风雨洗去书卷气，关山横阻不胆寒。
曾为补衷作梗骨，不畏非难万与千。
平生淡泊名利事，飘去大海化浩然。

著述简目：

1.《"新华人"的深切怀念》，《思想战线》双月刊，1978年第2期。

2.《反动派的暴行，孤立了反动派自己》，载于《新华日报的回忆》一书，四川人民出版社，1979年12月出版。

3.《从解放那天起就面向城市生产》，《天津日报》1981年7月10日发表。

4.《在湖南新化从事地下工作一年的回忆》，1985年5月收入湖南省新化县党史资料。

5.《在北师大参加"一二·九"运动的回忆》，载于《一二·九运动与北师大》一书，北京师范大学出版社，1985年10月出版。

6.《我在广西贯彻地下党工作方针的片断回忆》，1986年2月收入广西三江县党史资料。

7.《孤帆破浪到延安》，载于《教华拾零集》一书，1997年内部出版。

8. 参编《新华日报》营业部史稿，载于《重庆新华日报群众周刊史学会会刊（季刊）》，1996年第4期。

亢正孝：男，1930年6月出生，亢姓十八世族人，世代务农。1937年入亢家庄初小，1943年东吴家村小学高小毕业，同年考入青岛立达中学，1946年完成初中学业后务农。新中国成立后，土地改革时期，被聘为土地仗量组成员，每年征收国家公粮时都任计征员。1956年加入工农联盟农业合作社，任亢家庄第六生产大队记账员、出纳会计。1959年任浮山公社亢家庄大队出纳会计兼记账员，另兼仓库保管账目。他

◇亢正孝使用44年的算盘

的会计生涯历经高级社、人民公社和农工商公司几个阶段，达44年。由于工作出色，成为每届领导绝对信赖的管家人。1990年应为退休年龄，但得到领导的诚心挽留，2000年由于心脏病发而逝，享年70岁。

任职期间，虽身兼多项业务，都能有序地完成。在20世纪60年代，国家供应社员一部分粮食，白天按粮证过磅分到户，夏粮在场上现打现分，秋粮分到各户（最多时390余户社员，人数达600人），以及每月社员预支款，所有这些都是晚上作表统计记入往来账，全部用一个算盘，一支蘸水钢笔手工操作。从60年代中期又增添了食品厂和锻打厂（当时没有专职会计），仍然由大队记账，并增加了销售、成本、税收项目和利润核算。白天只能办理日常往来 ，晚上才是办理正常业务时间，每天晚饭后都要回办公室干到深夜，日复日，年复年，没有休假日，不管白天晚上都能在办公室见到他在忙碌的身影。1956年开始至终，只用过一个算盘，盘柱磨去一多半，漏出了空心竹孔。

他没有轰轰烈烈的事业，终生热爱自己平凡的工作，几十年如一日，账目清晰，一丝不苟，兢兢业业，会计档案完好无失，哪怕是一个小纸条都能保存几十年。从不计较个人得失。是干部最得心，最受群众爱戴的好管家，值得人们永远怀念他。

郭景泰：男，1920年出生，原籍山东昌邑人，高小文化。幼年学作生意，

青岛解放后在台东区台湛路以传动机械设备开设磨房，诚心经营及优质服务博得商界及众人好评。能言善达，记忆力强、人际交往广泛。

1956年全国对私营工商业实行社会主义改造后，他开设的磨房划入工农联盟农业社（浮山所、亢家庄、田家村），设备估价归集体，始初在浮山所，因便于管理，1958年拨入亢家庄大队，经济收入属集体，自此便成为吃国家供应粮食的农业社成员。

亢家庄大队为解决人多地少困扰之忧，筹谋发展以工养农，以增加集体收入，他自此担任了外协工作。1967年首度与青岛市烟糖站所属市南、台东两糕点厂签订了糖稀生产业务，产品大获成功，后又扩大至市北、四方、沧口，覆盖全青岛市糕点厂糖稀供应。1968年的利润已达14万元，占大队全年分配利润

◇ 郭景泰在介绍产品

百分之四十二。在此基础上增加了白面糖、古巴糖脱色，元宵糯米面等加工项目，其间又承接了青岛市蔬菜公司芥茉、胡椒、辣椒、五香面、味精等加工业务。这些项目增加了集体经济，起用了全大队百分之四十的妇女劳动力，还把冬闲变为冬忙。

1969年与青岛工具一厂建立了协作关系，开办了钢铁锻造加工项目，从材料采购、设备购置安装、技术人员的聘用，郭景泰操办得井井有条。同年成立了青岛浮山锻造厂，1977年相继增加了热处理车间。到此时，亢家庄大队的工业已形成规模，在村西南建立了工业园，占地达30亩，参与队办工业社员人数200多人，生产蒸蒸日上。其中，只锻造厂自1969—1993二十四个年头业务客户有200余家，平均年净利润达30万元。为亢家庄大队、大信农工商公司工商业发展打下了良好基础。

自接受外协工作以来，在大队和公司的领导下，郭景泰仅凭一张嘴和一辆自行车，不分昼夜，风雨无阻，联系客户，承揽业务，一心为集体，从不多花一分钱，不向领导要待遇。从事外协工作30年，身心精力都用于集体事业，为大信公司工商业发展鞠躬尽瘁。对亢家庄民众逐年生活水平的提高，起到了不可磨灭的贡献，受到亢家庄人的爱戴和怀念。2002年遇车祸而逝，享年82岁。

历任亢家庄大队、大信公司工业办公室外协负责人，青岛浮山锻造厂副厂长、顾问。

亢中先：男，1939年11月2日出生，亢姓十七世族人，世代务农，1947年在本村上初小，1953年浮山所小学高小毕业，1957年于青岛十六中初中毕业，同年加入亢家庄农业社，1959年12月应征参加中国人民解放军海军，1960年进入潜水艇士兵学校学习，1961至1964年为北海舰队第26号、27号潜水艇战士、班长。1965年至1975年在潜水艇十二支队司令部、北航教导团一大队，先后任排长、航电教练员、教导员。1975年6月转业于青岛市商业汽车队工作，同年12月进入青岛市供销社任管理人员。1980年3月转入青岛市中级人民法院，至1993年先后任助理审判员、审判员、正处级审判员、法警办公室主任，1997年退休。2003年因突发心脏病离世，享年64岁。

◇ 亢中先肩章和三等功奖牌

1961年6月27日加入中国共产主义青年团，1964年4月25日加入中国共产党。自入伍后，苦练军事专业技术，从上等兵、五好战士晋升至教导员。进入青岛市中级人民法院后，严把法律准绳，从未出现错假案例，执法近二十载，未染一尘。1989年在审理动乱案件中成绩突出，荣立三等功。后晋升为三级警监（正处级）。

亢中珊：男，1919年1月23日出生，2012年4月27日病逝，享年93岁。亢姓十七世族人。1940年，在青岛日本人开设的大康纱厂做保全工，后参加国民党青岛市政府保安总队崂山抗日游击队第四大队（特务队）。1942年秋，排长辛承清根据总队下达的命令，派亢中珊和牛宁玉（大尧村人）去执行抓捕乔智金的任务。乔智金时任伪商会常务董事长、日本宪兵队嘱托（顾问），是青岛市五大汉奸之一，对抗日游击队的威胁很大。

亢中珊与牛宁玉都不认识乔智金，亢中珊就找到当时给日本人开车的司机于守礼作内线，暗地里给亢、牛俩人指认，并提供了乔的住址、活动路线和时间。

乔当时住在东方菜市（现东方饭店一带），汽车就停在自己的院内。一天，获悉乔要到日本人那里去开会，一早，亢、牛就埋伏在乔门口，不一会乔就从家里出来，刚一上车，亢、牛一个箭步冲上了车，亢中珊用手枪指着乔的头，夺下他手里的皮包（包内有手枪一支），牛开着车，车到今市政府门前马路，司机猛一开车门滚出报信去了，车到王家麦岛东，日本兵的汽车就快追上来了，前面山东头设有卡子门，前不能过，后有追兵。原本总队要求捉活的，事已至此，只好就地击毙乔智金，然后从北返回崂山游击队驻地。当时轰动一时，大挫日本汉奸嚣张气焰，鼓舞了抗日士气。李先良在所著《青岛与八年抗战》之（26）市南区湛山之役中写道“中华民国三十三年四月四日（1944.4.4）派特务队分队长辛承清将伪商会常务董事长乔智金，挟持至湛山寺（实为王家麦岛东）击毙，乔氏之死，使市内大、小汉奸莫不胆寒，并宣告：如今后为虎作伥，将与乔氏同命运”，李先良所记显然有误，可能汇报过程中有偏差。此事老游击队成员都知道是亢中珊、牛宁玉二人干的。

1944年秋，从辛家庄到大麦岛去的路上，碰到两个日本兵绑着一个男的，要活埋，也不知道那人是干什么的，反正不能眼看着日本人残害中国人，立即拔枪击毙其中一个日本兵，另一个撒腿跑了，他架着被害人跑了一段路，给他解开绳子，被绑者非常感谢救命之恩，此人曾告诉过名字，当时只为救人不曾介意，岁月已久而不记被救者名字，后来据说是共产党地下工作者。

第二章 荣 誉

亢家庄人勤劳、聪慧，很早就对农耕植蔬善于潜心研究、探讨。德军侵占青岛以后，与城镇相邻，凭借这一地理位置，人们的思路较为开阔，经济发展相对较快。从事于国家、社会各个领域中的村民，出现了不少优秀人物。可谓物华天宝、人杰地灵。

1956年占村民百分之八十以上的农户，加入了农业社，在大队干部以身作则带领全体社员战天斗地，科学种田取得显著业绩，提高了村民生活水平，多年来受到省、市、区政府好评。尤其改革开放以来，集体工、商企业替代了农、蔬业，集体经济飞跃发展，对国家、社会贡献颇大，历年受到各级政府数以千百次的表彰，涌现了自领导至群众一大批先进人物，取得了很多荣誉。由于20世纪80年代以前档案无人管理，诸多荣誉无法登录，仅将所存部分市级（包括市级）以上集体及个人所获荣誉作以集录（见表98、99、100）。

第一节 集体荣誉

大信公司获集体荣誉[市级以上（含市级）]表

表98

年 度	单 位	项 目	颁授机构（单位）	级别
1962	浮山公社亢家庄大队	山东省农业生产先进单位	山东省人民政府	省级
1991	青岛服装一厂分厂	1991年度青岛市级先进乡镇企业	青岛市企业管理领导小组	市级
1992	青岛大信农工商公司	1992年度青岛市先进党员活动室	青岛市委组织部、宣传部	市级
1993	青岛大信农工商公司 青岛服装一厂分厂	1993年度青岛市文明单位	中共青岛市委、青岛市人民政府	市级
1993	青岛大信农工商公司 亢家庄加油站	1993年度青岛市文明单位	中共青岛市委、青岛市人民政府	市级
1994	青岛大信农工商公司 青岛呢绒制衣厂	1994年度青岛市文明单位	中共青岛市委、青岛市人民政府	市级
1994	青岛大信农工商公司 亢家庄加油站	1994年度青岛市文明单位	中共青岛市委、青岛市人民政府	市级
1996	青岛大信农工商公司	1996年度青岛市妇联工作先进单位	青岛市妇女联合会	市级
1997	青岛大信农工商公司	创建卫生先进城区工作先进集体	青岛市创建国家卫生城市活动领导小组	市级

续表 98

年度	单位	项目	颁授机构（单位）	级别
1997	青岛大信农工商公司	青岛市先进妇代会	青岛市妇女联合会	市级
1998	青岛大信农工商公司	青岛市基层红旗团支部	共青团青岛市委	市级
1998	青岛大信农工商公司	青岛市先进妇委会	青岛市妇女联合会	市级
1999	青岛大信农工商公司	青岛市团的信息调研工作先进集体	共青团青岛市委	市级
2000	青岛大信农工商公司	青岛市先进女职工集体	青岛市总工会	市级
2001	青岛大信农工商公司	山东省“宣传教育进村，婚育新风进家”活动先进单位	中共山东省委宣传部	省级
2002	青岛大信农工商公司	青岛市先进职工之家	青岛市总工会	市级
2001—2002	青岛大信农工商公司亢家庄加油站	青岛市文明单位	中共青岛市委、青岛市人民政府	市级
2003	青岛大信农工商公司	青岛市“情满旅途杯”企业文化建设文艺比赛三等奖	青岛市委宣传部	市级
2004	青岛大信农工商公司	青岛市工会法制宣传教育系列活动先进单位	青岛市总工会	市级
2005	青岛大信农工商公司	第七届中国青岛海洋节突出贡献单位	青岛市重大节庆活动组委会办公室	市级
2005	青岛大信农工商公司	2005 年度检验免检企业	青岛市工商行政管理局	市级
2003—2006	青岛大信农工商公司	青岛市文明单位	中共青岛市委、青岛市人民政府	市级
2006	青岛大信农工商公司	青岛市劳动关系和谐企业	青岛市劳动和社会保障局、青岛市总工会、青岛市企业联合会、企业家协会	市级
2006	青岛大信农工商公司	青岛市思想政治工作优秀企业	中共青岛市委	市级
2007	青岛大信农工商公司	第三批青岛市民营企业思想政治工作示范单位	中共青岛市委宣传部、青岛市委组织、青岛市经济贸易委员会、青岛市工商行政管理局、青岛市总工会、青岛市私营个体经济协会	市级
2007—2008	青岛大信农工商公司	青岛市文明单位	中共青岛市委、青岛市人民政府	市级
2007—2009	青岛大信农工商公司	青岛市思想政治工作优秀企业	中共青岛市委组织部、宣传部、青岛市经济和信息化委员会、青岛市人民政府国有资产监督管理委员会、青岛市总工会	市级

亢家庄社区居委会获集体荣誉[市级以上(含市级)]表

表 99

年度	单位	项目	颁授机构(单位)	级 别
2003	金湖路街道亢家庄社区居委会	实施社区老年福利服务星光计划先进集体	青岛市老龄工作委员会	市级
2003	金湖路街道亢家庄社区居委会	档案规范化管理合格社区	青岛市档案局	市级
2004	八大湖街道亢家庄社区居委会	文明社区	青岛市文明办	市级
2004	八大湖街道亢家庄社区居委会	文化工作先进单位	青岛市文化局	市级
2005	八大湖街道亢家庄社区居委会	计划生育居民自治模范居委会	青岛市计划生育委员会	市级
2006.7	八大湖街道亢家庄社区居委会	全省和谐社区建设示范社区	山东省社区工作领导小组	省级
2006.12	八大湖街道亢家庄社区居委会	养老模范社区	青岛市老龄工作委员会	市级
2007.1	八大湖街道亢家庄社区居委会	信访工作先进集体	青岛市信访办	市级
2008.4	八大湖街道亢家庄社区居委会	青岛市迎奥运文明示范社区	第 29 届奥林匹克运动组委会帆船委员会(青岛)	市级
2008.10	八大湖街道亢家庄社区居委会	青岛市文明社区标兵	青岛市精神文明建设委员会办公室	市级
2009.11	八大湖街道亢家庄社区居委会	第二次全国经济普查先进集体	青岛市统计局	市级
2010.3	八大湖街道亢家庄社区居委会	城市建设管理工作先进社区委员会	青岛市城市建设管理委员会	市级
2010.11	八大湖街道亢家庄社区居委会	青岛市巾帼文明队联户工作示范点	青岛市妇联	市级
2011.1	八大湖街道亢家庄社区居委会	百家示范社区(村居)工会	青岛市总工会	市级

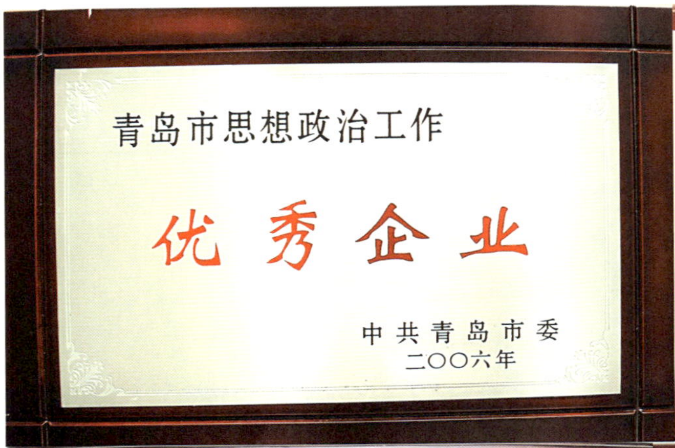
青岛市思想政治工作
优秀企业
中共青岛市委
二〇〇六年

青岛市民营企业思想政治工作
示范单位
中共青岛市委宣传部 中共青岛市委组织部
青岛市经济贸易委员会 青岛市工商行政管理局
青岛市总工会 青岛市私营个体经济协会
二〇〇七年十二月

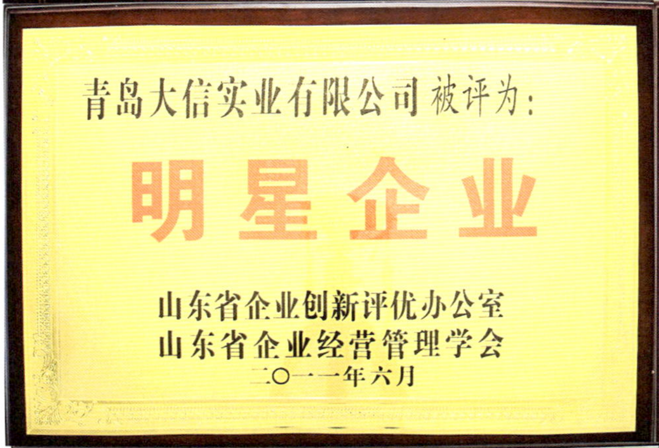
青岛大信实业有限公司被评为：
明星企业
山东省企业创新评优办公室
山东省企业经营管理学会
二〇一一年六月

二00五年度企业年度检验
免检企业
青岛市工商行政管理局

青岛市先进职工之家
青岛市总工会
二〇〇二年十二月

先进基层党组织
中共青岛市委非公有制经济组织工作委员会
2011年6月

一等奖
三等奖
优秀奖

◇ 1992 年市南区农工商经济工作委员会年终表彰大会为亢家庄加油站、青岛呢绒制衣厂、青岛浮山锻造厂授奖。

◇ 市南区领导与 2003—2005 年年度青岛市、青岛市市南区劳动模范合影

◇ 2000 年 3 月，参加市南区巾帼颂合唱比赛

◇ 2002 年参加市南区歌咏比赛合影

第二节　个人荣誉

个人荣誉表

表 100

姓名	性别	出生日期	获得时间	项　目	颁授机关（单位）	级别
闫盛慈	男	1935.11.3	1978	获国家水泥生料配料自动化研究成果奖	1978 年全国科学大会	国家级
			1978.8	获国家建筑材料和非金属矿工业科学技术工作重大贡献奖	1978 年国家建筑材料工业总局	国家级
			1987.4.24	获首都劳动奖章	北京市总工会	省级
			1987.8	获 1986 年建材行业部级科学技术进步二等奖	国家建筑材料工业局	国家级
			1992.10.1	获国家工程技术突出贡献，享受国务院特殊津贴	中华人民共和国国务院	国家级
			2009.3	获“全国建材行业改革开放三十年代表人物”称号	中国建筑材料联合会	国家级
闫可文	男	1944.7.12	1988.12	被评为山东省优秀农民企业家	山东省人民政府	省级
			1991.2	被评为青岛市 1990 年度横向联合先进工作者	青岛市人民政府经济技术协作办公室	市级
			1993.5	获青岛市乡镇企业家称号	青岛市乡镇企业局	市级
			1997.4	被评为青岛市劳动模范	青岛市人民政府	市级
			2001.11	获得全国“2001 创业之星”称号	中国农村劳动力资源开发研究会、中国扶贫基金会、国务院发展研究中心、农村经济研究部	国家级
			2005—2007	山东省开发利用档案信息资源成果三等奖	山东省档案局	省级
			2009—2010	山东省开发利用档案信息资源成果三等奖	山东省档案局	省级
亢淑英	女	1937.9.27	1960	获山东省三八红旗手称号	山东省妇女联合会	省级
			1960、1964、1983	分别获青岛市三八红旗手称号	青岛市妇女联合会	市级
			1982.8	获第三次全国人口普查优秀工作者	青岛市人民政府	市级
			1982.9	获青岛市儿童少年先进工作者	青岛市人民政府	市级
闫沐霖	男	1940.12.26	2003	全国优秀博士学位论文指导教师	教育部国务院学位委员会	国家级
			2009	获 2009 年（第四届）“困学守望”育人终身成就奖	中国科学技术大学	国家级
亢中慈	男	1920	1955.9.16	获山东省公安厅治安保卫三等功	山东省公安厅	省级

续表 100

姓名	性别	出生日期	获得时间	项　目	颁授机关（单位）	级别
荆朋森	男	1953.7.17	1995	授予山东省乡镇企业优秀安全管理工作者称号	山东省乡镇企业局	市级
			1995—2001 2005—2006	评为安全生产先进工作者	青岛市安全生产委员会	市级
			1997 1998	青岛市公安局嘉奖	青岛市公安局	市级
			1997 2002 2003	评为消防安全工作者	青岛市消防安全委员会	市级
			2002	评为“安康杯”竞赛活动先进个人	青岛市总工会、青岛市安全生产监督管理局	市级
			2002	评为“市刑释解救人员安置帮教工作先进个人”称号	青岛市社会治安综合治理委员会	市级
			1998—1999 2004	评为爱国卫生工作先进个人	青岛市爱国卫生运动委员会	市级
			2006	授予“青岛市劳动模范”	青岛市人民政府	市级
亢继进	男	1959.4.16	1992	青岛市优秀团支部书记	共青团青岛市委	市级
			1992	山东省优秀团支部书记	共青团山东省委	省级
			1993	授予山东经济腾飞“青春立功”三等功	共青团山东省委	省级
			1995	授予“青春立功”三等功	共青团青岛市委	市级
			1995	授予优秀团支部书记称号	共青团山东省委	省级
			1996	授予“青春立功”一等功	共青团青岛市委	市级
			1996	“青春立功”一等功，并获“新长征突击手”称号	共青团山东省委	省级
			2005.6	山东省开发利用档案信息资源成果三等奖	山东省档案局	省级
			2006.12	获青岛市优秀工会积极分子称号	青岛市总工会	市级
			2009.5	被评为青岛市劳动模范	青岛市人民政府	市级
			2010.9	获青岛市优秀企业思想政治工作者称号	中共青岛市委组织部、宣传部、青岛市经济和信息化委员会、青岛市人民政府国资监管会（局）、青岛市总工会	市级
亢正福	男	1943.11	1998	青岛市优秀工会工作者	青岛市总工会	市级
			1998	青岛市优秀工会法律工作者	青岛市总工会	市级
			2000	青岛市优秀工会工作者	青岛市总工会	市级
亢中先	男	1939.11.2	1989.10.16	获“审理动乱案件”三等功	山东省青岛市中级人民法院	市级
亢正鼎	男	1940.4.29	2009.10.1	获“庆祝中华人民共和国成立六十周年全国书画联展”一等奖。	中华全国总工会老年书画研究会等十单位	国家级

续表 100

姓名	性别	出生日期	获得时间	项　目	颁授机关（单位）	级别
闫沐新	男	1950.11.24	2011	第四届“教学名师”	天津外国语大学	省级
闫晓峰	男	1958.8.23	2006	获国务院国有资产监督管理委员会三等功	国务院国有资产监督管理委员会	国家级
			2009	获国务院国有资产监督管理委员会三等功	国务院国有资产监督管理委员会	国家级
包琦玮	女	1958.7.30	2000	享受国务院政府特殊津贴	中华人民共和国国务院	国家级
			2001	获“全国优秀科技工作者”称号	中国科学技术协会	国家级
			2003.4	获首届北京城市建设十大英才	中共北京市城建委、北京市人事局、北京市总工会	省级
			2005.4	获“全国先进工作者”称号	中华人民共和国国务院	国家级
			2008	获“全国勘察设计大师”称号	中华人民共和国住房和城乡建设部	国家级
			2010	获“全国优秀科技工作者”称号	中国科学技术协会	国家级
宋淑华	女	1952.6.28	1994	获青岛市先进家庭教育工作者	青岛市教育委员会、青岛市妇女联合会、青岛市儿童少年工作委员会	市级
			1995 1999 2001	授予青岛市“三八”红旗手称号	青岛市妇女联合会	市级
			1996	国家计划生育委员会表彰	国家计划生育委员会	国家级
			1997—1998 2001	获青岛市先进工会女职工工作者	山东省总工会、青岛市总工会	省级、市级
			1996 2002	获青岛市优秀工会积极分子	青岛市总工会	市级
			1996 1997	获青岛市巾帼建功活动先进个人、巾帼建功岗位能手称号	青岛市“巾帼建功”活动协调小组	市级
			1999	青岛市先进女职工工作者	青岛市总工会	市级
			2003	获青岛市“春蕾计划”工作先进个人称号	青岛市妇女联合会	市级
亢正嵩	男	1962.10.9	2006.7	山东省开发利用档案信息资源成果三等奖	山东省档案局	省级
亢玉霞	女	1966.9.16	2006 2007 2009 2010	山东省开发利用档案信息资源成果三等奖	山东省档案局	省级
亢祝爱	女	1963.6.20	2007.7	山东省开发利用档案信息资源成果三等奖	山东省档案局	省级
孙　垒	男	1972.12.26	2006.7	山东省开发利用档案信息资源成果三等奖	山东省档案局	省级

续表 100

<table>
<tr><th>姓名</th><th>性别</th><th>出生日期</th><th>获得时间</th><th>项　目</th><th>颁授机关（单位）</th><th>级别</th></tr>
<tr><td rowspan="5">亢海蓉</td><td rowspan="5">女</td><td rowspan="5">1971.10.13</td><td>1999.1</td><td>青岛市优秀团支部书记</td><td>共青团青岛市委</td><td>市级</td></tr>
<tr><td>2005
2006
2007
2009
2010</td><td>山东省开发利用档案信息资源成果三等奖</td><td>山东省档案局</td><td>省级</td></tr>
<tr><td>2005.12</td><td>2005 年度青岛市档案工作先进个人</td><td>青岛市人事局、青岛市档案局</td><td>市级</td></tr>
<tr><td>2005.12</td><td>2005 年度青岛市工会统计工作先进个人</td><td>青岛市总工会</td><td>市级</td></tr>
<tr><td>2007.4</td><td>青岛市优秀共青团员</td><td>共青团青岛市委</td><td>市级</td></tr>
<tr><td>陶国红</td><td>女</td><td>1968.9.30</td><td>2010.11</td><td>青岛市职工思想政治工作研究成果三等奖</td><td>青岛市职工思想政治工作研究会</td><td>市级</td></tr>
<tr><td rowspan="4">辛建春</td><td rowspan="4">女</td><td rowspan="4">1956.5.4</td><td>2006.1</td><td>青岛市创建全国文明城市优秀个人</td><td>中共青岛市委、青岛市人民政府</td><td>市级</td></tr>
<tr><td>2008.11</td><td>“中国‘小巷总理’之星”称号</td><td>中国社会工作协会城区工作委员会</td><td>国家级</td></tr>
<tr><td>2009.11</td><td>第十一届全国运动会志愿服务先进志愿者</td><td>中华人民共和国第十一届运动会组委会志愿者工作部</td><td>市级</td></tr>
<tr><td>2011.2</td><td>百名青岛市优秀妇代会主任</td><td>青岛市妇女联合会</td><td>市级</td></tr>
<tr><td>亢继房</td><td>男</td><td>1973.4.28</td><td>1989</td><td>获 1989 年山东省“希望杯”篮球比赛第一名</td><td>山东省体育局</td><td>省级</td></tr>
<tr><td>倪殿云</td><td>女</td><td>1959.10.7</td><td>1997.4</td><td>获上海举办“第四届中国花卉博览会”插花艺术二等奖</td><td>中国花卉协会、上海市花卉协会</td><td>国家级</td></tr>
<tr><td rowspan="2">亢润红</td><td rowspan="2">女</td><td rowspan="2">1974.4.25</td><td>1986.8.1</td><td>获全国青少年书法篆刻首届神龙大奖赛金奖</td><td>全国青少年书法篆刻首届神龙杯大奖赛竞赛委员会</td><td>国家级</td></tr>
<tr><td>1992.6.1</td><td>获“双龙杯”全国少年儿童书画大赛银杯奖</td><td>《双龙杯》全国少年儿童书画竞赛委员会</td><td>国家级</td></tr>
<tr><td>赵明玉</td><td>男</td><td>1953.4.13</td><td>1975—1978</td><td>获嘉奖五次，三等功一次</td><td>中国人民解放军 55239 部队</td><td>市级</td></tr>
<tr><td>亢继纯</td><td>男</td><td>1965.8.29</td><td>2002</td><td>获青岛市十佳优秀民警称号</td><td>青岛市公安局</td><td>市级</td></tr>
<tr><td rowspan="3">刘举胜</td><td rowspan="3">男</td><td rowspan="3">1976.8.20</td><td>1999</td><td>获青岛市公安局系统三等功</td><td>青岛市公安局</td><td>市级</td></tr>
<tr><td>2000</td><td>获青岛市公安局系统三等功</td><td>青岛市公安局</td><td>市级</td></tr>
<tr><td>2001</td><td>获青岛市公务员三等功</td><td>青岛市人民政府</td><td>市级</td></tr>
<tr><td rowspan="2">亢继鹏</td><td rowspan="2">男</td><td rowspan="2">1973.1.14</td><td>2009.4.7</td><td>获青岛市公安局二等功</td><td>青岛市公安局</td><td>市级</td></tr>
<tr><td>2012</td><td>获山东省公安局优秀派出所长</td><td>山东省公安厅</td><td>省级</td></tr>
<tr><td>闫卫庆</td><td>男</td><td>1976.10.1</td><td>1997.12.19</td><td>获上海市武装警察总队二支队三中队二等功</td><td>中国人民武装警察部队上海市总队政治部</td><td>省级</td></tr>
</table>

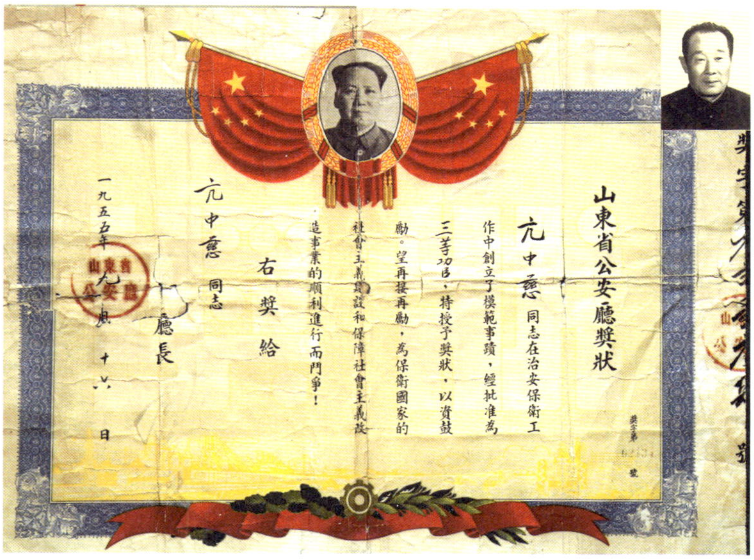
山東省公安廳獎狀

亢中慈 同志在治安保衛工作中創立了模範事蹟，經批准為三等功臣，特授予獎狀，以資鼓勵。望再接再勵，為保衛國家的社會主義建設和保障社會主義改造事業的順利進行而鬥爭！

右獎給

亢中慈 同志

廳長

一九五五年 十六 日

◇ 亢中慈获1955年山东省公安厅授予保卫工作三等功臣

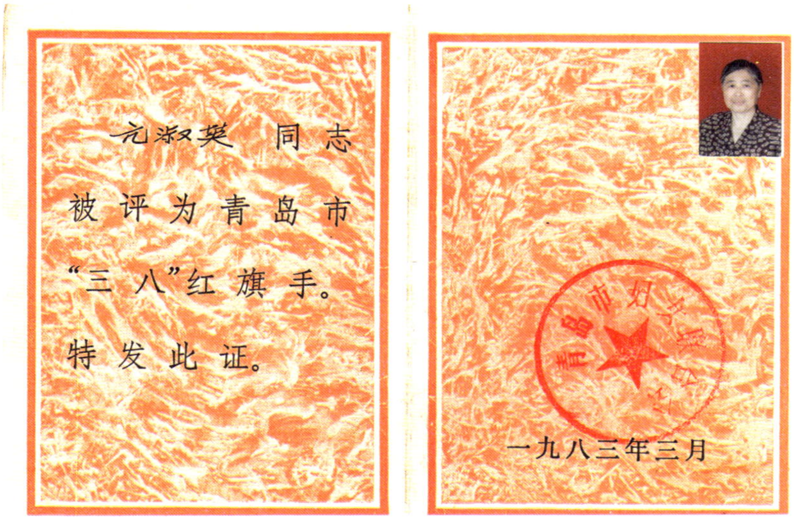
亢淑英 同志

被评为青岛市

“三八”红旗手。

特发此证。

青岛市妇女联合会

一九八三年三月

◇ 1982年亢淑英被评为青岛市“三八红旗手”

◇ 亢继鹏荣获的荣誉

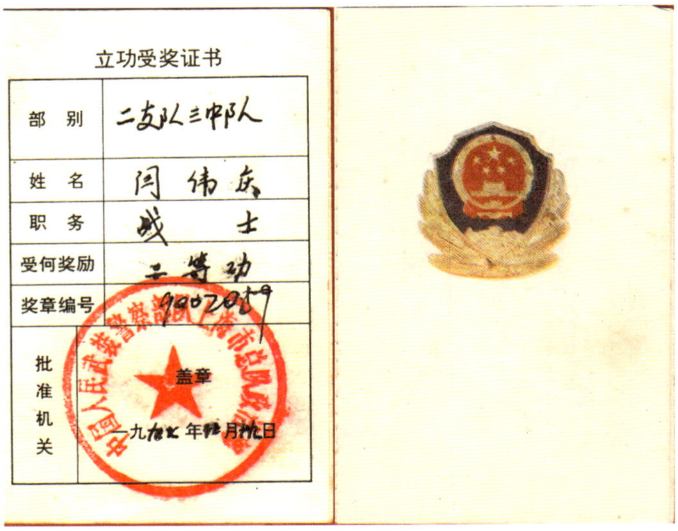

◇闫伟庆三等功奖章、证书

◇闫晓峰2007至2009年连续3年被评定为优秀等次，根据公务员奖励规定给予记三等功

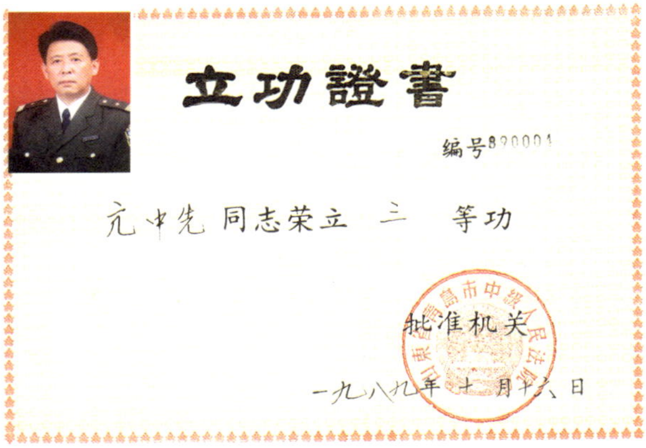

◇亢中先1989年荣立公务员三等功

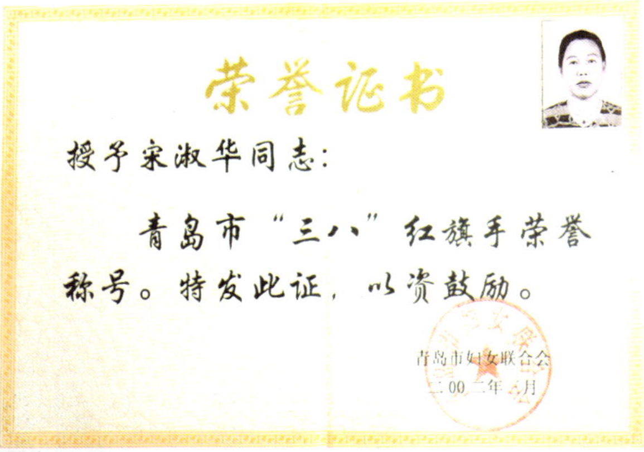

◇2002年宋淑华被评为青岛市三八红旗手

◇亢继纯获2002年青岛市公安系统优秀公务员

獲奖証書

亢润红 同志：

您的作品获《全国青少年书法篆刻首届神龙大奖赛》

书法 项目 少年乙 组 金奖 奖。

特发此证，以资鼓励。

全国青少年书法篆刻首届神龙大奖赛

竞赛委员会

一九八六年八月一日

◇ 亢润红获1986年全国青少年书法大赛金奖

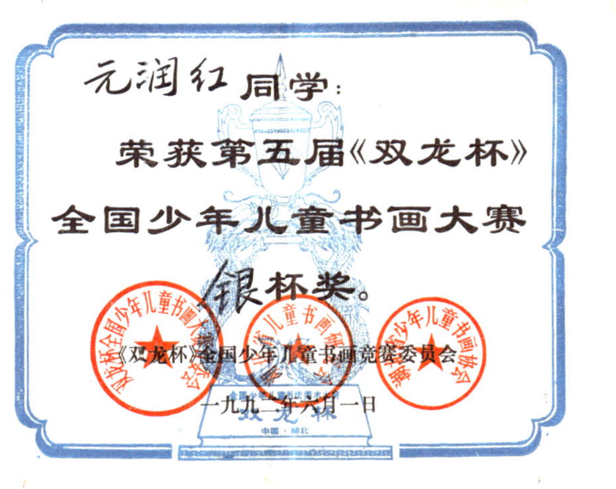

亢润红 同学：

荣获第五届《双龙杯》

全国少年儿童书画大赛

银杯奖。

《双龙杯》全国少年儿童书画竞赛委员会

一九九二年六月一日

◇ 亢润红获第五届《双龙杯》全国少年儿童书画大赛银杯奖

◇ 亢继房获青岛市体育竞赛奖章

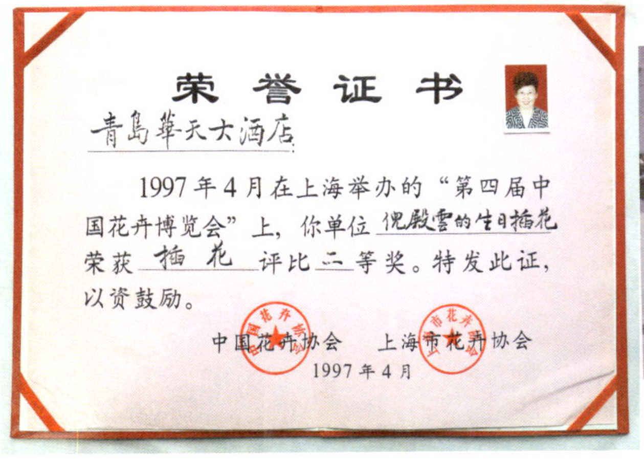

荣誉证书

青島華天大酒店

1997年4月在上海举办的“第四届中国花卉博览会”上，你单位 倪殿雲的生日插花 荣获 插花 评比 二 等奖。特发此证，以资鼓励。

中国花卉协会　上海市花卉协会

1997年4月

◇ 倪殿云获奖作品

◇ 1997年在上海举办的第四届中国花卉博览会获插花二等奖

亢家庄志
KANGJIAZHUANGZHI

附　录

一、文献辑存

浮山人民公社范围关于开展学习闫盛福同志的活动的决定

1966年8月15日，中共浮山四清工作大队委员会，中共浮山人民公社委员会“关于在全社范围内开展学习闫盛福同志的活动的决定”。

闫盛福同志建国不久被群众选为干部。1957年12月加入中国共产党。13年来，他忠于党，忠于人民，忠于毛泽东思想，党指向哪里他就跟向哪里，从不计较个人得失，永远保持劳动人民本色，他立场坚定，爱憎分明；在工作中，他不畏艰险，忍着重病折磨，深入实际，在艰苦的环境里，依靠群众，与群众同甘苦，共患难，他始终坚持突出政治，狠抓干部、群众的革命化，善于当好“班长”，团结同志，认真贯彻党的民主集中制，直到病危时刻，他还再三嘱咐干部，搞好团结，搞好生产，他是带领广大群众走社会主义道路的带头人。闫盛福同志是我们党的好党员，是人民的好儿子，是广大干部的好榜样。

闫盛福同志对党无限忠诚，具有彻底为人民服务的高尚品质，值得我们每一个共产党员和革命干部很好地学习。学习他一心为公，一心为人民，毫无私心杂念，忠心耿耿，为党工作的崇高共产主义精神；学习他不怕苦，不怕累，不怕死的英雄气慨；学习他无比深厚的阶级感情，关心群众，依靠群众，坚持走群众路线的优良作风，为人民的事业贡献自己一切的崇高精神。

为了更好地向闫盛福同志学习，四清工作大队党委和浮山公社党委要求全社共产党员和干部，都要以闫盛福同志为榜样，对照他的模范事迹认真找差距，改造思想，改进工作，努力实现思想革命化和领导革命化，同时在群众中广泛地开展宣传和学习闫盛福同志模范事迹的活动，开展更深入、更有成效的学习活动，为努力完成党在农村的各项任务而奋斗。

学习闫盛福同志的事迹：

一、坚决听党的话，永远跟着毛主席所指引的方向前进。

解放17年来，闫盛福同志在党的培养教育下，思想觉悟、阶级觉悟逐步提高，认识到只有在共产党和伟大领袖毛主席的领导下，才能不受压迫和剥削，才能消灭人间的一切剥削制度。因而在阶级斗争、生产斗争和科学试验三大革命运动中，始终是尖兵，带领广大群众组织了互助组、初级社、高级社、人民公社，由于他对工作认真负责、埋头苦干，深受广大社员群众的赞扬和信任。

在他担任治安主任、乡长、初级社长、高级社长、人民公社副社长、大队党支部书记等职务的时期，特别是由公社副社长回到亢家庄，由固定工资制，变为按劳挣工分，他都愉快地接受了组织的分配，从没有发过怨言，闹过情绪。

十七年来，他一直坚持听党的话，听毛主席的话，按照主席的指示办事，他象领路的向导一样，一直跑在前头，哪里有困难，他就到哪里去，哪里问题多，他就出现在哪里。为了帮助落后队赶上先进队，他主动到后进队蹲点，帮助后进队出主意，订计划，经过半年的努力，使这个后进队，摔掉后进队的帽子，赶上了先进队。

1965 年春旱，在第二生产队打井时，都是利用晚间业余时间干的，社员的确已经很疲劳了，对此，闫盛福同志心里非常明白，他一方面说明当前水的重要性，另一方面他组织大家学习愚公移山的精神，并且为了表扬先进积极分子，建立了光荣榜、表扬牌。由于组织得好，群众的干劲鼓起来，顺利完成了打井任务，提前达到了解决水资源目的。

二、毫无私心杂念，一心为集体，一心为革命。

闫盛福同志，在实际工作中总是以身作则，埋头苦干，为集体事业他废寝忘食，忠心耿耿，始终站在运动的最前列。

三、发挥集体领导作用，依靠群众办好集体事业。

闫盛福同志，十几年来在实际工作中，一贯相信群众，依靠群众搞好集体事业，凡事与群众商量，在领导作风上，发挥集体领导的作用，从不脱离群众，不主观臆断地处理问题。

学习他一心为革命，一切为革命；学习他依靠群众，关心群众的优良作风。

二、轶文、轶事选录

（一）轶文

1. 中华民国七年（1918 年），日本第一次统治时期（日本大正七年），日本帝国政府购买亢家庄亢殿章等五十三名地户土地事宜，订立了七款合同契约书，其中规定价款：上等地作价每亩银洋捌拾圆，中等地伍拾伍圆，下等地贰拾圆。土地归卖后仍由原地户以租种形式耕种。上等地每亩租费叁圆贰拾钱 / 年，中等地贰圆贰拾钱，下等地捌拾钱。当时地保亢辉仁，首事亢登财。日本政府代表：青岛守备司令官代理民政长官秋山雅之介。（摘自青岛市档案馆）

2. 中华民国十二年（1923 年）十二

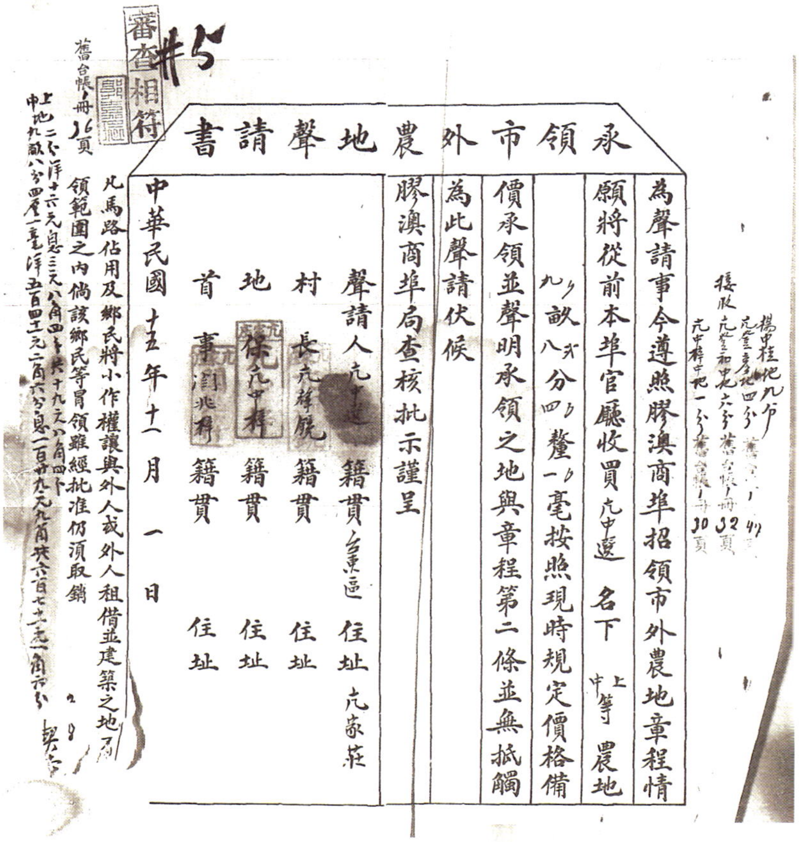

審查相符 #5

舊台帳1冊16頁

承領市外農地聲請書

為聲請事今遵照膠澳商埠招領市外農地章程情願將從前本埠官廳收買九中遠名下上中等農地九分畝八分四釐一毫按照現時規定價格備價承領並聲明承領之地與章程第二條並無抵觸

為此聲請伏候

膠澳商埠局查核批示謹呈

聲請人九中遠 籍貫台東區 住址九家莊

村長 籍貫 住址

地保 籍貫 住址

首事 籍貫 住址

中華民國十五年十一月一日

凡馬路佔用及鄉民將小作權讓與外人或外人租借並建築之地不在請領範圍之內倘該鄉民等冒領雖經批准仍須取銷

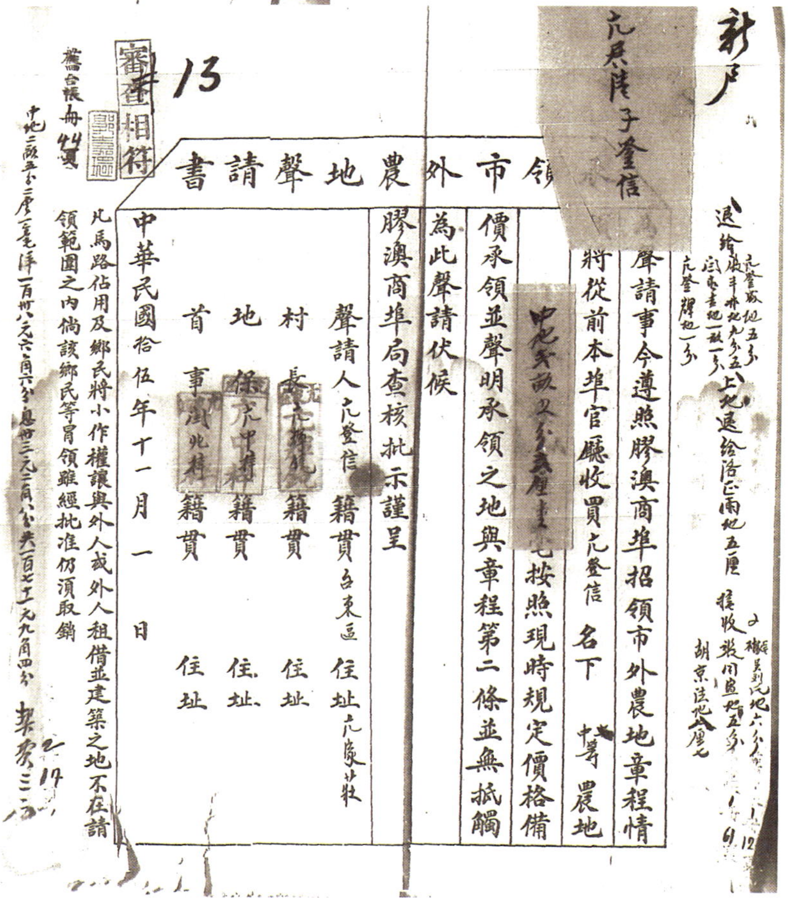

新戶

九兵陞子登信

審查相符 #13

舊台帳冊44頁

承領市外農地聲請書

為聲請事今遵照膠澳商埠招領市外農地章程情願將從前本埠官廳收買九登信名下中等農地……按照現時規定價格備價承領並聲明承領之地與章程第二條並無抵觸

為此聲請伏候

膠澳商埠局查核批示謹呈

聲請人九登信 籍貫台東區 住址九家小莊

村長 籍貫 住址

地保 籍貫 住址

首事 籍貫 住址

中華民國拾伍年十一月一日

凡馬路佔用及鄉民將小作權讓與外人或外人租借並建築之地不在請領範圍之內倘該鄉民等冒領雖經批准仍須取銷

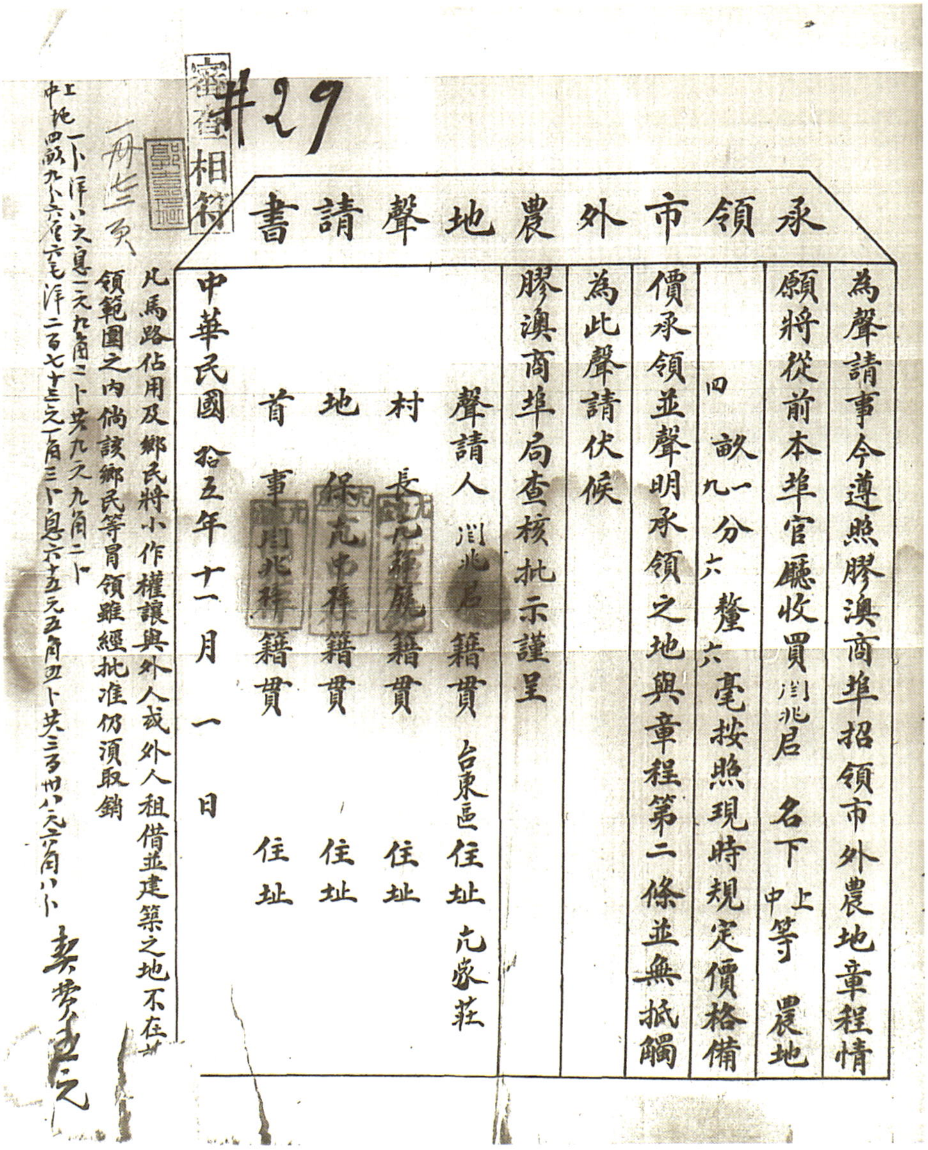

#29 審查相符

承領市外農地聲請書

為聲請事今遵照膠澳商埠招領市外農地章程情願將從前本埠官廳收買周兆启名下上中等農地四畝九一分六釐六毫按照現時規定價格備價承領並聲明承領之地與章程第二條並無抵觸

為此聲請伏候

膠澳商埠局查核批示謹呈

聲請人 周兆启 籍貫 住址 台東區亢家莊

村長 籍貫 住址

地保 籍貫 住址

首事 周兆祥 籍貫 住址

中華民國拾五年十一月一日

凡馬路佔用及鄉民將小作權讓與外人或外人租借並建築之地不在此領範圍之內倘該鄉民等冒領雖經批准仍須取銷

月初十日，洛正雨为亢辉信、仲跻海（浮山所人）撰写的土地买卖契约书。（摘自青岛市档案馆）

3. 中华民国十五年（1926 年）十一月一日，胶澳商埠局招领市外农地，以上、中、下三档按规定价格领回原政府所购村户土地声请书。（摘自青岛市档案馆）

4. 中华民国十五年（1926 年）十二月十二日，胶澳商埠局第二十一号文，通知亢家庄地户备价领回原政府购买土地，仍按上、中、下土质种类作价，共 57 份，合计地亩 146.11 亩。（摘自青岛市档案馆）

5. 中华民国十六年（1927 年）一月，胶澳商埠局农林事务所在三号炮台东侧计二十四亩之荒地（德国军队征用遗留，即后来的西果园），在亢家庄向村户招标试种植苜蓿。村民于兆喜以每亩肆元捌角伍分中标，为承租共计壹佰壹拾陆元捌角价格租种三年而发布的告示。又以同样方式在二号炮台以北防御线内，村民刘冬有以每亩肆元中标承租八亩八分官地，共计叁拾伍元贰角。双方签订的承租书。（摘自青岛市档案馆）

6. 20世纪20年代亢家庄赌博严重，已影响村民生活和家庭和睦。中华民国十八年（1929年）六月一日，亢家庄以亢辉镜为首组织二十三人的戒赌联合会，

出现赌博现象。（摘自青岛市档案馆）

7. 中华民国十九年（1930年）十月初八，亢登平为亢登信与闫兆庆撰写的土地买卖地契。（摘自青岛市档案馆）

8. 中华民国二十一年（1932年）十二月，关于青岛市李村乡区对亢家庄甘薯、小麦等农作物种植及产量调查情况。（摘自青岛市档案馆）

青島市李村鄉區農產調查表　民國二十一年十二月　填報者

村別	種類	品種名	栽培面積	每畝生產量 最高	最低	平均	備考
亢家莊	甘藷	地瓜	一〇畝	二二〇〇	一六〇〇	一九〇〇	
	小麥	無芒紅小麥	三〇	四〇〇	二五〇	三二五	
	大麥	黄皮大麥	五	四五〇	三〇〇	三七五	
	豌豆	白豌豆	六	二八〇	二〇〇	二四〇	
	谷子	白谷子	一〇	四五〇	三〇〇	三七五	
	高粱	番胡秫 銀胡秫	二	四〇〇	二六〇	三三〇	
	黍	白黍	四	三二〇	二〇〇	二六〇	
	花生	大花生	八	四八〇	三二〇	四〇〇	
	大豆	青豆 白豆 黄豆	一五	二八〇	一八〇	二四〇	
	蘿蔔	大青頭 大青頭	七	一五〇〇	八〇〇	一一五〇	
	玉蜀黍	小圓粒	二	三六〇	二〇〇	二八〇	
	䅟子	黑䅟子	三	四二〇	三〇〇	三六〇	
	蕎麥		一	二八〇	一四〇	二一〇	

填表說明
（一）凡有二種以上品種者應分別列載
（二）果樹應就栽培面積項內列入株數並將銷售情形填載備考欄內

青島市農林事務所製

会长亢辉镜，副会长亢登信，监察委员亢中臣、亢中亭，正副财政闫瑞凤、亢中礼，会计亢中规、亢中元，执行委员闫瑞江、亢中伦、亢辉信、亢中即。联合会订立了简章，并呈报上级政府，受到赞扬。所有会员必须遵守，取得了很好的效果，受到了广大村民的大力支持和好评。当时亢家庄在好多年的时间没

9. 中华民国二十二年（1933年）五月，关于闫兆吉同闫瑞仁、闫瑞智同闫兆庆土地买卖，青岛市财政局出具的查验证书。（摘自青岛市档案馆）

10. 中华民国二十三年（1934年）七月十九日，本村亢辉桃在亢家庄西北岭建盖平瓦房的申请执照，并在建筑过程中违规扩大尺寸，受到当时政府（青

岛市工务局）的责令，拆除整改的前后官方文件。（摘自青岛市档案馆）

11. 中华民国二十六年（1937 年）七月十五日，亢中贞购买亢辉信土地契约。（摘自青岛市档案馆）

12. 中华民国二十八年（1939 年）四月，浮山所小学呈请青岛特别市教育局为亢家庄分校因学生人数增加，添置

中華民國二十八年四月五日

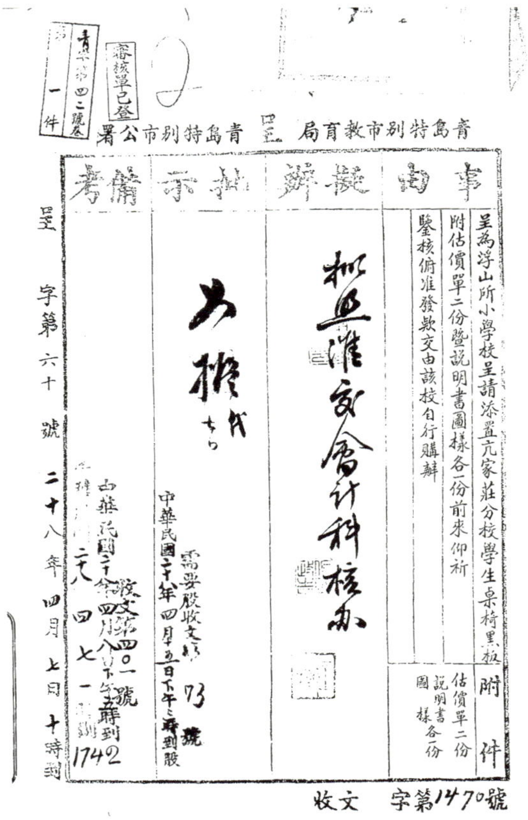
青島特別市教育局 呈 青島特別市公署

事由：呈為浮山所小學校呈請添置亢家莊分校學生桌椅黑板附估價單二份暨說明書圖樣各一份前來仰祈鑒核俯准發款文由該校自行購辦

附件：估價單二份 說明書圖樣各一份

擬辦：擬准交會計科核辦

呈 字第六十號 二十八年四月七日十時到

收文 字第1470號

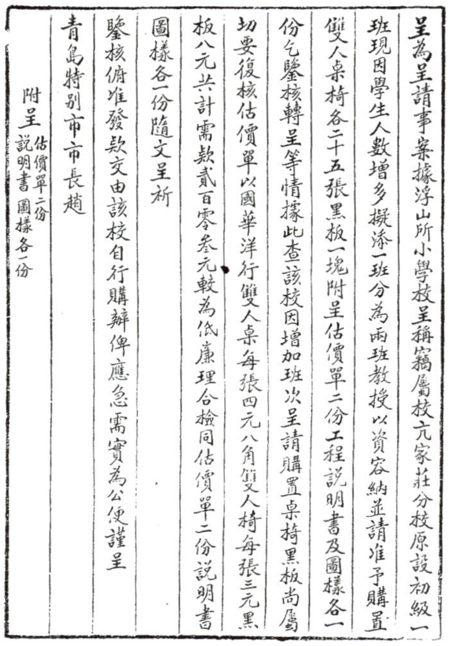
呈為呈請事案據浮山所小學校呈稱竊屬校亢家莊分校原設初級一班現因學生人數增多擬添一班分為兩班教授以資容納並請准予購置雙人桌椅各二十五張黑板一塊附呈估價單二份工程說明書及圖樣各一份乞鑒核轉呈等情據此查該校因增加班次呈請購置桌椅黑板尚屬切要復核估價單以國華洋行雙人桌每張四元八角雙人椅每張三元黑板八元共計需款貳百零叁元較為低廉理合檢同估價單二份說明書圖樣各一份隨文呈祈

鑒核俯准發款文由該校自行購辦俾應急需實為公便謹呈

青島特別市市長趙

附呈 估價單二份 說明書圖樣各一份

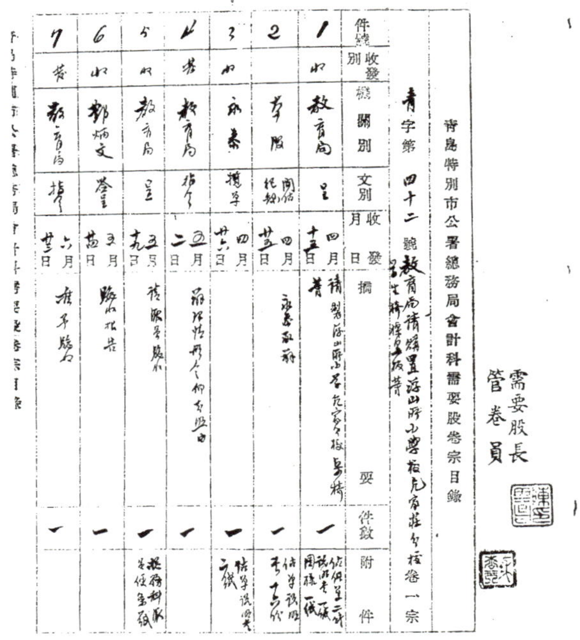
青島特別市公署總務局會計科需要股卷宗目錄

青字第四十二號

卷一宗

需要股長 管卷員

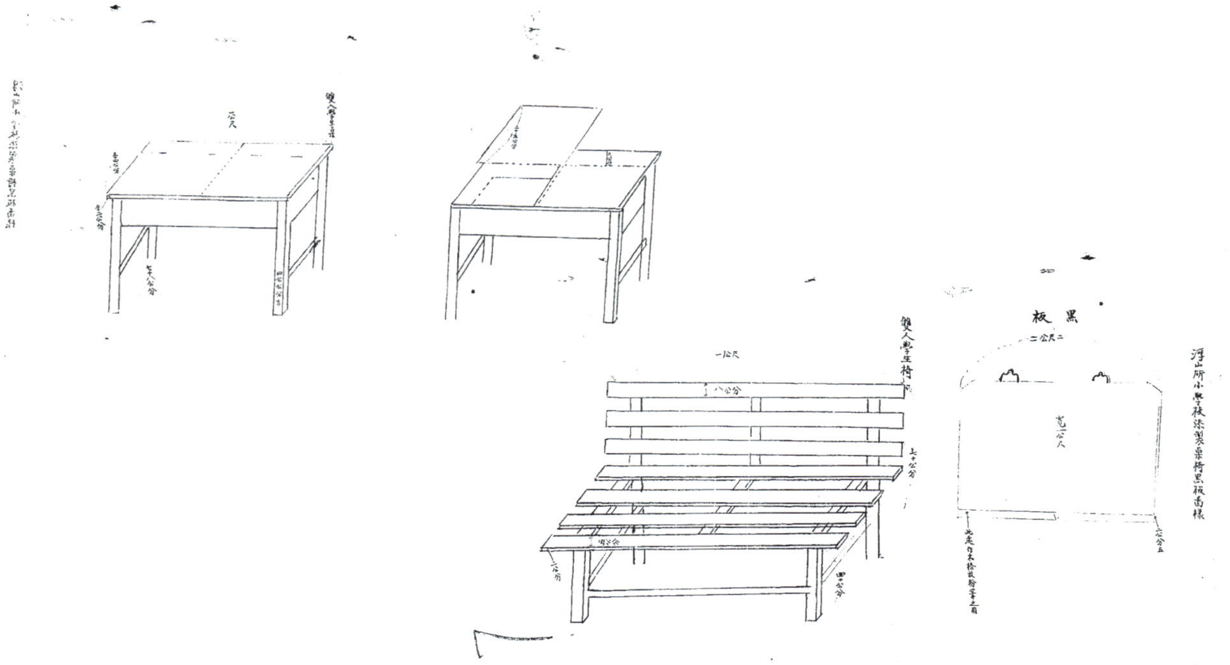

桌椅、黑板等教学用具拨款的批文。附有数量及图纸。（摘自青岛市档案馆）

13. 中华民国二十九年（1940 年）日本驻青空军司令部青岛空军站为沧口飞机场在亢家庄东岭征地建设无线电台事宜。竣工后于中华民国卅一年（1942 年）二月对青岛市财务局被征地村户进行价款结算的公函文件，其中征地总数 99.27 亩，实际占用可耕地 86.54 亩，每乡中亩地价按 950 元（国币），折市亩地价 426.39 元。其中坟墓及禾地青苗补偿另行计算。土地总价款 36894.20 元，青苗补偿 5176.84 元，坟地补价 80 元，测量费 767.56 元，总计价款 42918.6 元。（摘自青岛市档案馆）

14. 中华民国二十九年（1940 年）十一月，亢家庄当时隶属台东区，对村户冬季取暖供应煤炭调查表：供应办法按户统计，按人口计算，数量按筐供给，统计结集：全村 117 户，609 人，供应 204 筐。（摘自青岛市档案馆）

亢家莊鄉民需煤調查表

台東區亢家庄村村公所

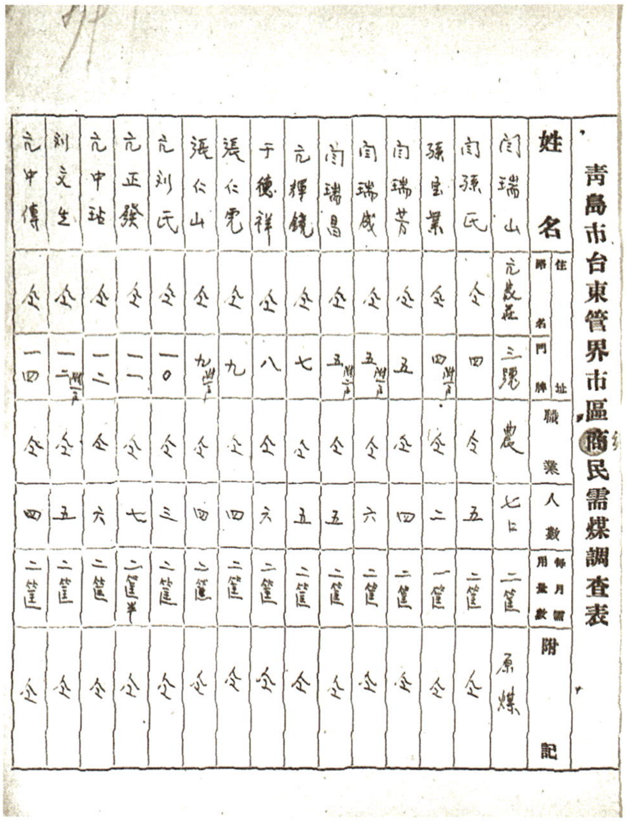

青島市台東管界市區商民需煤調查表

姓名	住址 路名	住址 門牌	職業	人數	每月需用量數	附記
闫瑞山	亢家庄	三號	農	七口	二筐	原煤
闫孫氏	仝	四	仝	五	二筐	仝
孫宝業	仝	四附户	仝	二	一筐	仝
闫瑞芳	仝	五	仝	四	二筐	仝
闫瑞成	仝	五附户	仝	六	二筐	仝
闫瑞昌	仝	五附户	仝	五	二筐	仝
亢輝鏡	仝	七	仝	五	二筐	仝
于德祥	仝	八	仝	六	二筐	仝
張仁亮	仝	九	仝	四	二筐	仝
張仁山	仝	九附户	仝	四	二筐	仝
亢刘氏	仝	一〇	仝	三	二筐	仝
亢正發	仝	一一	仝	七	二筐半	仝
亢中站	仝	一二	仝	六	二筐	仝
刘文生	仝	一二附户	仝	五	二筐	仝
亢中傳	仝	一四	仝	四	二筐	仝

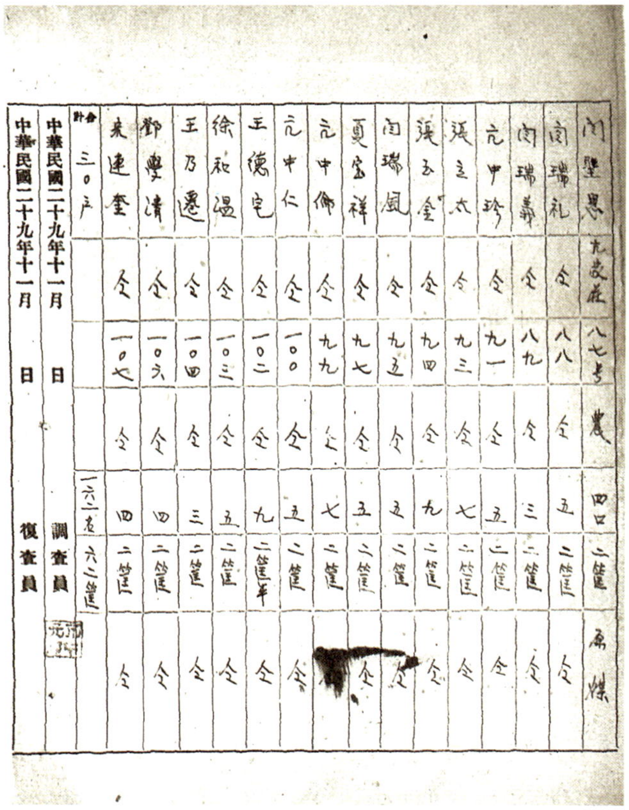

姓名	住址 路名	住址 門牌	職業	人數	每月需用量數	附記
闫璧恩	亢家庄	八七号	農	四口	二筐	原煤
闫瑞礼	仝	八八	仝	五	二筐	仝
闫瑞義	仝	八九	仝	三	二筐	仝
亢中玲	仝	九一	仝	五	二筐	仝
張立太	仝	九三	仝	七	二筐	仝
張玉金	仝	九四	仝	九	二筐	仝
闫瑞風	仝	九五	仝	五	二筐	仝
夏宝祥	仝	九七	仝	五	二筐	仝
亢中倫	仝	九九	仝	七	二筐	[illegible]
亢中仁	仝	一〇〇	仝	五	二筐	仝
王德宅	仝	一〇二	仝	九	二筐半	仝
徐和温	仝	一〇三	仝	五	二筐	仝
王乃遷	仝	一〇四	仝	三	二筐	仝
鄧學清	仝	一〇六	仝	四	二筐	仝
来連奎	仝	一〇七	仝	四	二筐	仝
計合 三〇户				一六二名	六二筐	

中華民國二十九年十一月 日 調查員

中華民國二十九年十一月 日 復查員

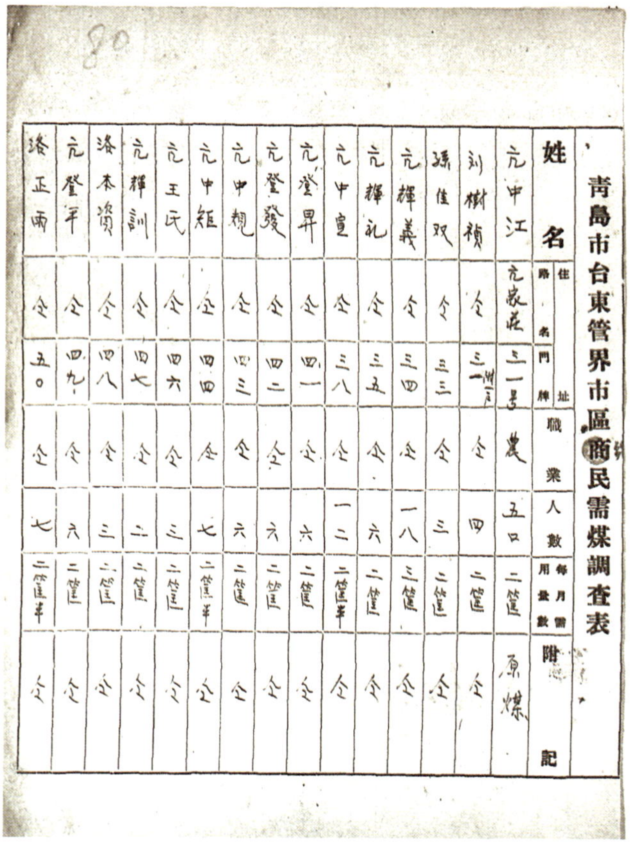

青島市台東管界市區商民需煤調查表

姓名	住址 路名	住址 門牌	職業	人數	每月需用量數	附記
亢中江	亢家庄	三一号	農	五口	二筐	原煤
刘樹禎	仝	三一附户	仝	四	二筐	仝
孫佳双	仝	三三	仝	三	二筐	仝
亢輝義	仝	三四	仝	一八	三筐	仝
亢輝礼	仝	三五	仝	六	二筐	仝
亢中宣	仝	三八	仝	一二	二筐半	仝
亢登昇	仝	四一	仝	六	二筐	仝
亢登發	仝	四二	仝	六	二筐	仝
亢中規	仝	四三	仝	六	二筐	仝
亢中經	仝	四四	仝	七	二筐半	仝
亢王氏	仝	四六	仝	三	二筐	仝
亢輝訓	仝	四七	仝	二	二筐	仝
洛本資	仝	四八	仝	三	二筐	仝
亢登平	仝	四九	仝	六	二筐	仝
洛正雨	仝	五〇	仝	七	二筐半	仝

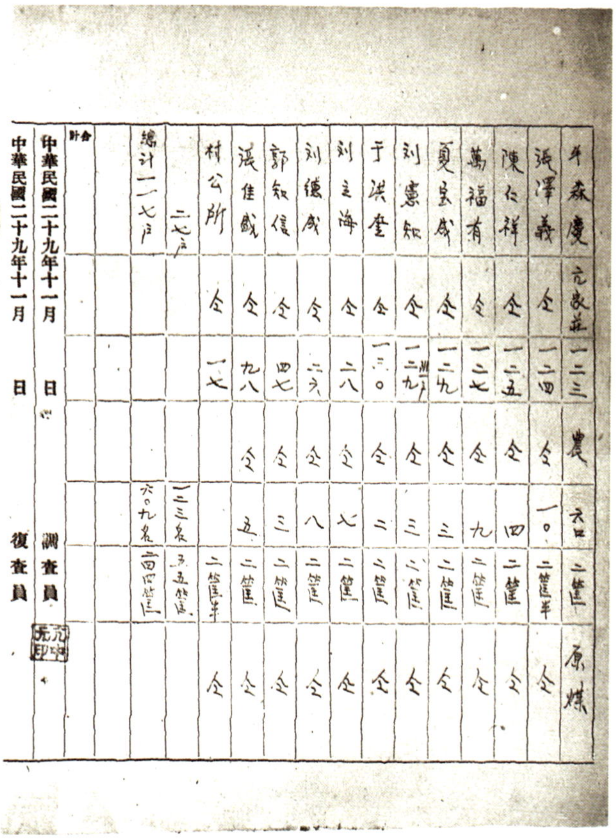

姓名	住址 路名	住址 門牌	職業	人數	每月需用量數	附記
牟森慶	亢家庄	一二三	農	六口	二筐	原煤
張澤義	仝	一二四	仝	一〇	二筐半	仝
陳仁祥	仝	一二五	仝	四	二筐	仝
萬福有	仝	一二七	仝	九	二筐	仝
夏宝成	仝	一二九	仝	三	二筐	仝
刘憲知	仝	一二九附户	仝	三	二筐	仝
于洪奎	仝	一三〇	仝	二	二筐	仝
刘立海	仝	二八	仝	七	二筐	仝
刘德成	仝	二六	仝	八	二筐	仝
郭知信	仝	四七	仝	三	二筐	仝
張佳成	仝	九八	仝	五	二筐	仝
村公所	仝	一七			二筐半	仝
二七户				一二三名	二五筐	
總計一一七户				六〇九名	二四四筐	
計合						

中華民國二十九年十一月 日 調查員

中華民國二十九年十一月 日 復查員

81

青島市台東管界市區商民需煤調查表

姓名	住址 路名	住址 門牌	職業	人數	每月需用量數	附記
元中海	元家莊	六六號（附一戶）	農	九口	二筐半	原煤
徐永和	仝	六七	仝	七	二筐	仝
于尹氏	仝	六八	仝	六	二筐	仝
元中全	仝	七二	仝	七	二筐	仝
元正[illegible]	仝	七三	仝	二	二筐	仝
元中巨	仝	七五	仝	五	二筐	仝
元中義	仝	七五（附三）	仝	四	二筐	仝
元蘇氏	仝	七六	仝	五	二筐	仝
元中山	仝	七七	仝	四	二筐	仝
元中舉	仝	七八	仝	四	二筐	仝
元表氏	仝	八〇	仝	二	二筐	仝
元輝彬	仝	八一	仝	八	二筐半	仝
閆瑞平	仝	八四	仝	六	二筐	仝
閆兆倖	仝	八五	仝	二	二筐	仝
閆瑞信	仝	八六	仝	一一	二筐半	仝
元輝仁	元家莊	一五號	農	四口	二筐	原煤
元中朝	仝	一六	仝	三	二筐	仝
元中元	仝	一七	仝	三	二筐	仝
王希春	仝	一八	仝	四	二筐	仝
元中奎	仝	一九	仝	一二	三筐	仝
張仁瑞	仝	二〇	仝	三	一筐半	仝
徐根先	仝	二一	仝	一〇	二筐半	仝
元趙氏	仝	二二	仝	五	二筐	仝
張仁錫	仝	二三	仝	二	一筐	仝
元中祥	仝	二四	仝	四	二筐	仝
夏宝全	仝	二五	仝	二	一筐	仝
王玉桂	仝	二七	仝	九	二筐半	仝
管義成	仝	二八	仝	四	二筐	仝
元登聰	仝	二九	仝	一〇	二筐半	仝
元中效	仝	三〇	仝	三	二筐	仝
計合 三〇戶				一五一名	五九筐半	

中華民國二十九年十一月　日　調查員

中華民國二十九年十一月　日　復查員

80

青島市台東管界市區商民需煤調查表

姓名	住址 路名	住址 門牌	職業	人數	每月需用量數	附記
刘煥彩	元家莊	一〇八號	農	五口	二筐	原煤
國悦資	仝	一〇九	仝	六	二筐	仝
隋黄謙	仝	一一一	仝	四	二筐	仝
何乃平	仝	一一二	仝	二	二筐	仝
董珍宗	仝	一一三	仝	三	二筐	仝
陸德海	仝	一一四	仝	五	二筐	仝
張成先	仝	一一五	仝	四	二筐	仝
宋啟方	仝	一一六	仝	六	二筐	仝
連本洛	仝	一一八	仝	五	二筐	仝
丁世英	仝	一一九	仝	四	二筐	仝
陸明巨	仝	一二〇	仝	三	二筐	仝
房成元	仝	一二〇（附一戶）	仝	四	二筐	仝
陳甲	仝	一二〇（附二戶）	仝	三	二筐	仝
畢仁和	仝	一二一	仝	四	二筐	仝
李風山	仝	一二二	仝	五	二筐	仝
刘佃臣	元家莊	五〇（附一戶）	農	六口	二筐半	原煤
元中祿	仝	五一	仝	三	二筐	仝
呂明德	仝	五二	仝	七	二筐半	仝
元登輝	仝	五三	仝	二	二筐	仝
元登信	仝	五四	仝	八	二筐半	仝
魏金太	仝	五六	仝	八	二筐半	仝
元正礼	仝	五七	仝	六	二筐半	仝
刘桂南	仝	五七（附一戶）	仝	三	二筐	仝
元登玉	仝	五八	仝	四	二筐	仝
元中琨	仝	五九	仝	五	二筐半	仝
元中瑾	仝	六〇	仝	六	二筐三	仝
元登財	仝	六七	仝	五	六筐半	仝
元辛氏	仝	六四	仝	五	二筐半	仝
楊從德	仝	六五	仝	八	二筐半	仝
洛敦忠	仝	六六	仝	三	二筐	仝
計合 三〇戶				一七三名	六七筐半	

中華民國二十九年十一月　日　調查員

中華民國二十九年十一月　日　復查員

15. 中华民国三十一年（1942 年）二月三日，青岛特别市财政局函拟选定亢家庄西 3 号炮台南地块，设立万国公墓（乱葬岗）用地的批文，由建设局下发。（摘自青岛市档案馆）

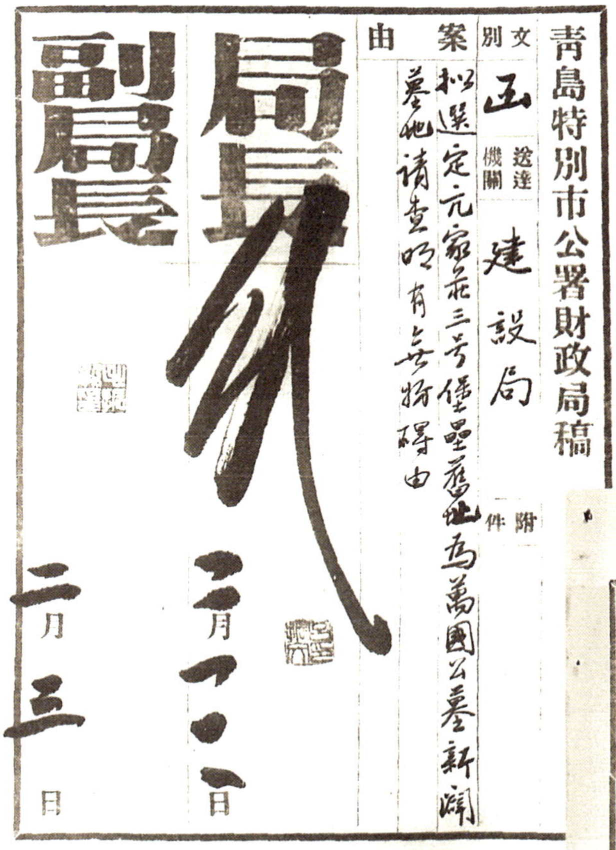

青島特別市公署財政局稿

文別：函

送達機關：建設局

案由：拟選定亢家庄三号堡壘舊址為萬國公墓新闢墓地請查明有無妨碍由

附件

局長

副局長

二月 一 日

二月 三 日

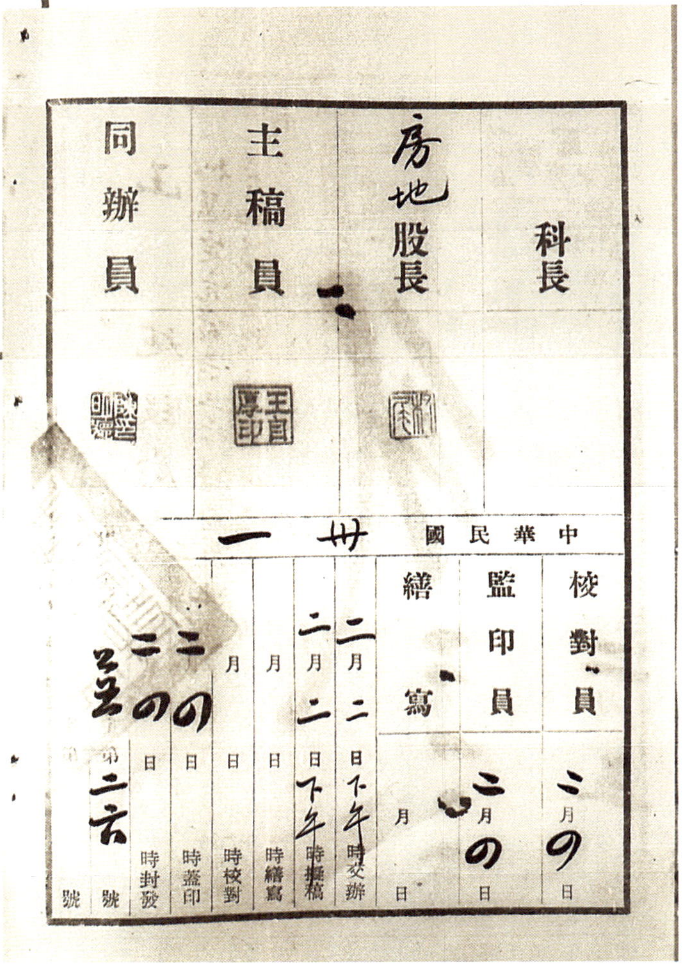

科長	房地股長	主稿員	同辦員

中華民國 卅一 年

校對員	監印員	繕寫
二月四日	二月四日	月 日

二月二日下午 時交辦

二月二日下午 時擬稿

月 日 時繕寫

月 日 時校對

二月四日 時蓋印

二月四日 時封發

第二六號

16. 中华民国三十六年（1947 年）五月四日，空军站亢家庄无线电台被盗一案，经青岛市警察局台东分局侦缉获归案落实，被盗日式马达一部，抽水机一台，系本台负责人孙敬喜持匙所为。（摘自青岛市档案馆）

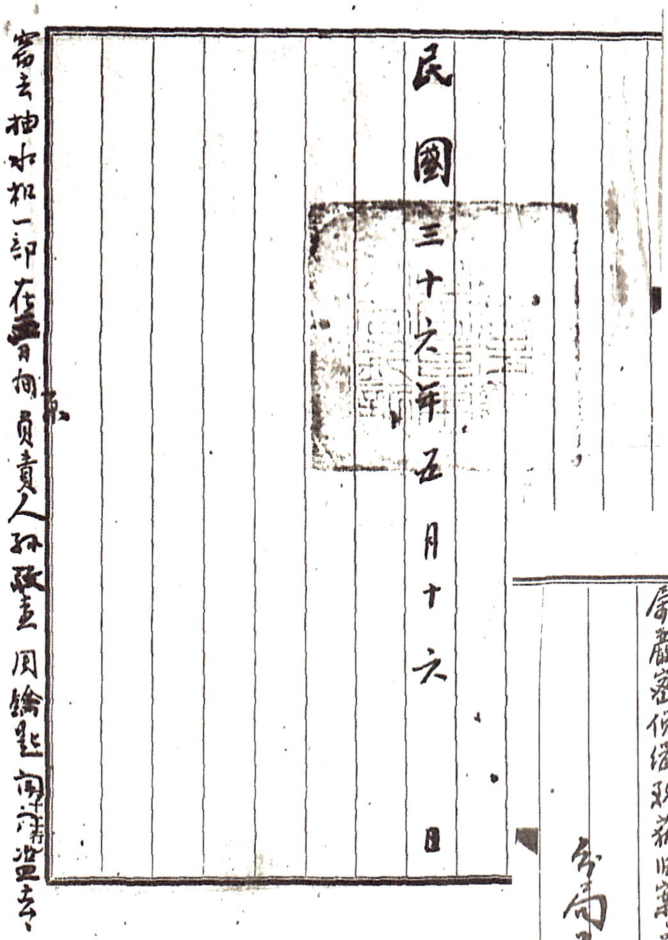

當去抽水机一部，在[illegible]負責人孫敬喜用鑰匙[illegible]

民國三十六年五月十六日

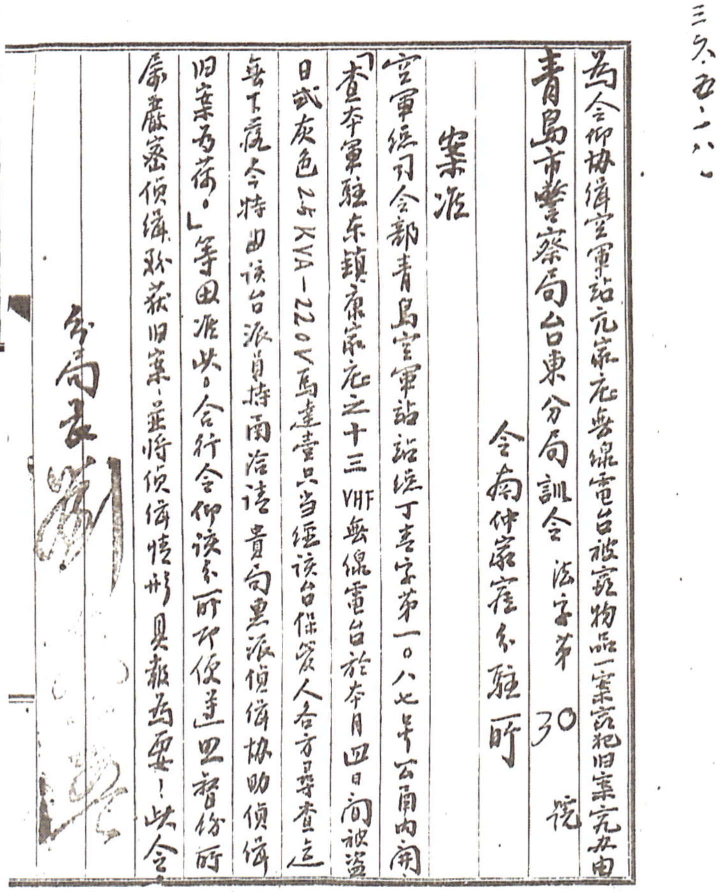

為令仰協緝空軍站亢家庄無線電台被竊物品一案並飭將案破由

青島市警察局台東分局訓令 治字第30號

令局仲家窪分駐所

案准

空軍總司令部青島空軍站站总丁字第一〇八七号公函內開

「查本軍駐东鎮亢家庄之十三VHF無線電台於本月四日間被盜日式灰色25KVA－220V馬達壹只，当经该台保管人查[illegible]無下落，今特由该台派員持函洽請貴局惠派偵緝協助偵緝归案為荷。」等因准此。合行令仰该所仰便遵照督飭所屬嚴密偵緝，務獲归案，並將偵緝情形具報為要！此令

分局長

三六．五．一八

（二）轶事

1. 亢家庄与田家村婚姻关系

亢家庄相距田家村约2公里，是田家村通往市里的必由之路，村民之间交往甚好，唯多年来两村没有婚姻往来。

清朝乾隆年间（约1740—1760年），有亢姓十二世两男均娶田家村田氏，婚后二人相继暴病而逝，田氏二女为贞节留名，自缢随去，此事惊动官府，于村北路西立碑两座赞表，一支刻有“徽扬彤史”，一支刻有“节孝双全”。但村民在赞誉的同时，也疑惑是不是两村婚姻犯“剋”。自此亢姓与田家村200多年无婚姻相续，就连其他姓氏也随之如此。后来，浮山所、田家村和亢家庄成立了工农联盟农业合作社，生产及行政关系非常亲密，尤其“大兵团”劳动相聚机会、场面很多，青年男女十分友好，只是不谈婚论嫁，感情相互压在心底，谁也不敢突破婚姻大事这个“禁区”。因为缺少儿女亲家，多年来两村亲戚关系甚为稀疏。

1956年亢家庄村民夏宝全之女嫁给了田家村，但这对村里影响不大。直至20世纪90年代初，有几对儿女勇敢地走进婚姻殿堂，至今生育、生活正常。

2. 养狼的故事

亢姓十六世族人亢辉镜讲这么一个事：他上辈的老人，家里养了一条狗，因为是黄毛而取名“黄”。从前养狗是看家护院。

有一次在田间发现了一只小流浪狗，遂起怜悯之心，便领回家养活，正也与“黄”做伴。因为是青色毛，取名“青”，渐渐长大与“黄”相处甚笃，老人的言语举动，它们都会心领神会，并给“黄”“青”脖颈上系有不同声音的铜铃，跑起来发出响声，一是宠爱，也是个记号，能分辨出“黄”“青”。老人外出时三个形影不离。

日后“青”长为成狗时，老人发现“青”的特征好像是一只狼，其他人也认同。众人对养狼褒贬不一，由于已建立感情，其间“青”始终也未出现异样表现，另则也不妨留神观察，看看到底如何？老人每年夏季在东南岭地片种植甜瓜，地边搭建草铺子，昼夜看护，白天老人对作物进行管理，“黄”“青”随其前后、左右，夜晚老人在铺子睡觉，它俩守护两旁，倒也坦然。

一次深夜老人被“黄”“青”两个相对示威发出龇龇声而吵醒，便起来察看周围及田地动静，确无事，便向它们斥责两句则平息。而后不只一次出现。老人不解其故，决心察个究竟。白天相安无事，未发现异常，便留神夜晚，老人做佯睡，至深夜“青”便开始心神不安，好像因腹内饥饿所致，向老人跃跃欲试，有发起攻击之势。此时，“黄”以护卫主人向“青”龇牙警告。一到晨晓，险情解除。老人看的清楚，明白事由，原来“青”在夜晚饥饿难耐时野性发作，才有此举。老人想：“这样下去，久而久之会出事”，便决定忍痛割爱。有一次又出现类似之时，老人起身斥责它，此时“青”也很难堪，老人把带的食品给“青”吃了说：“我把你养大了，自己可以打食了，找你的伙伴去吧！”“青”真有无地自容之感，自知主人驱赶之心已定，再不会容身，随起向老人摇了摇尾巴，向东南方向“傻嗒”“傻嗒”地走了。老人看着它的背影也真的不是滋味，事情也应该做个了结。事后老人经常思念“青”的处境，是否活着，是否找到伙伴了……之后，随岁月流逝也就逐渐淡忘了。

说不上是哪一年，辛家庄有老人的亲戚结婚，老人独自挑着两个元斗盛着馒头去赴喜宴。以前喜宴都得傍晚掌灯时分散席，老人有些醉意挑着压回的馒头，慢跚跚地往家走，过了浮山所北山顶，天已大黑了，忽间感到头部一炸一炸的，瞬时毛发直竖，不好，真的碰到“野物”（以前说野物即是狼）了吗？仔细看时不紧一愣，果真是一条狼挡住去路，此时醉感清醒了许多，没有退路，老人抖擞精神，用两个元斗且抡且走，狼暂且还不能近身，它将嘴插在地上发出一声嚎叫，不大时又来了一只狼，老人越战越勇，两个狼还是得不了手，于是乎其中一个狼又发出了嚎叫，不得了，接着来了一群，足有十来只，老人傻了眼，在两村不接的地方，连个人影也没有，真的要喂狼了，就在叫天不应、问地不答的绝境中，忽听到狼群中有一铃声，转念回了神，好似曾养过的“青”脖子上的铜铃响，随即不由自主地叫了一声“青”，果然“青”真在这一群体中，这时的“青”也听到了熟悉的声音，随即走到了老人的身边，转了三圈，用鼻子闻了又闻，尾巴也在不时地摇摆着，老人喜出望外，对“青”说，你救救我。“青”这时做了一个动作，用嘴向每只狼的头部掘了一下，即时狼不再进攻了，不一会狼群集中离开走了。“青”还是在老人身边转悠眷恋着，老人心静下了，对“青”说：“你小的时候我救你一命，这次你救了我一命，咱爷俩两平了，谁也不欠谁的啦！你跟它们走吧！”“青”领会地向狼群远去了。老人因受到惊吓回家后病了一场。人们听到原委都说：“狼也懂人性气。”后来村里人编成了故事，流传了好久。

亢正鼎整理

三、诸事存念

族谱浅识

亢正鼎

族谱亦称家谱和宗谱，是记载本宗族世系的书，其实就是一个家族纯正血统的延续。国不能无史，地方不能无志，族不能无谱。盛世修志，兴旺修谱是我们国家、地方和民族的优良传统。我国很早就有族谱的范例。如：孔氏家谱算是较早也是延续至今且正规的家谱之一。浮山所仲姓1996年在黑龙江讷河成立华风仲子历史研究会，编修仲氏族谱、辈名世录全国统一。是全国最完善的姓氏族谱。我国的姓氏来源有早有晚而相当繁多，当一个家族定“姓”后，修谱就得确立始祖，也就是一世祖，后人就得按一世祖的血脉传下去。很早人们就对族谱视为很神圣并很严谨的，必须直系血统的人才能入谱。像义子、领养的孩子，随富豪和官宦家庭姓的仆役，非明媒正娶的妾等都不能入谱（所生子女属直系血统理应入谱）。在本族中的嗣子是可以入谱的。所以有很多年老夫妇，有女无子，或儿女皆无的，只有通过“过继儿”的形式来解决这个问题。嗣子也能成为他（她）们的传承人。以前老人们对去世后能否在宗谱上有个名字是一个极大心愿。

族谱形式大体都遵循一个格式，由简到繁，随时代推行也在逐步完善。它的版本及内容是以宗族经济基础而定的，族人兴旺的，相对同宗人数也多（结婚早、繁衍快、相对辈份提前利用），为显示族人势力修谱也格外讲究。他们的经济来源有多种形式：一是族产（也称“公产”）积累大。二是宗族中名人、富豪有赞助。三是本族人集资多。四是当地官府为讨好地方势力也有出资。五是本族中有在朝为官的或有功名的，朝廷都有赐助。所以修谱内容丰富，版本精湛大方。经济基础差的家族（结婚相对晚，繁衍慢，辈份大），同宗人数较少，族产积累小，社会上没有赞助，只得以全族人集资来完成，费用紧巴，修谱只得从简，版本也普通。

辈份的延续按正常繁衍大约在30年为一世，较早的姓氏在几千年前就有族谱，至今可达百世以上。因朝代演变、兵火战乱、天灾人祸等不可抗拒的因素，百姓迫于生计移居迁徙，族人各居一方，久而久之世远年湮，音信不接，族谱遗失。即便虽有间断记载，但辈名不清，不能排序。待社会稳定后，经济相对好转，族人繁衍加快，这时就泛起追古思乡情怀，为不忘先祖，使同族人辈名世录不紊，支派有序，只好纂修族谱，甚至另立始祖。辈名世录不清的也可另起。如亢家庄荆姓、袁姓族谱类此。而亢家庄汪姓(溯于轩辕，迄于鲁成公)仍沿用原谱至百世，辈名世录清楚，但七十五世前，先祖名讳查考不清。现已繁衍至九十七世，亟待续辈。

纂修族谱从历史现象上看，时代性较强，较近的就是明朝初期，老人们留传下来的永乐扫北的事，朱棣由云南带领老兵弱将，扶携百姓一起北征，由于善于用兵，又有名将名人辅佐，北征胜利了，建都北京。并且沿路跟随的百姓往北方迁徙的也很多（后来人们留传许多从云南“起小民”的历史故事）。即墨、崂山一带大部分是那个时候迁来的。另外由于连年战乱，军士损亡，百姓逃离乡土，个别地方人籍全无。在当时只山西未受战事波及，所以明朝政府将山西人口密集地方，组织大规模移民，出现了洪桐县大槐树移民汇集地的事。后来天下太平，百姓安居乐业，便开始了纂修族谱热潮。到现在大都繁衍至二十到二十四世（历史上民间说法很多，这是其中的一个）。

明代万历年间仍有自云南迁入的移民。清代康熙、乾隆年间，即墨向崂山地区徙移较多。20世纪20—40年代军阀混战，日本侵华时期，民不聊生，百姓向东北迁移求生的很多。建立新中国后，经济好转，但不发达，受各项政治运动束缚，尤其文化大革命期间，族谱被划为“四旧”的范畴，大部分宗谱、族谱被焚毁。20世纪80年代中期，国家实行改革开放，经济复苏繁荣，百业兴旺，人们生活提高，国家、地区、省、市、县、社区、村庄掀起纂修史志、族谱高潮，如此广泛、普遍是历史上绝无仅有的。

在亢家庄姓氏统计中，于20世纪20—50年代迁入的村民，由于原籍无嫡亲，族谱无着，辈名世录上无记，下不接，索性让后人任其命名。另外一种情况是：反正我就一个女孩子，后续无人，也就放弃了。我们应该有“莫为终生之计，而有后世之虑”之心态。其实族谱是全族人的大事，如不然其必搁置荒疏，昭穆必紊，族人散居，音信不接，亲属远近不分。如有族谱为据，方可使族人相遇，无称谓之舛及尊次失礼之过。为改变其状，各族人应尽力立修族谱。如祖人其源难溯，可另立始祖，编排辈名世录，得以传录有序，善行后人。

族谱内容大体遵循如下几个方面：

一、谱名：为防乱宗，明血统，一般要注重“里籍”命名，如《韶山毛氏族谱》、亢家庄《新安汪氏族谱》、《高密李氏族谱》等。

二、谱序：其内容涉及修谱缘由，简述姓氏渊源、族人历史迁徙活动，续修族谱要存前谱序及此次续修目的。

三、凡例：阐明修谱的原则和体例。条款多少不限，能说明为准。

四、姓氏渊源：相述考述本族姓氏来源、始祖、先祖及家族迁徙经过，各支派远近关系及分支去向等。

五、世系、世传：记载始祖至纂修

族谱时，本家族世代成员的姓名、生卒年月、科第、妻室、子女等。这项内容是族谱中最重要的部分。

六、字辈、排行、行第：编排辈名，大都以四字、五字为多，七字较少，选择文雅、吉祥、兴盛字目（像“文”字，好多族谱中的辈名都有，如王文*、李文*、张文*、刘文*等等）组成词组，排列成序为世录，大部分都上口压韵，有二十四世、二十八世、三十六世、四十世，甚至到百世。根据每个字的字义与姓氏配合用在中或用在底，族人的繁衍依此延续。如果辈名世录用完，可续修增补。

七、族规家法：是各家族自己制定的约束，教化族人的宗族法规。

八、恩荣录：登载过去皇帝对家族中官员、亲属、烈女等的敕书、赐匾等。现时国家、政府有关部门颁发的荣誉证书、战斗英雄、功臣勋章等。

九、遗像、遗文：刊载祖先及族中重要人物遗像、赞语、皇帝及国家领导人给予的题字等。如毛主席给雷锋的题字或与国家领导人合影的照片等。

十、艺文：收录族人著述。诗词等著作和奏疏（给皇帝的奏折，对国家、政府并被采纳的建议书等）。

十一、传记：又称行（xing）状、行述。记载家庭中重要人物。如忠臣、孝子、义夫、节妇及对社会善举的主要事迹。

十二、族产：家庭集体财产（亦称公产）：如坟地、祖田、义庄、学田、山林、房屋等数量、位置以及管理办法（须造册，有专人管理收入、支出账目。平日这些集体财产主要以租赁取得收入）。

十三、契约：登载与族产有关的契据、文约、宗族内部关于承嗣、分家等契约，买卖田地、房屋等文据。这些契约一般都是管理族产人员掌管。

十四、祠堂：记载祠堂建筑图案、修建经过、规模、地理位置。供奉祖先牌位排列次序。过年悬挂宗谱供族人拜祭等事宜。

十五、祖茔：包括墓图、坟向、祖坟、各支派坟的地理位置，祖坟迁移年代、数量、移迁地等，便于后人祭祖扫墓，不忘祖先。

十六、族人领谱记录：族谱属族人内部发行，基本不能公开，出版数量按族产和集资情况而定，一般是应按集资户数为准，不需按户籍发放。也可按支派定数，应留存一定册数，存于祠堂或管理族产人员处，以备查考。发放领取应按序号造册定人定号，定期检查。

明代云南移民探源——《乌撒卫与交趾城》

青岛市史志办公室　编辑处处长　侯文程

在青岛所属的各区、市中，约有700余个村庄是明代由云南移民建立的。从已有线索的135个村庄中得知，移民大体来自云南（包括贵州）的大理、昆明、交趾、都匀、乌撒和毕节等地区，其中又以乌撒卫和交趾城最多。

乌撒原为云南乌蛮乌撒部，旧名巴凡兀姑。自元代起的行政机构为乌撒路，其境域包括今贵州省威宁县、赫章县和云南省镇雄县，明代改为乌撒府，并在此设置了乌撒卫，治所在威宁县。乌撒卫是云南通往四川的咽喉要道，洪武十四年（1381 年）傅友德率兵往云南时，曾攻打过这个战略要地。

在云南移民的众多“祖谱”中，有把乌撒卫写成乌沙卫或乌纱卫，也有把云南写为小云南的。据粗略统计，青岛地区约有 80 多个村庄是从乌撒卫来的移民，约 38 个姓氏。这些村庄都集中在城阳区、崂山区和即墨市，又以城阳区为最多，约 40 多个村庄。这 3 个区市在明代统属即墨县。为防御倭寇，在这里设立了一卫（鳌山卫）二所（雄崖所、浮山所），并设有几十个“军屯”。出征云南的许多汉族将士和军户就是在这种情况下来到青岛地区的。

城阳镇小寨子张姓祖先从乌撒卫来青后，兄弟为千户，后奉调来鳌山卫和浮山所任职，这是奉旨派遣；即墨留村乡大村的邵姓先人于洪武十三年由乌撒卫随魏国公徐辉而来，此为随军调防；即墨南阡村万姓和北阡村房姓自乌撒卫乐歌屯来青，因其属军户迁徙，称“皇诏迁播”。

而交趾城在云南移民的“祖谱”中也有称交趾国、交趾县和交趾国戛戛郡的，这个交趾不是始建于西汉的交趾郡，该郡在唐末已废除，自北宋起交趾已成为对安南（今越南）的俗称。移民来自交趾城实为云南西畴县西南，南滨清水河，西接马关县，东界越南，是云南边防重镇，至于戛戛县，乃交趾城西北百里外的“戈姑街”。地处通往昆明官道的要冲，是守疆军士往返的必经之地。来自交趾城的移民也是出征到云南的汉族军士，他们虽在我市建村不多，但分布较广，几乎都是明永乐二年（1404 年）迁来的。

“五服”之说

亢正鼎

据史料记载：古代五服之分，是以丧礼中，每个家庭成员根据自己与逝者的血缘关系，以穿孝、戴孝称为“遵礼成服”，孝服分为五等，即：斩榱（cui）、齐榱、大功、小功、缌麻。

第一等叫“斩榱（为重孝服），凡诸侯为天子，臣为君，男子及未嫁女为父母、媳对公婆、重（chong）孙对祖父母、妻对夫都要穿“斩榱”。

第二等次重孝服叫做“齐榱”。孙子、孙女为其祖父、祖母穿孝服；重孙子、重孙女为其曾祖父、母穿孝服，为高祖父、母（亦称玄祖父、母），穿者均遵“齐榱”的礼制。

第三等：“大功”是轻于“齐榱”的丧服。为伯父、叔父、母，为堂兄弟、未嫁的堂姐妹、已婚的姑、姐妹以及已嫁女为母亲、伯、叔父、兄弟服丧都要穿“大功”丧服。

第四等：“小功”是为从祖父母、堂伯叔父母、未嫁祖姑、堂姑、已嫁堂姐妹、兄弟之妻、从堂兄弟、未嫁从堂姐妹和为外祖父母、母舅、母姨等服丧而穿的。

第五等："缌麻"。凡为族伯父母、族兄弟姐妹、未嫁族姐妹和外姓中为表兄弟、岳父母穿孝都用这个档次。

综上，史料中的传统礼仪是根据丧服的质料和穿丧服的时间长短，来体现血缘关系的尊与卑、亲与疏的差异（其中也未表述各种丧服的形状和质料，但其都是白色布料）。在民间至今是否还有以这种"五服"论血缘关系的存在，而无从查考。

在青岛的崂山地区和当地周边村庄的世居民众在对"五服"论道与即墨县农村大都相似。也有曾传说我们祖先从云南带过来的。不管如何，从老辈留传下来关于"五服"沿用遵循两种概念：一是"遵礼丧服"体现。二是直接按血统关系延至五辈。

一、丧服：第一等，在当地只对儿、女（包括出嫁）、媳要求最严格。儿子带白布圆半帽，用草绳扎下沿，穿白大褂，要系六尺半幅白布。闺女、儿媳每人一块约14市尺白布（士林布），自中间做成尖"箍箍"，裹住头（露出脸庞），下交叉系在腰上，男女鞋用白布挂满。上身外加麻布坎肩。帽子、箍箍缝上麻，腰系散麻，称谓"披麻戴孝"，亦称"全孝、重孝"。第二等直系侄子穿白大褂，头系六尺半幅白布（也可戴头子），挂半鞋。侄女、侄媳一般情况穿白褂、挂半鞋（如果丧主"破孝"，与闺女、媳丧服一样，只是挂半鞋，不披麻）。第三等，孙子穿白大褂，戴"头子"（两尖夹帽子）。孙女只穿白褂，鞋挂条白布。第四等重（chong）孙子，只戴头子，尖夹处缝上红线。第五等玄孙只戴头子，尖夹缝黄线。

从丧服礼仪着装看，当地比史料所载要简单，也可能随时代推移而逐渐简化了。

二、奉行辈份论"五服"；不论从哪一辈算起，直系血统下延至第五辈就是"五服"内。在称呼上即墨、崂山地区及周边村庄在五服内所突出的是对父辈都称呼"爹"，其妻都称"娘"，不管兄弟几个，称"大爹、二爹……"。"大娘、二娘……"（现在大部分改为称"大爸、二爸……""大妈、二妈……"）。其意就是表示亲近。外地人有个说法；即墨、崂山人就是爹多娘多。五辈以外，对父辈，比自己父亲年龄大的称"大爷、二大爷……"，其妻称"大妈、二大妈……"。比父亲年龄小的称"大叔、二叔……"和"大婶子、二婶子……"。孙子为第三辈（本辈的儿子）称祖父为"爷爷"，其妻称"妈妈"（现在市区、市郊大都改称"奶奶"）。祖父的弟兄称"大爷爷、二爷爷……"，其妻称"大妈妈、二妈妈……"重孙子为第四辈称曾祖父、母为"老爷爷"、"老妈妈"或太老爷爷、太老妈妈……（现今好多改为太爷爷、太奶奶）。玄孙为第五辈（俗称"五服顶"），称高祖父、母只是再加一个老字就是。对祖父以后的称谓，五服内、外都一样。或许有的农村还未改原来称呼。自古五世同堂的就很稀少，有的五世同堂的祖人过生日都能惊动官府，现今晚婚晚育基本就没有五世同堂了。

从过去到现今同宗中五服内遇红、白事，打墙盖屋、民间纠纷等事宜能够表现出亲缘关系的远近。过春节供奉的宗谱一般填“五代宗亲”的名字就可以了（传统要求是三代宗亲）。

史料中的“五服论述”与即墨、崂山地区的“五服之说”在“遵礼丧服”的范畴中，明显的差别在于血缘范畴的不同，前者是父系、母系血缘并存，故而全面也较复杂。后者只按父系血缘论理，所以较简单。毕竟一个家族的成员离不开母系因素。所以当地对“遵礼丧服”的施行中有不合理的一面。

四、文件、章程

浮亢乡农业生产合作社与平七三〇一部队互相支持合同

为实现总路线，加速我国社会主义建设和社会主义改造，发扬人民解放军的光荣传统，巩固军民团结，提高部队和农民的社会主义觉悟，积极工作，努力生产，争取提前和超额完成第一个五年计划，根据部队和合作社的情况，在不妨碍部队执行军事勤务的原则下，经平七三〇一部队和青岛市市南区浮亢乡农业生产合作社双方充分协商之后，签订下列互相支持合同：

部队对合作社：

1. 在常年劳动和农忙季节中，部队用休假日组织义务劳动，帮助合作社打井、运石、挖河、筑路。

2. 在六月至八月间部队参加合作社对玉米实行人工授粉、打乌麦、秀棒子等工作。

3. 帮助合作社挖泥塘、积肥。

4. 指导合作社掌握保管新式农具，必要时代作小型修理。

5. 部队尽一切可能帮助合作社抗旱、排涝、抢险、救灾、消灭病、虫害。

6. 协助合作社做好政治教育，广泛宣传全国十二年农业发展纲要，经常向社员讲解时事政策。

7. 结合社内情况，教育社员树立集体主义以社为家的思想，指导宣传员的活动，鼓励社员的劳动热情。

8. 帮助合作社扫除文盲，推广普通话，介绍教学经验，提高教学效果。

9. 帮助建立图书室，供给部分图书和部队报刊；指导社内文体活动，帮助训练骨干，每一至二个月给合作社放映一次电影。

10. 帮助合作社向社员进行卫生知识、防病常识和消灭“四害”的宣传教育，遇有流行病时，帮助检疫、消毒，迅速扑灭病疫。

11. 部队在必要时派人帮助合作社进

行整顿、巩固、建党、建团等工作。

合作社对部队：

1. 全体社员积极劳动，爱护公物，保证完成全年增产计划，支持工业建设和国防建设。

2. 严守军事秘密，不打听部队情况，知道的也不告诉别人。

3. 遵守国防规则，爱护国防设备，发现行迹可疑分子及时向当地驻军报告。

4. 做好拥军优属工作，关心军属生活和生产，爱护部队，尊重军人。

5. 合作社经常向部队介绍社的发展和生产情况，社内的文艺组织在适当时间对部队演出，加强和部队的联系。

6. 军属要鼓励亲人努力工作，积极参加军事和政治训练，合作社要常写信给军人介绍社的情况和军人家属情况，督促军人进步。

7. 适龄青年社员保证积极应征入伍，家庭亲友要热情支持。

此合同有效期限为一年：自一九五六年四月至一九五六年十二月。

平七三〇一部队代表
张　登（签名）
浮亢乡农业生产合作社代表
周可法（签名）
一九五六年四月　日签订

工农联盟农业生产合作社章程草案

第一章　总则

第一条　农业生产合作社（本章程所说的农业生产合作社都是指的高级农业社）是劳动农民在共产党和人民政府的领导和帮助下，在自愿和互利的基础上组织起来的社会主义的集体经济组织。

第二条　农业生产合作社按照社会主义原则，把社员私有的主要生产资料转为合作社集体所有，组织集体劳动，实行“各尽所能，按劳取酬”，不分男女老少，同工同酬。

第三条　农业生产合作社要根据当地条件，不断的改进农业技术，在国家的援助下，逐步的实现农业机械化和电气化，使农村经济不断地向前发展，同时要随着生产的发展，不断地增加社员收入，提高社员的物质生活和文化生活的水平。

第四条　农业生产合作社要把集体利益和个人利益正确的结合起来，社员必须服从和保护全社的集体利益，合作社必须关心和照顾社员的个人利益。

第五条　农业生产合作社要把全社利益和国家利益正确的结合起来，合作社应该在国家利益经济计划的指导下，独立地经营生产，合作社必须认真地对国家尽交纳公粮和出售农产品的义务。

第六条　农业生产合作社实行民主管理，合作社的领导人员由社员选举，合作社的重大事务由社员或代表大会讨论决定，合作社的领导人员必须实行集体领导，密切联系群众，凡事和群众商量，团结全体社员办好合作社。

第二章　社员

第七条　年满十六岁的男女劳动农

民和能够参加社内劳动的其他劳动者都可以入社做社员，入社由本人自愿申请，经社员大会或社员代表大会通过。合作社要积极吸收烈士家属、军人家属、国家机关工作人员家属、残废军人、复员军人入社，也要吸收老、弱、孤、寡、残废的人入社，在适当的情况下合作社也可吸收外来移民入社。

第八条 对于过去的地主分子和已经放弃剥削的富农分子及过去的反革命分子，合作社根据他们的表现和参加劳动生产的情况并经过办事处和当地派出所的审查批准，可以分别吸收他们入社做社员或者候补社员。

但对于不够入社条件的过去的地主分子、富农分子和反革命分子经过当地办事处和派出所的批准，合作社可吸收他们参加社内劳动，使他们获得改造成为新人，合作社应该同对待社员一样地按照他们劳动付给报酬。并且同对待社员一样地处理他们的生产资料，这些人如果表现良好，经过乡人民委员会审查批准做社员。对地主、富农的家属没有参加剥削的反革命分子的家属没有参加反革命活动的，可以入社做社员。

第九条 每个社员同样的有以下权利：

（一）参加社内的劳动，取得应得报酬。

（二）提出有关社务的建议和批评，参加社务的讨论和表决，对社务进行监督。

（三）选举合作社的领导人员，被选举为社的领导人员。

（四）在不妨碍合作社生产的条件下，经营家庭副业。

（五）享有合作社举办的文化福利事业的利益。

过去的地主分子、富农分子和反革命分子在入社以后的一定时期内，没有被选举权，不能担任社内的任何重要职务，做候补社员的关且没有表决权和选举权。

第十条 每个社员同样的有以下的义务：

（一）遵守社章，执行社员大会、社员代表大会和管理委员会的决议。

（二）积极地参加社内劳动，遵守劳动纪律。

（三）爱护国家财产和合作社的财产。

（四）巩固全社的团结，同一切破坏合作社的活动作坚决的斗争。

第十一条 社员有退社自由，要求退社的社员应在秋收以前提出申请，到生产年度完结以后才能退社，社员退社的时候，可以带走他入社的土地或者同数量和质量的土地，可以抽出他所交纳的股份基金和他的投资。

第十二条 社员如果严重违犯社章，经过多次教育和处分，还不悔改，由社员大会或社员代表大会讨论决定，可以取消他的社员资格，被取消社员资格的人如果不服可以请求区人民委员会解决。被取消资格的人可以留在社内参加劳动，合作社应该同待社员一样地按照他的劳动付给报酬，如果被取消社员资格的人，愿离社生产，可以带走他入社的土地或者同等数量和质量的土地，可以抽出他所交纳的股金和他的投资。

被取消社员资格的人，如果已经悔改，社员大会和社员代表大会可以恢复他的社员资格。

第三章 土地和其他主要生产资料

第十三条 入社的农民必须把私有的土地和耕畜、大型农具等主要生产资料和零星的树木、家禽、家畜、小农具、经营家庭副业所需要的工具仍属社员私有，都不入社。

社员土地上附属的私有井等水利建设，随着土地转为合作社集体所有。

第十四条 社员的土地包括菜园、坡地、场园、地基、荒山、河滩等一律为合作社所有，由社统一经营，国家占用时付给的价款应归合作社所有，社员需要建新房屋、坟茔之地根据市政的规划进行统一解决，社员不得再以土地取得一切报酬，对不能担负主要劳动的社员，合作社应给予适当的安排，适合他们的劳动，如果他们在生活上困难，合作社应给予适当的照顾。对于完全丧失劳动力，历来靠土地收入维持生活的社员，应该用公益金维持他们的生活，对于军人家属、烈士家属和残废军人，合作社应该按照国家规定的优待办法给以优待。

第十五条 从事城市的职业、全家居住在城市的人，或者家住乡村，劳动力外出，家中无人参加劳动的人，属于他私有的在农村中的土地，可以交给合作社使用，如果本主移居乡村，或外出的劳动力回到乡村从事农业生产，合作社应该吸收他入社。如果他不愿意入社，合作社应该把原有的土地或者同等数量和质量的土地给他。

第十六条 本社应抽出一定数量土地分给社员，种植蔬菜，分配给每个社员的这种土地的数量，按照每户社员人口的多少决定，每人不得超过三厘至五厘。

第十七条 社员私有的耕畜、大型农具和社员经营家庭副业所不需要而为合作社所需要的副业工具一定要折价入社转为合作社集体所有，关于折之价款，交出股金外，多余的，由社分期付给本主，付清的时间一般是三年，至多不超过五年。没有付清的价款的利息问题由合作社同本主协商解决。

生产中需用的小型农具除大镢是自带公修以外，其他如镰刀、锄头一律由社员自备自修，社员退社时不得带出已经折价入社归社集体所有的牲畜、农具，在不影响社内生产的情况下，社员必要时可以经过手续，使用社内的牲畜工具。但要给社内一定的报酬，来补养牲畜和工具。

第四章 奖金

第十八条 社内为了筹集生产费和收买社员私有的生产资料，可以按照生产的需要和社员的负担能力，向社员征集股份基金。

第十九条 股份基金由全社的劳动力分摊。社员在交纳股份基金的时候，可以用合作社需要的各种生产资料抵交，如果不够，不够的部分由社员分期交给合作社。如果有多余的部分可由合作社按第十七条的规定分期还给社员，贫苦的社员，在向银行申请到贫苦合作基金贷款以后，仍然不能交清股份基金的可以由社员大会或者社员代表大会决定缓交或者少交，分期交纳或缓交的股份基金的都不计利息。过去的地主分子和富农分子，入社的全部生产资料的价款在抵交应摊的一部份股份基金以外的余款，全部作为社的公共积累。

股份基金分记在各人名下，不计利息，除非退社不能退出，如果社员病故，后人继承。

第二十条 农业生产合作社应该从每年的收入当中，留出一定数量的公积金和公益金。公积金用作扩大生产所需要的费用，储备种子、饲料，增添合作社固定财产的费用，不能用公益金来发展合作社的文化福利事业，不能挪作他用。

合作社的公积金和公益金，社员退社的时候不能带走，新社员（除了生产资料比较多的过去的地主分子和富农分子）入社的时候不要补交。

第二十一条 农业生产合作社资金不够的时候，可以由社员在自愿的原则下，按照自己的力量向社投资。但是合作社不得强迫社员投资。

社员的投资由合作社负责偿还，还清的期限由合作社同社员协商决定。现金投资的利息一般的要相当于信用社的存款利息。实物投资可以不给利息，也可以按照当地习惯付给当地的利息。

第五章 生产经营

第二十二条 社员在组织和发展生产上，必须贯彻执行勤俭办社的方针，积极地扩大生产范围，发展同农业相结合的多部门经济要厉行节约，降低生产成本。

第二十三条 社内应该根据本身的经济条件和当地的自然条件，积极地争取以下的各种措施，提高农业生产的水平。

（一）兴修水利，保持水土。

（二）采用新式农具，逐步地实现农业机械化。

（三）积极地利用一切可能的条件，开辟肥料来源，改进使用肥料的方法。

（四）采用优良品种。

（五）适当地和有计划地发展高产作物。

（六）改良土壤，修整耕地。

（七）合理地使用耕地，扩大复种面积。

（八）改进耕作方法，实行精耕细作。

（九）防治和消灭虫害、病害和其他灾害。

（十）保护和繁殖牲畜，改良牲畜品种。

（十一）在不妨碍水土保持的条件下，有计划的开垦荒地，扩大耕作面积，合作社应积极地学习先进经验，努力找出本社增加生产的最关紧要的办法，并且用最大的力量，贯彻实行。

第二十四条 社内要根据国家的计划和当地的条件，努力增加粮食等主要作物，同时又要发展桑麻、油料作物和其他的经济作物。

第二十五条 农业生产合作社要根据

需要和可能，积极地发展林业、畜牧业、水产业、手工业、运输业、养蚕业、养蜂业、家禽饲养业和其他副业生产。

在不妨碍社内生产的条件下，合作社应该鼓励和适当地帮助社员经营家庭副业。

第二十六条　农业生产合作社应该制定全面的生产计划，有计划的进行生产，在每个生产年度开始以前，合作社应该定出年度的生产计划，年度的生产计划包括以下的主要内容：

（1）作物的种植计划、产量计划，保证完成计划的技术措施。

（2）林业、畜牧业、水产业和其他副业生产计划。

（3）基本建设计划。

（4）劳动和畜力使用的计划。

为了保证年度生产计划的完成，合作社应该按照农时季节或者耕作段落，定出一个季节或者一个段落的生产计划，具体的规定生产任务和完成任务的期限。

第六章　劳动组织和劳动报酬

第二十七条　根据本社经营的范围，下设十个生产大队，各大队下设若干个小队，另外设副业队，各队设会计、技术员、保管员各一人，饲养员二人。大队长、会计、技术员、保管员由管理委员会规定。副大队长、小队长由民主选举产生，在社委会的领导下，统一进行生产。

第二十八条　生产队是劳动组织的基本单位，生产队的成员应该是固定的田间生产队负责经营固定的土地，使用固定的耕畜和农具，副业生产队负责经营固定的副业生产，使用固定的副业工具，在给田间生产配备成员和分配任务的时候，要照顾到耕作土地的数量，土地的分布状况，种植作物的种类和社员居住地点的远近，并且要使劳动力的多少、技术的高低和领导力量的强弱，同生产队所担负的生产任务相应，在给副业生产队配备成员的分配任务的时候，也应作相应的照顾。

在必要的时候，管理委员会可以调动某一个生产队的人员、耕畜、农具和工具支援别的生产队，或者组成临时的生产队完成一定的任务。

第二十九条　本社对各种作物实行长年包工包产是按照所计算的劳动日数量把生产任务包给生产队，各大队再把生产任务包给各小队，包工包产有了变化时，社委会可以适当的调整劳动定额。

第三十条　本社对超额完成生产计划的大小队或个人根据超额完成的多少酌情给予奖励，对于经营不好的未能完成计划的，产量质量不能达到标准的，可以根据情况减少劳动日作为处罚，如果遇到不可抗拒的灾害，应当适当修改产量计划。

第三十一条　本社的管理人员不能过多，全部管理人员参加社务工作的劳动日的数量，加上补贴给参加临时性社务工作的社员的劳动日的数量，至多不能超过全社劳动日总数的2%。

合作社的主任全年所得劳动日的数量一般的应该高于一个中等劳力一年所

得的劳动日。

第三十二条　大量开展队与队、社员与社员的劳动竞赛，提高生产水平，克服生产中的困难，完成生产计划，对于先进的单位和个人，社内给奖励（评比一年夏、秋两次）。

第三十三条　本社在劳动管理上要建立检查和验收的制度，社委会和各个队队长要及时和深入地检查各队和个人是不是按照规定的数量、质量和时间完成任务，对于没有按照规定完成任务的生产队或个人可以要求重作或斟酌情形扣减劳动日。

第三十四条　本社社员必须遵守以下的劳动纪律：

（一）不迟到早退，不无故旷工。

（二）劳动的时候听指挥。

（三）保证工作的质量。

（四）爱护公共财产。

对于违反劳动纪律的社员要进行教育和批评，如果情节严重，可以分别情况给以扣减劳动日、赔偿损失、撤销职务以至取消社员资格的处分。

第七章　财务管理和收入分配

第三十五条　本社社委会应该在制定生产计划的同时，制定年度的财务收支预算，提交社员大会或社员代表大会，通过以后实行。

合作社的预算应该包括：资金（包括实物和现金）的来源和本年度使用资金的计划，本年度生产总值的概算和分配的概算。

第三十六条　本社使用的资金必须严格的注意节约，避免浪费，在财管管理上，贯彻执行勤俭办社的方针。每年预算的生产费的各个项目，都应该定出开支的限额。合作社的生产管理费的限额至多不能超过全年生产总值的千分之五。

第三十七条　本社必须建立必要的财务制度和手续。合作社的一切开支，都要经过一定的审查和批准手续。预算以内的一般开支，要经社委会主任批准，预算以内的较大开支，要通过社委会通过。追加预算，要经过社员大会或社员代表大会讨论通过。

对一切不合乎制度和手续的开支，会计员有权拒绝，合作社的一切收支，必须有单据证明，会计员凭单据记账。合作社的会计工作和出纳工作要分人负责。

合作社的账目必须日清月结，按季按生产年度公布收支结果。每个社员所得的劳动日数的账目，必须按月公布。

第三十八条　本社的公共财产必须受到保护，任何社员都不能侵犯。对于贪污、盗窃、破坏公共财产的或者由于不负责任造成公共财产的严重损失的，合作社应该分别情况给以应得的处分并且要他退回原物或赔偿。对情节严重的，应该请司法机关处理。

第三十九条　本社全年收入的实物和现金，在依照国家的规定纳税以后，应根据既能使社员个人收入逐年有所增加，又能增加合作社的公共积累的原则，按以下的数目进行分配：

（一）把本年度消耗的生产扣出来，

留作下年度的生产费和归还本年度生产周转的贷款和投资。

（二）由总收入中，扣除各项支出得出纯收入，由纯收入中留出一定比例的公积金和公益金。公积金一般的不超过8%，包括归还到期的基本建设的贷款和投资在内，公益金不超过2%。

（三）其余的全部现金和实物，按照全部劳动日进行分配。如果合作社的生产增加不很多，为了增加社员的个人收入，公积金可以少留，遇到丰收，在保证社员个人收入增加的条件下，公积金也可以酌量多留。收入分配的方案应该由社员大会或社员代表大会讨论通过。

第四十条　春季和夏季收获的农产品，本社在留下所需要的部分后，应该按照社员所得到的劳动日多少，预先分配给社员，到生产年度终了的时候再行结算。

第八章　政治工作

第四十一条　本社要在共产党和人民政府的领导下，在青年团的协助下开展政治工作。

政治工作的目的，是保证完成生产计划，保证执行勤俭办社的方针，保证按劳取酬和男女老少同工同酬。保证合作社的集体利益、国家利益和社员个人利益得到正确的结合，从思想上、组织上巩固农业生产合作社。

第四十二条　利用业余时间向社员进行时事政策教育、爱国教育和国际主义教育，不断地提高社员的社会主义觉悟，克服资本主义的残余思想。

第四十三条　组织劳动竞赛，组织参观交流经验，提倡改进生产技术，表扬奖励先进生产者，鼓励社员劳动的组织性和创造性。

第四十四条　充分发挥民主，开展批评与自我批评，遵守劳动纪律，加强领导与社内外的团结。

第四十五条　不断地提高社员的革命警惕性，加强合作社的保卫工作。

第九章　文化福利事业

第四十六条　社内必须注意社员在劳动中的安全，不使孕妇、年老和少年担负过多和过重的体力劳动，并且特别注意女社员在产前产后得到适当的休息并给三个劳动日的补助。

本社对因工负伤或因公致病的社员，要负责医治，并且酌情给以劳动日作为补助，对于因公死亡的社员的家属要给以抚恤。

第四十七条　本社应该在生产发展的基础上，随着合作社收入和社员个人收入的增加，根据社员的需要，逐步的举办以下各种文化福利事业：

（一）组织社员在业余时间学习文化和科学知识，在若干年内分批扫文盲。

（二）利用业余时间和农闲季节，开展文化、娱乐和体育活动。

（三）开展公共卫生工作和社员家庭保健工作。

（四）提倡家庭分工、邻里互助，发挥友爱的精神。

（五）长年参加劳动的女社员生孩子的时候，酌量给以物质的帮助。

（六）社员每月有休假日二天，以便处理私人事情。

第四十八条　社员偶然遇到不幸事故，生活发生严重困难时，社内给以适当的照顾。对老弱孤寡、残疾、无依无靠的社员，在生产上、生活上，按五保政策给适当的照顾，使他们生养死葬都有依靠。

第十章　管理机构

第四十九条　本社最高机关是社员大会和社员代表大会。

社员大会或社员代表大会，选出社务委员会管理社务，选出合作社的主任，领导日常工作，对外代表合作社，选出数名副主任，协助主任进行工作，合作社的主任、副主任兼社委会的主任、副主任，并选出监察委员监察社务。

第五十条　社员大会或社员代表大会行使以下职权：

（一）通过和修改社章。

（二）选举和罢免社的主任、副主任、委员、监察委员主任。

（三）通过转为社的集体的耕畜、农具等款价和股份基金的征集方案。

（四）审查社委会提出的生产计划和预算。

（五）通过社务的工作报酬和社补方案。

（六）审查社委会和监委会的工作报告。

（七）审查社委会提出的全年或季度的收入分配方案和开支方案。

（八）通过新的社员入社。

（九）通过社员的重奖励和重大处分，决定取消和恢复社员资格。

（十）决定通过其他重大事项。

第五十一条　社员大会或社员代表大会由社委会召开，每年至少召开两次。

社员大会必须有多数以上的社员出席，才能行使职权。

第五十二条　社员大会的代表，由各生产大队、小队选举，代表的名额不能少于全体社员的十分之一，担任专业的社干、社员都列入代表名额以内。

在召开社员代表会以前，各队应充分征求广大社员的意见，将意见带到大会上去讨论，代表大会闭会后，由代表召集分头传达大会的决议。

第五十三条　本社根据生产的需要，应选出 25 个委员，社务委员会的委员可按照社内的事务进行分工。社委会的决定必须经多数委员通过，社委会在日常工作中必须发扬民主作风。

第五十四条　监察委员会监督合作社的主任、副主任和社务委员会的委员，是不是遵守社章和社员大会或社员代表大会的决议，监察合作社的财务收支是否正确，监察合作社的公共财产有贪污、偷盗、破坏等情况，监察委员会要按期向社员大会或社员代表大会报告工作，并可随时向社委会提出意见。

合作社的主任、副主任和社委会的委员、会计员、出纳员、保管员，都不能兼任监察委员会的职务。

第五十五条　为了不使合作社的青苗财产受到损失，由社员民主推选，兼任调解委员会治保委员会。

第五十六条　社务委员的主任、委员和监察委员的主任、委员，每年改选一次，可以连选连任。

第十一章　附则

第五十七条　本社章经社员大会讨论通过，报呈区人民委员会批准后开始生效。

第五十八条　本章程如有未尽事宜，经社委会提交社员大会或社员代表大会通过，报请批准机关批准后修改之。

一九五七年二月十日编印

一九七八年九月　浮山人民公社

关于实行年老丧失劳动能力社员退休制度的暂行规定

前　言

从一九五六年成立高级合作社以来，在毛主席无产阶级革命路线指引下，在各级党组织的正确领导下，经过广大社员和干部的艰苦奋斗，积极开展阶级斗争、生产斗争和科学实验三大革命运动，生产有了很大发展，人民公社集体经济不断巩固和壮大，社员的物质生活和文化生活水平不断提高，大家走上了共同富裕的康庄大道。二十多年的实践证明，这是伟大领袖、导师毛主席和中国共产党英明领导的结果。它充分显示了社会主义制度和人民公社"一大二公"的优越性；充分证明了"只有社会主义才能救中国"的伟大真理。继续高举毛主席的伟大旗帜，在新的长征路上奋勇前进，为实现社会主义革命和社会主义建设新时期的总任务做出贡献，以报答党的恩情。

根据党和国家在发展生产的基础上，逐步改善人民物质生活和文化生活的一贯方针，根据新宪法规定的精神，在高速发展生产，不断增加积累保证扩大再生产和在正常年景下社员收入有所增加的前提下，要逐步扩大一些共产主义因素，增加一些福利事业。随着我社集体经济的不断发展和现阶段经济状况，以及广大干部和社员群众的迫切要求，在广泛征求意见的基础上，决定在全社范围内实行年老丧失劳动能力的社员退休的制度，具体规定如下：

第一条　凡本公社社员都有权按照规定的条件享受退休的待遇。

1. 凡男社员年满六十周岁，女社员年满五十五周岁，社龄满五年以上的均可享受退休待遇。其中，社龄在十五年以上，一贯积极参加集体生产劳动，认真负责，关心国家和热爱集体，遵守劳动纪律，服从分配，为人民公社做出贡献，并被大家所公认的可享受一等退休金，表现一般的可享受二等退休金，表现差的可享受三等退休金。

2. 具备退休年龄，社龄不足十五年的，表现好的或比较好的，可享受二等退休金，表现差的可享受二等退休金。

3. 具体退休年龄，社龄五年以上不足十年的，可享受三等退休金。

4. 男社员五十五周岁，女社员五十周岁，确因严重疾病而丧失劳动能力的，也可办理退休，其退休待遇可参照以上各条评定等级。

5. 从成立高级社以来，社龄不足五年的，每月只发劳保费五元。

第二条　社龄的计算。所谓社龄是指本人实际参加劳动和工作日，从成立高级社时计算，男社员三百个劳动日，女社员二百五十个劳动日折合为一年。

1. 凡入社以来在本社参加集体劳动或工作，都应计算社龄。

2. 复员、退伍、转业军人，在服役期间的军龄应计算社龄。

3. 嫁到本社的妇女和“女娶男”迁来本社的男社员，以及其他原因迁来本社落户的社员，其在原籍的社龄应合并计算。

4. 凡国家职工、干部因退职、辞职、自动离职和被开除回社者，从回社参加劳动起计算社龄。

5. 四类分子戴帽、劳改、劳教期间不计算社龄。

第三条　退休金计算办法：

1. 根据社龄长短、劳动和工作表现的差异，分为三个等级。

2. 在生产大队工作的社员，一等的可享受本人所在大队年终社员分配，平均生活水平的两个百分之四十（第一个百分之四十为基本的，第二个百分之四十为二十年的所得数），以此类推。二等的可享受两个百分之三十五，三等的可享受两个百分之三十。

3. 对工作认真负责，廉洁奉公，有革命事业心的生产大队干部和生产队干部（包括同级干部）连续任职十五年以上和为国家、为集体利益做出重大贡献，并被广大群众所公认的社员，除按规定享受退休待遇外，可以加退休费的百分之五、之十、之十五，以资鼓励。

4. 社办企事业和公社机关实行工资制的职工、社员，可按本人工资的两个百分之二十（第一个百分之二十为基本的，第二个百分之二十为二十年的所得数），有特殊贡献的和连续十五年以上的干部，可加本人退休费的百分之五、十、十五，以资鼓励。

第四条　退休金的开支

1. 各大队的社员退休金，由公社公益金和大队企业百分之七点五福利基金列支。

2. 社直企业退休金，从利润留成和百分之七点五的福利基金中列支。

3. 公社机关、事业单位退休金从公社公益金中列支。

第五条　办理退休手续和批准权限。

1. 凡符合退休条件者，均由本人申请，群众评议，大队（单位）审查同意后报公社批准。

2. 经公社批准后，为便于退休者安排生活，按月预发退休金，年终决算，一次补齐。

3. 对已具备退休条件，但本人身体尚好，能坚持参加集体劳动，不愿退休的，可视本人情况安排力所能及的工作，按照“按劳分配”的原则记工划分，可以不办理退休。对确因年老体弱基本丧失劳动能力的，可以动员其退休。

4. 实行退休制度后，根据国家法律

规定，其子女仍有赡养其父母的义务。

第六条 以上各条，有未尽事宜，在执行中可作必要的补充修改。

浮山人民公社革命委员会（公章）

一九七八年九月三十日

1980 年 1 月浮山人民公社

关于收益分配的规定

根据中央“关于加快农业发展若干问题的决定和农村人民公社工作条例”的规定。收入分配必须兼顾国家利益、集体利益和个人利益。坚决贯彻执行各尽所能，按劳分配。多劳多得，不劳动不得食的社会主义分配原则。结合我社的具体情况，既要充分体现一级所有制的优越性，又要使各生产大队和社直企业有相应的自主权，以便充分调动干部和社员发展集体经济的积极性，具体规定如下：

一、各生产大队以及队办企业的各项收支款项，记入本单位账户，不上交公社记账。

二、公共积累的提取和上交。

1. 根据各大队农副业纯收入提取公积金、公益金和管理费。（纯收入：即总收入减去生产费、折旧费、税金、队办企业社员工资不减）

2. 各大队按规定提取的公积金。百分之五十上交公社，百分之五十留队。留队公积金，所有权归公社，使用权归大队。

3. 根据生产发展的需要，各大队可使用留队公积金购置固定资产或用于基建投资，每季度终了后二十天内将此项公积金使用的项目、金额上报公社记账，年终由公社按统一规定提取折旧费。

4. 留队公积金只准用于固定资产购置或基建投资。严禁挪作其它支出。年终节余可继续留队积累使用。如因投资金额较大，留队公积金不敷应用时，可提前向公社上报预算，经批准后由公社拨款。

5. 根据各大队上一年度实交公社公积金数额，从本年度第一季度开始，按季预交公社。并应在季度后二十日内交清。逾期不交，公社可以通过信用社划拨。年终决算时，按照各大队应交数，多退少补，当年算清。

6. 公益金按纯收入百分之六提取上交公社。队办企业按工资总额提取 7.5% 福利基金由大队汇总上交公社统一使用。以上二项，可于年终决算时提取上交。

7. 管理费按纯收入千分之五提取，年终决算时上交公社。

8. 公积金提取的比数：为了使各队对收益分配能做到一年早知道，按收入水平确定公积金提取的固定比数，即纯收入按人平均二百元者，公积金提 17%，以此为基数，每增长十元，公积金增加 5%，增长不足十元者，就低不就高。

三、社办企业的利润分配和奖励。

1. 社办企业为了调动干部和职工的生产积极性，要坚持政治教育与物质奖励相结合的原则，深入开展劳动竞赛，努力做到增产增收。

2. 各企业要本着既先进又合理的原则，制定和适时修改调整生产定额。并要建立健全计量、检验、统计、原始记录等各项制度，实行经济核算，这是企业进行考核奖励的必要依据。

3. 各企业的利润留成和奖励办法，原则上可参照上级有关规定，结合本单位具体情况制定，经公社批准后执行，严禁弄虚作假和巧立名目滥发奖金。

4. 奖金分配要坚持按劳分配、多劳多得的原则。坚决克服和防止平均主义。企业要把主要经济指标，分成若干小指标，落实到车间班组和个人，采用算奖法或记分法，根据贡献大多奖，贡献小少奖，没有贡献不奖和有奖有罚的原则，按月给职工计发或扣发奖金。

5. 社办企业要根据年度利润计划，按季向公社上交利益，并应于季度后二十日内交齐，逾期不交，公社可通过信用社划拨。年终根据利润实际完成数，多退少补，当年算清。

一九八〇年一月

关于贯彻省人民政府《关于青岛市将市区二十一个生产大队农业户口转为非农业户口问题的批复》的通知

青政发〔1980〕137号

各县、区人民政府（革委）、市直各单位：

根据国民经济的发展和城市建设需要，省人民政府鲁政发〔1980〕166号文件，批复同意我市将娄山公社的西南曲大队、娄山后大队；吴家村公社的错埠岭大队、东吴家村大队、西吴家村大队、小村庄大队、四方大队、湖岛大队；浮山公社的亢家庄大队、浮山大队、湛山大队、辛家庄大队、大尧大队、逍遥大队、田家村大队；西流庄公社的晓翁村大队、盐滩大队、大水清沟大队、营子大队；李村公社的香里大队；阎家山大队的四方六千零七十五人，分期分批转为非农业户口。为了贯彻好省人民政府的批复，现将有关事项通知如下：

一、二十一个大队的农业户口，自一九八零年十一月八日起，一律按非农业人口管理办法进行管理，停止办理农业户口迁入手续。

二、二十一个大队现有的土地，由市征地办公室办理征地手续，由市人民政府统一管理。今后，各建设单位需用土地，可直接向市规划局申请，报市人民批准，任何单位和个人都不得乱占土地（包括租用、借用）；社队建设用地，也必须向市规划局提出申请，经市人民政府批准。已经征用的土地暂时不用的，仍由原生产大队继续耕种。

三、办理非农业户口手续，不采取一刀切的办法。哪个大队的土地全部办理完征地手续，社员生活作了妥善安排，哪个大队就转为非农业户口。现有的菜田和队办工副业要进一步经营管理好，要积极发展生产，使社员的生活不断得到改善。

四、转为非农业户口的生产大队，其党政领导体制和经济管理体制不变。

属社队和社员的树木、资金、物资和各种设施，所有权不变。社员的各种福利待遇(包括年老退休),仍按原规定执行。

五、这次转户征地，面广量大，涉及部门多，政策性很强。为了搞好这一工作，决定成立领导小组，由市建委、计委、经委、财委、农委、公安局、劳动局、粮食局、民政局、市南区、四方区、沧口区、崂山县的负责同志组成。由宋玉民同志任组长，张一萍同志任副组长。并由上述单位抽调部分干部组成办公室。各有关部门要积极配合，对分工的业务工作要认真组织落实。

六、要加强对干部、社员的思想教育，严肃组织纪律，严格防止一切违反上述规定营私舞弊的现象发生，违犯者要严肃处理。

本通知要于十一月八日前向有关社队干部和社员群众宣布。

青岛市人民政府

一九八零年十一月七日

青岛市人民政府关于对市区二十一个生产大队转体征地的有关规定

青政发〔1982〕100号

各有关县、区政府、有关公社、生产大队、市府各部门、市直各单位：

山东省人民政府一九八〇年166号文件批准我市市区二十一个生产大队农业户口转为非农业户口。同年，市人民政府下达了113号和137号文件，对二十一个生产大队的转户、征地、社员生产和生活安置作了若干规定。一年多来的实践证明，这些规定的原则是正确的，对我市的建设起到了一定的作用。但是，由于安置社员生产和生活的路子窄了一些，征地工作还不能适应建设的需要。为了加快我市建设的进度，根据当前情况，决定将二十一个生产大队和有关公社分期分批转为区街体制。现将有关问题规定如下：

一、撤销浮山、吴家村、西流庄公社，组建街道办事处。原公社经营和农、工、商项目，由组建的街道办事处领导。娄山公社的娄山后大队和西南曲大队划归娄山街道办事处领导。崂山县李村公社的阎家山大队划归西流庄街道办公事处领导。

对二十一个生产大队，要根据城市建设用地需要和社员生产、生活安置情况，分期分批转为区街体制，农业人口转为城市居民，组建居民委员会。原来生产大队经营的农、工、商项目，组成集体所有制的经济组织(可称为农工商联合公司或其他名称)，进行经营管理，实行统一经济核算。原参加生产的社员改为集体职工，分配形式、劳保福利等由其经济组织自行规定。烈军属、“五保户”、退休社员的福利待遇，按原规定执行。

二、对二十一个生产大队现有的土地均由市人民政府统一管理。对转为区街体制的生产大队的所有土地，由市人民政府一次办理征地手续，分次使用，分次补偿，分次安置社员生活。市政公用设施建设用地，可以先用后征。对已征土地暂不使用的，仍由原单位耕种。征地补偿费，每亩三千元（包括地上地下的农业设施和树木、青苗等的补偿费）。征用的土地由市人民政府统一分配使用。各建设单位，未经市政府批准，不得直接向社队联系征地。各社队也不得私自占用、出租、出借土地和处理地权。对市府一九八0年137号文件下达后，建设单位私自与生产队办理使用的土地，由市政府收回统一分配。对社队未经城市建设部门批准，已擅自出租、出借、占用的土地，由城建局会同各区进行清查，按省、市有关规定处理。今后，转为街区体制的单位建设用地、居民建房用地和动迁安置用地，按城市有关规定办理。各级政府的有关部门要严格把关，加强土地管理。

三、对被征用土地的生产大队的社员生活要妥善安置。建设用地单位每用一亩地要交纳五至七千元的劳力安置费（娄山以北地区五千元，以南地区七千元），谁安置生产队劳力归谁所有。安置办法可以多种多样：一是，尽量由被征地的生产大队兴办农工商项目安置；二是，由建设单位或其主管部门提供农工商项目安置；三是，由建设单位或其主管部门按照“土劳比”（即生产大队现有耕地和从事农业的劳力的比例）的原则，将征用土地的劳力安置就业，用地单位不再交纳劳力安置费；四是，市、区劳动部门也要积极进行安置。

凡是按“土劳比”的原则安置就业的人员，必须是户口在生产大队，身体健康，能坚持参加生产劳动，年龄在十六至五十四周岁的男社员，十六至四十九周岁的女社员。为了便于工作，对安置时可划分四个年龄组：十六至二十五周岁；二十六至三十五周岁；三十六至四十五周岁的男社员和三十六至四十周岁的女社员；四十六周岁以上的男社员和四十一周岁以上的女社员。每个年龄组各占四分之一，男女各半。如果少安置一个四十六周岁以上的男社员或四十一周岁以上女社员，则要安置十六至二十五周岁的社员二人。

四、凡按“土劳比”的原则安置就业的人员，均属单位的正式职工，按照单位对职工管理的有关规定进行管理。他们参加人民公社的社龄定为工龄，享受就业单位的劳保福利待遇。工资待遇：凡年满十六周岁以上的应届毕业生，按国家规定执行；已参加集体生产的社员，要根据劳力强弱、社龄长短，参照同工种工人工资的级别，由安置单位评定为二至四级，有特长者可经过技术考核评定为相同职工的级别。

五、转体征地工作，政策性强，涉及面广，工作复杂。决定成立转体征地领导小组，负责这项工作。由李秉政同志任组长，张宣、宋玉珉、张一萍同志任副组长，市计委、经委、财委、建委、农委、城建、劳动、公安、检察院、法院、粮食、民政等部门以及市南、四方、沧口区的负责同志为成员。同时，加强市府征地办公室的力量，负责日常工作。市南、四方、沧口区的区长要亲自抓这项工作，并要成立办公室，具体负责转体、征地和安置社员生产、生活等工作。

各有关区、社、队都要加强政治思想工作，广泛宣传转体征地工作的重要意义和省、市的有关规定，提高干部和广大社员群众的政治觉悟，自觉地摆正国家、集体、个人三者的关系，识大体，顾大局，服从国家建设的需要，防止和克服资产阶级自由化倾向。要克服软弱涣散状态，坚决抵制在转体征地工作中可能出现的各种不正之风。在转体期间，要保护好集体财产，组织好各项生产活动，对于借机贪污、盗窃、受贿等侵吞国家和集体财产的违法犯罪活动，要坚决予以打击。市、区有关部门，都要尽职尽责，相互支持，密切配合，共同完成任务。各建设用地单位要严格遵守征地的有关规定，对于私自出高价征地的，要追究领导责任，严肃处理。参加这项工作的各级干部都要严格坚持党的原则，执行政策，廉洁奉公，积极工作，保证这项工作的顺利完成。

过去市府有关对二十一个生产大队转户征地的规定，凡是不同于本规定内容的，都以本规定为准。

青岛市人民政府

一九八二年四月八日

青岛市人民政府关于对市区二十一个生产大队转户征地的补充规定

青政发〔1982〕226号

青岛市人民政府曾先后于一九八零年十一月七日和一九八二年四月八日下达文件，对市区二十一个生产大队转户征地问题作了若干规定。现根据《国家建设征用土地条例》和山东省人民政府《关于贯彻〈国家建设征用土地条例〉若干问题的规定》的精神，作如下修改和补充：

一、对二十一个生产大队，除已转为非农业户口的香里大队外，其余的要从一九八二年十一月一日起，按市人民政府（1980）137号文件中的有关规定将农业户口转为非农业户口。对一九八零年十一月八日以后迁入生产队人员的户口如何处理，由市公安局审查提出意见，报市人民政府审批。转户后，生产队和有关公社的领导体制和经济管理体制暂时不变，社员的收入分配、劳保福利、“五保”等仍按原办法执行，但要积极做好工作，尽快转为区街管理体制，市、区有关部门要按照业务分工抓紧做好转户的各项工作。

为了便于工作，决定将崂山县李村公社的阎家山大队，于一九八二年十一月一日划归沧口代管。

二、对二十一个生产大队的所有土地，均由市人民政府统一管理，并根据建设需要，有计划地统一征用。征用土地手续由市城建局会同有关区人民政府直接与被征地单位办理。各建设单位不准私自与社队联系征地，用地时，可向市城建局提出申请，由城建局根据城市规划，给予安排。各建设用地单位要按照规定，将各项补偿费和安置补助费交市城建局统一付给被征地单位。社队建设用地和社员建房用地也必须逐级申请，经市城建局审核同意后报市人民政府审批，严禁私自圈占、出租、出借土地。对于市人民政府一九八零年137号文下达之后建设单位私自与生产队办理使用的土地和生产队私自圈占、出租、出借的土地，由市城建局会同有关区人民政府进行全面清理。建设单位私自与生产队办理使用的土地，已搞了建筑物的，建筑物作为违章建筑处理，未搞建筑物的，一律由市城建局收回。生产队私自出租、出借、圈占的土地，要限期收回，服从统一征用；已搞了建筑物的，由市城建局提出处理意见，报市人民政府审批。

三、征用土地的补偿和劳力安置，按下列标准和办法办理。

1. 土地补偿费：每征用一亩耕地，按被征地单位全部耕地前三年平均每亩年产值的六倍补偿。征用无收益的土地、宅基地，不予补偿，但对地上地下设施，仍按有关规定予以补偿。

2. 青苗补偿费：因建设急需，必须清除被征用土地上的作物，根据作物生长情况，给予相当于当季作物产值的补偿。

3. 树木补偿费：被征用土地上的树木，凡有条件移栽的尽量组织移栽，付给移栽人工费和树苗损失费；不能移栽的，树苗按国家苗木价格补偿，半成材按不超过国家木材牌价百分之五十补偿，成材按不超过国家牌价的一倍补偿。被征地单位或个人不愿按作价补偿办法处理的，允许其自伐或出卖。

4. 被征用土地上的房屋、水井、水池、地下管道等附着物，折价给予补偿。也可征得被征地单位的同意，给予移地建设同等质量的附着物。

5. 安置补助费：每征一亩地，按被征地单位全部耕地前三年平均每亩年产值的十倍付给。

对于个别特殊情况，按照上述补偿和安置补助标准，尚不能保证维持群众原有生产和生活水平的，经省人民政府批准可以增加安置补助费，但每亩土地的补偿费和安置补助费的总和，不得超过被征地单位全部耕地前三年平均每亩年产值的二十倍。

6. 各项补偿费和安置补助费，除被征用土地上的附着物中产权确属个人的其补偿费应付给本人，集体种植的土地上的青苗补偿费可以纳入当年集体收益分配外，都应当由被征地单位用于发展生产和安排因土地被征用而出现的多余劳动力的就业和不能就业人员的生活补助，不得移作他用。有关领导机关和其他单位也不得以任何借口占用。

7. 因征地造成的农业剩余劳动力，

主要由被征地单位通过发展农业生产和工副业生产进行安置。被征地单位发展工副业项目确有困难的，由市计委、经委等有关部门统一组织扩散项目，帮助解决。通过上述途径确实安置不完的剩余劳动力，用地单位和劳动部门也可以选招其中符合条件的就业，并相应核减被征地单位的安置补助费。被安置就业人员的工资、福利等各项待遇，由就业单位按国家规定办理。

8. 市政工程建设用地和拆迁安置问题，按《青岛市市政工程建设用地、拆迁安置暂行办法》办理。

四、凡经市人民政府批准要用的土地，被征地单位要按照上述补偿、安置标准和办法，同市城建局签订征地协议，对于坚持无理要求拒不签订征地协议和违反国家征用土地法令的，要按照《国家建设征用土地条例》和《国务院关于坚决制止哄抢和侵占国家资财的决定》中的有关规定处理。

五、在转户征地工作中，有关人员要认真履行职责，严守法纪。对坚持原则，秉公办事的，要给予表扬，对利用职权营私舞弊，贪污受贿，虚报土地、产量、人口、索取额外财物等违法违纪行为，要严肃处理。

六、本规定自公布之日起施行，过去市人民政府对二十一个生产大队转户征地的有关规定，凡是不同于本规定内容的，按本规定执行。

一九八二年九月二十五日

青岛市劳动局关于市区二十一个生产大队转体征地后安置就业人员有关工资福利问题的处理意见

青劳险字〔1984〕第76号

各区、县、局：

我市市区二十一个生产大队转体征地后，安置就业人员的有关工资福利问题，经我局研究提出的意见，已报请市政府同意，现印发给你们，请按照执行。

一、凡按“土劳比”的原则安置的就业人员（简称就业人员）在评定工资时，可根据劳动力强弱，技术水平高低，适当参考从事农业劳动时间长短，比照同工种工人的工资级别给予评定。

二、就业人员可享受所在单位职工同等的劳保福利待遇。

三、就业人员年老退休时，其从事农业劳动时间可与入厂后的工龄合并连续计算。

以上三条仅适用于自批准农转非后就业的人员，但不得列入一九八三年企业调整工资范围。对其他待业青年随着社会招收安置的应按新招收城镇待业青年的规定办理。

一九八四年五月三十日

关于原公社所属大队更改名称的通知

南政发〔1985〕16号

区属各单位、政府各部门及原公社七个大队：

原浮山公社七个大队划归办事处领导后，以大队为基础，分别成立农工商公司，现将各公司名称公布如下：

原湛山大队更名为湛山农工商公司。

亢家庄大队更名为大信农工商公司。

浮山所大队更名为浮山农工商公司。

田家村大队更名为裕丰农工商公司。

大尧大队更名为宏大农工商公司。

逍遥大队更名为隆昌农工商公司。

辛家庄大队更名为永盛农工商公司。

各农工商公司要分别向工商行政部门申请办理开业手续，取得法人地位，以维护生产经营中的合法权益。

一九八五年二月十三日

抄送：市农业局、市工商局、乡镇企业局、区委、区人大、区政协、区法院、区检察院、区工商局

关于批转《关于在七个农工商公司及其所属企业全面推行技能工资制度改革意见的报告》的通知

青南政发〔1996〕4号

区政府各有关部门、区直各农工商公司：

区政府同意区劳动局《关于在七个农工商公司及其所属企业全面推行技能工资制度改革意见的报告》，现转发给你们，请遵照执行。

主题词：劳动管理　技能工资　意见　报告　通知

抄送：市劳动局　区委、区人大、区政府

青岛市市南区人民政府办公室

一九九六年一月十日印

关于在七个农工商公司及其所属企业全面推行技能工资制度改革意见的报告

区政府：

为适应社会主义市场经济体制的建立和发展，打破七个农工商公司及其所属企业“二次分配”的弊端，全面反映职工在不同岗位上的劳动差别，贯彻“按劳分配”的社会主义分配原则，促进和保证企业健康、稳定的发展。根据区委、区政府的指示精神，区劳动局、区政府办公室在宏大农工商公司及其所属企业进行了技能工资制的试点工作，并已于12月1日正式启动运行，为便于其它农工商公司及其所属企业在确定技能工资方面有所借鉴，为明年的全面推行打下良好的基础，我们在宏大农工商公司及其所属企业试点工作中的主要做法及全面推开工作提出一些意见，特报告如下：

一、宏大农工商公司及其所属企业在技能工资制度改革试点中的主要做法

1. 改革的范围

宏大农工商公司及所属企业在职的乡镇职工。

2. 改革的原则和方法

（1）根据青劳〔1994〕251号文件规定的技能工资标准，结合职工的职务或工种、工作年限、劳动贡献，按照“农工商企业职工实行技能工资制对应表”确定工资等级和工资额。

（2）实行技能工资制，二类企业执行起点95元的工资标准；三类企业执行起点90元的工资标准。

（3）前三年平均创税利10万元以上的企业厂长（经理），可以在对应级别上高定一级工资；30万元以上的可以高定二级工资；80万元以上的可以高定三级工资。前三年任何一年荣获区级劳模称号的，可以在对应级别上高定二级工资；荣获市级（包括市级）以上劳模称号的，可以在对应级别上高定三级工资。

（4）凡在对应级别上高定工资的，不得超过三级。骨干企业的厂长（经理）的工资等级可根据实际情况报区劳动局审批同意后确定。

（5）职工职务或工种做了调整的，其工资级别按照“农工商企业职工实行技能工资制对应表”，自下个月份起相应进行调整。职工下调工资等级的，凡在原职务或工种工作满三年的，可以不做调整。

（6）实行技能工资制，职工按照国家、省、市的规定，享受各种补贴、津贴，职工的年平均工资，不低于计税工资水平。

（7）实行技能工资制，职工工资的晋升或调整，按市、区劳动部门的有关规定参照执行。

3. 实施步骤及时间安排

（1）宣传教育。召开全体职工大会，进行广泛的宣传教育工作，向职工讲明为什么要进行工资分配制度的改革，使职工明确工资分配制度改革的目的、范围、原则、重要性及其深远的意义。所需时间15天。

（2）调查摸底。成立有党、政、工领导和财务、劳工人员参加的工作班子，对职工的职务或工种、参加工作时间、工作年限、劳动贡献等情况，进行实事求是的调查摸底，经核实后登记造册。所需时间10天。

（3）研究制定“农工商企业职工实行技能工资制对应表”，拟定每个职工的工资等级和工资额。所需时间10天。

（4）张榜公布、征求意见，确定每个职工的工资等级和工资额。所需时间5天。

（5）填写“农工商企业职工实行技能工资制花名册”和“农工商企业职工实行技能工资制呈批表”，逐级审批。所需时间6天。

（6）自1995年12月1日起，实行技能工资制。

二、其他农工商公司及其所属企业推行技能工资制的实施意见及时间安排

根据我区各农工商公司的具体情况，结合宏大农工商公司及所属企业的试点经验，我们认为全面推行技能工资制度

改革的时机已经成熟。在推行过程中，各公司要认真做好以下工作：

1. 统一思想认识，加大推行工作的力度。改革现行的分配制度，推行技能工资制是一项政策性强、工作量大，涉及职工个人切身利益的工作。各农工商公司的主要领导要把这项工作排到重要议事日程中，亲自抓好这项工作。要成立专门的工作班子，有专人负责，积极组织和发动企业职工统一思想认识，使这项工作能有条不紊地进行。时间安排：1996 年 1 月。

2. 认真做好调查摸底、张榜公布、填报阶段的工作。时间安排在 1996 年 2 月至 3 月中旬。

3. 各公司、企业要根据各自存在的实际问题，按照技能工资制度改革的有关规定，认真加以研究解决，在此基础上，上报区劳动局进行审批。时间安排在 3 月底以前结束。从 1996 年上半年起，各农工商公司及所属企业都要正式实行技能工资制。

总之，改革分配形式，实行技能工资制具有非常重要的意义，它不仅为农工商企业的产权制度改革、促进企业转机建制加强管理、提高经济效益打下了坚实的基础，而且为下一步的社会保险制度的改革创造了有利条件。这是一项利国、利民、对事业发展有着重要影响的工作，它的推广和实施，必将对我区经济工作再上新水平和保持社会稳定产生深远的影响。

以上意见，如无不妥，请批转各农工商公司及所属企业执行。

附件：农工商企业职工实行技能工资制对应表。

市南区劳动局

一九九五年十二月八日

关于亢家庄旧村改造工程房屋拆迁安置补偿办法

为做好亢家庄旧村改造工程规划范围内的房屋拆迁安置工作，保证亢家庄旧村改造工程顺利进行，根据《青岛市城市房屋拆迁管理规定》，结合建设工程的总体性质，提出实施意见：

一、规定：

1. 亢家庄旧村改造工程的拆迁范围是：宁夏路以北、以南、山东路以西的亢家庄全部地区。

2. 亢家庄旧村改造工程是在市南区政府领导下，由亢家庄旧村改造领导小组组织实施动迁。

3. 亢家庄旧村改造工程的拆迁人是市南区大信公司，被拆迁使用人是指在拆迁范围内的符合《青岛市城市房屋拆迁管理规定》第十二条规定的公民、法人或其他组织。亢家庄旧村改造工程的被拆迁所有人是指在拆迁范围内的符合《青岛市城市房屋拆迁管理规定》第三十四条规定的公民、法人或其他组织。

4. 亢家庄旧村改造工程拆迁范围内由农业人口转为非农业人口的拆迁安置、补偿办法适用《青岛市城市房屋拆迁管理规定》及本办法。

5. 被拆迁使用人的房屋原则上一次性估价和签订协议，根据施工情况，可分批进行安置。

二、安置规定：

1. 被拆迁使用人的原住宅房屋和非住宅房屋均按合法房屋计算面积，临时建筑和非法建筑的面积不作为被拆迁人的安置房屋面积。

2. 被拆迁使用人的拆迁安置人口，以1995年10月30日抄录户口时的在册常住户口为准。在拆迁范围内虽有常住户口，但在拆迁地以外的本市城市规划区内另有正式住房的，且该房屋居住面积达到或超过人均居住面积7.5平方米的，不予安置。借本单位住宅房屋居住的，视为在拆迁地另有正式住房居住。

一个私房所有人分立两户以上且没有分别独立生活的，原则上按一户安置。

3. 对被拆迁使用人应安置住宅房屋的，实施抓阄定位。兼用的房屋按一种用途安置。

4. 对被拆迁使用人的住宅房屋，按原建筑面积安置，对住房确实困难的，可按如下标准安置：三人户以下（含三人户）的，按人均居住面积不低于6平方米且人均使用面积不低于10平方米安置；四人户以上（含四人户）的，按人均居住面积不低于5.5平方米且人均使用面积不低于8.5平方米安置。

5. 对有遗产、产权和住房纠纷的，由当事人在拆迁通告规定的时间内自行解决，解决不了的按市拆迁规定办理。

6. 拆迁个体户的房屋按有关规定执行。

三、补偿规定：

1. 被拆迁所有人的房屋拆迁补偿费以依照本市房屋拆迁估价标准评估的价款为准。

2. 被拆迁所有人对自住私有房屋要求保留产权的，用安置房屋同被拆除房屋实行产权调换。安置房屋与被拆除房屋建筑面积相等的部分，安置房屋按建筑面积每平方米265元与被拆除房屋评估的价款两相找差；按规定安置超出10平方米以内（含10平方米）部分，每平方米按265元结算价款；自然超出10平方米以内的部分（含10平方米），每平方米按600元结算价款；自然超出10平方米以上者，每平方米按1600元结算。

3. 被拆迁所有人对自住或出租的私有房屋要求保留产权的，需在青岛市房屋拆迁管理办公室发布的拆迁通告规定的搬迁期限内，提出书面意见，否则，视为自愿放弃保留产权。

4. 被拆迁人的房屋院墙、门楼等合法房屋的附属物及苗木等的补偿按有关规定办理。

四、奖励办法：

1. 住宅房屋使用人在拆迁通告规定的期限内搬迁腾房的，以房产证为准，每户发200元搬家费，按期搬迁奖励费800元，并发给应安置人口每人180元奖励费。

2. 对自住私有房屋的被拆迁所有人，在拆迁通告规定的搬迁期限内搬迁腾地的，拆迁人按被拆迁所有人自住的合法房屋给予每平方米 78 元奖励，逾期搬迁腾地的不予奖励。

3. 被拆迁所有人在拆迁通告规定的搬迁期限内搬迁腾地的，安置的新房的公共楼梯、外走廊等共用面积不作为安置面积，在确权发证时，无偿计加；逾期搬迁腾地的，安置的新房应分推共用面积。

五、其他规定：

1. 搬家补助费、按期搬迁奖励费在被拆迁人搬迁腾地后的十日内付给。其他款项在新房定位时一次性结清。

2. 按规定期限搬家的有两天公假，由动迁办公室出证明。

3. 拆迁工作人员应坚持原则、秉公办事。对利用职权营私舞弊、违法乱纪者，按《青岛市城市房屋拆迁管理规定》第五十四条予以处理。

4. 本办法未尽事宜，按《青岛市城市房屋拆迁管理规定》和《青岛市人民政府关于贯彻执行〈青岛市城市房屋拆迁管理规定〉的通知》办理。

本办法仅适用于亢家庄旧村改造工程使用。

本办法报：区政府、市拆迁办公室、区拆迁办公室

送：大信公司

1995 年 12 月 14 日

青岛大信农工商公司关于实行劳动合同制度的实施方案

为适应社会主义市场经济体制，加强企业职工就业的管理，稳定企业的劳动关系，保障企业和劳动者的合法权益，促进企业高效、持续、快速、健康发展，根据《中华人民共和国劳动法》和农业部、劳动部《关于乡镇企业实行劳动合同制度的通知》（农企发〔1996〕5 号）及市乡镇企业管理局、市劳动局《青岛市乡镇企业实行劳动合同制度的实施意见》（青乡企企字〔1996〕第 128 号文件规定，结合我公司及其所属企业的实际情况，就实行劳动合同制度，特制定本实施方案。

一、签订劳动合同的范围。

1. 本公司的乡镇职工；

2. 城镇、农民临时工；

3. 其他用工。

二、劳动合同的期限。

劳动合同的期限分为有固定期限和无固定期限。

1. 有固定期限分为：短期 1 ～ 5 年；中期 6 ～ 10 年；长期 15 年以上。

2. 无固定期限：原乡镇职工，男年满 45 周岁，女年满 40 周岁，或者工龄满 20 年的，职工提出订立无固定期限劳动合同的，应当订立无固定期限的劳动合同；在本公司及其所属企业连续工作满 10 年以上，职工提出订立无固定期限的劳动合同，应当订立无固定期限的劳动合同。

3. 实行劳动合同制度后，凡新招职工，国家分配的大中专毕业生和新调入的职工，必须签订劳动合同，并均实行试用期。劳动合同期限 1 年以内（含一年）

的，试用期不得超过 1 个月；劳动合同期限在 1 年以上 5 年以下（含五年）的，试用期不得超过 3 个月；劳动合同期限 5 年以上的，试用期不得超过 6 个月。

劳动合同期限届满，当事人双方续订劳动合同改变工种的，可以重新约定试用期;不改变工种的,不再实行试用期。

4. 临时工的劳动合同管理按青岛市有关规定执行。

三、劳动合同的变更、终止、续订和解除。

（一）劳动合同经当事人双方协商一致，可以变更，但不得违反法律、法规和劳动合同管理规定。变更劳动合同，当事人双方应当签订变更合同协议，并订明生效日期和期限。变更的合同协议与劳动合同具有同等的法律效力，变更的合同须经劳动行政部门鉴证。

（二）职工有下列情况之一的，企业可以解除劳动合同。

1. 在试用期间被证明不符合录用条件的；

2. 严重违反劳动纪律或者用人单位规章制度的；

3. 严重失职、营私舞弊，对用人单位利益造成重大损失的；

4. 泄露用人单位商业秘密，给用人单位和国家造成损失的；

5. 被依法劳动教养或追究刑事责任的；

6. 违反国家计划生育规定的。

（三）有下列情况之一的，企业可以解除劳动合同，但是应当提前 30 日内以书面形式通知职工本人。

1. 职工患病或者非因工负伤，医疗期满后，不能从事原工作也不能从事由用人单位另行安排的工作的；

2. 劳动者不能胜任劳动合同约定的工作，经培训或调整工作岗位，仍不胜任工作的；

3. 劳动合同订立时所依据的客观情况发生重大变化，致使原劳动合同无法履行，经当事人协商不能就变更劳动合同达成协议的。

（四）职工有下列情况之一的，企业不得解除劳动合同。

1. 职工患有职业病或者因工负伤并经医务劳动鉴定机构确认丧失或者部分丧失劳动能力的；

2. 患病或者负伤，在规定的医疗期内的；

3. 女职工在孕期、产期、哺乳期内的（不包括违反国家计划生育规定的）；

4. 男年满 45 周岁，女年满 40 周岁，或者工龄满 20 年的；

5. 法律、法规规定的其他情况。

（五）有下列情况之一的，职工可以解除劳动合同。

1. 经国家有关部门确认劳动安全、卫生条件恶劣，严重危害职工身体健康，企业又不加以改善的；

2. 企业不能按劳动合同规定支付劳动报酬的；

3. 职工应征入伍的或经企业同意自费考入中等专业以上学校脱产学习的；

4. 企业不履行劳动合同或违反国家

法律、法规和政策，严重侵害职工合法权益的；

5. 经企业同意调离的。

（六）任何一方提出解除劳动合同，必须提前一个月（职工在试用期间可提前七天）以书面形式通知对方，方可办理劳动合同解除手续。

（七）具备下列条件之一的，劳动合同应当终止。

1. 劳动合同期限届满的；

2. 因当事人一方主体消亡的；

3. 因当事人双方协商同意的；

4. 达到规定的退休年龄的；

5. 劳动合同中双方约定的劳动合同终止条件出现的。

（八）终止劳动合同时，按规定程序交接工作。

终止或解除劳动合同的职工，应在终止或解除劳动合同前两周内向企业办理工作交接手续，职工不得带走与业务有关的文件、合同及档案卷宗等，不得侵害企业的经济权益。

（九）劳动合同期限届满，劳动合同即告终止，企业和职工在劳动合同期满后需延续劳动关系的，应当在劳动合同期满30日前重新订立劳动合同，并经劳动行政主管部门鉴证。

四、劳动时间和劳动报酬。

（一）企业应严格执行国家规定的工时制度。如果因生产经营需要延长时间的，按《劳动法》的有关规定，支付加班加点工资。

（二）企业根据职工所从事的生产工作岗位，在不低于青岛市最低工资标准规定的基础上，按照按劳分配的原则和有关规定，按月以货币形式支付给职工工资报酬。

五、保险福利待遇。

（一）为解决职工的后顾之忧，调动职工的积极性，稳定职工队伍，提高经济效益，企业应按国家的法律、法规，逐步为职工建立社会保险。已经建立社会保险制度的，要逐步完善规范；尚未建立社会保险的，要积极创造条件建立。

（二）职工在合同期内患病或非因工负伤，需要停止工作医疗时，根据本人实际参加工作年限和本单位工作年限，给予三个月到二十四个月的医疗期，具体规定按青岛市有关规定执行。

（三）患有精神病、癌症、瘫痪病，完全失去自理能力的，医疗期满经医务劳动鉴定部门确认丧失劳动能力的，不能从事工作的，不实行医疗期。

（四）职工在医疗期内，不得在外另谋职业或以任何借口从事有收益的活动，发现后经教育不改的，解除劳动合同。

（五）医疗期的工资待遇，按国家的有关规定执行。

六、劳动纪律。

（一）企业职工必须遵守国发〔1982〕59号《企业职工奖惩条例》和国发〔1986〕77号《国营企业辞退违纪职工暂行规定》。

（二）企业职工要严格遵守企业制定的符合法律法规的劳动纪律和规章制度。

七、违反劳动合同的责任。

（一）任何一方违反劳动合同的规定

给对方造成损失的，视其后果和责任大小应予以经济赔偿。

（二）企业在合同期内违反和解除劳动合同，应补发职工被解除劳动合同和申诉期间的工资，外加工资收入的25%赔偿职工的损失，并为职工补交社会保险基金。

（三）职工因本人原因解除劳动合同，应按合同未满的月数，按照本人工资收入的100%缴纳违约金。

（四）由企业出资培训学习和引进的职工，因个人原因解除劳动合同，企业可以要求职工支付培训费和引进费，支付的办法，按劳动合同期限等分出资金额，以职工已履行的期限递减支付；没有约定劳动合同期限的，按五年期限等分出资金额，以职工已履行的期限递减支付。劳动合同期满终止劳动合同，企业不得要求职工支付该项培训等费用。

八、劳动争议处理。

因履行劳动合同发生争议，任何一方可先向公司调解委员会申请调解；调解不成的，应当自争议发生之日起六十日向企业所在地的劳动争议仲裁委员会申请仲裁，对仲裁裁决不服的可以自收到仲裁裁决书之日起十五日内向企业所在地人民法院起诉。

九、其他事项。

（一）劳动合同书由公司统一下发，各单位结合自己的实际情况，认为需要补充内容的，双方可以附录当中约定。

（二）各单位根据本方案，向职工做好宣传教育工作，按照平等、自愿、协商一致的原则签订劳动合同，明确双方依法应享有的权利和义务。

（三）劳动合同书一式叁份，于11月12日前上交公司，经劳动行政部门鉴证后，公司、企业和职工各执一份。

（四）不愿签订劳动合同的职工，限期一个月内调离本企业，期满未能调离的停发工资，并解除劳动关系。

十、本方案未涉及到的问题按国家规定执行，在实施中若与上级规定相抵触，按上级有关规定执行。

十一、本方案在实施过程中，可随企业的深化根据需要适时修订。

十二、本方案由公司党总支同意，经各企业领导会议讨论通过后实施。

大信农工商公司

一九九六年十一月六日

青岛大信农工商公司关于改革和加强劳动工资保险福利管理的暂行规定

1997年15号

为改革和规范企业的劳动用工、工资分配、社会保险和职工福利。根据市、区有关规定，结合本公司的实际情况，提出以下意见，请贯彻执行。

一、劳动用工

企业因生产经营需要，必须增加人员的，应编制用人计划，报公司审察批准后方可招工。并按以下规定办理。

1. 招收人员的条件：必须年满16周岁，身体健康，品貌端正，具有初中以上文化。上限年龄：生产工人在22岁以下；管理人员在25岁以下；待业职工在30岁以下。其中，非在校学生应持有劳动部门颁发的《求职证》，待业职工应有《待业保险手册》，特殊专业应持有上岗证件，聘任人员不受此限。

2. 企业录用职工后，应将有关证件、录用材料和《招工登记表》报公司，由公司到区劳动部门办理录用手续。

3. 为职工办理从业手续后，企业应当在一个月内与职工在平等自愿，协商一致的基础上签定劳动合同，并由公司办理劳动合同鉴证、社会保险和户、粮关系迁移手续。

二、工资分配

工资是企业以货币形式支付的劳动报酬，包括标准工资、年功工资、奖金及国家、省、市规定发放的各种津贴、补贴。根据上述规定，结合我公司实际按以下标准执行。

1. 标准工资。各企业的城镇合同制职工、调入的固定职工以及乡镇固定职工的标准工资，暂按公司下发的档案技能工资标准发放。标准工资的调整，根据市、区规定执行。

为了进一步调动广大职工的积极性，切实做到按劳分配和工资与效益挂钩的原则，企业可以对现行工资制度进行较大的改革。如可将档案工资封存起来，实行计件工资、岗位工资、承包工资、提成工资或其它多种形式的工资制度，并将改革后的工资制度报公司同意后实行。在工资制度大的改革之前，企业可先对技术含量高，如产品精度要求特高工序的工种和劳动强度大，如苦、累、脏、险的工种提高一级工资。

2. 综合价格补贴。根据青劳（1995）97号文件规定“综合价格补贴”总额，男职工每月127元，女职工每月129元；一九七八年底前参加工作的职工增发2元粮食补贴。实行三班或二班制生产的企业，应发给职工中夜班津贴。中班每天1元，夜班每天1.2元。

3. 年功工资。按年份计算，标准为每年一元，按月计发，逐年增加。计发年功工资的连续工龄，调入的固定职工、乡镇固定职工从参加工作的当年起按年限计算，城镇合同制职工按投保年限计算。

4. 工资性补贴。根据青政办发（1992）7号文件规定，实行标准工资17%的工资性补贴。其中4%用于职工的医疗费补助，13%按月发给职工个人。

5. 奖金。亏损企业不得发放奖金，盈利企业每月可暂按标准工资的12%计发奖金，其它资金，按企业与公司签订的责任目标合同中的规定计发。

6. 浮动工资。亏损企业不能浮动工资，当年实现公司下达利润计划的企业，自次年一月起，经公司批准，可对法人代表浮动一至两级工资，对其它所有人员不实行浮动工资。可按职务补贴、岗位补贴、计件超额奖励等形式，给予浮动性的补贴。补贴范围和数额由企业根据效益情况，在浮动的年份中，如完不成公司下达的利润计划，从次年一月起停止浮动。并以此类推。

7. 伙食补贴。凡企业设有职工食堂，职工均可在食堂就餐者，一律不发伙食补贴，单位没有职工食堂，职工不能在单位就餐的，按职工实际工作天数，每天发放伙食补贴1元。

8. 月票、自行车补贴。职工住址距工作单位在交通车3站及以上者，发给月票一本。一次乘车不能到达，需要转车的，其转车距离在两站及以上者，发月票两本。乘车距离不足三站和转车距离不足两站的，不发乘车月票和转车月票（凡住址距工作单位三站以内，有私房不住而另租住房者，不享受月票、自行车补贴）。职工骑私人自行车上、下班，居住地点至工作单位两公里以上，或因公经常用私人自行车的，每月发给自行车修理费补贴10元。

9. 冬季取暖补贴。按国家规定执行。

三、社会保险

劳动法将社会保险概括为养老、失业、医疗、工伤、生育五个方面。企业的城镇合同制职工、调入的固定职工，均按现行规定执行。乡镇固定职工待参加社会保险后再执行。根据我市现行各项社会保险基金的缴纳的规定，结合我公司实际，特规定如下：

1. 养老保险基金，企业缴纳养老保险费以上一年度该企业从业人员每月工资收入（当前由公司统一确定）与上一月的从业人员人数之和为基数，按照25.5%的比例缴纳。个人缴费以本人上年度月平均工资为基数，九七年四月起按5%的比例缴纳，由企业代扣代缴。以后每年提高一个百分点，直到8%的比例为止（每年四月更换基数，同时提高个人缴费比例）。

2. 医疗保险基金，在职职工按全部职工工资总额3%缴纳，退休职工按全部退休职工退休费总额5%缴纳。

3. 以下几项基金，均以企业全部职工工资总额为基数按比例缴纳：（1）失业保险基金1%；（2）工伤保险基金0.6%；（3）生育保险基金0.9%；（4）职工生活救助基金0.5%；（5）义务兵优待基金0.2%；（6）职工教育基金0.8%。

4. 企业根据上述各项基金的缴费标准，于每月15日以前把支票上交公司，由公司统一到社会保险部门办理缴费手续。凡逾期不缴的，予以停保。

四、职工福利

根据我市现行职工福利政策，结合公司实际，对企业职工福利待遇规定如下。

1. 休假

（1）法定公休日和节假日。法定公休日自九七年五月一日以后每周二天，法定节假日全年共七天，元旦一天，春节三天，“五一劳动节”一天，国庆节二天，如适逢双休日，和不能保证每周二天公休日，应在次日补假，或支付给加班工资，其工资待遇，根据劳动强度大小，企业自行确定。

（2）探亲假。职工工作一年以上，才能享受探亲假待遇。夫妻分居两地，不能在公休假日团聚的，每年给假一次，时间 30 天；未婚职工探望父母的，每年给假一次，假期 20 天，两年探一次的，假期 45 天；已婚职工探望父母的，每四年给假一次，假期 20 天。职工在规定的探亲假期内工资照发。职工探望配偶和未婚职工探望父母的，往返路费由所在单位负担，已婚职工探望父母的往返路费，在本人月标准工资 30% 以内的，由本人自理，超过部分由所在单位负担。

（3）婚丧假。职工本人结婚或直系亲属死亡时，可给予三天的婚、丧假。山东省计划生育条例规定，符合晚婚条件的增加婚期两周。规定的婚、丧假期间工资照发。

2. 产假和哺乳期

（1）产假。假期为 90 天，其中产前休假 15 天，难产的增加 15 天，多胞胎生育的，每多生一个增产假 15 天。符合晚婚条件的增加产假两个月。女职工怀孕不满四个月流产时，应当根据医务部门的意见，给予 15 天至 30 天的产假。怀孕四个月以上流产时，给予 42 天产假。产假期间工资照发。

（2）哺乳期。有不满一周岁婴儿的女职工，每班劳动时间给予两次哺乳，每次 30 分钟，多胞胎生育的，每多一个增加 30 分钟。上班确有困难且工作许可，经本人申请，单位批准，可休半年以内哺乳假，休假期间，其工资不低于基本工资的 30%。

3. 医疗期和病假工资

（1）医疗期。职工患病应给予一定的医疗期，在医疗期内企业不得解除合同。企业职工患病或因工负伤，需要停止工作医疗时，根据本人实际参加工作年限和本单位工作年限给予三个月的医疗期。企业职工在医疗期内，其病假工资、疾病救济费和医疗待遇按照有关规定执行。男年满 45 周岁，女年满 40 周岁，或者工资满 20 年的原固定职工，医疗期满后企业不得解除劳动合同。医疗期的计算从病休第一天起累计，期间公休假日和法定节假日包括在内。

（2）病假工资。职工因病或非因工负伤，在医疗期内，停工医疗不超过 90 天的，由企业发给本人工资的 70% 的病假工资；累计超过 90 天的，发给本人工资的 60% 的疾病救济费。医疗期内的病假工资或疾病救济费，以本人病假前十二个月的平均工资为基数计发。

4. 医疗待遇

已参加社会保险统筹的职工医疗费报销待遇，按照青岛市人民政府第 40 号文《青岛市企业职工医疗保险暂行办法》执行。企业也可以实行医疗包干制，如大病在一个医疗期内超过 3000 元以上的实行社会医疗统筹标准，其次，一年一次性支付给职工医疗补助费，其费用根据企业的经济效益自行确定，但在职职工和退休职工，大病必须到青岛海军四零一医院、青岛市立医院医疗，小病必须到大信公司保健站医疗。

5. 死亡待遇

职工（含离退休人员）因工死亡待遇按工伤保险待遇执行，因病或非因工死亡的一次给予丧葬费 500 元。

6. 独生子女学杂费、医疗费、托儿费的报销

（1）学杂费。父母双亲同在一个单位的独生子女的学杂费由父母所在单位报销。独生子女的父母不在同一个单位的，上半年由父亲报销，下半年由母亲单位报销。

（2）托儿费。父母双亲同在一个单位的独生子女的托儿费由父母所在单位报销。独生子女的父母不在同一个单位的，单月由父亲单位报销，双月由母亲单位报销，只报销管理费和代办费。

（3）医疗费。独生子女的医疗费报销单位，原则上以独生子女的性别确定，即男孩随男方单位报销，女孩随女方单位报销。职工配偶在外地工作的，原则上按独生子女户口所在地确定医疗费报销单位。职工丧偶、离婚的，其独生子女的医疗费均有现供养职工单位报销。独生子女医药费报销的标准，可凭医院药费单据报销50%。

五、规范和安置下岗人员。

1. 企业确定下岗待工，要通过一定的民主程序，应由党政领导集体研究，并听取工会的意见；

2. 对82年以来，按规定招收的合同制职工可按劳动部《企业经济性裁减人员规定》办理，下列为下岗待工范围，可以解除劳动合同，按工作年限，每年一个月的工资发给补偿费。

3. 对下岗的人员，首先要在公司范围内，打破企业界限，相互调剂余缺，尽量安排，安排不了的实行下岗140的工资待遇。

4. 对男年满50周岁，女满45周岁，和因病不能从事生产（工作）的职工，经本人书面申请可实行厂内退养。退养期间的待遇按本人标准工资70%计发，费用在企业工资总额中列支。厂内退养期间，单位和个人仍应按规定缴纳各项社会保险费，直至办理退休手续为止，退休年龄，男55岁、女50岁，按出生月份核定退休时间。

六、对要求停薪留职的意见

1. 对企业在岗人员要求停薪留职的，按合同规定，原则不能办理。但职工坚决要求企业也同意的，可签定《留职协议》，留职人员除自行负担投保费用外，尚需对企业承担部分补偿，其数额双方协商确定。

2. 对下岗人员要求停薪留职的，亦应签定不超过两年的《下岗职工留职协议》，其养老、医疗保险由个人缴纳，企业代办，有条件的也可由企业给缴纳。期满后无复工要求的，企业可与其解除劳动合同。

七、乡镇职工如无正当理由，擅自离岗三个月的，经动员仍不复岗的，企业可按其自动离职处理，其待遇一概不负。

八、联营企业按本意见执行（不包括对方派来人员），合资企业参照执行。

九、本意见自下发之日起实行。

青岛大信农工商公司

一九九七年七月八日

青岛市人民政府关于城镇农工商企业从业人员参加社会养老保险若干事项的通知

青政发〔1997〕153号

各市、区人民政府、市政府各部门、市直各单位：

为促进农工商企业的健康发展，保障其从业人员年老时的基本生活，维护社会稳定，现就城镇农工商企业从业人员参加社会养老保险的有关事宜通知如下：

一、适用范围。凡在本市行政区域内已实行农转非区域的，原乡镇、村办农工商企业（以下简称企业）及其从业人员均应按本通知规定参加城镇企业从业人员社会养老保险。

二、养老保险费的缴纳。自参加社会养老保险之日起，企业按现有从业人员工资总额的20%缴纳，从业人员按本人工资的5%缴纳，以后每年提高一个百分点，直到8%为止。

三、缴费基数的核定。企业必须建立《工资基金使用手册》，纳入劳动部门的企业工资基金管理，按实发工资总额确定缴费基数。暂时无法确定工资总额的单位，以全市上年度社会平均工资作为缴费基数。

四、企业应当为从业人员补缴养老保险费。在职职工补缴养老保险费的时间从1984年1月起算，1984年以后参加工作的，从参加工作之日起算。补缴养老保险费的标准：1984年1月1994年9月单位按每人每月8元，个人按每人每月4元补缴；1994年10月1日后按《青岛市城镇企业从业人员养老保险暂行规定》的标准补缴。

现有退休人员由单位按照每人每月12元补缴10年养老保险费。

企业补缴养老保险费所需的资金从管理费中列支。

五、建立职工养老保险个人账户。

企业补缴养老保险费后，社会保险部门应当从1994年10月1日起为从业人员补建养老保险个人账户，并定期向从业人员公布个人账户对账单，接受从业人员的监督和查询。1994年10月1日以前补缴的养老保险费只计算连续工资，不建立个人账户。

六、在职职工的工龄核定。凡按规定补缴养老保险费的从业人员，其1984年1月1日前参加人民公社劳动的农龄与企业工龄经市劳动部门审核确认后，可以合并计算为连续工龄，视同缴费年限。其中农龄为本人年满16周岁后实际参加人民公社劳动的时间。

不按规定补缴养老保险费的，不得计算连续工龄和缴费年限。

七、从参加社会统筹之日起，从业人员达到国家法定退休年龄，缴费年限（含连续工龄）达到15周年及其以上的，可以办理退休手续，享受退休待遇。本通知实施前参加工作，缴费年限（含连续工龄）满一年不满15周年的，达到退休年龄后，一次性发放退职费，同时终止养老保险关系。

八、在参加社会统筹前已退休的人员，其月养老金标准，原则上仍按原标准执行。但月养老金低于全市最低养老金标准的，按最低养老金标准发放，由社会保险部门从社会统筹基金中统一拨付；原养老金标准高于全市最低养老金标准的，社会统筹基金只负担最低养老金范围内的部分，其超出部分由原企业补齐。以上人员均以社会统筹基金负担部分为基数执行基本养老金的正常调整机制。

九、现有的退休人员中，凡未达到法定退休年龄的，一律按在职人员标准补缴养老保险费，作为企业内部退养处理，退养待遇由企业负责发放，退养期间单位和个人均应按规定缴纳养老保险费，待达到法定退休年龄后再办理退休手续，纳入社会统筹。

十、现有在岗从业人员中，已达到或超过退休年龄的一律办理退休手续，按退休职工标准补缴养老保险费，社会保险部门按参加社会养老保险前的退休人员拨付养老金。企业可以根据实际情况适当提高这部分人的退休待遇水平，其费用由企业负担，不纳入社会统筹。

十一、凡参加社会养老保险的企业，均应当与从业人员签订劳动合同，实行劳动合同管理。从业人员与本单位终止或解除劳动合同后，在其它单位重新就业或自谋职业并按规定缴纳养老保险费的，其交费年限（含连续工龄）和个人账户储存额可以累计计算。

十二、各企业必须按规定参加社会养老保险，按照缴纳养老保险费，企业拒缴、无故拖欠或隐瞒少缴养老保险费的，由社会保险机构责令限期补缴，按银行同期贷款利率收取利息，并按日加收2‰的滞纳金。

十三、本通知未涉及的养老保险其它问题，均按《青岛市城镇企业从业人员养老保险暂行规定》执行。在本通知具体执行中的问题，由市劳动局负责解释。

一九九七年九月四日

致亢家庄旧村改造动迁居民的公开信

亢家庄居民同志们：

为我市城建规划的需要，尽快改变我村的面貌，建设一个布局合理、设施齐全、生活方便、环境优美的居民区，一九九0年十二月四日经市技办会研究同意，沿宁夏路两侧进行改造。一九九二年九月市规划局以青规图审字（92）51号文下发《规划方案审查意见书》同意旧村改造规划方案，由青岛大信农工商公司组织实施。为了贯彻落实市、区有关指示精神，大信公司成立旧村改造分房拆迁领导小组具体实施，目前正在积极筹划旧村改造的各项工作。

亢家庄旧村改造现状是在山东路以西、宁夏路两侧，南北方向呈狭长条状，且山东路西侧由市统一规划为高层建筑，沿宁夏路南北两侧为商业网点和共建设施，除去煤店、幼儿园、绿地、花园、道路、诊所……等等公共设施占地外，所剩建房面积是有限的。

最近，我村少数人受邻近环境的影响，效仿不切实际的做法，在旧村改造房屋拆迁问题上存有不切实际的幻想，大兴土木建筑，企盼以此增加建筑面积等待拆迁，增补楼房面积。为此大信公司申明：旧村改造房屋拆迁原则以房换房并以市、区有关部门的规定和以房管部门确认的有效证件为准，未经批准的违章建筑不予承认，不予安置。由于我村旧村改造房屋产权成份复杂，涉及面广，希望广大群众以旧村改造的大局为重，以造福后代为己任，积极配合公司做好宣传，自觉停止不切实际的做法，减少不必要的损失，推动旧村改造工作的顺利进行。同时，我们也相信，我村的居民们一定能够识大体顾大局，从整体利益出发，协助公司做好工作，成为推动旧村改造的动力。

让我们携起手来，积极配合，完成我村的改造任务，为加快城市建设的步伐贡献自己的力量。

青岛大信农工商公司

一九九二年十一月二十三日

致亢家庄被拆迁居民一封信

亢家庄被拆迁居民同志们：

亢家庄的旧村改造工作，在居民同志的大力支持下，经过几年的滚动改造，现已大部分完成，自2002年12月10日起办理房产权证，请产权人持有关资料到亢家庄旧村改造指挥部办理，现将有关事项说明如下：

（一）办证资料

1.拆迁协议书；2.产权人身份证复印件（每办一个新证三张）；3.产权人图章；4.交款收据；5.旧房产证注销证明；6.抓阄公证书。

（二）有关费用

契税：

① 1997年10月1日前办理拆迁协议书的，按规定应以找差额6%纳税，经公司研究住户按3%交纳，公司负担3%；

② 1999年8月1日前办理拆迁协议的，按规定3%交纳，公司研究按1.5%交纳，公司负担1.5%；

③ 1999年8月1日以后办理拆迁协议的，住户按规定1.5%交纳。

印花税：一证一户，每户5元。

测绘费：按建筑面积每平方米2角交纳。

工本费：一证一户，每户10元。

原产权人房产证的产权代办费，以注销的房产证明为准，每户300元，由公司负担，对分户的房产权证代办费自负，每户300元，登记时交费。

（三）其它事项

对办理产权继承、赠与等事项，因不属拆迁范围，公司请来有关部门现场办公，可咨询、评估、公证等，但费用全部自理，赠与人和受赠人、继承人和有关家庭成员都必须持户口本、身份证（继承者须带产权人已故证明）亲临现场办理。

亢家庄旧村改造指挥部

2002年12月5日

致大信公司村民职工的一封信

各位职工：

大家好！大信农工商公司成立至今已有20年了，20多年前，我们公司还是亢家庄大队，全村老少爷们起早贪晚，战天斗地齐上阵，为确保和丰富岛城人民的菜篮子做出了巨大贡献。随着城市的发展和社会主义市场经济体制的确立，特别是自东部开发以来，我们自主实施旧村改造，利用自留土地进行大规模地外引内联，创建了一批工商企业，如百安居大型超市、汽车加油站，联办了学校、医院等等，目前已与泰国正大集团正式签订易初莲花超市项目合同，公司经济总量迅速膨胀，经济实力不断壮大，广大职工也都喜迁新居，生活富足安定，这些巨大变化是党的好政策带给我们的，是全体职工几代人共同奋斗创造的，为此，公司党政一班人向广大职工表示深深的敬意，感谢你们为大信公司的辛勤付出，对我们一班人的工作支持和关怀。

我们的集体资产是全体村民共同积累、创造起来的，理应归全体村民所有，但如何拥有，拥有多少，却一直模糊不清，没有彻底明确，理论上人人有份，实际上是人人无份。伴随所有权关系模糊而引起的是权、责、利模糊，表现为：一是村民职工认为集体收入只有到了手里才是自己的，因而存在吃光分光的思想；二是村民职工对集体经济的发展没有决策的权力，对集体经济不关心；三是在集体经济再分配问题上，没有根据个人贡献的大小拉开差距，既不奖勤，也不罚懒，平均化大锅饭现象严重，尊重知识、尊重人才、尊重贡献成为一句空话，严重挫伤了职工的生产经营积极性，制约了公司进一步发展；四是不能建立科学有效的管理制度，只是寄托于领导干部的党性觉悟和思想境界，缺乏法制上的监督、约束和民主管理，是“人治”而不是“法治”，这为企业的长远发展带来了不利的影响。

为此，必须通过一次根本性的变革，摈除阻碍企业发展的现行的旧体制，建立适应市场经济发展的新体制。当前，全国改革形势大好，南方先进地区以及我市部分农村产权制度改革已远远走在我们前面，我们如果不迎头赶上，将会丧失大好机遇，也有负于广大职工对我们的信任，公司党总支经过深入研究、反复考证，决定对大信农工商公司进行彻底的产权制度改革，实行股份制，通过将集体资产明晰到人，明确各个村民职工在集体经济中的经济地位，妥善解决产权关系和利益分配关系，使我们广大村民的主人翁地位真正落到实处。

此次改制，将集体存量资产根据工龄、贡献按一定的比例配送给各位村民职工，将集体资产明晰到人，使每位村民职工的资产在企业中占有多大的份额得到明确，这样，我们每位村民就可以根据拥有的资产份额享有资产所有权、收益权、重大事项决策权和选择管理者的权利，承担相应的义务。改制后，企业将建立高效的内部治理结构，通过设立股东大会、董事会、监事会，使企业内部的管理机构更加完善，股东大会作为权利机构、监事会作为监督机构，都将对董事会的重大决策进行表决和监督，不仅使广大村民职工参与了企业的经营决策，同时也保证了企业决策的科学性和合法性，提高企业的运营效率。

我们希望通过这次改制，把集体利益同每位村民的利益真正结合起来并得到根本实现，同时使每位村民职工树立起发展集体就是关爱自己、谋福自己的理念，从而更加关注企业的经济效益，关注企业的成本和各项财务支出，关注新的经济增长点，真正参与到企业的经营管理和收益分配中。

希望各位村民能够正确理解改革，积极支持党总支的这一决定，齐心协力，确保此次改制工作顺利进行，从而促进公司更加持久、健康、快速地发展。

青岛大信农工商公司党总支

二〇〇四年五月二十日

跋

经过10余年的编纂，近600年的亢家庄有了记载自己历史行程的村志。

在漫长的历史长河中，由于种种条件所限，亢家庄数百年的社会生活，没有用文字记载下来，祖宗先辈艰苦创业的经历，几乎只有巍巍浮山、滔滔黄海作证。一些有影响的道德风尚，只靠言传身教留传至今。近600年后的今天，要把数百年的创业史实搜罗归拢，创编出一部内容浩瀚、事关全村的百科村志，实非易事。首先，要定准村志编写导向。以什么观点统率编写，以什么样的指导思想搜集资料、取舍资料，哪些事该写、哪些事不宜写，这些导向性质的问题一旦模糊，村志编写可能会误入歧途。公司党总支认为，编写村志是一项重大的地方性政治、思想、文化建设，党总支书记闫可文在关节事情上坚持把关定向，分管领导及时协调指导，使村志编纂工作一直沿着正确的方向推进。

村志编写人员10余年来把对祖先的尊崇、对故乡的深情作为动力，克服重重困难，内查外调，走门串户，埋头苦干。他们当中多是年已古稀，身体欠佳，但笔耕不辍，不仅翻阅了大量的古籍文献，还根据自己的阅历和记忆，写出了长篇文字，为村志编纂做出了历史性的贡献。他们多次到市、区档案馆、到外地去采撷资料，辛苦备尝，令人钦佩。10余年来，征集的资料和编写的初稿堆积成垛，让人惊叹不已。

亢家庄村民对编纂村志给予了充分的理解和支持，不仅积极提供资料，还贡献了珍藏的实物、老照片。“众手修志”这一名言在亢家庄得到了验证，更显示出亢家庄人固有的文化底蕴和深邃的眼界。

“教化、育人”是志书编写的主要目的之一。村志编写人员在工作中深深体会到：要志书文字秀丽不是难事，而要志书的内容对后人起借鉴、教育作用却是一件不容易的事，所以他们尽可能选取和记载那些对后人在为人处事上能有借鉴作用的人和事，使他们在生活道路上努力作到廉洁清正、勤俭持家、助人为乐、乐善好施、孝敬父母、和睦乡邻。

在村志编写过程中，得到了市南区史志办公室，市、区档案馆等单位的指导和帮助，我们表示诚挚的谢意。

由于受学识、能力的局限，书中难免有缺陷甚至不当，敬请文史学者、广大村民批评指正，也寄后来续修时补正。

青岛市市南区史志办公室　焦相钦

2015年8月

编 后 记

《亢家庄志》的面世是亢家庄人的一大盛事，是亢家庄历史的第一次，是集资料性、教育性及收藏性于一体的宝贵的历史文献。

编纂《亢家庄志》是青岛大信农工商公司领导班子的一项具有远见卓识的壮举。是根据青岛市、市南区政府指示要求，遵循新方志学的基本章法，按略古详今的原则，据以亢家庄自然村人文地理、军政资质、社会民俗等范畴进行撰写的。其内容记述了亢家庄近百年从蕞尔之村到现代城市的演变过程，为研究青岛市历史提供了可鉴资料。全书除概述、大事记及附录外，共设九篇 44 章 143 节，计 40 余万字，图表及照片插图（绘）400 余幅。

回顾《亢家庄志》编纂工作实为坎坷，确之不易。大信公司于 2003 年 3 月 11 日组建了《亢家庄志》编纂委员会，下设办公室，特聘青岛市史志编辑处长侯文程为指导老师，随即制定了篇目，编纂人员作了分工，各自收集资料，奔着先易后难的方法进行，由侯文程亲自撰写志稿，进程顺利。岂料侯文程突病卧床，同年病逝。2004 年又聘青岛市史志办周志公副主任，重新篇目。2006 年编纂人员亢正泽患病离职。于 2008 年二位相继离世。悲痛之极，难以言表。在工作进度中受到几经重创和周折，志书里都留下了他们珍贵的笔迹，顺此表示深深的敬意和缅怀。

“人生难得修一志”。我们接受这样一个崇高使命，豪情满怀，也深知繁重。执笔人员原非从事编辑专业，更没有高深的写作水平。只能发挥自身能动性，一丝不苟，壮心不已，誓必完成，最大理念就是“尊重事实”。

在编纂过程中，最大的困难是资料匮乏；撰写人口、姓氏篇时，始初到湛山、八大湖派出所抄录、复印全部户册，但出入很大，后印发宣传材料和多用单表，不管严寒酷暑，穿楼层走遍了所有村户，逐一登记。为勘查土地及道路的实际数据，持铁尺对整个亢家庄地域全部实地丈量。大量的社会历史及新旧政权的资料，来自青岛市、市南区史志办、崂山档案馆、即墨档案馆、市、区所属机关等部门，他们给予了大力支持及业务帮助。摘引了《浮山所志》相关载记。尤其青岛市档案馆提供了大量珍贵史料。采访村庄老人有：亢正亭、亢正深、亢正直、亢正和、亢中达、崔洪锡和亢淑英等。每到村户家中，都热情配合，并主动献出珍贵的族谱、幸存的老照片和实物。涉及各篇章公社化至今资料，大信公司各科室都积极主动提供档案及数据。对外采集到过胶州市、平度市，电话咨询涉及青海、吉林、山西、河南等省。最后由山东省史志系统修志业务专家咨询组成员、青岛市史志办公室原副巡视员山东省史志专家段祥泰给予指导、定稿。有关志书的所有图片，聘请仲伟华老师（浮山所人）予以拍摄及图片加工整理。大信公司党总支成员及三位老书记和村中资深老人跟踪审阅，在编纂过程中，由市南区史志办公室焦相钦老师在行文表述、规范等多次修定整理。所有资料来源确保了志书质量、图文并茂、形体之美，体现了“众手修志”的真正含义。为此仅向他（她）们拱手，致以崇高敬谢。其间根据原有篇目和实际情况，边写边更迭篇目，于 2015 年 8 月完成初稿。

就我们的愿望，把更远更多的构成亢家庄历史光点事迹和老一辈及现代人的精、气、神展现在志书里，提高可读价值。因客观所致，实难达愿。

我们更应该感激自古至今的村干部和广大民众，经过多少个岁朝的建设洗礼，想方设法给留存下这么多的土地，让这么多的后代人能够过上现今的幸福生活，也从中给人们留下了更多的遐想。

附注一桩憾事：亢家庄兴盛近一个世纪的柳腔戏在“文化大革命”时戏装行头、戏簿全部被焚毁，所有演员扮相剧照没有留下片迹。使之这一非物质文化遗产永失记忆并难以复苏。

本志虽已成书，但可能有纰漏、谬误，相信后人会予以调补。

《亢家庄志》编纂组

2015 年 10 月